国家清史编纂委员会·编译丛刊

呈现意义：
晚清中国新学领域

上

［德］朗宓榭　［德］费南山　主编

李永胜　李增田　译

王宪明　审校

天津出版传媒集团

天津人民出版社

MAPPING MEANINGS
The Field of New Learning
in Late Qing China

EDITED BY

MICHAEL LACKNER
AND
NATASCHA VITTINGHOFF

BRILL
LEIDEN · BOSTON
2004

总　序

　　纂修清史是我国新世纪标志性的文化工程,它包括3000余万字的清史主体工程及文献、档案整理和编译工作。广大史学工作者正以高度的民族责任感和历史使命感,努力做好清史编纂工作,科学总结历史经验,继承和弘扬民族优秀文化,为建设中国特色社会主义服务。

　　世界各国从分散发展到趋于一体,大抵从15世纪、16世纪开始,直至19世纪末20世纪初,形成了资本主义的世界市场和世界体系。清朝从1644年到1912年共延续了268年,这是世界历史发生深刻变化的重要的转折时期。在这个特定的历史条件下,清王朝却依然以"天朝大国"自居,闭关自守,使封建社会的中国越来越落后于西方资本主义国家,在洋枪洋炮面前不堪一击;西方列强用大炮打开了中国的大门,使之沦为半封建半殖民地国家。在18世纪世界历史的大变局中,康乾盛世不过是中国封建社会"落日的辉煌",而到19世纪中叶鸦片战争后,清朝日益衰颓,已奏起了"落日的挽歌"。因此,研究清史,确定它的基本内容,以及确定研究它的基本理论、原则和方法时,不能脱离清王朝社会发展过程中世界正在发生深刻变化的广阔的社会历史背景。

　　在编纂清史时要有世界眼光,这已是广大史学工作者的共识。不仅要把清史放到世界历史的范畴中去分析、研究和评价,既要着眼中国历史的发展,又要联系世界历史的发展进程,而且还要放眼世界,博采众长,搜集和积累世界各国人士关于清代中国的大量记载,汲取外国清史研究的有益成果,为我所用。正是从这一基本认识出发,国家清史编纂委员会决定编辑出版"国家清史编纂委员会·编译丛刊"(以下简称"编译丛刊")。

清朝建立之初,曾与世界各国保持一定程度上的接触。后来中国的大门一度被关闭而后又被强行打开,这期间,外国的传教士、商人、外交官、军队、探险家、科学考察队蜂拥进入中国,东方古国的一切都使他们感到惊奇。基于种种不同的目的,他们记录下在华的所见所闻。这些记录数量浩瀚,积存在世界各国的图书馆、档案馆、博物馆或私人手中,成为了解清代近三个世纪历史的珍贵资料。由于西方人士观察、思考和写作习惯与中国人不同,他们的记载比较具体、比较广泛、比较注重社会的各个阶层各个方面,因而补充了中国史料记载的不足。"编译丛刊"将从中选取若干重要资料译介给国内的读者;对早年问世的具有开拓性、奠基性价值,但不为中国学术界所熟知的作品,我们也将同样给予关注;此外,对反映当代国外清史研究新的学术思潮、前沿问题、热点问题和重要成果的学术专著,"编译丛刊"也将及时地介绍给中国学术界。

从中国史学的历史与现实出发,有选择地介绍国外新史学的一些理论与方法是必要的。如西方历史学家提出,第二次世界大战后,"历史学的界限变得越来越模糊了",主要是强调扩大历史学家的视野,拓宽历史研究的选题;又如提倡"自下而上看的历史学",努力将社会精英的历史变成社会大众的历史,将千百年来隐藏在历史幕后的社会大众推上历史的前台。此外,在第二次世界大战后历史研究整体化趋势的推动下,出现了一系列历史学分支学科,如社会史、人口史、民俗史、新经济史、新政治史、心理史、社会生态史、环境史、妇女史、城市史、家庭史等等,对于纂修清史有一定的借鉴作用,这些都将在"编译丛刊"的作品中有所体现。

人类的文明史就是一部不同文明间不断交流和融合的历史。任何国家的文化都是通过与异质文化的对话和交流获得营养，从而不断发展壮大。纂修清史必须排除闭关自守的文化排外主义的干扰，破除中西对立的僵化思维方式，以开放的胸襟、兼容的态度和科学的精神对待国外清史研究的一切成果，因为它们既是"中国的"，也是"世界的"。愿"编译丛刊"在新世纪中外文化交流的广阔背景下，作为一座科学的桥梁、友谊的桥梁，为纂修清史做出更多的贡献。

于　沛

2004 年 5 月

致 谢

本书的论文选自提交"晚清西学译介"国际学术讨论会的论文。本次会议作为 "近现代汉语学术用语的形成"(Wissenschaftssprache Chinesisch, WSC)研究项目(1996—2000 年)的一部分,1999 年 12 月由哥廷根大学东亚研究系主办召开。首先我们要特别感谢大众基金会(Volkswagen Foundation),它通过捐赠和各种形式的财政帮助,不仅赞助了本次规模不同寻常的大型会议,还在项目存在期间,对整个项目研究进行了支持。项目主管希尔特格德·吉勒(Hiltgund Jehle)对本项目各种各样的活动的实现作出了不可估价的贡献,我们对她持续不断的努力表示特别的感谢。

没有会议参加者的支持,本书是不可能完成的。他们不厌其烦地解答我们提出的令人困扰的问题,并没有因这艘船下海速度比预期要慢而跳离此船。我们对他们的耐心和情愿表示深深的感谢。我们还要对那些因为这样或那样的原因其论文没能收入本书的会议参加者和参与会议讨论者表示感谢,他们都为增强本书和会议的学术精神作出了很大贡献。这些人包括 Chow Kaiwing(周启荣)、Fang Weigui(方维规)、Han Qi(韩琦)、Christoph Harbsmeier(何莫邪)、Lai Chi-kong(黎志刚)、Li Guilian(李贵连)、Lydia Liu(刘禾)、Federico Masini(马西尼)、Barbara Mittler(梅嘉乐)、Shen Guowei(沈国威)、Su Xiaoqin (苏小芹)、Uchida Keiichi (内田惠一)、Wang Yangzong(王扬宗)、Catherine Yeh(叶凯蒂)、Xu Wenkan(徐文堪)、Zhang Baichun(张柏春)、Zhou Zhenhe(周振鹤)和 Zou Zhenhuan(邹振环)。

1

　　还应特别感谢布里尔学术出版社的编辑们,阿尔伯特·豪夫斯塔特(Albert Hoffstadt)和帕特瑟·雷德(Patricia Radder)高兴地承担了本书最后阶段的工作。

　　我们还要感谢来自朋友和同事们的大力帮助。他们用他们的专业技艺和职业技能对书稿的最后完成作出了贡献。塞尔克·杰夫克(Silke Geffcken)和克斯特·帕克(Kirsten Pahlker)在将不同格式的论文统一成连贯的文稿方面,提供了必不可少的帮助。我们还要感谢马修斯·内登夫(Matthias Niedenführ),他在最后阶段参加进来,用他的敬业精神和敏锐目光完成了对稿件的最后校对工作。米歇尔·斯切莫帕芬尼格(Michael Schimmelpfennig)读了部分原稿并提出了颇有见地的意见。陈琼(Jane Chen-hsiu Chen)对我们翻译中文论文提供了极大帮助。保罗·伯曼(Paul Bowman)情愿承担枯燥的工作,对那些母语不是英语的作者提交的英文论文进行了润色。

　　我们最后的但并非分量最轻的感谢,要给予阿梅隆(Iwo Amelung)和顾有信(Joachim Kurtz)。自始至终,每当需要时,他们总能给我们随时提供他们技术的、学术的、情感上的支持。其余所有错误、遗漏和矛盾之处,由编者负责。

朗宓榭(Michael Lackner)

费南山(Natascha Vittinghoff)

哥廷根,2003 年 4 月

论文作者

艾乐桐(Viviane Alleton)
　　　(法国)巴黎高等社会科学研究院近现代中国研究中心
阿梅隆(Iwo Amelung)
　　　　　北京大学德国研究中心,(德国)图宾根大学
荒川清秀(Arakawa Kiyohide)　　　　　(日本)爱知大学
毕鹗(Wolfgang Behr)　　　　　(德国)波鸿大学东亚研究所
本杰明·A·艾尔曼(Benjamin Elman)　(美国)普林斯顿大学东亚系
杰琳德·吉尔德(Gerlinde Gild)　　(德国)哥廷根大学东亚研究系
海伦娜·赫尔罗尔多娃(Helena Heroldová)
　　　　　　　　　　　　(捷克)布拉格查理士大学
燕安黛(Andrea Janku)　　　　(德国)海德堡大学汉学系
白莎(Elisabeth Kaske)　　　　(德国)海德堡大学汉学系
顾彬(Wolfgang Kubin)　　　　(德国)波恩大学汉学系
顾有信(Joachim Kurtz)
　　　　(美国)艾默里大学俄国和东亚语言文化系
朗宓榭(Michael Lackner)　　(德国)爱尔兰根·纽伦堡大学汉学系
米歇尔·C·莱依奇(Michael C.Lazich)
　　　　　　　(美国)布法罗州立学院历史系
李博(Wolfgang Lippert)
　　　(德国)爱尔兰根·纽伦堡大学汉语言文化研究所
马军　　　　　　上海社会科学院历史研究所
安格里克·C·麦思纳(Angelika C. Messner)

（德国）基尔大学汉学研究所

费乐仁(Lauren Pfister)　　　香港浸会大学宗教系

冯尼·斯科尔日·仁达(Yvonne Schulz Zinda)

（德国）哥廷根大学东亚研究系

莎拉·E·斯蒂芬斯(Sarah E. Stevens)

（美国）印第安纳大学伯明顿分校

鲁纳(Rune Svarverud)　　　（挪威）奥斯陆大学东亚研究所

苏荣誉　　　中国科学院自然科学史研究所

邹嘉彦(Benjamin K. T'sou)

香港城市大学语言资讯科学研究中心

费南山(Natascha Vittinghoff)　（德国）法兰克福大学东亚研究系

鲁道夫·G·瓦格纳(Rudolf G. Wagner)

（德国）海德堡大学汉学系

王宏志(Lawrence Wang-chi Wong)　香港中文大学翻译系

黄文江(Timothy Man-kong Wong)　香港浸会大学历史系

序 言

朗宓榭

北宋文学家苏轼(1037—1101)在他的杂文集里,讲述了这样一位学者的故事:他第一次参观一家官库时,不认识储藏在那里的钱。问他为什么不认识,他回答道:"固知其为钱,但怪其不在纸裏中耳。"①将 19 世纪后半期绝大多数中国士大夫和正在兴起的知识分子群体对于西方知识的态度,比作这个不认识钱的书虫(他仅熟悉钱的一种外观),是十分恰当的。进口来的知识,几十年当中其名称从"洋学"到"西学",最后成为"新学",被认为是在内容和知识结构两方面与古老的中国传统知识大相径庭的东西。然而,根据中国精英们的理解标准,新知识只有"被纸包裹"时才能接受。即使在从读书到研究"自然世界这本书"的转变过程中,写在纸上的字词仍是主要的工具。因此,人们常常偏重研究中西学者关于自然现象的描述,而忽略对自然现象本身的观察。同样,晚清诗人很少注意掠过湖面的云朵,而热衷研究此前较有创造力时期的诗人如何描写这些云朵。在这样一种书本世界里,甚至试图证明中国经典中已经包括了现代知识的要素的努力(因而,表明人们仅是论证一种所谓的"新"现象),都深深地扎根于一个不可超越的对词汇的信仰(对

---

① 苏轼:《东坡志林》,第 3 章,第 32 条,上海:华东师范大学出版社,1983 年,第 108 页。

这些词汇的理解强烈依赖于古代典籍和新造术语之间多多少少的偶然巧合,新造术语常常按照古代术语来命名),因而强化了各种各样的语言崇拜。

在理论认知方面不愿睁眼观察,在技术的实际运用上,也几乎是断然排斥的态度。张之洞(1837—1909)于1898年捡起对于中西文化的区别的旧观念,使臭名昭著的"中学为体,西学为用"的公式风靡一时,他指的是西学的效能方面。重要的是,他将铁路作为主要例证。然而,在19世纪晚期的中国,精通实际技能的人们的地位并未得到提高。工程师(engineer)一词的词根是"ingenium"或"génie",这个词根给了该职业一种尊贵的地位,使他们成为西方社会精英中的一员。但对当时的中国学者和知识分子而言,这是不可思议的。技术工作交给不重要的畴人,或至多是二流的知识分子(换言之,能生产有用物品的人们)。而那些以保持"中学为体"为己任的人们,屈尊地指导和监督必要的技术工作。士人仍在读写他们所读的书。西方科技被看作奇技淫巧,被看作属于低等的事情。甚至受鄙视的买办,或待遇极差的通事,由于他们仍在进行着文字工作,他们比那些技师和匠人更易于与精英们的行为标准和谐起来。中国现代化延误至20世纪晚期的悲剧可以从这种对体力劳动的根深蒂固的厌恶中得到解释:无论是民国时期西方化的"科学"论战,还是此后的"苏联化",用煤一样黑的工人和乐观的工程师形象取代传统的精英自我感觉,都没有取得持久的成功。名为"中国科技史"的学科的建立意在救治民族自卑心理,但该学科只是在20世纪最后十年里才在公众心理中生根。即使是决心使全民成为自我造就的工程师的"大跃进"运动,也成为一场灾难性的失败。直到目前,中国的"物理的"硬件技术仍是令人叹息。与此形成鲜明对比的是,中国在"较软的"技术方面取得了巨大成就:在"清洁"领域,根深蒂固的精英态度似乎最终与(后)现代时期的需要取得一致。

跨文化转移理论，特别是那些欧洲内部文化转移过程理论，有时可能低估文化迁移过程中可能发生的语义断裂的重要性。诚然，一切文化转移过程的规模、速度、节奏和结果都受到相关社会团体的需要和利益以及政治决策者的意愿的影响。同时，这些过程不管发生于何时何地，都是依照时间顺序来进行的。不过，在一种其精英几乎完全依赖于书本的权威而忽视其他任何证据的文明里，对于"新"和"旧"的界限的划分以及随之而来的两者的融合，词语变成至为关键的工具。在这种语境下，不需要建立"起源的神话"，因为精神的发展史揭示了在对待具体和抽象的态度上具有足够的行为连续性。而且，汉语过去在处理外来概念方面有某些经验。无论如何，不考虑最重要的媒介——术语，就不能对知识整体及其结构的重大转变作出表述。虽然术语的迁移历史永远不会停止，这是显而易见的。但是在 19 世纪末到 20 世纪初相对短的时期中，词汇转变达到了前所未有的规模，清楚地支持这样的假说，即(存在)一个形成期，该形成期仍在继续不断地塑造着中文话语。

　　中国思想史和西方思想史都经历了几次决定性的断裂：对于汉语世界，我们应记得佛教的传入或宋代理学的兴起；对于西方世界，我们会想起笛卡尔转折或启蒙运动。这些断裂的结果之一是古代文本不再像先前那样被解读(和理解)。文化内部翻译进程开始发生。词汇的意义和它们在多少具有连贯性的体系里的映象发生变化。在西方，"翻译权"(translatio imperri)的概念，即承继古代文化遗产的职责经常从一种文明(及相应的语言)转向另一种文明，持续不断的翻译便成为文化的一个重要部分。同时，"翻译权"的概念，总是指同一个"权"(imperium)。这养成了这样的信念，即所有的断裂、变化和修正都来自内部而不是外部。"亚里士多德是一个西方哲学家，但他讲着不同的语言"一句话，只有同时反过来读"亚里士多德讲着不同的语言，但他是(而且永远是)一个西方哲学家"时，才能显示其全部含义。至少，在理想的西方自我理解的领域，文化的连续性和不连续性就这样处于一种令人鼓舞的平衡中。

中国缺乏类似的思想，这必然相对降低了翻译的欲望。佛教，一个确切无疑地来自外部的信仰，经历几个世纪才在中国扎根。它的世界观仅对传统的知识映象和汉语词汇进行润饰而没有将其完全改变。而且，只有一小部分中国人涉身于令人印象深刻的佛经翻译工作，宋代儒学，部分受到佛教思辨形式的影响，极大地改变了对中国典籍的核心部分的解读，但在那时人们很少意识到这是一种翻译行动。不过，从19世纪中期以来，中国成为世界翻译共同体中的一员。要评价翻译所引起的与传统的断裂程度，和西方类似的断裂进行比较，是很困难的。然而，说翻译工作的速度和规模是前所未有的，应该不会错。当翻译顶峰到来时（大约1900年前后各十年），不仅获得了一种新的精神形态，而且，中国传统自身也被迫与西方挑战相适应。一个新的术语系统和新的概念世界帮助传统儒学者从事新的职业，起初作为自然哲学的专家，后来又成为道德哲学家；随着时间的推移，他将成为一名教师、宗教哲学专家等等。当浙江的学者在清代中晚期重新发现了墨翟（前5世纪）的作品后，这本以作者名字命名的被长期遗忘的著作成为中国在光学、机械学、逻辑学及其他领域的"中国科学"的主要权威作品。中国过去的重要问题无不按照新意义的线条及其映像来进行解释。然而，这种狂热的翻译活动并不一定意味着已经意识到中国的"翻译权"。试看上引亚里士多德的话，人们或许会说"孔子是一个永远讲汉语的中国思想家"。中国语言的虚幻连续性及其所代表的文化倾向掩盖了一个事实：20世纪的儒学者说一种与其前人大不相同的汉语。因此我们可以说，他经受了一种复杂形式的语言疏离。

在此语境下讲起疏离，断裂的深度还不足以说明其正当性

（虽然断裂之深超出大多数西方人的想象），造成疏离的更重要原因，是因为"新"知识源自外国，其被接受的时间极短。断裂由外部引起，这一事实直到今天对中国人身份构建还是至关重要的。无怪乎在和语言最有关的领域——人文学科和一般而言所有含有丰富文化基质的领域，疏离被更强烈地感觉到。

虽然中国为成为全球翻译共同体的一员付出了代价，但是新的语言是一种新的"中国"语言。中国从来没有完全失去对其政治和语言主权的控制。中国与其过去和传统分离的故事，相伴随着巨大的成功的故事。这种成功，使中国在几十年内赶上了现代性，至少在读写方面是这样；又用了一个世纪的时间，创造出了进行实践的领地，在这里，书本上的东西不起类似的关键作用。

本书是"近现代汉语学术用语的形成"研究项目的第二本专著。①我和阿梅隆、顾有信从1996年启动该项目。在此期间，我们拓展了我们起初较窄的术语路径，建立了一个初步的数据库，②包含中国19世纪和20世纪初的新术语大约127,000词条。1999年12月的会议打算扩展正在进行的研究的框架，将词语和概念的迁移历史置于一个逐步增长的社会的、政治的和制度的语境下。由于费南山是会议组织者之一，又是本书的编者之一，不仅作了多方面的艰苦努力，将本书连贯起来，还在她写的导论中，表达了我们对于某些个人和机构所应有的感谢，因此，感谢她，这是我的快乐。

朗宓榭

爱尔兰根，2003 年 12 月

---

① 参看朗宓榭、阿梅隆、顾有信：《新思想的新术语：中华帝国晚期的西学和词汇变化》，莱顿、波士顿、科隆：布里尔学术出版社，2001 年。

② WSC 数据库：产生于 19 世纪和 20 世纪初期的中国科学、哲学和政治术语的电子数据库。在线可用网址：http://www.wsc.uni-erlangen.de/wscdb.htm。

目 录

上 册

1

下　册

学科的构建

心灵和思想领域的知识

目 录

导　论

费南山

本书对许多领域的问题进行了探讨,力图用新的途径去发现19世纪和20世纪初中国遭遇西方科学的情形。[①] 本书是"晚清西学译介"国际学术讨论会论文集,这次会议于1999年12月在哥廷根大学东亚研究系召开。本论文集试图凸显那些迄今仍从晚清中国思想地图中被擦除的"科学"活动领域,并把这些发现与更广泛的问题相联系, 即科学知识在跨文化环境下产生的结构和机制的问题。本书不是从一个狭义的意义去论述科学,而是论述来自西方和关于西方的学术领域的科学知识和大众普及知识两个方面。因此,本书选择了"新学"作为书名。当代作者普遍使用这个术语,看起来比较恰当。这不仅仅因为,在19世纪的中国,"科学的"实践与"科学"本身的含义相比较;是远没有达到标准化和职业化。此外,我们还希望提醒注意这样一个事实,即把"科学"定义为系统化的实证知识,这本身是颇成问题的。

在过去的20年中,在西方的历史编纂中,西方科学史的著作

---

① 这次会议得到大众基金会和哥廷根大学的慷慨资助,来自中国、日本、美国和欧洲的42名学者参加了会议。会议议程和本书未收集的论文摘要可以在以下网址中找到:http://www.gwdg.de/~oas/wsc/99conf.htm.

经历了根本性的变化。①同时，一般认为，科学史不仅仅是科学成果的编年史和科学学科的发展史，而且反映了新知识产生和被接受的复杂交涉过程。因此，科学史学者不仅要研究被认为是已知的各类知识，还要研究不同的人们如何处理神秘深奥的知识，未知的、异常的以及科学经典所排斥的东西。在一定的历史连接点，形成了一个科学原理，这是对不同的可能性进行连续不断选择的结果。这些选择有的是故意为之，有的是偶然做出。这样的形成过程正是本书的中心论点。

既然科学成果被置于社会和文化的背景中，科学活动就不能仅仅被看作是智力的努力，科学史不能被描述为学科的成功的进步和线性发展。相反，科学史成了一种多学科的研究领域。把科学想象成一种文化实践，对其进行分析研究需要借助社会学、人类学、历史学和文学的研究方法，还需要将这些领域的方法和发现综合起来。

科学实践或新思想的产生，是由产生它的特定社会空间所决定的，这也是公认的。因此，对新知识的产生和接受的特定环境进行微观的历史研究，以描绘某一新学领域内部的张力图画与探求科学力量和社会力量的关系，是有必要的。因而科学实践或"新学"意味着把支离破碎的新知识行业，描述成为一种与本土环境不可分离的本土实践。

在 19 世纪中国与西方科学接触之前，中外学者之间已有各种正式的和非正式的接触。这些接触，尤其是 16 世纪、17 世纪与耶稣会士的接触，与 19 世纪中西科学的接触有根本的双重区别。一方面，19 世纪西方科学引进中国是西方国家帝国主义扩张的一部分，

---

① 威廉·克拉克、琼·格林斯开、西门·沙夫尔等编：《欧洲启蒙时代的科学》，芝加哥和伦敦：芝加哥大学出版社，1999 年；汉斯·伊里切、鲍但克、彼得·H·雷、乔根·斯拉姆鲍姆等编：《作为文化实践的科学：1750—1900》，哥廷根：万登豪克和鲁普雷希特，1999 年。关于中国科学研究的文化转型，请看看罗根·哈特：《超越科学和文明：一个后李约瑟时代的批评》，《东亚科技与医学》16，1999 年，第 88~114 页。

强有力地展现了科学的全球重要性。科学不仅通过北京的宫廷个人作品或演讲而来,而且伴随着大量的(大部分是"令人信服的")新科学所产生出来的技术和物质文化。另一方面,新教传教士在耶稣会士被逐后,成为最早涉身向中国传播西方科学的人,其传播目标不在于中央精英,而是在社会底层寻找听众。在此前提下,他们利用各种媒介(包括新兴的媒介)去向社会大众传播知识,这些大众时而确定或改变他们所接受的信息。与耶稣会士情况不同的还有,他们传播科学知识不受那么多的宗教前提的限制,不乏其例的是,他们传播启蒙知识的愿望甚至超出了他们对各自宗教派别的义务。还有,传授科学的任务并不仅仅由传教士来承担。①

本书论述的后一次中西学者的接触最主要的是跨文化的演化过程,这个过程既不意味着一个单向传播和接受的过程,也不会导致与本土的过去作一个根本性的决裂。这个观点并不动摇西方影响对中国发展的重要性,而是聚焦于全球关联和本地需求的相互作用,这样就可以摒弃对"外国"与"本土"的严格的区分。这个聚焦点就是全球与本土的相互作用和被认为是全球或普遍的知识是如何被运用于本土的种种问题。

关于西方以及中国人迄今未曾关注过的世界其他地区的新知识,促成一种新的本地和远处的地理意识以及新的中心和边缘的空间层次关系。中国从思想上带着其等级结构加入"国际大家庭",这使其在这些等级结构内部的自我定位上发生了根本变化。然而,这并没有导致帝国主义研究范式所认为的对欧洲中心的世界等级体制的被迫投降,以及失败的现代性的描述所认为的对现实的傲视和无知。相反,现代西方科学传入中国经历了一个意义、观念、解释的相互交流的复杂过程。这个过程发生于各式各样的

---

① 对耶稣会士传播西方科学知识的研究领域很广泛,本导论的目的不在于对此进行全面的比较,指出以下的事实就足够了:承认耶稣会士活动是一个十分复杂的问题,涉及宗教、语言、政治和文化的因素,与此同时,出现了对先前对耶稣会士的"失败"仅作学术路径的或过于简单的解释的批判。

机构之中，它们为迄今为止基本上没有被探索的混合话语打开了空间。西方知识的中国化受到诸如制度框架、知识分类结构、意识形态利益以及本土需要等种种因素的影响、限制或催生。然而，正如本书中许多论文所表明的那样，这些在熟悉的语境下所理解和实现新的与外国的知识的大部分可供选择的方式，基本上被20世纪初激进主义意识形态所淹没。激进主义要求思想纯化而不容许模棱两可。

在晚清中国从事翻译和传播西方知识的中介主要是条约口岸社会的新来者，他们的背景、兴趣和任务有很大的不同，有官员、商人、传教士和科学家。本书中的各项研究并不尝试提供一个总体上的解释，而只想凸显现代科学原理产生历史过程中的方法和评价方面的不同选择和差异。

明显没有疑问的是，西方技术被认为是优越的，这在全球列强的文化和政治竞争中，是一个不可辩驳的论点。西方技术知识的采用与帝国获取富强甚至后来的建国工程密切相连。知识从一个人传播给另一个人，不仅是一种实际的交易，而且构成了权力转移的一个特殊场所。由此传播的结果牵涉到国家权威，比如，信息控制的政策、教育权威和管理人员的招募。此外，通过民间网络得到强化的地方机构破坏了官方的权力。因此，探究民间机构到底在多大程度上将其所拥有的知识置于一个新的信息秩序中，是至关紧要的，它还关联到公共知识和占统治地位的信息秩序的结构等更为广泛的问题。这又意味着不仅知道出版了什么东西是重要的，而且还要知道知识是如何收集和传播以及何种机构在网络起作用也都是重要的。①这种复杂性还涉及到读者身份与公共表达的关系，在这种关系中，印刷品不仅是启蒙的工具，而且读者可能对其建构出多种含义。科学在公众构建新社会中起着至关重要

---

① 关于"信息秩序"，见克里斯·贝力：《帝国和知识：印度的情报收集和社会传播，1780—1870》，剑桥：剑桥大学出版社，1996年。

的作用，同时，公众对于塑造科学实践的特性也是一个重要的影响因素。①

试观新知识基础上形成的新社会结构，我们被引向未经解决的问题，即晚清社会新知识的文化地位及拥有新知识者的社会地位问题。我们所论述的文化遭遇中的文化交涉不容许将旧的传统和新的现代性这两极化为直接对立的实体，而是想说明，现实的形成包含着对过去的继承（有时这并不一定会产生出什么新奇的东西来）。多种话语的交互作用包括本土传统的重新发现，对可供选择的模式霸道地拒绝，对西方奇迹的幻想，还有被实用主义在异化的西方概念。这个过程在性质上基本是跨国界的，因为这些知识渊博的活动家所构成的网络，正像他们所生产的文本和建立的机构一样，是跨越国界的。

主要由于意识形态上的原因，这种跨国合作的功效很大程度上被后来的历史学家所否定。对以往的断裂、成功和失败的发现，更多来自于一种历史的叙述，它种叙述由心目中对当前的特定陈述构建起来。在中国科学史上，1894—1895 年的中日战争长期以来被视为关键性的转折点，开始激起人们认真地承认和应对西方的挑战，去学习西方成功的基础，即科学。这个假设基于一种对"科学"的刚性的概念化，它妨碍对 19 世纪中国科学活动的文化重要性的深刻理解。这种观点过去曾被提出过，②本书的研究则证实了这一论点。不是把中西思想碰撞的重大转折看作是中国军队战败的结果，相反，完全可以说，中国科学史上更重要的一个决定性的时刻是 20 世纪初中国新文化运动的代表人物关于中国科学的初生的历史编纂学上的论战，这场论战将新知识领域的早期活动从

---

① 例如，康斯坦丁·考斯切勒：《柏林的科学和公共领域，1870—1930》，斯图加特：斯特纳，2000 年；安詹士·多姆：《19 世纪的科学普及：市民文化、自然科学教育和德国的公共领域，1848—1914》，慕尼黑：奥登伯格，1998 年。

② 参见大卫·C·雷诺兹：《重绘中国思想地图：19 世纪中国的科学图像》，《清史问题》12.1，1991 年，第 27~61 页。

中国科学史的地图中抹去并使其被遗忘。[1] 本书的研究采取双重路径，即发掘1894年前新知识传播的活动，并识别出堆积其上的历史编纂学和意识形态的层层掩盖物。事实上，把"新"的东西比喻成西方的，"旧"的东西比喻成中国的过程，不过是作为持续的自我反省的缓慢演化的结果。

知识是可移动的，使知识从一种不同语言的文化向另一种语言的文化移动的工具，就是翻译。这种流动的新知识在一种新的文化语境下的易地扎根，通过新文本、新语言和新语言用法的产生而得到物化。反过来也是如此，新的语言持续地影响和预示着对新获得的知识的理解、应用和传播。[2] 翻译在科学史上起着至关重要的作用，不仅在东西方之间知识转移问题上是如此，在西方科学传统中亦是如此。[3] 翻译文本作为通过语言迁移知识的表现形式，需要对之进行细心的语言学研究，才能通过语言工具描绘出本土化的概念。不过，由于翻译研究中也出现了"文化转向"，现在人们普遍承认，翻译本身就是一种跨文化的实践，翻译过程本身不能降为创造对等体的简单尝试，必须与翻译者或明或暗的意图联系起来看。照此观点，作为文化媒介的翻译者代表着从一种文化向另外一种文化的转移，他们或许忠实地努力使双方互相理解，使跨文化的知识准确地转移，但是，不管是不是战略性的，他们也许会颠覆性地尝试着建立新的含义。

---

① 大卫·C·雷诺兹：《重绘中国思想地图：19世纪中国的科学图像》，《清史问题》12.1，1991年，第27~61页。大卫·赖特关于中国化学的研究是另一个罕见的尝试，试图通过细心的历史研究，"复原中国早一代"的科学家。大卫·赖特：《翻译科学：西方化学输入晚期中华帝国，1840—1900》，莱顿等：布里尔学术出版社，2000年，序言。

② 从微观层面研究各种学科词汇变化的各种规律，见朗宓榭、阿梅隆、顾有信等编：《新思想的新术语：中华帝国晚期的西学和词汇变化》，莱顿等：布里尔学术出版社，2001年。关于中国早期的词汇交流的语言研究，可看他们的导言。关于日本明治时代的类似的语言变化过程，见道格拉斯·R·豪兰德的最新研究：《翻译西方：19世纪日本的语言和政治理性》，火奴鲁鲁：夏威夷大学出版社，2002年。

③ 参见斯科特·L·蒙特格门利：《翻译中的科学：在诸文化和时代移动的知识》，芝加哥和伦敦：芝加哥大学出版社，2000年。

中国从思想上加入到国际大家庭中，是沿着许多旁道和小路，穿越了许多至今不为人知的领地。本书并不描绘新知识积累的直线道路的每一步，这条道路把中国引向用现代科学装备起来的现代化国家。反之，《呈现意义：晚清中国新学领域》一书试图凸显所遭遇的新知识对于特定的人在特定的历史时期，通过偶然性而不是固定的因果关系所反映出来的意义。

由于信任这些方法论预设，本书描绘出晚清中国新学领域的图景，从其中心到边缘，从集体政治权力的核心到遥远的自我表达的艺术领域。这些维度形成了本书四个实质部分的基础，即"全球知识的政治学"、"话语的交界面：语言和媒体"、"学科的构建"和"心灵和思想领域的知识"。

全球知识的政治学

中国遭遇西方知识，一般被视同为炮舰政治，被描述为一个外国列强用帝国主义威胁强迫中国承认和接受西方优越性的过程。按照这种观点，中国接受西方科学首先和最重要的是对政治危机的反应，这种危机迫使帝国政府引入新政和新的教育制度，以便获准加入国际社会。本书第一部分的论文，通过论述帝国权力政治与个体机构的关系，对这些假设提出质疑。

在开篇论文里，本杰明·A·艾尔曼把中欧之间因对博物学的意义和重要性而造成的互动的争议性放入16世纪中期到民国初年的历史视野之中。他认为，与印度不同，直到1900年中华帝国晚期的自然研究是对于何者构成合法的自然知识的西方观点进行掌握和控制的帝国工程的一部分。通过分析本地人与西方人如何利用相互竞争的调适工程，他阐明了每一方是怎样把对方的自然科学知识转化为本地可以接受的知识传统。通过追寻"science"即"格致"和"科学"两词的语义根源及其后来的用法，他解释说，直到1900年，中国的知识分子都在用自己的术语翻译欧洲的科学转变；

只是到了 1900 年以后，随着西方自然科学常识性地本质化为普遍主义的真理，关于前近代"中国科学失败"的描述才开始出现。

在 19 世纪中国新科学的知识图景中，政府机构是第一批最显眼的标记。但是，这些机构并非只受帝国政策的支配，也被那些用他们自己的术语来解释他们的文化环境的个人所占有。费南山转向这种个体中介的微观政治学层面，探讨了新知识产生和传播这一新领域的组成元素，包括媒体、社会活动家以及他们的机构网络。通过收集涉身于新知识领域的社会活动家的零散的传记材料，她对有关这一新生科学群体的社会地位和作用的普遍流行的评价提出质疑。通过疏理出这些大多受过高等教育和成就卓越的、并时常同时参与几项工程的社会活动家的网络，她认为，他们强大的个人和机构关系极大地增加了他们作为个体媒介的力量。而且，科学活动和公共信息的迅速融合显示出，远早于 20 世纪初的早期近代教育机构和媒介，具有比后来新文化运动史学家所证明的更大的影响力。

当新政政策逐步废除了传统教育体制，把转变教育经典作为他们的主要目标时，科学界分裂成新老两代人。老的一代仍然熟知经典，新的一代是社会活动家，他们对经典的过去感觉距离更遥远，他们能够更从容地从总体上接受全新形式的知识和术语。李博对"political economy"（政治经济学）译为"经济"一词进行的语言学的研究，就是这样的一个案例。它提供了一个例证，证明一种经常发生的现象，即一个古典汉语词汇在现代日语中被赋予新的意义，去表达一个西方典型的单词，然后又被借回汉语作为借译词。完全可以认为，现代日语词汇很大程度上是由汉字基础上产生出具有新意义的词所组成，而不是借用外来语词汇，它很容易被接纳为现代汉语词汇。因为古老的经典术语的原始意义，像表示"politics"（政治）或"statemanship"（治国才能）之意的"经世济民"，对 20 世纪初新一代译者来说已经变得陌生。

然而，正如鲁道夫·G·瓦格纳的文章所指出，尤其是在政治领域，新术语并不仅仅是思想话语的产品和结果。他对汉语世界里

"劳动/工作/劳作"① 概念的探讨表明,在不同时间不同地点,这一概念的用法随机而变并受意识形态的影响。通过解释现代词汇"劳动"(Labor)的组成部分"动"(Movement)的语义维度,他探讨了"动"的词义转变过程。"动"在民国初年被理解为主要是指社会和政治的运动,到了后来国民党和中华人民共和国时期,变为"劳作"(Physical Labor)的意思。在这一个案中,"劳动"的概念化没有任何传统汉语的元素,与"经济"一词的语义改变不同,它不是将一个旧的汉语词义改变为西方内容的新意义,相反,引进"劳动"一词时,连同外国关于"Labor"的话语一起进口到了中国。

从马军提交的论述新军事语言产生中的转移和变化的论文中,可以更清楚地看到政治对于新词汇形成的巨大影响。他对晚清军事词汇变化的研究特别有收获,因为这些研究展现了清朝统治的种族和语言的多样化。清朝军事体制使语言困难复杂化。由于清朝国家军队由两部分组成,即世袭的汉族军人(即绿营)和满族的社会——政治——军事组织(即八旗),这两部分军队运用不同的军衔制度,因而使用不同的术语。因此,要研究鸦片战争军事失败后出现的西方军衔制度,就必须解决现存秩序的语言复杂性问题,为翻译提供多种选择:译音法、清军官职套译法、标识描绘法、日语借字法。新的军衔制的形成,一方面通过翻译西方军事术语,另一方面通过把现存的军衔制按照西方的和日本的模式进行实际的改造。马军揭示了这些语言选择是如何应对军事运作和需求,以及这如何导致一种融合清军军衔体制的元素和日本新语于一体的混合术语的产生。

话语的交界面:语言和媒介

现代汉语词汇中的术语的"适者生存"多不是自然过程的结

---

① 原文为"labor/work/Arbeit",其中最后一词为德文。——校译者注

果,而是有意选择的结果,我们将要对此进行讨论和反省。第二部分的每篇文章都涉及当代对翻译、语言和媒介在传播新语言所承载的新思想中的作用所进行的思考。

毕鹗的历史叙述是第二部分的开篇论文,它追踪了古汉语中"翻译"一词的根源。通过观察自古代以来种族和语言多样性这一基本问题,他探讨了中国最早的民族身份的定义,根据他的发现,民族是从文化上、伦理上、生态上进行界定,而不是由人种、宗教、语言等参数来定义。这或许是对多语言主义和翻译的理论思考特别罕见的原因之一。清代以前,对外语不感兴趣,这不能解释为汉语的固有特性,而只能将其放在共有的社会、政治的倾向背景下来看待。在小心谨慎地对"翻译(translation)"的不同术语进行语言学的重构后,毕鹗认为,"译"作为得体的和最后的术语巩固下来,源自关键语言转变时期汉语与佛教最初的大规模遭遇。这个链接点是关键,因为,先前语言之间可译性的假设第一次根本性地成为悬案。

艾乐桐的论文观察到中国人对汉语结构相对缺乏系统的兴趣,这种兴趣直到与西方语法研究遭遇后才被唤起。艾乐桐讨论马建忠(1844—1900)的第一本语法书,并将其置于与马建忠密切相关联的耶稣会文化语境中,认为马建忠的杰出研究和语法受到普遍冷遇,这不是基于汉语特性的内在的必然,而是一种历史情境的结果。当20世纪初中国教育体制改革的语境需要英语模式的简化语法课本之时,马建忠的书被攻击为受西方思想影响太深和过于传统,而不能为现代教育所用。由于新的教科书对于学术讨论没有理论语言学的价值,语法研究渐渐被认为仅是"有用的知识"。语法被认为是琐碎的技术,从来不被认为是涉及认识维度的一个知识分支。艾乐桐进一步指出,这种现象很大程度上持续到中华人民共和国时期的汉语研究史。

对汉语及其结构越来越多的思考,也促进了关于翻译的文学活动的更加精密的理论的形成。严复(1854—1921)在《天演论》的序中总结提出的翻译三原则:信、达、雅,就是朝向这个目标的最著名的尝试之一。王宏志的论文将其关注点放在了严复翻译得以产生的特殊的社会、政治和文化体制中,重新思考严复翻译的重要性。王宏志把当代翻译话语和严复自己作品中这些概念的竞争性意义摆出来,以此开始自己的讨论。他以严复自己的翻译作品来检验严复的翻译理论,追踪这些翻译作品背后的意识形态和政治的动机,这些动机限制了其理论公式的运用。而且,严复翻译的作品选择及文字风格都与政治(及财政)赞助有关。正如王宏志所揭示的那样,严复的巨大成功部分地是由于他的赞助人吴汝纶(1840—1903)的推奖。吴汝纶非常赞赏严复优雅的文字风格。这鼓励严复继续运用这种成熟的文风进行他的翻译,尽管他很清楚,对于意想中的一大部分读者来说,他的译文是不能理解的。

白莎关于国语概念出现的讨论,对政治领导阶层与个人作者身份两个领域之间的关系进行详细阐述。白莎把期刊出版界出现的语言改革的公众话语和政府寻求统一语言的教育改革之间的张力联系起来,把汉语书面语和口头语的分离看作是民族主义改革的主要障碍。语言的两个领域发生冲突,因为口语化的书面语的普及作为国家建设工程的一部分是必需的,而民族真实性的概念被认为要求坚持把"文"即古典的书面语作为文化遗产的基础。这些冲突的路径导致了两种全国性语言的概念:"国语"和"国文"。这些冲突被胡适(1891—1962)著名的文学革命的建议所克服,胡适把"文"视同为西方意义上的"文学",把"白话"定义为新时代新文学的民族语言。

报纸和期刊是应用最广泛的媒体,它们把这些话语传播到更广大的民众中。报刊的形式、内容及其产生过程是基于翻译的跨文化互动的结果。米歇尔·C·莱依奇对最早的新型期刊之一即1833年创刊的《东西洋考每月统计传》进行了研究,让我们对这份被认为是宗教性质的期刊所包含的令人印象深刻的并且范围广泛的主题有一个大致的了解。莱依奇描述了对西方技术的解释、对自然科学的讨论、对世界历史地理知识的介绍等方面，还解释了这份杂志如何概括了"在华实用知识传播会"的价值观和目标，即进行跨文化的知识交流并使中国读者进行理性的辩论。

半个世纪以后，随着报纸在上海和香港更加普及，这种中国读者和新闻记者所展开的理性辩论的交流成为一种普遍现象。燕安黛的论文通过考察一种特定的报刊文体，即 leading article 的发展过程，对这些新形式的公共话语如何演变、转化和稳定作了更近距离的观察。对源于英文的"Leading Article"转变为中文"社论"的过程的分析，牵涉到在一个新的文化环境中对一个由文化界定的概念的接受、适应和利用等问题。当英文报纸在中国土地上获得立足之地，它把"leading article"作为一种自由的政论文体引入中国。这种文体的文章被译为"论"，起初被归入经世文的类型中，经世文本质上与历史话语中权威的正误判断相关联。对于这一点，燕安黛认为，被看作是服务于国家的文体与被看作是独立于国家的文体融合为一。在社论文章及其读者几十年间所发生的巨变过程中，不同的力量都在发挥作用，塑造这一争取目标读者可接受的文体。燕安黛仔细研读了经世文和报纸社论，发现社论是如何发展成为一种批评政府并独立于政府的文体的。这导致其与国家关系更近但与国家对立，其方式是力图摆脱国家监督并避免替国家宣传。

邹嘉彦的论文通过考察上个世纪历时的语言发展过程，把语言问题置于一个更广阔的历史视野之中。他对与机械学领域尤其是"交通工具"相关的概念和词语的研究，基于对 20 世纪早期以来不同版本的《辞源》里的词条与大容量的"汉语社区的语言差异"数据库(这个数据库来源于 1995 年到 1998 年各个汉语社区)里的词条所作的比较。这种双重路径可以对不同语言社区的语言变化的起源和机制进行更深入的洞察。采取区分内向趋势(即运用本土的语言元素)和外向趋势(即运用非本土的语言元素)的做法，邹嘉彦能够评述特定语言社区的不同的语言偏好，这种偏好与特定的文化和社会环境相关联。

学科的构建

本书第三部分论述新体制框架下科学工作和科学成果之间的复杂关系。通过计算手段和责任性加强控制,把新的知识分支确立为制度化的学科的过程,包括对原先分散的知识领域(包括文科和文学)进行划分、排除、分类和归类。同时,新形成的学科在具体应用时会引起反抗和冲突。生产知识和制度化地对其学科进行控制是同步发生的过程,这从为建立学术领域而采取的多样化策略中得到反映。

阿梅隆的论文通过研究中国物理学描述中的冲突,阐明了上述过程。他将19世纪上半期西方伴随"物理学的发明"而来的技术转移和发明看作是一个连贯的主题,以此开始他的论述。阿梅隆强调一点,即术语的演化在西方也不一致。接着,他勾画了西方物理学在中国的历史,集中讨论这一学科本身的术语史和分类的困难,这种困难与中国接纳物理学的困难是一致的。把西方和中国的物理学发展并置一起,阿梅隆勾画出了歧异的西方的民族传统(对什么是有别于自然哲学的物理学的准确理解上存在争论)如何与不同的本地传统相结合的生动详细的图画。这导致从不同策略把这一领域归类为"新的西学"或中国传统"格致"的一部分。"格致"这个术语,正像本杰明·A·艾尔曼在他的开篇作中指出的那样,在那时不断地被重新定义。

如同物理学领域一样,跨越国界的构形和日益增长的民族意识的结合,对于考古学在20世纪早期的建立,也是关键的因素。苏荣誉首先按照西方考古学发展进程对"考古学"和"史前史"术语作了区分,他从对前近代中国的金石学研究中追寻到对考古学本土理解的起源。不过,苏荣誉认为,古代的金石学研究或19世纪晚期外国考古学者出于寻宝的目的所进行的考古活动都没有能够发展出对这一学术领域的传统做法的系统的理论和方法的反思。苏荣誉主张，是民族危机感引发了对建立这一学术领域的根本思考。在20世纪开端，这种危机感激发学者把中国史重写为民族史，用"科学"的历史分期方法，用"三时代说"模式来表述古代中国历史。苏荣誉描述了这种意识形态化的修史努力与同时发生的著名安阳考古发现一起，如何与从日本和美国归国的受过专业训练的新一代考古学者所发展出的学术兴趣结合起来。这些归国学生与外国考古学者(这些学者此时进行纯科学目的的研究)的合作奠定了考古学在中国的学术基础。

上述两篇论文表明，建立一个新的学术领域首先要对其语言定义进行商讨。荒川清秀的论文把这个方面延伸到一组专业地理学术语的形成问题。荒川清秀通过追寻普通的地理学术语，如"热带"、"热带的"、"洋流"或"信风"的历史，探求新词语形成的不同模式，并由此而挑战、扩展了关于这些语言过程的一些流行观点。他强调日本兰学学者所起到的关键作用和研究早期翻译所依据的拉丁文词语的必要性，强调指出，首先，部分新词语从日本传入中国的时间，比原来一般认为的要更早；其次，日本学者新造词语不仅基于古代汉语而且基于古代日本词语。

"名字中有什么"，这是逻辑哲学领域基本的问题之一。中国的情况是，"逻辑"被(错误地)与名家联系在一起或被译为"名学"。顾有信的论文探讨了20世纪初年关于"中国逻辑"的话语的演变的历史，并集中研究了在受过训练的逻辑学者如胡适的系统研究之前的文本。通过发现和分析这些迄今仍被忽视的文本，顾有信得以将创制"表达框架"的各种混杂的尝试清楚地显示出来，这种"表达框架"仍没有被后来自信的"中国逻辑思想"史的解释所填充。顾有信阐明了最根本的问题，即是否存在诸如"中国逻辑"之类的东西，在什么文本中可以发现中国逻辑，应当如何理解这些文本等，是如何被不同地表达和反应的。这些表达或反应或是将荀子(公元前3世纪)和墨家学说中的逻辑因素与充分发展的小学相关联，或是利用佛教的因明说。他的研究最后解释道，随着王国维定义这个领域的严厉的学术刚性的干预,在短暂的逻辑"发现时代"文化内部寻求专业话语的努力,是如何过早地结束的。

鲁纳研究了国际法领域中所出现的类似的生动而混杂的话语进程。它在上海和北京不同机构框架下发展出不同的语汇,但是到20世纪初随着日语词汇大量引入并垄断汉语词汇,这个过程突然中断。鲁纳挖掘出1864–1903年间数十种中西著译者关于国际法的论著,鲁纳能够区分出北京同文馆和江南制造局同时并存的国际法翻译文本的两种传统,不过,两者都不能抵挡日本的影响。通过思考这种巨大影响的原因,鲁纳得出结论,这是由于主要由中国留日学生所发出的日益高涨的对中国主权的关注声,还由于日本存在从19世纪七八十年代以来所发展出的精确的国际法术语,中国留日学生遇到这些术语并乐于接受。

新的科学术语不仅对学术性的科学,而且对文学和文科起着至关重要的作用,这是一个很少有人问津的领域。海伦娜·赫尔罗尔多娃通过分析20世纪最初二十年的科幻小说,填补了这一方面的空白。通过辨析这些文本中那些指称为非经验性现实的不同类型的词汇,海伦娜·赫尔罗尔多娃考察了一个遥远陌生然而仍是可理解的科幻世界是如何通过语言工具产生的,这种语言工具通过描述想象物体的外形和功能使人们对其变得熟悉起来。此外,海伦娜·赫尔罗尔多娃讨论读者对这些新语言形式的接受。新造词语的结构及其附属的描述,用熟悉的环境将想象的东西加以现实化,帮助读者去感知和理解它。

作为最抽象的交流工具,音乐一直被认为是一种理想的普遍的符号系统,因为它不需具有任何某种特定的语言知识即可被理解。当代对"世界—音乐"的倡导和准备接受就是这种普遍理解的例证。音乐家认为音乐作品和理论必须基于特定的文化和历史背景,没有这种背景,音符的特定内涵将无法被解读。既然音乐在古代中国文化和政治想象中占有特殊的地位,引进新的记谱符号体系和西方音乐学的决定引起激烈争论就不足为奇了。通过追寻现代中国音乐理论和术语在西方影响下的演化过程,杰琳德·吉尔德的论文探讨了这些问题。她揭示了将强烈的政治和教育功能赋予音乐的文化传统在新音乐学创造过程中是如何保留下来的。新音乐作为建国计划的一个组成部分自觉发展而来，它创作向听众灌输公民思想的新歌,但是,由此导致两个冲突的观点,即新音乐是基于传统音乐之上还是总体上废除旧的符号系统。与文学领域一样,主要由留日学生用"新的和现代的西方"词语取代"古典的老的汉语"词语,导致"新音乐"成为民族音乐的支配形式,而古典音乐形式不再被认为是真正的艺术。从一个音乐学家的观点出发,杰琳德·吉尔德认为,这种"旧"被"新"代替并不能阐明提出的问题,即究竟是什么东西构成了这种新音乐。

心灵和思想领域的知识

本书最后一部分论述有关宗教思想、道德和人体等知识的敏感性问题,以及直觉对方法、信仰对客观等常常相互冲突的因素。这些领域显然超出了精确计算的范围,将关于未知世界的知识和个人经验、宗教真理以及个人信仰紧密联系起来。摆动于科学真理和宗教真理之间,这些新出现的话语揭示出哲学的、宗教的、意识形态的先见是如何促进,并最终稳定了在各自领域中的科学话语的产生。

顾彬的开篇论文强调, 翻译并不仅仅是从语义上引入某人自己的文化语境, 还意味着翻译者本人的转变。顾彬指出德语 *übersetzen* 的词义是"横渡",探讨了画家兼诗人吴历(1632—1718)在澳门的旅行,不仅穿过地理的而且还有精神的、学术的和意识形态的界限的过程中所发生的逐渐转变的过程。正如顾彬所揭示的那样,吴历的《三巴集》是试图通过对话来克服东西方界限的独特例证。吴历的对话有一个前提,即理解永远不会完成而是永远处于接近完成的过程之中。穷究不断变化的意义不仅成为吴历,而且成为一般翻译者的中心任务。

在关于基督教中最高神在中文中的正确译法问题，即一般所说的"圣号问题"的争论中，个人的、主观的方面在翻译的决策过程中，凸显出一个显著的问题。对"上帝"的译法之争，不仅仅是造成在华西方传教士的分野甚至痛苦的根源："圣号问题"的解决对于基督教在中国文化中找到适当的立足之地也起到了决定性作用。进而言之，这个问题对于中国教民在自己社会中的地位有重要意义。黄文江通过分析在教会刊物《万国公报》上发表的中国教民关于这个争论问题的文章，从一个新的角度去看待这个特殊翻译问题。黄文江发现，中国教民用他们自己的术语来翻译"上帝"，他们不是简单地跟从他们的教会领导者，而是产生了一种目的在于形成理解基督教教义的新术语和新理论的新话语。而且，他们的辩术表明，中国教民和某些传教士站在一起，反对另一些教士，这样就产生了一种超越国家和文化界限的多种意义的话语。黄文江认为，他们的传教灌输对中国听众虽然没能产生立竿见影的效果，但这并不妨碍他们对包含在术语问题上的文化复杂性的作用。

费乐仁对理雅各(1815－1897)的著名译作《中国经典》的分析，阐明了翻译者个人所处的解释环境对翻译所起到的决定性影响。通过描述理雅各所受到的当时流行的苏格兰现实主义哲学流派的影响的背景和新教徒的身份，费乐仁反驳了历史学家和文化批评者所宣称的观点，即19世纪的基督教传教士过分局限于自己的背景内，而不能逃脱基本的基督教世界观所固有的偏见，这种偏见充斥于他们对外国文化不恰当的和歪曲的表述之中。进一步观察理雅各在经典中所发现的形而上学术语后，费乐仁阐释了理雅各艰难地使用着这些术语，反映了他本身思想和精神的紧张。他认为，理雅各的选择是自我意识和通过他对苏格兰理想主义研究而作出的理性正当行为，而不是像别的作者所说，他表现得"非常模棱两可"。

术语揭示认识论情形的程度在安格里克·C·麦思纳关于将西

方精神病学翻译到中国医学语境中的文章中进行了讨论。"精神病"等新的精神病学概念并没有改变中国人对人体功能的"中国认识论"。因为中国人并没有像西方精神病学那样,成功地将身体的和精神的因素分开。麦思纳追踪现代西方精神病学和中国医学最早接触的源头,认为西方和中国精神病学之间这种最基本的差异,虽然历经20世纪的发展,仍然没有被清除,甚至当代中国提出"有中国特色的精神病学",正是这种差别的体现。

身体的概念不仅与个体本身有关,还与其社会角色有关。新的、现代的身体的发现,最明显地与公共卫生、生育和胎教等联系起来进行讨论。莎拉·E·斯蒂芬斯的论文对这些问题进行了论述。斯蒂芬斯讨论了作为民族主义、种族进化和科学汇聚于一起的重要公共场域的卫生课本,阐明了这些课本如何规定了女性身体、女性特征、家庭生活和养育子女的医学和科学概念,将先前隐私空间变成了一个公共论争的地点。这种私人被国家的名义同化吸收是话语融合的结果。这些话语的形成得益于本土的有关性别作用的道德观点和现代社会技术与演化理论。在中国大陆,这种话语仍然盛行在对妇女身体的政治控制中。

最后,冯尼·斯科尔日·仁达论述了这个新的民族国家对其未来公民,即儿童的特殊教育,是如何构想的。她的分析基于1906年上海商务印书馆所出版的系列小学课本,斯科尔日·仁达研究了被选定为适当的道德价值和品质教育内容。此外,她发现这些部分来自西方的概念在小学阶段即被熟知。由于"爱国"是一个散布于被调查的初级伦理读物中的核心概念之一,斯科尔日·仁达探讨了在为学生树立一个榜样时的政治策略选择,这些政治策略确保民族主义的新公民意识,同时又把这一概念解释为忠君。

本书的这些论文,展示了整个19世纪和20世纪初繁荣于许多领域中的对科学和新知识的广泛多样的兴趣和关注。这些论文显示了来自西方,以及关于西方的新知识及其地位和意义的话语如何出现在思想话语的所有部门。尽管这还远远不能包括这些竞

Hart, Roger. 1999. "Beyond Science and Civilization：A Post－Needham Critique", *East Asian Science, Technology Medicine* 16, pp. 88~114. 罗根·哈特:《超越科学和文明：一个后李约瑟时代的批评》,《东亚科技与医学》16,1999 年,第 88~114 页。

Howland, Douglas R. 2002. *Translating the West: Language and Political Reason in Nineteenth-Century Japan.* Honolulu: University of Hawaii Press. 道格拉斯·R·豪兰德:《翻译西方:19 世纪日本的语言和政治理性》,火奴鲁鲁:夏威夷大学出版社,2002 年。

Hume, David. 1987 [1742]. "On the rise of progress of the Arts and Science". *Essays. Moral Political and Literary.* Eugene F. Miller (ed). Indianapolis: Liberty Fund Inc, vol.1, chapter 14, p.2. 大卫·休谟:《论艺术和科学进步的出现》(1742 年),尤季恩·F·米勒编:《道德、政治和文学论文》,印第安纳波利斯:自由基金有限公司,1987 年,第 1 卷,第 14 章,第 2 页。

Lackner, Michael, Iwo Amelung and Joachim Kurtz (eds.). 2001. *New Terms for New Ideas. Western Knowledge and Lexical Change in Late Imperial China.* Leiden et. al.: Brill. 朗宓榭、阿梅隆、顾有信等编:《新思想的新术语:中华帝国晚期的西学和词汇变化》,莱顿等:布里尔学术出版社,2001 年。

Montgomery, Scott L. 2000. *Science in Translation. Movements of knowledge through Cultures and Time.* Chicago and London: University of Chicago Press. 斯科特·L·蒙特格门利:《翻译中的科学:在诸文化和时代移动的知识》,芝加哥、伦敦:芝加哥大学出版社,2000 年。

Reynolds, David C. 1991. "Redrawing China's Intellectual Map: Images of Science in Nineteenth Century China". *Late Imperial China* 12.1, pp. 27~61. 大卫·C·雷诺兹:《重绘中国思想地图:19 世纪中国的科学图像》,《清史问题》12.1,1991 年,第 27~ 61 页。

Wright, David. 2000. *Translating Science. The Transmission of Western Chemistry into Late Imperial China, 1840–1900.* Leiden et.al: Brill. 大卫·赖特：《翻译科学：西方化学输入晚期中华帝国，1840—1900》，莱顿等：布里尔学术出版社，2000年。

全球知识的政治学

THE POLITICS OF GLOBAL KNOWLEDGE

从前近代中国的"格致学"到近代中国的"科学"①

本杰明·A·艾尔曼

导言

这篇论文论述从 1550 年以来中国人和欧洲人之间围绕着自然研究的意义和重要性而产生的互动的相互竞争性。1700 年以后，印度处于殖民统治的环境下，英帝国当局能够规定印度土著和西方人在社会、文化、政治术语方面的互动条件。与此不同，直到 1900 年，晚清中国的自然研究一直是中华帝国对西方关于合法的自然科学知识的构成的诸种观点进行掌控的本土化工程的一部分。② 中国和西方从这种竞争性调适中各取所需，将对方的自然研究形式转化为本土可接受的知识传统。可以说，到 1600 年，欧洲在制造业方面已经处于领先地位，制造出诸如钟表、螺丝、控制杆和滑轮等

① 这篇论文的早期版本曾在加州大学伯克莱分校的"中国研究中心"、斯坦福大学"世界历史会议"、加州大学洛杉矶分校"科学、医学、技术文化研究中心"和普林斯顿大学高等研究所的"中国研究项目"发表过。

② 关于印度的情形，参看伯纳德·科恩：《殖民主义及其知识形式：英国人在印度》，芝加哥：芝加哥大学出版社，1996 年，第 5~56 页；又见吉安·普拉卡西《另一种理性：科学和近代印度的想象》，普林斯顿：普林斯顿大学出版社，1999 年，第 3~14 页。普拉卡西指出，英国人在印度传播的文明开启了近代科学在南亚的文化权威。普氏进一步指出，印度人也认为南亚本土的文化传统和西方科学是一致的。

器械，并越来越多地将其应用于机械化生产。但是，欧洲人仍在探寻丝织、纺织、瓷器和茶叶生产技术的秘密。①而中国的士大夫们，则从西方借用新的(起源于印度、阿拉伯的)代数符号、几何、三角学、对数学。事实上，近代西方自然科学的认识论前提直到 20 世纪初才在中国被接受。到 1900 年为止，中国人一直用自己的术语去理解欧洲现代早期的转变——从新式的科学知识到新型的工业动力，情况都是如此。②

因此，我们不能低估中国人在用自己的方式掌握耶稣会士在 16 世纪至 18 世纪所传西方学术(所谓的"西学"或"格致")方面所作的努力。③士大夫和帝国政府历法专家根据他们过去估价和运用耶稣会士所传技术时所使用的本土学术传统，去理解西方近代早期的自然科学成就。这种本土化研究方式，既不代表本土的近代化过程，也算不上是一场科学革命的开始，至少按西方标准来看是如此。④19 世纪晚期之前，晚清帝国的汉族人和满族人既没有探寻西方式的现代性，也没有采取绝对地反对西方的意识形态的计划。不过，虽然北京的宫廷政治在西化和守旧两种立场之间折中调和，而耶稣会士作为西潮的代表，需要面对所传新学招来的喜欢旧学的当权者们政治上的敌视。

要理解彼得·温奇(Peter Winch)的观点，我们必须首先承认，

----

① 参见多纳德·F·拉齐：《亚洲之于欧洲的发展》，第 2 卷：《奇迹的世纪》，第 3 册：《学科分类》，芝加哥：芝加哥大学出版社，1977 年，第 397~400 页。

② 见多纳德·蒙格罗：《神奇的土地：耶稣会士的调适和汉学的起源》，火奴鲁鲁：夏威夷大学出版社，1985 年，第 23~43 页；又见拉南尔·杰森：《构建儒学：中国传统与普世文明》，达勒姆：杜克大学出版社，1977 年，第 34~75 页。对怪异现象、超自然事件和宗教信仰的接纳，参见张琼：《关于神、鬼和奇异现象：明末来华耶稣会士对超自然现象的解说》，《早期科学和医疗》，4.1.1999 年 2 月，第 1~36 页。

③ 见徐光台：《儒学与科学：一个科学史观点的探讨》，《清华学报》，新系列，26.4，1996 年 12 月，第 369~392 页。

④ 见内森·席文：《科学革命为什么没有发生在中国——或科学革命在中国没有发生吗？》，重印于内森·席文编：《中国古代科学：研究和反思》，爱尔德索特，布鲁克费尔德：万里亚鲁姆，1995 年，第 45~66 页。

对称之为自然研究或自然史的东西，我们还没有一种学术上的范畴，可与前近代中国的框架相类似。① 而且，正如多纳德·F·拉齐(Donald F. Lach)指出的那样，要在近代学术框架内对近代早期欧洲的学术进行分类同样也是成问题的。② 要理解前近代中国关于自然世界的知识框架体系，正如理解近代早期欧洲学术一样，我们首先必须扩展我们的理解，为之腾留足够的空间。下面我们试图这样做：通过重构解释群体的轮廓，我们将把中国的格致学置于其内外语境中来加以讨论。③

不幸的是，今天的学者对晚期中华帝国格致学的作用所得出的非常普遍的结论之一，就是认为大约在 1300 年以后，中国的天文学和数学就处于逐步衰退之中，这种衰退直到 16 世纪耶稣会士来华才停止。④ 当利玛窦(Matteo Ricci，1552—1610)描述中国人在明代(1368—1644)晚期的科学威力时，他注意到：

> 他们不仅在道德哲学方面，而且还在天文学和数学许多分支学科方面取得了相当的进步。有时，他们在算术和几何上达到了相当高的造诣，但是在这些学科的教和学上，他们却多少显得困惑。

利玛窦得出结论：

> 研究数学和医学不受重视，因为不像学习哲学那被荣誉所

---

① 参看彼德·温奇：《理解原始社会》，载布拉恩·威尔逊编：《理性》，牛津：贝松·布兰克维尔，1970 年，第 93~102 页。

② 参见多纳德·F·拉齐：《亚洲之于欧洲的发展》，第 2 卷：《奇迹的世纪》，第 3 册：《学科分类》，芝加哥：芝加哥大学出版社，1977 年，第 395 页。

③ 参见斯坦莱·J·坦姆比恩：《魔法、科学、宗教和理性的范围》，剑桥：剑桥大学出版社，1990 年，第 154 页。

④ 参见桥本敬造：《徐光启和天文学改革》，大阪：关西大学出版社，1988 年，第 17 页。

激励,学生们被学习哲学所能带来的荣耀和回报所吸引。①

根据这个观点,中国的数学和天文学在宋代(960—1279)和元代(1279—1368)发展到了顶峰,在明代急速衰落。②这个影响深远的观点受到最新研究的检验。这些研究表明,在耶稣会士到来之前,中国的士大夫们仍然非常关注数学和历法的改革。③还有研究显示,明末清初(1644—1911)的耶稣会士为了适应传教的需要,曲解传播当时欧洲天文学的知识。这种为我所用的策略,使欧洲天文学的新趋势出现相互矛盾的信息,降低了将欧洲科学成功传入晚明士大夫群体的可能性。④据此观点,明末学者并不是通过与耶稣会士的接触而获得欧洲天文学知识,才从科学的"衰落"中走出来。恰恰相反,他们自己重估他们的天文学传统及其不足,成功地吸收了耶稣会士所带来的欧洲科学的相关特色。⑤

自耶稣会士来华以来,就流行这样一种观点:明清时代的士大夫与其宋元时代的前辈不同,他们仅参与严格限定的人文活动,其

---

① 《16世纪的中国:利玛窦中国札记(1583—1610)》,纽约:蓝登书屋,1953年,第31~33页。该书由法鲁·尼古拉·彻高译成拉丁文,路易斯·J·格勒吉译成英文。
② 这种传统的观点,见李约瑟:《中国的科学与文明》,剑桥:剑桥大学出版社,1959年,第3卷,第173、209页;又见何丙郁:《理、气、数:〈中国的科学与文明〉导论》,香港:香港大学出版社,1985年,第169页。
③ 见罗根·哈特:《证据、宣传、赞助:17世纪西方科学在中国传播的文化历史》,加州大学(洛杉矶)博士论文,1996年;又见裴德生:《传教士到来之前明朝廷的历法改革》,《明代研究》21,1986年,第45~61页;又见塔奇·迪恩:《中华帝国的天文机构:1365—1627年间明朝钦天监的形式和功能》,华盛顿大学(西雅图)博士论文,1989年。该论文记录了从帝国早期到晚明时期的繁杂的历法改革。
④ 参见内森·席文:《哥白尼学说在中国》,载《哥白尼学术讨论会之二:日心说的接受研究》,华沙:科学哲学学术史国际学术讨论会,1973年,第63~114页。
⑤ 参见谢和耐:《中国和基督教的碰撞》,剑桥:剑桥大学出版社,1982年,第15~24页;又见席文所作王锡阐传记,内森·席文:《王锡阐(1628—1682)》,载《科学家传记词典》,纽约:Scribner's Sons,1970—1978年,第14卷,第159~168页;又见塔奇·迪恩:《中华帝国的天文机构:1365—1627年间明朝钦天监的形式和功能》,华盛顿大学(西雅图)博士论文,1989年;第401~441页。

精英分子陷入文学的理想之中,逃避对自然世界的兴趣。① 历史学家一般从科举体制中为此寻求证据。利玛窦写道:

> 所有考试,不论是兵学、数学、医学,尤其是哲学,其主考官和监考官,都从哲学元老(翰林)中选出,其中没有一个军事专家、数学家、医生参与其事。②

此外,我们还推测,明代科举考试的经典科目使精英们的精力又集中于道学正统,强调道德哲学和文学的价值而脱离早期的专业的和技术的研究。传统的学术研究仍然坚持认为,唐宋时代考试常设的技艺科目,如律法、医学和算学,在帝国晚期的考试中没有被继承下来。③

少数民族统治时期（1206—1368 年是蒙古族的统治,后来,1644—1911 年在满族统治下）,相当数量的士大夫,包括许多科举考试的落第者,转向科举正途之外的职业,如医药。在 18 世纪、19 世纪,当人口压力致使乡试和会试的中榜者不一定都能获得官职时,许多人转向教学、医药和学术,将其作为一种替代性的职业。④而且,主考

---

① 见米歇尔·亚达斯:《作为人类量度的机器:科学、技术及西方统治的意识形态》,绮色佳:康乃尔大学出版社,1989 年,第 41~68、79~95 页。

② 《16 世纪的中国:利玛窦中国札记(1583—1610)》,纽约:蓝登书屋,1953 年,第 41 页;又见邓恩:《一代伟人:明末来华耶稣会士的故事》,圣母大学出版社,1962 年,第 129~130 页;薮内清:《中国的天文学:发展和限制因素》,载中山茂、内森·席文编:《中国的科学:对一个古老传统的探索》,坎布里奇:马萨诸塞:麻省理工学院出版社,1973 年,第 98~99 页。

③ 见张鸿声:《清代医官考试及题例》,《中华医史杂志》25.2,1995 年 4 月, 第 95~96 页。关于清代基于明代先例选拔有限名额的医官的考试,又见梁峻:《中国古代医政史略》,呼和浩特:内蒙古人民出版社,1995 年。历法和天文问题是明代选拔钦天监官员的考试内容,见塔奇·迪思:《中华帝国的天文机构:1365—1627 年间明朝钦天监的形式和功能》,华盛顿大学(西雅图)博士论文,1989 年,第 197~200 页。

④ 参见韩明士:《算不上绅士？宋元时代的医生》,《中国科学》7,1986 年, 第 11~85 又见约瑟芬·列文森:《明代和清初社会的业余理想:来自绘画的证据》,载费正清编:《中国的思想与制度》,芝加哥:芝加哥大学出版社,1957 年,第 320~341 页。

官使用关于自然事件和怪异现象的策论，阻止民间宗教和占卜术在考生中广泛渗透，使这些信仰远离政治。①

一、明代对自然研究的兴趣

从元代以来，中国的自然研究，有时被归属于"格致"（系"格物致知"的简称，即"探究和扩展知识"）一词下；还有的时候，尤其在中世纪，同样也是在元代以后，这种兴趣被用"博物"（字面意义是"关于事物性质的广博的学问"）一词来表达。"格致"和"博物"，宋明时期可分别用于表示"自然研究"和"自然史"，与两者相联系的不对称的概念类别，还没有被完整地勾画出来。而且，我们仍不能确定，这两个词语在相互比较时通常是怎样使用的。

另外，在古代和中世纪图书目录分类中，诸如"术技"之类，被用于界定今天我们所指称的科学和技术。在 18 世纪晚期《四库全书》学科分类中，医学和历法研究被包括在子部下的次级类别中（见表 1）。

表 1：《四库全书》的四十四个子目

类似地，音乐的律吕方面的内容，包含在经部，而时令和地理列在史部下。因此，我们不能设想，在天主教传入中国前，中国存在被称

经部	史部	子部	集部
易	正史	儒家	楚辞
书	编年	兵家	别集
诗	纪事本末	法家	总集
礼	别史	农家	诗文评
春秋	杂史	医家	词曲

① 见本杰明·A·艾尔曼：《晚期中华帝国科举考试的文化史》，伯克莱：加州大学出版社，2000 年，第 346~360 页。

孝经	诏令奏议	天文算法	
五经总义	传记	术数	
四书	史钞	艺术	
乐	载记	谱录	
小学	时令	杂家	
	地理	类书	
	政书	小说家	
	职官	释家	
	目录	道家	
	史评		

为"格致学"的单独、统一和传统的自然研究。[1] 然而,在我看来,似乎可以说,在宋代及宋以后的士大夫精英中,"格致"是最普遍的知识积累本身的认识论框架。另一方面,"博物"带有更普遍和通俗的好奇的意味。[2] 例如,北宋初期,由皇家主办及赞助、李昉(925—996)主编的《太平御览》(太平盛世的百科全书,976—983年),包括了过去专门记述异常事件和奇怪物件、事情、鸟类和鬼神以及灾异的文本,提供了一个古代和中世纪时期文本用法的当代词典。这样的词典指出了经典著作中"博物"的范围。[3]

另一方面, 帝国晚期核心的经典解释者, 南宋哲学家朱熹(1130—1200)认为,"格物致知"的前提是"万物之理"。朱因此下结论说,一个人在十分之三或四的情况下,应当到外部世界去寻求原

---

[1] 徐光台:《明末清初西方格致学的冲击与反应:以熊明遇〈格致草〉为例》,载台湾大学历史系编:《世变、群体与个人》,台北:台湾大学出版社,1996年,第236~258页。

[2] 见罗伯特·F·康伯尼:《奇异的著述:中国中世纪早期的异常解释》,奥尔巴尼:纽约州立大学出版社,1996年,第49~52页;又见张琼:《16世纪至17世纪中国的自然、超自然和自然研究》,加州大学洛杉矶分校历史系科学医学和技术文化研究中心主办的学术讨论会论文,洛杉矶,1998年11月16日。

[3]《太平御览》,《四部丛刊》重印本,台北:中华书局,1960年,第612册,第4~10卷。

则（"三四分去外面理会方可"）。但是，在大多数情况，即十分之六七的情况下，道德原则应当在内心中去寻求。从那以后，"格物"成了精通经典和历史的文人打开知识之门的钥匙。①

由于朱熹后来的突出学术地位，从《礼记》的《大学》篇借来的"格致"成了流行的道学术语，文人们用它来讨论知识的形式和内容。然而，事实上，围绕朱熹执意地推崇《大学》中的"格物"章，以建立儒学的认识论界限的做法，还有很多经典的争论。②余英时一直坚持认为，17世纪士大夫精英经学研究转向精确音韵学，可以追踪到16世纪围绕《大学》古本的争论。这里有必要介绍一下。③例如，王阳明（1472—1529）推崇"大学古本"，否认朱熹对《四书》中"格物"的"外求"的观点。随后，晚明时期出现的一个更古老的"大学石本"的棘手问题（这个版本后来被证明是伪造的）使16世纪和17世纪许多中国士大夫，重新认识到王阳明的著名论断，即朱熹篡改了这一关键段落的原文，以使其本人对"格物"的解释得到确证并成为经典规范。王阳明尤其否认朱熹强调"格致"先于"诚意"的观点。王阳明认为，"诚意"是"格物致知"的基础。④

元末时期，"格致"作为一个道学词语，已经被医学作家朱震亨（1281—1358）用于指称技术方面的学问。在其最著名的作品《格致余论》（被收录于18世纪晚期的《四库全书》中），⑤朱反对宋代医

---

① 见《朱子语类》（1473年），台北：成文出版社，1979年重印，第18册，第14~15页；又见山田庆儿：《朱子的自然学》，东京：岩波书店，1978年，第413~472页。

② 参见丹尼尔·加德纳：《朱熹和大学：新儒家对儒家经典的反思》，坎布里奇：哈佛大学东亚研究中心，1986年，第27~59页。

③ 见余英时：《清代儒家理智主义兴起的一些初步观察》，《清华学报》，新系列，11.1和11.2，1975年12月，第125页。该文讨论王阳明对朱熹《大学》解释的批评，这场批评在16世纪曾引起文本的危机。

④ 见王汎森：《"勇敢的傻瓜"丰坊（1500—1570年）及其石刻本大学的墨拓本》，《明研究》35，1995年8月，第74~91页；又见王阳明：《传习录》，载《王阳明全集》，台北：考证出版社，1973年，第129页。

⑤ 见朱震亨：《格致余论》，《四库全书》本，台北：商务印书馆，1983—1986年重印，第746卷，第638页。

方,但是他强烈呼吁元代的士大夫应当将医学纳入其"道学"范围中。他认为,医学是一个关键的研究领域,不仅补充"道学"的道德和理论教诲,还是近来的"实学"的关键。《四库全书》编者引述朱震亨的序言,以论证医学是一个说明"格物致知"的具体的领域("格物致知之一事")。[1]

1200 年以来,"格物"这一概念在儒学经典研究中居于认识论的核心地位,此外,"格物"概念也运用到对古物的搜集、研究和分类等方面,如曹昭(1387—1399 年在世)的《格古要论》。此书印行于明早期,后来又数次修订。该书最早于 1387 年或 1388 年出版,包括对于陶器和漆器,还有诸如书法、绘画、古琴、石头、铜器和墨砚等传统器物的重要说明。1462 年由王佐(1427 年中进士)完成的版本,对原书大大加以扩充,包括了明朝官方由郑和(1371—1433)所率领的1405—1433 年对东南亚和印度洋的航海探险的发现。王佐还增加了皇家印玺、铁符、官服和宫殿建筑。在该书"序言"中,王佐写道:

> 凡见一物,必遍阅图谱,究其来历,格其优劣,别其是否而后已。[2]

他对古代铜器、书法样本和新奇之物特别感兴趣。[3]

17 世纪明代的士大夫也将"格致"作为本国专门学问的一个类

---

[1] 参见《四库全书总目》编者为朱震亨的研究所作的《提要》。纪昀等编:《四库全书总目》,台北:艺文出版社,1973 年重印,第 746 卷,第 637 页。

[2] 见《格古要论》的删减版,载胡文焕编:《格致丛书》(1573—1619 年),台北:"中央"图书馆,珍稀图书汇编(National Central Library, Rare Books Collection)(明万历版图书的缩微胶卷,大约在 1596 年),第 25 卷;又见王佐为该书所作《序言》,第 1 页;又见大卫·派瓦西尔爵士译:《中国的艺术鉴赏·格古要论:文物的基本评判标准》,伦敦:法贝,1971 年。但是,从亚洲其他部分传来的新信息,对现存的明代知识框架并未提出挑战,这与近代早期欧洲 16 世纪的海洋发现的广泛影响不同。参见多纳德·F·拉齐:《亚洲之于欧洲的发展》,第 2 卷:《奇迹的世纪》,第 3 册:《学科分类》,芝加哥:芝加哥大学出版社,1977 年,第 446~489 页。

[3] 20 世纪初,这种士大夫收集和分类文物的实践并入考古学学科。这种发展,可参见本书苏荣誉的文章。

别,后来又将其与近代早期欧洲的 scientia 对等起来。1865—1900年之间,晚清中国的改革派官员和学者将"格致学"改变为指称近代西方科学。随后,在 20 世纪早期,"科学"代替"格致学",成为 science 的中文对等物。这说明,西方"科学"的中文名称,在不同的时期以不同方式进行竞争。[①] 例如,早期耶稣会将亚里士多德的《四元素理论》(译作《空际格致》,字面意思是"空间研究",1633 年)和阿格里科拉的《论金属》(译作《崑崳格致》,字面意思是"地球研究",1640 年), 翻译成古典汉语时, 标题中按照拉丁语的 scientia (16 世纪 scientia 被翻译成汉语时, 意思是 "系统化或专门化的知识"或学问)的意义,使用了"格致"。[②] 道学原则和自然科学,尤其是医学和历法学,并不互相排斥。[③]

裴德生在对方以智(1611—1671)所作的有价值的研究中,阐述了晚明道学有关"格物"的观点是如何从纯粹道德努力的方式,转向额外强调外部事物的作用。方以智的巨著《物理小识》,强调进行物质研究以理解形成自然变化类型的巨大力量。方以智大体上接受了由耶稣会士传入中国的西方对自然现象的解释,诸如地圆说、有限的日心说和人体生理学。但是他批评他们没有进行物质调查,批评他们最终结束于未经证实的宗教立场。相反,方以智更喜欢对自然世界的描述性知识。他用一种新的知识积累的观点诠释"道学"对"格物"的解释,既反对王阳明对内省的关注,也否认朱熹对道德主义的关注。[④]

---

① 对此的讨论,见刘禾:《跨语际实践——文学、民族文化与被译介的现代性(中国,1900-1937)》,斯坦福:斯坦福大学出版社,1995 年,第 20~42 页。

② 见潘吉星:《阿格里科拉的〈崑崳格致〉在明末的传播》,《通报》57,1991 年,第 108~118 页;又见詹姆士·瑞阿顿—安德森:《变易之学:化学在中国,1840—1949》,剑桥:剑桥大学出版社,1991 年,第 30~36、82~88 页。

③ 见罗根·哈特:《本土知识、本土语境:元明时期中国的数学》,"宋元明转折学术讨论会"的论文,1997 年 6 月 5-11 日,加州箭头湖(Lake Arrowhead)。遗憾的是,这篇重要论文没被收入会议论文集公开发表。

④ 参见裴德生:《方以智:西学与格物》,载乌姆·西奥多·的·贝利等编辑:《新儒学的演变》,纽约:哥伦比亚大学出版社,1975 年,第 369~411 页。

从前近代中国的"格致学"到近代中国的"科学"

与此类似,明朝的学者和杭州书商胡文焕(约 1596 年前后在世)编辑和印行了《格致丛书》,作为晚明时期编纂的从古到今的经典的、历史的、制度的和技术的著作总汇,该丛书为 17 世纪的士大夫读者提供了各个领域的重要文本知识的记录汇编。尽管该丛书中没有两种书的版本是一样的,但据胡文焕说,在其南京和杭州的印刷所共印行了包括这个丛书和别的丛书在内的 346 种著作。根据一些著作的记述,这些著作被分成 37 类,如经典教义、文字学、音韵学、史学、礼仪和制度、判牍、地理、山川、医家、道家、佛家、农家、星象学、相面术、诗文、绘画、金石等等。可以明确提供《四库全书》编者使用的著作,只有 181 种。《格致丛书》中,严格限于"格物"的著作共有 46 种,强调经典的文献学和语源学,第一部书是由晋代郭璞(276—324)作注的字典《尔雅》。[1]

例如,论述明代早期文物的《格古要论》也包括在该丛书之中,但是胡文焕对其进行了删减,仅包括了其中关键部分并改名为《格古要论》。胡写道:

> 谓古之不可不格也,古格而未有不通于今,物格而未有不通于人,格之时义大矣哉。[2]

总体上,《格致丛书》强调博物学研究,"博物"是 37 个类目之一,包括在人文的和制度的框架之内的自然和文本的研究。在丛书里,张华(232—300)的《博物志》和李石的宋代续篇《续博物志》,归属于"格致"类别下。其他包括在《格致丛书》里的著作还有,高承(约 1078—1085)编辑的《事物纪原》和明代王三聘编写

---

① 见胡文焕编:《格致丛书》(1573—1619 年),台北:"中央"图书馆,珍稀图书汇编(明万历版图书的缩微胶卷,大约在 1596 年),第 25 卷,共包括 46 部著作。

② 见胡文焕为《格致丛书》版的《格古要论》所作"序",载《格古要论》,《格致丛书》(1573—1619 年),台北:"中央"图书馆,珍稀图书汇编(明万历版图书的缩微胶卷,大约在 1596 年),第 25 卷,第 1~2 页。

的《古今事物考》。①

除了明代胡文焕的"格致研究"，董斯张完成了《广博物志》，该书更多地关注于"自然史"。这种作为"自然史"的"博物"著作表明，"博物"这一术语在概念上与"格致"并不对称。有时，前者被包括于后者之中，有时则不包括。在"格物"取向和"博物"框架的晚明著作中，都尝试了将研究对象转变为人工制品、文物和艺术品。从天地到鸟、兽、虫、鱼、花草、食物、建筑和工具，源自中国参考书目框架的"系统化知识"的目录，体现了种类繁多的中国自然资源、艺术品和制造品等资料的系统搜集。在与西方 scientia 的相互作用过程中，中国的文人士大夫对其自然研究传统作了适当程度的改造。②

二、明代科举考试中的自然之学

仔细察看明代的科举考试记录，就会发现，科举考试也测试应考者的天文、历法及自然界的其他知识，这些被称作"自然之学"。③和宋代的科举考生不同，明代乡试和会试的应考者，要求掌握许多历法、天文、灾异和乐律等方面的技能。乐律是官方度量衡的基础。例如，在明初永乐皇帝（1403—1424 年在位）时期，把历法及实践性的研究几乎提高到官员、士大夫学术的最高地位。更重要的是，皇帝使"自然之学"合法化。从那以后，这类策问经常出现在明代的科举考试中。④

---

① 同上，又见罗伯特·F·康伯尼：《奇异的著述：中国中世纪早期的异常解释》，奥尔巴尼：纽约州立大学出版社，1996 年，第 51~52 页。国会图书馆包括 156 种著作的《格致丛书》版的序言名为"百家名书序"。

② 参见《格致丛书》；又见邓嗣禹、毕乃德：《中国文献选编题解》，坎布里奇：哈佛大学出版社，1971 年，第 105 页。

③ 见本杰明·A·艾尔曼：《晚期中华帝国科举考试的文化史》，伯克莱：加州大学出版社，2000 年，第 461~481 页。

④ 见《皇明三元考》，张弘道、张凝道编，晚明版本，1618 年后印，第 2 卷，第 3 页；又见《状元策》（1733 年），焦闳、吴道南等编辑，1997 年重印，出版地不详，怀德堂版，"总考"章，第 15 页。

从前近代中国的"格致学"到近代中国的"科学"

表 2 明代按主题进行分类的策问:应天府,1474–1600 年, 230 个问题,这里仅举出排名最前的 15 个问题

排名	主题	总百分比(%)	选择概率(%)
1	养才,用人	9.6	43.4
2	道学	8.3	37.5
3	太祖,成祖	7.4	33.5
4	治国	7.0	31.5
5	理财	5.7	25.8
6	君臣	5.2	23.5
7	国防	4.3	19.4
7	经学	4.3	19.4
9	法刑	3.5	15.8
9	兵事	3.5	15.8
11	文诗	3.0	13.6
11	自然	3.0	13.6
13	史学	2.6	11.8
13	农政	2.6	11.8
13	风俗	2.6	11.8

资料来源:《南国贤书》,张朝瑞编辑,约 1600 年的版本。每个策问的概率的计算,基于这样一个假定,即五个选择中的每一个选择与其他选择都是互相独立的。如果五个选择是相互关联的,每一种类型的概率就会略高一些。上述和下述的大多数主题都按照中国实际的分类。我另外加了一些,如"自然研究",它是诸如占星术、历法研究和乐律等类的综合。

表 2 说明,在明代全国范围内的乡试中,有五万到七万五千多名考生,可能被要求回答一个关于天文或历法的策问。很奇怪,在清代这类策问的可能性几乎是可以忽略不计的。[①] 相反,应试者不得不越来越多地回答 18 世纪晚期达到顶峰的考据学所产生的文本问题。

然而,我应当赶快补充说,处理天文、医学、历算和其他技术问

---

① 见本杰明·A·艾尔曼:《晚期中华帝国科举考试的文化史》,伯克莱:加州大学出版社,2000 年,第 720~722 页。

题的能力,是明末清初出现的新经学研究的必要工具。它只不过在1860年之前清朝的科举考试中,没有被测试过。① 例如,熊明遇受耶稣会启发,名为《格致草》的著作就表明,"格物"的经典概念得到了大大扩展,使用了欧洲的确定世上万物"所以然之理"的标准。《格致草》于1648年印行时,明朝已经灭亡,满族人正在占领中国南部,该书代表了耶稣会自然哲学和神学与基于"格物"的儒学经典之间的相互容纳。②

三、清初科举考试取消自然之学

前面的讨论表明,认为明代"道学"的道德哲学和自然之学排斥技术学,是错误的观点。科举考试中要求的关于天文、历法、乐律的专门知识, 对士大夫和供职于钦天监及乐部的专家的文化威望和社会地位有一定关系。明代的文官作为道德通才,精通能够给他们带来最高的社会、政治和文化威望的正统经学,他们必须懂得天文、算学、历法和乐律是如何构成正统礼仪的一部分的。他们不允许成为"科学家",但是,他们也不会敌视对自然现象在统治活动中的作用的理解。

此外,士大夫长期存在的政治理由是其道德楷模的身份。他通过科举考试取得功名,并将功名与其官位联系起来。经典的治国思想总是假定经学和政治能力存在联系。能力不是由士大夫作为一个自然研究的专家的地位来衡量。这种能力的一部分,涉及使用其经学知识来理解历法或音乐在统治中的作用。在策问中,技术学问不是问题的最高目标。反之,主考者期望应考者将技术学置于由圣

---

① 见赵元玲:《中华帝国晚期的医学与社会:对苏州医生的研究》,加州大学(洛杉矶分校)博士论文,1995年;又见祝平一:《技术知识、文化实践和社会边界:皖南学者和耶稣会士天文学的重铸,1600—1800》,加州大学洛杉矶分校博士论文,1994年;参见本杰明·A·艾尔曼:《从哲学到星占学》,坎布里奇,马萨诸塞:哈佛大学东亚研究中心,1984年,第61~64、79~85、180~184页。

② 参见熊明遇:《自序》,《格致草》,出版地不详,国会亚洲图书馆藏1648年版。对此讨论,见徐光台:《明末清初西方格致学的冲击与反应:以熊明遇〈格致草〉为例》,载台湾大学历史系编:《世变、群体与个人》,台北:台湾大学出版社,1996年,第236~258页。

人所留下来的对世界秩序的经典描述中。

由此,关于自然之学的策问,限于与政府统治相关的领域,而且要用基本经典来讨论,或者至少要用早期的注疏来解读。其他的领域,如医学和炼丹术,则被认为不适合做考试科目。重要的是天文和算学在早期经典中已经被讨论过,而医学和炼丹术却没有。如果对这种"策问"作了错误回答,那就表明应考者没有认识到,以挑战皇朝权力的方式去观察天地间现象的做法是一种异端的行为。明代考试范围内所进行的策问和对策,作为一种公共事务,通过将"自然之学"置于科举考试科目中,使其成为正统体制的组成部分。通过促进技术知识,主考者成功地驯服星相、乐律和历法研究。士人以这种方式被选入仕,因为他们知道,他们成功的道德前提条件是,专门知识从属于"道学"。

由于自然研究可以进入正统体制内,它被认为是道德通才所应关注的对象。只要他们从属于皇朝正统及其法定代表,专家们就是文化、政治、社会等级体系中的必要组成部分。士大夫官员和历法专家共处在官僚机构中,但他们有更高的政治地位、文化优越感和社会声望。① 因此,明代的科举考试之所以引人注意,并不是因为其包括了关于自然研究的策问。它值得注意的原因是,它成功地将自然研究包含于政治的、社会的、文化的再生产过程中,这种体制保证了皇朝及其士大夫和"道学"正统的长期主导地位。

我们有一些线索可以说明,为什么与明代相比,清代这种关于自然研究的策问如此罕见和不为人知。② 地理和占星术研究在以前的王朝中一直都是相互交叉的。但是在清代早期,这种联系被打破,如下所述,朝廷禁止关于历法和天象的策问。从那以后,地理学,尤其是区域地理学,作为乡试和会试的策问的

① 参见塔奇·迪恩:《中华帝国的天文机构:1365—1627年间明朝钦天监的形式和功能》,华盛顿大学(西雅图)博士论文,1989年,第353~390页。

② 见徐珂:《清稗类钞》,上海:商务印书馆,1920年,第21卷,第65页。

来源，繁荣起来。① 满族皇室试图将这个潜在的不稳定的专业领域垄断于朝廷的控制范围内。当时明清之际在耶稣会士和士大夫之间就历法问题所展开的辩论，对元、明历法体制提出了挑战，这使得朝廷不敢让可能造成历法之争的策问，出现在科举考试中。②

直到 1685 年，明朝的覆灭及其后继者清朝的非汉族统治，为天文—占星学和乐律学专家提供了机会，去摆脱他们的从属地位，在新的满族统治精英的领导下，挑战不受信任的明朝精英的政治权力。当新皇朝必须尽快用专业术语重新表达其在历法上、乐律上的存在理由时，天文学知识的文化重要性就日益增长。它一度对由士大夫通过掌握经学而积累起来的文化声望形成挑战。宫廷学者，如李光地(1642—1718)等积极赞助历法学家的历法计算工作(见下文)，在官方资助的研究中，把乐律研究放在优先的地位。③

直到 17 世纪 80 年代，当清王朝已征服了它在政治和军事上的敌人后，清初几十年知识分子的流动才开始停止，使汉族士大夫和满族精英在政治和社会科层制的高层维持一种不稳定的平衡(历法专家仍然处于中层)，这种情况一直延续到 19 世纪。在此过程中，乡试和会试第三场的策问，事实上已不再包括自然之学。到 1715 年，康熙皇帝(1662—1722 年在位)成功地禁止了科举考试对占星术和历法研究的关注，因为这些内容与清朝的合法性相关。

但是，康熙皇帝不能限制在科举考试之外的知识群体对这些

---

① 见沈新周：《序》，载《地学》，上海：扫叶山房，1910 年石印本。

② 见史景迁：《中国皇帝：康熙自画像》，纽约：维因提吉书屋，1974 年，第 xvii~xix、15~16、74~75 页。关于杨光先(1597—1669)17 世纪 60 年代在康熙朝廷生活中反对耶稣会士的事件，参见祝平一：《朝廷中的科学争论：1664 年历法案》，《中国科学》14，1997 年，第 7~34 页。

③ 参见亚瑟·胡梅尔编：《清代名人传略》，台北：成文出版社，1972 年重印，第 473~475 页。

领域的兴趣。例如,这位皇帝1713年发布命令,要求从此以后,所有被任命为乡试和会试的主考官,禁止提出关于占星术、乐律和计算方法等的策问。清代最新的自然研究著作,康熙皇帝聘用耶稣会专家所完成的宫廷项目,都禁止主考官和考生涉及。①

沈新周在1712年为他的研究著作《地学》一书所作的序言中,就已经注意到清朝禁止科举考生研究天文、星相和音乐的政策。沈新周指出,在康熙晚期,所有关于天文征兆的讨论("言天文")都是禁止的。在这个对清帝国的政策确认中,通过对比,我们可以看到,明初永乐皇帝的法令对鼓励自然研究有多么的重要。雍正皇帝(1723—1735)稍稍改变了康熙皇帝的政策,允许帝国天文生进入国子监。②

四、考证学和格致学

这种对自然研究的禁止,不管在科举考试中多么有效,在士大夫学术活动中并不生效。在那里,经学决定性的重大变化正在出现。显然,帝国权力的影响在政府之外是有限的。与他们的"道学"先辈不同,清代的"考据学"学者强调精确研究、严格分析,从古代文物和历史文献与文本中搜集客观公正的证据。考据学者把"证明"作为他们所倡导的经验知识理论关注的核心,即"实事求是"。这种研究方案以证据和证明为中心,全方位、多角度地对经学传统进行组织和分析,包括自然研究和算学方面。

小学研究在18世纪和19世纪得到发展和进化,因为印刷发行经学著作是动态的经学研究事业的组成部分,其目的不是"科学的"和"客观的"知识本身,而是与士大夫的新义务相联系,让他们使用古代经典的语言,作为公正的工具,重新获得古代圣王的思想

---

① 见席裕福编:《皇朝政典类纂》,台北:神武出版社,1969年重印,第191卷,第7~8页。对这些宫廷编著的讨论,见本杰明·A·艾尔曼:《从哲学到星占学》,坎布里奇,马萨诸塞:哈佛大学东亚研究中心,1984年,第79~80页。

② 见沈新周:《序》,载《地学》,上海:扫叶山房,1910年石印本;又见《清朝通典》,载《十通》,上海:商务印书馆,1936年,第18卷,第2131页。

和意图。尽管他们在他们所处的时代是学术上的偶像破坏者，但他们在社会信仰和社会义务方面，仍然是坚定的保守派。[①]

到 18 世纪晚期，反映着乾隆时代(1736—1795)的学术趋势，科举考试的策问开始展现一种常见的主题五分法，通常按照下列的次序：(1)经学，(2)史学，(3)文学，(4)治术，(5)方志。经学研究在策问中居于首位，是由于汉学和考据学在士大夫中的影响，这种影响开始于长江三角洲地区，通过江苏、浙江、安徽等省份的主考官，影响扩展到全国。促使科举考试中第一场诗文考题以及后来第三场小学策问重新流行的原因是，律诗的韵脚规则和音韵学的密切联系。音韵学在乾隆时期成为小学的皇后。音韵学在考据学中的作用，通过士大夫对经典的音韵知识的提高而得到体现。[②]

清朝考据学者戴震(1724—1777)等人，在心中有一个系统的研究程式，即以古文字学和音韵学为基础来重建汉字的意义("以音求义")。后来，王念孙(1744—1832)和他的儿子王引之(1766—1834)扩展了戴震的研究路径，尝试用汉字的"意义"来作为一种重建圣人(即这些文字的远见卓识的创造者)的意图的方法。而且，当专门的音韵学应用到经学语言的历史研究之中时，就达到了前所未有的精度。为了实现这个目标，考据学者选择小学的各种手段，主要是用音韵学、古文字学和训诂学的方法，来研究经典。[③]

这种小学潮流的副产品之一，就是对诗尤其是格律诗通过音韵学、古文字学和训诂学来重建对古代的重要性的充分认识。例如，梁章钜(1775—1849)在 19 世纪早期汇集了一本题名为《制艺丛话》的书，这是最早对考试领域进行文化研究的著作之一。他还

---

① 见本杰明·A·艾尔曼：《从哲学到星占学》，坎布里奇，马萨诸塞：哈佛大学东亚研究中心，1984 年。

② 见本杰明·A·艾尔曼：《晚期中华帝国科举考试的文化史》，伯克莱：加州大学出版社，2000 年，第 546~562 页。

③ 参见滨口富士雄：《清代考据学的思想史的研究》，东京：国书刊行会，1994 年。

编辑了另一本集子,概括了诗歌研究和格律诗的规则。总之,梁追溯了清代经学家最终如何破解了《诗经》的音韵节奏体系。由此,他们阐明了格律诗的技术规则,音韵学研究取得重大进展。[①]

像欧洲那样的一场全面的科学革命,并没有随之发生。[②] 但是,考证学者在其研究计划中,把天文、算学、地理放在优先地位,这是正在进行的经学研究变迁的另一个副产品。受到恢复本土传统在精确科学中应有的崇高地位的想法的驱动（这种意图在明代不明显）的考证学者,如戴震、钱大昕(1728—1804)和阮元(1764—1849)等成功地把西方天文和算学的技术方面引入经学研究的框架中。特别是钱大昕,他承认这种儒学传统的扩展,他将此看作几个世纪以来对道德和哲学问题的关注焦点的逆转:

> 自古未有不知数问之儒者,中法之绌于欧罗巴也,由于儒者之不知类也。[③]

考据学的影响体现在考证学者注意到 17 世纪由耶稣会士首先引入中国西方的数学和天文。这种兴趣建立在清代早期和中期梅文鼎(1633—1721)的发现上。当他在历算方面的才能得到承认后,他得到李光地和满族朝廷的赞助。梅文鼎主张,研究物质世界可使学者认识支配现实世界的"理"。梅文鼎认为,耶稣会士的学术本质上是从数学方面推进道学概念和形而上学原理的途径。[④] 同时, 帝国朝廷和梅文鼎提出了强调西方自然研究源于中国的初步

① 本杰明·A·艾尔曼:《晚期中华帝国科举考试的文化史》,伯克莱:加州大学出版社,2000 年,第 562 页。

② 见内森·席文:《科学革命为什么没有发生在中国——或科学革命在中国没有发生吗?》,重印于内森·席文编:《中国古代科学:研究和反思》,爱尔德索特·布鲁克费尔德:万里亚鲁姆,1995 年,第 45~66 页。

③ 钱大昕:《潜研堂文集》,台北:商务印书馆,1968 年,第 3 卷,第 335 页。

④ 见约翰·韩德森:《清代儒家传统对精确科学的吸收》,《亚洲事务杂志》5.1,1980 年春季号,第 15~31 页。

解释。梅文鼎(及其在早期清廷中身居高位的追随者李光地)企图恢复和重振中国传统算学过去的辉煌。在康熙皇帝的赞助下,算学研究得到提升，从一个不重要的技能发展成一个补充经学研究的重要的知识领域。①

例如,陈元龙(1652—1736)印行于1735年的《格致镜原》,在18世纪80年代被皇家图书馆收藏。《格致镜原》是一个从广泛的资料来源中精选出来的一个详细信息库,共分成三十个类别。它体现了后耶稣会时代一个在康熙和雍正朝身居高位的学者对实用知识的搜集。它将许多内容已经散佚的明末吴文焕《格致丛书》的关注点缩减,差不多仅限于艺术和自然研究。除了论述地理、解剖学、植物和动物志、工具、车辆、武器和书写工具以及服饰和建筑外,对印刷和碑帖拓本的起源和演化给予了特别的关注。②

17世纪耶稣会士所传知识对中国的影响,在18世纪并不那么容易本土化。士大夫学者们采取了许多不同的立场来关注自然研究。例如,一位私人学者江永(1681—1762)就将对朱熹道学说教的忠诚和通过考证获得的西方耶稣会士的知识合为一体。作为经学家,江永是保守的,但在批评汉学和梅文鼎并在自然研究中处处抬高中国古代的成就时,江永言辞很激烈。江永承认西方天文学比中国传统先进,同时,他继续坚持道学道德观的文化优越性。虽然江永更喜欢西学对自然规律的理解,因为西学比本土传统更精确和一致。但他在天文学方法和文化价值之间,仍然保持了清晰的界限。③

---

① 见白利民:《清代早期和中期的数学研究和思想变迁》,《清史问题》16.2,1995年12月,第23~61页;又见凯瑟琳·亚米:《清代早期和中期学习数学科学》,载本杰明·A·艾尔曼、亚历山大·伍德沙埃德编辑:《中华帝国晚期的教育和科学,1600—1900》,伯克莱:加州大学出版社,1994年,第223~256页。关于中源说,参见全汉昇:《清末的西学源出中国说》,《岭南学报》4.2,1935年6月,第57~102页。

② 见陈元龙:《格致镜原》,1735年,载《四库全书》,第1031~1032卷。我也曾使用过国会图书馆藏,1735年版。

③ 参见祝平一:《程朱正统、考据学和相关的宇宙论:江永和西方天文学》,《台湾哲学和科学史研究》4.2,1995年10月,第71~108页。

总体上，阮元 1797—1799 年在杭州担任浙江巡抚时编辑的《畴人传》(天文学家和数学家的传记,该书于 1849 年重印,后来又进行了扩充),标志着从 17 世纪末开始日益增长的自然研究,在 18 世纪长江三角洲的士人世界中达到顶峰。这部著作包含 280 名畴人(其中有 37 名欧洲人)的传记和著作概要。该书在 19 世纪曾作过四次增补。白利民注意到,在 18 世纪晚期朝廷之外的士大夫中,算学诸学科的重要性是如何开始增加的。通过考据的方法,算学与经学联系了起来。因为阮元是省和朝廷官僚体制中官位很高的自然研究的赞助者,他影响极大的《畴人传》代表了算学和考据学的合流。算学研究不再独立于经学研究之外。①

18 世纪晚期,士大夫学者把算学研究融入考据研究,使自然研究成为经学的一部分。这是自从 17 世纪耶稣会士让人们感到他们的存在之后,有关自然科学和技术在中华帝国晚期的命运是一个难解之谜,他们的努力为我们解开这一难解之谜又提供了些许谜底。

五、作为 19 世纪"近代科学"的"格致学"

清代的学者如梅文鼎和他的孙子梅毂成(卒于 1763 年)在估价早期近代欧洲人在历法天文上的发现时,从经典中寻找证据以证明这些新知识可能是基于古代中国的知识,这些知识从古代传到了西方。这时,小学和自然研究就结成了联姻。例如,梅毂成主张,宋元时代以文字表示代数方程的"天元"方法,与后来由耶稣会士传入的代数方程相当。这个比康熙皇帝"中源"说更完善的"中源"说,使清代文人对算学重新产生的兴趣合法化,小学成了后来的考证学者采用的一个关键工具。②

---

① 参见亚瑟·胡梅尔编:《清代名人传略》,台北:成文出版社,1972 年重印,第 402 页;又见白利民:《清代早期和中期的数学研究和思想变迁》,《清史问题》16.2,1995 年 12 月,第 23~30 页。

② 参见约翰·韩德森:《清代学者对西方天文学的观点》,《哈佛亚洲研究学报》46.1,第 121~148 页。

与 18 世纪考证学联系在一起的算学是算法算学，即关注得到正确的结果，而不太注意证明方法和公式。例如，汪莱（1768—1813）和焦循（1763—1820）各自试图在名为"天元"的中国传统的代数方程的基础上拓展，而不是仅仅机械地接受耶稣会士和后来新教徒来到中国后所教授的印度—阿拉伯形式的代数。特别是汪莱，他详细推导出，一个"天元"方程不止有一个正数根，这符合西方正负数根的观点，与传统的对于任何一个代数方程只关注单一的正数解的方法，作出了新的贡献。①

汪莱被任命为北京观象台的官员，在他的天元计算中，采用了自康熙朝以来钦天监所接受的西方方法。由于他和聚藏在观象台的法国耶稣会士的"新学"之间的职业联系，他受到对传统算学有兴趣的更保守的考证学者批评，说他在仿效西方方法上走得太远。李锐（1773—1817）由于是宫廷外的学者，因此与长江三角洲的学术圈有联系，他严格根据宋代天元算学设计的天元方程理论，得到了士大夫们更多的支持。许多学者仍敬重杨光先（1597—1669），因为他在 17 世纪 60 年代康熙朝时曾检举过康熙朝廷的耶稣会士。1850 年前，经学仍比西学占有优势。考据学者的好古之癖激励他们研究本国算学文本的历史，而不是像汪莱那样，在西方数学发现的基础上进行研究。

太平天国运动血腥地失败后，遭到削弱的清王朝和它的士大夫官员们开始面对新的教育要求，科举考试必须实现这种要求，以求能够存活于充满了咄咄逼人的工业化国家的世界中。鸦片战争（1840—1842）几乎没有引发将西学引入科举考试科目的重要呼吁，但是，1865 年太平天国失败后，情况就截然不同了。像徐寿（1818—1884）和李善兰（1810—1882）这样的士大夫，从 19 世纪60 年代开始，就在上海江南制局，涉身于将西方自然科学译成

---

① 参见洪万生：《19 世纪之交的中国数学》，载林正弘、傅大为编辑：《台湾的科学哲学史和概念史》，多德雷赫特：克鲁维尔学术出版社，1993 年，第 167~208 页。

汉语的事业中,他们于 19 世纪中期,在工业革命后的西学和中国传统的科学之间架起概念的桥梁。"西学"这时常常等同于"格致学",例如,上海江南制造局翻译的科学启蒙系列丛书之一,由罗斯古(Henry Roscoe, 1833—1915)等人编辑的集中论述英国的科学知识的《格致启蒙四种》。[①]在此过程中,工业革命后的西方科学,当时称为现代科学,最早在 19 世纪中期作为与中国的经学相容但不再从属于经学的学问而引进中国。

翰林院学士冯桂芬(1809—1874)和由于太平天国运动而没有参加科举考试的薛福成(1838—1894)都成了晚清许多重要大臣的管家和幕友,这些大臣包括太平天国运动后洋务运动的领导人曾国藩(1811—1872)和李鸿章(1823—1901)。他们主张,经学科目要生存下去,必须采用更多的西学和科学科目。西方模式成了考虑和争论改革科举考试时的一个合法目标。例如,李鸿章接受冯桂芬的建议,在上海设立西方语言和科学的广方言馆,即(上海)同文馆,1869 年同文馆移入江南制造局。1867 年,李鸿章又建议八科取士,"算数格致"和"机器制作"分别作为其中一科。技术一词,在过去的王朝目录学中用于指称一类书目,现在则成了"technology"的专用指称。[②]

清代的文人和官员着迷于富强的目标,"富强"在清王朝的最后几十年成了政治经济学的专用指称。如艾约瑟(Joseph Edkins, 1823—1905)把哲分斯(William Stanley Jevons, 1835—1882)的《政治经济学》一书名称译作《富国养民策》。该书被收入由赫德(Sir

---

① 该系列共包括四部分,见《格致启蒙四种》,林乐知、郑昌棪译,上海江南制造局,1875 年。罗斯古(Henry Roscoe)编化学部分,祁观(Archibald Geikie, 1835—1924)编地理学部分,司都藿(Balfour Stewart, 1828—1887)编格物学部分,骆克优(Norman J. Lockyer, 生卒年不详)编天文学部分。

② 见《洋务运动大事记》,载徐泰来编:《洋务运动新论》,长沙:湖南人民出版社,第 349~448 页;又见亚瑟·胡梅尔编:《清代名人传略》,台北:成文出版社,1972 年重印,第 240~243、331~333 页。

Robert Hart，1835—1911）赞助、艾约瑟编辑的另一种《格致启蒙》丛书中。① 为了避开太平天国运动，冯桂芬住在约开口岸上海，他大约于1861年撰写了一篇题为《改科举议》的文章，在文章中，他试图以未来的需要来权衡选拔程序。②冯桂芬意识到，他不得不把他的变法建议兜售给反对者，尽管这些反对者反对任何把西学引入科举科目的努力。因此，冯桂芬改变了本国传统领域的内容。例如，冯桂芬所称的经学包括原属于乡试和会试中的策问部分的考据和小学。另外，他又将算学加入经学研究领域，悄悄地把诗文置于最后一场。③

　　冯桂芬还要求拓宽选官的途径，包括推荐和提升那些在上级面前显示出管理才能的吏员。根据冯桂芬的观点，要这样做的一个办法是，把科举考试分成两部分，其中一组要求掌握机器和物理（制器尚象）。以这种改革为基础，"我中华始可自立于天下"。否则的话，冯桂芬有先见之明地预言，中国将成为打着"自强"幌子的本国军阀的牺牲品。④冯桂芬指出，西学的力量之一是它掌握了算学，冯希望将算学引入科举考试中。冯桂芬还主张，地理和历法研究，也是士大夫需要研究的基本领域，而历法研究从康熙以来在官学和科举考试中被禁止。直到1887年，算学专科的考生在限定的名额内被许可参加乡试，尽管他们也必须达到同样的经学要求。⑤

---

　　① 参见艾约瑟译：《富国养民策》，载赫德、艾约瑟编辑：《格致启蒙》，北京：总税务司署，1886年，第12卷。（该书是哲分斯1871年《政治经济学》一书的中译本。）

　　② 参见冯桂芬：《校邠庐抗议》，1897年，台北：文海出版社重印，第2部分，第55~56页。

　　③ 参见冯桂芬：《校邠庐抗议》，1897年，台北：文海出版社重印，第2部分，第56~57页。郑观应（1842—1923）也是将西方论题纳入考试范围的早期倡导者。

　　④ 参见冯桂芬：《校邠庐抗议》，1897年，台北：文海出版社重印，第2部分，第57~64、72~74页。（冯书原文似无此意，而是指"有自强之道暴弃之"，则"我中华且将为天下万国所鱼肉"。见《校邠庐抗议·制洋器议》最后一段——校译者按）

　　⑤ 参见冯桂芬：《校邠庐抗议》，1897年，台北：文海出版社重印，第2部分，第66~70页；又见《光绪政要》，沈桐生编，上海：崇义堂，1909年，第10卷，第13节，第18~20页。

从前近代中国的"格致学"到近代中国的"科学"

太平天国运动后,和汉学相联系的士大夫,以 18 世纪经学研究为基础（这种经学研究已将修正版的传统算学研究吸收为考据学的一部分）,创造了自然研究和算学研究合法化所需要的思想空间。例如,李善兰最早于 1852 年到上海,为伦敦传教会工作八年,把西方科学书籍翻译成古典中文。1864 年,李被推荐到新设立的北京同文馆翻译处,但是,直到 1866 年,当同文馆升格为一个学院并增设了算学和天文馆后,他才赴任。在那里,李善兰和丁韪良（W. A. P. Martin, 1827—1916）一起工作（丁韪良从 1869 年至 1882 年担任同文馆总教习）,教授算学并进行科学翻译。①

徐寿起初和傅兰雅（John Fryer, 1839—1928）在上海江南制造局合作将西方科学著作翻译成古典中文。这项翻译事业将新教传教士带来的以吸引中国皈依者的狭隘的以文本为基础的科学观,与把科学曲解为仅适合于士大夫的经学研究领域的考据学科学观结合起来。徐寿和傅兰雅一样,实际上大多数情况下,只能算是一个科学教育者而不是一个科学研究者。1874 年,他们在上海一起创办了格致书院,该学院被奇怪地英译为"Shanghai Polytechnic Institute"（上海理工学院）。②中国士大夫和西方现代化者从不同的角度,在"格致"一词里看到他们想要看到的东西,或是本土的比喻,或是西方的科学。

格致书院有一个科学书籍的阅览室和图书馆。徐寿和傅兰雅还在上海创办了中国近代的第一份科学期刊,名为《格致汇编》,英文名称是"*The Chinese Scientific Magazine*"（《中国科学杂志》）,该刊从 1876 年至 1882 年在上海按月发行,从 1890 年至 1892 年改为按季度发行。在高峰时期,约开口岸的读者达到

---

① 见亚瑟·胡梅尔编:《清代名人传略》,台北:成文出版社,1972 年重印,第 480 页。
② 采用这个有点令人惊奇的翻译,是因为这个书院是仿照伦敦 Regent（摄政）大街的理工学院（Polytechnic Institute）建立的。

2000人。这样的概念折中基于保留耶稣会士之后的自然研究的术语，即"格致"。但是现在使用"格致"指称近代西方科学，而非近代早期科学。以这种方式，算学和其他如化学等更加工业化的科学就变得可被接受了，尽管它们仍然不像文人的科举活动那么普遍。①

六、中国传统自然研究的贬斥

17到19世纪晚期，尽管在"格致学"的标题下，在中国的士大夫精英中间，中国传统的自然研究和西方科学共同发展，取得了一定的成功，但是，在1850年之前，这些士大夫精英很少注意到，欧洲科学需要在实验室里不断地进行实验，并通过这些实验去验证或否定过去的科学发现。对于天主教、新教传教士和士大夫算学家而言，自然研究只不过是文本的练习而已。它要求翻译技术知识，掌握那些技术的文本并通过对技术知识的记忆进行再生产。而且，那些在太平天国叛乱后，被吸引到福州、上海和别处的新型制造局进行学术工作的人，或在同文馆取得翻译职位的人，多是像徐寿和李善兰这样的人，他们在更有威望的科举考试中几度失败，只得把西学和科学作为获得荣誉和财富的替代途径。严复和鲁迅(1881—1936)也是这种科场失意者群体的著名代表。这一群体形成了最初的受过高水准教育的人才库，他们充斥于晚清面向格致学的机构中。②

最近的研究表明，约开口岸的各种制造局、船坞和工厂，都是

---

① 参见大卫·雷诺兹：《重绘中国思想地图：19世纪中国的科学图像》，《清史问题》12.1，1991年6月，第27~61页；又见大卫·赖特：《约翰·傅兰雅与上海格致书院：为19世纪中国科学创造空间》，《英国科学史杂志》29，1996年，第1~16页；大卫·赖特：《19世纪中国的西方科学生涯：徐寿和徐建寅》，《皇家亚洲协会杂志》，第3系列，第5期，1995年，第49~90页；参见詹姆士·瑞阿顿—安德森：《变易之学：化学在中国，1840—1949》，剑桥：剑桥大学出版社，1991年，第17~28、45~48页。

② 参见大卫·赖特：《急需之物：中国化学术语和西方化学概念的传播》，《中国科学》14，1997年，第35~70页。

重要的进行实验的技术中心。在那里,除了生产武器、弹药和建立海军外,许多士人和工匠的科学知识和实际操作的结合,最早都是在上海、南京、天津、武汉及其他地方形成的。事实上,情况可能是这样,晚清的"技术—科学"[①]是 19 世纪晚期约开口岸(大多数制造局设在这里)兴起的官办和商办工业的重要基础。例如,欧洲人和日本人都承认,在 19 世纪 80 年代之前,上海的江南制造局和福州船政局,比它们在日本明治时期的竞争对手横须贺造船厂更先进。大卫·赖特(David Wright)指出,徐寿的儿子徐建寅(1845—1901)于 1879 年从波罗的海的港口斯坦特提尼(Stettin)的伏尔铿(Vulcan)造船厂为北洋舰队购买的铁甲舰,比那时日本海军的任何军舰都先进。尽管两艘铁甲舰在 1894—1895 年的中日战争中都沉没了(这句话与史实不尽符合。两艘铁甲舰指北洋舰队的"定远舰"和"镇远舰"。"定远舰"被迫自爆沉海,而"镇远舰"被日军俘获,后编入日本舰队。——译者按)。在火药制造方面,德国使用的机械不如上海的先进。因此,在成千上万的人竞争极少数官位的科举考试领域和秀才、举人和进士(由皇帝钦定的科举功名)之外,还有医生、护士和医疗辅助人员的群体在教会学校中接受培训,另一个更大的工程师、军事技术人员和技术专家群体在制造局和船坞接受训练。[②]

　　直到中日甲午战争,与横须贺技术相联系的日本海军决定性地战胜了与上海和福州技术相联系的清朝海军,所谓日本军事技术的优势,或者这样的解释,才成为中国和日本的爱国者的常识。

---

　　① 布鲁诺·拉图指出了工业革命后区分"科学"和"技术"的困难。布鲁诺·拉图:《行动中的科学:如何跟随科学家和工程师穿过社会》,坎布里奇,马萨诸塞:哈佛大学出版社,1987 年。
　　② 见孟悦:《杂交的科学对现代性:江南制造局的实践》,《东亚科学》,第 16 期,1999 年,第 13~52 页;又见桥本武彦:《引进法国技术系统:横须贺造船厂的起源和早期历史》,《东亚科学》,第 16 期,1999 年,第 53~72 页;见大卫·赖特:《19 世纪中国的西方科学生涯:徐寿和徐建寅》,《皇家亚洲协会杂志》,第 3 系列,第 5 期,1995 年,第 81 页。

虽然江南制造局在 19 世纪 80 年代前比横须贺的技术先进，但 1895 年后，双方对各自在 1895 年的不同命运，进行目的论式的解读。战胜的日本一方，追溯到明治初期(后来甚至追溯到"兰学"时期)，战败的清朝一方，追溯到 1865 年以后自强运动的失败(后来追溯到所有的经学研究)。

晚清中国精英和公共舆论的另一个巨大变化决定了 1895 年以后，满汉如何通过"格致学"透镜来折射西方科技的问题。激进文人如严复宣称，中国方式和西方制度的调和已告失败。这样，中日战争改变了中国人和日本人对 1860—1895 年这一时期的参照系。中国科学"失败描述"即中国为什么没有产生科学的出现，与晚清帝国的政治衰败(为什么没有民主)和经济恶化(为什么没有资本主义)的事实相类似。①

科举考试的无望，使严复于 1866 年进入了福州船政学堂。当他成为政论家并为 1895 年以后出现的维新派报纸撰写文章时，表达了对科举考试的积愤。自 1885 年以来，严复在乡试中共失败了四次。② 许多像严复这样的人，从 19 世纪 90 年代开始，将清王朝的虚弱归咎于科举考试所要求的经学教育，经学教育被认为浪费了一代又一代人的聪明才智。不仅如此，严复和别的改革者的声音，将西方的强大与近代学校联系起来，在那里，学生在近代学科中受到实际的近代科学技术训练。③

---

① 参见詹姆士·瑞阿顿—安德森：《变易之学：化学在中国，1840—1949》，剑桥：剑桥大学出版社，1991 年，第 76~78 页；又见内森·席文：《马克斯·韦伯·李约瑟·本杰明·纳尔逊：中国科学问题》，载维克多·瓦尔特编：《东方文明与西方：本杰明·纳尔逊纪念文集》，大西洋高地：人文出版社，1985 年。

② 见严复：《救亡决论》，载《戊戌变法》，上海：神州国光社，1953 年，第 3 册，第 360~371 页；又见本杰明·史华兹：《寻求富强：严复与西方》，纽约：哈帕·火炬书屋，1969 年，第 22~41 页。

③ 参见马利安纳·巴斯蒂：《20 世纪初中国的教育改革》，由保罗·J·贝利翻译，安阿伯：密歇根大学中国研究中心，1988 年，第 12~13 页；又见汪一驹：《中国知识分子与西方，1872—1949》，堪培尔山：北卡罗莱纳大学出版社，1966 年，第 52~59 页。奇怪的是，严复的翻译被批评难以读懂，因为是用古文翻译的。关于严复的翻译，参见本书王宏志的文章。

从前近代中国的"格致学"到近代中国的"科学"

对于严复和变法者来说，西方的学校和西方化的日本教育是清王朝应效仿的榜样。在强调科学课程和学生群体同质性或平等化、标准化的分班教学体制内，扩展规模化的学校教育，这似乎是摆脱帝国教育和科举考试体制泥淖的一条道路。19世纪90年代以来，帝国教育和科举考试的效率受到怀疑。西方学校和日本教育作为科学建设成功的故事，被不加批判地广泛接受。1898年戊戌变法运动的参加者主张，政治改革需要根本的教育变革，而教育变革只有在改革科举制后才有可能。①

1898年破坏传统观念的维新运动在慈禧太后政变后，保留下来的成果之一是京师大学堂。京师大学堂被确立为帝国学校系统的顶点，是在同文馆基础上扩展而成。这所新式大学设计得像译学馆，用适合政府管理的西学科目来培养有功名者（即士大夫）。曾和李善兰一起工作的丁韪良，被选为西学总教习。有趣的是，京师大学堂的科学课程仍被叫作"格致"，但设施包括用最新的物理、几何、化学仪器装备的近代实验室。然而，好景不长，1900年夏天，与"义和团运动"有关的反抗者毁坏了大学堂里的所有能看到的一切。②

经学研究合法性一旦完全丧失，最终产生了出乎朝廷和文人所期望之外的后果。③ 在西方国家和日本1900年对中国京城占领结束后，建立新的强调近代科学的高等教育机构的竞赛得到加速。

---

① 见本杰明·A·艾尔曼：《晚期中华帝国科举考试的文化史》，伯克莱：加州大学出版社，2000年，第585~594页；又见保拉·哈里尔：《播种变革的种子：中国留学生和日本教习，1895—1905》，斯坦福：斯坦福大学出版社，1992年，第11~60页。

② 见任威勒·隆德：《京师大学堂》，华盛顿大学（华盛顿）博士论文，1956年，第118~122页；又见詹姆斯·瑞阿顿—安德森：《变易之学：化学在中国，1840—1949》，剑桥：剑桥大学出版社，1991年，第109页。

③ 参见本杰明·A·艾尔曼：《晚期中华帝国科举考试的文化史》，伯克莱：加州大学出版社，2000年，第608~618页；又见保罗·贝利：《改造国民：二十世纪初中国对大众教育态度的改变》，爱丁堡：爱丁堡大学出版社，1990年，第26~27页。他强调，义和拳叛乱是朝廷对改革态度的转折点。

义和拳叛乱及西方国家和日本对之所作出的反应，破坏了京城权力结构的平衡，以至于外国人能够对省级和中央政府领导人施加很大的压力。外国人对改革和西式教育的支持,加强了反对义和拳的省级改革者如袁世凯(1859—1916)和张之洞(1837—1909)等人的政治资本。①

传统自然研究的衰退和近代科学在中国兴起的故事，比经学衰退和近代教育兴起的过程(使经学从属于科学)更为复杂。经学文人的价值(自然研究扎根于其中)、王朝帝国的权力和精英绅士的地位之间的社会的、政治的、文化的联系正在被拆散。②清王朝成了经学合法性丧失和重新思考"格致学"和"近代科学"的性质和范围的一个主体。首先通过经典的非经典化，19世纪晚期的文人希望将他们从过去的道德和经学义务中解放出来，同时他们也开始使自己远离传统的自然、医学和技术的观点和方法。③

1900年以后,经学合法性的丧失起初并没有将源于《四书》的"格致"作为"近代科学"的古汉语译名的做法构成挑战。例如,1901年改革后的科举考试的第一场，要求考生回答五个"中国政治史事论"的问题，第二场包括五个"各国政治艺学策"的策问。最后一场要求写三篇经学文章，两个出自《四书》义,一个出自《五经》义。理

---

① 见斯蒂文·R·麦克金农：《中华帝国晚期的权力和政治：袁世凯在北京和天津，1901—1908》,伯克莱:加州大学出版社,1980年,第3~4,216~217页。关于对湖南和湖北城市精英的影响，见周锡瑞：《改良与革命:辛亥革命在两湖》,伯克莱:加州大学出版社,1976年,第40~52页。关于浙江省的情况，见玛丽·B·兰金：《精英激进主义和政治变迁在中国:浙江省,1865—1911》,斯坦福:斯坦福大学出版社,1986年,第172~188页。

② 关于"文化网络"的概念，见杜赞奇：《文化、权力和国家:1900—1942年的华北农村》,斯坦福:斯坦福大学出版社,1988年,第5~6、38~41、247~248页。

③ 参见士古宙三：《绅士的作用：一个假设》,载芮玛丽编：《革命中的中国：第一阶段,1900—1913》,纽黑文:耶鲁大学出版社,1968年,第299页;恩斯特·P·杨：《袁世凯的总统职位:民国初年的自由主义和独裁制》,安阿伯:密歇根大学出版社,1977年,第7~8页;海伦·R·乔安塞：《校舍政治家:"中华民国"的地方与国家》,火奴鲁鲁:夏威夷大学出版社,1992年,第10~11页。

论上,三场考试在最终评定等级时应是平均计算的,但实际上如何确定,仍不清楚。主考官是否会将经学论文降级,而给当代问题优先地位呢? 在这个改革中,科学占有什么地位呢?

1902 年,义和团叛乱后开始新政之后的第一次科举考试在河南省首府开封举行。因为顺天府乡试的考场(贡院),也是北京会试的考场,被派往北京解除义和团对各国使馆包围的外国联军焚毁,所以会试无法在北京举行。由于保守的主考官对经学的顽固坚持,1902 年的考试改革在短期内没有能实现其目的。尽管如此,考试的总体范围决定性地变得更加制度化、国际化和科学化。1903 年编辑的、新政开始后在考试中使用的策问目录,确认采用了 32 个子目:

表 3:策问目录

1. 治道	8. 官制	15. 地学	22. 军政(上)	29. 路矿
2. 学术	9. 议院	16. 历学	23. 军政(下)	30. 舆地
3. 内政	10. 政体	17. 算学	24. 防务	31. 史学
4. 外交	11. 公治	18. 格致(上)	25. 农政(上)	32. 外史
5. 时事	12. 刑律	19. 格致(下)	26. 农政(下)	
6. 科举	13. 教务	20. 财政	27. 工政	
7. 学校	14. 天学	21. 币制	28. 商政	

资料来源:《目录》,载《中外时务策问题类编大成》,1903 年印行,出版地不详,第 1~28 页。

虽然主考者对中国学问的偏爱遍布许多领域,西方科学对科举考试科目的影响还是相当显著的。例如,关于自然科学的八个问题中,有五个仍叫作"格致",表述如下:

1. 欧洲格致多源出中国,宜精研绝学以为富强基策。

2. 格致之学中西异同,以中学驳西学策。

3. 问西法悉本中国,能详彻其说否。

4. 问西人格致之学多本于中国诸子之说,试详证之。

5. 墨子经上及说上已启西人所言历学、光学、重学之理。其条举疏证以闻。①

这些观点说明，在正式的官方术语中，18 世纪开始的中国传统科学与西方科学的联姻仍然有效。至少在公开场合，晚清王朝的官员坚持"西人格致之学多来于中国诸子之说"②的虚构。

1905 年后，科举考试被废除，越来越多的就读于日本、欧洲和美国的中国留学生感到，中国之外，正确的科学语言包括一系列新的概念和术语，它取代了与"格致"相联系的传统文人的自然研究的概念。例如，明治早期的日本学者早在 19 世纪 60 年代就已经把新科学与自然研究区分开来。他们把德语的 Wissenschaft 称为"科学"（字面意思是"基于技术训练的分类学问"）③，把自然研究称为"穷理"（字面意思是"究尽研究事物的原理"）。后一术语从宋代以来长期与道学联系在一起，18 世纪晚期该词在日本被重新解释。这种解释基于兰学传统，那时，对西方科学感兴趣的日本学者仍然使用来自汉学的词语去吸收欧洲的自然研究和医学。④

中国学生和学者起初采用了日本对技术和自然研究的区分。例如，严复在 1900–1902 年翻译约翰·斯图亚特·穆勒（John Stuart Mill, 1806—1873）的《逻辑体系》（System of Logic）时，把"science"和"sciences"翻译成"科学"，而把"natural philosophy"翻

---

① 见《中外时务策问类编大成》，1903 年，《目录》，第 13 页。

② 见《中外时务策问类编大成》，1903 年，第 13 页。

③ 参见刘禾：《跨语际实践——文学、民族文化与被译介的现代性（中国，1900—1937）》，斯坦福：斯坦福大学出版社，1995 年，第 33、336 页。该文认为"科学"是日本人从中国经典借来用以翻译"science"的二手汉字。"科学"一词来源于宋代文人陈亮（1143—1194），陈亮使用"科学"作为"科举之学"的简称。日本借来的这个 12 世纪的词的用法，在宋代是唯一的。

④ 参见阿尔伯特·克雷格：《德川时代日本的科学和儒学》，载玛瑞斯·詹森编：《改变日本人对现代化的态度》，普林斯顿：普林斯顿大学出版社，1965 年，第 139~142 页。

译成"格物"。① 类似地,1903 年颁布近代新学堂章程,"格致"用于指各种科学的集合,单独的、技术的学科则被称为"科学"。这种双轨的"科学"术语,一直持续到清末,并延续到民国初年。但是,从海外归国的中国留学生越来越感到,有必要为西方"科学"制定一个单独的汉语术语,从而超越原先把中国传统自然研究引入近代科学的做法。②

许多海外留学生的政治和文化观点同样激进,这种激进态度蔓延到其在科学上的反传统立场。传统的自然研究成为传统中国"近代"化失败史的组成部分。这个观点现包括一个论断,即中国人从来没有任何科学。1900 年以前显赫的"西学中源"说,现被认为是迷信。在近代科学到来前的是魔法和超自然现象,不是科学。当中国的"近代主义者"和"社会主义者"都接受西方是所有与"格致"直接相对的"科学"的源泉时,前近代中国人对自然的和超自然的区分消失了。

政治革命和许多激进主义者持有的也要进行科学革命的观点之间的联系,影响到 1911 年以后发生的变化。那些主张以西学为基础进行知识革命的中国人,不仅要挑战他们所称的"孔教",还必须拆散长期作为支撑帝国正统意识形态基础的传统中国科学、医学和经学的交织形式。③ 那些在康乃尔等外国大学受过教育的人,或者 1914 年以后由洛克菲勒基金资助在美国接受医学教育的人,还有在本国接受教会高水平教育的人,都将近代科学看成"科学",

---

① 参见严复译:《穆勒名学》(译自约翰·斯图亚特·穆勒的《逻辑体系:归纳和演绎》,1843 年版,两卷本),金粟斋,1902 年。在 19 世纪,"格物"也被用作界定物理学新领域。关于这个新学科及其各种名称,见本书中阿梅隆的文章。

② 参见詹姆士·瑞阿顿—安德森:《变易之学:化学在中国,1840—1949》,剑桥:剑桥大学出版社,1991 年,第 82~87 页。

③ 见本杰明·A·艾尔曼:《明初作为帝国意识形态的"道学"的形成》,载胡志德、王国斌等编辑:《中国历史上的文化和国家》,斯坦福:斯坦福大学出版社,1997 年,第 58~82 页。

而不是"格致学"。因为他们相信，后一个词语是从不可信的过去的语言中派生而来，并不适合于近代科学。在与新文化运动有关的期刊上，越来越多地表达了这种信念，即西方科学是对所有现代问题的科学方法和客观知识的革命性的运用。1915年，刚建立的中国科学社创办的《科学》杂志开始发行。该杂志宣称，以科学为基础的教育体制是治疗所有中国病症的万能药，因为它的知识体系是优越的。到1920年，由康乃尔大学的中国留学生于1914年创办的中国科学社，在中国已有约500名成员，1930年时增加到1000人。①

这种科学主义对部分在海外接受训练的（许多来自康乃尔大学)的中国科学家的影响是，把中国传统的自然研究作为应当破坏的偶像崇拜。它还影响了帝国推翻后的文人，如陈独秀（1879—1942），他在自己1915年协助创办的《新青年》上发表言论，认为科学和民主是近代中国的两个支柱，必须废黜帝国的过去。在此过程中，后帝制时代的学者和小说家巴金(1904—2000)(这里所注巴金逝世年份有误，"1904—2000"应为"1904—2005"。——译者按)，在其小说《家》里，发起对前近代自然研究和医学的攻击，认为那是迷信和落后的避难所。在民国初年，精英们有关风俗的观点也用近代术语重新建构。徐珂(1869—1929)的《清稗类钞》反映了这样一个趋势。例如，在徐的集子中，民间传说被划分和重新分类成"方伎"(巫术和萨满)和"迷信"。徐珂想使其关于传说的辑录(出版于1917年)成为北宋《太平广记》和后来的《宋稗类钞》的续编。然而，新的文化语境决定了，这样的民间传说只有当作迷信才会被近代主义的文人公开接受。②

在晚清向民国转折时期，传统中国医学是中国科学最强有力

---

① 见彼德·巴克：《美国科学与现代中国》，剑桥：剑桥大学出版社，1980年，第171~185页；又见郭颖颐：《中国思想中的科学主义，1900—1950》，纽约：巴布罗和坦那，1971年，全书各处。

② 徐珂：《清稗类钞》，上海：商务印书馆，1920年，第74卷，第11页及全书各处。

的领域,也受到了这样的嘲笑。尽管它在保留其威望时,与被近代文人当作纯粹的迷信知识而抛弃的中国传统的占星术、风水、炼丹术等相比,显得较为成功。[①] 例如,当国民党主持的卫生委员会在1929年2月建议废除中医时,中医医生迅速反应,号召于1929年3月17日在上海召集全国会议。此举得到全国的药房和诊所发起的罢工声援。抗议取得成功,使废除中医的建议被收回,国医馆随之建立。但是,它的目标之一就是按西方的路线改革中医。[②]

布利第·安德鲁(Bridie Andrew)记录了西医在民国初年的艰难历程。她注意到,西医的实践在中国被单个的中国医生用许多不同的方法所吸收。有的人捍卫传统中医,但他们想用西方的发现去革新它。有的人试图将中国的实践和西方知识等同起来,把他们的医学地位同等看待。例如,张锡纯(1860—1933)基于中国医学的药典传统将西药学中国化。另一个与中国医学会相联系的有影响的群体强调西医,批评传统中医理论是错误的,因为它们不是基于科学的。[③]

安德鲁还记录了在这种文化冲突中,像针灸这样的技巧是如何被像承澹盦(1899—1957)这样的中国从业者近代化的。他对针刺的研究,使得他能按照日本的改革,运用西方的解剖学,重定针灸的部位。承澹盦对针灸的重新定义,使得这个在他看来已经是垂死的领域得以复活。针灸在中国当时很少进行实践,即使使用,也主要是作为一个放血的程序。这种针灸改革,包括用今天使用的丝状的金属针代替

---

① 参见林郁沁:《现代金丹:作为20世纪早期新闻界消费项目的医药》,硕士学位论文,加州大学洛杉矶分校,1996年11月。

② 见布利第·安德鲁:《肺结核和细菌理论在中国的接受,1895—1937》,《医药及相关学科史期刊》52.1,1997年,第114~157、142~143页。

③ 参见布利第·安德鲁:《肺结核和细菌理论在中国的接受,1895—1937》,《医药及相关学科史期刊》52.1,1997年,第114~157页;又见布利第·安德鲁:《20世纪早期医学的生存和西医在中国的艰难历程》,"科学史学会年会"论文,加州,圣地亚哥,1997年11月8日。

传统的粗针,确保插针部位不再靠近主要的血管。承澹盒根据西方的神经系统图,画出穴位图。按照安德鲁的说法,由中国研究团体主持的一个新的科学的针灸,就这样出现了。[1]

在清代向民国转折时期,新的政治的、制度的和文化的形式出现,对帝国晚期的信仰系统形成挑战,使后一种知识(如传统的中医)的文化形式发生曲折。正如皇帝及其官制和文人的文化形式很快变成了政治和思想落后的象征一样,关于自然世界的过于传统形式的知识也被不加批判地贴上"迷信"的标签。而以欧美形式出现的近代科学,则受到新知识分子的拥护,把它当作通往客观知识、启蒙和民族强大的正确道路。即使那些企图按照西方严格标准使中医现代化以保留中医的人们,对于贬低过去的中医实践也起了一定的作用。[2]

结　语

"格致学"和"博物学"的传统和其他许多概念一道,在1370—1905年之间将自然研究、自然史和医学与经学联系起来。对这种传统的解构在新文化运动时期的文化和思想变迁中达到顶点。[3]1915年以后,新文化运动倡导者反对经学及其自然研究的传统达到高潮,他们推动用近代科学和医学取代帝制时代的格致学传统。格致学的衰落终结了精英们对儒学价值的千年信仰和包括中国自然研究和本国技术在内的全国范围的经学的五百年正统地位。摧毁那

---

① 参见布利第·安德鲁:《20世纪初期中国的医生生活和西方医学的历险》,"科学社团历史年会"论文,加州,圣地亚哥,1997年11月8日,第24~28页。关于其他领域,参见劳伦斯·施耐德:《遗传学在"中华民国"》,载J·海斯、席文编辑:《20世纪中国的科学和医疗:研究和教学》,安阿伯:密歇根大学中国研究中心,1988年,第3~29页;又见杨翠华:《"中华民国"地理学的发展,1912—1937年》,载林正弘、傅大为编辑:《台湾的科学哲学史和概念史》,多德雷赫特:克鲁维尔学术出版社,1993年,第221~244页。

② 见彼德·巴克:《美国科学与现代中国》,剑桥:剑桥大学出版社,1980年,第91~121页。

③ 见周明之:《中国"五四"的科学与价值:胡适的案例》,历史学博士论文,密歇根大学(安阿伯),1974年,第23~25页。

个文化和信仰系统及它所支持的人类经验的核心框架，这个遗产的价值不可低估。从 1905 年到 1915 年，衰落下去的是一种以经学为基础的教育制度。从社会角度来看，经学的文凭不再能够确保绅士地位或技术才能。这样，文人的儿子们，现在还有女儿们，转向通向官场之外的求学和职业道路，尤其是科学、近代医学和工程学。越来越多的文人到上海、福州和别的约开口岸去，在制造局和船厂里寻求财富，作为新型的以绅士为基础的后帝国时代中国知识分子的成员，他们将成为近代中国知识分子的种子。

由于在 1905 年和 1915 年之间精英转向西学和近代科学，很少有人继续进行传统的经学（汉学）、道德哲学（宋学）和格致学的研究。这些研究在 1900 年之前，曾是帝国正统和知识分子地位的知识核心。从那以后，传统的中国科学、经学、"儒学"和"新儒"，作为退化的学问，在 1905 年以后学部建立的公立学堂中存活了下来。1911 年以后，作为以本国语教授的备受争议的学术领域继续存在于大学之中。以"四书"、"五经"、学习正史、掌握诗歌和传统自然研究为基础的延续千年的士大夫功名等级，现在受到破坏，而崇尚近代科学及其通过社会达尔文主义对社会历史研究所产生的影响。①

1911 年以后，在中西知识分子之间形成一个惊人的共识，即认为中华帝国在接受西方影响之前，没有发展出科学。即使那些积极参与了 1923 年"科学与人生观"论战的人物，都接受西方是所有科学知识的来源，只是寻求用道德和哲学的目的补充这些知识。②这个共识是从西方科学兴起的英雄故事中得出的。其目的在于说明，中华帝国没有名副其实的科学。西方学者和西化的中国学者和科

---

① 见蒲嘉珉：《中国和查理·达尔文》，坎布里奇：哈佛大学出版社，1983 年，全书各处。

② 见汪晖：《从文化争论到知识争论：张君劢和 1920 年代中国文化现代性的分化》，"20 世纪儒学的重新发现"会议论文，加州大学洛杉矶分校中国研究中心主办，加州大学太平洋沿岸研究计划赞助，1998 年 1 月 31 日；又见费侠莉：《丁文江：科学和中国的新文化》，坎布里奇，马萨诸塞：哈佛大学出版社，1970 年。

学家，都把欧洲的自然研究当作一种普世的理想。当讨论中国人对自然世界的研究、其丰富的中世纪炼丹术的传统或耶稣会士来华前的中国的算学和天文学成就时，这些东西通常被蔑视或被贴上"迷信"、"前科学的"或"非理性的"等标签，将其与近代科学胜利的客观性和合理性进行对比。

许多学者确信，因为中国没有工业革命，也从来没有产生资本主义，因此，中国人永远不能产生科学。除了改版后的中国医学存活下来，而且作为一种"整体"版的医学繁荣起来，中华帝国"格致学"的传统领域被西方近代科学的影响所摧毁。①

参考文献

Adas，Michael. 1989. *Machines as the Measure of Men*: *Science, Technology，and Ideologies of Western Dominance*. Ithaca：Cornell University Press. 米歇尔·亚达斯：《作为人类量度的机器：科学、技术及西方统治的意识形态》，绮色佳：康乃尔大学出版社，1989 年。

Andrews，Bridie. 1997a. "Tuberculosis and the Assimilation of Germ Theory in China，1895 –1937"，*Journal of the History of Medicine and Allied Sciences*.52.1，pp.114–57. 布利第·安德鲁：《肺结核和细菌理论在中国的接受，1895—1937》，《医药及相关学科史期刊》52.1，1997 年，第 114~157 页。

Andrews，Bridie.1997b. "Medical Lives and the Odyssey of Western Medicine in early Twentieth–Century China". Paper present-

_____

① 除了李约瑟的《中国的科学与文明》丛书，又见席文以下著作中的文章，内森·席文：《科学革命为什么没有发生在中国或科学革命在中国没有发生吗？》，重印于内森·席文编：《中国古代科学：研究和反思》，爱尔德索特，布鲁克费尔德：万里亚鲁姆，1995 年，第 45~66 页；又见内森·席文：《古代中国的医学、哲学和宗教：研究和反思》，爱尔德索特，布鲁克费尔德：万里亚鲁姆，1995 年；又见内森·席文：《当代中国的传统医学》，安阿伯：密歇根大学中国研究中心，1987 年。

ed at the History of Science Society Annual Meeting, San Diego, Cal., November 8, 1997. 布利第·安德鲁:《20 世纪早期医学的生存和西医在中国的艰难历程》,"科学史学会年会"论文,圣地亚哥,加州, 1997 年 11 月 8 日。

Bai, Limin. 1995. "Mathematical Study and Intellectual Transition in the Early and Mid–Qing", *Late Imperial China* 16.2 (December 1995), pp. 23–61. 白利民:《清代早期和中期的数学研究和思想变迁》,《清史问题》16.2, 1995 年 12 月, 第 23~61 页。

Bailey, Paul. 1990. *Reform the People: Changing Attitudes Towards Popular Education in Early Twentieth Century China*. Edinburgh: Edinburgh University Press. 保罗·贝利:《改造国民:20 世纪初中国对大众教育态度的改变》, 爱丁堡: 爱丁堡大学出版社, 1990 年。

Bastid, Marianne. 1988. *Educational Reform in early Twentieth–Century China*. Translated by Paul J. Bailey. Ann Arbor: University of Michigan China Center. 马利安纳·巴斯蒂:《20 世纪初中国的教育改革》, 由保罗·J·贝利翻译, 安阿伯: 密歇根大学中国研究中心, 1988 年。

Buck, Peter. 1980. *American Science and Modern China*. Cambridge: Cambridge University Press. 彼德·巴克:《美国科学与现代中国》,剑桥:剑桥大学出版社,1980 年。

Campany, Robert F. 1996. *Strange Writing: Anomaly Account in Early Medieval China*. Albany: SUNY Press. 罗伯特·F·康伯尼:《奇异的著述:中国中世纪早期的异常解释》,奥尔巴尼:纽约州立大学出版社,1996 年。

Chao, Yuan–ling. 1995. *Medicine and Society in Late Imperial China: A Study of Physicians in Suzhou*. Ph.D. diss., University of California (Los Angeles). 赵元玲:《中华帝国晚期的医学与社会:对

苏州医生的研究》,加州大学(洛杉矶分校)博士论文,1995 年。

Chauncey,Helen R.1992. *Schoolhouse Politicians*:*Locality and State During the Chinese Republic.* Honolulu:University of Hawaii. 海伦·R·乔安塞:《校舍政治家：中华民国的地方与国家》，火奴鲁鲁:夏威夷大学出版社,1992 年。

陈元龙:《格致镜原》,1735 年,载《四库全书》,第 1031~1032 卷。

China in the Sixteenth Century:*The Journals of Matteo Ricci: 1583–1610.*1953. Translated into Latin by Father Nichola Trigault and into English by Louis J. Gallagher,S. J. New York:Random House.《16 世纪的中国:利玛窦中国札记(1583—1610》,纽约:蓝登书屋,1953 年。该书由法鲁·尼古拉·彻高特译成拉丁文,路易斯·J·格勒吉译成英文。

Chou,Min–zhi Maynard.1974. *Science and Value in May Fourth China*:The Case of Hu Shih. Ph. D. diss.,University of Michigan(Ann Arbor). 周明之:《中国"五四"的科学与价值:胡适的案例》,历史学博士论文,密歇根大学(安阿伯),1974 年。

Chu Pingyi.1994. *Technical Knowledge*,*Cultural Practices and Social Boundaries*:*Wan–nan Scholars and the Recasting of Jesuit Astronomy*,*1600–1800.* Ph.D. diss.,University of California (Los Angeles). 祝平一:《技术知识、文化实践和社会边界:皖南学者和耶酥会士天文学的重铸,1600—1800》，加州大学洛杉矶分校博士论文,1994 年。

Chu Pingyi.1995."Cheng–Zhu Orthodoxy,Evidential Studies and Correlative Cosmology:Chiang Yung and Western Astronomy", *Philosophy and the History of Science*:A Taiwanese Journal 4.2 (October 1995),pp. 71–108. 祝平一:《程朱正统、考据学和相关的宇宙论:江永和西方天文学》,《台湾哲学和科学史研究》4.2,1995 年 10 月,第

71~108 页。

Chu Pingyi.1997. "Scientific Dispute in the Imperial Court: The 1664 Calendar Case", *Chinese Science* 14, pp.7–34. 祝平一:《朝廷中的科学争论:1664 年历法案》,《中国科学》14,1997 年,第 7~34 页。

Cohn, Bernard.1996. *Colonialism and Its Form of Knowledge: The British in India.* Chicago: University of Chicago Press. 伯纳德·科恩:《殖民主义及其知识形式:英国人在印度》,芝加哥:芝加哥大学出版社,1996 年。

Craig, Albert.1965. "Science and Confucianism in Tokugawa Japan", in: Marius Jansen (ed.). *Changing Japanese Attitude Toward Modernization. Princeton*: Princeton University Press. 阿尔伯特·克雷格:《德川时代日本的科学和儒学》,载玛瑞斯·詹森编:《改变日本人对现代化的态度》,普林斯顿:普林斯顿大学出版社,1965 年。

Deane Thatcher E.1989.*The Chinese Imperial Astronomical Bureau:Form and Function of the Ming Dynasty"Qintianjian"From 1365 to 1627.*Ph.D. diss., University of Washington(Seattle).塔奇·迪恩:《中华帝国的天文机构:1365—1627 年间明朝钦天监的形式和功能》,华盛顿大学(西雅图)博士论文,1989 年。

Duara, Prasenjit.1988.*Culture, Power, and the States:Rural North China, 1900–1942.* Stanford: Stanford University Press. 杜赞奇:《文化、权力和国家:1900 —1942 年的华北农村》,斯坦福:斯坦福大学出版社,1988 年。

Dunne George H., S. J. 1962. *Generation of giants: The Story of the Jesuits in China in the Last Decades of the Ming Dynasty.* Notre Dame: University of Notre Dame Press. 邓恩:《一代伟人:明末来华耶稣会士的故事》,圣母大学出版社,1962 年。

Elman Benjamin A. 1984. *From Philosophy to Philology.* Cambridge, Mass.: council on East Asian Studies, Harvard University. 本

杰明·A·艾尔曼：《从哲学到星占学》，坎布里奇·马萨诸塞：哈佛大学东亚研究中心，1984 年。

Elman Benjamin A. 1997. "The Formation of 'Dao Learning' as Imperial Ideology During the Early Ming Dynasty", in: T. Huters, R. Bin Wong, and P. Yu(eds.). *Culture and the State in Chinese History*. Stanford: Stanford University Press. 本杰明·A·艾尔曼：《明初作为帝国意识形态的"道学"的形成》，载胡志德、王国斌等编辑：《中国历史上的文化和国家》，斯坦福：斯坦福大学出版社，1997 年。

Elman Benjamin A. 2000. *A Cultural History of Civil Examinations in Late Imperial China*. Berkeley: University of California Press. 本杰明·A·艾尔曼：《晚期中华帝国科举考试的文化史》，伯克莱：加州大学出版社，2000 年。

Edkins, Joseph(tr.). 1886. *Fuguo yangmin ce. In: Robert Hart and Joseph Edkins (eds.). Gezhi Qimeng*. Beijing: Zong shuiwusi, vol. 12. [Translation of William S. Jevons, Political Economy, 1871]. 艾约瑟译：《富国养民策》，载赫德、艾约瑟编辑：《格致启蒙》，北京：总税务司署，1886 年，第 12 卷。(该书是哲分斯 1871 年《政治经济学》一书的中译本)

Esherick, Joseph W. 1976. *Reform and Revolution in China: The 1911 Revolution in Hunan and Hubei*. Berkeley: University of California Press. 周锡瑞：《改良与革命：辛亥革命在两湖》，伯克莱：加州大学出版社，1976 年。

冯桂芬：《校邠庐抗议》，1897 年，台北：文海出版社重印。

Furth, Charlotte. 1970. *Ting Wen-chiang: Science and China's New Culture*. Cambridge, Mass.: Harvard University Press. 费侠莉：《丁文江：科学和中国的新文化》，坎布里奇·马萨诸塞：哈佛大学出版社，1970 年。

《格古要论》，1573—1619 年，载胡文焕编辑：《格致丛书》，台北：

"中央"图书馆,珍稀图书汇编(National Central Library,Rare Books Collection)(明万历版图书的缩微胶卷,大约在 1596 年),第 25 卷。

《格致启蒙四种》,林乐知(Young J. Allen)、郑昌棪译,上海江南制造局,1875 年。

Gardner,Daniel. 1986. *Zhu Xi and the Daxue:Neo-Confucian Reflection on the Confucian Canon.* Cambridge:Harvard University Council on East Asian Studies. 丹尼尔·加德纳:《朱熹和大学: 新儒家对儒家经典的反思》,坎布里奇:哈佛大学东亚研究中心,1986 年。

Gernet,Jacques. 1982. *China and the Christian Impact.* Cambridge:Cambridge University Press. 谢和耐:《中国和基督教的碰撞》,剑桥:剑桥大学出版社,1982 年。

《光绪政要》,沈桐生编,上海:崇义堂,1909 年。

Hamaguchi Fujio. 濱口富士雄. 1994. *Shindai kokyogaku no shisō shi teki kenkyū.* 清代考劇学の思想史的研究. Tokyo:kokusho kankōkai. 滨口富士雄:《清代考据学的思想史的研究》,东京:国书刊行会,1994 年。

Harrell,Paula. 1992. *Sowing the Seeds of Change*:Chinese Student,Japanese Teachers,1895—1905. Stanford:Stanford University Press. 保拉·哈里尔:《播种变革的种子: 中国留学生和日本教习,1895—1905》,斯坦福:斯坦福大学出版社,1992 年。

Hart,Roger. 1996. *Proof,Propaganda,and Patronage:A Cultural History of the Dissemination of Western Studies in Seventeenth-Century China.* Ph.D. diss.,University of California (Los Angeles) 罗根·哈特:《证据、宣传、赞助:17 世纪西方科学在中国传播的文化历史》,加州大学(洛杉矶)博士论文,1996 年。

Hart,Roger. "Local Knowledges,Local Context:Mathematics in Yuan and Ming China". Paper presented at the Song-Yuan-Ming Transitions Conference, Lake Arrowhead,Cal.,June 5-11,1997. 罗

根·哈特：《本土知识、本土语境：元明时期中国的数学》，"宋元明转折学术讨论会"的论文，箭头湖，加州，1997 年 6 月 5-11 日。

Hashimoto, Keizō. 1988. *Hsu Kuang-ch'I and Astronomical Reform*. Osoka：Kansai University Press. 桥本敬造：《徐光启和天文学改革》，大阪：关西大学出版社，1988 年。

Hashimoto, Takehiko. 1999. "Introducing a French Technological System：The Origin and Early History of the Yokosuka Dockyard", *East Asian Science, Technology, and Medicine* 16, pp. 53-72. 桥本武彦：《引进法国技术系统：横须贺造船厂的起源和早期历史》，《东亚科技与医学》16，1999 年，第 53~72 页。

Henderson, John. 1980. "The Assimilation of the Exact Science into the Qing Confucian Tradition", *Journal of Asian Affaires* 5.1 (Spring 1980), pp. 15-31. 约翰·韩德森：《清代儒家传统对精确科学的吸收》，《亚洲事务杂志》5.1，1980 年春季号，第 15~31 页。

Henderson, John. 1986. "Qing Scholars' View of Western Astronomy", *Harvard Journal of Asiatic Studies* 46.1, pp. 121-48. 约翰·韩德森：《清代学者对西方天文学的观点》，《哈佛亚洲研究学报》46.1，第 121~148 页。

Ho Peng Yoke. 1985. *Li, Qi., and Shu：An Introduction to Science and Civilization in China*. Hong Kong：Hong Kong University Press. 何丙郁：《理、气、数：〈中国的科学与文明〉导论》，香港：香港大学出版社，1985 年。

Horng Wann-sheng. 1993. "Chinese Mathematics at the Turn of the 19th Century", in：Lin Zheng-hung and Fu Deiwie (eds.). *Philosophy and Conceptual History of Science in Taiwan*. Dordrecht：Kluwer Academic Publishers, pp.167-208. 洪万生：《19 世纪之交的中国数学》，载林正弘、傅大为编辑：《台湾的科学哲学史和概念史》，多德雷赫特：克鲁维尔学术出版社，1993 年，第 167~208 页。

胡文焕编:《格致丛书》(1573—1619 年),台北"中央"图书馆,珍稀图书汇编 (National Central Library, Rare Books Collection)(明万历版图书的缩微胶卷,大约在 1596 年),第 25 卷。

《皇朝政典类纂》,席裕福编,台北:神武出版社,1969 年重印。

《皇明三元考》,张弘道、张凝道编,晚明版本,1618 年后印。

Hummel, Arthur (ed.).1972. *Eminent Chinese of the Qing Period.* Reprint Taibei: Chengwen Bookstore. 亚瑟·胡梅尔编:《清代名人传略》,台北:成文出版社,1972 年重印。

Hymes Robert. 1986."Not Quite Gentlemen? Doctors in Song and Yuan", *Chinese Science* 7, pp.11–85. 韩明士:《算不上绅士? 宋元时代的医生》,《中国科学》7,1986 年,第 11~85 页。

Ichiko Chuzo. 1968."The Role of the Gentry: An Hypothesis", in: Mary Wright (ed.). *China In Revolution: The First Phase*, *1900–1913.* New Haven: Yale University Press. 士古宙三:《绅士的作用:一个假设》,载芮玛丽编:《革命中的中国:第一阶段,1900—1913》,纽黑文:耶鲁大学出版社,1968 年。

Jami, Catherine. 1994. "Learning Mathematical Sciences During the Early and Mid –Qing", in: Benjamin A. Elman and Alexander Woodside(eds.). *Education and Society in late Imperial China, 1600–1900.* Berkeley: University of California Press, pp. 223–256. 凯瑟琳·亚米:《清代早期和中期学习数学科学》,载本杰明·A·艾尔曼、亚历山大·伍德沙埃德编辑:《中华帝国晚期的教育和科学,1600—1900》,伯克莱:加州大学出版社,1994 年,第 223~256 页。

Jensen, Lionel. 1977. *Manufacturing Confucianism: Chinese Traditions and Universal Civilization.* Durham: Duke University Press. 拉南尔·杰森:《构建儒学:中国传统与普世文明》,达勒姆:杜克大学出版社,1977 年。

Kwok, D. W. Y. 1971. *Scienctism in Chinese Thought, 1900 –*

1950, New York：Biblo and Tannen. 郭颖颐：《中国思想中的科学主义，1900—1950》，纽约：巴布罗和坦那，1971 年。（该参考文献出现于第 59 页脚注①，但在原书文后"参考文献"部分遗漏，特补充于此。——译者按）

Lach，Donald F. 1977. *Asia in the Making of Europe. Volume* Ⅱ. *A Century of Wonder, Book 3：The Scholarly Disciplines.* Chicago：University of Chicago Press. 多纳德·F·拉齐：《亚洲之于欧洲的发展》，第 2 卷：《奇迹的世纪》，第 3 册：《学科分类》，芝加哥：芝加哥大学出版社，1977 年。

Latour，Bruno. 1987. *Science in Action：How to Follow Scientists and Engineers Through Society.* Cambridge，Mass.：Harvard University Press. 布鲁诺·拉图：《行动中的科学：如何跟随科学家和工程师穿过社会》，坎布里奇·马萨诸塞：哈佛大学出版社，1987 年。

Lean，Eugenia. 1996. "The Modern Elixer：Medicine as a Consumer Item in the Early Twentieth-Century Press". M.A. thesis paper，University of California（Los Angeles），November 1996. 林郁沁：《现代金丹：作为 20 世纪早期新闻界消费项目的医药》，硕士学位论文，加州大学洛杉矶分校，1996 年 11 月。

Levenson，Joseph. 1957. "The Amateur Ideal in Ming and Early Qing Society：Evidence from Painting"，in：John K. Fairbank（ed.）. *Chinese thought and Institutions.* Chicago：University of Chicago Press，pp. 320-41. 约瑟芬·列文森：《明代和清初社会的业余理想：来自绘画的证据》，载费正清编《中国的思想与制度》，芝加哥：芝加哥大学出版社，1957 年，第 320~341 页。

梁峻：《中国古代医政史略》，呼和浩特：内蒙古人民出版社，1995 年。

Liu，Lydia. 1995. *Translingual Practice：Literature，National Culture，and Translated Modernity -China 1900 -1937.* Stanford：Stanford

University Press. 刘禾:《跨语际实践——文学、民族文化与被译介的现代性(中国,1900—1937)》,斯坦福:斯坦福大学出版社,1995 年。

Lund,Renville. 1956. *The Imperial University of Beijing*. Ph.D. diss.,University of Washington(Washington).任威勒·隆德:《京师大学堂》,华盛顿大学(华盛顿)博士论文,1956 年。

MacKinnon,Stephen R. 1980. *Power and Politics in Late Imperial China:Yuan Shi-kai in Beijing and Tianjin*,1901–1908. Berkeley:University of California Press. 斯蒂文·R·麦克金农:《中华帝国晚期的权力和政治:袁世凯在北京和天津,1901—1908》,伯克莱:加州大学出版社,1980 年。

Meng Yue. 1999."Hybrid Science versus Modernity:The Practice of the Jiangnan Arsenal",*East Asian Science* 16,pp. 13–52. 孟悦:《杂交的科学对现代性：江南制造局的实践》,《东亚科技与医学》16,1999 年,第 13~52 页。

Mungello,Donald. 1985. *Curious Land:Jesuit Accommodation and the Origins of Sinology*. Honolulu:University of Hawaii Press. 多纳德·蒙格罗:《神奇的土地:耶稣会士的调适和汉学的起源》,火奴鲁鲁:夏威夷大学出版社,1985 年。

Needham,Joseph. 1959. *Science and Civilization in China*. Cambridge:Cambridge University Press. 李约瑟:《中国的科学与文明》,剑桥:剑桥大学出版社,1959 年。

Pan Jixing. 1991. "The Spread of Georgius Agricola's De Re Metallica in Late Ming China",*T'oung Pao* 57,pp. 108–18. 潘吉星:《阿格里科拉的 "崑嵛格致" 在明末的传播》,《通报》57,1991 年,第108~118 页。

Percival,Sir David (tr.). 1971. *Chinese Connoisseurship,the Ko Ku Yao Lun:The Essential Criteria of Antiquity*. London:Faber. 大卫·派瓦西尔爵士译:《中国的艺术鉴赏,格古要论:文物的基本评

判标准》,伦敦：法贝,1971 年。

Peterson,Willard. 1975. "Fang I-chih:Western Learning and the 'Investigation of Things'",in:Wm. Theodore de Bary et al. (eds.). *The Unfolding of Neo-Confucianism*. New York:Columbia University Press, pp. 369–411. 裴德生：《方以智：西学与格物》,载乌姆·西奥多·的·贝利等编辑：《新儒学的演变》,纽约：哥伦比亚大学出版社,1975 年,第369~411 页。

Peterson,Willard. 1986."Calendar Reform Prior to the Arrival of Missionaries at the Ming Court",*Ming Studies* 21,pp. 45–61. 裴德生：《传教士到来之前明朝廷的历法改革》,《明代研究》21,1986 年,第45~61 页。

Prakash,Gyan. 1999. *Another Reason:Science and the Imagination of Modern India*. Princeton:Princeton University Press. 吉安·普拉卡西：《另一种理性：科学和近代印度的想象》,普林斯顿：普林斯顿大学出版社,1999 年。

Pusey,James R. 1983. *China and Charles Darwin*. Cambridge：Harvard:Harvard University Press. 蒲嘉珉：《中国和查理·达尔文》,坎布里奇：哈佛大学出版社,1983 年。

钱大昕：《潜研堂文集》,台北：商务印书馆,1968 年。

《清朝通典》,载《十通》,上海：商务印书馆,1936 年,第 18 卷,第 2131 页。

Qiong Zhang. 1998. "Nature,Supernature,and Natural Studies in Sixteenth - and Seventeenth-Century China". Paper presented at the Colloquium sponsored by the Center for the Cultural Studies of Science,Medicine,and Technology,UCLA History Department,Los Angeles,November 16,1998. 张琼：《16 至 17 世纪中国的自然、超自然和自然研究》,加州大学洛杉矶分校历史系科学医学和技术文化研究中心主办的学术讨论会论文,洛杉矶,1998 年 11 月 16 日。

Qiong Zhang. 1999. "About God, Demons, and Miracles: The Jesuit Discourse on the Supernatural in Late Ming China", *Early Science and Medicine* 4.1(February 1999), pp. 1–36. 张琼:《关于神、鬼和奇异现象:明末来华耶稣会士对超自然现象的解说》,《早期科学和医疗》4.1. 1999 年 2 月,第 1~36 页。

全汉昇:《清末的西学源出中国说》,《岭南学报》4.2,1935 年 6 月,第 57~102 页。

Rankin, Mary B. 1986. *Elite Activism and Political Translation in China: Zhe-jinag Province, 1865–1911*. Stanford: Stanford University Press. 玛丽·B·兰金:《精英激进主义和政治变迁在中国:浙江省,1865—1911》,斯坦福:斯坦福大学出版社,1986 年。

Reardon-Anderson, James. 1991. *The Study of Change: Chemistry in China, 1840–1949*. Cambridge: Cambridge University Press. 詹姆士·瑞阿顿—安德森:《变易之学:化学在中国,1840—1949》,剑桥:剑桥大学出版社,1991 年。

Reynolds, David. 1991. "Re-Drawing China's Intellectual Map: 19th Century Chinese Images of Science", *Late Imperial China 12.1* (June 1991), pp. 27–61. 大卫·雷诺兹:《重绘中国思想地图:19 世纪中国的科学图像》,《清史问题》12.1,1991 年 6 月,第 27~61 页。

Schneider, Laurence. 1998. "Genetics in Republican China", in: J. Bowers, J. Hess, and N. Sivin (eds.). *Science and Medicine in Twentieth-Century China: Research and Education*. Ann Arbor: Center for Chinese Studies, University of Michigan, pp. 3–29. 劳伦斯·施耐德:《遗传学在"中华民国"》,载 J·海斯、席文编辑:《20 世纪中国的科学和医疗:研究和教学》,安阿伯:密歇根大学中国研究中心,1988 年,第 3~29 页。

Schwartz, Benjamin. 1969. *In search of wealth and Power: Yan Fu and the West*. New York: Harper Torchbooks. 本杰明·史华兹:

《寻求富强：严复与西方》，纽约：哈帕·火炬书屋，1969 年。

沈新周：《序》，载《地学》，上海：扫叶山房，1910 年石印本。

《四库全书总目》，纪昀等编，台北：艺文出版社，1973 年重印。

Sivin, Nathan. 1970–78. "Wang His–shan (1628–1682)", in: *Dictionary of Scientific Biography*. New York: Scribner's Sons, vol. 14, pp. 159–68. 内森·席文：《王锡阐(1628—1682)》，载《科学家传记词典》，纽约：Scriber's Sons, 1970–1978 年，第 14 卷，第 159~168 页。

Sivin, Nathan. 1973. "Copernicus in China", in: *Colloquia Copernica 2: études sur l'audience de la théorie héliocentrique*. Warsaw: Union Internationale d'Historie et Philosophie des Sciences. pp. 63–114. 内森·席文：《哥白尼学说在中国》，载《哥白尼学术讨论会之二：日心说的接受研究》，华沙：科学哲学学术史国际学术讨论会，1973 年，第 63~114 页。

Sivin, Nathan. 1985. "Max Weber, Joseph Needham, Benjamin Nelson: The Question of Chinese Science", in: E. Victor Walter (ed.). *Civilizations East and West: A Memorial Volume for Benjamin Nelson*. Atlantic Highlands: Humanities Press. 内森·席文：《马克斯·韦伯、李约瑟、本杰明·纳尔逊：中国科学问题》，载维克多·瓦尔特编：《东方文明与西方：本杰明·纳尔逊纪念文集》，大西洋高地：人文出版社，1985 年。

Sivin, Nathan. 1987. *Traditional Medicine in Contemporary China*. Ann Arbor: Center for Chinese Studies, University of Michigan. 内森·席文：《当代中国的传统医学》，安阿伯：密歇根大学中国研究中心，1987 年。

Sivin, Nathan. 1995a. "Why the Scientific Revolution did not take place in China–or didn't it?" Reprinted in id. *Science in Ancient China: Researchs and Reflections*. Aldershot/Brookfield: Variorum, pp. 45 –66. 内森·席文：《科学革命为什么没有发生在中国——或科学革命在中国

没有发生吗？》,重印于内森·席文编:《中国古代科学:研究和反思》,爱尔德索特,布鲁克费尔德:万里亚鲁姆,1995 年,第 45~66 页。

Sivin, Nathan. 1995b. *Medicine, Philosophy, and Religion in Ancient China: Researches and Reflections*. Aldershot, Brookfield: Variorum. 内森·席文:《古代中国的医学、哲学和宗教:研究和反思》,爱尔德索特,布鲁克费尔德:万里亚鲁姆,1995 年。

Spence, Jonathan D. 1974. *Emperor of China: Self-portrait of K'ang-hsi*. New York: Vintage Books. 史景迁:《中国皇帝：康熙自画像》,纽约:维因提吉书屋,1974 年。

《太平御览》,《四部丛刊》重印本,台北:中华书局,1960 年。

Tambiah, Stanleyk J. 1990. *Magic, Science, Religion, and the Scope of Rationality*. Cambridge: Cambridge University Press. 斯坦莱·J·坦姆比恩:《魔法、科学、宗教和理性的范围》,剑桥:剑桥大学出版社,1990 年。

Teng, Ssu-yu and Knight Biggerstaff. 1971. *An Annotated Bibliography of Selected Chinese Reference Works*. Cambridge: Harvard University Press. 邓嗣禹、毕乃德:《中国文献选编题解》,坎布里奇:哈佛大学出版社,1971 年。

Wang Fan-shen. 1995. "The 'Daring Fool' Feng Fang (1500–1570) and His Ink Rubbing of the Stone -inscribed Great Learning", *Ming Studies* 35 (August 1995), pp. 74–91. 王汎森:《"勇敢的傻瓜"丰坊及其石刻本大学的墨拓本》,《明研究》35,1995 年 8 月,第 74~91 页。

Wang Hui. 1998. "From Debates on Culture to Debates on Knowledge: Zhang Jun-mai and the Differentiations of Culture Modernity in 1920's China". Paper presented at the Workshop "Reinventions of Confucianism in the Twentieth Century", sponsored by the UCLA Center for Chinese Studies under the auspices of the University of California Pacific Rim Research Program, Los Angeles, January

31,1998. 汪晖:《从文化争论到知识争论:张君劢和 1920 年代中国文化现代性的分化》,"20 世纪儒学的重新发现"会议论文,加州大学洛杉矶分校中国研究中心主办, 加州大学太平洋沿岸研究计划赞助,1998 年 1 月 31 日。

Wang,Y. C. 1966. *Chinese Intellectuals and the West,1872 - 1949*. Chapel Hill:University of North Carolina Press. 汪一驹:《中国知识分子与西方,1872—1949》, 堪培尔山：北卡罗来纳大学出版社,1966 年。

王阳明:《传习录》,载《王阳明全集》,台北:考证出版社,1973 年,第 129 页。

Winch,Peter. 1970. "Understanding a Primitive Society",in: Bryon Wilson (ed.).*Rationality*. Oxford:Basil Blackwell,pp. 93 - 102. 彼德·温奇:《理解原始社会》,载布拉恩·威尔逊编:《理性》,牛津：贝松·布兰克维尔,1970 年,第 93~102 页。

Wright,David. 1995. "Careers in Western Science in Nineteenth-Century China:Xu Shou and Xu Jianyin",*Journal of the Royal Asiatic Society*,Third Series,no. 5,pp. 49 - 90. 大卫·赖特:《19 世纪中国的西方科学生涯:徐寿和徐建寅》,《皇家亚洲协会杂志》,第三系列,第 5 期,1995 年,第 49~90 页。

Wright,David. 1996. "John Fryer and the Shanghai Polytechnic: Making Space for Science in Nineteenth -Century China",*British Journal of the History of Science 29*,pp. 1 - 16. 大卫·赖特:《约翰·傅兰雅与上海格致书院:为 19 世纪中国科学创造空间》,《英国科学史杂志》29,1996 年,第 1~16 页。

Wright,David. 1997. "The Great Desideratum:Chinese Chemical Nomenclature and the Transmission of Western Chemical Concepts", *Chinese Science 14*,pp. 35 - 70. 大卫·赖特:《急需之物：中国化学术语和西方化学概念的传播》,《中国科学》14,1997 年,第 35~70 页。

熊明遇：《格致草》，1648 年印行，出版地不详。

徐光台：《儒学与科学：一个科学史观点的探讨》，《清华学报》，新系列，26.4，1996 年 12 月，第 369~392 页。

徐光台：《明末清初西方格致学的冲击与反应：以熊明遇〈格致草〉为例》，载台湾大学历史系编：《世变、群体与个人》，台北：台湾大学出版社，1996 年，第 236~258 页。

徐珂：《清稗类钞》，上海：商务印书馆，1920 年。

Yabuuti Kiyosi. 1973. "Chinese Astronomy：Development and Limiting Factors", in：Shigeru Nakayama and Nathan Sivin (ed.) *Chinese Science：Explorations of an Ancient Tradition.* Cambridge, Mass.：MIT Press, pp. 98–9. 薮内清：《中国的天文学：发展和限制因素》，载中山茂和内森·席文编：《中国的科学：对一个古老传统的探索》，坎布里奇，马萨诸塞：麻省理工学院出版社，1973 年，第 98~99 页。

Yamada Keiji. 1978. *Shushi no shizenggaku* 朱子の自然学. Tokyo：Iwanami. 山田庆儿：《朱子的自然学》，东京：岩波书店，1978 年。

严复译：《穆勒名学》(Ttanslation of John Stuart Mill. 1843. *A System of Logic.* Ratiocinative and Inductive, 2 vols. 译自约翰·斯图亚特·穆勒的《逻辑体系：归纳和演绎》，1843 年版，两卷本)，金粟斋，1902 年。

严复：《救亡决论》，载《戊戌变法》，上海：神州国光社，1953 年，第 3 册，第 360~371 页。

Yang Ts´ui –hua. 1993. "The Development of Geology in Republican China, 1912 –1937", in：Lin Cheng –hung and Fu Daiwie (eds.). *Philosophy and Conceptual History of Science in Taiwan.* Dordrecht：Kluwer Academic Publishers. 杨翠华：《"中华民国"地理学的发展，1912—1937》，载林正弘、傅大为编辑：《台湾的科学哲学史和概念史》，多德雷赫特：克鲁维尔学术出版社，1993 年，第 221~

244 页。

《洋务运动大事记》，载徐泰来编：《洋务运动新论》，长沙：湖南人民出版社，第 349~448 页。

Yü Ying-shih. 1975. "Some Preliminary Observations on the Rise of Qing Confucian Intellectualism", *Qinghua Journal of Chinese Studies*, New Series 11.1 and 11.2 (December 1975). 余英时：《清代儒家理智主义兴起的一些初步观察》，《清华学报》，新系列，11.1 和 11.2，1975 年 12 月。

Young, Ernest P. 1977. *The Presidency of Yuan Shih-k'ai: Liberalism and Dictatorship in Early Republic China*. Ann Arbor: University of Michigan Press. 恩斯特·P·杨：《袁世凯的总统职位：民国初年的自由主义和独裁制》，安阿伯：密歇根大学出版社，1977 年。

张鸿声：《清代医官考试及题例》，《中华医史杂志》25.2，1995 年 4 月，第 95~96 页。

《中外时务策问类编大成》，出版地不详，1903 年。

朱震亨：《格致余论》，《四库全书》，台北：商务印书馆，1983-1986 年重印，第 746 卷，第 638 页。

《朱子语类》(1473 年)，台北：成文出版社，1979 年重印。

《状元策》(1733 年)，焦闳、吴道南等编辑，出版地不详，1997 年重印。

《中国学术》第二辑曾刊发过本论文的一个中译本，见本杰明·A·艾尔曼著，蒋劲松译，庞冠群校：《从前现代的格致学到现代的科学》，刘东主编：《中国学术》第二辑，商务印书馆 2000 年，第 1~43 页。译者在翻译过程中，参考了该中译本，特向译者深致谢意！尚需说明的是，译者比较英文原书本论文的文本和《中国学术》第二辑中收录的该文中译本的文本，两者内容上尚有一些差异。译者翻译时，以英文原书文本为准。

——译者按

19世纪中国新学领域的
社会活动家

费南山

导　言

　　本文的目的在于勾画出 19 世纪晚期中国早期 "科学群体"的基本特征。目前关于中国科学的学术研究中,基本上都否认这种群体在 20 世纪初期中国教育制度根本变革前就存在的事实。然而,也有观点主张,从 19 世纪早期以来,中国就存在对西方科学强烈的兴趣,对西方科学的研究和实践,并没有像传统观点所声称的那样,受到传统文化和儒学正统的阻碍。相反,追求科学的活动被成功地融入晚清知识界的思想地图。① 因此,科学在晚清的思想研究中起着至关重要的作用。但是,传统的解释再三声称,晚清的科学研究不被社会所承认。这种显得自我矛盾的说法促使我去研究那些社会活动家涉足这种新的思想努力, 及他们之间是否存在联系或者是怎样互相联系的。因此,这里我有必要首先对我要论述的社会活动家群体进行总体考虑。

　　像其他科学史一样, 中国近代科学史长期以来主要集中于专

---

① 大卫·C·雷诺兹:《重绘中国思想地图:19 世纪中国的科学图像》,《清史问题》12.1,1991 年,第 27~61 页。又见本书中本杰明·A·艾尔曼的论文。

业机构、学科、单个科学家在某一领域的重大成就，以及对科学成果连续不断的理性产出进行目的论的叙述。在这个意义上，当然可以说，19世纪没有职业的科学家群体在特定学术领域的机构中遵循公式化的程序进行工作。然而，在这个时期，西方科学通过各式各样的机构进入中国，经历了复杂的过程。由跨文化过程所造成的某一现代科学原理的产生，不同程度地受到诸如制度框架、知识分类结构、意识形态需要、本土现状以及语言等各种因素的影响、限制或促成。因此，为了强调科学和社会的融合，有必要放弃严格区分科学学术活动和社会实践的观念。[①] 这样，19世纪近代科学占领中国宁可被理解为持续的文化经纪的过程。这种理解决定了我的样本群体的选择。

本研究将遵循一种与迄今中国科学学术研究不同的路径来进行，把科学活动作为一种文化实践的形式，包括处于职业学术和普通公众两个层面不同领域内对科学活动和新知识的多种形式的表述。这种路径得到近来的科学社会史研究的验证。这些研究强调，一门科学学科的发展和"科学"总体上的发展，由诸如个人关系、新学科的接纳、新的社会结构等因素决定，并非主要由科学思想的真理而决定。[②] 这里我感兴趣的既不是致力于某学科研究的科学群体，也不是某一特定的科学权威，即科研机构的精英成员。相反，我试图探索19世纪中国绝大部分在约开口岸和香港发展起来的科学环境，包括那些处于科学活动外围的非职业者和不是科学家的人，如科学活动的中介人及财政和政治上的赞助人。这样做的目的

---

①我们可以从最近对欧洲科学史的学术研究中更详细地看到这种文化路径。参见汉斯·伊里切·鲍但克、彼得·H·雷、乔根·斯科拉姆鲍姆等编：《科学文化实践：1750—1900》，哥廷根：万登豪克和鲁普雷希特，马克斯—普朗克历史研究所出版物第154种，1999年；安詹士·多姆：《19世纪的科学普及：市民文化、自然科学教育和德国的公共领域，1848—1914》，慕尼黑：奥登伯格，1998年。

②参见汉尔格·克雷格：《历史编纂学导论》，剑桥：剑桥大学出版社，1987年，第177页。

是去了解晚清各门科学的文化和社会地位及其机构和功能。①

　　这样一种观点认为大众层次和学术层次的科学活动领域是统一的,这一领域由来自不同公众群体和具有不同"职业"背景的社会活动家所组成。②因此,我们并不是论述一群纯粹的科学家,而是一群涉身新科学(或按这个时期的流行称法,最好叫"新学")的生产、传播和宣传的社会活动家。这些从事于将西学翻译传播到晚清中国的社会活动家来自不同的地区和社会背景,年龄各不相同,有不同国籍的官员、商人、传教士或科学家。新学变成了一种私人财产,其拥有者能在很大程度上发挥中介作用。这里论述的活动家都对这种新知识感兴趣并普遍承认新知识对他们国家未来发展的重要性,他们通过各种手段和媒介来宣传这样一种信念。因此,可以认为,如果科学被一般地看作是认识兴趣和专业知识的话,他们共享一种科学兴趣。③

　　在这项研究的开始部分,我将列举出一些流行的对于本文所研究的活动家的社会作用的评价和陈述,并将这些评价和陈述置于历史的和跨文化视角的语境下。接下去的部分将对19世纪的科学环境进行历史的重建,观察对这些一般陈述的经验主义的重新

---

　　① 例如,雷诺兹否认科学群体的存在,因为他将科学活动定义为产生新知识的实验的程序。据他的观点,晚清中国主要限于对既有知识的接受和再生产。参见大卫·C·雷诺兹:《重绘中国思想地图:19世纪中国的科学图像》,《清史问题》12.1,1991年,第50页。

　　② 由于现代职业本身的出现是19世纪的新现象,采用对职业进行社会学研究而形成的"职业"的定义标准是时代的错误。这些标准包括:由特殊教育或培训程序定义的职业;少量的财政补偿;职业协会的形成和指导职业实践的道德标准的形成等。参见霍华德·冯玛、唐纳德·M·密尔:《职业化》,恩格尔伍德·克里夫斯:学徒会堂,1966年;罗纳德·M·帕冯考:《职业和专业的社会学》,绮色佳,Ⅲ:孔雀,1998年。

　　③ 内森·雷高特在科学领域对培育者(cultivator)和研究者(researcher)进行了区分。后者指那些完全献身科学研究(以及新科学成果的生产)的人,而培育者的特征是"学习文化"而非参与科学实践。在本文的研究中,我不仅将这些培育者包括在内,他们甚至占了样体群体的一大部分。参见内森·雷高特:《定义和思考:19世纪美国科学的职业化》,载亚历山德拉·欧里森、森波恩·布朗编:《美利坚合众国早期对知识的追求》,巴尔的摩:约翰·霍普金斯大学出版社,1976年,第37~39页。

估价。为了确定谁属于这一界限更加模糊的群体，我一方面选择了机构的路径，找出聚集了这些新的社会活动家的主要的文化机构，从而开始这项研究。照此路径，我不仅聚焦那些产生（或提供翻译的）科学成果的机构，而且包括在社会中充当新学媒介的组织。由于现代出版工业使这种初生的"科学群体"产生了一个大的变化，我还要包括那些从事于刚刚兴起的新闻业的活动家，因为他们充当了重要的"知识领域的媒介"。而且，由于科学在中国的发展表现为一个跨文化进程，翻译者也起了重要作用。为了避免掉入仅论述那些在这些机构中取得了突出地位的精英人物的陷阱，我还随机选择了一些曾经出版、翻译和共同编辑过新学书籍的人物，这些人物是从大众基金会的"近现代汉语学术用语"项目的传记数据库中选出的。①

再接下去的部分构成一个具体化的图表化研究，这个研究将提供关于我所聚合的样本群组的集体背景和相似经历的一些信息，包括他们活动的地理范围、教育背景、收入来源和后来的职业生涯。由于学术界仍然将20世纪前着迷于科学的中国人描述为可忽略的不称职者，认为他们缺乏任何高深的教育和社会威望，但是并没有对这些活动家提供一个实质性和系统性的研究。因此，首先对这些活动家的个人历史进行考古学意义上的探究，看起来是必要的。

在文章的最后一部分，我将分析这些活动家的人际关系网络。我将说明，在新知识领域的早期活动并非仅仅是没有什么公共意义的个人的和私人的努力，相反，这些涉身上海和香港各个领域的活动家，通过机构或个人合作形成了一个紧密相连的群体。作为"知识领域的组织者"，这些活动者虽然数量有限，但他们能够扩大其力量，而他们之间的相互支持、依赖和合作，也赋予他们合法的

---

① 特定的选择标准见下文。数据库某些部分现在可在线使用，见 http://www.wsc.uni-erlangen.de/wscdb.htm.

能力以有效地发挥其中介作用。

一、关于晚清中国科学家、翻译和记者地位的观点争议

新的职业和社会群体的出现总是意味着对现存社会群体的合法性的挑战。这种挑战常常产生对这些新来者的负面估价。对于受聘于新机构的新的记者、翻译和科学家来说,情形正是如此。这些新机构有北京的同文馆及后来的京师大学堂,上海的广方言馆、江南制造局、格致书院,以及下面我将要介绍的上海和香港的日报等。隶属于这些新机构的活动家被指责为无能的、非职业化的士人,他们找不到别的谋生之道或不能成功地运用他们的新知识。一个关于记者和新学堂教习地位的著名例证或许可以充分说明这一点:

> 讲述在模范租界诞生的记者这一职业的方方面面,将是一个冗长的故事。至少有两件事,街上的人们能做得与专职人员同样好,甚至超过专职人员。第一件事是办学校,第二件事是编报纸。两者都无须任何培训!在街上的人们看来,教师和记者既非先天生成的也不是后天造就的,他们就像荆棘丛中的黑莓,像瓦洛姆博罗萨①的叶子,或者像数量不受限制的别的事物。可能成为教师和记者的人随处可见。生命竞争中的失败者、衰老者、跛行者、残废者、无能者、奢侈者、品行不好者甚至傻子都认为, 当别的职业已对他们关闭大门时,这两种职业之门对他们仍然开放。在像上海这样一个新的和正在扩展的社区里,并不缺乏检验能力问题的机会。多次失败就表明了结果。②

关于翻译者的"本性",冯桂芬在下面的话中作了明显的类似评论:

---

① Vallombrosa,意大利中北部城市,著名避暑胜地。——译者注
②《上海的夜间和白天》,上海:上海英文《文汇报》,1897 年,第 164 页。

现在,那些通晓夷人事务的人被称为"通事"。这些人往往都是城市中妄动的无赖和流浪者,还有乡村和社区中被鄙视者。他们担任翻译仅仅是因为他们没有别的谋生手段。他们生性粗野,学识浅薄,而且道德低下。他们除了声色货利之外,一无所知。①

上述引文包含了最常出现的和典型的对这些新活动家的指责:这些"社会渣滓"是笨拙和头脑不清的人,他们缺乏高深的教育,难以找到职业,名声很坏。而且,他们过着不安定的生活,这迫使他们把他们的文字才能投向市场。中国媒体将"斯文败类"②、"落拓文人"、"疏狂学子"等称号加于那些早期的记者头上。③

公然抨击记者无能、无礼和不负责任,是不同时期出现在许多社会中的普遍现象。这很可能与这样的事实相联系,即记者常常在争论的语境和公众意见竞争的领域中进行工作。此外,记者职业本身的不明确性质及其不规律的工作时间,频繁的旅行和不稳定的生活状态,都促成了对记者这样一种普遍估价。当我们看到 19 世纪欧洲对记者有同样的陈述时, 这种估价的国际普遍性

---

① 引述邓嗣禹、费正清:《中国对西方的反应:资料调查,1839 —1923》(纽约:雅典娜神庙,1965 年,第 51 页)一书的译文。(此处所谓"译文"指该书中对冯桂芬原话的英文译文,该"译文"是对冯桂芬原话的意译,冯桂芬在《校邠庐抗议·上海同文馆议》的原话是:"一有交涉,不得不寄耳目于所谓'通事'者。……其人不外两种,一为无业商贾。凡市井中游闲跅弛,不齿乡里,无复转移执事之路者,以学习通事为逋逃薮。一为义学生徒。英法两国设立义学,广招贫苦童稚,与以衣食而教督之,市儿村竖,流品甚杂,不特易于濡染洋泾习气,且多传习天主教,更出无业商贾之下。此两种人者,声色货利之外,不知其他,惟借洋人势力,狐假虎威,欺压平民,蔑视官长,以求其所欲。"——译者按)

② "斯文败类"最早是由慈禧使用的,1898 年政变后,她在著名的反对私人报纸的上谕中用了这个词指责记者,从那以后,该词成了一个常用的词语,被旧新闻界的反对者或拥护者在不同语境下使用。参见费南山:《统一和一致:梁启超和中国"新报业"的发明》,《清史问题》23.1,2002 年,第 91~143 页,全文各处。

③ 例如,雷瑨:《申报馆之过去状况》,载《最近之五十年:1872—1922 年申报五十周年纪念》(1922 年),上海:上海书店,1987 年重印,第 3 部分,第 26~28、27 页。

的趋势就非常明显了。[1]

而且，中国的情况是，这些称谓的绝大多数，是20世纪20年代早期和30年代的报史学家传播的，所反映的不过是后代的"真正记者"攻击性的陈述，他们为了巩固自身地位，发现有必要对其先驱者进行反面的评价。[2] 还有，前引冯桂芬关于译者的论述也须放在辩论的语境中来考察。因为，他当然不是仅仅为了反对译者本身而说话，他在《校邠庐抗议》中写这些话，是为了强调他建立学校和正规翻译机构的建议的迫切性。

如果再看同时代的其他资料，这些估价的争议就更明显了。王韬(1828—1897)是揭示工作于跨文化背景下的中国人心理状态的矛盾冲突的有力例证。必须强调，他们生活在悲惨和沮丧的环境下，备受折磨，因而他们用古怪行为去发泄其心中的愤怒。[3] 在王韬的诸多日记中，仅有下面一段可以作为这些学者与外国人一起工作时承受心理压力的证据：

> 我并不想也不被期望留在此处这么长时间。然而，现在既然情况就是如此，我必须接受现实而住下来。总之，我现在的情形可被描述为：把危险的情景当成繁荣的道路，把苦菜当成甜的水果子。依赖这些野蛮的侏离而生活是特别令人讨厌的……名义上，我是一名编辑，但事实上，我只是一个传达命令的人。[我的工作]是如此的不相干和处于真正的学术之外，如果[写满文字的报纸]不是用作盖泡菜罐或糊窗户纸，人们就直

---

① 例如，德国记者爱德华·雷奇(Edurd Reich)1888年对他的同伴的评价，引自鲁道夫·奥伯斯格—劳德：《德国记者教育程度研究》，《存在和结果评论》7，莱比锡：大学出版社，1936年，第37页。

② 这种新闻史编著的代表作有，戈公振：《中国报学史》(1926年原版)，台北：学生书局1982年，第100页；胡道静：《上海新闻事业之史的发展》，上海：通志馆，1935年，重印于《民国丛书》，第2编，第49卷，第4~5页。

③ 关于他们的生活方式和社交习惯，见下文。

接把它扔到厕所里。①

正如叶凯蒂(Catherine Yeh)所阐明的那样，这些年轻知识人的行为和言语必须被当作特殊的姿态和在特定文化环境下形成的言语来理解。常被引述的他们对与外国人工作的憎恶或由于未能通过考试而产生的自卑，常在他们的书信和日记中有所表述，但这并不一定对应他们的真正行为和思想，或许可以被当作策略工具。

例如，在对居留香港的回忆中，王韬描绘了一幅这座西化的现代城市的生机勃勃的图画，它的供水管道和电力设施，还有与外国人的友好交往。这里他称赞理雅各(James Legge, 1815—1897)是一位令人尊敬和亲密的朋友：

当理雅各先生教学工作不忙时，他有时邀请我到他在波克佛汉姆(Pokfulham)的家里，在那里，我们一起打发时间，在微风中读书和写诗。即使是神仙也很难达到这种快乐。我感激理雅各先生的慷慨友情，在炎热的季节里，能让我和他共享舒适。②

关于王韬，詹姆士·理雅各的信件中有类似的记述。他写道：

他(理雅各)不能不感激王韬为他所做的一切，王韬是一个来自苏州(Soochow)的毕业生。这位学者在经典方面远远超过作者先前所认识的中国人，他于1863年底到了香港，一家经

---

① 《王韬信，1858年1月》，引自叶凯蒂：《晚清上海四个文人的生活方式》，《哈佛亚洲研究学报》57.2，第419~470、430~431页。[这段引文出自王韬日记(见王韬《蘅华馆日记》咸丰八年十二月十八日，1859年1月21日)中所记述的一封信，本注释中"王韬信，1858年1月"中的时间有误。这里所引述的王韬信的中文原文是："自来海上，绵历岁序，虽亦时命之限，初非意计所料。第事已至此，不得不安之而已。视厄境为亨衢，等秋荼于甘荠，其近况略可述焉。托庇侏离，薰莸殊奥……名为秉笔，实供指挥。支离曲学，非特覆瓿糊窗，直可投诸溷厕。"——译者按]
② 王韬：《我在香港的居留》，杨清华译，《翻译：香港问题专刊》29、30，第37~41、40页。

过精心挑选的大图书馆的珍贵书籍听其使用。同时，充满精神地去工作，或解释，或辩论，因情况而定。他不仅帮助进行工作而且使每天的辛苦劳作充满愉悦。①

傅兰雅(John Fryer)在担任江南制造局监督期间的一封信中，用一种非常相似的方式，称赞他的同事，此人很可能是徐建寅：

> 和我一起工作的中国人中，有一些确实聪明的人。他们的官阶都不比地方官员低。我们至今相处得很好。一个比其他人都年轻的人和我建立了很深的友谊，他告诉我他的全部事情，就像我是他的弟兄一样。他是我遇到的最聪明的中国人。与他相比，在许多方面，我像是一个小孩子。②

《申报》的编辑美查(Ernest Major，1841—1908)也强调了他的同事、记者吴子让(1818—1878)的才能。吴子让曾在曾国藩的幕府中供职，曾国藩于1872年死后，他来到了上海。美查为吴子让写的讣告中，有一段是这样写的：

> 以上海为通商总汇地，足觇中外之时事。袯袯来游时，仆适倡设《申报》，慕君名以礼延请来馆。六载之中，崇论闳议，大半出君手。远近观者，仰君如山斗，仆亦深相依赖。③

即使考虑到这些关于同事和朋友的叙述或有溢美之词，他们

---

① 理雅各：《中国经典》，卷1~5，台北：南部文献中心，1985年，卷3（《书经》），前言，第 viii 页。
② 《傅兰雅致苏西·约翰逊(Susy Johnson)信，1868年7月11日》，档案号：BL Bx 1，FLdr 5。关于傅兰雅的档案材料引自费迪南德·达济尼斯《傅兰雅资料目录：信件、著作和摘录、评论等杂件档案》，未刊稿本，伯克莱：加州大学，1999年，第3版。感谢费迪南德·达济尼斯让我分享他的材料。
③ 《申报》，1878年7月4日，第1页。

出现在其作品的序言中或大的日报如《申报》的公共页面上；然而，如果美查和理雅各确实仅仅雇佣了穷书生或不可靠的不称职者，他们不太可能发表这样的评说。而且，这里引述的评说并非例外，而是一般性的做法。不管是在求职广告、生日祝贺或者是对记者的采访报告中，报纸上充满了记者是有知识、有才能，是著名学者的描述。①这又可被认为仅仅是自我吹嘘的目的，然而，如果缺乏实质性的基础，这种连续的吹捧将显得难以使人相信。

这些由记者和科学家的同事和朋友们所做的评价，与上面提到的对他们邪恶本性的叙述形成强烈对比。然而，正如所提到的那样，当代西方学术界仍有这样普遍的假设，认为 1895 年前的中国科学家和翻译者"通过科举考试晋升之途被堵塞，他们为他们的才能寻找新的出路"；②还有，认为 19 世纪科学进步的宣传者是"不称职的中国人和西方传教士"，"工作空间狭窄"，"被强大的顽固的机构所反对"。③

为这个群体画出这样反面图像的主要原因在于"五四"作家们所施加的巨大影响。他们特别急于将他们自己的"偶像破坏"、"革命的"运动之前的一切发展谴责为"封建的"、"落后的"、"反动的"。为了加强他们自己的地位并强调他们自己的思想和行为的新颖，他们明显地感到必须去否认和打消所有先前的成就。④ 同样，一个

---

① 更多的例子可参看我的论文，费南山：《新闻业在中国的兴起，1860—1911》，威斯巴登：赫拉斯维茨，2002 年。(海德堡大学博士学位论文，1998 年)

② 詹姆士·瑞阿顿—安德森：《变易之学：化学在中国，1840—1949》，剑桥：剑桥大学出版社，1991 年，第 14 页。

③ 詹姆士·瑞阿顿—安德森：《变易之学：化学在中国，1840—1949》，剑桥：剑桥大学出版社，1991 年，第 16 页。

④ 这种对 19 世纪科学家的公然指责，例如，胡适：《中国的文艺复兴》，芝加哥：芝加哥大学出版社，1934 年，第 71 页，引自大卫·赖特：《翻译科学：西方化学输入晚期中华帝国，1840—1900》，莱顿：布里尔学术，2000 年，第 66~67 页。大卫·赖特用同样的方式辩论道，这些叙述不能仅仅从表面价值去看，而应从他们的争论语境中去理解。那些争论的另一个非常著名的例子，在梁启超的著作中也可以发现。费南山 2002 年的论文对梁启超对早期新闻界的指责作了分析，见费南山：《统一和一致：梁启超和中国"新报业"的发明》，《清史问题》23.1，2002 年，全文各处。

初生的 20 世纪 30 年代的中国科学史的编纂也降低或忽视了 19 世纪的成就,但却强调了 1914 年在康乃尔成立的中国科学社是中国科学史的历史分水岭,[1]并且思考他们先驱者失败的原因。[2] 这种指责很容易继续在更近期的历史解释中存在下去。然而,下面我将要讨论,他们看来并不能充分反映出这些涉身"新学"事业的新的活动家的真正情形。

然而,即使我们不能够判定那个时期科学家和记者地位的"真正性质",我们在这一点上至少可以说,对于这些新的社会活动家的地位是很有争议的,因此我建议去看一些经验的数据而不是仅仅重复为了某种目的而随意挑选出来的叙述。

二、机构:19 世纪中国的制造局、学校、博物馆和报纸

1896 年,刑部侍郎李端棻(1833—1907)在一份奏折中提出五点教育改革方案(该奏折据说为梁启超所写),内容包括建立全国学校体系、技术实验室、翻译机构、报纸和派遣学生出国留学。[3]当时,奏折得到的反响很小。然而,三年后,这些主张在 1898 年著名的百日维新期间又被重新提起,发起一个根本的教育体系改革作为最重要和显著的任务之一,终于导致中国第一所大学,即北京的京师大学堂的建立。康有为(1958—1927)[4]和梁启超作为这场运动的主要领导者从此被认为促进了西学新机构和新制度的引进。正如孟悦(Meng Yue)和本杰明·A·艾尔曼最近指出的那样,正是在这

---

① 刘咸:《科学史上之二十年》,载刘咸:《中国科学二十年》,出版地不详,中国科学社,1937 年版(《民国丛书》,第 1 编,第 90 卷,1982 年),第 3~18、3~4 页。

② 张子高:《科学发达史略》,出版地不详,中华书局,1932 年(《民国丛书》第 1 编,第 90 卷,1982 年重印),第 247 页;张孟闻:《中国科学史举隅》,出版地不详,中国文化服务社,1947 年(《民国丛书》,第 1 编,第 90 卷,1982 年重印),第 1 页。

③ 参见李端棻:《请推广学校折》(1896 年),载舒新城:《中国近代教育史资料》,第 1 册,北京:人民教育出版社,1961 年,第 143 页;又见撒鲁斯·皮克:《中国的民族主义和教育》,纽约:哥伦比亚大学出版社,1932 年,第 25~29 页。李端棻也"观察"到,当时报纸的编者没有受过好的教育,不能信赖(第 27~28 页)。

④ "1958—1927"应为"1858—1927"。——译者按

个时期，作为混合的或总体的"科学"的经典汉译术语"格致"，被日本返回的借来语"科学"所取代，现在用于指近代西方科学。[1]由此，对于今天的许多历史学家而言，在这次变法运动之前，中国实际上不存在近代科学，因为，它甚至没有名字。而且，更重要的是，直到1915年《新青年》的"赛先生"到来后，"科学"才辉煌起来。[2]

类似地，李端棻的奏折给人一种印象，即他所提到的制度和实践从来没有存在过，必须在中国建立起来。可以推测，这样描述这一领域背后的动机是试图有意贬低先前机构的重要性和意义，而使这一新的改革群体领导的新机构取而代之的行为取得合法性。为了重现一幅更加公正的机构图景，我将简单地介绍一下主要的负责传播西学的机构。由于这些机构的大多数已有二手著作论述过，[3]我限定这一部分的任务是，勾画出那些强调这些新机构的社会地位和功能（只要以参加者本身的眼光来看）以及看起来与理解这种跨国的文化经纪业的融合过程有关的某些特征。

（一）教会和官办学校

新教传教士从19世纪早期开始即为中国学生设立学校。其中最著名的是马礼逊（Robert Morrison，1782—1834）于1823年在巴达维亚（Batavia）创办的英华书院（Anglo-Chinese College），这所学校于1842年迁往香港。[4]这类教会学校是培养香港新精英人物的基地，几项研究表明，香港城市精英的大部分出自这些教

---

① 参见本杰明·A·艾尔曼本书中的论文，又见孟悦：《杂交的科学对现代性：江南制造局的实践，1864—1897》，《东亚科技和医学》16，1999年，第13~52页。

② 参见本杰明·A·艾尔曼本书中的论文，又见孟悦：《杂交的科学对现代性：江南制造局的实践，1864—1897》，《东亚科技和医学》16，1999年，第13~52页。

③ 最重要的有，毕乃德：《中国最早的近代官办学校》，绮色佳，纽约：康乃尔大学出版社，1961年；苏精：《清季同文馆及其师生》，台北：出版社不详，1978年；熊月之：《西学东渐与晚清社会》，上海：上海人民出版社，1994年；大卫·赖特：《翻译科学：西方化学输入晚期中华帝国，1840—1900》，莱顿：布里尔学术出版社，2000年。

④ 创建于1839—1860年间的教会学校名单，见熊月之：《西学东渐与晚清社会》，上海：上海人民出版社，1994年，第288~289页。

会学校。①这些早期来华的新教传教士,有的不仅活跃于传教事业,有的还在中文秘书办公室中担当政府代表。像马礼逊(还有他的儿子)、德国传教士郭实腊(Karl Gutzlaff,1803－1851)或麦都思(Walter Henry Medhurst,1796－1857)的情况都是如此。②而且,众所周知,林乐知(Young J. Allen,1836－1907)、李提摩太(Timothy Richard,1845－1919)等人,他们个人对政治事务很积极,强烈地参与到关于中国改革的当前辩论中。

传教士因此也参与了新的官办学校的正式创建和教学工作。北京同文馆的建立标志着中国官方的外来知识或"现代科学"和外国语教学的开端。由李鸿章和冯桂芬发起,1863年在上海创办了一个平行的机构,即广方言馆,又叫上海同文馆。其他机构也在广州和别的约开口岸建立起来。

这些政府创立的现代学校由外国教习执教。这些外国教习教授学生学习外国语、数学、世界史和别的"科学",分别由总理衙门、上海道台和地方官员领导,后者负责主持考试。模仿美国的大学模式和按照中国古典学校的管理办法,他们主要培养从事对外事务的翻译人员和技师以及军事学方面的官员。他们得到正式的官阶,以与主流的术语系统相一致。对这些机构的批评估价常提到这些新机构缺乏实验室和实际的科学工作。然而,指望如此现代的科学教育看来是时代错位,因为在欧洲和美国,与科学教育相联系的实验室的大规模发展,也是19世纪晚期随着工业研究实验室的增加才开始出现。③

---

① 详见施其乐:《作为精英、中间人的华人基督徒与香港教会》,牛津、纽约:牛津大学出版社,1985年。

② 参见刘禾:《交流的象征:全球流通中的翻译问题》,达勒姆:杜克大学出版社,1999年。

③ 参见米歇尔·塞尔编:《科学史基础》,法兰克福,美因:苏尔坎普,1998年,第829~867页。"应用性"和"纯"科学的区分在19世纪晚的欧洲也是新出现的。参见大卫·C·雷诺兹:《重绘中国思想地图:十九世纪中国的科学图像》,《清史问题》12.1,1991年,第35页。

晚清中国新学领域

毕乃德(Biggerstaff)认为，"所有这些学校都与国防有关……一般被中国人看作完全在常规的教育概念和教育系统之外"。① 然而，既然这些新学校之间存在密切的合作和在当时享有较高的知名度，正规的教育概念和教育系统对于职业和社会地位是否还起着决定性作用，看来是令人怀疑的。

北京同文馆在 1862—1898 年间聘用了大约 60 名教习，其中有 3~6 名中国教习。相较而言，上海广方言馆有大约 30 名教习，主要教授外国语，其中只有 6 名外国教习。② 同文馆起初仅限于招收满族学生，上海同文馆学生则主要是富商的子弟。政府通过提供奖学金对京沪同文馆学生表示承认，这增加了这个新的教育部门和在校学生的声望。

（二）印刷媒体

19 世纪印刷媒体市场(包括报纸和书籍两个领域的生产)的作用被大大地低估了。直到最近学术界才开始揭示，在 1896 年著名的上海商务印书馆建立之前，最早的现代出版社所产生的巨大影响。19 世纪早期以来创办的教会出版社，包括最著名的上海墨海书馆(Inkstone Press,1843 年)——王韬、李善兰、徐寿在此第一次相聚——和美别利 (William Gamble，卒于 1886 年)的美华书馆(American Presbyterian Mission Press)。1860 年，当这家书馆从宁波迁到上海后，美别利创立了当时最大的印刷公司，有超过百名的工人，从那时起，印行上海所有主要宗教出版物:宗教杂志和课本。③ 从19 世纪 70 年代以来，先前的

---

① 毕乃德:《中国最早的近代官办学校》，绮色佳，纽约：康乃尔大学出版社,1961 年，第 31 页。

② 不同的表格见熊月之:《西学东渐与晚清社会》，上海:上海人民出版社,1994 年，第 311~313、346~347 页;又见苏精:《清季同文馆及其师生》,台北:出版社不详,1985 年 ("1985 年"应为"1978 年"。——译者按),第 43~46、68~69、102~103 页。

③ 吉少甫:《中国出版简史》,上海:学林出版社,1991 年,第 264~267 页。据熊月之的说法,1890—1895 年之间,美华书院每年的印刷量为 40,316,350 页。参见熊月之:《西学东渐与晚清社会》,上海:上海人民出版社,1994 年,第 481~484 页。

出版中心即北京的琉璃厂被上海的出版社超过，这主要是由于平版印刷的技术革新和《申报》报馆的非常成功的商业化。①

熊月之对西学在中华帝国晚期传播的开创性研究，对关于新学各个方面的大量的译著、丛书和新著，作了一个详尽的叙述。在1843—1860年间仅有434部汉译西学著作(实际上，起初其中大部分是纯宗教课本)。在接下去的1860—1900年四十年间有555部西书。②

除了书籍出版，1900年前的报纸和杂志对新知识的传播有更大的影响，读者量更大。最有影响的上海《申报》(1872年创办)，由申报馆的创办者美查(Ernest Major)发行，在其创办的早年发行量即达到8000~10000份。③王韬1874年创办的香港《循环日报》日发行1000份。④该报由香港东华医院(Tung Wah Hospital)的杰出成员出资和经营，服务广大的海外华人群体。与这些私人活动相配合的还有半官方的报纸，即上海道台在19世纪70年代创办的《汇报》(1874年)和《新报》(1876年)。⑤

所有这些报纸都含有经世主题、洋务事务、重要的国际事件和一般新学的社论。而且，报纸的新闻栏目远非仅仅登载琐碎的

---

① 参见鲁道夫·瓦格纳关于《申报》馆和《点石斋画报》的研究。鲁道夫·瓦格纳：《加入全球想象图景：上海点石斋画报》，载鲁道夫·瓦格纳编：《加入全球公众：早期中国报纸的词语，图画和城市，1870—1910》，奥尔巴尼：纽约州立大学出版社，2002年，即将出版。瓦格纳估计，在19世纪80年代，上海的一些平版印刷厂雇用了一百多名工人并操作蒸汽机。

② 熊月之：《西学东渐与晚清社会》，上海：上海人民出版社，1994年，第8~12页。与1900年后新学著作的剧增相比，这些数量显得太少，然而，他们不能被忽视。

③ 参见《申报》的各种广告，如1872年6月11日（4500份），1877年2月10日（8000~9000份），1877年6月20日（10000份）。

④ 还有《循环日报》的竞争者，在香港的名气稍差的《华字日报》达到了约1000份的发行量。(《通知》，《中国邮报》China Mail，1874年2月24日)；《维新日报》(1879年创办)在1885年每天发行1900份，见《香港1885年蓝皮书》。

⑤ 对这些早期报社及其英语编辑的详细的研究，见费南山：《有用的知识和正确的交流：中国出版业形成阶段的出版社战略和类型(1872—1882)》，载鲁道夫·瓦格纳编：《加入全球公众：早期中国报纸的词语、图画和城市，1870—1910》，奥尔巴尼：纽约州立大学出版社，2002年，即将出版。

社会丑闻，而是包含了新技术发明、政治事件和国际商业活动的信息。很显然，所有这些都被约开口岸的大部分都市人口认为是有用的知识。① 此外，这些早期报纸的招聘广告表明，应聘记者要求对时事有广泛的知识，有时甚至要求有外国语技能(因为很多新闻是从外国报纸和电报翻译而来)。②

作为上海独立于英国报纸之外的第一家中文报纸，《申报》主要聘用江南学者，如蔡尔康（1852—1920）、沈毓桂（1807—1907）、钱昕伯（1833年生）和何桂笙（1840—1894）。他们供职于编辑部，而这家赢利颇丰的企业的财务管理则完全由美查负责。享誉新香港社会的人士参与了《循环日报》，如伍廷芳（1842—1922）、何启（1859—1914）和胡礼垣（1847—1916）。财务管理则由著名买办如冯明珊(卒于1898年)担任。该报与东华医院关系密切，很多报社人员都是医院董事会成员。上海的半官方报纸是由一组上海官员和商人创办的，其中有官方代表叶廷眷、冯浚光（1830—1877），买办和商人唐景星（1832—1892）、容闳（1828—1912）、郑观应（1842—1922），以及袁祖志（1827—约1900）、邝其照等人担任编辑。这些人中许多人与江南制造局有密切联系。

除了报纸，还有一些重要的和有影响力的讨论西学的杂志。著名的图画杂志，如《点石斋画报》等，用一种更带娱乐性的方式来报道西方"新闻"——这份期刊以对西方和奇妙的技术发明所作异国情调的描述而著称。然而，近来的研究表明，这份期刊在全球想象图景中经营，和它的西方对应物有许多类似之处，如《伦敦图画新闻》

---

① 报纸史学者估计，在那时的中国，大约10~15名读者拥有一份报纸。这样，报纸读者量远大于报纸销售量所表示的读者量。参见多·丹汉姆·彼德森：《中国的新闻界》，《密苏里大学学报》23.24（专著系列），1922年，第58页；白瑞华：《中国的报刊，1800—1912》(1933年)，台北：成文出版社，1966年，第129页。

② 对这些职业广告和早期近代中国报纸总体的职业标准的分析，见费南山：《新闻业在中国的兴起，1860—1911》，威斯巴登：赫拉斯维茨，2002年(海丁堡大学博士学位论文，1998年)，第8章。

(*The Illustrated London News*)、《哈珀》(*The Harper's*)、《图画》(*The Graphic*)。如此看来,追求好奇也是应对现代技术的全球趋势的一部分,中国人常被认为很幼稚地对待新技术奇迹,而这种看法由此被证明是错误的。[①]在教会期刊中,图画也被用作介绍和解释科学技术仪器的手段,如香港英华书院的《遐迩贯珍》(1853 年)、墨海书馆(王韬担任中文编辑)发行的《六合丛谈》(上海系列,1857 年)、《中西闻见录》(1872 年)或林乐知和李提摩太的《万国公报》,他们从《申报》馆聘用蔡尔康和沈毓桂担任中文编辑。当"在华实用知识传播会"(Society for the Diffusion of Knowledge)(1872 年) 于 1875 年解体时, 其成员向傅兰雅建议把他们的期刊订阅者转到新的期刊,即由他和徐寿共同主编《格致汇编》(中文科学期刊)。这个期刊被作为最早的真正的科学期刊之一,以其篇幅较大的"致编者信"栏目和与全国读者的密切互动而著称。[②]

　　具体专业领域的科学期刊最早出现于 19 世纪 90 年代, 如聚焦农业的《农学报》,由罗振玉(1866—1940)于 1897 年创办;由许多算学、技术和普通科学书的作者黄庆澄(1863—1940)同年创办了《算学报》。另一位多产的新学文章作者叶耀元于 1897 年创办的《新学报》,有专门的学科栏目,如算学、医学和政治。

　　这些书的许多作者和译者现在已经不为人知,几乎没有关于他们的传记资料。有关中国最早的记者的传记资料即使存在,也非常罕见。也许正是这种缺失促成了上述对于这些被调查的活动家

---

① 参见鲁道夫·瓦格纳:《加入全球想象图景:上海点石斋画报》,载鲁道夫·瓦格纳编:《加入全球公众:早期中国报纸的词语,图画和城市,1870-1910》,奥尔巴尼:纽约州立大学出版社,2002 年,即将出版;韩瑞亚:《报纸中的怪异》,载蔡九迪·刘禾编:《书写与物性在中国——韩南教授纪念论文集》,坎布里奇:哈佛大学出版社,2003 年,第 341~396 页。
② 李三宝(Li San-pao)对这些信件进行了研究,见李三宝:《傅兰雅〈格致汇编〉中的致编者信,1876—1892:分析研究》,《"中央"研究院近代史研究所集刊》,第 4 期,第 729~777 页。

的论断。对这些早期新闻业的评价类似于中国科学的低下地位:根据新闻学标准,早期的报纸杂志被认为是不成熟的,内容琐细,不被读者所接受。然而,新的印刷媒体,其中最重要的日报和期刊,在传播和解释这种新知识过程中起着重要的作用。由于由这些活动家构建的关于科学和新知识的新话语现在被带到新的都市公众面前, 新的印刷媒体在社会中获得了一个很重要的位置。

(三)混合机构

与上述学校和报纸不同的还有一种机构,如 1843 年创办的墨海书馆、江南制造局及 1885 年创办的上海格致书院。这类机构部分任务是教授中国人学习外语和科学, 部分任务是通过印刷媒体或者各种公共活动来传播新知识。

随着 1865 年江南制造局的创立,在李鸿章和曾国藩以及出身曾氏幕府的官员丁日昌(1823—1882)和冯浚光的支持下,广方言馆并入江南制造局,成为 1868 年成立的江南制造局翻译馆的一部分。江南制造局翻译馆在傅兰雅指导下进行工作, 是翻译西方书籍最多的地方之一,这些数以百计的书都是傅兰雅从美国购买的。①

在其存在的 1868—1912 年间, 共有大约十名外国教习受聘于这家机构,除傅兰雅外,还有玛高温(D. J. MacGowan,1814—1893)、金楷理 (C. T. Kreyer)、林乐知、伟烈亚力(Alexander Wylie)。他们都能用中文对中国译员解释外国著作。同一时期约有二十名中国译员,其中有华蘅芳(1830—1901)、徐建寅、李善兰、钟天纬(1840—1900)、贾步纬(1840—1903)、瞿昂来、舒高第以及其他人员。他们中许多人也受过一些科学教育。② 翻译馆还

---

① 参见艾德里安·贝内特:《傅兰雅译著考略》,坎布里奇,马萨诸塞:剑桥大学出版社,1967 年,附录一,第 73~81 页;或伯克莱档案中包含定购书单列表的信件,费迪南德·达济尼斯:《傅兰雅资料目录:信件、著作和摘录、评论等杂件档案》,未刊稿本,伯克莱:加州大学,1999 年。

② 江南制造局成员的简短传记介绍,可参见熊月之:《西学东渐与晚清社会》,上海:上海人民出版社,1994 年,第 529~537 页。

发行年刊《西国近事汇编》(1872 年),由外文和中文译员编辑。年刊包含翻译的世界新闻,大部分摘自伦敦的《泰晤士报》。它成了文人们了解世界大事的重要的参考工具,这曾被康有为、梁启超这样的读者如此提起过。

来自商界精英和官员圈子的杰出人物参与了制造局的经营、财务和监督工作。因此,《北华捷报》评论道,"制造局的监督成了一个高级文官职位,在许多情况下,是通向帝国最高和最有利可图的官职的台阶。"①

江南制造局成立一年后,一所船政学堂在福州成立,这是在左宗棠 (1812-1885) 和法国人日意格 (Prosper Giquel,1835-1886)的倡导下成立的,又叫福州制造局②,饶有趣味的是,它创立了一个海外留学计划,派遣学生到法国去。③

格致书院是中外科学家、官员和商人私下倡导建立的。④ 格致书院是按照设在伦敦摄政街(Regent Street)的理工学院的模式创办的,其英文名称 "Shanghai Polytechnic Institution and Reading Room"表明,这个组织意味着包含很多机构、课程、图书馆、博物馆或展览厅和出版社,出版杂志《格致汇编》。图书馆和教室所在的大楼是由一个中国建筑师设计的中国古典风格的建筑,这是为了使来访的中国人感到眼熟。另一计划是建立展出工业产品的大楼,一方面便利外国商人的市场交易;另一方面,用一种永久展出

---

① 《官员和他们的外国教师》,《北华捷报》,1875 年 2 月 25 日。

② 福州船政学堂仅是制造局的组成部分之一。——译者按

③ 参见毕乃德:《中国最早的近代官办学校》,绮色佳,纽约:康乃尔大学出版社,1961 年;斯蒂文·A·莱伯:《向中国传播技术:日益格和自强运动》,伯克莱:中国研究中心(中国专题研究系列之二十八),1985 年。

④ 这家书院的发展历程记录在《北华捷报》中,该报有规律地发表傅兰雅关于这家书院的现状报告和董事会议的记录。《格致书院》,《北华捷报》,1875 年 10 月 14日;《格致书院》,《北华捷报》,1877 年 3 月 15 日;《中国的格致书院》,《北华捷报》,1883 年 4 月 18 日。

的方式，来引进新技术。①

这个机构由四名西方人和四名中国人组成的董事会指导，其中有唐景星、徐寿、华蘅芳、王荣和以及后来的徐建寅、李凤苞(1834—1887)、徐华封、张焕纶、王韬、赵元益(1840—1902)和李平书。还有会审公廨的中国法官陈某，中国医院的 Wang Chun-foo(王纯甫)先生和轮船招商局(CMSN Co.)的 Chun Fan-ting(陈范亭)先生。②绝大部分的财务管理由徐寿负责。徐是著名的数学家，19世纪40年代他在墨海书馆是一个活跃分子，成为其首任董事。他的同事和朋友华蘅芳，是格致书院的驻院监督，他自愿承担此工作，不从书院获取报酬。1884年徐寿死后，他在墨海书馆的另一位前同事王韬刚从上海回来，接替了他的位置。

格致书院是由私人资助的，向学生收取学费。从资助者的名单可以看出，中外官员和商界对此机构的广泛支持。③然而，唐景星没有能够为书院招致大量的固定资助者。到1883年，登记在册的只有42名中国人，每年捐助6美元。然而，许多著名的省级官员给予了有力的赞助，而这个机构的模式被别的省份所效仿，如九江、厦门和广州。

图书馆里有西方的译著、中文报纸和中文新书，但是还要强调，也有中国经典书籍。这所书院不仅作为教学的地方，还被设计成了社会俱乐部，就像上海的外国俱乐部一样。来自社会各个部分

---

① 这样一种展览的模本是1850年的伦敦世界博览会。在这次成功的博览会后，19世纪晚期成了大型工业博览会的时代，这种趋势，经由外交官和旅游者的作品传播开来，在中国也引起了注意。常有说法，格致书院的建筑是意图仿效伦敦著名的水晶宫而建。这个巨大的钢和玻璃结构的建筑是现代建筑的杰出代表，许多年来，它吸引了来自全欧洲的游客和访问者。参见温弗莱德·克兰茨莫：《世界博览会史》，法兰克福，美因：校园，1999年。但是这样的建筑仅完成了一个附属的展览厅，整个建筑从未完成。

② 参见熊月之：《西学东渐与晚清社会》，上海：上海人民出版社，1994年，第353页；又见《中国的格致书院》，《北华捷报》，1883年4月18日。

③ 参见熊月之：《西学东渐与晚清社会》，上海：上海人民出版社，1994年，第356~358页。

的人们,官员、文人、商人可在此聚会、读书和基于对"新学"共同兴趣而交流观点。①博兰雅估计,每月约一百名中国人参观展览厅,在那里由华蘅芳向他们解说展品。大的报纸,如《申报》、《万国公报》(1874年)、《北华捷报》,都用极大的兴趣来对此进行报道。②

格致书院的一个重要附属物是每季度一次的中文论文奖励计划,这个计划于1886年书院改组后开始建立。这一计划的目标是,引导中国文人用论文比赛的方式去讨论新学的问题,这是人们从科举体制中已熟悉的一种考试方式。考试的题目,有关于铁路、经世、经济和语言等主题,由上海的高级官员,上海道台和地方官,还有各省督抚,如李鸿章和盛宣怀(1844—1916)等来命题。一个很重要的新特征是,这场比赛是全国性事务,来自全国的应考者提交数以百计的文章,使得这件事取得极大成功。最好的文章用十三卷的系列书出版,名为《格致书院课艺》。文章能够入选这个著名的而且阅读面很广的集子,可以保证文章作者在新文化中心即约开口岸的声望。③

获奖论文是很好的例证,可以说明新机构在促进他们的事业方面是如何顺利地合作的。这些论文的大部分题目,可能在江南制造局出版的或格致书院收藏的书中有论述。从这些文章所引述的书籍可以清楚地看出,作者的主要材料来源于工作于上述机构中的那些传教士和科学家的作品。这些书在《格致汇编》上做了广告,比赛很大程度上明显地促进了书的销量。这个例子阐明了这些杂志和教育机构之间的密切关系。不同机构之间的合作,强化和增加了他们各自努力的效果。因此,虽然某一机构的单独成就或许显得不重要,但我认为,

① 在《申报》上是这样描写的,参加俱乐部的手续与外国俱乐部相同,由两个成员推荐,每月收取半美元的费用。
② 这个机构的最早报告不仅发表在当地的中文报纸上,还用传单的形式散发以引起公众关注。《格致书院》,《北华捷报》,1875年10月14日。
③ 感谢周振鹤把他收集到的完整的《格致书院课艺》提供给哥廷根的大众基金会工程。

从集体看来,这些新机构的活动,对晚清中国社会有一个远大于迄今为止已经证实的作用。通过更近距离观察这些受聘或工作于这些机构的活动家,这个假定将在个人的层次上得到检验。

三、社会活动家:具体化图示的数据

正如在导言中所提到的那样，我综合各种资料来确定新学领域的社会活动家的样本群体,使用了二手材料和"近现代汉语学术用语"(WSC)数据库。[1] 通过介绍以上的机构，我还想表明，哪些社会圈子参与了新学领域的组织活动和这些活动家在什么样的环境下和何种情形下进行工作。我将使用两个样本群体,一个样本群体按照职业划分，由160名记者组成；另一个样本群体关系比较松散,由240名新学书籍的著译者组成，根据他们对西方新学生产和传播的参与选择出来。[2] 在这些著译者群体中，也有一些记者，因为职业确实有交叠，记者往往同时又是"科学家"。由于这里论述的许多人没有包括在那个时代标准的历史文件中，我从广泛的范围去搜集他们的传记资料,首先是传记词典,还有政府和传教的档案,

---

① 这个混合样本群体，由通过二手资料(像熊月之《西学东渐与晚清社会》和苏精《清季同文馆及其师生》书中的表格)选取的机构成员和通过数据库所选取的作者组成。这是一个相当随意的选择,由于数据库里的作者多于这里分析的人物。数据库中包括从19世纪早期到20世纪二三十年代约7000名涉及新学的人物。对我所选取的著译者的身世的研究还处于起步阶段。从我的需要出发，我选取了那些1861年总理衙门成立时仍健在的著译者、编者和1911年前出版著作者,数量大约200人。去掉那些属于数据库中没有收录的机构的人物并且在传记词典中找不到的人物(约10人)。另一个与新闻界有关的样本群体是从我的论文中选取的(费南山:《新闻业在中国的兴起,1860-1911》),在其中,我调查了1860—1911年间的160名记者。这些记者选自:报纸、出版社的周年纪念集、新闻词典的传记部分或者像《新闻研究资料》和《报学》这样的新闻杂志,或《中国新闻年鉴》一类的新闻年鉴。

② 被调查的大约360人仅占整个"科学环境"的一小部分,但是,迄今为止,关于中国记者和科学团体的谱系统计社会史的研究仅讨论了20~100人，数量少而且时期较晚。(参见彼得·巴克:《美国科学和现代中国,1876—1936》,剑桥:剑桥大学出版社,1980年,第92~116页;詹姆士·瑞阿顿—安德森:《变易之学》:化学在中国,1840—1949》,剑桥:剑桥大学出版社,1991年,第80~82页;白吉尔等:《民国时期上海精英的谱系统计社会史研究,1911—1949》,《经济社会文明编年史》40.4,1985年,第901~930页)我自信,这个谱系统计社会史研究的结果具有一些代表性价值。

如伦敦和香港的公共记录档案(the Public Record Archive,PO/FO)、伦敦大学亚非学院的伦敦传教会档案 (the London Missionary Society,LMS)、伯克莱所存已经编辑加工过的傅兰雅档案(John Fryer Archives,JFA),[1]还有报纸上的讣告,或在信件、日记及其他非正式的私人著作中的零散笔记。

在混合样本群的 243 人中,77 人是纯粹的作者,45 人是纯粹的译者,这表明大约群体中的一半(121 人)既是作者又是译者。只有少数人,14 人,综合从事(著、译、记者)三种活动。我将对两组样本分别处理,根据教育背景、收入和籍贯,检验记者、作者和译者之间是否存在根本的区别。

(一)教育背景

对于这些新职业领域的新来者的主要指责有:他们较低的教育背景,对时事的肤浅认识和他们的低收入迫使他们出卖其文字才能和道德操守。我将从调查他们的学术训练入手来开始这个经验的部分。

表 1:早期中国记者的教育背景(1860—1911 年)
(被调查人数:128 人)

经典教育 (功名清楚者)	33%	65=51%
进士	7%	
举人	10%	
秀才	16%	
个人学习 (功名不明者) 私立书院/教习	18%	63=49%
外国教育 教会学校	7%	
留学或游学	44%	

---

① 见费迪南德·达济尼斯:《傅兰雅资料目录:信件、著作和摘录、评论等杂件档案》,未刊稿本,伯克莱:加州大学,1999 年。

表 2：混合样本组的教育背景（被调查人数：243 人）

经典教育 (功名清楚者)	49%	
进士	49%	149=61%
举人	30%	
秀才	21%	
个人学习 (功名不明者)	13%	
私立书院/教习		
外国教育		127=53%
教会学校	7%	
教会学校		
留学或游学	46%	

必须指出，所有这些数字仅是大致估计，因为我们对被调查对象的信息了解的程度并不完全相等。例如，如果我们观察第二组样本的科举功名，243 人中，我们仅知道 118 人的功名。16 人在教会学校受教育，31 人在私塾中受教育。有 94 人没有接受经典教育。在混合样本组里，有 140 名官员，其中 71 名被记录为无功名（因此未包括在古典教育的 149 人中）。但是，有可能这些官员确实有功名，我们可以把 71 人加入到有功名者中，这样有科举功名的人数就达到185 人，占到全组的 80%。再加上在私塾中受教育者，我们发现，这些活动家有 89%受过古典教育。即使在记者中间，超过一半人数受过经典教育，三分之一的人成功地参加了会试。留学生的数量巨大，是由于这样的事实，即 1905 年以后许多留日归国学生从事记者职业。这样，我们正在讨论的群体，在很大程度上在一个官方的术语系统里，已经开始了一个正常的职业生涯。

上述表格表明，这些人的大多数接受了经典的教育，而且绝大多数达到科举考试的第一等级。即使他们在传统的考试体制中没有得到功名，这也不一定说明他们没有通过考试。因为，在太平天国战争的十年中,科举考试在许多地方不能举行。对于晚清秀才(或称生监)的声威和社会地位,有许多意见不同的争论,许多意见否认其第一等级的社会地位。[1]魏斐德甚至说,"破落生员成为某种普遍的喜剧人物",被描述为"落魄潦倒的、依赖其上层生活的机会主义者",[2]然而,甚至魏斐德给出的晚清时代第一等级通过率只有1.5%。取得这一功名的概率如此之低,通过者自然是杰出的和受到社会尊敬的。而且,我们还知道为考中者举行的辉煌的庆典。在法庭案件中,秀才被当作官员对待(很清楚地与"民"区分开来)。而且,掌握文言文和对文言文基本上是文盲的人之间的差别,又增加了一道区分标准,将那些拥有功名者和无功名者区分开来。

无论如何,在混合样本组里被确认有功名者49%的人拥有最高等级的进士功名,这样在帝国晚期文人等级中聚集了最高数量的符号资本。

而且,表格显示,与外部世界接触是这些社会活动家的主要特征之一。我将这类活动归类为"留学和游学",需要详细说明。19世纪中国派往国外的留学生至今未引起太多的学术注意。普遍流行的观点认为,随着1895年后政府大规模地派遣学生留学日本的计划,这些活动才开始。对容闳的教育计划(1872—1881)和福州制造局(1875—1911)曾有过个案研究。尽管这些留学计划受到来自各方的指责(我认为,这正是这些计划被认为是对晚清的知识发展影响微弱的原因),但它们产生了大量的在晚清教育界、政界和技术

---

[1] 我包含了所有不同的和更专门的第一等级不同位置的名称,如学生,府生,贡生,廪生,监生(生,考生等),在传记中使用通用的名称:秀才。

[2] 魏斐德:《中华帝国的衰亡》,纽约:自由出版社,1975年,第25页。对何柄棣、张仲礼和瞿同祖等人对这个问题不同立场的详细讨论,见冈斗基:《中华帝国晚期国家政体与地方权力的变化》,坎布里奇,马萨诸塞:哈佛大学出版社,1989年,第21~49页;又见本杰明·A·艾尔曼:《晚期中华帝国科举考试的文化史》,伯克莱:加州大学出版社,2000年,全书各处。

界起到领导作用的杰出人物。① 这一组的另一部分由外交官、译员和因公出国的官员组成。他们以正式的日记或关于外国的记述的形式，留下了大量的文字材料，是了解外国的一个重要的资源。而且，这些官员在出国前，为了收集他们将要前往的国家的信息，访问出版社如英华书院或《循环日报》。这些出版社对于那些将要出国的人来说，成了重要的信息中心。②

在第二样本组里被确定曾经出国的 111 人中，超过 50% 的人(63 人)以官员和外交人员的身份出国，而不是为了学习的目的。还有，去欧洲(英、法、德、俄共 55 人)的人比到日本(75 人)的人少。而且，许多受过经典教育的人也出国，这就解释了为什么在表 2 中，百分比的数字会交叠。

如果我们要问，有多少活动家真正在西方受过教育，这个数字当然会更小。然而，在 1900 年前，有大量的人曾到过外国，不论是外交人员、官员或个人游历者。而且，下面我将要说明，特别是那些新知识领域的组织者中，一大部分人通过游历获得了第一手的知识。

(二)收入

还有一个共享的假设是，这些居留地的文人的收入"是如此之低，以致没有别的职业能与之相比"。③ 这个假设也是由于 20 世纪二三十年代的历史编纂学而产生。这个事实又是他们社会地位低下的原因。

在上海，这些文人中许多人追求一种奢侈的生活方式，在张园

---

① 托马斯·E·拉法格：《中国首批一百名留学生在美国的学业，1872—1881》(1942 年原版)，华盛顿：华盛顿州立大学出版社，1987 年。关于福州制造局，见斯蒂文·A·莱伯：《向中国传播技术：日益格和自强运动》，伯克莱：中国研究中心(中国专题研究系列之二十八)，1985 年。

② 例如，见周佳荣：《在香港与王韬会面》，载林启彦、黄文江编：《王韬与近代世界》，香港：香港教育图书公司，2000 年，第 375~394 页。这些早期游历者的许多日记被收录在《走向世界丛书》(长沙：岳麓书社，1984 年)中。

① 这句常被引述的话也出自雷瑨：《申报馆之过去状况》，载《最近之五十年：1872—1922 年申报五十周年纪念》(1922 年)，上海：上海书店，1987 年重印，第 3 部分，第 26 页。

频繁出席宴会,经常光顾剧院和茶馆,或到上海郊外去划船。在聚会或郊游的几天后,他们在诸如《申报》等媒体上发表各种诗,记述这些事情。在墨海书馆的三位同事,李善兰、王韬和蒋剑人(1808—1867)以他们放纵的夜生活而著称,被称为"海上三奇士"。[①]在香港,王韬已经得到了外国事务专家的美名,他从苏格兰回来后,报纸上称其为"王博士"。他仍然继续寻求他的放纵生活方式,在妓院里喝醉酒后,对着妓女痛哭流涕,这些事在他的朋友和著名翻译家胡礼垣的日记里记载了下来。[②]这些记载显示出相当奢侈和昂贵的生活方式。然而,另一方面,当著名的《大公报》的创办者英敛之(1867—1926)到上海筹备报社成立事宜时,他口袋里确实没有一分钱,然而却每天出席晚宴,到商场买衣服和书籍,并和当时声望很高的文人,如马相伯(1840—1939)或张元济(1867—1959)等社交往来。[③]这引出了最基本的问题(这个问题在本研究中不能回答),即在估价那个时代人们的社会地位时,经济实力是否真的是一个关键因素。

然而,撇开这个问题,去看一下他们的实际收入,是富有启迪的。在外国教会机构出版部门工作的中国人在 19 世纪七八十年代的平均收入是每月 20~50 元。列出报社花费最详细的账目报告的是广州的《粤报》(1885 年),该报一个编辑的收入是 50 元。[④]《上海新报》(1862 年)付给其中文编辑 20~30 美元,而傅兰雅在该报工作时收入 50 两银子。[⑤]在上海英华书院的中国教习

---

① 于醒民:《上海 1862 年》,上海:上海人民出版社,1991 年,第 415 页。

② 参见胡礼垣:《胡翼南先生全集》(1908 年),重印于《近代中国史料丛刊》续编,台北:文海出版社,1975 年,第 261~266 卷册,第 264 卷,第 1577 页。

③ 英敛之在其日记中对这些活动记述得很详细,参见英敛之:《英敛之先生日记遗稿》(1907 年原版),载《近代中国史料丛刊续编》,台北:文海出版社,1975 年,第 21~23 卷册,第 21 卷,第 159 页、309 页。

④《循环日报六十周年特刊》,香港:循环日报社,1932 年。

⑤ 英国外交部档案,FO228/632,W·C·海里尔(W. C. Hillier):《情报报告,1879 年 1 月 1 日至 5 月 1 日》,第 52~62 页;傅兰雅信:《致斯图尔特(Stewart):关于中国的学校和教学》,1867 年 3 月 4 日,傅兰雅档案,第 1 函,复印书 1,第 4~5 页。

每月收入 12.50 两银子。①

与一般的中上层教习甚至官员的收入相比，或与被调查时期的生活实际花费相比，这看起来是一个体面的收入。② 而且，我们知道这样的事例，即某记者断定，在报社工作报酬（这个人在报社每月挣 28 元）高于到学校里教书。③

(三)籍贯和聘职

大部分的科学家、译者和记者（数量超过 80%），如同许多晚清中国"进步的"和有影响力的人物一样，来自沿海和江南省份，这看起来并不令人惊奇。他们常常来自浙江、江苏、广东的小县城，这些小县城和约开口岸或别的大都市相连，如上海、宁波、天津或广州和香港。这意味着，在一定程度上，他们受条约中心城市的新思想和文化实践的陶冶。被调查的绝大多数人，不仅来自同一个沿海省份，甚至集中于较少数量的县城。来自浙江的全部著译者中，有 60% 的人分布于四个城市：杭州、绍兴、吴兴、海宁。来自江苏的人有 60% 来自三个地方：常州/无锡、上海和苏州。新会、南海、顺德三城的著译者人数也占了广东的 60%。

然而，不能根据这个事实推断出，人们是靠同乡关系进入出版社的。相反，报社和教育机构包含来自各县的学者。职位招聘广告显示，原则上，报社的职位对陌生的求职者也是开放的。但是，甚至在 20 世纪初的十年里，为陌生人或求职者进行正式面试的情况罕见。个人回忆和机构的周年纪念集表明，个人友谊或推荐仍然是录用职员的主

---

①《致海耶耳(Hearn)：解决中国教师薪水的努力》，1867 年 10 月 3 日，傅兰雅档案，第一函，复印书 2。

② 张仲礼估计在学术机构中每个教师的年收入是 250 银两，普通教师大约每年 100 银两。参见张仲礼：《中国绅士的收入》，西雅图：华盛顿大学出版社，1962 年，第 94、101 页。张仲礼以张謇为例，作为一个秘书，每年收入 120 银两，被他的父亲认为是较高的工资。包天笑将他的收入与每月租房和吃饭的花费比较，发现他的收入很高。参见包天笑：《钏影楼回忆录》，三册，台北：隆文出版社股份有限公司，1990 年（中国现代自传丛书 2），第 2 册，第 381 页。

③ 参见张仲礼：《中国绅士的收入》，西雅图：华盛顿大学出版社，1962 年，第 94、101 页。

要标准。我们将看到,大多数社会活动家在进入机构前确实相识。①

在这方面最惊人的事实是,仅有很少数量的人来自大的商业和西方化中心如上海、香港、广东或宁波。彼得·巴克(Peter Buck)认为,这个事实要联系教会信念来看:

> 中国的科学发展主要是乡村的现象……教会教育者自身都是19世纪美国小城镇和乡村的产物,他们认为科学是一种业余爱好,被当地与其村镇有密切联系的教育精英正确地培养。教会教育者期望把家乡的那些熟悉的模式在中国进行复制。②

彼得·巴克调查了20世纪30年代的中国科学社的27名成员,指出了在乡村初生的科学活动和教会雄心之间的分离。而且,如上面显示,仅有少数这些社会活动家接受了教会教育,他们绝大多数是在香港和上海的教会学校里接受教育而不是在乡村。这里看起来更重要的是,在其生涯中的某一时间点,这些著者、译者和记者,最终都在都市中心之一立足下来。这意味着,他们都是大城市的新来者,大多从家庭中独立出来并与已有社会网络隔离开来。这或许就是为什么他们很快建立起强烈的网络,并将其保留终生的一个原因。下面的分析将要表明这一点。

四、人际网络

对晚清中国的报社和别的新机构的社会历史的论述,一般将

---

① 方汉奇描述了记者如何被邀请面试,在录用前要提交手稿,但没有提供出处。参见方汉奇:《中国新闻事业通史》,卷一,北京:中国人民大学出版社,1992年,第402页。这种情况,我只是在后来的资料中发现过。然而,确有许多早期记者描述他们通过推荐被录用的例子。见费南山:《新闻业在中国的兴起,1860—1911》,威斯巴登:赫拉斯维茨,2002年(海丁堡大学博士学位论文,1998年),第8章。

② 彼得·巴克:《美国科学和现代中国,1876—1936》,剑桥:剑桥大学出版社,1980年,第109页。

这些机构作为独立的机构分开对待。[①] 外国和中国机构之间的相互作用更被忽视。然而，中外报纸之间的密切关系是很明显的，例如，在报纸的文章方面，它们不断地互相征引对方的文章。中国和外国的报人、译者、传教士和科学家工作于相同的国际环境下，受到国际趋势的影响，尽管程度确实有所不同。

第一步，我们要考察上海和香港的最早的三份报纸工作人员的教育、职业、朋友、家庭关系。这三份报纸是《申报》、半官方的《汇报》、《译报》、《新报》[②] 和《循环日报》。

图表 1：最早的中文日报的报人交际网络（1872—1876 年）

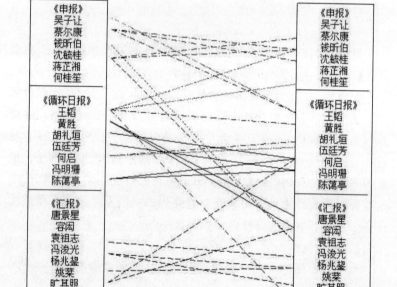

① 即使熊月之的研究对机构的相互作用也没有给予很多的注意，尽管它仍然是关于这个题目最好的研究成果。熊月之：《西学东渐与晚清社会》，上海：上海人民出版社，1994 年。

② 由于这些报纸经常变换名字但报社人员不变，所以它们被当作一个实体对待。

19世纪中国新学领域的社会活动家

图表 1 显示:报纸的活动家超越地理区域,保持了一个非常密切的联系网,还保持了上海和香港的人际联系:王韬,在上海墨海书馆工作十年,于 1862 年不得不逃往香港,在香港他在英华书院遇到理雅各(James Legge),并和他一起翻译中国典籍。当他创办《循环日报》时,得到了伍廷芳的资助。有人认为伍是《中外新报》(1858 年)的编辑。那时,伍还资助了陈蔼亭(时间不详)和香港的《华字日报》(1872 年)。而且,伍廷芳还和何启合作创办王韬的报纸,后来他成了何的亲戚。容闳,半官方报纸《汇报》的合作创办者,在 19 世纪 50 年代王韬在上海第一次逗留期间,即与王熟识。王韬在他的文集《弢园文录外编》中表示支持容闳的教育计划。还有郑观应,据认为写了《汇报》的章程,是王韬的一个朋友。王韬给他的著名的《盛世危言》写了序言。陈蔼亭,《华字日报》的编辑,帮助王韬编辑他的著名的《普法战纪》,该书使得王韬在香港流放期间得以闻名全中国。容闳也是黄胜(1825—1905)的同学,黄胜在香港伦敦传教会出版社工作时,与王韬关系密切,他与何启有家族关系。黄胜与王韬合作编写关于炮弹的文章, 他们将其送交李鸿章, 后来一段时间加盟上海的广方言馆。李鸿章提拔《汇报》的创办人之一唐景星担任江南制造局的总办。在那里,唐与郑观应接触密切,郑在傅兰雅的英华书院学习。唐景星带着袁祖志到欧洲旅行。袁祖志曾担任江南制造局《西国近事汇编》的译者和编者,是钱昕伯的好朋友,后来又在《新闻报》(1893 年)的编辑部遇到了蔡尔康。邝其照,《汇报》的编辑,曾在美国学习,先是受雇上海洋务总局任译员,又于 1875 年被派往美国伴送容闳的第四批留学生。1882 年,他编辑了《英汉词典》,后来又在广州创办《广报》(1886 年)。

这样的数据已表明,在报社和其他新学团体之间有紧密的联系。下面的图表将进一步证实这一观察结论。

图表2：报界人士和早期新学机构（1872—1884年）

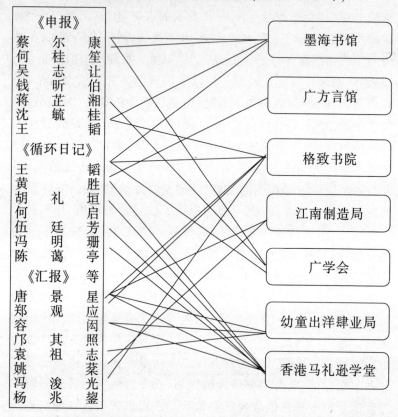

　　从这个图表我们可以看出，涉身报界的大部分人员至少与一个别的新学机构有联系。他们其中有的如王韬和唐景星甚至与三个或更多的机构有联系。

　　下一步，我们将观察产生新学的不同专门机构。在混合样本组里，96位作者和译者，至少属于为了这一分析所选择的机构中的一个，这些机构有墨海书院、北京同文馆、上海广方言馆、江南制造局和格致书院。这些机构大约占了全部数量的40%。

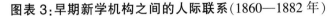

图表 3：早期新学机构之间的人际联系（1860—1882 年）

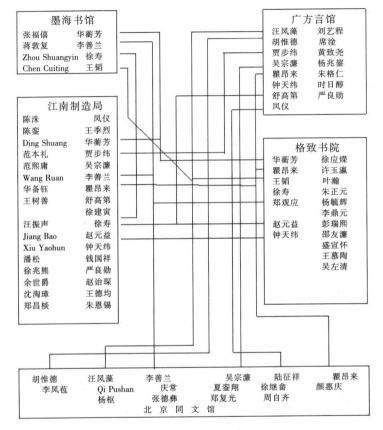

（上表中有七人未能查到其中文姓名，译者也不能确定原书中对其名字的汉语拼音拼写是否存在错误，故保留原书的汉语拼音名称。——译者）

　　这种剧烈的机构间的人员流动说明，机构成员对其他机构中正在进行的工作是很熟知的。机构的组织是一个判断其在特定学术环境下的职业化程度标准。它还标志着从业余活动向专业活动的逐步转变。科学思想的交流、公开会议、成果发表和用共同认可的程序和资源解决共同承认的问题的共识，这些都被认为是职业科学环境的前提条件。来自二手材料和当时私人记录中关于这些机构活动的信息说明，这些因素的缘起可以追溯到19世纪80年代。①

　　图表中的某些人，看起来担当了一种"知识中继站"的作用，他们被认为是知识领域的"组织者"。因为一段时期内，他们几乎涉及了所有的机构。例如，数学家华蘅芳(1833—1902)是徐寿和徐建寅的密友，从墨海书馆到了广方言馆，最后落脚于格致书院。还有，李善兰是华蘅芳在墨海书馆的朋友，从那里到了江南制造局，后来又被提拔到北京同文馆。名声小得多的瞿昂来，是一个重要的翻译者，他和林乐知等人的翻译作品有多种版本。瞿曾涉身广方言馆，然后，到过江南制造局、格致书院和北京同文馆。他也两度获得格致书院的论文奖，后来到英国担任使馆的译员。更活跃的是相对不知名的记者和翻译者蔡尔康，他翻译了大约20本书，其中畅销的有马恳西(Robert MacKenzie)的《泰西新史揽要》②和《中东战纪本末》。③19世纪70年代，蔡尔康以外文秘书身份开始他的职业生涯。1874年，年仅22岁的他加盟《申报》。19世纪80年代他编辑自己的报纸和一个图画杂志，后来成了广学会的成员和译员。其中不长一段时间，曾任职《新闻报》编辑部。蔡在广学会的宣传改革的翻译作品甚至被皇帝阅读，使他在19世纪90年代的变法潮流中声名显赫。然而，湖南的维新派提供给他的待遇优厚的职位被他谢绝。在他的余生中，他一直是一个记者。④

---

① 然而，这个环境仍然与现代科学社团不同，现代科学社团的特点是匿名、互不相识和标准的科学实践和录用程序。

② 蔡尔康、李提摩太(Timothy Richard)译：《泰西新史揽要》，上海：广学会，1895年。译自罗伯特·马恳西 (Robert Mackenzie)：《19世纪的历史》(*Nineteenth Century. A History*)，纽约：门劳(Munro)，1880年。该书是广学会最畅销的书，像英文版一样，超过十多次重印。

③ 蔡尔康、林乐知：《中东战纪本末三编》，上海：广学会，1900年。

④ 关于晚清上海这个著名人物的详情，见费南山：《生活于声望边缘：蔡尔康(1852—1921)》，载克里斯蒂娜·南德、海娜·罗兹、苏珊娜·斯科琳编：《中国及其传记的维度：马汉茂教授纪念文集》，威斯巴登：赫拉斯维茨，2001年，第95~205页。

19世纪中国新学领域的社会活动家

在外国人圈子里也能看到类似的机构间的人员流动。最重要的是傅兰雅，还有林乐知、伟烈亚力、玛高温，他们出现在许多机构中，也可被称为"领域的组织者"。傅兰雅不仅是多产的西学书籍著译者，还是这一领域最活跃的组织者，曾涉身于北京同文馆、广方言馆、江南制造局、格致书院、中国教科书委员会和1877年成立的益智书会。

这些"组织者"另一个有趣的特点，是他们都有过国外的经历。在上面的图表3中，这些人被用粗体字标出。令人惊奇的是，那些曾到过国外的被我列入"组织者"群体的人员，常在机构间移动。上海的三大机构中，仅有一个到过国外但不属于"移动者"之列的人。

最后一个图表意在表明，这些新学领域的新来者在何种程度上与不同的社会圈子相联系，并验证一个假说，即他们生活在一个混杂的社会环境中，迫使他们并使他们能够穿越不同职业、社会和民族群体的界限。这里，李善兰的社会关系可以作为例证。[①]

这些图表表明，我们不是在讨论单个的对新学有兴趣的社会活动家，而是讨论一个组织相当紧密的团体。这个事实表明，科学和科学程序上的努力、研究目标的选择等等，从很早的阶段开始就服从于机构的控制。19世纪晚期，在约开口岸和京城的科学研究不仅是个人的事情而是相当快地从属于机构的力量。在对格致书院的机构进行估价时，《北华捷报》含蓄地触及这个问题，它批评李鸿章仅选其同盟者作为机构的职员，因此使得机构：

成为那张奇妙的网的一部分，直隶总督努力用那张网包罗帝国内所有的利益。(目前掌权派)对思想问题竭力达到同样的操控，像对待自由贸易和自由移动一样，逐渐地消灭任何

---

① 这个表可作很大的扩展，因此这个图表仅是一个代表性的选择。资料来源有："近现代汉语学术用语"数据库；于醒民：《上海1862年》，上海：上海人民出版社，1991年；洪万生：《李善兰：19世纪晚期西方数学在中国的影响》，安阿伯：UMI，1991年。

思想自由的企图。它对付出版的态度就是一例，我们可以加上，格致书院是另一个例子。①

因此政治对社会科学和人文科学还有自然科学有着至关重要的作用。这种作用不仅体现在科学活动的选择权方面，还体现在对研究的目标和科学家的聘用方面。这并不是中国独有的情形，在19世纪的欧洲，政治非常具体地决定着科学学科的等级。②

图表4：李善兰的社交网络

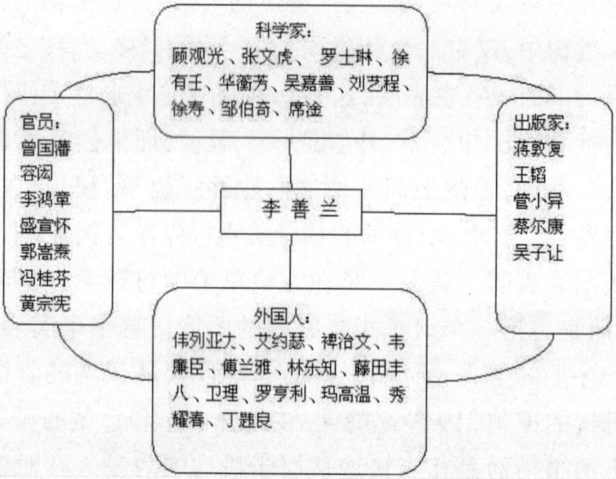

科学家：
顾观光、张文虎、罗士琳、徐有壬、华蘅芳、吴嘉善、刘彝程、徐寿、邹伯奇、席淦

官员：
曾国藩
容闳
李鸿章
盛宣怀
郭嵩焘
冯桂芬
黄宗宪

李 善 兰

出版家：
蒋敦复
王韬
管小异
蔡尔康
吴子让

外国人：
伟列亚力、艾约瑟、裨治文、韦廉臣、傅兰雅、林乐知、藤田丰八、卫理、罗亨利、玛高温、秀耀春、丁韪良

结　语

通过介绍这些19世纪产生和传播西学的不同的机构，我想说明，如果我们仅聚焦于科学成果和通过印刷书籍对这些成果进行的

---

① 《北华捷报》，1877年3月15日。

② 19世纪的法国军事优于德国的原因之一是，法国注意应用科学，而不像德国那样重视"纯数学"。参见米歇尔·塞尔编：《科学史基础》，法兰克福，美因：苏尔坎普，1998年，第514~521页。

传播,那么,我们就无法充分理解中华帝国晚期科学知识产生的文化意义。由于科学活动和公共领域密切联系,因此,必须观察新学在特殊的社会、经济、政治和意识形态语境下的生产和传播,并应将科学知识的生产视为文化的实践而不仅仅是智力的努力。

既然新学(即科学和关于外部世界的一般知识)表达、交流、改造的方式众多,又是通过这样一种路径被发现,那么,就有必要放弃"传播模式"。"传播模式"认为,西方认识论支配的新知识传播给被动的本土听众,这些听众逐渐愿意接受和再生产新知识。

我不仅考察文本的证据,还试图探索19世纪晚期科学活动"领域"的文化实践,聚焦学术环境而不是个别科学专家。图表化的分析显示,在这个环境下,我们正在讨论一组受过良好教育、知识丰富的约开口岸新来者,这些人形成一个群体,其成员能够找到待遇丰厚的职业,在这些职业中追求他们科学和个人的兴趣。这个群体人数少得可以使他们保持这种联系和相互认识。他们不仅通过报纸和出版物产生的想象力进行联系,还通过他们的实际体验、职业合作和人际交往联系起来。

19世纪的最后十年,当科学活动的发展从个人活动领域成为政治关注中心时,它与公众利益和国家未来等问题联系起来。科学领域因此变成了一个竞争的处所,决定着领导这个新国家的合法权威。结果,对时事的强烈关切导致大部分"科学家"转向政治生涯和很高的政府职位。这个现象产生多方面问题,他们基于他们自己在其中获得专门技能的"实证科学"的"现代科学思维"在多大程度上取代了仁爱的文史传统;在他们对于社会团体、社会和政治的新解释和新奇体验中,神话和形而上学在何种程度上必须让位于实证理性。这些问题充满希望地等待进一步的研究。

政治不仅决定新学的领域,还决定了这些活动及活动家的历史地位。科学领域被新文化运动篡夺和据为己有,发生于科学和革命在这一历史时刻相遇的十字路口。在后来的历史编纂中,对这些活动家的优点和绝大多数的缺点所作的反面的、争论的、意识形态动因的评价，常易从表面观察其价值。对他们的活动进行这种历史语境的考察的目的是去揭示，这些论断必须作为策略性陈述而不是描述性陈述来理解。

参考文献

包天笑：《钏影楼回忆录》，三册，台北：隆文出版社股份有限公司，1990 年（《中国现代自传丛书》2）。

Bennett, Adrian. 1967. *John Fryer: The Introduction of Western Science and Technology into Nineteenth Century China.* Cambridge, Mass.: Cambridge University Press. 艾德里安·贝内特：《傅兰雅译著考略》，坎布里奇，马萨诸塞：剑桥大学出版社，1967 年。

Bergère, Marie-clarie et al. 1985. "Essai de prosopographie des élites shanghaiennes à l'epoque républicaine, 1911-1949", *Annales Économies Sociétés*, Civilisations, 40.4, pp. 901-30. 白吉尔等：《民国时期上海精英的谱系统计社会史研究，1911-1949》，《经济社会文明编年史》40.4，1985 年，第 901~930 页。

Biggerstaff, Knight. 1961. *The Earliest Government Schools in China.* Ithaca, N.Y.: Cornell Universitiy Press. 毕乃德：《中国最早的近代官办学校》，绮色佳，纽约：康乃尔大学出版社，1961 年。

Boedeker, Hans Erich, Peter H. Reill und Jürgen Schlumbohm (eds.). 1999. *Wissenschaft als kulturelle Praxis 1750-1900.* Göttingen: Vandenhoeck und Ruprecht. (Veröffentlichungen des Max-Planck Instituts für Geschichte, 154). 汉斯·伊里切·鲍但克、彼得·H·雷、乔根·斯科拉姆鲍姆等编：《科学文化实践：1750-1900》，哥廷根：万登豪克和鲁普雷希特，马克斯——普朗克历史研究所出版物第 154 种，1999 年。

Britton, Roswell. 1966 [1933]. *The Chinese Periodical Press.* Taibei: Chengwen. 白瑞华:《中国的报刊,1800–1912》(1933 年),台北:成文出版社,1966 年。

Buck, Peter. 1980. *American Science and Modern China, 1876–1936.* Cambridge: Cambridge University Press. 彼得·巴克:《美国科学和现代中国,1876–1936》,剑桥:剑桥大学出版社,1980 年。

蔡尔康、李提摩太(Timothy Richard)译:《泰西新史揽要》,上海:广学会,1895 年。译自罗伯特·马恳西(Robert Mackenzie):《19 世纪的历史》(*Nineteenth Century. A History*),纽约:门劳(Munro),1880 年。

蔡尔康、林乐知(Young J. Allen):《中东战纪本末三编》,上海:广学会,1900 年。

Chang Chung–li. 1962. *The Income of the Chinese Gentry.* Seattle: University of Washington Press. 张仲礼:《中国绅士的收入》,西雅图:华盛顿大学出版社,1962 年。

Dagenais, Ferdinand. 1999. *John Fryer Calendar: Calendar: Correspondence, Publications and Miscellaneous Papers with Excerpts and Commentary. Unpublished manuscript*, Berkeley: University of California, version 3. 费迪南德·达济尼斯:《傅兰雅资料目录:信件、著作和摘录、评论等杂件档案》,未刊稿本,伯克莱:加州大学,1999 年,第 3 版。(该文献在正文脚注出现,在文后"参考文献"部分遗漏,特补充于此。——译者按)

Daum, Andreas W. 1998. *Wissenschaftpopularisierung im 19. Jahrhundert. Bürgerliche Kultur, naturwissenschaftliche Bildung und die deutsche Öffentlichkeit, 1848–1914.* Munich: Oldenbourg. 安詹士·多姆:《19 世纪的科学普及:市民文化、自然科学教育和德国的公共领域,1848—1914》,慕尼黑:奥登伯格,1998 年。

Elman, Benjamin. 2000. *A Cultural History of Civil Examinations in Late Imperial China.* Berkeley: University of California Press. 本杰明·A·艾尔曼：《晚期中华帝国科举考试的文化史》，伯克莱：加州大学出版社，2000 年。

方汉奇：《中国新闻事业通史》，卷一，北京：中国人民大学出版社，1992 年。

LaFarge, Thomas E. 1987 [1942]. *China's First Hundred. Educational Mission Studies in the United States 1872 –1881.* Washington: Washington State University Press. 托马斯·E·拉法格：《中国首批一百名留学生在美国的学业，1872—1881》(1942 年)，华盛顿：华盛顿州立大学出版社，1987 年。

FO=Foreign Office (London and Hong Kong). 英国外交部(伦敦和香港)。

戈公振：《中国报学史》(1926 年)，台北：学生书局，1982 年。

Horng Wann–sheng. 1991. *Li Shanlan: The Impact of Western Mathematics in China During the late 19th century.* Ann Arbor: UMI. 洪万生：《李善兰：19 世纪晚期西方数学在中国的影响》，安阿伯：UMI，1991 年。

胡道静：《上海新闻事业之史的发展》，上海：通志馆，1935 年，重印于《民国丛书》，第 2 编，第 49 卷。

胡礼垣：《胡翼南先生全集》(1908 年)，重印于《近代中国史料丛刊》续编，台北：文海出版社，1975 年，第 261~266 卷册，第264 卷。

Hu Shih. 1934. *The Chinese Renaissance.* Chicago: Chicago University Press. 胡适：《中国的文艺复兴》，芝加哥：芝加哥大学出版社，1934 年。

Huntington, Rania. 2003. "The Weird in the Newspaper", in: Judith T. Zeitlin and Lydia H. Liu (eds.). *Writing and Materiality in China. Essay in Honor of Patrick Hanan.* Cambridge: Harvard

University Press, pp. 341-396. 韩瑞亚:《报纸中的怪异》,载蔡九迪、刘禾编:《书写与物性在中国——韩南教授纪念论文集》,坎布里奇:哈佛大学出版社,2003 年,第 341~396 页。

吉少甫:《中国出版简史》,上海:学林出版社,1991 年。

Kragh, Helge. 1987. *An Introduction to the Historiography of Science*. Cambridge: Cambridge University Press. 汉尔格·克雷格:《历史编纂学导论》,剑桥:剑桥大学出版社,1987 年。

Kretschmer, Winfried. 1999. *Geschichte der Weltausstellungen*. Frankfurt a.M.: Campus. 温弗莱德·克兰茨莫:《世界博览会史》,法兰克福,美因:校园,1999 年。

Legge, James. 1985. *The Chinese Classics. Vol. I-V*. Reprint: Taibei: Southern Material Center. 理雅各:《中国经典》, 卷 1~5,台北:南部文献中心,1985 年。

雷溍:《申报馆之过去状况》,载《最近之五十年:1872—1922 年申报 50 周年纪念》(1922 年),上海:上海书店,1987 年重印,第 3 部分,第 26~28 页。

Leibo, Steven A. 1985. *Transferring Technology to China. Prosper Giquel and the Self -Strengthening Movement*. Berkeley: Center for Chinese Studies (China Research Monograph Series.28). 斯蒂文·A·莱伯:《向中国传播技术:日益格和自强运动》,伯克莱:中国研究中心(中国专题研究系列之二十八),1985 年。

李端棻:《请推广学校折》(1896 年), 载舒新城:《中国近代教育史资料》,第 1 册,北京:人民教育出版社,1961 年,第 143 页。

Li San-pao. 1974. "Letters to the Editor in John Fryer's Chinese Scientific Magazine 1876—1892: An Analysis", *Zhongyang yanjiuyuan jindaishi yanjiusuo jikan* 4, pp. 729-777. 李三宝:《傅兰雅〈格致汇编〉中的致编者信,1876—1892:分析研究》,《"中央"研究院近代史研究所集刊》4,第 729~777 页。

Liu, Lydia H. 1999. *Tokens of Exchange. The problem of translation in global circulations.* Durham: Duke University Press. 刘禾：《交流的象征：全球流通中的翻译问题》，达勒姆：杜克大学出版社，1999 年。

刘咸：《科学史上之二十年》，载刘咸：《中国科学二十年》，出版地不详，中国科学社，1937 年版（《民国丛书》，第 1 编，第 90 卷，1982 年），第 3~18 页。

Meng Yue. 1999. "Hybrid Science versus Modernity: The Practice of the Jiangnan Arsenal, 1864 –1897", *East Asian Science, Technology and Medicine* 16, pp.13–52. 孟悦：《杂交的科学对现代性：江南制造局的实践，1864—1897》，《东亚科技与医学》16，1999 年，第 13~52 页。

Min Tu –ki. 1989. *National Polity and Local Power. The Transformation of Late Imperial China.* Cambridge, Mass.: Harvard University Press. 闵斗基：《中华帝国晚期国家政体与地方权力的变化》，坎布里奇，马萨诸塞：哈佛大学出版社，1989 年。

NCH = North China Herald (Shanghai)《北华捷报》（上海）。

"Mandarins and their Foreign Instructors", *NCH*, February 25, 1875.《官员和他们的外国教师》，《北华捷报》，1875 年 2 月 25 日。

"The Polytechnic", *NCH*, October 14, 1875.《格致书院》，《北华捷报》，1875 年 10 月 14 日。

"The Polytechnic", *NCH*, March 15, 1877. 《格致书院》，《北华捷报》，1877 年 3 月 15 日。

"The Chinese Polytechnic Institution and Reading Room", *NCH*, April 18, 1883. ，《中国的格致书院》，《北华捷报》，1883 年 4 月 18 日。

Oebsger –Roeder, Rudolf. 1936. *Untersuchungen über den Bildungsstand der deutschen Journalisten.* Leipzig: Universitötsverlag

(Wesen und Wirkungen der Publizistik, 7). 鲁道夫·奥伯斯格－劳德：《德国记者教育程度研究》,《存在和结果评论》7,莱比锡:大学出版社,1936 年。

Patterson, Don Denham. 1922. "The Journalism of China", *The University of Missouri Bulletin* 23.34 (Monograph Series). 多·丹汉姆·彼德森:《中国的新闻界》,《密苏里大学学报》23.24(专著系列), 1922 年。

Pavalko, Ronald M. 1998. *Sociology of Occupations and Professions*. Ithaca, Ⅲ.: Peacock. 罗纳德·M·帕冯考:《职业和专业的社会学》,绮色佳,Ⅲ.:孔雀,1998 年。

Peake, Cyrus. 1932. *Nationalism and Education in China*. New York: Columbia University Press. 撒鲁斯·皮克:《中国的民族主义和教育》,纽约:哥伦比亚大学出版社,1932 年。

PRO=Public Record Office (London). 英国国家档案馆(伦敦)

Reardon －Anderson, James. 1991. *The Study of Change. Chemistry in China, 1840 –1949*. Cambridge: Cambredge University Press. 詹姆士·瑞阿顿—安德森:《变易之学：化学在中国,1840– 1949》,剑桥:剑桥大学出版社,1991 年。

Reingold, Nathan. 1976. "Definitions and Speculations: The Professionalization of Science in America in the Nineteenth Century", in: Alexandra Oleson and Sanborn Brown (eds.). *The Pursuit of Knowledge in the Early American Republic*. Baltimore: John Hopkins University Press, pp. 37-9. 内森·雷高特:《定义和思考:19 世纪美国科学的职业化》,载亚历山德拉·欧里森、森波恩·布朗编:《美利坚合众国早期对知识的追求》,巴尔的摩:约翰·霍普金斯大学出版社,1976 年,第 37~39 页。

Reynolds, David C. 1991. "Redrawing China's Intellectual Map: Images of Sciences in Nineteenth Century China", *Late Imperial*

China 12.1, pp. 27–61. 大卫·C·雷诺兹:《重绘中国思想地图:19 世纪中国的科学图像》,《清史问题》12.1,1991 年,第 27~61 页。

Serres, Michel (ed.).1998. *Elemente einer Geschichte der Wissenschaften.* Frankfurt a. M.: Suhrkamp. 米歇尔·塞尔编:《科学史基础》,法兰克福、美因:苏尔坎普,1998 年。

Shanghai by night and day. 1897. Shanghai: Shanghai Mercury.《上海的夜间和白天》,上海:上海英文《文汇报》,1897 年。

《申报》(上海)。

Smith, Carl. T. 1985. *Chinese Christians: Elites, Middlemen and the Church in HongKong.* Oxford, New York: University of Oxford Press. 施其乐:《作为精英、中间人的华人基督徒与香港教会》,牛津、纽约:牛津大学出版社,1985 年。

苏精:《清季同文馆及其师生》,台北:出版社不详,1978 年。

Teng, Ssu–yu and John King Fairbank. 1965. *China's Response to the West. A Documentary Survey 1839–1923.* New York: Athenaeum. 邓嗣禹、费正清:《中国对西方的反应:资料调查,1839–1923》,纽约:雅典娜神庙,1965 年。

Vittinghoff, Natascha. 2002. *Die Anfönge des Journalismus in China (1860–1911)* (The Rise of Journalism in China 1860–1911). Wiesbaden: Harrassowitz (Ph.D. diss., University of Heidelberg, 1998). 费南山:《新闻业在中国的兴起,1860 —1911》,威斯巴登:赫拉斯维茨,2002 年(海德堡大学博士学位论文,1998 年)。

Vittinghoff, Natascha. 2001. "Ein Leben am Rande des Ruhms: Cai Erkang (1852–1921)" Living on the edge of fame: Cai Erkang (1852–1921), in: Christina Neder, Heiner Roetz and Susanne Schilling (eds.). *China in seinen biographischen Dimensionen.* Festschrift für Helmut Martin (China and her biographical dimensions. Commemorative essays for Helmut Martin). Wiesbaden: Harrassowitz, pp. 195-205. 费南山:《生活于声望边缘:蔡尔康(1852—1921)》,载克里斯蒂娜·南德、海涅·罗兹、苏珊娜·斯科琳编:《中国及其传记的维度:马汉茂教授纪念文集》,威斯巴登:赫拉斯维茨,2001 年,第 195~205 页。

Vittinghoff, Natascha. 2002a. "Unity vs. Uniformity: Liang Qichao and the Invention of a 'New Journalism' for China", *Late Imperial China* 23.2, pp. 91-143. 费南山:《统一和一致:梁启超和中国"新报业"的发明》,《清史问题》23.1,2002 年,第 91~143 页。

Vittinghoff, Natascha. 2002b. "Useful Knowledge and Proper Communication: Strategies and Models of Publishing Houses in the Formative Stage of the Chinese Press (1872—1882)", in: Rudolf G. Wagner (ed.). *Joining the Global Public. Word, Image and City in early Chinese newspapers 1870-1910*. Albany: SUNY Press, forthcoming, pp. 210-293. 费南山:《有用的知识和正确的交流:中国出版业形成阶段的出版社战略和类型(1872—1882)》,载鲁道夫·瓦格纳编:《加入全球公众:早期中国报纸的词语、图画和城市,1870—1910》,奥尔巴尼:纽约州立大学出版社,2002 年,即将出版。

Vollmer, Howard and Donald M. Mills. 1966. *Professionalization*. Engelwood Cliffs: Prentice Hall. 霍华德·冯玛、唐纳德·M·密尔:《职业化》,恩格尔伍德·克里夫斯:学徒会堂,1966 年。

Wagner, Rudolf G. 2002. "Joining the Global Imaginaire: The Shanghai Illustrated Newspaper Dianshizhai huabao", in: id. (ed.). *Joining the Global Public. Word, Image and City in early Chinese newspapers 1870-1910*. Albany: SUNY Press, forthcoming. 鲁道夫·瓦格纳:《加入全球想象图景:上海点石斋画报》,载鲁道夫·瓦格纳编:《加入全球公众:早期中国报纸的词语,图画和城市,1870—1910》,奥尔巴尼:纽约州立大学出版社,2002 年,即将出版。

Wakeman, Frederic. 1975. *The Fall of Imperial China*. New

York: Free Press. 魏斐德：《中华帝国的衰亡》，纽约：自由出版社，1975 年。

Wang Tao. 1988. "My Sojourn in Hong Kong". Translated by Yang Qinghua. *Renditions: Special Issue on Hong Kong* 29 and 30, pp. 37–41. 王韬：《我在香港的居留》，杨清华译：《翻译：香港问题专刊》29、30，第 37~41 页。

Wright, David. 2000. *Translating Science. The Transmission of Western Chemistry into Late Imperial China*, 1840 –1900. Leiden: Brill. 大卫·赖特：《翻译科学：西方化学输入晚期中华帝国，1840—1900》，莱顿：布里尔学术出版社，2000 年。

熊月之：《西学东渐与晚清社会》，上海：上海人民出版社，1994 年。

《循环日报》(香港)。

《循环日报 60 周年特刊》，香港：循环日报社，1932 年。

Yeh, Catherine V. 1997. "The Life –Style of Four Shanghai Wenren in Late Qing China", *Harvard Journal of Asiatic Studies* 57.2, pp. 419–470. 叶凯蒂：《晚清上海四个文人的生活方式》，《哈佛亚洲研究学报》57.2，第 419~470 页。

英敛之：《英敛之先生日记遗稿》(1907 年)，载《近代中国史料丛刊续编》，台北：文海出版社，1975 年，第 21~23 卷。

于醒民：《上海 1862 年》，上海：上海人民出版社，1991 年。

张孟闻：《中国科学史举隅》，出版地不详，中国文化服务社，1947 年(《民国丛书》，第 1 编，第 90 卷，1982 年重印)。

张子高：《科学发达史略》，出版地不详，中华书局，1932 年(《民国丛书》第 1 编，第 90 卷，1982 年重印)。

周佳荣：《在香港与王韬会面》，载林启彦、黄文江编：《王韬与近代世界》，香港：香港教育图书公司，2000 年，第 375~394 页。

日语和汉语中"政治经济学"术语的形成和发展

李 博

这篇论文讨论"政治经济学"术语的发展过程。这个过程比较典型地反映了这样一种现象:起源于中国文言文的一个词组,在近代被赋予新的意义,去表达一个西方模式的词语。

首先,让我们试着搞清"政治经济学"在西方的含义。在现代术语"经济学"成为标准的形式之前,"政治经济学"已经使用了很长时间。它意味着对君主统治的某些建议,如对于经济活动应怎样进行以促进"财富"和"福利"等问题。对政治经济学的主题进行分类——在詹姆士·密尔 (James Mill)《政治经济学要素》(*Elements of Political Economy*,1821 年)出版后的一个世纪,英国作家中流行这一做法——可以使这一术语的内容更加专业。密尔的书分章论述生产、分配、交换、消费。1858 年,卡尔·马克思写了著名的论文《政治经济学批判》。其序言部分很可能是该书最经常被译成日文和中文的部分。马克思的《资本论》(1867 年)的副标题是《政治经济学批判》并非巧合。在德语中,*politische Ökonomie*(政治经济学) 和 *nationalökonomie* (国民经济学)、*Sozialökonomie* 或 *Volkswirtschaftslehre*(大众经济学)有大致相同的意义。*politische Ökonomie*(政治经济学)一语在近代共产主义者的作品中特别典型。在前民主德国 1967 年出版的《政治学小辞典》中,"政治经济学"被定义为"在人类社会发展的各个阶段,物质资料的社会生产和分配规律的科学"。①

在日语中，"政治经济学"的对等词语是"经济学"，由"经济"（keizai）和"学"（gaku）组成。在现代汉语中，西方模式的词语照字面进行翻译，在"经济学"前面加了修饰语"政治"，形成了"政治经济学"术语。"经济学"是一个借自日语的词。根据马西尼（Fredericl Masini）的观点，"政治"是一个中国本土的词。根据马西尼的看法，"政治"一语在汉语中首次出现于魏源（1794—1856）的《海国图志》（1844年）中，作为"politics"的汉译词语。②但是，这种形式看来并没有成为那个时代汉语政治词汇的一部分，因为它没有被收录在罗存德（Wilhelm Lobscheid）的《英华字典》中。③在日本，"政治"作为"politics"的译语，出现在1869年高桥新吉（1842—1918）编辑的《和译英辞典》（即所谓的"小蜜橘辞典"）④以及后来所有的英日辞典中。因此，它可以被称作从日语回借汉语的词。

在日本江户时代，经济学家佐藤信渊（1769—1850）在1827年出版的《经济要录》一书中已经使用"经济"一词。佐藤信渊很可能在江户从事兰学研究时，知道了西方的术语"政治经济学"。

在佐藤的经济思想中，"有两个东西在他心目中是最高的：为了从贫穷和饥饿中拯救国家而谋求国家的经济复苏和日本的军事力量的建设。"⑤今天无法确定，使用"经济"作为"economy"的译名，是否是他的创造。但是，可以肯定的是，"经济学"在江户时代晚期的语言中已牢牢地扎下根来。"经济学"一词，作为"政治经济学"的同

---

① 《政治学小辞典》，柏林：达耶兹，1967年。

② 参见马西尼：《现代汉语词汇的形成及其向国语的演化：1840—1898》，伯克莱：《中国语言学报》（专著系列之六），1993年，第217页。

③ 参见罗存德：《英华字典》，4卷本，香港：新闻办公室，1866—1869年。

④ 参见高桥新吉：《和译英辞典》，上海：美华书馆，1869年。

⑤ 拉耶萨古·苏纳德、乌·西奥多·的·班利、多纳德·凯尼：《日本传统的源泉》，2卷本，纽约，伦敦：哥伦比亚大学出版社，1958年，第2卷，第56页。

义词，被收录于反映当时词汇的两个辞典中，即平文（James C. Hepburn）编写的《和英语林集成》(1867 年)①和上面提到的"小蜜橘辞典"中。后一种辞典包含了兰学传统的科学和政治术语。

日语"经济"一词可追溯到中国经典文献中的词汇单位"经济"，它有"政治"、"政治才能"的意思。合成词"经济"不是原始的形式，是通过压缩两个平行词组"经世济民"或"经世济俗"而形成的。

这些词组是动宾结构。第一结构"经世"，出于《庄子》，其意义是"维持(政治的)世界秩序"、"政治才能"、"政府"，《庄子》的原文是：

> 春秋经世先王之志。②

第二结构"济民"源于《书经》，出自这样一句话中：

> 惟尔有神，尚克相予，以济兆民。③

这样，"经世济民"合起来，意思是"统治世界和救济民众"。

"经世济俗"是同样的结构。唯一的区别是第一组合中的"民"被"俗"所代替。"俗"即"社会大众"。这个形式出现在葛洪(约 250—约 330)的《抱朴子》。其中有下面一句：

> 以聪明大智，任经俗之器，而修此事。乃可必得耳。④

"经济"压缩为一词，出现在王通(583—616)的《文中子中说》：

---

① 参见平文：《和英语林集成》，上海：美华书馆，1867 年。

② 《庄子集释》，4 卷本，北京：中华书局，1978 年，第 1 卷，第 83 页。

③ 理雅各：《中国经典》，第 3 卷，《书经》，香港：香港大学出版社，1960 年，第 2 版，第 314 页。

④ 葛洪：《抱朴子》，载：《诸子集成》，北京：中华书局，1954 年，第 8 册，内篇卷 18，第 94 页。(经查对，"经俗之器"应作"经世济俗之器"——译者按)

是其家传七世矣(汪家传儒业)，皆有经济之道而位不逢(不逢明时)。①

《宋史》对改革家王安石(1021—1086)的"经济"意识予以称颂：

安石以文章节行高一世，而尤(以)道德经济为己任。②

《元史》中已经出现了"经济之学"的结构，字面意思是"经济的科学"，这在很多方面，很像现代的"经济学"的形式。但它在这里仍被用作过去的意义，与现代术语"政治"、"管理"相近。③直到20世纪初期，合成词"经济"(词形逐渐固定化)仍保持其原有含义。明代冯琦(1558—1603)编辑百科全书《经济类编》，目的在于为那些管理国家的人们提供有实用价值的材料。④在罗存德编辑的《英华字典》中，"经济"成为"政治才能"的对等物。在这两种情况中，"经济"都有"管理"的含义。

1897年，在科举考试的框架内，提出了增加某些新的考试内容的建议，分别被称为"经济特科"(公共管理的特设考试)和"经济正科"(公共管理的常设考试)，第一种考试在1903年举行过。⑤直到1904年，在狄考文编辑的词典《英汉技术术语》中，⑥"经济"一词不

---

① 王通：《文中子中说》，载《二十二子》，上海：积山书局，1893年，第6卷，第6页。
② 参见《宋史》，北京：中华书局，1977年重印，第327卷，第10553页。
③ 参见《元史》，北京：中华书局，1976年重印，第172卷，第4023页。
④ 参见邓嗣禹·毕乃德：《中国文献选编题解》，台北：师大书院有限公司，1968年，第3版重印本，第122~123页。
⑤ 参见傅吾康：《中国科举制度的改革和废除》，坎布里奇，马萨诸塞：哈佛大学出版社，1968年(哈佛东亚研究专论之十)，第44~45、68页。
⑥ 参见狄考文：《英汉技术术语》，上海：美华书馆，1904年。

是出现在"经济学"类别下,而是在"科学,政府的"类别下。

"经济学"作为日语对"economics"、"political economy"的译语,并不是没有争论的。井上哲次郎(1855—1944)认为,"经济学"概念比"economics"的外延要宽。这样,在他的《改订增补哲学字汇》中,他把"economics"翻译为"理财学"。①这个技术术语,在东京大学用了很长时间,东京庆应义塾大学的经济学部,直到20世纪30年代,一直被称为"理财学部"。但是,"经济学"在学校之外,具有更大的影响力。

1901年,严复完成翻译亚当·斯密的名著《论国家财富的性质和来源》②,在此二十年之前,中国的知识分子第一次能够用自己的语言去获得关于西方"政治经济学"概念的一些基本信息。1881年,亨利·法西得(Henry Fawcett)的《政治经济学手册》(1863年第一版)一书的部分汉译,奇怪极了,它出现在东京。译者是同文馆的教习汪凤藻(1851—1918)和丁韪良(1827—1916)。两年后即1883年,北京同文馆出版这本书,其译文的标题是《富国策》(字面意思是"国家富强的政策"),这是中国人试图表达西方"政治经济学"术语的早期尝试。③

日语术语"经济"和"经济学",在19世纪晚期作为字形借语被汉语采用。在词典编纂领域,早在1892年,带有"政治经济学"新意义的术语"经济"一词已经出现在翟理斯(Herbert A. Giles)的《汉英词典》④中。就文本领域而论,正如马西尼指出,该词首先出现在梁启超1896年的作品中。⑤沈国威、内田庆一及其他人作了类似的观

---

① 参见井上哲次郎、有贺长雄:《改订增补哲学字汇》,东京:东洋馆,1884年。

② 参见严复译:《原富》,北京:商务印书馆,1981年重印,译自亚当·斯密:《论国家财富的性质和来源》。

③ 参见《富国策》,汪凤藻、丁韪良翻译,东京:乐善堂,1881年。该书译自亨利·法西得:《政治经济学手册》一书,伦敦1863年初版。感谢阿梅隆博士让我注意这本书。

④ 参见翟理斯:《汉英词典》(上海1892年初版),纽约:模范书局,1964年。

⑤ 参见马西尼:《现代汉语词汇的形成及其向国语的演化:1840—1898》,伯克莱:《中国语言学报》(专著系列之六),1993年,第183页。

察：《时务报》(1896 年)出现了"经济学"，并被译者解释为"富国养民策"。这个新术语特定地出现在"东文报译"栏目。"经济学"出现在《东京经济杂志》一篇文章的汉语译文中。①

马西尼精确列出了所有用汉语发表的文章和书籍表格，研究1900 年前后的"经济学"学科。②但是，术语"经济"和"经济学"不容易被中国读者大众所理解，它们不得不伴随着许多不同的形式，其中大部分是汉语新造词，这些词作为"经济"、"政治经济学"的对等语流行于世。

严复在《天演论》和《原富》里，几乎总是把"经济学"翻译为"计学"。《天演论》是托马斯·赫胥黎(Thomas Huxley)《进化与伦理及其他论文》(Evolution and Ethics and Other Essays) 一书的中译本，于1898 年出版。《原富》是亚当·斯密 (Adam Smith)《国富论》(The Wealth of Nations)一书的中译本，于 1901 年出版。根据森时彦的观点，梁启超不愿在发表于世纪之交甚至许多年以后的作品中使用"经济"。显然，他感到该词的经典语义背景太强，不能赋予这一术语以"economy"或"economics"的含义。③因此，对这一概念，他使用了大量的对等语："富国学"(如何使国家富的科学)、"资生学"(资源和生活的科学)、"理财学"(如何整理财富的科学)、"生计学"(谋生手段的科学)、"商学"(经商的科学)、"商务"(商业事务)、"平准学"(如何保持物价平衡的科学)。最后一个术语明显地从中国古代的"平准法"派生出来，"平准法"是一种粮食购销体制，该体制使政

---

① 参见沈国威，内田庆一等：《西化国家的目标：十九世纪的日本作为传播信息的基地——从日本报纸汉译看近代日汉术语交流》，出版地不详：研究成果报告书，1998年。中文的原文见《时务报》第 14 期，台北：华文书局，1967 年重印，5 卷本，第 2 卷，第947 页。

② 参见马西尼：《现代汉语词汇的形成及其向国语的演化：1840—1898》，伯克莱：《中国语言学报》(专著系列之六)，1993 年，第 183～184 页。

③ 森时彦：《梁启超和西方现代性：对其"政治经济学"术语翻译的讨论》，巴拉克·库斯纳和琼苏·A·福高翻译，"梁启超和日本"学术讨论会论文，加州大学，圣芭芭拉，1998年 9 月。

府在饥荒发生时,可以将粮食廉价售出。所有这些术语的含义,都被梁启超等同于日语的"经济学"。同样地,"财学"一词(财产科学)还有音译的"叶科诺米"(严复在《原富》中使用这一译名),"爱康诺米"、"伊康老米"在那时也被使用。①

从根据主题进行分类的参考书《新尔雅》(1903 年)对"经济学"概念的处理中,可以看出,"经济学"在当时中国的语汇中并不是占有支配地位的术语。《新尔雅》中有句话:

论生财析分交易用财之学科,谓之计学,亦谓之经济学,俗谓之(理)财学。②

若干年以后,"经济"和"经济学"收录于普通词典中。《英华大辞典》(1912 年)将"经济"和"理财"作为"economy"的译语,将"理财学"和"经济学"作为"economics"的译语。③将"经济学"一词收录于《社会科学大辞典》(1929 年)④中,标志着这个术语对其他竞争术语的胜利。

由此,对于马克思的翻译者来说,"political economy"的汉语译语是现成的。我前文已提到,"political economy"的汉语译文是"政治经济学",而其日语译文仅仅是"经济学"。

参考文献

Franke, Wolfgang. 1968. *The Reform and Abolition of the Tradition Chinese Examination System.* Cambridge, Mass.: Harvard University Press (Harvard East Asian Monographs 10). 傅吾康:《中国科举制度的改革和废除》,坎布里奇,马萨诸塞:哈佛大学出版社,1968

---

① 最后两个音译词,见兹丹卡·诺瓦特纳:《近代汉语外来词与杂合词研究综述》,载《东方学档案》35,1967–1969 年,第 613~648、36 页,第 295~325、37 页,第 48~75 页,第 632 页。

② 汪荣宝、叶澜:《新尔雅》,上海:民权社,1903 年,第 37 页。

③ 颜惠庆:《英华大辞典》,2 卷本,上海:商务印书馆,1912 年,第 4 版。

④ 高希圣等编:《社会科学大辞典》,上海:世界书局,1929 年,第 678 页。

年(哈佛东亚研究专论之十)。

《富国策》，汪凤藻、丁韪良译，东京：乐善堂，1881 年。该书译自亨利·法西得(Henry Fawcett)：《政治经济学手册》(*A Manual of Political Economy by Henry Fawcett*)一书，伦敦 1863 年初版。

高希圣等编：《社会科学大辞典》，上海：世界书局，1929 年。

葛洪：《抱朴子》，载《诸子集成》，北京：中华书局，1954 年，第 8 卷，第 18 章。

Giles, Herbert A. 1964. *A Chinese –English Dictionary*. New York: Paragon.[First edition Shanghai 1892.] 翟理斯：《汉英词典》(上海 1892 年初版)，纽约：模范书局，1964 年。

Hepburn, James C. 1867. *Wa–Ei gorin shūsei. A Japanese and English Dictionary, with an English and Japanies Index*. Shanghai: American Presbyterian Mission Press. 平文：《和英语林集成》，上海：美华书馆，1867 年。

Inoue Tetsujirō and Ariga Nagao. 1884. *Kaitei zōho tetsugaku jii*. Tokyo: Tōyōkan. 井上哲次郎、有贺长雄：《改订增补哲学字汇》，东京：东洋馆，1884 年。

Kleines politisches Wörterbuch. 1967. Berlin: Dietz. 《政治学小辞典》，柏林：达耶兹，1967 年。

Legge, James. 1960. *The Chinese Classics*. Vol.3: The Shoo king. 2nd edition. Hong Kong：Hong Kong University Press. 理雅各：《中国经典》，第 3 卷，"书经"，香港：香港大学出版社，1960 年，第 2 版。

Lobscheid, Wilhelm. 1866 –1869.*English and Chinese Dictionary with Punti and Mandarin Pronunciation*. 4 Vols. Hong Kong：Daily Press Office. 罗存德：《英华字典》，4 卷本，香港：新闻办公室，1866–1869 年。

Masini, Federico.1993.*The Formation of Modern Chinese Lexicon and its Evolution Towards a National Language: The Period from 1840 to 1898*. Berkeley: Journal of Chinese Linguistics（Monograph Series, no. 6). 马西尼：《现代汉语词汇的形成及其向国语的演化：1840-1898》，伯克莱：《中国语言学报》（专著系列之六），1993 年。

Mateer, Calvin W. 1904. *Technical Terms. English and Chinese.* Shanghai: Presbyterian Mission Press. 狄考文：《英汉技术术语》，上海：美华书馆，1904 年。

Mori Toshihiko. 1998. "Liang Qichao and Western modernity: an analysis of his translations of the term 'political economy'". Translated by Barak Kushner and Joshua A. Fogel. Paper presented at a Conference on Liang Qichao and Japan at the University of California, Santa Barbara, September 1998. 森时彦：《梁启超和西方现代性：对其"政治经济学"术语翻译的讨论》，巴拉克·库斯纳和琼苏·A·福高翻译，"梁启超和日本"学术讨论会论文，加州大学，圣芭芭拉，1998 年 9 月。

Novotná, Zdenka.1967-1969. "Contribution to the Study of Loan-Words and Hybrid Words in Modern Chinese", *Archiv Orientální* 35, pp.613-48；36, pp.295-325；37, pp.48-75. 兹丹卡·诺瓦特纳：《近代汉语外来词与杂合词研究综述》，载《东方学档案》35, 1967-1969 年，第 613~648、36 页，第 295~325、37 页，第 48~75 页。

Shen Guowei, Uchida Keiichi et al. 1998. *Ōka kokka wo mezase: Jōhō hasshin kichi to shite no jūkyū seiki Nihon—Nihon shinbun no Chūgokugoyaku wo tōshite miru kindai Nitchū goi kōryūshi.* n.p.: Kenkyū Seika hokokushō. 欧化国家を目指セ：発信基地としての19世紀日本—日本新聞の中国語訳をとして見る近代中国語彙交流史. n.p.: Kenkyū seika hōkokusho. 沈国威、内田庆一等：《西化国家的目标：19 世纪的日本作为传播信息的基地——从日本报纸汉译看近代日汉术语交流》，出版地不详：研究成果报告书，1998 年。

《宋史》，北京：中华书局，1977 年重印。

Takahashi Shinkichi. 1869. *Wa-yaku Ei-jisho* 和译英辞典. Shanghai: American Presbyterian Mission Press. 高桥新吉：《和译英辞典》，上海：美华书馆，1869 年。

Teng, Ssu-yü and Knight Biggerstaff. 1968. *An Annotated Bibliography of Selected Chinese Reference Works*. 3rd edtion. Reprint Taibei: Shida shuyuan youxian gongsi. 邓嗣禹、毕乃德：《中国文献选编题解》，台北：师大书院有限公司，1968 年，第 3 版，重印本。

Tsunoda, Ryusaku, Wm. *Theodore De Bary and Donald Keene*. 1958. Sources of Japanese Tradition. 2 vols. New York, London: Columbia University Press. 拉耶萨古·苏纳德、乌·西奥多·的·班利、多纳德·凯尼：《日本传统的源泉》，2 卷本，纽约，伦敦：哥伦比亚大学出版社，1958 年。

汪荣宝、叶澜：《新尔雅》，上海：民权社，1903 年。

王通：《文中子中说》，载《二十二子》，上海：积山书局，1893 年，第 6 卷。

严复译：《原富》，北京：商务印书馆，1981 年重印。该书译自 Adam Smith（亚当·斯密）：*An Inquiry into the Nature and Causes of the Wealth of Nations*（《论国家财富的性质和来源》）。

颜惠庆：《英华大辞典》，2 卷本，上海：商务印书馆，1912 年，第 4 版。

《元史》，北京：中华书局，1976 年重印。

《庄子集释》，4 卷本，北京：中华书局，1978 年。

汉语"劳动"术语发展史札记

鲁道夫·G·瓦格纳

　　从 19 世纪传教士仔细详尽的记述和速描，到我们这个时代的照片簿册,常常描述中国普通民众劳作甚至干重活的情形。这些描述还会附有评论称,中国人民确实是非常勤劳的民族,他们愿意而且能够忍受极其繁重的工作负担。这会使人们期望一部内容丰富的文献,来讨论中国人的"劳动"概念。这个概念可以引出一个同样丰富的贯穿各个时代的中文文献。在这些文献中,不管因对个人的品质和名声、家庭和亲族的财富还是国家的福祉做出的巨大贡献,努力工作都受到赞美和称颂。但是,不论是原始资料还是现代学术,都难以满足这种期望。不用说,这提出了这样的问题:暗含在这些描写、照片和电影中的概念和价值,很可能是一些被人教导的猜想,它们基于很丰富的欧洲有关劳工及其优点的文献,这类文献更多的是自宗教改革以来积累起来的。[①]

　　在这篇文章中,我试图通过勾画出现代"劳动"术语的历史轮廓,开始填补这方面信息空白。[②]另外,这个历史,并不遵循许多现代

---

　　① 详情请参看沃纳·考茨很详尽论述的文章,沃纳·考茨:《劳动》,载 O·布拉那、沃纳·考茨、R·考塞兰克编:《历史的范畴:德国政治社会用语历史辞典》,斯图加特:克兰特—考拉,1997 年,第 1 卷,第 154~215 页。

　　② 这篇论文源于一项由柏林—布兰登伯格社会科学研究院的人文研究班(the Humanities Class of the Berlin-Brandenburg Academy of Social Sciences) 共同进行的研究,这项研究的成果有更详细的文章,名为《汉语世界中 Work/Labor/Arbeit 概念初探》(The concept of Work/Labor/Arbeit in the Chinese world,First Exploration)(即将发表)。

汉语词汇发展的标准顺序，即：在将西方文本翻译成汉语或日语时，借用一个具有部分重叠意义的较古的很少使用的术语，该术语原有的意思被新的西方含义所取代，在看起来不变的外表下，转换成一个现代的常常是很专业的术语体系的有机组成部分。

现代汉语词汇表示"labor"的词是"劳动"。它由两部分组成，"劳"(to exert oneself 自身用力,to wear oneself out 使自己疲劳)和"动"(to move 位置移动)，合起来意思类似于"用力运动"(to move with exertion)。这个概念，并不意味着一件易事，"劳"传达着这样的信号：汗水每天照例从中国电影中扮演劳动的工人和农民的演员脸上流下来。领导中华人民共和国的党的干部，以及在其正确语汇①中将"劳动"限于描写"劳动阶级"的费力的体力劳动，不是突然从乡村里出现的。①在 1949 年前的几十年中，党的干部是参与政治斗争的角色，许多人从 1919 年学生示威反对《凡尔赛和约》及提倡基于中国本土大众新文化的"五四运动"开始，已经成为政治斗争的一方。中华人民共和国仅是一种构想的具体化(这种具体化与中国的现实搭配勉强)，这种构想原先是由中国共产党领导干部根据他们年轻时的梦想、战时的军事组织、苏联的制度设计和管理常规以及对苏联手册和字典的摘译而做出的想象。国民党也是按照苏联模式建立起来的政党，国民党的领导也分享这种想象。我们撇开数量过大的中华人民共和国的材料，而去探究更深一层的民国时期汉语世界里的"劳动概念"，对于深化我们对这一概念的理解也许是有帮助的。

"动"出现在合成词"劳动"中，使这一词语在定义(和赞美)积极向上的人生时，成了一个含义丰富的系列概念。从 1911 年中华帝国结束以来，号召"动"(运动)成了改革者和革命者同有的战斗口号。②

---

① 这个词汇的起源及支持它的制度的和意识形态结构，见我的文章：《中共 1940–1953 年建立正语、正文的政策大略》,载彭小妍编：《文艺理论与通俗文化》,台北："中央"研究院中国文哲研究所筹备处,1999 年,第 11~38 页。

② 下文关于"运动"概念,采用了我的文章对这一概念的研究,见我的文章："五四"的圣典化》,载米列娜·多莱热罗娃—韦村格洛娃编：《文化资本的运用：中国的"五四"工程》,坎布里奇和伦敦：哈佛大学出版社,2001 年,第 60~120 页。

"动"出现在"运动"甚至"群众运动"中,例如 1919 年"五四运动"中;"运动"还可以是推动新思想最终被公众普遍接受的思想"运动";最后,"运动"特指在"运动场"这一场所中身体的积极运动。"运动"这个概念,符合德兰姆伯特(d'Alembert)对连续不断的运动和变化的赞美。在 18 世纪晚期的《大百科全书》的德兰姆伯特的《运动》一文中,"运动"最早被上升为宇宙的普遍原理。这个思想在 19 世纪的欧洲和北美被普遍接受。1917 年出版的当时最有影响的、年轻的受教育者广泛阅读的期刊《新青年》上有一篇名为《活动与人生》的文章,必须以运动是宇宙普遍规律的方式去读:

> 在空间上万物无不活动者,又据奈端之惰性律,运动物体苟不加以外力则常运动……亿万万年,宇宙万物既以动始,则长此以往,亿万万年,宇宙万物必以动终……世界可毁,宇宙可破,苟空间物质不可灭,则活动终绳绳而不已。故在时间上,万物亦无不活动者。且也有活动而后有变化,有变化而后古今以殊,彼此以分。假无活动,则宇宙万物常住不变,常住而空间之差别泯,不变而时间之差别亡。故无活动则无宇宙无万物。是则活动者宇宙之本性万有之根源也……吾人戴大圆(似天)而履大方(似地),熹熹然以万物之灵自命,所谓万物之灵者,果何在乎? 亦曰独善活动而已。[1]

人的活动优于石头的活动,石头只能靠外力而活动;人的活动优于植物的活动,植物可以自己活动,但没有精神力量在指导其活动;人的活动优于鸟的活动,鸟能自己活动,有精神力量指导其活动,但没有意识。

---

[1] 朱如一:《活动与人生》,《新青年》3 卷 2 期,1917 年 4 月,第 193~194 页。

[新孔学学者]程伊川(即程颐 1033—1107)云:"天地储精得五行之秀者为人,其本也真而静。"①我敢易"静"以"动"……故吾敢断言曰,人类之本质,厥维活动。不活动则怯弱萎靡,勿克完其人格,是曰畸人。逆天违性,不能全其自然,是曰病体。②

用几行文字赞赏了当时正专注于第一次世界大战的欧洲对运动和活动的高调,文章结束时,将这一普遍规则运用于中国:

故一人之成败,视其活动力("动力")之强弱而定,推而言之,一国之盛衰,亦视其国民活动力之强弱而定。吾国之弱,亦以国人不善活动而已。吾为此说,非反对古先哲人之寂静主义也。人非木石,谁不甘于安乐者。唯愿国人求休息于进步之中,求安乐于活动之中。则萎靡之风,其可革乎。③

中国的政治社会改革家和革命家比自然科学家对于新引进的自然科学思想更为喜好。前者从科学思想中发掘其隐喻,使他们对社会政治变化的追求,符合自然法则的预示。在这一段带着强烈的社会达尔文主义意味的描述中,中国是"东方病夫",由于其公民缺乏活动和要求变化的动机而虚弱和胆怯。他们的先哲强调泰然自若的内部平静的说教,促使他们违背天意和本性,结果成了有病的跛子。为了依照他们作为人的天赋而活,他们不得不参加新领导人用新词语"运动"所描述的东西,即社会的和政治的运动。

在那些赞美劳动大众和不由自主地受到劳动教育的政治社会

---

① 这句话是朱熹在他的《近思录》第二章起始部分引用的。见陈荣捷:《近思录详注集评》,台北:学生书局,1992 年,第 68 页;又见维茨特·詹译:《近思录》,《宋明理学文选》,纽约:哥伦比亚大学出版社,1967 年,第 36 页。

② 朱如一:《活动与人生》,《新青年》3 卷 2 期,1917 年 4 月,第 193~194 页。

③ 朱如一:《活动与人生》,《新青年》3 卷 2 期,1917 年 4 月,第 193~194 页。

精英的早期文本中,没有什么东西。情况正好相反。在高声和强烈的 20 世纪前 20 年的救国者的作品中,我们发现一个普遍的习惯,即咒骂其同胞的被动、忍受国耻、对使他们为洗雪耻辱而加入政治变革运动的努力漠不关心。有选择地引进西方技术会使国家强大起来的希望在中日战争中暂时破灭。几年后的 1898 年,清朝廷领导的推进现代化的希望也不得不被埋葬。直到 20 世纪 20 年代后期,注意力转向政治和一个有活力的、统一的民族国家的建立。直到 1927 年,随着反对军阀的北伐战争的胜利,情况才发生变化。国民党吸收了许多五四运动中的反叛者,从共产主义同盟者和苏联那里接受了一定程度的马克思主义教育,他们在南京建立政权,这个政权在一定程度上可以称为全国规模的政权。直到此时,适合全国而不仅是一个政党的意识形态才发展出来。

在这个新政府所管理的学校里,我们发现了被译为工艺教育元素的"运动"和"活动"的原始推动力。这些有学费的学校学生在他们的年龄段是少数,是国家精英的集合。很可能是在苏联的影响下,这些学校有一个固定的课程,叫做"劳作",当时的官方术语手册,即 1936 年的《辞海》称其目的是:

> 使学生实地操作,以养成勤劳之习惯与一切职业平等之观念,并发展其设计创造之思想与能力。[1]

在中华人民共和国的词典中,我们发现这个条目反映了同样的思路,体力劳动目的是教育脑力劳动者的工作态度、政治态度和系统的有创造力的方法。这种劳作教育的对象是仍然受着"古老哲学"影响的年轻人。这年轻人不是一个做事者,他自感优越,虚度光阴,而不是用一种有计划的系统的态度去运用其意志。"劳作"方案

---

[1]《辞海》(1936 年),太原:山西古籍出版社,1995 年,第 429 页。

是反对造成中国贫弱的"孔家店"的政治论争的制度表达。与民国时期"劳作"的概念相比，中华人民共和国的词条包含一些新的元素，特别强调在高度分工的工业劳动中，许多劳动者相互作用而必需的纪律和对于集体的服从。两者都反映了强大的中国共产党强调对党中央领导的服从。20世纪30年代的手册中也包含"劳动"的词条，这些词条将"劳动"作为经济三要素，即土地、劳动和资本中的一个。脑力劳动和体力劳动、指导劳动和执行劳动、独立劳动和非独立劳动等次级类别，都适合于"劳动"这把大伞下，这个术语获得了广阔的余地。[1]中华人民共和国的定义和用法极大地缩小了这个余地，将此术语限定于苏联型社会主义词典的用法范围内。劳动概念及其语言和争论环境，看起来完全没有中国传统的因素。现代中国词典的创编者感到在他们传统的术语中，没有什么能适合新的要求。因此，劳动、劳动节、劳动者和劳动党都属于引进的新事物秩序概念化的新世界，都由新术语"劳动"来构成。

"劳动"术语的起源

现代汉语中，"劳动"一词是从日本引进的。[2]另一个当代的词语"工作"，包括前近代中国对艺人及其活动的用词"工"，但是现在有一个意思，指创造性和生产性活动两方面，包括作家和记者的活动。日语中"劳动"和汉语中的"劳动"用同样的汉字书写。虽然有时候日语将"人"字偏旁加于左边，使用标准日语的异体字"働"，但是，在汉语中也有同样的写法。

---

① 《（重编）日用大百科全书》，上海：商务印书馆，1934年，第617~618页。

② 它没有被收录在这样的外来术语手册中，例如马西尼：《现代汉语词汇的形成及其向国语的演化：1840~1898》，伯克莱：《中国语言学报》（专著系列之六），1993年。由于它后来才进入正式的汉语词典中，在这样的书中也没有收入，即刘正埮、高名凯编：《现代汉语外来词词典》，上海：上海辞书出版社，1984年。该书的特点是，对外来语有严格限定的理解。

汉语"劳动"术语发展史札记

　　所有现代知识领域的现代汉语词汇的相当一部分,都是 20 世纪初以来由从日本留学回国的学生带回中国的。这包括几乎所有的关键术语,这些术语形成了诸如历史、社会、国家、哲学、文学、科学、经验、实践和理论等把经验组织起来的词汇。1895-1905 年间,中国的西书翻译者严复曾给出其中一些术语的汉译名称。但是,这些译名在与日本留学生及他们带回国的术语竞争中, 很少能留存下来。日本人创造新术语的努力,随着明治维新及其大力追赶西方的步伐而来。在创造这些翻译的词语时,日本的译者使用了两个来源。第一,在该世纪数十年前,由传教士在中国翻译西方作品时或介绍西方技术时所创造的术语。在中国,这些文本当时影响显得很小,但是,日本明治维新后,这些汉语译文成了日本最早的可供利用的资源。第二来源是,出现在中国经典某处的大致意思相近的词语。这些词语的旧意义被他们现在翻译的西方术语的含义完全取代。日本翻译者和政府负责新术语的办公室也使用先前已经存在的词典,我们将会看这个问题。

　　日本人选择汉字代表西方概念, 令人惊奇地出现在这样一个时代,即日文中汉字的数量大大减少,以使更广泛的读者可阅读书写文本。同时,它遵循着传统的程序,因为许多用汉字书写并从它们的汉语读音派生出汉文发音的术语, 最初是从中国引进的新概念。因此,用汉字书写的术语,从字形上和发音上大量引进汉语词语,就像德语和英语学术和技术语言中,有明显的拉丁语和希腊语词根的词语一样。我认为,由于片假名在音译外国术语时不能显示出这一术语的所属领域, 因而反对使用今天在日本通行的片假名的决定,远离了这样的事实,即音译不能向日本读者显示出这些术语所属领域,而汉字则不是这样。一旦这些汉字注入汉语文本,它们失去了从外来术语翻译而来的全部标记。对于和这些术语一起长大的中国读者来说,当他们知道,他们的语言在何等程度上是由这些翻译术语构成和组织时,常会感到非常震惊。他们对于本土的现代汉语的关键术语是与在国外、在日本的翻译词语所构成的思想,存在一种根本性的抵制。①

"劳动"一词的情形更为复杂。根据极好的明治时期的术语手册《明治时代的辞典》,从 1872 年以来,"劳动"一词常常被收录在日语辞典中。②1881 年,在第一部外国哲学著作翻译辞典的第二版中,"劳动"被认为是"labor"的译名,从那里进入合成词如"劳动党"、"劳动保险"的译文中。③一位辞典编者即平文于 1867 年和1886 年编纂的两种词典中,没有将"劳动"作为"labor"的标准化译名。平文提出了一些术语,其中,"劳する"(辛苦干活)中的"劳"和"劳动"的"劳"是一样的。④这说明,"labor"和"劳动"之间的对等关系还不稳定。

"劳动"这个术语不是明治时代的翻译者创造的新词汇,而是一个古老的日语创造。在"兰学"的框架下,"劳动"被创造出来去翻译荷兰的术语"Slooven"。根据《明治时代的辞典》,它看来被收录于1812年的《译键》中。⑤我没有看过《译键》这本书,这本书是藤林普山(1781—1836)摘录《波留麻和解》而来,《波留麻和解》是稻村三伯和其他人 1796 年对 F·哈尔马 (F.Halma) 的 *Nederduits Franse Woordenboek*(荷兰语—日语辞典)一书的日译本。⑥

另一本书(该书为《明治时代的辞典》的编辑者所不知道的,但

---

① 例如,见王云五:《新名词溯源》(1944 年),载王云五:《旧学新探》,上海:学林出版社,1997 年,第 261~275 页。

② 物乡正明编:《明治时代的辞典》,东京:东京堂出版,1989 年,第 603~605 页。

③《哲学字汇》,引自物乡正明编:《明治时代的辞典》,东京:东京堂出版,1989 年,第 604 页。

④ 平文:《和英语林集成》,上海:美华书馆,1867 年,索引中"劳动(labor)"词条,第56 页;又见平文:《日英和英日词典》(1886 年),东京:丸屋,1903 年,第 866 页。在他的词典中,平文没有将"劳动"列入日语词汇。

⑤ 物乡正明编:《明治时代的辞典》,东京:东京堂出版,1989 年,第 604 页。

⑥ 藤林普山:《译键》,出版地不详,1812 年。稻村三伯:《波留麻和解》,(荷兰语–日语词典),出版地不详,1796 年。

由波恩大学日本研究机构的 Trautz 文库保存下来）以相似的名称出现，即 1796 年在江户和大阪，由广田宪宽（1718－1788）推出的《改正增补译键》。该书可能是独立的而不是基于藤林普山的翻译，其中也收录了"slooven"，但没有将其译为"劳动"，而是译为"劳勤"，该词与"劳动"字形相似，也出现在许多中国文献中，有"竭尽全力"之含义。[1]

"slooven"是荷兰的方言词，指在海上的繁重工作。换句话说，"劳动"最初没有翻译出欧洲概念 labor 和 arbeit 丰富的神学、道德和社会含义，而是翻译一个可能与船相联系的表示重度工作的相当边缘化的荷兰方言术语。只有在明治早期，"劳动"才被更多地用于翻译一个完全不同的词"labor"，那时"labor"已成为用于指代一个新的现象即工业劳动的现代术语。

日本编者这里所使用的"劳动"一词不是一个新发明的双名语，这一点可以从"二十五史数据库"得到验证。从中世纪早期以来，正史所引述人们的口头语中，"劳动"被用于表示身体运动或身体用力的意思，但是这种用法在正史中很罕见。这种用法在口头语中可能应用较广。《后汉书》中引述了著名医生华佗对学生解释保持长寿的办法时说的话："人体欲得劳动，但不当使极耳！"[2]他还说，适当的运动保持关节的弹性，正如户枢不蠹的道理一样。他还推出了自己编排的一套简便的体操。其中一些段落用了与体育运动或军事训练相类似的术语。很清楚，在口语和书面语中，它不是指工匠或工业劳动者的重劳动，更不要提农民的劳动了。事实上这些用法看起来，"劳动"是翻译现代术语"exercise"或"sport"潜在的候选词语。在

---

[1] 广田宪宽：《改正增补译键》(1796 年)，出版地不详，1857 年。我非常感激海德堡大学日本研究所的伍德琳先生(Mr. Woldering)，他帮助我从波恩(Bonn)得到该词条的复印件，还使我可以利用有关书目信息。别的版本 1796 年同时出现在江户(Edo)：Subara Mohei publishers 和大阪(ōsaka)：Akita Taemon.

[2]《后汉书》，北京：中华书局，1964 年，卷 82 列传 72，第 2739 页。

与轻度身体运动有关的医学语言的某些部分，"劳动"或许有一定的术语的确定性，但它不是一个用法稳定的术语。通过它在明治的译作和著作中的使用，"劳动"逐渐固定为现代的用法。

结　语

我们已看到，"动"的词素早在 20 世纪初就已进入中国各种新术语中。但"劳动"似乎只是随着中国现代工业的发展和留日学生的大量归国才逐渐应用起来。我见到最早收录该词的是阿达·海文·狄 1915 年所编报纸新用语辞典，被用于"劳动家"与"资本家"相对的结构中。①以这种形式，它也被包括在赫美玲 1917 年《官话——字典及翻译手册》中，②该词典附录中将"劳动"作为一个"新词"收录，其中"动"用了日语的书写方式。③到那时为止，各种各样新构思的和老的术语仍在竞争中，赫美玲仍然将"劳"和"劳苦"作为"labor"的译语，传统的"勤劳"作"laborious"的译语。同时，教育部在 1912 年一度批准了一个翻译名称表④（该表没有公布），其中将"工"作为所有与劳动有关词语的核心词素，把 labor Party 翻译成"工党"，而日语对该词的翻译在汉语中读作"劳动党"。与 labor 的其他各种各样的译语情况相反，"工党"这一创造在日本术语的冲击下存活下来，今天仍在使用，将这一领域正好从中间分开。最重要的是，"劳动"这个术语，主要用于指工业劳动，因此属于新型的活动，新的劳动和休息二分法的工业时间安排，新的社会群体即工业工人和新的住所即工业城镇。

---

① 阿达·海文·狄：《新思想的新术语：华文报纸研究》，上海：卫理公会书局，1915 年。
② 赫美玲：《官话字典及翻译手册》，上海：海关总税务司造册处，1917 年，第 761 页。
③ 赫美玲：《官话字典及翻译手册》，上海：海关总税务司造册处，1917 年，第 1715 页。
④ 这个表是由著名的翻译家严复为首的委员会整理的，严复本人为西方概念创立了许多新术语（最终没有成功流传下来）。就我所见，能够见到这个表的唯一的途径是，在赫美玲词典中标记为"部定"的词语。

"劳动"一词的内容、反义词和价值,是一个进口话语的多个组件,这些组件有其西方的根源、逻辑和环境,作为现代现成的产品,来到中国的环境下,被中国现实强加了各不相同的订购。不过,中国现实已给了它一个新的和现在被普遍接受的订单。

参考文献

Chan, Wing-tsit (tr.). 1967. *Reflections on Things at Hand. The Neo-Confucian Anthology*. New York: Columbia University Press. 维茨特·詹译:《近思录》,《宋明理学文选》,纽约:哥伦比亚大学出版社,1967 年。

陈荣捷:《近思录详注集评》,台北:学生书局,1992 年。

《(重编)日用大百科全书》,上海:商务印书馆,1934 年。

《辞海》(1936 年),太原:山西古籍出版社,1995 年。

Conze, Werner. 1997. "Arbeit", in: O. Bruner, W. Conze und R. Koselleck (eds.).*Geschichtli-che Grundbegriffe. Historisches Lexikon zur politisch-sozialen Spranche in Deutschland*. Stuttgart:Klett-Cola, vol.1.pp.154-215. 沃纳·考茨:《劳动》,载 O·布拉那、沃纳·考茨、R·考塞兰克编:《历史的范畴:德国政治社会用语历史辞典》,斯图加特:克兰特-考拉,1997 年,第 1 卷,第 154~215 页。

Federico Masini. 1993. *The Formation of the Modern Chinese Lexicon and its Evolution Towards a National Language:The Period from 1840 to 1898*. Berkeley:Journal of Chinese Linguistics (Monograph Series, no.6). 马西尼:《现代汉语词汇的形成及其向国语的演化:1840-1898》,伯克莱:《中国语言学报》(专著系列之六),1993 年。

Fujibayashi Fuzan. 1812. *Yakken*. n.p. 藤林普山:《译键》,出版地不详,1812 年。

Hemeling, Karl E.G.1917. *English –Chinese Dictionary of the Standard Chinese Spoken Language and Handbook for Translators, including Scientific Technical, Modern, and documentary Terms.* Shanghai: Statistical Department of the Inspector General of Customs. 赫美玲：《官话字典及翻译手册》，上海：海关总税务司造册处，1917 年。

Hepburn, J. C. 1867. *Wa–Ei gorin shûsei. A Japanese and English Dictionary, with an English and Japanese Index..* Shanghai: American Presbyterian Mission Press. 平文：《和英语林集成》，上海：美华书馆，1867 年。

Hepburn, J. C. 1903 [1886]. *A Japanese–English and English–Japanese Dictionary.* Tokyo: Maruya. 平文：《日英和英日词典》（1886年），东京：丸屋，1903 年。

《后汉书》，北京：中华书局，1964 年。

Hirota Kenkan. 1857[1796]. *Kaisei zōho yakken* (Corrected supplement to *Translation Key*). n.p. 广田宪宽：《改正增补译键》（1796年），出版地不详，1857 年。

Inamura Sanpaku et al. 1796. *Haruma wage* (Dutch –Japanese dictionary). n. p. 稻村三伯：《波留麻和解》，（荷兰语–日语词典），出版地不详，1796 年。

刘正埮、高名凯编：《现代汉语外来词词典》，上海：上海辞书出版社，1984 年。

Mateer, Ada Haven. 1915. *New Terms for New Ideas. A Study of the Chinese Newspaper.* Shanghai: Methodist Publishing House. 阿达·海文·狄：《新思想的新术语：华文报纸研究》，上海：卫理公会书局，1915 年。

Sogo Masaaki (ed.). 1989. *Meiji no kotoba jiten* 明治のことば辞典 (Dictionaries of words from the Meiji Period).Tokyo:Tōkyōdō shuppan. 物乡正明编：《明治时代的辞典》，东京：东京堂出版，1989 年。

鲁道夫·G·瓦格纳（Wagner,Rudolf G）:《中共 1940-1953 年建立正语、正文的政策大略》,载彭小妍编:《文艺理论与通俗文化》,台北:中央研究院中国文哲研究所筹备处,1999 年,第 11~38 页。

Wagner, Rudolf G. "The Canonization of May Fourth", in: M. Doleželová –Velingerová （eds.).2001. *The Appropriation of Cultural Capital. China's May Fourth Project.* Cambridge and London:Harvard University Press, pp.60–120. 鲁道夫·G·瓦格纳:《五四的圣典化》,载:米列娜·多莱热罗娃—韦村格洛娃编:《文化资本的运用：中国的“五四”工程》,坎布里奇、伦敦:哈佛大学出版社,2001 年,第 60~120 页。

王云五:《新名词溯源》(1944 年),载王云五:《旧学新探》,上海:学林出版社,1997 年,第 261~275 页。

朱如一:《活动与人生》,《新青年》3 卷 2 期,1917 年 4 月,第 193~194 页。

晚清西方军衔名称翻译
简要研究

马　军

导　言

在某种意义上,晚清史就是一部中外之间的军事冲突史。在欧洲公司发现中国是可获利的军火贸易市场后, 中外之间除了战争和军事冲突外,还有军事知识和技术的频繁转移。而且,生产西方知识最有效的机构如福州制造局和江南制造局, 主要目的是引进军事知识和技术。因此,随着 19 世纪西方科学的传入,西方军事文化知识也逐步引入晚清中国。这种重要的技术转移问题及与之相随的翻译问题,还没有引起足够的学术关注。

军衔是根据职务、功绩、素养、年资、所属军兵种而授予军人的称号和标志,是组织服役、调配干部和固定职位的重要条件,对于军需供应、国家保障、薪饷发放还有确定军人上下级关系,具有举足轻重的意义。军衔制最早萌芽于 15 世纪至 16 世纪的西欧,随着常备雇佣军的出现而产生。经 17 世纪至 18 世纪获得了进一步的发展和完善,为欧美大多数国家所采用,并逐步形成了国际上基本统一的制度。按照这个制度,军人通常被划分成三类:军官、军士、兵。军官又大致划分为三等,每等分三或四级;军士和兵亦划分为三至五级不等。西方各国语言均使用拼音文字，又有相似的文化和制度背景，所以军衔名称大都有同源性，有的甚至仅是字同而音不同而已，彼此互译并没有多大障碍。然而汉译西方军衔名则远没有那么简单。

不仅中西语言环境根本不同，而且由于清代军队是"八旗"和"绿营"双重体制，中西实际军事组织也是根本不同的。"八旗"是对清代满族人的社会——政治——军事组织的总体称谓。"绿营"指八旗体制外传统的汉族军人的集体称谓。① 两者都是清朝国家军队的一部分，但是使用不同的军衔制度和名称。

鸦片战争以前，中国和西方有过一些军事交往，但这没有产生任何新的中国军事术语。虽然 17 世纪在台湾与郑成功（1624—1662）交战的荷兰军队，以及在黑龙江流域与清军冲突的俄国军队，均已实行近代军衔制度，18 世纪末英国庞大的马戛尔尼（Lord George MacCartney）来华使团中也不乏相当数量的军人和外交官，但是这些接触并没有引起对这些军衔进行文字和语言的研究，更不可能将其与中国本土的军事制度进行对等翻译。相反，"夷目"、"兵酋"、"兵头"、"夷官"、"兵目"、"弁兵"、"弁目"等绝大多数有"首领"的含义，用于指称部落首领的词语，被用于指称"夷人"，这种带有侮辱性的词汇充斥各类文献。② 这表明，当时中国政府对西方军衔的内容所知不多甚至茫然无知，这种情况一直延续到鸦片战争前期。此后，随着历次战争的失利，在"坚船利炮"的

---

① 参见查理士·贺凯：《中华帝国职官词典》，斯坦福：斯坦福大学出版社，1985 年。

② 关于这些称谓的官方用法及其历史，参见方维规：《夷、洋、西、外及其他术语：近代中国从"夷人"到"外国人"的称谓的变化》，载朗宓榭、阿梅隆、顾有信编：《新思想的新术语：中华帝国晚期的西学和词汇变化》，莱顿：布里尔学术出版社，2001 年，第 95~124 页；又见熊月之：《自由、民主、总统三词汇在近代中国的翻译与使用》，载朗宓榭、阿梅隆、顾有信编：《新思想的新术语：中华帝国晚期的西学和词汇变化》，莱顿：布里尔学术出版社，2001 年，第 69~93 页。

重压下,中西政治、文化、军事交涉日益频繁和密切,如何翻译西方的军衔名称,就成为一个无法回避的技术问题。

因此,我将以军衔翻译为例,概略地考察西方军事知识翻译成汉语的过程。一般地,军衔翻译可以分为四种方法:译音法、绿营和八旗官职套译法、标识描绘法和借字法。下面我将说明,哪一个翻译模式受到偏爱和翻译,应被理解为受到西方、日本、中国传统军事文化三种不同因素影响的混合产物。

一、译音法

较早出现的是译音法,即按照军衔名称的西语读音,用汉字记录。例如,魏源的《海国图志》卷五十三《大西洋·英吉利国》中就有这样两句话:

> 主兵官为赞你留,其人名沙有哥哈,即吧噶。又,主船政官为押米娄。①
> 诸埠头俱有大武官,[其首领]名马凝接,如中华总兵,其余武官不可悉数。②

"赞你留"即 General 之音译,今译陆军上将、将军;"押米娄"即 Admiral,今译海军上将;"马凝接"即 Major General,今译陆军少将。《海国图志》卷六十《外大西洋·弥利坚国即育奈士迭国总记》,又云:

> 国中节啬,养兵甚少。设马约仁尼那尔官一员,墨里牙底阿士仁尼那尔官三员,戈罗尼尔官十九员,副戈罗尼尔官十五

---

① 魏源编:《海国图志》(1844 年),3 卷本,50 卷,长沙:岳麓书社,1998 年,第 1468 页。
② 魏源编:《海国图志》(1844 年),3 卷本,50 卷,长沙:岳麓书社,1998 年,第 1472 页。

员,马约官二十八员,急顿官百有四十员。①

["马约仁尼那尔官"即 Major General,今译陆军少将](方括号内为英文原书所无,译者据《近代中国》第十一辑所载该文中文版予以补充。——译者按)。"墨里牙底阿士仁那尔官"即 Brigadier General,今译陆军准将。"戈罗尼尔官"即 Colonel,今译陆军上校。"副戈罗尼尔官"即 Lieutenant Colonel,今译陆军中校。"马约官"即 Major,今译陆军少校。"急顿官"即 Captain,今译陆军上尉或海军上校。

再如江南制造局翻译馆出版的《英国水师考》则将各级海军军官 Admiral、Commodore、Captain、Commander、Lieutenant、Sub - Lieutenant 分别音译为爱美赖、亢莫淓尔、甲必顿、喀曼特、鲁脱纳、下鲁脱纳。②

总之,音译法的优点是操作省事,但其弱点更为明显:难以使人对衔名的等级地位有确切的了解,而这正是军衔制的主旨所在。所以它只是一种权宜手段,使用并不广泛。

二、绿营官职套译法

众所周知,中国古代武官除武职外,还有官秩,在周代是"命",秦汉是"石",南朝是"阶",隋以后俱用"品"(在品级数量上历代有所差异)。清代实行九品制,从一品至九品各分正从。武官和文官皆分十八等。尽管这一体制与西方军衔制在内容、作用和意义上有相当差异,但毕竟为译写西方军衔名称提供了一套便于对应的标准。不过当时实际的套译,使用的词汇并不是品级,而是与品级有相应关系的绿营官职。表1即显示了清代绿营官名与品级的对应关系:

---

① 魏源编:《海国图志》(1844年),3卷本,50卷,长沙:岳麓书社,1998年,第1655页。
② 参见傅兰雅、钟天纬译:《英国水师考》,上海:上海机器制造局,1886年。

表1:清代绿营官名与品级的对应关系

绿营官职	别称	品级
提督	提台、军门	从一品
总兵	总镇、镇台	正二品
副将	协台	从二品
参将	统领	正三品
游击	游府	从三品
都司	管带	正四品
守备		正五品
千总		正六品
百总	把总	正七品
经制外委	额外军官	正八品

（一）外交文件

用上述绿营官职及其别称套译西方军官军衔，为当时绝大多数国人和西人所接受，在晚清外交活动中居主导地位。从鸦片战争后期中英交涉的两份外人名单中便可窥斑见豹：

1. "夷人名单"①

英吉利国水师提督中军副将李查

英吉利国陆路提督中营总理营参将巴图鲁满敦

英吉利国水师副将前护理总兵官巴图鲁胞租

英吉利国水师副将琦理

英吉利国护理总兵火器营参将三等巴图鲁文珂美

英吉利国水师副将祁阜

管银局事参将威里训

管粮局事参将哈金士

---

① 参见张喜：《抚夷日记》，载《中国近代史资料丛刊·鸦片战争》(5)，上海：上海人民出版社，1957年，第386~388页。

[管引导事都司郭富]（方括号内为英文原书所无，译者据《近代中国》第十一辑所载该文中文版予以补充。——译者按）

管罪名事都司摩

马兵中军都司琦兰

火器营都司安突德

中军守备巴富尔

2. "英国水师协总官特派驻中华领事公使大臣义律随带官员"①

水师游击伊耳士

水师守备马他伦

水师守备第顿

印度麻打刺沙省陆路机巧营守备嘉顿

印度盂雅拉省陆路火器营守备巴罗

水师把总麻伊

这样的译法在外交文件中持续了几十年，直至清朝灭亡。即便是与清廷和绿营敌对的有自己一套独特武职名称的太平天国也是如法炮制，例如，《李鸿昭等致粤港英法军官书》的上款便是：

大法国统领广东省陆路各营水师船只军务达

大英钦命管理香港等处各营驻扎陆路军务提督军门斯

大英驻扎广东代理水师提督军门墨②

---

① 参见《鸦片战争》，载《清道光朝留中密奏》，1957 年，第 520~521 页。（原书此注释有错乱，经查对，应为：《清道光朝留中密奏》，载《中国近代史资料丛刊·鸦片战争》(3)，上海：上海人民出版社，1957 年。——译者按）。

②《李鸿昭等致粤港英法军官书》，载《中国近代史资料丛刊·太平天国》(2)，上海：上海人民出版社，1957 年，第 718~719 页。

(二)游记

19 世纪下半叶众多泰西游记中，以绿营官职套译西方军衔比比皆是。郭嵩焘(1818—1891)写于 1876—1879 年的《伦敦与巴黎日记》就是具有代表性的例子，见表 2:[①]

表 2:游记中的军衔译名

军衔	英语名称	人名
二等提督	2nd grade Provincial Military Commander	赖
三等提督	3rd grade tidu	蓝
水师总兵	Regional Navy Commander	蓝博尔得
水师提督	Provincial Military Navy Commander	赖得
副提督	Provincial Vice Military Commander	阔伦布
英国副提督		洼尔尊
总兵		波美
副将	Regional Vice Commander	安生
英总兵		勒尔斯
总兵		克拉尔克
水师提督		鲁阿得
水师总兵		葛兰达
总兵		毕娄
提督		呢格雷达
提督		马尔扣来达
水师提督		珥里雅得
水师提督		费拉尔
水师提督		道北尼
水师总兵		墨得
副将		葛拉哈木
水师提督		密尔恩
水师提督		赫尔斯

① 郭嵩焘:《伦敦与巴黎日记》，收入《走向世界丛书》，第 1 辑，第 4 册，长沙:岳麓书社，1984 年，全书各处。

提督		毕勒士克
总兵		勒克黎阿
提督		舍得威尔
游击	Brigade Commander	经密斯
中国游击		优拉
陆军提督	Provincial Military Commander of the Army	英兰
水师提督		穆削
提督		阿立庸
一等提督	1st Rank Provincial Military Commander	格兰商
提督		来逊斯

当时一些出洋官员和学生还按此种译法对西方军衔制度作介绍和描述。例如,张德彝(1874—1915)的《随使英俄记》(1876—1880年)中有:

> (英国)水师武官品级最高者为提督,凡商会总之年在四十五岁以上者可充此职。商会副总可充副参之职。外委皆系年未及十八岁而曾在商船充过二年者当之。其在布立他呢亚学习以二年为限,皆年在十二三岁者入选。凡外委及委署把总,每年皆在所隶各船考试,原卷呈交提督,以备拔擢。①

崔国因(1871年进士)的《出使美日秘国日记》(1889—1893年)则称:

> 法国军制明年陆军兵官共一万二千二百七十八人,内总兵官一百九十人,副总兵官一百九十九人,游击一千零四十七人,千总四千一百六十人,把总三千六百六十一人,副把总三

---

① 张德彝:《随使英俄记》,《走向世界丛书》,第1辑,第7册,长沙:岳麓书社,1984年,第603页。

千零二十一人。①

徐建寅在《欧游杂录》(1879–1881 年)中将音译和套译并用,以此介绍德国军衔:

> (德国)哨官名勒夫脱能,译为千总。翼官名甲必顿,译为守备。营官名美约而,译为都司。②

(三)军事译著

19 世纪 60—90 年代,上海江南制造局翻译馆在傅兰雅(John Fryer,1839—1929)的主持下,翻译出版了大量的西方军事著作,主要也是采用了绿营官职套译法。如前述《英国水师考》除用音译外,还兼用套译:

> 旗官(一为水师提督、二为副水师提督、三为后水师提督并管理分军之人,西名爱美赖)
> 总兵,西名亢莫渎尔
> 副将,西名甲必顿
> 参将,西名施太勿甲必顿
> 游击,西名喀曼特
> 都司,西名施太勿喀曼特
> 守备,西名鲁脱纳
> 行船守备,西名鲁脱纳

---

① 崔国因:《出使美日秘国日记》(1889—1893 年),载沈云龙主编:《近代中国史料丛刊》,上海:上海出版社("上海:上海出版社"有误,应为"台北:文海出版社"。——译者按),第 28 辑,第 428 页。

② 徐建寅:《欧游杂录》,《走向世界丛书》,第 1 辑,第 6 册,长沙:岳麓书社,1984 年,第 689 页。

千总，西名下鲁脱纳①

再如，《法国水师考》则将法国海陆军各级军衔分别套译为：

水师提督，品同元帅

二等水师提督，品同陆兵提督

三等水师提督，品同陆兵总兵

船主，品同陆兵副将

三枝桅船主，品同陆兵参将

头等守备，品同陆兵游击

二等守备，品同陆兵都司

旗官，品同陆兵守备

二等学生、头等学生，品同陆兵千总②

又如《德国军制述要》将德国军衔自上而下套译为：提督、总兵、二等总兵、副将、游击、都司、二等都司、守备、千总、把总、二等把总、沙芹、外委、什长、步兵。③其中仅"沙芹"是"Sergeant"（中士）的音译。

（四）中外文对照的双语辞典

从上述材料可以发现，由于西方各国陆海军制度和衔名本身并不完全一致，加以译者因人而异，理解各有不同，当时军衔套译尚缺乏严格统一的标准，有时甚至差异颇大。这一点也体现在晚清外文与汉文对照的双语辞书中。此类辞书很多，难以一一列举，以下只以较具代表性和影响力的四种英汉辞书为例，即马礼逊的《五车韵

---

① 傅兰雅、钟天纬译：《英国水师考》，上海：上海机器制造局，1886年。

② 罗亨利、瞿昂来译：《法国水师考》，上海：上海机器制造局，1886年，第60~61页。这本书还有钟天纬和傅兰雅等别的译本。

③ 沈敦和、锡乐巴译：《德国军制述要》，译自来春石泰（Ritzenstein）的讲述，金陵，1895年版，第4~6页。

府》,①麦都思的《英汉字典》,②罗存德(Wilhelm Lobscheid)的《英华字典》,③和卢公明(Justus Doolittle, 1824—1880)的《英汉("汉"应为"华"。——译者按)萃林韵府》。④ 我的分析基于这些辞典中能找到的全部军衔译名,但在这里仅举出三个例子来说明问题。

表3:中外双语辞典中的军衔译名

	马礼逊	麦都思	罗存德	卢公明	现译
General	总兵官、将军	总兵官、将军、元帅、将帅、主帅、提督、夷目	将军、总兵官、元帅	将军、都统、元帅、将帅、总兵、军帅	陆军上将、将军
Admiral	水军提督、水师提督	水师总兵官、水师提督	水师提督	水师提督、水师总兵官	海军上将
Captain	船主、千总	游击、百总、千总、船主、水师统领	船主、守备、守府、千总、千夫长、百夫长	水师统领	陆军上尉、海军上校

马礼逊和麦都思都是英国老资格的传教士和汉学家,曾密切介入鸦片战争前的中英外交往来。在某种程度上,他们编撰的辞书具有开启山林的作用,既是对自身实践经验的总结,也能对同时代和后世起强大的示范和指导作用。

三、八旗官名译写法

表3除了大多数是绿营官名外,还出现了都统、副都统等少量八旗官名。晚清用八旗官名翻译军衔名称,在实际操作中虽不多见,但也非绝无仅有。

八旗的主要官职有:都统、副都统、骁骑参领、副骁骑参领、佐领、协领、骁骑校等等。

---

① 马礼逊:《五车韵府》,该字典分三部分,第一部分是根据汉字部首排序的汉英字典;第二部分是根据字母顺序排序的汉英字典;第三部分是英汉字典,澳门:东印度公司出版社,1815—1823 年。

② 麦都思:《英汉字典》,上海:1847 年。

③ 罗存德:《英华字典》,4 卷本,香港:新闻办公室,1866—1869 年。

④ 卢公明:《英华萃林韵府》,2 卷本,福州,上海:罗瑟利耶·马卡尔公司,1872—1873 年。

比如马建忠在向李鸿章详释西方海军军衔制度时，除用绿营官名外，便部分采用了八旗官名：

查外洋水师人员，有督领、管领①、佐领三等，各分三级。凡督理一军事务，率领一队战舰，可独当一面者则曰督领，有统帅、副帅、偏帅之别。此即水师之提、镇，其领舰之多寡不一，而品级以差焉。凡责任管驾、治理全舰之事者则曰管领，有总领、副领、参领之别，即水师副、参、游之类，因其领舰大小不一而官阶以差焉。[凡佐各舰管领分治一舰之事者则曰佐领，有正佐、副佐、参佐之别，即水师千、把之类，三佐之官阶不一，各以其服官之资格为差焉]②凡自练船派入师舰之学生则曰少从，次于三佐之下……凡少从升参佐，参佐升副佐，每级必须派入师船供职两年，方准递升副佐；副佐须历远洋扣足二年，方准转升正佐；正佐须在职四年，内二年曾历远洋者，方准转升参领；参领或居职三年，内一年管带小号师船曾历远洋，或居职四年，内二年曾经署理副领、管带中号师船者，方准转升副领。③

马建忠继续解释每级军衔及晋升程序，他的介绍显然比较详尽完整，不仅谈到军官衔名，也提到士兵军衔。薛福成（1838—1894）和张德彝，也都对西方士兵军衔及其作用作了介绍：

欧洲德法等国水师，兵丁即系水手。惟英国水师船中，有兵丁，有水手，盖以其所操之职不同，不能不各专其业。所以英

① 亲王府的主要官员，参见查理士·贺凯：《中华帝国职官词典》，斯坦福：斯坦福大学出版社，1985年。

② 方括号内为英文原书所无，译者据《近代中国》第11辑所载该文中文版予以补充。——译者按

③ 马建忠《适可斋记言记行·上李伯相复议何学士如璋奏设水师书》，载《中国近代史资料丛刊·洋务运动》(1)，上海：上海人民出版社，1961年，第403~451页。

之水师,尤胜于他国也。①

在营有所犯,轻者禁一礼拜不准外出,重者降为二等,再犯则降为三等,盖兵虽有头二三等名目,饷乃无异,不过以示优劣而愧励之。②

四、标识描绘法

标识描绘法多见于 1884 年至 1885 年中法战争时期的有关文献,由于法军制服的袖臂上缝有表明军衔的金线,中国人便用"画"或"圈"的数量作形象描述。例如,唐景崧(1865 年进士,卒于 1902 年)的《请缨日记》:

四月十九日申刻,接渊亭专足递书,知于本月十三日与法人接战于纸桥,大破之,阵斩创谋吞越之五画李威利,斩四画至一画兵头三十余人,斩法兵二百余人,伤者无算。③

在徐延旭的《徐延旭来往函牍》中,也有对法国军官的相类似的描述:

计阵斩三画官一名,二画二名,一画三名。④

又有法国七画官由西贡带来大火船四艘,大铁甲船一艘。六月廿二日到海外之涂山,约有五画官四名,四画官六名,一、二、三、四画官十余名。⑤

---

① 薛福成:《出使英法义比四国日记》,《走向世界丛书》,第 1 辑,第 8 册,长沙:岳麓书社,1985 年,第 254 页。

② 张德彝:《随使英俄记》,《走向世界丛书》,第 1 辑,第 7 册,长沙:岳麓书社,1984 年,第 598 页。

③ 唐景崧:《请缨日记》,载《中国近代史资料丛刊·中法战争》(2),上海:上海人民出版社,1957 年,第 77 页。

④《徐延旭来往函牍》,载《中国近代史资料丛刊·中法战争》(2),上海:上海人民出版社,1957 年,第 249 页。

⑤《徐延旭来往函牍》,载《中国近代史资料丛刊·中法战争》(2),上海:上海人民出版社,1957 年,第 338 页。

在别的战争文献中,如张树声《张树声来往函牍》和冯子材的军事文件《冯子材军牍集要》可以看到同样的描述：

> 正月初五日当国胪星火船称自贵省驶来入顺安汛,该船有二圈、三圈官各一,就该使馆交书项,初六日回船。[1]

> 是役也,总计毙贼不下千余,擒斩五画法弁以下又几一百余众。[2]

上述材料中所说的一画到三画(圈)官,通常指法军尉官,四画至六画(圈)为校官,七画(圈)以上则是将军。

五、借字法

日本是与近代中国军事关系最密切的国家之一,尽管其军队不像欧美军队那样强大。晚清对日本军衔的翻译采用了借字法,并且一直沿用至今。

明治维新以前,日本有一套仿效中国唐代兵制的军事体制和名称。1869—1870年,为了走军事近代化之路,日本海陆军全面引进了西方式军衔制度,并将若干在古代有军事或职官含义,现在仍在使用的汉字,如“将”、“佐”、“尉”、“士”等,定为日军衔称的基准,见表4。

表4:1895-1945年日本陆海军军衔名表

	陆军	海军
将官	陆军大将	海军大将
	陆军中将	海军中将
	陆军少将	海军少将
佐官(上长官)	陆军大佐	海军大佐

---

[1]《张树声来往函牍》,载《中国近代史资料丛刊·中法战争》(2),上海:上海人民出版社,1957年,第527页。

[2] 冯子材:《冯子材军牍集要》,载《中国近代史资料丛刊·中法战争》(2),上海:上海人民出版社,1957年,第96页。

续表

	陆军中佐	海军中佐
	陆军少佐	海军少佐
尉官(士官)	陆军大尉	海军大尉
	陆军中尉	海军中尉
	陆军少尉	海军少尉
准士官	陆军准尉	海军准尉
下士官	陆军曹长	海军曹长
	陆军军曹	海军军曹
	陆军伍长	海军伍长
兵	陆军上等兵	海军一等兵
	陆军一等兵	海军二等兵
	陆军二等兵	海军三等兵
		海军四等兵
		海军五等兵

日军军衔称谓的奠定,既为本国日译欧美军衔确立了标准,同时也给中国汉译日军军衔提供了便利。由于衔名用的是汉字,中国人一般不必用绿营官职套译,而是直接借用汉字,绿营官职套译法逐渐绝迹。

从1894—1895年中日战争期间的有关文献中,可以发现这种译法占了绝大多数。参与此役的日军著名将领,如伊东祐亨海军中将、桦山资纪海军中将、东乡平八郎海军大佐等,无论日文、中文,军衔和名字均完全一致。

在中国,郭嵩焘和黄遵宪(1848—1905)是最早描述日本军队组织结构的人。郭嵩焘在《伦敦与巴黎日记》中写道:

> (光绪三年九月二十二日)上野公使见给其国播绅一本,名《官员名鉴》……大将、中将、少将、大佐、中佐、少佐、大尉、中尉、少尉,则军官也。[1]

---

[1] 郭嵩焘:《伦敦与巴黎日记》,《走向世界丛书》,第1辑,第4册,长沙:岳麓书社,1984年,第340~342页。

黄遵宪的《日本国志》也开列了一份详尽的日本军兵种衔名表。①

自19世纪70年代以来,对西方军衔用绿营官名套译,对日本军衔采用借字,逐渐为人们所认同,甚至在同一文献中也是两种译法并用。例如载泽的《考察政治日记》(1905—1906年)中,提到的日本军人有"步兵少佐佐藤安之助"、"海军大将东乡平八郎"、"陆军大将佐久间左马太"等,这与日本军衔名称一样。欧美军人有"陆军参将楼贝佛尔"、"马哥罗夫海军提督"、"马尔改提督"、"副将斐福"、"守备朗倍尔"等,这是按绿营官职套译的。②

晚清文献中,也出现过少量用绿营官职套译日军军衔的做法。这多半是由于转译自西文文献,或有西人参与翻译的结果。前者如江南制造局翻译馆的《列国陆军制》,③后者有著名的广学会的《中东战纪本末》。④

六、中国军衔名称的确立

甲午战争的惨败,启动了根本改造中国军队使之现代化的种种活动,中国近代军事改革已从器物层面上升到制度层面。清政府决心全面仿照西方和日本的军制,在全国编练新军。1903年6月北京特设练兵处,作为督练新军的总机关,由铁良和袁世凯负责。从1905年12月到1911年3月,在练兵处、军谘处和兵部的主持下,先后颁布《陆军军官军佐任职等级暨陆军人员补官体制摘要章程》、《陆军人员暂行补官章程》、《奏定陆军军队学堂服色章记图说》等法规,逐步完成了西方军衔制度的移植工作。新的军衔制度,

---

① 黄公庆[度](即黄遵宪):《日本国志》(1890年),卷22,兵志,载沈云龙主编:《近代中国史料丛刊续编》,台北:文海出版社,96辑,第597页。

② 《考察政治日记》,《走向世界丛书》,第1辑,第9册,长沙:岳麓书社,1984—1986年,第572~574、639、643、645、661页。

③ 参见林乐知、瞿昂来译:《列国陆军制》,上海:江南制造局,1889年。

④ 参见蔡尔康、林乐知编:《中东战纪本末》,上海:广学会,1890年。

把军官分成上、中、次三等,每一等又被分成三级。①

这套制度与中国传统的武职秩品制度相比,最大的区别是将人数最多的兵卒也包容其中,从而形成了一个囊括最高统帅和普通一兵在内的整个军队的序列。而且军官等级也不像过去那样一列到底,而是"区为三等,析为九级"。

这一时期,尽管中国已有了这样一套与西方和日本大致吻合的新式军衔制度,按理说,既然实与实相符了,名与名也应该相符,但实际上这套衔名却仅供清军自用,并不用于译写外军军衔。占绝对优势的依然是绿营官职套译法和借字法。这或许是由于惯性或这套衔名存在时间太短的缘故,但更重要的是,创造新军衔名称而不使用旧的军衔名称,是辛亥革命的历史环境造成的。

1912 年 1 月 1 日,中华民国临时政府在南京成立,临时大总统孙中山(1866—1925)除旧布新,颁布了《军士制服令》,建立了一种新的军衔制度。②一个月后,孙中山又颁布《陆军官佐士兵阶级表》,对军衔的等级和称谓作了修订。③ 同年 8 月 19 日,新任大总统袁世凯公布《陆官官佐士兵等级表》,重新规定了军衔。10 月 20 日,袁世凯政府又公布《海军官佐士兵等级表》,规定海军军衔与陆军军衔基本相同,唯一区别在于兵分五级,即一等兵、二等兵、三等兵、一等练兵、二等练兵。④

---

① 上等第一级为大将军、将军、正都统,第二级为副都统,第三级为协都统;中等第一级为正参领,第二级为副参领,每三级为协参领;次等第一级为正军校,第二级为副军校,第三级为协军校。军官之下设额外军官。而且,军士又被分为上士、中士、下士。军士以下设兵,分为正兵、一等兵、二等兵。参见文公直:《最近三十年中国军事史》,上海:太平洋书店,1930 年,第 44~46 页。

② 孙中山:《军士制服令》,《东方杂志》8 卷 10 期,1911 年, 第 9 页。早在辛亥革命前,孙中山领导的同盟会在《革命方略》中将未来的民国军衔预定为一至九级,依次为:都督、副督、参督、督尉、副尉、参尉、都校、副校、参校。参见邹鲁:《中国同盟会》,载《中国近代史资料丛刊·辛亥革命》(2),上海:上海人民出版社,1957 年,第 17 页。

③ 参见张建基:《民国军衔制度述略》,《军事历史研究》,1989 年第 3 期,第 59 页。

④ 参见袁世凯:《海军官佐士兵等级表》, 载《中华民国政府公报》,1912 年 8 月 19、10 月 20 日,台北:文海出版社重印本。

表 5：近代军队四次衔名变动对照情况表

清代绿营官职	1905–1911	1912 年 1 月	1912 年 2 月	1912 年 8–10 月
提督	大将军、将军、正都统	大将校	大将军	上将
总兵	副都统	中将校	左将军	中将
副将	协都统	少将校	右将军	少将
参将	正参领	大领	大都尉	上校
游击	副参领	中领	左都尉	中校
都司	协参领	少领	右都尉	少校
守备	正军校	大尉	大军校	上尉
千总	副军校	中尉	左军校	中尉
把总	协军校	少尉	右军校	少尉
经制外委	额外军官	额外军官	司务长	准尉
	上士	一等目兵	上士	上士
	中士	二等目兵	中士	中士
	下士		下士	下士
	正兵	一等兵	上等兵	上等兵（陆军） 一等兵（海军）
	一等兵	二等兵	一等兵	一等兵（陆军） 二等兵（海军）
	二等兵		二等兵	二等兵（陆军） 三等兵（海军）
				一等练兵（海军）
				二等练兵（海军）

根据上表，可以发现，四次衔名虽不尽相同，但总的特点是，基本以中国传统的官称命名，第一次主要用八旗官名，最高军官叫将军，这是许多满洲贵族的称号和八旗各地驻防军的最高将领的称号，如江宁将军、广州将军。都统是每个旗的最高指挥官，满语的名称叫"固山额真"。参领，满名"甲喇额真"，正三品武官。军校，八旗步军营中有"步军校"。圆明园内三旗有"护军校"。第二、三、四次衔

名大都是清代以前的官名。"校"最早起源于汉武帝(前140—前86年在位)所创建的八校,"将"和"尉"起源于春秋时期晋国的武职。"上士"、"中士"、"下士"是夏、商、周三代卿大夫以下的低级官号。

其次,四次改名反映出日本军衔名称的强烈影响。第二次改名出现"大尉"、"中尉"、"少尉",这与日本初级军官完全相同。袁世凯主持的第四次改定则几近于日本军衔的翻版。军官军衔,日军分将、佐、尉三等,袁氏分将、校、尉三等;日军每等分大、中、少三级,袁氏分上、中、少三级。兵衔,日本陆军分三等,海军分为五等,袁氏亦如此。唯有军士军衔,袁世凯沿用了本国的前例。考虑到甲午战争以后日语词汇对汉语词汇、日本军事学对中国军事改革和袁世凯北洋系的巨大影响,这一点是不难理解的。

很明显,1912年8月至10月间,中国军衔的第四次定名,就内容与形式而言,是西方、日本和中国传统三种因素交融的产物。这套名称比较简洁、直观,很快代替了因清廷灭亡而丧失存在基础的绿营官职套译法,从而被各方面普遍接受。此后,它被所有后来的译者所采用,几乎可适用于译写除日军以外的所有外军军衔。我们进一步考察军衔的历史,不仅当时的北洋军队和后来的国民党军队采用这套衔名,中国人民解放军也基本沿用至今。中国人民解放军自20世纪50年代以来,虽然受苏联军事学的浸染很深,但基本军事术语,特别是军衔名称仍然是20世纪初来自日本的影响居多。

参考文献

林乐知(Young J. Allen)、瞿昂来译:《列国陆军制》,上海:江南制造局,1889年。

蔡尔康、林乐知编:《中东战纪本末》,上海:广学会,1890年。

崔国因:《出使美日秘国日记》(1889—1893年),载沈云龙主编：《近代中国史料丛刊》，上海：上海出版社（"上海：上海出版社"
有误，应为"台北：文海出版社"。——译者按），第28辑。

卢公明（Justus Doolittle）：《英华萃林韵府》，2卷本，福州、上海：
罗瑟利耶·马卡尔公司（Rosario, Marcal and Co.），1872—1873年。

Fang Weigui. 2001. "Yi, Yang, xi, wai and other terms: The
Translation from 'Barbarian' to 'Foreigner' in Late Imperial China",
in: Michael Lackner, Iwo Amelung and Joachim Kurtz (eds.). *New
Terms for New Ideas: Western Knowledge and Lexical Change in
Late Imperial China*. Leiden: Brill, pp. 95-124. 方维规：《夷、洋、
西、外及其他术语：近代中国从"夷人"到"外国人"的称谓的变
化》，载朗宓榭、阿梅隆、顾有信编：《新思想的新术语：中华帝国晚
期的西学和词汇变化》，莱顿：布里尔学术出版社，2001年，第95~
124页。

冯子材：《冯子材军牍集要》，载《中国近代史资料丛刊·中法战
争》（2），上海：上海人民出版社，1957年。

傅兰雅（John Fryer）、钟天纬译：《英国水师考》，上海：上海机器
制造局，1886年。

郭嵩焘：《伦敦与巴黎日记》，收入《走向世界丛书》，长沙：岳麓
书社，1984年。

黄公庆[度]（即黄遵宪）：《日本国志》（1890年），卷22，兵志，载
沈云龙主编：《近代中国史料丛刊续编》，台北：文海出版社，96辑，
第597页。

Hucker, Charles O. 1985. *A Dictionary of Official Titles in Im-
perial China*. Stanford: Stanford University Press. 查理士·贺凯：《中
华帝国职官词典》，斯坦福：斯坦福大学出版社，1985年。

《考察政治日记》，收入《走向世界丛书》，长沙：岳麓书社，
1984—1986年。

《李鸿昭等致粤港英法军官书》，载《中国近代史资料丛刊·太

平天国》(2),上海:上海人民出版社,1957 年,第 718~719 页。

Lobscheid, Wilhelm. 1866–69. *English and Chinese Dictionary with Punti and Mandarin Pronunciation.* 4vols. Hong Kong: Daily Press Office. 罗存德:《英华字典》,4 卷本,香港:新闻办公室,1866–1869 年。

罗亨利(Henry B Loch)、瞿昂来译:《法国水师考》,上海:上海机器制造局,1886 年。

马建忠:《适可斋记言记行·上李伯相复议何学士如璋奏设水师书》,载《中国近代史资料丛刊·洋务运动》(1),上海:上海人民出版社,1961 年,第 403~451 页。

Medhurst, Walter Henry. 1847. *English and Chinese Dictionary.* Shanghai. 麦都思:《英汉字典》,上海:1847 年。

Morrison, Robert. 1815–23. *A Dictionary of the Chinese Language, in Three Parts. Parts the first: containing Chinese and English, arranged according to the radicals, Parts the second, Chinese and English arranged alphabetically, and part the third, English and Chinese.* 马礼逊:《五车韵府》,该字典分三部分,第一部分是根据汉字部首排序的汉英字典;第二部分是根据字母顺序排序的汉英字典;第三部分是英汉字典,澳门:东印度公司出版社,1815–1823 年。

沈敦和、锡乐巴(H. Hildebrand)译:《德国军制述要》,金陵,1895 年版。

孙中山:《军士制服令》,《东方杂志》,8 卷 10 期,1911 年,第 9 页。

唐景崧:《请缨日记》,载《中国近代史资料丛刊·中法战争》(2),上海:上海人民出版社,1957 年。

魏源编:《海国图志》(1844 年),3 卷本,50 卷,长沙:岳麓书社,1998 年。

文公直：《最近三十年中国军事史》，上海：太平洋书店，1930 年。

Xiong Yuezhi. 2001. "Liberty, Democracy, President: The Translation and Usage of Some Political Terms in Late Qing China", in: Michael Lackner, Iwo Amelung and Joachim Kurtz (eds). *New Terms for New Ideas: Western Knowledge and Lexical Change in Late Imperial China*. Leiden: Brill, pp. 69–93. 熊月之：《自由、民主、总统三词汇在近代中国的翻译与使用》，载朗宓榭、阿梅隆、顾有信编：《新思想的新术语：中华帝国晚期的西学和词汇变化》，莱顿：布里尔学术出版社，2001 年，第 69~93 页。

徐建寅：《欧游杂录》，收入《走向世界丛书》，长沙：岳麓书社，1984 年。

《徐延旭来往函牍》，载《中国近代史资料丛刊·中法战争》(2)，上海：上海人民出版社，1957 年。

薛福成：《出使英法义比四国日记》，《走向世界丛书》，第 1 辑，第八册，长沙：岳麓书社，1985 年。

《鸦片战争》，载《清道光朝留中密奏》(3)，1957 年。(原书此注释有错乱，经查对，应为：《清道光朝留中密奏》，载《中国近代史资料丛刊·鸦片战争》(3)，上海：上海人民出版社，1957 年。——译者按)。

袁世凯：《海军官佐士兵等级表》，载《中华民国政府公报》，1912 年 8 月 19 日、10 月 20 日，台北：文海出版社重印本。

张德彝：《随使英俄记》，收入《走向世界丛书》，长沙：岳麓书社，1984 年。

张建基：《民国军衔制度述略》，《军事历史研究》3，1989 年，第 59 页。

《张树声来往函牍》，载《中国近代史资料丛刊·中法战争》(2)，上海：上海人民出版社，1957 年。

张喜：《抚夷日记》，载《中国近代史资料丛刊·鸦片战争》

(5),上海：上海人民出版社,1957年。

邹鲁：《中国同盟会》,载《中国近代史资料丛刊·辛亥革命》(2),上海：人民出版社,1957年。

该论文的中文版见马军：《晚清西方军衔名称的翻译》,《近代中国》第十一辑,上海：上海社会科学院出版社,2001年。中文版与英文版内容略有不同之处。翻译时以英文版为准,中英文版内容相同之处,则尽量采用中文版原文。对英文版中明显的遗漏,则照中文版予以补充。特向马军先生深致谢意！——译者。

话语的交界面：语言和媒介

DISCOURSIVE INTERFACES:
LANGUAGE AND MEDIA

译者言易也

——语言的多样性和中国古代表示"翻译"的词语[①]

毕 鹢

据估计,世界上现存的约 6000 种口头语言中,90%以上将会在 100 年内消亡。[②] 世界上 4%的人口讲着 96%的语种,这种少数人讲多数语种的情况在中国也有典型反映。中国占人口绝大多数的汉族(1993 年占 93.3%)只讲一种语言(即各种各样的汉语),[③] 而生活于中国边疆地区 55 个被认定的少数民族和 120 多个未经认定的少数民族(占总人口的 6.7%)说汉语以外的很多种语言。根据《民族志》第十三版,中国现存的非汉语的语言数量是 191 种。[④] 但是,超过 90%的这些"少数民族语言"濒临灭绝的危险。讲这些语言的人,很多讲两种语言,有的甚至讲多种语言。少于 5000 人所讲的语言的人群中,年轻一代讲母语的人比例急剧下降,而且没有复兴的希望。

---

① 感谢费南山提出的很多有益的建议和改正。

② 参见凯恩·海伦等:《濒临灭亡的语言》,《语言》68.1,1989 年,第 1~42 页;米歇尔·克劳斯:《濒危语言的规模和应对》,濒危语言国际讨论会论文,东京大学,1995 年 11 月 1—20 日;罗伯特·M·W·狄克逊:《语言的兴起和衰落》,剑桥:剑桥大学出版社,1997 年,第 9 章。

③ 根据语言构成的基本理论,可以说"有十多种关系非常接近的汉语族语言"。梅维恒所称"中国有差不多数百种相互不能理解的汉语族语言"(《语言和手迹》,载梅维恒:《哥伦比亚中国文学史》,纽约:哥伦比亚大学出版社,2001 年),我感到太过于夸张了。

④ 芭芭拉·F·格里姆斯等:《民族志》,达拉斯:夏天语言学院,1996 年,第 13 版,"中国"条目。

呈现意义：
晚清中国新学领域

一、语言的多样性

尽管我们对中国早期的各种方言(或语言)和它们各自的书写形式之间的关系所知甚少，但是，今天所观察到的原始语言的混杂、退化、最终消亡的趋势，不可能只是近来才有的现象。事实上，我们知道在近代以前的中国、东南亚和中亚文献中所提到的相当数量的非汉语民族及其语言，在中世纪和古代已经灭绝。不幸的是，要精确地估价这些语言的数量和性质及其功能和谱系，通常是不可能的。在清代以前，他们从来没有引起人们的兴趣，更谈不上系统的研究。除极少数的例外，直到19世纪末20世纪初，这些语言才开始发展出文字的形式。

商代甲骨文中早已提到至少69个"方国"的名称，被通常理解为指非商朝族系的民族。[①]216个写在甲骨上的氏族名称中，有许多虽没有明确标明"方"，也被推测为商朝之外的民族。[②]直接论及部落、王国和诸侯国问题的先秦文献引述的周代以前王国的数量在99至3000多个之间。[③]而最近一部词典则对先秦文献综合研究，从中精选出周代前的王国更准确的数量，即360多个方国的名称，其中很多被认为是非汉族。[④]周代以后王国的情况就比较清楚了。例如在唐代与中国发生外交关系的"外"国，总共有79个。[⑤]

中国(或最终被称为"中国"的不断变化的疆域)早在旧石器时代晚期和新石器时代，就已经是一块多民族的国土。这一点已由最近对线粒体DNA谱系、部落和姓氏分布以及颅骨和牙齿的检测数

---

① 岛邦男共引证了不同时期的33(I)+2(II)+13(III)+23(IV)+8(V)=69个名称，但他远没有列举穷尽。见岛邦男：《殷墟卜辞研究》，弘前：弘前大学，1958年。

② 丁山：《甲骨文所见氏族及其制度》，北京：中华书局，1988年，第17~32页。

③ 林沄：《甲骨文中的商代方国联盟》，《古文字研究》1981年第6期，第67页；王文彦：《佛典汉译之研究》，台北：天华出版社，1984年，第18~19页。

④ 潘英：《中国上古国名地名辞汇及索引》，台北：明文书局，1985年。

⑤ 《唐会要》卷94~100，参见李方：《唐西州的译语人》，《文物》1994年第2期，第45~51、45页。

据进行的遗传学研究所证实。这些研究表明(与广泛流传的信念相反，也使许多当代的政治家感到沮丧)，中国南方人与北方人表现出不同寻常的异族特征。① 受基因决定的人口群，尤其是在中国南部，容易跨越语言界限。② 在那里，由基因数据产生的最简略的系统树图中，亲缘关系相近的族群实际上常常具有不同的语言背景。超出其不可否认的历史和心理意义，把新石器时代的中国人看作一个统一的种族，这似乎没有任何意义。

可以认为，这种基因的多样性也深深地反应在中国语言先祖的很多种说法上。这些说法，从19世纪最后25年形成的传统的汉——藏语系概念，到更有争议的华(藏)—澳、汉—藏—澳、汉—印欧、汉—藏—印欧和汉藏—叶尼塞—北高加索等种种说法，③还有妄自尊大的汉-德内超级语系说，④甚至，最近还有说法是太平洋西北岸的阿萨帕斯卡语—埃亚克—特里吉特印第安语系，作为汉藏语系下藏缅语族的一支。⑤不管这些说法各自有何优点，就汉语的谱系而论，这些说法中的多数在一定程度上可以反映出在新石器时代晚期和铜器时代早期，汉语和关系相近的语言之间的久远的互相影响。

二、一些重要的民族、语言术语的出现

鲁惟一强调的中国的"一统观"(即将中国之外的外国人包括在以皇帝为圆心向外逐渐递减的帝国统治的圆周范围内的思想)，主

---

① 见卢吉·卢卡·卡瓦利-斯福扎：《中国人的基因多样性工程》，《美国国家科学院院刊》95，第11501~11503页；杜若甫等：《中国南北方姓氏和基因差异》，伯克莱：东亚研究系，1994年。

② 参见朱真一等：《中国人口的遗传关系》，《美国国家科学院院刊》95，第11763~11768页。

③ 最近的一般观点，见与王士元观点不一致的文章，王士元：《汉语的祖先》，伯克莱：东亚研究系(《汉语杂志》研究专著系列之八)，1995年。

④ 该说首先由爱德华·萨丕尔(Edward Sapir, 1884—1939)提出。这个脉络上相当狂想的词汇等式，参见约翰·D·本格森和维克拉夫·布拉泽克：《德内-高加索语辞典》，《中亚杂志》29，1995年，第11~50页。

⑤ 杰夫·列尔：《构拟阿撒巴斯卡-埃亚克-特林吉特语系的最新进展》，第十四届阿撒巴斯卡语学术会议论文，1999年5月21—23日，新墨西哥大学，阿尔伯克基。

要是汉代的儒学和扩张主义的产物。①在各个层次的神话和符号的分析中，将"夷夏之辨"的观念系统化，②甚至在有些情况下将原本属于华夏圈中的一些成员的比较也纳入这一概念之中，③同样也是这样的产物。

"中国"（意为"中央的国家"）一词最早出现在1963年出土的西周成王（前1042/35—前1006）时期名为"何尊"的青铜器铭文中。④"中国"一词在前帝国时期还有"京城"和"王畿"之意；极少情况下，它指"中等大小的国家"，即与"强国"和"小国"意思相对，这种用法只是在近来的碑铭研究中才认识到；⑤它还有"一国之内"之意，这种用法严格限于西周时期。⑥"中国"最初可能是指一个设防的城或邑。⑦在那里，逍遥的国王升起旗帜（"中"），作为统治中心的标记。⑧"中国"慢慢地取代了早期的术语"中土"的功能。最终，形成甲骨文中提到的"大邑商"。⑨看起来，被冠以"中

---

① 鲁惟一：《早期中华帝国的统一观念》，《通报》80，1994年，第6~26页。

② 朱力·L·克劳尔：《论"华夷"世界观》，载《中国社会与国家论文集》，莫斯科：诺科，1973年，第13~29页。

③ M·E·克拉科夫考瓦：《中国古代民族文化的多样性》，《东方学》3，1992年，第56~66页；关于几个"夏"民族的区分，参见田继周：《夏代的民族和民族关系》，《民族研究》1985年第4期，第27~34页。

④ 好的摹拓和抄录件，参见马承源等编：《商周青铜器铭文选》，北京：文物出版社，1989-1990年，卷一，第21页；卷三，第20~22页，第32条。相关的段落写道："武王既克大邑商，则廷告于天曰：'余其宅兹中国，自兹乂民。'"

⑤ 战国出土文献的证据，见张显成：《论简帛文献的词汇史研究价值——兼论其汉语史研究价值》，《简帛研究》1998年第3期，第201~202页。

⑥ 参见朗密榭：《论现代汉语"中国"、"民族"、"中国民族"词语的历史含义》，载H·土克、B·斯库尔日、R·西门诺斯开编：《文献反映出的文化分界：国家主义、地区主义和基督教正统主义》，哥廷根：沃尔夫斯特纳，1998年，第323~339、325页。他追踪了这个词语在帝国晚期和现代的发展。

⑦ 即"邑"这个汉字在甲骨文中用作"域"及其 *k- 前缀派生词"国"（上古音 *^{w}k-wək）的语义限定词。

⑧ 见于省吾：《释"中国"》，载《中华学术论文集》，北京：中华书局，1981年，第3~10页。

⑨ 对国家形式发展过程的完美研究，见林沄：《关于中国早期国家形式的几个问题》，《吉林大学社会科学学报》1986年第6期，第1~12页。

国"名称的不断扩大的"中间领土"和相对的周边四夷"外部世界"的两分法,完全是东周时期出现的事情,依照突然出现的阴阳五行学说的原则而概念化。[①]直到那时,甚至在那之后,在许多周边地区,"中国"是种族关系有些松散的政治集合体的名称。在那里,汉语(其内部多样化,但还没有分离出许多互相不能理解的"方言")可能仅是许多日常交流的语言中的一种。将这种情势理解为不稳定的平衡和伴随种族起源神话的自我重新定义,或者,给"四夷"指定出一成不变的地点,只是相当晚的现象,这种现象,在佛教传入以后,与复杂的外来的口头—书面文化首次相遇后,得到加速。

"汉族"这个名称在正史中最早出现于《北齐书》(636年成书)中,该书在叙述北魏(386–534)末年历史时用到这个名称。大约同时代的文学作品如郦道元(卒于527年)的《水经注》也用到了"汉族"这一名称。[②]这样间接地反映了亚洲内部民族大迁移的终结。合成词"汉人"[③]在《史记》[④]中已经几次被提到,在后来的正史中沿用。所谓这个术语仅仅出现于李延寿的《南史》(656年成书)[⑤]的不同版本的

---

① 于溶春:《"中国"一词的来源、演变及其与民族的关系》,《内蒙古社会科学》1986年第2期,第75–80页。

② 李志敏:《"汉族"名号起源考》,《中国史研究》1986年第3期,第49页。

③ 有观点认为,甲骨文中的"人"在东周以前,主要是指构成一个部落血统的成员身份,而不是指一般的"人类"或个体的"人"。持这种观点的如,马越靖史:《甲骨文中的"人"》,《东方学》92,1998年,第16–29页;罗伯特·H·高思曼:《中国古代社会"人"和"民"的概念》,《袖珍汉学》12.1,2000年,第15–30页。关于对此观点的理论批驳,见海涅·罗兹:《轴心时代的儒家伦理》,奥尔巴尼:纽约州立大学出版社,1993年,第123~148页。

④ 这与前引李志敏《汉族名号起源考》一文的说法矛盾。见《史记》(卷92列传32,第2625页;卷123列传63,第3169页),《汉书》(卷45列传15,第2164页;卷61列传31,第2701页;卷94列传64,第3804页;卷96列传66,第3902页),《后汉书》(卷19列传9,第721页;卷47列传37,第1588页;卷86列传76,第2833、2854页;卷87列传77,第2878、2899页;卷88列传78,第2925页;卷89列传79,第2942、2945、2957~2958页;卷90列传80,第2991页),《三国志》(第1475、1477页)等。(这里以及本文其他各处所引正史均为中华书局版本)。

⑤参见李志敏:《"汉族"名号起源考》,《中国史研究》1986年第3期,第49页。EMC=Early Middle Chinese,早期中古音,LMC=Late Middle Chinese,晚期中古音。根据蒲立本:《早期中古音、晚期中古音和早期官话发音构拟辞典》,温哥华:不列颠哥伦比亚大学出版社,1991年。

说法，就我所见，是毫无根据的。①也是在这个动荡的中世纪早期，在《南齐书》(636 年成书)②和《世说新语》中我们首次发现将"汉语"作为"汉族语言"的名称。从 4 世纪中期袁宏(卒于 376 年)的《后汉记》以来，"汉言"("用汉语表达为")开始用于对中亚和佛教混合的梵语短语的译语和借用语的技术定义：③

> 其精进者，号曰沙门，④汉言息心，盖息心去欲而归无为也。⑤

三、先秦和汉代关于外国语言的记录

上述这些将"中国"称为"汉"的民族或语言的称谓，极其幸运地在现代汉语中留存下来。除此之外，间接或直接表明中国古代语言多样性的文献材料是惊人地稀缺。先秦和汉代关于外族语言的记载，流传至今的仅有四种：⑥

---

① 在《南史》的中华书局本(卷 70，第 1699 页)、百衲本(卷 10，第 696 页；卷 70，第 12426 页)和《四库全书》本(卷 70，第 5 页)等几种版本，都没有找到有这个段落，这些版本含有的是"汉朝"一词。

② 《南齐书》(卷 57 列传 38，第 985 页；卷 59 列传 40，第 1023 页)，"汉语"一词较早作为一本书的名称出现在《后汉书》(卷 62 列传 52，第 2057 页)中。

③ "X 汉言 Y"的这种用法直到《辽史》(卷 73，第 122 页)和《金史》(卷 1，第 3、4、6 页；卷 74，第 1693 页；卷 80，第 1798 页)，在历史著作中才被"X 汉语 Y"所代替，后来到元代，又变成"X 为汉语 Y"，例如在《元史》(卷 114，第 2882 页)。

④ 据沙文·列维：《伯希和吐火罗语调查资料之一：语言》，《亚洲学报》，1910 年，第 10 卷，第 17 期，第 379 页；哈罗德·贝利：《犍陀罗语》，《东方和非洲学院报告》11.4，1946 年，第 139 页。但是又见季羡林：《说"出家"》，载国家文物局古文献研究室编：《出土文献研究》，北京：文物出版社，1985 年。他认为这个词来源于大夏语言，沙门是从 B 种吐火罗语 sāmane 借来词，而不是如常说的，从梵语的 stramana 而来。

⑤ 见李志敏《汉族名号起源考》，附录。关于《后汉记》的可靠性和日期见伯希和：《(评介)爱德华·沙畹〈魏略·西戎传笺注〉》，《通报》1905 年 6 期，第 519~571 页），《法兰西远东学院学报》6，1906 年，第 361~400 页。"汉言"更早时期仅用于个人的名字中。

⑥ 罗宗涛：《古代翻译述略》，《汉学研究通讯》1982 年第 2 期，第 38~40 页；马祖毅：《中国翻译简史——五四运动以前部分》，北京：中国对外翻译出版社，1984 年，第 3~9 页；王远新《中国民族语言学史》，北京：中央民族学院出版社，1993 年，第 12 页。

译者言易也

1. 越(上古音 $*^hwat$)国沿海区域的一种船歌[①]被认为是一种凯德依克(Kadaic)语言的早期形式,这种语言用汉字记录下来并被译成"楚说",即被一个楚国土著人在公元前 538 年,转化成诗歌形式——楚辞。[②]

2. 越王勾践[上古音 $*^ak(-r-)o-s=^hdzan$][③]于公元前 484 年从吴国被释放回国后,用据认为是与上面同样的语言,发布了几条军令。[④]

3. 著名的公元前 2 世纪的"匈奴对句",据认为可从古代的超级——叶尼塞语言得到解释。[⑤]

4. 在公元 74 年的一次出使中,用汉字记录和翻译的白狼(上古音 $*^ab-r-ak=^AC-ra\eta$)王的三首歌,一般被认为代表了一种古代的藏缅语言(很可能是楼薄缅语 LoLo-Burmese)。[⑥]

① OC=Old Chinese,上古音。根据白一平:《古汉语音韵手册》(纽约与柏林:蒙特·的·格拉特,1992 年)构拟上古音,另外接受了沙加尔所作的某些修订。沙加尔:《古汉语的词根》,阿姆斯特丹,费城:约翰·本杰明斯,1999 年。所有的构拟,如果没有特别指出,都是上古音。MC=Middle Chinese,中古音,据白一平 1992 年的《古汉语音韵手册》。

②《说苑》(卷 11 第 13 目,第 89 页)。这首歌在现代文献中通常被称作《越人拥楫歌》。两种试图解读此歌的论著,见韦庆稳:《〈越人歌〉与壮语的关系试探》,载《民族语文论集》,北京:中国社会科学出版社,1981 年;郑张尚芳:《解读〈越人船歌〉》,《东亚语言论集》1991 年第 2 辑,第 159~168 页。

③ 关于这类古代吴、越地区以"勾"为前缀的人名和地名的情况,参见游汝杰、周振鹤:《南方地名分布的区域特征与古代语言的关系》,载尹达编:《纪念顾颉刚学术论文集》,成都:巴蜀书社,1990 年,第 2 卷,第 709~724 页;多纳德·B·瓦格纳:《古代吴国的语言》,载 B·阿兰因祝帕等编:《主人说:去学和……》,哥本哈根:东亚研究所,第 161~176 页。

④《越绝书》(ACS 版,卷 4,第 16 页)。重构和翻译该书的尝试,见郑张尚芳:《勾践〈维甲〉令中之古越语的解读》,《民族语文》1999 年第 4 期,第 1~14 页。

⑤ 匈奴语属于叶尼塞语的观点最早由李盖提(L. Ligeti)提出,这一观点得到蒲立本和冯威因的支持。参见李盖提:《从古代亚洲文明转录的汉语词汇》,《匈牙利东方历史学报》1,1950 年,第 141~188 页;蒲立本:《古汉语的辅音系统》,《大亚洲》9,1962 年,第 58~114、206~265 页(附录:"匈奴语言",第 239~265 页);A·冯威因:《匈奴人讲叶尼塞语吗》,《中亚研究学报》54.1,2000 年,第 87~104 页。

⑥《后汉书》(卷 86 列传 76,第 2855 页),白狼歌的文本在《东观汉记》(ACS 版,卷 22,第 4161~4163 页,又见《背景》[backgrounds] 17.5:122)中存留下来。对"白狼歌"的两种详细研究论著,见柯蔚南:《白狼歌新探》,《清华中国研究学报》12.1~2,1974 年,第 179~211 页;郑张尚芳:《上古缅歌"白狼歌"全文解读》,《民族语文》,1993 年,第 1 期,第 10~21 页,1993 年,第 2 期,第 64~70、74 页。

其他间接或后来的材料,记述了在周征服后的第六年,来自越裳(上古音 *ʰwat=bdη)国的一个使团的故事。该使团在送给周公一只白的和两只黑的野雉时,需要三名译员来翻译问候语。[①] 他们提到了把匈奴单于印章翻译成汉语的问题,[②]或将戎(上古音 *ʰnuη)和狄(上古音 *ᵃlek)的译员称为"舍人"。[③]较早时期,商王和周王的话,特别是在先秦的封官铭文或《尚书》中,通常用"王若曰"("国王这样说")的格式引出。[④]据推测,这个短语最初用于引出把国王的对外讲话和汉语混杂语变成书面雅语。[⑤]在任何情况下,很清楚,在中外关系的早期,在无文书的民族如匈奴和汉族之间的书面交流必须采取一种形式,因为我们有时从官方信件中发现如下文字:[⑥]

> 皇帝敬问匈奴大单于,无恙?(经查对,"恚"字应为"恙"——译者按)

然而,除了少数铭文和钱币文尤其是佉卢文之外,[⑦]甚至连单一种语言的前—中世纪的外语材料或手稿,在"中国"都没有被出土过。

四、双语和汉化

上文中论述了中国的多种族背景,但令人惊讶的是,我们几乎找不到任何信息, 能够说明在零星的材料中提到的翻译工作是怎样进

---

① 《汉书》(卷 12 本纪 12,第 348 页和卷 99 列传 69,第 4047 页),《后汉书》(卷 86 列传 76,第 2835 页),《韩诗外传》(卷 5 第 12 目,第 37 页);又见马祖毅:《中国翻译简史——五四运动以前部分》第 2 页所引述《册府元龟》(卷 663)中的扩展版本。这一最早的使团来自南方,这是周朝最早扩展的方向,这是选择"象胥"中的"象"作为"翻译者"背后的动因。

② 《汉书》(卷 94 列传 64 下,第 3820 页)。

③ 《国语》,上海古籍出版社版本,卷 2,第 62 页,第 12 条。参见马祖毅:《中国翻译简史——五四运动以前部分》,北京:中国对外翻译出版社,1984 年,第 3 页。(此处的"舍人"当为"舌人"之误。据清代董增龄《国语正义》卷二对"舌人"的疏解为"舌人,能达异方之志,象胥之官也"——校译者按)

④ 参见于省吾:《"王若曰"释义》,《中国语文》1966 年第 2 期,第 147~149、136 页。

⑤ 张聪东(1931–2000),私人观点交流,1996 年 3 月。

⑥ 《汉书》(卷 94 列传 645,第 3758 页)。关于唐朝时期中国和外部世界的书面交流,参见崛敏一:《日本与隋唐的书面交流》,《东洋文库研究部论文集》52,1994 年,第 1~19 页。

⑦ 见约翰·布鲁治:《中国出土的佉卢文》,《东方和非洲学院学报》24.3,1961 年,第 517~530 页。

行的,或者翻译人员是怎样选拔和培训的。可以安全地假定,先秦时期的翻译人员大都是从帝国内各诸侯国中征募的能说两种语言的人。后来汉代[①]和唐代[②]的情况也正是这样。然而,几乎难以发现有意识地使用两种语言的踪迹。正像古希腊、[③]埃及和乌加里特一样,[④]使用一种语言看来是文学精英的特征。[⑤]而从较早的时期以来,反映社会下层边缘大众使用两种语言或多种语言的文字记载也很少保存下来。下面名为《折杨柳歌》的乐府诗恰好反映了这一情况:[⑥]

早期中古音	韵
遥看孟津河	⋆γaA
杨柳郁婆娑	⋆saA
我是虏家儿	⋆niaX
不解汉儿歌	⋆kaA

---

① 详见马祖毅:《中国翻译简史——五四运动以前部分》,北京:中国对外翻译出版社,1984年,第4页。

② 与唐代西部边境地区的翻译者作品相关的中亚文献片断汇集,见李方:《唐西州的译语人》,《文物》1994年第2期,第45~51页。

③ 参见S·豪恩布洛尔、A·斯鲍恩福德编:《牛津古典辞典》,牛津:牛津大学出版社,1996年:"两种语言"词条。

④ 参见阿尔弗莱德·赫曼恩、沃夫兰姆·冯·索登:《翻译》,载斯·克拉沃沙编:《古代基督教辞典:论述古代世界和基督教的辞典》,斯图加特:A·海耶斯曼《技术与性别:晚清帝国的权力结构》,伯克利:加利,第4卷,第24~49条目,1959年;弗里茨·弗雷阿·洛克纳·冯·哈腾巴切:《论古代语言的多样性》,《格雷若语言研究》9,1979年,第65~78页;维利·潘拉门斯:《埃及辞典中"翻译"》,载G·格利姆、H·海纳、E·维恩特编:《罗马—东罗马时代的埃及》,美因茨:P·冯·赞伯恩(《埃及史研究系列》2),1983年,第11~17页;布拉诺·罗切特:《古代文献中的语言多样性》,载L·依斯伯特编:《各种希腊-罗马语》,那慕尔:经典研究学会,1993年,第219~237页。

⑤ 关于能说两种或多种语言的希腊人(如著名的米特里达提斯 Mithridates 据说可讲22种语言)的记载是极少数的例外。参见阿尔弗莱德·赫曼恩:《古代的翻译:一篇古代文化史的论文》,载《格尔默尔斯海姆的美因兹大学约翰·古藤贝格关于外国翻译机构的手稿》,慕尼黑:伊萨,1956年,第25~59、43~44页;布拉诺·罗切特:《罗马语翻译辞典",《古代社会》27,1996年,第75~89、83页。

⑥《乐府诗集》(原书标注289,不解其意。经查对,《折杨柳歌》可见于《乐府诗集》,第2册,中华书局1979年版,第370页。——译者按),用早期中古音指出押韵词。

晚清中国新学领域

最早的试图解释语言多样性和理解外国语言的理论尝试，出现在较晚的《淮南子》的奇特段落中：①

> 羌、氐、僰、翟婴儿生皆同声。及其长也，虽重象狄騠②，不能通其言，教俗殊也。

语言多样性因此明显地被认为是受"教育和习俗"的恶劣影响而产生的社会现象，这种"教育和习俗"对全人类甚至狗国的女居民所具有的交流能力产生影响。③

> 又北，狗国，人身狗首，长毛不衣，手搏猛兽，语为犬嘷，其妻皆人，能汉语，生男为狗，女为人……

从西周时期开始，中国的种族认同，大体上是从文化、民族或者生态学上来进行定义的，而不是按照人种或宗教来进行界定，更谈不上用语言参数来定义。这个本身就非常显著的事实，很明显地使得由广泛流传的多语言问题所产生的日常政治问题，在中国统治者眼中显得微不足道。这个问题是如此微不足道，以至于看来只有那些没有完全汉化的"外来的"统治者，才会有意识地建构一种语言认同。在中国古代，使用两种语言的问题，如果在书面文本中确有讨论的话，也只是在外族精英统治中国的话语中出现过，用于讨论多数语言汉语对少数民族统治家族或王朝的语言及政治认同的威胁。例如下列两段《隋书》④和

---

① 《淮南子》(《诸子集成》本，卷11，第172页)。几乎相同的一段话出现在《汉书·贾谊传》(卷48列传18，第2251页)中，在那时是指胡和粤人。

② 关于"象"和"狄騠"的用法，参见下文。

③ 《新五代史》(卷73下，第907页)。

④ 《隋书》(卷32志27，第947页)。

《新五代史》①的引文:

> 后魏初定中原,军容号名,皆以夷语,后染华俗,多不能通,故录其本言,相传教习,谓之国语。
>
> [阿保机]又谓坤曰:吾能汉语,然绝口不道于部人,惧其[效]汉而弱怯也。

由于古代中国少数民族语言未被汉化而生存下来的情况很罕见,阿保机的态度显得不太成功。而且,在中国历史上的大部分时期,使用两种语言仅是地理性和社会边缘化的现象。要破坏从《史记》以来渗透所有王朝和大多数私家历史纂述的精心平衡的潜规则,看来是不值得的。

五、中国古代及中古史上有关"翻译"、"口译"和"翻译者"、"口译者"的术语

(一)中古史以前的时期

中国翻译机构的最早设立,可以追溯到东周时代。那时属于"行人"之列的所谓的"象胥"(有才能和知识者)②,首次被纳入正在发展的政府机构。根据《周礼》的记载:③

> 象胥掌蛮夷闽貉戎狄之国,使掌传王之言而谕说焉,以和亲之。

---

①《新五代史》(卷72,第890页);又见《旧五代史》的类似的记述(卷137,第1831~1832页)。

② 郑玄(127—200)注本将"胥"(上古音,*ᵇs-ŋa-ʔ)注释为"有才能和知识的人",并将其写作"谞"(*ᵇs-ŋa-ʔ,辨别力、知识)或"偦"(*ᵇs-ŋa-ʔ 特指司法和其他官职时使用);根据《方言》(6,p40.7)的说法,"胥"的基础是吴越方言的"辅"(*ᵇb[-r-]a,帮助),从那里容易地派生出官职的名称。

③《周礼》(第38卷,第261页,《十三经》,第899页。本文所引《十三经》或指《十三经注疏》,但原书无译本信息。——译者按),参见阿德·毕欧译:《周礼》(法文),巴黎:法国国家印刷局,1851年,第2卷,第435页。与此相关的职位,又见《周礼》(第34卷,第231页,《十三经》,第869页,译文见毕欧译本,第2卷,第303页),我们从那里得知,在这个官署有31个职位。

事(御使)(→*^{a}η-r-a(k)-s=^{b}s-rə-ʔ)①在甲骨文中偶尔出现，其职责之一是接待和照料来自于商朝相邻部落和国家的使节，②尚不清楚他们在多大程度上也担当翻译工作。第一次虽然老套但却清楚地对多民族的周朝的"翻译"问题的论述，来自《礼记》的《王制》篇，其中写道：③

> 中国，戎夷，五方之民，皆有性也，不可推移。……五方之民，言语不同，嗜欲不同。达其志，通其欲，④东方曰寄，南方曰象，西方曰狄鞮，北方曰译。

这一段话在中世纪讨论翻译理论的佛教文献的序言中，⑤以及在宋代至清代讨论外国语言的类书中，⑥常被引用。这一段话在上世纪就引起了西方汉学家的注意。⑦但是，就我所知，从来没有人从音位和语义学的角度来对此进行讨论。汉代的中心——周边(中国——别国)两分法系统，典型的做法是按照不同政府机构的主要职能配置其管理领域，人们极易于把这种制度看作是对商代官僚制度的继承。但是这样一个假设是很难验证的。现存的甲骨文中所有十五个

① "御 ya"的这种意思和读音，参见《诗经》(国风，第二节召南，第一篇鹊巢)："之子于归，百两御之"(女子将结婚，百辆车迎接她)。郑玄注"御"为"迎"，陆德明(556—627)的《经典释文》给这个字的注音为"五嫁反"，即中古音 *ngæH>Mandarin ya.

② 王贵民：《说"卆事"》，载胡厚宣编：《甲骨探史录》，北京：生活·读书·新知三联书店，1982 年，第 303~339,322,334 页。

③《礼记》(第 12 卷，第 110 页，《十三经》，第 1338 页)。

④ 关于《周礼》中"达"和"通"的关系，见宋永培：《周礼中"通"、"达"词义的系统联系》，《古汉语研究》1995 年第 4 期，第 41~44 页。

⑤ 例见赞宁(919—1002)在《宋高僧传》中所作注释(《大正大藏经》第 50 卷册，第 2061 目，宋高僧传第 3 卷，第 723 页)，这又被法云在 1157 年的《翻译名义集》(《大正大藏经》第 54 卷册，第 2131 目，《翻译名义集》第 1 卷，第 1056 页)序言中引述。

⑥ 例见：《古今图书集成》(明伦江编官常典第 380 卷，第 1 页)中的"四译馆部会考"词条。

⑦ 参见拉库伯里：《"中国人"概念出现之前的中国语言》，伦敦：D·那特，1885-1886 年，奥斯那布鲁克：O·赞勒，1969 年重印，第 16~17 页。

"使节"名称,在商代的官制中并没有确定的命名。使节称号很明显地随时授予统治家族的成员,作为商朝领土内、外的政治和礼节性的使节。①而且,在功能和名称上,与东周"象胥"相对应的官员,在西周的青铜铭文上完全缺乏。②因此,像官制这样的桥墩不能为千年的沟壑支撑起桥梁。

1. 分析和构拟

古代的评论者和现代西方《王制》段落的翻译者,对于将"寄"、"象"、"狄　"、"译"作为对"译者"③或"翻译活动"的称法,都没有取得一致意见。④赞成和反对两种观点都是有道理的。但是,下面对这四个词逐个进行语源学的分析,或许可以得出某种解释。构拟的四个词的上古音和中古音形式见表1:

表1:寄、象、狄騠和译的上古音和中古音

汉字	拼音	中古音	上古音	广韵/韵镜
寄	ji	$<^*kjeH$	$<^{*b}k(-r-)aj-s$	居义切,见寘去三开
象	xiang	$<^*zjangX$	$<^{*b}zaŋ-ʔ$	徐两切,邪养上三开
狄騠	didi	$<^*dek-^*dej$	$<^{*a}lek=^{*b}de$	徒历切,定锡入四开 部奚切,定齐平四开
译	yi	$<^*yek$	$<^{*a}lAk$	羊益切,以昔入三开

---

① 黎虎:《殷代外交制度初探》,《历史研究》1988年第5期,第36~47页(该说与王贵民说法相反,见王贵民:《说"御(ya)事"》,载胡厚宣编:《甲骨探史录》,北京:生活·读书·新知三联书店,1982年,第111页)。

② 张亚初、刘雨:《西周金文官制研究》,北京:中华书局,1986年,第137页。

③ 例见顾赛芬:《礼记》,河间府:天主教会印刷所,1913年第2版,第1卷,第296页;理雅各:《礼记》,新海德公园:大学书局,1967年,第1卷,第229~230页;何莫邪:《中国传统的语言和逻辑》,载李约瑟编:《中国的科技和文明》,第七卷,第一部分,剑桥:剑桥大学出版社,1998年,第51页。何莫邪转录的汉语词"狄氏"明显是"狄氐"之误,"氏"(*ti)在中古和现代汉字常用于表示同音的汉字,也经常作为先秦时代几个非汉族民族的名称而出现。"氐"写为"氏"在任何古文献中都没有出现过,在何莫邪自称引述的顾赛芬的现代版《礼记》中也找不到这种写法。

④ 见拉库伯里:《"中国人"概念出现之前的中国语言》,伦敦:D·那特,1885~1886年,奥斯那布鲁克:O·赞勒,1969年重印,第16~17页。或更近一些时期,见罗伯特·H·高思曼:《古代中国文献:高等学校教学材料》,伯尔尼,法兰克福:彼得郎,1997年,第268~269页。

（1）寄（变化形式"羁"）："委托，托付"

"寄"意义之一是"委托，托付"。①但是，与"象"和"狄　"一样，在编辑的文献或铭文中一直找不到其有"翻译"意思。事实上，"寄"被怀疑仅是一个潜在的外来词的转录。在高诱（180-212 年在世）对《吕氏春秋》的评论中，这个东方词汇被引述为"羁"，意思是"上马具，缰绳，笼头，抑制"。②

（2）象："略述，描述，描绘，表现，绘图"

"象"被白一平构拟为 *^{b}zaη-ʔ，但是沙加尔令人信服地辩论道，白一平的上古音的首音 *z—一般地应被抛弃，而最好代之以*s-+[-鼻音]-组合，尽管他没有构拟这个特殊的词语。③ 即使在这个短系列中（GSR728）决定性的"协声"信息是缺乏的，它是从同形词"象"（elephant）借来的，因此，我们必须为"象"加前边音。"象"的两种意思，即"大象，象牙"和"略述，描述、描绘、表现、绘图"，从最早的编辑文献以来都存在过，然而，只有第一种意思大量出现在甲骨文中。④"象"在西周中后期的青铜铭文中仅出现过一次，在一个礼单用语"象弭"（象牙的弓端）中作定语成分。⑤舒斯勒认为，"象"（<上古音*s-ljaη ʔ）是从南亚语系借入古代汉语和书面藏语的用语，意为"牛、

---

① 比较《汉语大辞典》所列例词，见"寄"字条。

②《吕氏春秋》（诸子集成本，卷 17 第 5 目，第 211 页）。

③ 沙加尔：《古汉语的词根》，阿姆斯特丹，费城：约翰·本杰明斯，1999 年，第 29~30 页。

④参见赵城：〔《甲骨文简明词典：卜辞分类读本》，北京：中华书局〕，1988 年，第 201 页。（该脚注方括号内为原书此处遗漏；原书该文文后参考文献部分完全遗漏该文献，今一并予以补充。——校译者按）。"象"除了是商人所捕猎的动物，"象"还是商朝的"夷族"敌国之一的名称。

⑤《师汤父鼎》，见唐兰：《西周铜器铭文分代史征》，北京：中华书局，1986 年，第 424 页，对该鼎铭文作了很好的抄录。此外，在商代的且辛鼎（《金文编》9：第 1596.1 条）上有一个与"象"相像的象形汉字而没有任何上下文。还有一个出现在"鄂君启节铭文"（II，71）地名"象禾"（今河南泌阳附近）中的"象"字，从谭其骧发表其文（谭其骧：《鄂君启节铭文释地》，载《中华文史论丛》第 2 辑，上海：上海古籍出版社，1962 年，第 169 页）以来，被抄录为"→象"字。

象",①这个词语又从古汉语引入壮侗语系,②从壮侗语系又引入藏缅语系,③最后,又从那里回到原来的莫尼克语的"象"(*ciiŋ)。④帕罗斯和斯塔罗斯提用古汉语和书面藏语形式直接地构拟汉藏语系的 *lǎŋH"大动物"(牛、象),构拟景颇族的u-taŋ"公牛"。⑤

　　还请注意,有时认为,作为俄语 slon"大象"一词基础的斯拉夫词 *slonŭ,来自未指明的汉藏语系。⑥不言而喻,早期铜器时代讲南亚语和斯拉夫语的人们之间接触的考古学和地理学框架,仍然是一个悬而未决的问题。

　　再看"象 xiang"(略述,描述,描绘,表现,绘图)及其异形字"像xiang"⑦的前边音问题,"像"字最早出现在楚帛书中。⑧关于前边音的论据同样也适用于有力量的"样 yang"<OC*ᵃlaŋ-s(外貌、模型、种类),这个汉字的这种意义虽然中古时期早期才出现,但它肯定属于象——像词族。考虑它的内部的和外部的联系,象<*s-lang-ʔ(表现)可构拟为一个 *s 前缀的以名词为根本基础,从名词派生出的动词⑨(经过 *s-s > *s-ʔ 长距离异化)。反过来,

---

　　① 参见,卡里亚语 dɛ´rɛŋ,莫尼克语 *draŋ>Literary Mon draŋ,graŋ"兽角,象牙",越芒语支原形 *traŋ"牙"等。

　　② 台语支 *jaaŋC"象"及其同类。

　　③ 参见,彝缅语支原形 *tsaŋ>书面的缅语 hcan"象",Lepcha tyaŋ-mo"象"。

　　④ 安克斯尔·舒斯勒:《古汉语的借字》,未刊稿,1994 年,第 23 页;G·狄夫罗斯:《堕罗钵底古孟语和纳克语》,曼谷:朱拉隆功大学出版社,1984 年,第 63 页,第 7 条,关于这个词根中用的 *-ii-出人意料地替代 *-aa-。

　　⑤ 伊利亚·帕罗斯、沙杰·斯塔罗斯提:《五种汉藏语言的词汇比较》,墨尔本:墨尔本大学语言系,1996 年,第 3 分册,第 13 页,第 44 条。

　　⑥ 沃依塞斯拉夫·V·伊万诺夫:《印欧语系中的大象的命名》,《语源学 1975》,莫斯科:诺科,1977 年,第 148~161 页。

　　⑦ 见《周易》(第 8 卷,第 74 页,《十三经》,第 86 页),还有别的难以计数的先秦时期的可比较的例子,例见高亨、董治安:《古字通假会典》,济南:齐鲁书社,1989 年,第 311 页。

　　⑧ 《楚帛书》(第二部分,第 10 卷,第 26 页)。见诺尔·巴纳德:《楚帛书:翻译和解释》,堪培拉:澳大利亚国立大学出版社,1973 年,第 166 页。在那里它被用作动词"描述"。

　　⑨ 关于这个前缀的功能见梅祖麟:《上古汉语 *s-前缀的构词功用》,载《"中央"研究院第一届国际汉学会议论文集》,台北:"中央"研究院,1989 年,第 33~51 页。更近时间的,参见沙加尔:《古汉语的词根》,阿姆斯特丹、费城:约翰·本杰明斯,1999 年,第 70~73 页。

象又被'外部主动的'*−s 后缀结构标记为从动词派生出的名词，这就产生中古汉语过去的音。① 我将会很快回到这个问题，根本的"内部主动的"*ᵇlan 是原始音，还是从源自软腭音的鼻音后缀派生出来。

在《礼记》的《王制》篇之前的先秦文献中，"象"从未被用作"翻译"或"译者"的意思。事实上，"象"的这个意义，从下面《汉书·礼乐志》中汉高祖(前 206—前 195 年在位)十七首《安世房中歌》的第十二首才开始出现：

	上古音	韵
乌呼孝哉	*ᵃtsə	a
案抚戎国	*ᵃk−wək	A
蛮夷竭欢	*ᵃxwar	X
象来致福②	*ᵇpək	A

这里的"象"出现在所有非汉族民族的语境下，尽管在上文它被"错误地"用于"南蛮"和"东夷"。很明显，我们这里正在讨论一段时代错乱的文字，这或许是暗指或许不是暗指《礼记》。

(3)狄鞮(变化形式有狄騠，鞮译，译鞮，译踶？)

前文引述《淮南子》段落出现"狄騠"一词的用法，情况与这里的"狄鞮"相同。下列选自《吕氏春秋》的文字，强调"文明"的国家无须翻译者。吕不韦(卒于前 235 年)说：

> 凡冠带之国，舟车之所通，不用象译狄鞮，方三千里。③

---

① 参见沙加尔：《古汉语的词根》，阿姆斯特丹，费城：约翰·本杰明斯，1999 年，第 133 页。注意"橡"xiang 和"样"xiang 在古汉语文献中可自由互换，这为这两个同音字的联系提供了另一个证明。

② 《汉书》(卷 22，第 1050 页)，韵词以上古音标记。对这首诗的翻译和解释及对其形成周期一部分很好的介绍，见马丁·卡恩：《国家祭祀赞美诗：从汉代到六朝的政治表达的文献与礼仪》，斯图加特：斯特纳，1997 年，第 137、100~173 页。

③ 《吕氏春秋》(《诸子集成》本，卷 17 第 5 页，第 210~211 页)。

这个有意识地用古老的《礼记》系列翻译术语的用法，最终(很偶然地)延续到帝国晚期，黄遵宪的《罢美国留学生感赋》用了陌生的短语"狄鞮"，很委婉地批评清政府对外语教育缺乏兴趣。①

狄鞮 <*ᵃlek=*ᵇde，看来也像一个潜在的非汉语单词的转录。这毫不令人惊奇。因为在古代语言中，借用一种语言表示"翻译"的词语作为另一种语言表示同样意思的词语，这是相当普遍的现象。例如，希腊语的 ρμηεζ(interpreter，翻译者)一词，从近东语言借来，②可能是借自阿卡德语(Akkadian)的 ta/urgumannu(m)(dragoman，翻译者)③。这个阿卡德语词语也不是本土固有的，④很可能是楔形文字卢威—赫梯语(Luwian-Hittite)的 "having an interpretation" 所有格发生讹误而成了"interpreter"(翻译者)。⑤另一方面，古埃及人甚至没有专门表示"翻译者"的词，有时表示"翻译者"，⑥用了一个表示"外国人"的拟声词，对应于希腊语βαρβαρος，即"讲杂乱语言(gibberish)者"。⑦

孔颖达(574—658)试图解释"鞮"为使役词"知"<*ᵇt-r-e 的借

---

① 钱仲联编：《人境庐诗草笺注》，上海：上海古籍出版社，1981年，全3册，第1册第3卷，第318页，"惜哉国学舍，未及设狄鞮"。

② 皮埃里·切恩特等：《希腊语词源字典》，巴黎：克林西克出版社，1968-1980年，第373页，"sans étymologie"。从神的信使的名字Ερμῆς派生而来的说法是站不住脚的，例如，参见阿尔弗莱德·赫曼恩、沃夫兰姆·冯·索登：《翻译》，载斯·克拉沃沙编：《古代基督教辞典：论述古代世界和基督教的辞典》，斯图加特：A.海耶斯曼，1959年，第4卷，第35条目。

③ 伊格纳日·盖尔波：《古代近东地区"翻译者"一词》，《方言》2，1968年，第93~104页；奥斯沃德·塞曼兰恩依"切恩特评论"《指时针》43，1971年，第668页。

④ 沃夫兰姆·冯·索登：《古代东方国家的"译员"和"翻译"》，载《巴比伦王国的语言、历史和宗教论文集》，那不勒斯：东方大学，1989年，第351~357、355页。

⑤ 弗兰克·斯达克：《阿卡德语系的"翻译"一词》，《东方世界》24，1993年，第20~38页；格日勒·拉比亚：《论所谓的"前苏美尔社会基础"》，《楔形文字研究学报》51，第1~16页。

⑥ 阿兰·H·卡尔狄诺：《埃及语的"翻译者"》，《圣经考古学会学报》37，1915年，第117~125页。

⑦ 参见汉斯·高狄克：《古王国的[x]头衔》，《埃及考古杂志》46，1960年，第60~64页；汉斯·高狄克：《[x]外国人的补充说明》，《埃及考古杂志》52，1966年，第172~174页。

音字，[①]"狄"是"敌"<*ᵃlek 的借字，两者合起来的意思就是"使敌方的话能被知道"，这当然只是想象，一点不能令人信服，因为这个词语有几种不同的拼写组合。除了《淮南子》中出现的"狄鞮"外，同样的合成词还有出现于《管子》中的"译腭"<*ᵇlAk=g(-r-)ə(sic！)，[②]中世纪正史中出现的"鞮译"，[③]甚至还有在《辽史》中出现的"译鞮"<*ᵇlak=bde，[④]而且，这个词语被郭璞(276—324)注释为"西戎音乐"。[⑤]在韦邵(204—273)[⑥]所作注释中，把这个词注为北方河内的一个地名，该地以优秀歌手而著称，这些都处于非汉语背景下。

当寻找西方意义的"翻译"或"译者"的语源时，人们期望这是从阿尔泰语或印欧语系移植而来。在北突厥语系中最广泛流传的"翻译"一词，明显地从普通的突厥语 *tïly(更近年的 *tily，口语)和非常罕见的可被析分的后缀 *-mac，*macï 派生出来。[⑦]众所周知，这个非常古老的文化单词，最后成为一个突厥世界内外的非常成功的迁移术语，在现代德语、所有的斯拉夫语言、波斯语、蒙古语、几种高加索语和匈牙利语中存活了下来。[⑧]将汉语"翻译"一词的第二个音节与古老的突厥语 tïl~til 联系起来，颇具诱惑。但是由于缺乏确切的证据，对"狄鞮"的语言分析至今仍然未被证明

---

① 《礼记》(卷 12，第 110 页，《十三经》，第 1338 页)。

② 《管子》(《诸子集成》卷 14 第 40 目，第 240 页)。

③ 参见《南史》(卷 79 列传 69，第 1987 页)，《新唐书》(卷 181 列传 106，第 5355 页)。

④ 例见《辽史》(卷 81 列传 11，第 1286 页，卷 83 列传 13，第 1303 页)。

⑤ 在《文选》(商务印书馆版本，第 1 册，卷 8，第 166 页)对司马相如的《上林赋》所作注释中，在《汉书》(第 2569 页，注 18)中重申此说。

⑥ 《史记》(卷 117 列传 57，第 3039 页，注 11)。

⑦ 参见 J·纳米斯：《"翻译者"一词的历史》，《匈牙利东方历史学报》8.1，1958 年，第 1~8 页。

⑧ 有许多这样的论著，这里仅举出以下几例。P·嘉凯因卡勒：《俄语"翻译者"一词及其土耳其语源》，《乔治·奥古斯特·瓦林(1811-1852)东方学研究纪念文集》，赫尔辛基：芬兰东方学会，1952 年，第 3~11 页；乔哈德·德福：《新波斯语中的突厥语与蒙古语成分》，威斯巴登：斯特纳，1965 年，第 2 卷，第 663~665 页，#1010，"*tilmāci*"词条；彼得·B·戈尔登：《哈扎尔研究：对哈扎尔国的历史文献学的考察》，布达佩斯：匈牙利科学院出版社，1980 年，第 213~214 页，"*tᵉarmačᵉ*"词条。

是正确的。与古代中国相邻的讲印欧语系的伊朗东部语言和吐火罗语，就我所见，也找不到与"狄鞮"存在的联系。在这一地区，另一个可能的来源语言，即藏语中有 sgyur(–ba)，意思是"翻译，改造（人的身体）"，还有"改变、放弃和离开"的意思，这样我们从藏语中寻找"狄鞮"来源的努力又一次走向死胡同。

（4）译

最后，我们更近距离考察"译"这个《礼记》表示"翻译"的词语中唯一存活下来，并直到今天仍然在"翻译"词汇中占支配地位的词。一个有趣的传统解释，至少可以回溯到孔颖达对《礼记》中《王制》篇前引文字所作的注释，孔颖达用"易"<MC*yeH<OC*^{h}lek-s（改变）来解释《礼记》中的"译"<OC*^{h}lAk：[1]

　　　译即易，谓换译言语使相解。

后来，在佛教翻译理论史上，这个同音双关语的定义被多次引用，其中做出最明确解释的是法云和尚（1087－1158），他不懂梵语，但因编辑字典和辞典，即 1157 年的《翻译名义集》（收入《大藏经》）而著称。在这部佛教辞典巨著的前言里，法云写道：[2]

　　　译之言易也，谓以其所有，易其所无。故以此方之经，而显彼土之法。

在一些极为少有的案例中，汉语双关语注释不仅是一个修辞的工具或流行语源的工具，而且反映了一个真正的语源关系。而上述引文中，"译"和"易"的联系也许正是这种案例之一种。"译"（翻

---

① 《礼记注》（卷 12，第 110 页，《十三经》，第 1338 页）。
② 《翻译名义集》（《大正大藏经》第 54 卷册，第 2131 目，《翻译名义集》第 1 卷，第1056 页）。

译)和"易"(改变)从古代的语形类型即元音变换关系来看,是同源的。这种元音变换关系的同源性,在古代汉语词汇中广泛存在,并且首先被蒲立本的几篇开创性论文注意到。①从"改变"到"翻译"的语义转变是容易发生的。②而且,在拉丁语中,"翻译"的一两个竞争性语源运用价值关系来解释"翻译",从语源学上将其与商业和司法事务联系起来,该词最早出现在商业和司法事务中。③与此情形类似,汉语的"易"(交换)与古代铭文中用"赐"<OC*ᵇs–hlek–s所表示的送礼、授予土地和爵位以及各种各样的授职事务密切相连。④"赐"这个汉字当然是同一个词根的 *s–派生词,在先秦文献中,通常不写偏旁"贝"。注意"易"的同形异义甚至今天还同音,最早出现在战国时期中山国青铜铭文的词"易"<OC*ᵇlek(轻松,容易),⑤也有一个直接的对应词,即"易"的元音变换系列的同音字"怿"<OC*ᵇlak(放松、高兴、轻松)。由于"译"和"易"是"内向的introvert",根据蒲立本的元音交替理论,人们必须进一步寻找,"外向的 extrovert"对应

---

① 参见蒲立本:《开或闭汉藏语系的元音转换》,载 G·B·米尔纳、E·J·A·亨德森编:《印度—太平洋区域语言研究》,阿姆斯特丹:北荷兰出版社,1965 年,第 230~240 页;蒲立本:《古汉语语法的元音转换和词首发音:作为中缀和前缀的 *a》,载《"中央"研究院第一届国际汉学会议论文集,语言和古文献部分》,台北:"中央"研究院,1989 年,第 1~21 页。

② 例见,苏美尔语"翻译者"eme–bal(a),意思是"转化语言的人",见沃夫兰姆·冯·索登:《古代东方国家的"译员"和"翻译"》,载《巴比伦王国的语言、历史和宗教论文集》,那不勒斯:东方大学,1989 年,第 351 页。

③ 布拉诺·罗切特:《罗马语翻译辞典》,《古代社会》27,1996 年,第 79~80 页;布拉诺·罗切特:《希腊语翻译辞典》,《希腊语学报》,109,第 328 页,第 10 条,1996 年。别的解释最早由塞维利亚主教伊西多鲁斯(Isidorus of Seville,约 560~636 页)提出,他认为此词从 inter–partes(意为"站在两边之间的人")出来,参见 E·潘利安因特:《推动翻译活动》,《名誉》18,1950 年,第 25~37 页。

④ 参见沙加尔:《古汉语的词根》,阿姆斯特丹,费城:约翰·本杰明斯,1999 年,第 67、71 页。伊利亚·帕罗斯、沙杰·斯塔罗斯提:《五种汉藏语言的词汇比较》,墨尔本:墨尔本大学语言系,1996 年,第 3 卷,第 15 页,#52,构拟汉藏语系的 *lek–*leŋ,最后的软腭音变化形式用于解释基兰提原始语言的 *léŋ。

⑤ 帕罗斯和斯塔罗斯提将其作书面藏语 legs(好,高兴),见伊利亚·帕罗斯、沙杰·斯塔罗斯提:《五种汉藏语言的词汇比较》,墨尔本:墨尔本大学语言系,1996 年,第 3 卷,第 15 页,还将其构拟成汉藏语系的 *l[ɢ]k。

词，"异"<*yiH<*blək-s(不同、区别)看来是最可能的备选者。《周易》中有证据表明，"易"是"狄"的借字，①使问题变得更为复杂化。同样的假借关系又出现在《白虎通》中，其中有：②

> 戎者，强恶也；狄者，易也。

更令人惊奇的是，又是在《周易》中，"易"用作对"象"(翻译)的注释，这为一个假设，即我们选取上引段落不是随意的，而是构成了古代语形学类型的一部分，提供更多的证据。③这比为了实现《礼记》的四分计划而创造这组复杂的词语，显得比较合理。

总之，看来有可能有一个表示"变化"的词根，经北方方言的元音转换而产生了"易"，它与最终变为潜在的鼻音的对应词"像"(相似，模型)很可能有词形上的关系。在我们对狄鞮及其变化形式做出一个令人信服的分析前，我们不能确定，这个词的第一个音节也属于同一个词根。然而，东方词语"寄"不属于同一个词根却是明确的。

(二)后古典时代

1. 翻译

那么，在什么时候，"译"被增加了"翻"而形成了一直使用至今的合成词？"翻译"两字的出现，与最早的佛经翻译相联系。从《隋书》和《旧唐书》以来，在王朝正史中也开始出现。词语"翻"、"鐇"(从元代晚期以来，后面的变化形式的使用占了支配地位)，"书或

---

① 参见杰哈德·施密特：《格言转变精神的历史背景》，柏林：学术出版社，1970年，第34、105页。他认为"狄"是从遨 ti(*ʰlek，"距离远，使距离远")派生出来，或是从其同音异形字"遏"ti 派生而来。

②《白虎通》(ACS 版，卷16，第2~3页)，参见曾珠森：《白虎通：白虎厅中的综合辩论》，莱顿：布里尔学术出版社，1949年，第2卷，第401页。关于这段话又见朱力·L·克劳尔：《论"华夷"世界观》，载《中国社会与国家论文集》，莫斯科：诺科，1973年，第18页。

③《周易》(序，第3页)。

注释文字的页"①反映了比较书面翻译注释的集体进程。这些译注是有时数以千计读者对外国和尚在译场的口头解释所作的记录，这是中国佛经翻译运动第一阶段(148—316年)和第二阶段第一时期(317—617年)翻译的特征和使团的程序。②在任何情况下，出现在某些中古晚期作品中的追溯过去的玩弄文字游戏的双关语，当然是有问题的，最好理解为佛教流行的语源学：③

> 夫翻译者，谓翻梵天之语，转成汉地之言。音虽似别，义则大同。《宋高僧传》云：如翻绵　（同绣），背面俱华，但左右不同耳。④

2. 地区的发展

整个周代，"象胥"一直被用作政府翻译官员的名称。汉代的"翻译官员"（译官，也叫译令，译史）属于新建立的大鸿胪官署，但是在隋、唐、宋代，所谓的"四方馆"的官员掌管越来越多的翻译工作。

从唐到清，除了译馆，至少还有两个别的地区性的和非正式的"翻译者"的词语，与政府翻译官署无任何关系。这些词语有唐舶(EMC*daη–baijk)或唐帕(EMC*da–pʰaijʰ)，"航海翻译者"和奇

---

① 这个意思已经出现在《庄子》(哈佛－燕京学社版，第13目，第35页)。

② 我在这里不再讨论中国佛经翻译的历史，因为这方面的优秀研究成果已经很多。例如，瓦尔特·福克斯：《中国当前的梵文翻译机构》，《大亚洲》6，1930年，第84~103页；马祖毅：《中国翻译简史——五四运动以前部分》，北京：中国对外翻译出版社，1984年；曹仕邦：《论中国佛教译场之译经方式与程序》，《新亚学报》1963年，第239~321页；王文彦：《佛典汉译之研究》，台北：天华出版社，1984年；何莫邪：《中国传统的语言和逻辑》，载李约瑟编：《中国的科技和文明》，第七卷，第一部分，剑桥：剑桥大学出版社，1998年，第g章。

③ 1157年法云为《翻译名义集》所作序。

④《大正大藏经》第50卷册，第2061目，《宋高僧传》第3卷，第723页。

怪的词语"蒲叉"。"唐舶"在很多文献中指"南番"。"蒲叉",在汉语文献中,通常指西方的"蛮"和"猺"人,因此,大概是属于苗瑶语族的缅语支。不幸的是,至今还没有为这些词语找到令人信服的语源。①

3. 与元明时期的翻译活动相关的新术语

政府主持的佛教翻译工程在 1037 年中止,蒙古的统治开始后,出现了许多有关"翻译"职位和活动的各种各样的词汇。这一时期最重要的官位有通事(译员)、译史(翻译使节)、怯里马赤(早期中古音 *kʰjap=li=mai=tcʰiajk,语言学家)、乞里觅赤(早期中古音 *kʰijʰ=li=mɛjk=tsʰiajk,语言学家)、书写(抄写各国文书的人)、扎里赤(早期中古音 *tsait=li=tsʰiajk,谈话者)、必阇赤(早期中古音 *pjit=dzia=tsʰiajk,外国文字抄写员)、笔且齐(早期中古音 *pit=tsʰia=dzɛj,外国文字抄写员)等。②

担任这些职位的绝大部分官员都归属 1275 年从普通的翰林院分离出来的蒙古翰林院管辖。柯劭忞(1850—1933)在《新元史》③的《百官志》中对蒙古翰林院的职能有一个简明的概括:

> 蒙古翰林院掌译写一切文字及颁降玺书,并用蒙古文字各以其国字副之。

除了翰林院,还有隶属内八府宰相的官方翻译人员。内八府宰相原先是负责皇帝和诸皇子之间的事务④和外国人员的组织和礼

---

① 各种说法的汇集见韩省之编:《称谓大辞典》,北京:新世界出版社,1991 年,第635 页。

② 参见戴维·M·法夸尔:《蒙古统治下的中国:导游手册》,斯图加特:斯特纳,1990 年,第 32 页;第 65 页,第 142、143、150 条;第 128 页;第 158 页,第 8 条;第 64 页,第 139 条;第 248 页;第 258 页,第 33 条等;又见查理士·贺凯:《中华帝国职官辞典》,斯坦福:斯坦福大学出版社,1985 年,#7503,#5432,#4576,#4585 及参考文献部分。

③《新元史》(卷 57 志 24,第 646 页)。

④ 见戴维·M·法夸尔:《蒙古统治下的中国:导游手册》,斯图加特:斯特纳,1990 年,第 128 页,#17。

仪，①偶尔帮助翰林院翻译蒙古语的法令。最后，在皇帝及其学者举行讨论的"经筵"官署中也有从事翻译工作的官员。②

　　元朝统治结束后，明朝政府于 1407 年在南京成立了著名的四译馆。1496 年前，这个翻译机构一直由翰林院掌管。③1420 年，四译馆随着翰林院搬到了北京。1496 年，四译馆、鸿胪寺都成为礼部太常寺的一部分。④它的主要工作是教"译书"，⑤然而，所谓的会通馆早在忽必烈时就已经设立，培养"通事"和"翻译"。会通馆的工作更注重实践性，这从以下事实可以看出，即它隶属于兵部，其主要职责是接待外国使节。1748 年，正如上谕所说，由于四译馆退化成无事可做的冗余机构，四译馆和会通馆合并为会通四译馆。⑥四译馆的迷人故事在有关论著中已多有论述。⑦现在我们将对前近代中国的翻译术语作一般性的总结和评论。

结　语

　　考察古代和中世纪的中国非佛教文献中所反映的翻译和口

---

　　①《新元史》(卷 57 志 24，第 647 页)，《古今图书集成》(明伦江编，官常典，第 380 卷，第 6 页)。

　　②《元史》(卷 186 列传 73，第 4270 页)，参见查理士·贺凯：《中华帝国职官辞典》，斯坦福：斯坦福大学出版社，1985 年，#11249。

　　③ 参见伯希和：《明代历史的火者和写亦虎仙》，《通报》38，1948 年，第 81~292、247 页；查理士·贺凯：《明代的行政机构》，《哈佛亚洲研究学报》21，1958 年，第 1~67 页，第 34 页第 70 条。

　　④《明史》(卷 74 志 50 职官 3，第 1802 页)。

　　⑤《明史》(卷 74 志 50 职官 3，第 1797 页)。与这个机构有关的两个更长的官方文件的译本见瓦尔特·福克斯：《"华夷译语"评论》，《辅仁英文学报》8，第 95~97 页。

　　⑥《大清皇帝圣训》(卷 224，第 14 页)，参见奥托·福兰阁、巴塞德·劳费尔：《北京、热河和西安的喇嘛庙题字的二维图》，柏林：迪特里希·拉瑞蒙/恩思特·冯森和汉堡：弗雷德里切森公司，1914 年，第 4b 页。

　　⑦ 相关论著很多，见诺尔曼·瓦尔德：《四译馆研究资料》，《东方和非洲学院学报》11，1943–1946 年，第 617~640 页；伯希和：《明代历史的火者和写亦虎仙》，《通报》，38，1948 年；原始资料的汇集见《古今图书集成》(明伦江编，官常典，第 380 卷，"四译馆部会考")。

译的发展史，令人震撼的是，有用的证据和参考文献极度贫乏。令人痛心但清楚的是，在清代以前历史的大部分时期，中国人根深蒂固地缺乏对外国语言的兴趣。对比之下，关于外国饮食习惯、发型、时尚、性行为、动植物、异物、武器和类似的东西，却有丰富可用的人种学的证据。这令人想到古代印度、埃及[①]甚至希腊的情形[②]，在那里，所有已知的"翻译"和"口译"的参考文献，在前希腊化时期，可包括在两张信纸大小的纸张之内。[③]不像先秦时期的中国，希腊语轻蔑外国语言的特征，确实不时地表现为身份的宣称，即希腊语对何者构成希腊文化的定义。[④]与广泛流传的观点相反，不可能是因为非字母的汉字书写体系的复杂性和极端稳定性，降低了汉语与其他语言交流的动力。古老的汉语本身也不存在一种本质特性，阻碍其与相邻语言的大规模的互动。最近，我们开始认识到，从新石器时代晚期以来古汉语在与邻近语言的长期接触中，不时成功地吸收了大量的词汇和词素句法结构。[⑤]如果继续问那些"为什么中国没有"一类的叨语还有一些意义的话，其对翻译工作无知的原因，不可能通过研究中国语言而提供。潜伏在这类问题之后的，是汉语甚至汉民族和汉族社会是惰性的、孤立的和自我封闭的

　①蒲慕洲：《遭遇陌生人：古埃及，美索不达米亚和中国的文化意识比较研究》，载C·J·阿依利编：《第七届埃及学国际会议论文集》，剑桥，1995年9月3~9日，勒芬：乌特吉沃里吉·皮特斯（《东方与古埃及语言文字》82），1998年，第885~892页。

　②关于这一点见何莫邪：《中国传统的语言和逻辑》，载李约瑟编：《中国的科技和文明》，第七卷，第一部分，剑桥：剑桥大学出版社，1998年，第82页。

　③参见布拉诺·罗切特：《古代文献中的语言多样性》，载L·依斯伯特编：《各种希腊-罗马语》，那慕尔：经典研究学会，1993年，第219~237页；又见卡尔·W·穆勒等编：《古代希腊-罗马的外国语交流》，斯图加特：斯特纳，1992年。

　④参见C·特卜琳：《希腊种族主义·希腊种族特征和限制的考察》，载G·R·特兹克莱德兹：《古希腊东方与西方》，莱顿：布里尔学术出版社（《记忆女神：莱顿学院语言经典》，增刊196），1999年，第47~75页。

　⑤参见C·特卜琳：《希腊种族主义？希腊种族特征和限制的考察》，载G·R·特兹克莱德兹：《古希腊东方与西方》，莱顿：布里尔学术出版社（《记忆女神：莱顿学院语言经典》，增刊196），1999年，第47~75页，第175~176页；又见安克斯尔·舒斯勒：《古汉语的借字》，未刊稿，1994年。

神话,我们不能让这类神话成为永恒,我们应该更近距离地观察那些古代社会共有的社会、政治和环境的特质,即尽管其不断地与外语及讲外语者进行接触,接触的对象又在不断地变化,但却如此倔强地避开对翻译问题的严肃的理论兴趣。从这个观点出发,上述关于"翻译"的几个竞争性词语中,与中国北方有关系的"译"在以后的词汇中胜出就不是偶然的了。即使这些字形相关的词语的最终的语言谱系仍然难以搞清,但很清楚的是,"译"的最终确立,是因为"书写帝国"①最初与佛教的大规模接触。佛教作为外来的传统,有其混杂的传播土语、大量相关的文献和诵读文化。所有这些碰巧贯穿整个汉代晚期和中世纪早期,这是中国语言转化的关键时期,书面语有史以来第一次与口头语言开始分离,大量的语音、语法和字形的形态变化在此时期深深扎根。在世界别处寻找类似的历史现象,随后到来的"使用两种语言"某种意义上可与苏美尔口语开始退化的情形相比较。苏美尔口语的退化导致现存的从公元前 24 世纪开始,以苏美尔——埃卜拉、苏美尔——阿卡德单词表的形式的双语辞典编纂传统的产生。②

真实世界某时某地的语言多样性,似乎并不足以激发人们对某种语言、多种语言或语言间到处存在的缝隙的理论兴趣的发展。其他的非语言的因素,如外族统治或宗教体系的动摇和腐朽,也是必要的。在古代汉语世界,广泛接受的儒家伦理观认为,包括"夷人"在内的所有人通过自我修养可以达到自我改造,语言之间的可翻译,也被认为理所当然之事。然而,如果"译者言易",在顾客和代理人关系中担当媒介,那么,前佛教时代中国的儒家普世

---

① 这个术语借自 M·E·列维斯:《中国早期作品和经典》,奥尔巴尼:纽约州立大学出版社,1999 年,纽约州立大学中国哲学文化系列,第 8 章,书 337~365 页。

② 参见克劳德·伯依森等:《辞典编纂学的起源：最早的单语辞典和双语辞典》,《国际辞典编纂学杂志》4.4,1991 年,第 261~315 页；又见吉尔万尼·派提那特:《艾伯拿的双语辞典:翻译问题和苏美尔——艾伯拿语辞典编纂》,载 L·卡奇尼编:《艾伯拿语言》,那不勒斯:东方大学,1981 年,第241~276 页。

主义人类学中,为什么很难对翻译活动提供回旋的余地,就是可以理解的了。

参考文献

Bailey, Harold. 1946. "Gāndhāri", *Bulletin of the School of Oriental and African Studies* 11.4, p.139. 哈罗德·贝利:《犍陀罗语》,《东方和非洲学院学报》11.4,1946 年,第 139 页。

Barnard, Noel. 1973. *The Ch'u Silk Manuscript: Translation and Commentary*. Canberra: Australian National University Press. 诺尔·巴纳德:《楚帛书:翻译和解释》,堪培拉:澳大利亚国立大学出版社,1973 年。

Baxter, William H.1992.*A handbook of Old Chinese phonology*. Berlin, New York: Mouton de Gruyter. 白一平:《古汉语音韵手册》,纽约与柏林:蒙特·的·格拉特,1992 年。

Bengtson, John D. and Václav Blažek. 1995. "Lexica Dene–Caucasica", *Central Asiatic Journal* 29, pp.11–50. 约翰·D·本格森和维克拉夫·布拉泽克:《德内——高加索语辞典》,《中亚杂志》29,1995 年,第 11~50 页。

Biot, Édouard. 1851. *Le Tcheou–Li ou rites des Tcheou*. Paris: L'Imprimerie Nationale. 阿德·毕欧译:《周礼》(法文),巴黎:法国国家印刷局,1851 年。

Boisson, Claude et al.1991. "Aux origines de la lexicographie: les premiers dictionaries monolingues et bilingues", *International Journal of Lexicography* 4.4, pp. 261–315. 克劳德·伯依森等:《辞典编纂学的起源:最早的单语辞典和双语辞典》,《国际辞典编纂学杂志》4.4,1991 年,第 261~315 页。

Brough, John. 1961. "A Kharosthi Inscription from China", *Bul-*

letin of the School of Oriental and African Studies 24.3, pp.517–30.
约翰·布鲁治：《中国出土的佉卢文》，《东方和非洲学院学报》
24.3，1961 年，第 517~530 页。

Cavalli–Sforza, Luigi Luca. 1998. "The Chinese Human Genome
Diversity Project", Proceedings of the National Academy of Science
95, pp.11501–3. 卢吉·卢卡·卡瓦利–斯福扎：《中国人基因多样性工
程》，《美国国家科学院院刊》95，1998 年，第 11501~11503 页。

Chang, K. C. 1980. Shang Civilization. New Haven, London: Yale
University Press. 张光直：《商代文明》，纽黑文，伦敦：耶鲁大学出版
社，1980 年。

Chantraine, Pierre et al.1968–80.Dictionnaire étymologique de la
langue grecque：histoire des mots. Paris：Klincksieck. 皮埃里·切恩特
等：《希腊语词源字典》，巴黎：克林西克出版社，1968—1980 年。

Chavannes, édouard. 1905. "Les pays d'occident d'après le Wei
Lio", T'oung Pao 6. pp.519–71. 爱德华·沙畹：《魏略·西戎传笺注》，
《通报》6，1905 年，第 519~571 页。

Chu, J. Y. et al. 1998. "Genetic Relationship of Populations in
China", Proceedings of the National Academy of Sciences 95, pp.
11763~8. 朱真一等：《中国人口的遗传关系》，《美国国家科学院院
刊》95，1998 年，第 11763~11768 页。

Coblin, W. S. 1974. "A New Study of the Pailang Songs", The
Ts'ing–Hua Journal of Chinese Studies 12.1–2, pp. 179–211. 柯蔚
南：《白狼歌新探》，《清华中国研究学报》12.1–2，1974 年，第 179~
211 页。

Couvreur, F. Séraphim.1913.Li ki ou mémoires sur les bienséan-
ces et les cérémonies. Ho Kien Fou: Imprimerie de la Mission
Catholique, second edition. 顾赛芬：《礼记》，河间府：天主教会印刷
所，1913 年第 2 版。

Diffloth, G. 1984. *The Dvaravati Old Mon Language and Nyah Kur*. Bangkok:Chulalongkorn UPH. G·狄夫罗斯:《堕罗钵底古孟语和纳克语》,曼谷:朱拉隆功大学出版社,1984 年。

丁山:《甲骨文所见氏族及其制度》,北京:中华书局,1988 年。

Dixon, Robert M. W. 1997. *The Rise and Fall of Languages*. Cambridge:Cambridge University Press. 罗伯特·M·W·狄克逊:《语言的兴起和衰落》,剑桥:剑桥大学出版社,1997 年。

Doerfer, Gerhard.1965.*Türkische und mongolische Elemente im Neupersischen:unter besonderer berücksichtigung älterer neupresischer Geschichtsquellen, vor allem der Mongolen–und Timuridenzeit.* Wiesbaden: Steiner. 乔哈德·德福:《新波斯语中的突厥语与蒙古语成份》,威斯巴登:斯特纳,1965 年。

Du, Ruofu et al. 1994. *Chinese Surnames and Genetic Difference Between North and South China*. Berkeley:Department of East Asian Studies. 杜若甫等:《中国南北方姓氏和基因差异》,伯克莱:东亚研究系,1994 年。

Farquhar, David M. 1990. *The Government of China Under Mongol Rule*. A Reference Guide. Stuttgart:Steiner. 戴维·M·法夸尔:《蒙古统治下的中国:导游手册》,斯图加特:斯特纳,1990 年。

Franke, Otto and Berthold Laufer.1914.*Lamaistische Klosterinschriften aus Peking, Jehol und Si–ngan, in zwei Mappen.* Berlin:Dietrich Reimer/Ernst Vohsen and Hamburg:L. Friederichsen and Co. 奥托·福兰阁、巴塞德·劳费尔:《北京、热河和西安的喇嘛庙题字的二维图》,柏林:迪特里希·拉瑞蒙/恩思特·冯森和汉堡:弗雷德里切森公司,1914 年。

Fuchs, Walter. 1930. "Zur technischen Organisation der chinesischen Sanskrit–über–setzungen",*Asia Major* 6,pp.84–103. 瓦尔特·福克斯:《中国当前的梵文翻译机构》,《大亚洲》6,1930 年,第 84~103 页。

Fuchs, Walter. 1931. "Remarks on a New 'Hua-i-i-yu'", *Bulletin of the Catholic University of Peking* 8, pp. 95–97. 瓦尔特·福克斯：《"华夷译语"评论》，《辅仁英文学报》8, 1931 年，第 95~97 页。

高亨、董治安：《古字通假会典》，济南：齐鲁书社，1989 年。

Gardiner, Alan H. 1915. "The Egyptian Word for 'Dragoman'", *Proceedings of the Society of Biblical Archaeology* 37, pp. 117–25. 阿兰·H·卡尔狄诺：《埃及语的"翻译者"》，《圣经考古学会学报》37, 1915 年，第 117~125。

Gassmann, Robert H. 1997. *Antikchinesische Texte : Materialien für den Hochschulunterricht*. Bern, Frankfurt: Peter Lang. 罗伯特·H·高思曼：《古代中国文献：高等学校教学材料》，伯尔尼，法兰克福：彼得郎，1997 年。

Gassmann, Robert H. 2000. "Auf der Suche nach der antikchinesischen Gesellschaft. überlegungenzu ren und min", *Minima Sinica* 12.1, pp.15–30. 罗伯特·H·高思曼：《中国古代社会"人"和"民"的概念》，《袖珍汉学》12.1, 2000 年，第 15~30 页。

Gelb, Ignaz J. 1968. "The Word for Dragoman in the Ancient Near East", *Glossa* 2, pp. 93–104. 伊格纳日·盖尔波：《古代近东地区"翻译者"一词》，《方言》2, 1968 年，第 93~104 页。

Goedicke, Hans. 1960. "The title [x] in the Old Kingdom", *Journal of Egyptian Archeology* 46, pp. 60–4. 汉斯·高狄克：《古王国的[x]头衔》，《埃及考古杂志》46, 1960 年，第 60~64 页。

Goedicke, Hans. 1966. "An Additional Note on [x] 'Foreigner'", *Journal of Egyptian Archeology* 52, pp.172–4. 汉斯·高狄克：《[x]外国人的补充说明》，《埃及考古杂志》52, 1966 年，第 172~174 页。

Golden, Peter B. 1980. Khazar Studies. *An Historico-Philological Inquiry into the Origins of the Khazars*. Budapest: Akadémiai Kiadó. 彼得·B·戈尔登：《哈扎尔研究：对哈扎尔国的历史文献学的考察》，

布达佩斯：匈牙利科学院出版社，1980 年。

Grimes, Barbara F. et al. 1996. *Ethnologue*. Dallas：Summer Institute of Linguistics, 13th ed. 芭芭拉·F·格里姆斯等：《民族志》，达拉斯：夏天语言学院，1996 年，第 13 版。

Hale, Ken et al. 1989. "Endangered Languages", *Language* 68.1, pp. 1–42. 凯恩·海伦等：《濒临灭亡的语言》，《语言》68.1，1989 年，第 1~42 页。

韩省之编：《称谓大辞典》，北京：新世界出版社，1991 年。

Harbsmeier, Christoph. 1998. *Language and Logic in Traditional China*, in: Joseph Needham (ed.). *Science and Civilization in China*. Vol. 7. Pt. 1. Cambridge: Cambridge University Press. 何莫邪：《中国传统的语言和逻辑》，载李约瑟编：《中国的科学与文明》，第 7 卷，第 1 部分，剑桥：剑桥大学出版社，1998 年。

Hermann, Alfred. 1956. "Dolmetschen im Altertum. Ein Beitrag zur antiken Kulturgeschichte", in: *Schriften des Auslands –und Dolmetscherinstituts der Johannes Gutenberg–Universität Mainz in Germersheim I*. Munich：Isar, pp. 25–59. 阿尔弗莱德·赫曼恩：《古代的翻译：一篇古代文化史的论文》，载《格尔默尔斯海姆的美因兹大学约翰·古藤贝格关于外国翻译机构的手稿》，慕尼黑：伊萨，1956 年，第 25~59 页。

Hermann, Alfred and Wolfram von Soden. 1959. "Dolmetscher", in：Th. Klauser (ed.). *Reallexikon für Antike und Christentum. Sachwörterbuch zur Auseinandersetzung des Christentums mit der antiken Welt. Stuttgart*：A. Hiersemann, vol. 4, col. 24–49. 阿尔弗莱德·赫曼恩、沃夫兰姆·冯·索登：《翻译》，载斯·克拉沃沙编：《古代基督教辞典：论述古代世界和基督教的辞典》，斯图加特：A·海耶斯曼，1959 年，第 4 卷，第 24~49 条目。

Hori Toshikazu. 1994. "The Exchange of Written Communications

Between Japan, Sui and Tang Dynasties", *Memoirs of the Research Department of the Tōyō Bunko* 52, pp. 1-19. 崛敏一:《日本与隋唐的书面交流》,《东洋文库研究部论文集》52, 1994 年, 第 1~19 页。

Hornblower, S. and A. Spawnford (eds.). 1996. *The Oxford Classical Dictionary*. Oxford:Oxford University Press. S·豪恩布洛尔、A·斯鲍恩福德编:《牛津古典辞典》, 牛津:牛津大学出版社, 1996 年。

Hucker, Charles O. 1958. "Governmental Organization of the Ming Dynasty", *Harvard Journal of Asiatic Studies* 21, pp.1-67. 查理士·贺凯:《明代的行政机构》,《哈佛亚洲研究学报》21, 1958 年, 第 1~67 页。

Hucker, Charles O. 1985. *A Dictionary of Official Titles in Imperial China*. Stanford:Stanford University Press. 查理士·贺凯:《中华帝国官名辞典》, 斯坦福:斯坦福大学出版社, 1985 年。

Ivanov, Vja eslav V. 1977. "Nazvanija slona v jazykax Evrazii. 1-3" (The designation of the elephant in the languages of Eurasia), *Étimologija* 1975. Moscow:Nauka, pp. 148-61. 沃依塞斯拉夫·V·伊万诺夫:《印欧语系中的大象的命名》,《语源学 1975》, 莫斯科:诺科, 1977 年, 第 148~161 页。

季羡林:《说"出家"》, 载国家文物局古文献研究室编:《出土文献研究》, 北京:文物出版社, 1985 年。

Jyrkänkallo, P. 1952. "Zur Etymologie von russ. tolmaě 'Dolmetscher' und seiner türkischen Quelle", *Studia Orientalia in memoriam saecularem Georg August Wallin, 1811-1852*. Helsinki:Societas Orientalis Fennica, pp. 3-11. P·嘉凯因卡勒:《俄语"翻译者"一词及其土耳其语源》,《乔治·奥古斯特·瓦林(1811—1852)东方学研究纪念文集》, 赫尔辛基:芬兰东方学会, 1952 年, 第 3~11 页。

Kern, Martin. 1997. *Die Hymnen der chinesischen Staatsopfer. Literatur und Ritual in der politischen Repräsentation von der Han-*

Zeit bis zu den Sechs Dynastien. Stuttgart:Steiner. 马丁·卡恩:《国家祭祀赞美诗:从汉代到六朝的政治表达的文献与礼仪》,斯图加特:斯特纳,1997 年。

Krauss,Michael. 1995. "The Scope of Language Endangerment and Responses to it",paper presented at the International Symposium on Endangered Languages,November 1–20, Tōkyō University. 米歇尔·克劳斯:《濒危语言的规模和应对》,濒危语言国际讨论会论文,东京大学,1995 年 11 月 1-20 日。

Kravcova,M. E. 1992. "étnokul´turnoe raznoobrazie drevnego Kitaja" (The ethnocultural diversity of Ancient China),*Vostok* 3,pp. 56–66. M·E·克拉夫考瓦:《中国古代民族文化的多样性》,《东方学》3,1992 年,第 56~66 页。

Krol',Jurij L. 1973. "O koncepcii 'Kitaj–Varvary'" (On the concepts 'China–The Barbarians'),in:*Obšˇ estvo i gosudarstvo v Kitaje* (*Sbornik State*) (Society and state in China:a collection of articles). Moscow:Nauka,pp.13–29.朱力·L·克劳尔:《论"华夷"世界观》,载《中国社会与国家论文集》,莫斯科:诺科,1973 年,第 13~29 页。

Lackner,Michael.1998. "Anmerkungen zur historischen Semantik von 'China', 'Nation'" und "chinesischer Nation' im modernen Chinesisch",in:H. Turk,B. Schulze and R. Simanowski (eds.). *Kulturelle Grenzziehungen im Spiegel der Literaturen. Nationlismus,Regionalismus,Fundamentalismus.* Göttingen: Wallstein,pp. 323–39. 朗宓榭:《论现代汉语"中国"、"民族"、"中国民族"词语的历史含意》,载 H·土克、B·斯库尔日、R·西门诺斯开编:《文献反映出的文化分界:国家主义、地区主义和基督教正统主义》,哥廷根:沃尔斯特纳,1998年,第 323~339 页。

Leer,Jeff. 1999. "Recent Advances in Athabaskan–Eyak–Tlingit Reconstruction",paper presented at the Fourteenth Athabaskan Language Conference, May 21 –23, University of New Mexico, Albuquerque. 杰夫·列尔：《构拟阿撒巴斯卡–埃亚克–特林吉特语系的最新进展》，第十四届阿撒巴斯卡语学术会议论文，1999 年 5 月21–23日，新墨西哥大学，阿尔伯克基。

Legge, James. 1967. *Li Chi, Book of Rites.* New Hyde Park：University Books. 理雅各：《礼记》，新海德公园：大学书局，1967 年。

Lévi, Sylvain. 1910. "études des documents tokhariens de la mission Pelliot. I.：Les bilingues". *Journal Asiatique* 10e sér. 17, p. 379. 沙文·列维：《伯希和吐火罗语调查资料之一：语言》，《亚洲学报》，1910 年，第 10 卷，第 17 期，第 379 页。

Lewis, M. E. 1999. *Writing and Authority in Early China.* Albany：SUNY Press. (SUNY Series in Chinese Philosophy and Culture). M.E.列维斯：《中国早期作品和经典》，奥尔巴尼：纽约州立大学出版社，1999 年，纽约州立大学中国哲学文化系列。

Ligeti, L. 1950. Mots de civilisation de Haute Asie en transcription chinois. *Acta Orientalia Hungarica* 1, pp. 141–88. 李盖提：《从古代亚洲文明转录的汉语词汇》，《匈牙利东方历史学报》1，1950 年，第 141~188 页。（该文献在脚注中出现，在文后"参考文献"部分遗漏，特补充于此。——译者按）

李方：《唐西州的译语人》，《文物》1994 年第 2 期，第 45~51 页。

黎虎：《殷代外交制度初探》，《历史研究》1988 年第 5 期，第 36~47 页。

李志敏：《"汉族"名号起源考》，《中国史研究》1986 年第 3 期，第49 页。

林沄：《甲骨文中的商代方国联盟》，《古文字研究》1981 年第6 期，第 67 页。

林沄：《关于中国早期国家形式的几个问题》，《吉林大学社会科学学报》1986 年第 6 期，第 1~12 页。

Lochner von Hüttenbach, Fritz Freiherr.1979."Bemerkungen zur sprachlichen Heterogenität im Altertum", *Grazer Linguistische Studien* 9,pp. 65-78. 弗里茨·弗雷阿·洛克纳·冯·哈腾巴切:《论古代语言的多样性》,《格雷若语言研究》9,1979 年,第 65~78 页。

Loewe, Michael. 1994."China's Sense of Unity as Seen in the Early Empires", *T'oung Pao* 80, pp. 6-26. 鲁惟一:《早期中华帝国的统一观念》,《通报》80,1994 年,第 6~26 页。

罗宗涛:《古代翻译述略》,《汉学研究通讯》1982 年, 第 38~40 页。

马承源等编:《商周青铜器铭文选》,北京:文物出版社,1989-1990 年。

马祖毅:《中国翻译简史——"五四"运动以前部分》,北京:中国对外翻译出版社,1984 年。

Magoshi Yasushi. 1998."Kōkotsubun ni okeru 'jin'"甲骨文における "人",*Tōhōgaku* 92,pp. 16-29. 马越靖史:《甲骨文中的"人"》,《东方学》92,1998 年,第 16~29 页。

Mair, Victor H.(ed.). 2001. *The Columbia History of Chinese Literature*. New York:Columbia University Press. 梅维恒:《哥伦比亚中国文学史》,纽约:哥伦比亚大学出版社,2001 年。

Mei,Tsu-lin,1989."The Causative and Denominative Functions of the *-s-Prefix in Old Chinese",in:*Proceedings of the First International Conference on Sinology*. Taibei:Academia Sinica,pp. 33-51. 梅祖麟:《上古汉语 *s-前缀的构词功用》,载《"中央"研究院第一届国际汉学会议论文集》,台北:"中央"研究院,1989 年,第 33~51 页。

Müller, Carl W. et al.(eds.). 1992. *Zum Umgang mit fremden Sprachen in der griechisch-romischen Antike*. Stuttgart: Steiner. 卡尔·W·穆勒等编:《古代希腊——罗马的外国语交流》,斯图加特:斯特纳,1992 年。

Németh,J. 1958. "Zur Geschichte des Wortes tolmács 'Dolmetscher'",Acta Orientalia Hungarica 8.1,pp. 1–8. J·纳米斯:《"翻译者"一词的历史》,《匈牙利东方历史学报》8.1,1958 年,第1~8 页。

潘英:《中国上古国名地名辞汇及索引》,台北:明文书局,1985年。

Pariente,E. 1950. "Partare, interpretari y pellere",*Emerita* 18, pp. 25–37. E·潘利安因特:《推动翻译活动》,《名誉》18,1950 年,第25~37 页。

Peiros,Ilya and Sergej Starostin. 1996. *A Comparative Vocabulary of Five Sino–Tibetan Languages*. Melbourne:The University of Melbourne, Department of Linguistics. 伊利亚·帕罗斯、沙杰·斯塔罗斯提:《五种汉藏语言的词汇比较》, 墨尔本：墨尔本大学语言系,1996 年。

Pelliot, Paul. 1906. "[Compte rendu de] É. Chavannes, 'Les pays d'occident d'après le Wei Lio'", (*T'oung Pao* 1905.6,pp. 519–71). *Bulletin de l'École Francaise d'Extrême–Orient* 6,pp. 361–400. 伯希和:《(评介)爱德华·沙畹〈魏略·西戎传笺注〉》(《通报》1905 年 6 期,第 519~571 页),《法兰西远东学院学报》,1906 年 6 期,第361~400 页。

Pelliot,Paul. 1948. "Le Hõja et le Sayyid Husain de l'Histoire des Ming",*T'oung Pao* 38,pp. 81–292. 伯希和：明代历史的火者和写亦虎仙,《通报》38,1948 年,第 81~292 页。

Peremans, willy. 1983. "Les ερμηνειζ dans l'égypte Gréco–romaine",in:G. Grimm,H. Heinen and E. Winter(eds.). *Das Römisch–Byzantinische Ägypten. Mainz*:P. von Zabern (Aegyptiaca Treverensia 2),pp.11–7. 维利·潘拉门斯:埃及辞典中"翻译",载 G·格利姆、H·海纳、E·维恩特编:《罗马——东罗马时代的埃及》,美因茨:P·冯·赞伯恩(《埃及史研究系列》2),1983 年,第 11~17 页。

Pettinato, Giovanni. 1981. "I vocabulari bilingui di Ebla. Problemi di traduzione e di lessicografia sumerico –eblaita", in:L. Cagni (eds.). *La lingua di Ebla*. Napoli:Instituto Universitario Orientale, pp.241–76. 吉尔万尼·派提那特:艾伯拿的双语辞典:翻译问题和苏美尔——艾伯拿语辞典编纂,载 L·卡奇尼编:《艾伯拿语言》,那不勒斯:东方大学,1981 年,第 241~276 页。

Poo,Mu–chou. 1998. "Encountering the Strangers, a Comparative Study of Cultural Consciousness in Ancient Egypt,Mesopotamia, and China",in:C. J. Eyre (ed.). *Proceedings of the Seventh International Congress of Egyptologists*. Cambridge,3–9 September 1995. Leuven: Uitgiverij Peeters (Orientalia Lovaniensia Analecta 82),pp. 885–92. 蒲慕洲:遭遇陌生人:古埃及,美索不达米亚和中国的文化意识比较研究,载 C·J·阿依利编:《第七届埃及学国际会议论文集》,剑桥,1995 年 9 月 3-9 日,勒芬:乌特吉沃里吉·皮特斯(《东方与古埃及语言文字》82),1998 年,第 885~892 页。

Pulleyblank, Edwin G. 1962. "The Consonatal System of Old Chinese",*Asia Major* 9,pp.58–114 and 206–65(Appendix:"The Hsiung–nu Language",pp.239–65). 蒲立本:古汉语的辅音系统,《大亚洲》9,1962 年,第 58~114、206~265 页。(附录:《匈奴语言》,第 239~265 页)。

Pulleyblank, Edwin G. 1965. "Close/Open Ablaut in Sino –Tibetan",in:G. B. Milner and E. J. A. Henderson (eds.). *Indo–Pacific Linguistic Studies*. Amsterdam:North Holland Publ.,pp.230–40. 蒲立本：开或闭汉藏语系的元音转换, 载 G·B·米尔纳、E·J·A·亨德森编:《印度——太平洋区域语言研究》,阿姆斯特丹:北荷兰出版社,1965 年,第 230~240 页。

Pulleyblank,Edwin G. 1989. "Ablaut and Initial Voicing in Old Chinese Morphology:*a as an Infix and Prefix",In:*Proceedings of the*

Second International Conference on Sinology. Section on Linguistics and Paleography. Taibei：Academia Sinica，pp.1–21. 蒲立本：古汉语语法的元音转换和词首发音：作为中缀和前缀的*a，载《"中央"研究院第一届国际汉学会议论文集，语言和古文献部分》，台北："中央"研究院，1989 年，第 1~21 页。

Pulleyblank, Edwin G. 1991. *Lexicon of Reconstructed Pronunciation in Early Middle Chinese*，*Late Middle Chinese*，*and Early Mandarin*. Vancouver：University of British Columbia Press. 蒲立本：《早期中古音，晚期中古音和早期官话发音构拟辞典》，温哥华：不列颠哥伦比亚大学出版社，1991 年。

《人境庐诗草笺注》，钱仲联编，上海：上海古籍出版社，1981年，全 3 册，第 1 册第 3 卷。

Rochette, Bruno. 1993. "La diversité linguistique dans l'antiquité classique"，in：L. Isebaert (ed.). *Miscellanea linguistica graeco-latina*. Namur：Société des études Classiques，pp.219–37. 布拉诺·罗切特：古代文献中的语言多样性，载 L·依斯伯特编：《各种希腊–罗马语》，那慕尔：经典研究学会，1993 年，第 219~237 页。

Rochette，Bruno. 1996a. "Fidi interpretes. La traduction oracle à Rome"，*Ancient Society* 27，pp.75–89. 布拉诺·罗切特：罗马语翻译辞典，《古代社会》27，1996 年，第 75~89 页。

Rochette，Bruno. 1996b, "ΠΣΤΟΙ ΕΡΜΗΝΕΙΣ. La traduction oracle en Grèce"，*Révue des études Grècques* 109，p.328 with n.10. 布拉诺·罗切特：希腊语翻译辞典，《希腊语学报》109，1996 年，第 328页，第 10 条。

Roetz，Heiner. 1993. *Confucian Ethics of the Axial Age*，*Albany*：SUNY Press，pp.123–48. 海涅·罗兹：《轴心时代的儒家伦理》，奥尔巴尼：纽约州立大学出版社，1993 年，第 123~148 页。

Rubio，Gonzalo. "On the Alleged 'Pre–Sumerian Substratum'"，

Journal of Cuneiform Studies 51, pp.1–16. 格日勒·拉比亚：论所谓的"前苏美尔社会基础"，《楔形文字研究学报》51，第 1~16 页。

Sagart, Laurent, 1999. *The Roots of Old Chinese*. Amsterdam, Philadelphia：J. Benjamins. 沙加尔：《古汉语的词根》，阿姆斯特丹，费城：约翰·本杰明斯，1999 年。

Schmitt, Gerhard. 1970. *Sprüche der Wandlungen auf ihrem geistesgeschichtlichen Hintergrund*. Berlin：Akademie. 杰哈德·施密特：《格言转变精神的历史背景》，柏林：学术出版社，1970 年。

Schüssler, Axel. 1994. "Loanwords in Old Chinese", unpublished Ms. 安克斯尔·舒斯勒：古汉语的借字，未刊稿，1994 年。

Shima Kunio.1958. *Inkyo bobuji kenkyū*. Hirosaki：Hirosaki daigaku, 岛邦男：《殷墟卜辞研究》，弘前：弘前大学，1958 年。

Soden, Wolfram von. 1989. "Dolmetscher und Dolmetchen im Alten Orient", in：*Aus Sprache, Geschichte und Religion Babyloniens. Gesammelte Aufsätze*. Napels：Instituto Universitario Orientale, p. 351–7；355. 沃夫兰姆·冯·索登：古代东方国家的"译员"和"翻译"，载《巴比伦王国的语言、历史和宗教论文集》，那不勒斯：东方大学，1989 年，第 351~357、355 页。(该参考文献出现于本文脚注，但在本文"参考文献"部分遗漏，特补充于此。——译者按)

Som, Tjan Tjoe. 1949. *Po Hu T'ung. The Comprehensive Discussions in the White Tiger Hall*. Leiden：Brill. 曾珠森：《白虎通：白虎厅中的综合辩论》，莱顿：布里尔学术出版社，1949 年。

宋永培：《周礼中"通"、"达"词义的系统联系》，《古汉语研究》1995 年第 4 期，第 41~44 页。

Starke, Frank. 1993. "Zur Herkunft von akkad. ta/urgumannu (m) 'Dolmetscher'", *Welt des Orients* 24, pp. 20–38. 弗兰克·斯达克：阿卡德语系的"翻译"一词，《东方世界》24，1993 年，第 20~38 页。

Szemerényi, Oswald. 1971. Review of Chantraine, *Gnomon* 43, pp.641-75；668. 奥斯沃德·塞曼兰恩依：《切恩特评论》，《指时针》43，1971 年，第 641~675、668 页。

谭其骧：《鄂君启节铭文释地》，载《中华文史论丛》第 2 辑，上海：上海古籍出版社，1962 年，第 169 页。

唐兰：《西周铜器铭文分代史征》，北京：中华书局，1986 年。

Terrien de Lacouperie, Albert É. J. B. 1969 [1885-86]. The Language of China Before the Chinese. London：D. Nutt. Reprint Osnabrück：O. Zeller. 拉库伯里：《"中国人" 概念出现之前的中国语言》，伦敦：D·那特，1885-1886 年，奥斯那布鲁克：O·赞勒，1969 年重印。

田继周：《夏代的民族和民族关系》，《民族研究》，1985 年第 4 期，第 27~34 页。

曹仕邦 (Tso Szu-bong)：《论中国佛教译场之译经方式与程序》，《新亚学报》(Xin-Ya Xuebao)，1963 年，第 239~321 页。

Tuplin, C. 1999. "Greek Racism? Observations on the Character and Limits of Greek Ethnic Prejudice", in：G. R. Tsetskhladze (ed.). Ancient Greeks East and West. Leiden：Brill (Mnemosyne：Bibliotheca Classica Batava, Suppl. 196), pp. 47-75. C·特卜琳：《希腊种族主义？希腊种族特征和限制的考察》，载 G·R·特兹克莱德兹编：《古希腊东方与西方》，莱顿：布里尔学术出版社（《记忆女神：莱顿学院语言经典》，增刊 196），1999 年，第 47~75 页。

Wagner, Donald B. 1991. "The Language of the Ancient State of Wu", in：B. Arendrup et al. (eds.). The Master Said：to Study and … Copenhagen：East Asian Institute, pp.161-176. 多纳德·B·瓦格纳：《古代吴国的语言》，载 B·阿兰因祝帕等编：《主人说：去学和……》，哥本哈根：东亚研究所，1991 年，第 161~176 页。

Vovin, A. 2000. "Did the Xiongnu Speak a Yeniseian Language?", Central Asiatic Journal 54.1, pp.87-104. A·冯威因：《匈奴

人讲叶尼塞语吗？》,《中亚研究学报》54.1,2000 年,第 87~104 页。

王贵民:《说"邻事"》,载胡厚宣编:《甲骨探史录》,北京:生活·读书·新知三联书店,1982 年。

王文颜:《佛典汉译之研究》,台北:天华出版社,1984 年。

Wang, William S. Y. 1995. *The Ancestry of Chinese Language*. Berkeley: Department of East Asian Studies (Journal of Chinese Linguistics Monograph Series 8). 王士元:《汉语的祖先》,伯克莱:东亚研究系(《汉语杂志》研究专著系列之八),1995 年。

王远新:《中国民族语言学史》,北京：中央民族学院出版社,1993 年。

韦庆稳:《〈越人歌〉与壮语的关系试探》,载《民族语文论集》,北京:中国社会科学出版社,1981 年。

Wild, Norman. 1943 –46. "Materials for a Study of the Ssu I Kuan", *Bulletin of the School of Oriental and African Studies 11*, pp. 617–40. 诺尔曼·瓦尔德:四译馆研究资料,《东方和非洲学院学报》11,1943–1946 年,第 617~640 页。

游汝杰、周振鹤:《南方地名分布的区域特征与古代语言的关系》,载尹达编《纪念顾颉刚学术论文集》,成都:巴蜀书社,1990 年,第 2 卷,第 709~724 页。

于溶春:《"中国"一词的来源、演变及其与民族的关系》,《内蒙古社会科学》1986 年第 2 期,第 75~80 页。

于省吾:《释"中国"》,载《中华学术论文集》,北京:中华书局,1981 年,第 3~10 页。

张显成:《论简帛文献的词汇史研究价值——兼论其汉语史研究价值》,《简帛研究》1998 年第 3 期,第 201~202 页。

张亚初、刘雨:《西周金文官制研究》,北京:中华书局,1986 年。

赵诚:《甲骨文简明词典：卜辞分类读本》,北京：中华书局,1988 年,第 201 页。

Zheng–Zhang Shangfang."Decipherment of Yue–Ren–Ge(Song of the Yue Boatman)",Cahiers de Linguistique Asie–Orientale 2,pp. 159–68. 郑张尚芳：《解读〈越人船歌〉》，《东亚语文论集》1991 年第 2 辑，第 159~168 页。

郑张尚芳：《上古缅歌"白狼歌"全文解读》，《民族语文》1993 年第 1 期，第 10~21 页；《民族语文》1993 年第 2 期，第 64~70、74 页。

郑张尚芳：《勾践〈维甲〉令中之古越语的解读》，《民族语文》1999 年第 4 期，第 1~14 页。

通过语言迁移语法:汉语个案

艾乐桐

书籍的翻译,从著名作家的代表作到教科书的翻译,一般被认为是介绍新知识的最普遍的方法。然而,在 19 世纪末,当先前被忽略的系统的语法知识最初被介绍给中国受教育的大众时,情况却并不是这样。

中国第一本语法书《马氏文通》(1898 年)的作者马建忠,虽然接触过各种西方语法文献,但他并没有"翻译"任何西方语法书。尽管越来越多的西方语法书可供利用,但是,不翻译西方语法著作的情形却一直持续到清亡及清亡以后。据我所知,在 20 世纪 30 年代以前,中国没有译成中文的普通语言学书籍。20 世纪最后 20 年,数量可观的外国书籍才被翻译成汉语。

外国人用不同语言写了一些汉语(文言文、官话)语法书,以供他们自己使用。耶稣会士马若瑟写了唯一的综合性语法书《汉语札记》(1831 年),该书分两部分——口语和文言。①这本用拉丁文写的语法书,拉丁语法的影响比通常认为的要小。而某些汉语

---

① 手稿写于 1724－1727 年间,写出后立即送往法国佛蒙特学会(French Academician Fourmont),1730 年收藏于"国王图书馆"(Bibliothéque du Roi)中。该书在一百年后才在马六甲印行。参见马若瑟:《汉语札记》,马六甲:英华教育会,1831 年;香港:外国人传教会,1894 年重印。

语法的特征被提及，如关于名词的第一段落。①作者不仅对书面汉语熟悉，而且能够流利地讲中国口语。该书先对口语进行描述，接着用更长的篇幅描述文言。在第二部分的开头，马若瑟很明确地提到汉语口语的句法。②我们没有发现任何汉语文献曾提及这本书。然而，这本书1894年在香港重印后，为少数能读拉丁文的受过教育的中国人所熟知。该书发行量当然不如两部写于19世纪最重要的欧洲汉语语法书，即让·皮埃里·阿贝尔·雷慕沙所写的《汉语语法基础》③和乔治·冯·登·格贝莱茨所写的《汉语语法》，④雷慕沙承认他曾受过马若瑟语法书的启发。

我们还应提到，1845年后，新教传教士们写了许多帮助他们进行教学的描述性著作，其中大多数讨论口语方言。有的外国语言课本中包含有用汉语写的简短提示。⑤

一、19世纪结束前中国的情形

"语法"这个词是多义词。它可以指具体的一本书，也可以指书的内容，即对特定语言的语言形式的功能和意义以及篇章结构所作的系统分析。"语法"的第三种意义是，被讨论语言的应用系统。这个系统，我们通过观察语言的实际使用而知道。有理由断定，在某种程度上，这个系统是具有普遍意义的。

19世纪下半期的中国，情况又是怎样的呢？

---

① 参见马若瑟：《汉语札记》，第37页，《汉语没有格和数的变化，但是汉语有一些区分格和数的标记》。

② 参见马若瑟：《汉语札记》，第125页，《与汉语语法和句法相关的东西已在本书第一部分给出》。

③ 参见让·皮埃里·阿贝尔·雷慕沙：《汉语语法基础》，巴黎：皇家出版社，1822年；巴黎：阿拉出版社，1987年重印。

④ 参见乔治·冯·登·格贝莱茨：《汉语语法》，莱比锡：韦格尔，1881年。

⑤ 完全使用汉语进行语法解释的最系统的课本之一是一本德语课本（王赞成：《德语语法课本》，上海：商务印书馆，1911年）。由商务印书馆1900—1901年间出版的名为"英语与中国读者"的系列书，没有作者名字，很可能是从传教士在印度使用的课本翻译而来，其中仅有少数的汉语语法术语，看起来是这类书中更典型的书。

在"关于语法的书籍"这个意义上，答案是简单的。在19世纪下半期，中国还没有这样的出版物。至于"语法"的第二个意义，即"系统分析"，我们确实发现，全中国都对这个问题有广泛的哲学兴趣。这是由于，自古代以来，语言一直是中国思想家们的主要关注点。人们甚至可以说，荀子关于词语和物体之间的关系的观点是相对复杂的。[①]哲学研究在中国有一个复杂的历史，在某些时期，它甚至属于最高层次教育的要求。我们还知道，在18世纪，语言是一群重要学者所聚焦的问题。而且，本杰明·A·艾尔曼对这个环境为我们作了一个详确的描述。[②]然而，必要的工具仍然是汉语的伟大传统，即字典、词汇分析和语音。

众所周知，汉语的诗学和修辞包含某些分类，这些分类与语法概念相联系（"虚"和"实"、"死"和"生"相对）。这些词语的意义和用法都有明白的描述，但这种描述都仅是从词汇的观点进行的，我们从中不能发现系统规则的迹象。

阿雷恩·皮耶罗比最近阐明了一个重要的观点。他宣称，明清时期的作者所使用的分析方法和术语，与被认为是中国学者所写的第一本汉语语法书《马氏文通》所使用的分析方法和术语是一致的。[③]这些明清学者的文章包括在关于修辞学的论文集中。这一套分析方法和术语也许被认为是一个死去的东西，但是，当初情况并不是这样，处于危险之中的是对经文的阅读而不是其分析系统。这样一种情况，在理解一种语言的语法性的最初阶段，是很普遍的。

---

① 参见罗瑞：《〈荀子〉的"正名"理论和语言思想》，《极东极西15：名称专辑》，1993年，第55~74页。

② 本杰明·A·艾尔曼：《从理学到朴学：中华帝国晚期思想与社会变化面面观》，坎布里奇，马萨诸塞：哈佛大学东亚研究中心，1984年。

③ 阿雷恩·皮耶罗比：《清代〈马氏文通〉以前的语法知识》，第二届清代文献学国际讨论会论文，高雄，1999年，第66、72页。例子都选自刘淇的《助字辨略》（1711年）和袁仁林的《虚字说》（1710年）。作者坚信章炳麟的老师俞樾（1821—1906）所作的《古书疑义举例》的语法价值。

亚历山大(Alexandria)的语法书指出最早的语法迹象,包括在对荷马文献的解释评论中。在开始阶段,对语法的关注常鼓励对文本的语言学解释。

然而,我们可以注意到,在地中海世界,系统的语法的产生与文学、哲学和技术文献以及外语教学文献的翻译相联系,这些翻译活动主要是将希腊语翻译为拉丁语。在中国,虽然在某些时期翻译是一项重要活动(如佛经的翻译),但它是一种技术活动,游离于中国文人的世界之外。少数可能的例外并不能形成一个"环境"。毕鹗明确指出,即使在佛教被广泛接受的时期,对佛经的兴趣也从来没有导致对翻译本身的兴趣。[1]

至于"语法"的第三个意思,即被讨论语言的语法性,这里所牵涉到的不过是语言能力的普遍性。[2]最早的传教士没有提出这个问题,因为他们的宗教信仰暗示普遍性。然而,由于汉语缺乏曲折变化,特别是时间不用时态来表示,因此,在外国人中间有一种倾向,认为汉语没有语法。[3]威廉·冯·洪堡(Wilhelm von Humboldt)和让·皮埃里·阿贝尔·雷慕沙是19世纪前半期杰出的例外。两人都承认汉语具有语法,洪堡认为汉语语法有较高程度的特异性,而雷慕沙则认为在汉语和欧洲语言之间没有太大的差距。[4]然而,他们的学术观点对欧洲民众没有影响。汉语缺乏语法的先入之见,在欧洲大众心中已经扎根。

---

① 参见本书中毕鹗的论文。

② 这个问题不能被缩减成仅为汉语和印欧语系的对抗。对美洲印第安语言的语法的争论已有很长的历史。更普遍地,如果我们考虑一个普遍的框架,它必须包括世界上所有书面的和非书面的语言。

③ 参见艾乐桐:《欧洲忘记了汉语却发现了汉字》,《汉语研究》13.1~2,1994年,第259~282页。本文的中译本见艾乐桐:《欧洲忘记了汉语却发现了汉字》,载龙巴尔和李学勤编:《法国汉学》,北京:清华大学出版社,第1册,第182~198页。

④ 让·卢梭、丹尼斯·沙伍德编:《有教益的神奇的中国语言文化:洪堡和雷慕沙1821–1831》,维伦纽夫德·埃斯克:西普坦恩季亚大学出版社,1999年。

与外国接触的中国人,如派往国外的外交使团中的学者,主要对外国的制度和经济及技术成就感兴趣。他们少量关于语言的评论,只是随意地略记,没有涉及西方分析语言的方法。更普遍的是,即使他们中间最开明者试图推进翻译活动,但是中国人对语法这一分支知识不感兴趣,他们认为语法仅仅是一种学习外国语言的工具。

"语法"未被列入中国人自称从其遥远的古代就已产生的科学和技术成就的长长的名单中,这形象生动地表明中国人对语法缺乏兴趣。但名单中却确实有字母系统。本杰明·A·艾尔曼注意到,著名的学者戴震(1723—1777),

> 不仅认为,各种天文和数学的概念是中国土生的,而且从利玛窦的字母系统引进后,他争辩说,这一系统是剽窃了中国音节抄写系统。①

据我所知,在任何时代,对于语法都没有这种宣称。②

在帝国的最后数十年,语言的学习仍然是纯粹的国内事务。当王国维 (1877—1927) 以"辨学"为名,发表对随文(William Stanley Jevons,1835—1882)的"Elementary Lessons in Logic(逻辑基础课程)"的汉语译文时,如果他不省略其中的第十一课"句子"整篇的话,那将会是一个全译本。"句子"篇讨论逻辑形式和英语

---

① 本杰明·A·艾尔曼：《从理学到朴学：中华帝国晚期思想与社会变化面面观》,坎布里奇,马萨诸塞：哈佛大学东亚研究中心,1984 年,第 217 页。

② 只是在近年来,随着民族主义和所谓中国文化语言学的兴起,有些教授(大多数为外国语教授)开始认为语法是一个值得讨论的领域。他们试图证明,从西方进口的现行语法对印欧语系外的语言没有效用。这里我不讨论这个观点,因其一定程度上忽略人类语言的多样性。参看高一虹编：《申小龙文化语言学论文集》,长春：东北师范大学出版社,1997 年。

语法的关系。①反之，章炳麟写了一篇长篇题为《论语言文字之学》。②他的研究对象是以"小学"为标题，研究了几个世纪的中国语言，包括音韵学、语义学和词形语源学。在这篇论文里，没有任何关于语法的内容。

二、最早的本土语法书：《马氏文通》

无可争辩，《马氏文通》是中国学者写的第一部系统语法书。

（一）出版和作者

1898 年，《马氏文通》最早由两年前成立的商务印书馆印行。该书作者于 1900 年逝世，1904 年，该书的第二版仍由商务印书馆刊印。第一版比第二版的发行量小得多，这使得某些作者怀疑，这本书是作者死后出版的。还有人以同样的口气认为《马氏文通》至少部分是由马建忠的哥哥马建常（即马相伯）所作。那时，马建常的知识和社会声誉要远远超过其弟。③这个假设出现在近来的一篇论文中。④在马相伯的生平年表中，⑤他对编辑《马氏文通》的作用被当作了事实：

> 1898 年，59 岁，……与弟建忠合著《马氏文通》一书脱稿。
>
> 1904 年，（他）65 岁，《马氏文通》由上海商务印书馆出版。

实际情况要复杂得多。《马氏文通》的第一版（1898 年），仅包

---

① 王国维：《辨学》，北京：京师五道庙售书处，1908 年。本书译自随文（William Stanley Jevons）：《逻辑学基础》（*Elementary Lessons in Logic*），1870 年。感谢顾有信告诉我这一资料。

② 章炳麟：《论语言文字之学》，《国粹学报》2.12；2.13，1907 年。弗雷德里克·戴维尼在其博士学位论文中将此文章翻译成了法文。参见弗雷德里克·戴维尼：《20 世纪初两个中国文人的文字学理论评论：对章炳麟及其弟子黄侃（1886-1935）文集的分析》，巴黎：高等研究实践学院，2001 年。

③ 我们应注意，马相伯比他弟弟多活了差不多半个世纪。

④ 彼得·皮威瑞里：《现代汉语语法研究史》，莱顿大学博士学位论文，1986 年。

⑤ 朱维铮编：《马相伯集》，上海：复旦大学出版社，1996 年，第 1350 页。

括了全书四部分中的前两部分(十章中的六章)，该书最后一句话称作者是马建忠，还说全书已经完成。

吕叔湘和王海棻在为《马氏文通》所作注本《马氏文通读本》①的导言中，在该书开头、目录之前，在"上册付印题记"的标题之下，引述了上述马建忠的话。

从他们对那个时期某些证据的分析中，他们得出结论，马建忠无疑是《马氏文通》的作者，他的哥哥或许给了他一些帮助。②

将《马氏文通》中确信为马建忠所作部分与两个前言和某些段落作了比较后，我们确信，同一个人不仅写了而且构思了这些不同的篇章。相对比，马相伯为其拉丁语法书所作的序言风格显得大不相同。当然，我们不能简单地通过对这些文本的阅读去决定他们的关系。要取得确定的判断，必须对词汇、语法、行文风格特性进行系统的比较。由于这个问题很急切，没有时间进行这样的努力。

马建忠的兴趣点是整体的语言教育，可以使欧洲的年轻人成功地掌握书面语，而不必像中国的年轻人一样付出痛苦的努力。他痛恨这样荒谬的事实："西文本难也而易学如彼，华文本易也而难学如此著。"③

(二)该书及其序言

在第一个序言中，作者回顾了中国伟大的语言传统，讨论了体制、训诂和音韵。尽管这三门学问都取得了很大的成就，但古文献的解释方面仍有不确定的地方。这就是他为什么要决定以古文献

---

① 吕叔湘、王海棻编：《马氏文通读本》，上海：上海教育出版社，1986年。

② 马建忠：《马氏文通》(1898年、1904年)，北京：商务印书馆，1983年，第2~3页，"导言"(编者所作)。

③ 马建忠：《马氏文通》(1898年、1904年)，北京：商务印书馆，1983年，《后序》。

为基础进行研究,并引述古文献作为参考资料的原因之一。这个系统的调查涉及词汇和句子。我们征引原文如下:

> 为之字楷句比,繁称博引,比例而同之,触类而长之,穷古今之简篇,字里行间,涣然冰释。皆有一得其会通,辑为一书,名曰文通。

在公然宣言支持这种归纳的方法后,马建忠介绍了该书的四个部分。第一章名为《正名》,他坚持区分与各种科学相关的术语,每种科学都有自己的一套术语。第二章和第三章分别讨论实字和虚字。这些虚字的功能不仅可以划分文章,而且还可以"根据功能对词进行分类"。最后一章的标题是"句读"。"句读"是一个古老的术语,可能最早由韩愈(768—824)提出。在《马氏文通》里,"句读"指陈述和句子,即句法。这是该书最短的部分,对其理解是有争论的。

这个序言的结论使我们记起奠定中国语言学基础的两部代表作的序言,这两部代表作即词汇领域的《说文解字》和语音领域的《切韵》。公元 1 世纪末的许慎(58—147)、7 世纪的陆法言(约 601年在世)和后来的马建忠都显出相似的自豪感。他们将自己作为中国的文化遗产的负责者,他们确信他们为同时代的人提供了最可能的工具去对付他们时代的困难。①

第二个序言,即"后序",紧接着在原版中"序"的后面。两个序注明的写作时间隔了六个月。汉学传统把"后序"照字面翻译为"Postface",尽管在我们的语言中,这个词有大不相同的内涵。

这第二个序(我宁愿把"后序"翻译为"Second Preface")比第一

---

① 很奇怪,所有这样的事业都是"官员私人发起的",更准确地说,是"边缘官员"。当然也有一个例外,即陆法言的《切韵》可以算作集体的成就。

个序短，马建忠确信，所有的语言都是不同的，但是好的翻译总是可能的，因为在语言演化的整个过程中某些基本的原则是不变的。我们注意到他的语言多样性的观点，不仅是跨语言的(空间上)还是历时的(时间上)。马建忠陈述道，古文的结构规则不明显，但是将其提取出来是可能的。最后他用中国当时的情形来结束，认为如果汉语不获得其基本的工具，将不能抵制外部强力。

有些研究者从两个序言之后的《例言》中，发现了马建忠直接受到西方语法类型启发的证据。阿雷恩·皮耶罗比关注于"此书系仿葛郎玛而作"一句，宣称该书有可能是某一种特定的(西方)著作的译文。然而，他确实谨慎小心地承认，这个句子意思是模糊不清的。"西方葛郎玛"意思是一般意义上的"语法"或特殊意义上的"波特·罗亚尔文法"(the grammar of Port Royal)。由于对这个问题，我们没有更多的证据，问题仍未解决。

我们认为，这些文本应该在一个更高的层次上来进行检验。正如马建忠指称中国文明的基础一样，当谈起欧洲文明的基础时，他指出是理性。他将理性的原则用于语言。但是，他没有将西方这一领域的语言成就作为一个特定的模型。问题的焦点在方法论上。

(三)术语数据

我们知道"《马氏文通》研究"主题之一是研究那些可能对作者有启示的书籍。这个研究开始于这样一个想法，即马建忠必须使用特定的模型，而且在序言中的一些句子证实了这个假设。进行验证的方法之一是语法术语的一致。

在语法这样一个有很长历史的领域，几乎相同的或同词源形式的术语，有一系列的价值。这些价值依赖于被分析语言及作者的哲学背景。现在欧洲语言使用的大部分语法词汇，早在希腊化时代，就有了其最早的语法定义。在狄奥尼修斯·斯拉克(Dionysius Thrax，公元前2世纪到1世纪)的《希腊语语法》(*Tékhne Grammatiké*)中，我们找到了 150 个技术词语,其中大多数今天仍在使用。①随着时间的流逝,这些词汇在很多语境下使用,因此我们不能说,它们的内容仍是一样的。②在不同文本中的两组对应的术语,并不一定有直接的联系,除非两个对应的术语中的每个术语,所有相对等的词形变化都有相同的价值。

从这个观点看,我们相信,马建忠的术语体系和 19 世纪末西方普遍使用的术语体系有密切的联系。《波特·罗亚尔文法》(*Grammaire de Port-Royal*)③很明显是最可能与马建忠术语体系发生关系的西方语法体系,但是说它与马建忠语法有确切联系,看来只不过是假设。《波特·罗亚尔文法》与《波特·罗亚尔逻辑》(*Logique de Port Royal*)有密切的联系,《波特·罗亚尔逻辑》的目的也是阐明詹森教派的神学理论。因此,马氏的耶稣会老师很可能没用过那本书。而且,马建忠在欧洲相对短暂停留期间,被很多不同主题所吸引。他访问法国期间写的几篇论文,主要涉及教育和政治制度,没有一篇讨论语法。马从事语法研究只是在其公共生涯即将结束时才开始,其动机在于做对中国国家有用的事,但在那个世纪的最后年头,他的失败是明显的。他的目标是重建年轻一代的学习潜力,为他们提供掌握经典的较好路径——他对其合理性没有产生过怀疑。

我们现在来看马的生平。

(四)作者

马建忠(字眉叔,基督教名为 Mathias),出生于丹徒(江苏)一个以学术成就而著称的家庭。家庭为其提供了完整的中国教育的基

---

① 皮埃里·斯维格斯:《语言思想史:19 世纪西方古代文化语言的分析和思考》,巴黎:法兰西大学出版社,1997 年,第 50 页;格斯特夫·尤里格:《拉丁语法,1-1:丹尼斯的色雷斯艺术语法》,莱比锡:特侬布纳,1883 年。

② 例如,在大多数的古代语法课本中,我们可以发现代名词的概念,但是随着时间的流逝,这类代词的种类数量不再保持稳定不变。

③ 这是《语法基本原理》最普遍的称法。参见安东尼·阿那沃德、克罗德·兰西洛特:《语法基本原理》,巴黎:皮埃尔佩蒂特,1660 年;巴黎:阿利亚出版社,1997 年重印。

础。而且，这个家庭在利玛窦时代就改宗天主教。我们知道，1851年他的哥哥马相伯11岁时就离家到了上海，不久进了上海天主教会的依纳爵公学(Jesuit College of Saint Ignatius)。那时候，马建忠只有7岁。由于在人生的早期阶段，他们弟兄两人从未分开过，他们很可能同时进入了耶稣会学校，虽然处于不同的年级。

他们寻求获得包括中国和西方课程的双重教育，这一点不久变得很清楚。

起初，依纳爵公学将主要精力放在教授中国经典上。这种教育在当时的中国被认为是必不可少的，因为当时中国读书人的最高志向是通过科举考试。尤其是，除了科考没有别的途径可以达到官场的高层，为科考而教授中国经典，符合学生家庭的期望。另外，学汉语的兴趣也是耶稣会在华政治的不可分割的一部分，这一点在三个世纪前即由利玛窦确定。耶稣会于1773年开始被放逐，七十年后于1842年重返中国时，一些成员试图复兴这一传统，这一点也不足为奇。这样，马氏兄弟起初在家庭中受到的中国传统教育进一步得到加强。

语言是西学学习计划的重要组成部分，我们知道，当成年的马建忠离开徐家汇耶稣会场所时，他掌握了拉丁语、法语和英语，还掌握了一些古希腊语和俄语的知识。

拉丁语是他受教育时期所学习的最主要的语言。我们不能低估这样的事实，即宗教教育在依纳爵公学居于荣耀的地位，这也是耶稣会活动的真正理由。不久，一些学生表达了当牧师的意愿，1862年神学院建立，马氏兄弟成为最早进入神学院的学生。利玛窦以来的神父和修士的名单记录着，哥哥马相伯入神学院在1862年（第542号），马建忠入神学院时间是1867年（第590号）。[1]成为耶稣会一个新手，这意味着要通过相互批评来强化智力训练，掌握口头和

---

① 这份表的复件保存在温维斯(Vanves)的法兰西省(Province of France)档案馆。

书面表达语,在语言领域要熟悉掌握拉丁语。

1853 年, 一个年轻的意大利耶稣会士晁德莅被任为学校的校长。1862 年,他又负责神学院的工作。他对中国文化表示了一定程度的兴趣,这是很不寻常的。因为当时正处在前几个世纪的"厌华"演化成"恐华"的时期。[①]他是一部大部头的向外国人介绍中国文化的中国文集[②]的编者。此外,他还是中国小学生使用的拉丁语课本的作者,这些课本以伊曼纽尔·爱尔巴雷茨的《语法规则》为基础[③],对 16 世纪以来在全世界大多数耶稣会学院里使用的语法书作了修订。《语法规则》的命运是非常有趣的。这本书在出版时颇受语法学家的尊重,尽管现在情况已非如此。它被讲葡萄牙语的南美国家使用很多年。[④]在欧洲大部分地区的耶稣会学院里也使用了很多年(例如在波兰,它被用于教学直到 1773 年,当时波兰学者对其缺乏体态的概念提出了一些反对意见, 而体态在波兰语中是必不可少的组成部分,因为这样其使用才停止)。它也被亚洲各国所使用。明治时期,当在日本学习拉丁文又成为可能时,葡萄牙耶稣会士写于3 世纪前的书再次被使用,当 1868 年耶稣会士被许可重返日本时,这本书又重新刊印。由于 1859 年晁德莅的译本的出版,马建忠当然熟知这部著作。考察晁德莅的文本,我们可以看到,虽然他减少了原书的篇幅,但他并没有试图跨越拉丁语和汉语之间的缝隙。我们可以认为,他的语言教学的重点不是过多地放在内容上,而是在

---

① 从米歇尔·卡提尔编:《处于爱和恨之间的中国》, 第八届汉学讨论会论文集,巴黎:但斯克里·布劳维尔,(汉学丛书,第 87 集),1998 年。

② 晁德莅:《大学语文教程》,五卷本,上海:天主教会印刷所,1879—1882 年。该书包含一些古文和方言课文,有拉丁文的译文还有文献学和历史学的注释。

③ 晁德莅:《爱尔巴雷茨的语法规则和中国学生的接纳》,上海:卡瓦略,1859 年。爱尔巴雷茨的课本初版是拉丁文,此后 1772 年出版了葡萄牙语版,该书曾被多次重印,或以原样重印,或翻译成各种欧洲的语言,有时作删减。晁德莅所用版本很可能是 1842 年那不勒斯版的《爱尔巴雷茨语法和 S. d. G 土语》,当时他正在那不勒斯学习。

④ 参见皮埃里·斯维格格斯:《语言思想史:19 世纪西方古代文化语言的分析和思考》,巴黎:法兰西大学出版社,1997 年,第 149~150 页。

方法和分析艺术上。通过运用爱尔巴雷茨语法,他恪守着特定的教育传统。

马建忠没有成为牧师。他与晁德莅的继任者、法国上级产生了一系列的意见分歧，再加上他渴望为祖国服务,1873年他26岁时离开生活了二十年的徐家汇耶稣会。接着,他开始了作为译员、外交官和幕友的政治生涯。但是,由于他没能通过科举考试,他无法获得任何重要的职位。[①]

1877年,他加入了一群年轻的外交官和学者队伍,随着中国第一位驻巴黎的使节郭嵩焘到了巴黎。由于他的生涯中的这一段被较好地记录下来,在字典和历史或语言的评论中的传记叙述,主要覆盖这一时期。旅行期间,马建忠学习了外交、制度、经济和国际法。他被巴黎政治学院(Ecole Libre des Sciences Politique)授予了一个法学文凭(licence de droit,在那时相当于法学硕士)和一个特殊的毕业文凭。很自然,我们知道他的职位给了他更多的世俗活动和旅游的机会。和马建忠同时期在欧洲的黎庶昌(1837—1898)记述了马建忠在下述场合的活动:在歌剧院一晚,访问了一家纺织厂,参加一次军队巡游,从利维拉(Riviera)旅行到罗马又到那不勒斯去送郭嵩焘上船，穿过法国南部和威尼斯的私人航行，一次到柏林的公务航行。[②]马建忠1880年离开欧洲回国,在李鸿章领导下任职,负责翻译、外交和组建海军等各方面的种种事务。在生命的最后十年,他退休回到上海,撰写《马氏文通》。

这个简短的传记轮廓表明，由于作者写这本书时已离开耶稣会长达十七年,我们虽然不能说《马氏文通》是耶稣会的成果,但是

① 参见李天纲:《马相伯一生的基督教和文化冲突》，载鲁斯·海耶赫编:《马相伯和现代中国的思想,1840-1939》,阿蒙克:夏普,1996年,第89~149页。

② 参见黎庶昌:《西洋杂志》,长沙:湖南人民出版社1981年。又见黎庶昌著,史康强译:《西洋杂志》,巴黎:科学与人类出版社,1988年。

《马氏文通》不可否认地是耶稣会文化的产物。

我们还想强调这个作者的两个其他事实。马建忠是一个通晓数种语言的人,他懂得几种外国语的书面语,至少懂得两种语言的口语(英语和法语)。我们还可补充,作为一个江苏人,他也很可能会讲当地的吴方言。这意味着,他的普遍性的概念可能扎根于他的人类语言多样性的观念。后来的中国语言学家很少人有这样丰富的经验。他们一般仅懂得英语或仅懂法语、德语、俄语或日语中的一种。马建忠之后,有多种语言能力的中国人,大多不是语言学家。这是一种自相矛盾的情形。我们可能注意到,语法在一种多语言的语境中传入日本,这是语法在日本较为成功的原因。早在德川时代的最后数十年,日本人已将荷兰语和英语的语法书翻译或转化成他们自己的语言。在那时产生的词汇,明治时代被用于描述日本语。日本学者能将借自西方的概念框架,运用于日语的特殊体态,同时也包括了他们语言学传统的元素。①其结果是获得了被当时普遍接受至今仍在使用的语法分析。

马建忠不是某一单个领域的专家。如同在帝国的最后几个世纪很多中国学者和过去欧洲许多学者一样,他有广阔的文化背景和多元的兴趣。这个品质加强了他在两种文明之间担当媒介的能力。然而,这也有助于我们理解为什么当19世纪中国需要西方已取得成功的专门科学时,马建忠也就被认为是一个过时的人。

三、20世纪中国人的语法观

(一)《马氏文通》批判

不久,《马氏文通》被认为是"奠基的文献",开创了多条前进的道路。同时,它引起了激烈的反对。反对的理由之一是文字难懂。这个特点在那个时代的作者中相当普遍,并非《马氏文通》所特有。在

---

① 参见哈伯特·梅斯:《日语语法术语》,巴黎第七大学,1975年,第1卷,第45~55页。

20世纪前几十年，对该书的批评是一个重要的话题，这种批评在1929年随着杨树达(1885—1956)的《马氏文通刊误》的出版而达到顶峰。该书对马建忠对其引述的古文献的解读进行了系统的批判。[1]杨树达提出的问题绝大部分是中肯的。因为，《马氏文通》很明显不是一个完美的语言学典型。这不奇怪，因为马建忠虽被认为是有才华的，但从来没有像纯学者那样投入到中国文献学的研究中。基本上,这本语法书被相互矛盾的两种理由所批判,一种理由认为它是西方模板的拷贝,并不适合汉语使用;另一种理由认为它是基于死掉的古代汉语文献,这种汉语形式当时已被抛弃而代之以"国语"。换句话说,它承受与西方思想方式和古代汉语相联系的两种指责。

《马氏文通》很快被拒绝,相当程度上限制了它被当做学术成果。不过,仍有一些例外,如胡适(1891—1962),他是"国语"的最有影响、最积极的提倡者之一,"国语"正在代替文言成为书面语,而文言汉语正是《马氏文通》的主题。胡适在其著作中对语法的重要性有过一些零散的评论,例如,他在《文学改良刍议》(第三章:《须讲求文法》)中讲道:

> 今之作文作诗者,每不讲求文法之结构……夫不讲文法,是谓"不通"。此理至明,无待详论。[2]

据我所知，胡适关于这一主题的最清楚的表述是当时没有发表的一篇未署日期的文章。这篇文章包括在他的一个文集中。我们知道,它很可能写于1919年,因为廖仲恺在一封信中曾提到,他在

---

[1] 杨树达:《马氏文通刊误》(1929年、1962年),北京:中华书局,1983年。"刊误"的基本意义是"misprint"。

[2] 胡适:《文学改良刍议》(1917年),载王荣文编:《胡适作品集》,台北:远流出版公司,1994年,第3册,第7页。

等待这篇文章以将其发表在《建设》上。①

那不是一篇语法文章，而是一篇论述国语和国文关系以及建设语法的方法的感想文章。胡适陈述了这个方法的基础：归纳、比较和历史。他用"国语"和"国文"中的一些特点阐明了这些原则(例如：代词在否定句中的位置，人称代词的目录)。他强调《马氏文通》的特点：仔细、理性、严格、归纳原则。他批评原先攻击马建忠语法的人缺乏历史眼光，因为他们不理解当代汉语(国语和方言)是汉语几千年变化的结果，这种变化反映在古文中。②

(二)《马氏文通》的追随者和功利主义者的偏见

很少有汉语语法书紧随《马氏文通》之后出版。他的中国追随者继续使用分类路径和某些术语，但是忽略了其方法和大部分的细节分析。1911年前，我们可以引述的只有两部著作，即来裕恂(1873—1962)③和章士钊(1881—1973)④的语法著作。章士钊被认为引进了意思是"Word"的术语"词"。他对《马氏文通》极为尊重，他的语法书与《马氏文通》大致相同，主要的不同是删去了《马氏文通》的最后一章。

不论在何处，都是教学的需要促成了语言的系统研究，从一开始，所有的语法课本都考虑到这一点。《马氏文通》也不例外。然而，只强调学习语言的捷径，似乎一切都是清楚的而不去进行进一步讨论，将不会有所收获。

20世纪前半期最流行的语法书，是黎锦熙(1890—1978)所著《新著国语文法》。这是第一部综合性汉语语法书。⑤在该书序言

---

① 参见胡适：《国语文法概论》，载王荣文编：《胡适作品集》，台北：远流出版公司，1994年，第443~499页。
② 关于不同的新的国语的概念的发展，可参见本书中白莎的论文。
③ 参见来裕恂：《汉文典》，上海：商务印书馆，1906年；1924年重印第8版。
④ 参见章士钊：《中等国文典》(1907年)，上海：商务印书馆，1926年。
⑤ 该书在1956年之前曾被重印过二十次，黎锦熙：《新著国语文法》(1924年)，上海：商务印书馆，1957年。

中，作者表现出对他的教学效果的着迷。至于方法，他更多地强调技术程序（"用小块纸写出想法，再将其粘贴一起……"），而不是包含在语言学习中的智力过程。产生的结果便是这本不太难懂的课本，在书中事实以先前已建立的模式给出。最前面的几章是句法，强调课文结构的重要性，是黎锦熙最显著的创新：这也就是他被认为是汉语语法领域的先驱者的原因所在，尽管他受到了英语课本，特别是纳斯弗尔德系列语法书的启发。[①]为了把这个语法模型运用于汉语，黎锦熙抑制了英语的某些基本特点。并且，他系统地增加了图表。[②]

不难理解，这样生硬地描述其语言，对中国人不会有太大的吸引力。

(三)今日中国语法的地位

1998年，是《马氏文通》问世的一百周年，是语言学家和许多关于《马氏文通》出版物的盛会。经过20世纪最后数十年的研究，中国许多语言学家现在已经注意到了《马氏文通》的原创性和杰出的特性。[③]提出了很多意见，但是这些评价，尽管确实迷人，却既没有影响到中国当前的语法研究，也没有影响到语法接纳。它成了一个具有历史兴趣的话题。

在中国，如果你对街上的行人或对受过教育的但与语言领域没有特别关系的人，提到"中国语法"，最常见的回答是"汉语没有语法"。然而，法则确实存在，在大多数的大学中文系有许多杰出的语言学家。每年出版一定数量的期刊和专著，这一领域覆盖了各种汉语的语法，包括古代文言文、古代的口语、当代普通话、方言和其

---

① 参见 J·C·纳斯弗尔德：《英语语法系列》，第1册，伦敦：麦克米兰，1913年。

② 黎锦熙先前曾用图表形式对其系统给出一个简短的说明。参见黎锦熙：《国语文法表解草案》，《民彝》2.2，1920年，第2~10页。

③ 参见郭锡良：《再谈马建忠和〈马氏文通〉》，《中国语文》1998年第6期，第432~434页。

他。看起来,在民众的眼中,这些学术活动的成功对汉语语法的形象并没有产生影响。确实,中国语言学家的数量,与中国的人口相比,不算多。很有可能,有与中国语言学家数量同样多的外国人从事丰富的汉语语法的工作——假如我们将美国的华裔语言学家作为"外国人"。

从一个欧洲人的观点看,这种情况看起来自相矛盾。因为在我们的文化中,受过教育的人对语法的重要有清楚的意识,尽管这不能成为他们的衣食。研究别的国家的普通民众对语法的认识,是有趣的。

在古代文明中,学习书面语的方法,有背诵、高声朗读、记忆和引述经典课文。希腊人、古希腊诗人荷马,还有中国人学习经典的情况都是这样。对于一些其他文明来说,也是如此。因此,在这方面,中国的情况并不奇特。两个因素可能引起某种语言的语法分析的发展:实践的需要和通过语法与别的文明发生接触。语法分析的需要不会出现在一个封闭的世界里,只有与别的语言接触时,才会不得不进行外国语的教学和翻译。①在中国,在 19 世纪末,由于前所未有的国际交往的发展和接触西方语法的渠道,上述两种情况同时具备。

如果你向各个年龄和各个职业的中国人提问:"当你孤单的时候,在何种情形下,你会大声朗读呢?"在那些大声朗读的人中,有的回答"古诗词",少数人回答"难以理解的课文",大多数人会回答"外语课文"。这些回答对应朗读的三个主要功能:娱乐、认识和记忆。如果我们把记忆课文看作学习书面语言的最好的方法, 在过去,中国人自己的传统是记忆大量的课文。现在,他们把这个方法运用于外国课文。换言之,除了在大量的英语教材中发现的多多少

---

① 中国不是,希腊也不是真正的"封闭"世界,较好的形容应该是"自认为是文明世界的中心"。

少的简单的语法分析,他们通过传统的记忆方法学习书面英语。我们不能确定, 他们这样做仍是醉心于他们消化自己书面语言的方式。当与外国语接触的需要出现在一个社会,一个问题将会是:"我们应该集中于哪一种语言,来自外部世界的,还是我们自己的?"对于这个世纪的中国人,很清楚集中于外部的语言,几乎都是选择英语。然而我们不能忘记,约三十年中占支配地位的语言是俄语。①虽然五六十岁的某些知识分子俄语肯定比英语更流利,但那个时代的其他痕迹已经很微弱了。

运用西方科技到中国曾引起争论,但语法却是唯一的几乎被彻底忽略的问题。

(四)语法被可怜地接受:偶然还是必然?

我们可以确定地说, 大多数中国人认为语法学与其语言无关的观点,不能从汉语的特殊性得到解释。汉语与其他语言一样,有进行语法分析的可能。

语言可被看做一个由人类启动以形成口头或书面话语的操作系统,当听和读时,可以产生出关于口头或书面文本的意义的假设。所有的语言都有这种能力,尽管方式不同,而且描述一种特定的语言时,我们可能发现一些其他语言所不具备的东西。西方语法传统不是通过纯知识体系的积累而建立的,而是作为一个精细的学术分析领域而建立的。在 16 世纪到 20 世纪的拉丁语的学习情况当然是这样的,长久以来,西方语法传统和数学一起被认为是最好的可能的"思想训练领域"之一。②贯穿整个历史,一些很不相同的语言被成功地包括在内。每当学习一种没有明确语法的语言时,总会带来观点和焦点的变化。重大的革命包括从希腊语到拉丁语又到阿拉伯

---

① 1949–1979 年。虽然俄语的影响在 1966 年后急剧下降,但是语言教育直到 70 年代末才发生变化,因为在"文化大革命"期间没有教育。

② 参见弗兰恩科西·瓦奎特:《16 世纪至 20 世纪的拉丁文帝国》,巴黎:爱尔宾·米歇尔,1998 年。

语,从拉丁语到欧洲地方世俗语,后来又到现代欧洲的各种语言,不久又到南北美洲的语言,最后是东亚的语言。①

由于拉丁语的曲折变化具有显著的作用,拉丁语的焦点仍在词态学。单词的基本语义的对比,通过单词本身的变化就可以明确。但是,随着现代欧洲语言如西班牙语、英语和法语的出现,词序必须加以考虑。换言之,在古代重要性远低于词态学的句法,即对于文本内部结构所进行的分析,现在有了较为优先的地位。②如果我们看汉语,它要求一个同样方向的焦点变化,但是,并不意味一个更革命的路径——我们甚至可以说,它是"不太革命的"。在目前状态,语法学倾向于整合全世界各种语言的数据。这种整合是可能的,因为所有的语言有同样的认知和实践的运用。区别在于,对于什么是必须清楚的和什么是可以选择的,不同语言有不同的重要性,还有实现这些重要性的实际方法。人们常注意到,汉语没有性的区分,但是在有性的区分的语言中,有的语言有三个词语,包括一个中性词,而别的语言却只有两个词。至于指示词,汉语和英语属于只有两个指示词的语言,汉语的"这、那",英语的"This、That",而法语有表示中性的第三个词 ce。在语法特点方面,每种语言有不同的语法映象。

虽然对汉语和印欧语系之间的共同点的讨论很少,但我们仍将给出两个例子。

汉语存在短语和合成词同形的问题。例如,限定的连续是名词短语的构成规则,这也是合成词语的最常用的模式。③关于这种同形的扩张,即区分句法的和词形的过程的试验,语言学家之间的意

---

① 印度没有包括在这个游戏里,因为伟大的语法学家潘尼尼(Panini)在别的系统之前就创立了一种特殊独立的语法系统。

② 参见马克·巴拉丁:《罗马语法的起源》,巴黎:米尼伊特出版社,1989 年,第 491 页。

③ 关于汉语"词"的词形、结构和特征,参见杰罗姆·帕克德:《研究汉语构词的新路径:现代汉语和古汉语的词形、发音和词汇》,柏林、纽约:格鲁伊特,1998 年。

见并不统一。这种现象也是语言的普遍现象。伊米尔·贝恩尼斯特这样说道：

> 据我们的观点，有必要不再将合成词看成是一种词形学类型，而是将其看做是依据造句法而形成的。名词性合成词是"微观的句法"。每一种类型的合成词必须被当做自由造句法形成的文本……因此，合成词的形成，不能解释为前面两个标记的联结。①

虽然贝恩尼斯特所用的例子主要来自印欧语系的语言（梵语和几种现代语言），他的评论与赵元任的某些表述相似：

> 在汉语中，大多数的合成词是造句法形成，只有相对少数的合成词各部分之间关系模糊，可看作非造句法的例子。②

许多不同的语言在许多方面，对此都有不曾预想的回应。

另一个例子是所有语言都存在的反问句。除了具有普遍性的语调外，每种语言都有其标记这类假问句的方法：副词、特殊的时态等。现代汉语采用许多方法，其中有倒装否定词和副词或倒装否定词和可能动词等语法手段表示反问。③这个有趣的事实，在当代中国语法书中从来没有提到。我们可以给出许多这类例子。没有语义的和正式面对的文本，许多结构不能分析。甚至当描述这些结构时——情况并不总是这样——它们仅在专业的期刊中出现，常常

---

① 《普通语言问题》，第145~146页；《普通语言问题》，第160页。伊米尔·贝恩尼斯特：《合成名词的语法基础》，《巴黎语言学会学报》12.1，1967年，第15~31页。再版于伊米尔·本文尼斯特编：《普通语言问题》2，巴黎：加利玛尔，1974年，第145~162页。

② 赵元任：《国语入门》，坎布里奇，马萨诸塞：哈佛大学出版社，1968[1948]年，第366页。我们可以设想，在此种语境下，"非造句法"——词意指"不能按照句法规则进行分析的"。

③ 艾乐桐：《汉语的文字》，巴黎：法兰西大学出版社，1970年初版；2002年第6版。

用英语来写，对大众没有任何影响。当然，我们既指口头语也指书面语。由于汉语语法的研究不超过百年的历史，这不足为怪。

通过这个过长的离题的论述，我想强调，中国对语法较差的适应性，不是一个内在的必需，而是一种历史的偶然。

这不排除另一种历史变化。中国方言的研究过去仅限于音韵和词汇方面，现在扩展到了语法。还有，虽然大众仍然倾向于将别的外国语仅仅看作英语的变种，但是，一些中国语言学家现在开始意识到了语言的多样性。

结　语

最后，我们将对语法学习的目标进行反思。这些反思可用作学习和教学标准化的基础，也可用于加强理智的能力。

我们曾指出，学习一种书面或口头语言，语法分析不是必要条件，但是语法对组织教学材料有帮助。语法分析对于学外语比学母语（甚至书面母语）更重要。这是人为地区分教育和认识的维度的方法，这里我们主要考虑那些促进语法的人们的目标。

语言的标准化是政府和一些社会团体和阶层所普遍关心的问题。古代中国通过控制书写系统、记忆经典和科举考试等方式实现语言标准化。现在中国政府仍然控制书写系统、学校，我们还可以加一条——媒体。有些语法概念被引入中学课程。这种服用顺势疗法剂量的药物的做法，与现在小学一年级学生必须学习的拼音，有同样看得见的效果。在两种情况下，迫在眉睫的问题是统一全国的口头的或书面的语言。对于很多中国人来说，在学校学习的普通话是第二语言。因此，普通话受到方言用法的影响，通过比较北京、上海和台北所讲的官话，可以看出这种影响。北京、上海和台北的官话在语形、语法和一些副词的语义上有很明显的区别。可以理解，国家寻求在学校课程中加入语法的内容，去应对这些趋势。然而，这一方案的标准化风格和初步水平，使人对其效果产生了怀疑。

　　我们可以说，证明语法之正当性的真正的和本质的理由是知识。这就是为什么当有人通过自学或由教师教授而懂得了语法时会感到高兴的原因。我们努力去理解我们所使用的语言的结构，语言学家努力去理解这种人类活动的规则。更重要的是，语法可以被看做是开发智力的最重要的工具之一。

　　最后我要在"19世纪之交的西方知识的翻译"的语言类型学范围内讨论语法的位置。语法至多被认为是一种实用的工具，一个对学习外语有用的技术工具。但是，语法的认知功能被根本地忽略了。顾有信提醒我们，中国人为"科学之科学"之利益而接受了逻辑学，[①]但从语言学中却看不到这样的好处。他们没有认识到，对包括在语言中的精神活动的理解能产生巨大的益处。

　　对于那些试图理解和标准化语法的人即语言学家而言，语法可以带来乐趣和一门复杂知识的智力益处。语法将普遍规则的需要和实际使用中的随意性相结合，这种实际使用的随意性由不同的语言和在诸多的语境中的使用所决定。更重要的是，语法可以帮助任何使用语言的人发展一种较高程度的自我知识，不管他是某种语言社区(不一定是一个民族)的一员还是通过对话构建自己的人。忽视语法的这个功能，无怪乎语法看起来只是一个无兴趣的和沉闷的技术，对中国人没有太大的吸引力。

　　在今天的中国，语法的问题不再涉及"传播"的问题或语法的外国来源的讨论，而是语法在大众中的扩散。迄今为止，拥有语法知识和理解语法仍然只是少数著名学者的独享特权。

参考文献

Abel -Rémusat, Jean -pierre. 1822. *Éléments de la grammaire chinoise*. Paris: Imprimerie Royale. Reprint Paris: Ala Productions,

---

① 参见本书中顾有信的论文。

1987. 让·皮埃里·阿贝尔·雷慕沙：《汉语语法基础》，巴黎：皇家出版社，1822 年；巴黎：阿拉出版社，1987 年重印。

艾乐桐：《欧洲忘记了汉语却发现了汉字》，载龙巴尔、李学勤编：《法国汉学》，北京：清华大学出版社，第 1 册，第 182~198 页。

Alleton, Viviane. 1970. L'écriture chinoise. Paris：Presses Universitaires de France (Coll. *Que sais-je?* No.1374)；6th edition 2002. 艾乐桐：《汉语的文字》，巴黎：法兰西大学出版社，1970 年初版；2002年第 6 版。

Alleton, Viviane. 1988. "The so-called 'Rhetorical Interrogation' in Mandarin Chinese", *Journal of Chinese Linguistics* 16.2, pp.278 - 96. 艾乐桐：《中国官话中的所谓 "反问句"》，《中国语言学报》16.2，1988 年，第 278~296 页。

Alleton, Viviane. 1994. "L'oubli de la langue et l' 'invention' de l'écriture chinoise en Europe". *Études Chinoises* 13.1-2, pp. 259-282. 艾乐桐：《欧洲忘记了汉语却发现了汉字》，《汉语研究》13.1-2，1994年，第 259~282 页。

Alvarez, Emmanuel. 1842. *Grammatica di Em manuel Alvaro della S.d.G. volgarizzata*, Naples. 伊曼纽尔·爱尔巴雷茨：《爱尔巴雷茨语法和 S. d. G 土语》，那不勒斯，1842 年。

Alvarez, Emmanuel. 1974. *De institutione grammatica libre tres*；*conjugationibus accessit interpretation Japponica.* Tokyo：Tenri Central Library. 伊曼纽尔·爱尔巴雷茨：《自由语法规则之三：日语翻译的综合方法》，东京：天理中心图书馆，1974 年。

Arnauld, Antoine and Claude Lancelot. 1660. *Grammaire Générale et Raisonnée.* Paris：Pierre le Petit. (Reprinted Paris：Editions Allia, 1997). 安东尼·阿那沃德、克罗德·兰西洛特：《语法基本原理》，巴黎：皮埃尔佩蒂特，1660 年；巴黎：阿利亚出版社，1997 年重印。

Baratin, Marc. 1989. *La naissance de la syntaxe à Rome*. Paris：

édition de Minuit. 马克·巴拉丁:《罗马语法的起源》,巴黎:米尼伊特出版社,1989 年。

Benveniste,émile. 1967."Fondements syntaxiques de la composition nominale",*Bulletin de la Société de Linguistique de Paris* 12.1,pp.15 –31. Re –edited in:id.(ed.). 1974. *Problèms de Linguistique générale* 2. Paris: Gallimard,pp. 145–62. 伊米尔·贝恩尼斯特:《合成名词的语法基础》,《巴黎语言学会学报》12.1,1967 年, 第 15~31页。再版于伊米尔·本文尼斯特编:《普通语言问题》2,巴黎:加利玛尔,1974 年,第 145~162 页。

Cartier,Michel (ed.).1998.*La Chine entre amour et haine. Actes du VIIIe colloque de sinologie de Chantilly.* Paris:Desclée de Brouwer(Variétés sinologiques no.87). 米歇尔·卡提尔编:《处于爱和恨之间的中国》,第八届汉学讨论会论文集,巴黎:但斯克里·布劳维尔,(汉学丛书,第 87 集),1998 年。

Chao Yuan Ren.1968 [1948]. *Mandarin Primer.* Cambridge, Mass.:Harvard University Press. 赵元任:《国语入门》(1948 年),坎布里奇,马萨诸塞:哈佛大学出版社,1968 年。

Devienne,Frédéric. 2001. *Considérations théoriques sur l'écriture par deux lettérs chinois au début du 20e siècle. Analyse de l'œuvre linguistique de Zhang Binglin* (*1869–1936*)*et de son disciple Huang Kan*(*1886–1935*). Paris:École Pratique des Hautes études. 弗雷德里克·戴维尼:《20 世纪初两个中国文人的文字学理论评论:对章炳麟(1869–1936)及其弟子黄侃(1886–1935)文集的分析》,巴黎:高等研究实践学院,2001 年。

Djamouri,Redouane. 1993. "Théorie de la 'rectification des dénominations' et réflexions linguistiques chez Xunzi",*Extrême –Orient Extrême–Occident 15*,pp.55–74. 罗瑞:《〈荀子〉的"正名"理论和语言思想》,《极东极西》15,1993 年,第 55~74 页。

Elman, Benjamin A. 1984. *From Philosophy to Philology: Intellectual and Social Aspects of Change in Late Imperial China*. Cambridge, Mass.: Harvard University Council on East Asian Studies. 本杰明·A·艾尔曼：《从理学到朴学：中华帝国晚期思想与社会变化面面观》，坎布里奇，马萨诸塞：哈佛大学东亚研究中心，1984 年。

Gao Yihong. 1997. *Collected Essays of Shen Xiaolong on Chinese Cultural Linguistics*. Changchun: Northeast Normal University Press. 高一虹编：《申小龙文化语言学论文集》，长春：东北师范大学出版社，1997 年。

Gabelentz, Georg von der.1881.*Chinesische Grammatik*.Leipzig: Weigel.乔治·冯·登·格贝莱茨：《汉语语法》，莱比锡：韦格尔，1881 年。

郭锡良：《再谈马建忠和〈马氏文通〉》，《中国语文》1998 年第 6 期，第 432~434 页。

胡适：《文学改良刍议》(1917 年)，载王荣文编：《胡适作品集》，台北：远流出版公司，1994 年，第 3 册，第 7 页。

胡适：《国语文法概论》，载王荣文编：《胡适作品集》，台北：远流出版公司，1994 年，第 443~499 页。

来裕恂：《汉文典》，上海：商务印书馆，1906 年；1924 年重印第 8 版。

黎锦熙：《国语文法表解草案》，《民彝》2.2，1920 年，第 2~10 页。

黎锦熙：《新著国语文法》(1924 年)，上海：商务印书馆，1957 年。

黎庶昌：《西洋杂志》，长沙：湖南人民出版社 1981 年。

Li Shuchang. 1988. *Carnet de notes sur l'Occident*. Translated by Shi Kangqiang. Paris: Editions de la Maison des Science de l'Homme.(Translation of Li Shuchang 1981). 黎庶昌著，史康强译：《西洋杂志》，巴黎：科学与人类出版社，1988 年(黎庶昌《西洋杂志》1981 年中文本的法译)。

Li Tiangang. 1996."Christianity and Cultural Conflict in the Life of Ma Xiangbo", in : Ruth Hayhoe （ed.）. Armonk : Sharpe, pp.89–149. 李天纲:《马相伯一生的基督教和文化冲突》，载鲁斯·海耶赫编：《马相伯和现代中国的思想,1840—1939》,阿蒙克:夏普,1996 年, 第 89~149 页。

吕叔湘、王海棻编:《马氏文通读本》,上海:上海教育出版社, 1986 年。

马建忠:《马氏文通》(1898 年、1904 年）， 北京： 商务印书馆, 1983 年。

Maës, Hubert. 1975. "La terminologie grammaticale japonaise", *Travaux du Groupe de Linguistique Japonaise*. Université Paris VII, vol. 1, pp. 45–55. 哈伯特·梅斯:《日语语法术语》， 巴黎第七大学, 1975 年,第 1 卷,第 45~55 页。

Nesfield, J.C. 1913. *English Grammar Series*. Book I. London: Macmillan. J·C·纳斯弗尔德:《英语语法系列》,第 1 册,伦敦:麦克米兰,1913 年。

Packard, Jerome L. (ed.）. 1998. *New Approaches to the Chinese Word Formation. Morphology, Phonology and the Lexicon in Modern and Ancient Chinese*. Berlin, New York : de Gruyter. 杰罗姆·帕克德编:《研究汉语构词的新路径:现代汉语和古汉语的词形、发音和词汇》,柏林,纽约:格鲁伊特,1998 年。

Peverelli, Peter. 1986. *The History of Modern Chinese Grammar studies*. Ph.D.diss., Leiden University. 彼得·皮威瑞里:《现代汉语语法研究史》,莱顿大学博士学位论文,1986 年。

Peyraube, Alain. 1999. "Qingdai 'Mashi wentong' yiqian de yufa zhishi". Paper presented at the Second International symposium on the Qing Philology, Gaoxiong. 阿雷恩·皮耶罗比:《清代〈马氏文通〉以前的语法知识》，第二届清代文献学国际讨论会论文， 高雄, 1999 年。

Prémare, Joseph Henri de. 1831. *Notitia Linguæ Sinicæ*. Malacca：Cura-Academia Anglo-Sinensis. Republished in Hong Kong：Société des Missions Etrangères, 1894. 马若瑟：《汉语札记》, 马六甲：英华教育会, 1831 年；香港：外国人传教会, 1894 年重印。

Rousseau, Jean and Denis Thouard（eds）.1999. *Lettres édifiantes et curieuses sur la langue chinoise：Humboldt/Abel-Rémusat（1821-1831）*. Villeneuve-d'Asc: Presses Universitaires du Septentrion. 让·卢梭、丹尼斯·沙伍德编：《有教益的神奇的中国语言文化：洪堡和雷慕沙 1821—1831》, 维伦纽夫德·埃斯克：西普坦恩季亚大学出版社, 1999 年。

Swiggers, Pierre. 1997. *Histoire de la pensée linguistique. Analyse du langage et réflexion linguistique dans la culture occidentale de l'Antiquité au XIXe siècle*. Paris：Presses Universitaires de France. 皮埃里·斯维格斯：《语言思想史：十九世纪西方古代文化语言的分析和思考》, 巴黎：法兰西大学出版社, 1997 年。

Uhlig, Gustav. 1883. *Grammatical Graeci, I-I：Dionysii Thracis Ars Grammatica*. Leipzig：Teubner. 格斯特夫·尤里格：《拉丁语法, 1-1：丹尼斯的色雷斯艺术语法》, 莱比锡：特依布纳, 1883 年。

王国维：《辨学》, 北京：京师五道庙售书处, 1908 年。

Wang Zan-Tzeng. 1911. *Lehrbuch der Deutschen Grammatik*. Shanghai: Commercial Press. 王赞成：《德语语法课本》, 上海：商务印书馆, 1911 年。

Waquet, Francoise. 1998. *Le latin ou l'empire d'un signe, 16e au 20e siècles*. Paris: Albin Michel. 弗兰恩科西·瓦奎特：《十六至二十世纪的拉丁文帝国》, 巴黎：爱尔宾·米歇尔, 1998 年。

杨树达：《马氏文通刊误》（1929 年、1962 年）, 北京：中华书局, 1983 年。

章炳麟：《论语言文字之学》,《国粹学报》12-13, 1907 年。

章士钊：《中等国文典》(1907 年)，上海：商务印书馆，1926 年。

朱维铮编：《马相伯集》，上海：复旦大学出版社，1996 年。

Zottoli, Angelo. 1859. *Emmanuelis Alvarez institutio Grammatica ad sinenses alumnos accomodata.* Shanghai：A. V. de Carvalho. 晁德莅：《爱尔巴雷茨的语法规则和中国学生的接纳》，上海：卡瓦略，1859 年。

Zottoli, Angelo. 1879 –1882. *Cursus Literatura Sinicae. 5 vols.* Shanghai：Typographia Missionis Catholice. 晁德莅：《大学语文教程》，五卷本，上海：天主教会印刷所，1879—1882 年。

重释"信、达、雅"：
晚清的翻译问题[①]

王宏志

导　言

　　本文试图找出晚清西方著作的翻译者所遇到的主要问题，并分析他们为了解决所遇问题而采取的办法。本文不对原文和译文进行文本的比较并指出翻译中的"技术性"问题，而是将重点放在当时的社会和政治背景中。这样做的原因有两个。原因之一是，最近的翻译理论正确无误地表明，翻译不是在真空中进行的。[②]很多因素影响着译者在对作品的选择、翻译方法的采用和提升作品的手段等方面所作出的决定。另外一个原因是，当时翻译西方作品的动机基本上是政治性的。通过引进西方知识，中国人希望国家的现代化和富强，以便能够抵抗外族的侵略。抱着这个特定的目标，晚清的翻译者遇到了特殊的问题。

　　下文将不断地讨论文学作品的翻译，但这不会太远离会议主

　　① 本论文是名为"翻译和政治：晚清翻译活动的综合研究"研究项目的成果，该项目由香港研究基金委员会专项研究基金（Hong Kong Research Grant Council Earmarked Research Grant）资助。
　　② 参见安德·勒菲弗尔：《翻译、改写以及对文章结构的操控》，伦敦、纽约：劳特里奇，1992年，第14页。

题,因为晚清的文学翻译和技术翻译一样,都是为了政治目的。人们相信,由于文学作品将帮助启蒙人民尤其是普通大众的思想,特别是当仅仅引进军事和技术知识不能挽救国家进一步的失败时,文学翻译就是介绍西方力量到中国的必要步骤。

一、19 世纪晚期翻译者的情况

晚清时期,最早关于翻译西学到中国问题的重要论述,很可能是当时最重要的翻译家严复所作。严复在著名的《天演论译例言》(《天演论》,即托马斯·赫胥黎的《进化和伦理》)中用三个字解释翻译的困难:信、达、雅。① 从那时起,在中国,"信、达、雅"成了翻译的原则。

大多数人将信、达、雅翻译成 "fidelity, comprehensibility and elegance"。很明显,这三个词形成了翻译技术或水平的标准:译者用什么方法,才能做到使翻译作品既忠实于原著、可被读懂而又意义清晰? 这三个要素常被看作是相对抗的力量:由于源语言和目标语言及其文化之间的巨大差异,翻译时为了忠实于原著,将不得不牺牲译作的可理解性和优雅;反过来也是这样,要翻译成可理解的和优雅的目标语言,就会造成对原意的偏离。这些问题能否得到圆满的解决,取决于翻译者的能力。一个有能力的翻译者应该能够在三者之间找到一个好的平衡。

不幸的是,晚清时期存在的主要和基本的问题是缺乏有能力的翻译者。从 19 世纪之初中西文化的最初碰撞到 19 世纪的最后二十年,能同时掌握汉语和西方语言的人,几乎都是西方人。传教士和外交官如马礼逊、米怜 (William Milne, 1785—1822)、傅兰雅 (John Fryer, 1839—1928)、裨治文 (Elijah C. Bridgman, 1801—1861)、郭实腊、麦都思、威妥玛(Thomas F. Wade, 1818—1895)和丁

---

① 严复:《天演论译例言》,载《严复集》(全五册),北京:中华书局,1986 年,第 5 册,第 1321 页。

醒良,形成了中国最初的翻译群体。他们大多数人到达中国后或在东南亚时,才掌握了汉语。在早期阶段,除了少数几个例外,他们大多数不能熟练地掌握古代的书面汉语。他们必须依靠中国合作者来帮助他们润色译文。

粗略地看一下中国方面,可以发现,中国人的翻译队伍更弱。不出所料,那时很少有中国人具有相当高的外语水平。中国人对自己的语言和文化具有强烈的自豪感,看不起"外国鬼子",因此几乎想不到学习他们的语言。更重要的是,学习外国语不能使他们在仕途得到升迁。这种情形逆向影响到翻译的质量和翻译者的地位。当我们讨论严复的个案时,我们又会遇到这个问题。

最早的中国翻译群体是外国翻译人员的合作者。不幸的是,外国人不能吸收最优秀的中国人来帮助他们进行翻译。早期阶段帮助外国人进行翻译的人是那些没有机会参加科举考试者或科举考试的失败者。他们加入翻译职业的唯一原因是经济原因。为了生存,他们尽管不愿意,但不得不为外国人工作。这个群体的社会地位和自我形象非常低下。一个著名的例子是在上海的王韬。他在致密友的私人信件中,表达了他对不得不"为夷人服务"的强烈厌恶。[①]与外国人合作从事翻译工作的中国人,在中国翻译史上几乎没有人值得关注,只有包括王韬在内的极少数几个人是例外。[②]无怪乎翻译作品的质量不能令人满意。

然而,经历了不断的军事失败,中国认识到学习西方的急切性。为了培养翻译人员,1862 年同文馆在北京正式成立。由于普通中国人对外国人和外国思想仍然心存疑忌,同文馆起步阶段在招

---

① 王韬:《弢园尺牍》,北京:中华书局,1959 年,第 22~23 页。

② 关于王韬在前近代中国的地位和贡献,见柯文:《在传统与现代性之间:王韬与晚清改革》,坎布里奇,马萨诸塞:哈佛大学出版社,1974 年。

收学生方面遇到严重的困难。即使招来一些学生，他们当中大多数也是才能平庸，不认真学习课程。①1863 年在上海建立的同文馆，1867 年改名为广方言馆，取得了较好的成就，原因有两个。第一，学生不像北京同文馆一样，仅限于满族人；第二，在上海有更多的机会与外国人接触。②虽然两个机构最终都培养出了最早掌握外语的中国人群体，但他们不是全部成了翻译者。由于外语水平是一种资本，许多人成了外交部门的高级官员。③

起初，大多数语言和翻译机构聘用外国人作教习和翻译。这又是因为，西方人首先学习汉语，成了最早能够掌握汉语和西方语言的群体。自然，机构里的翻译模式采用了早期上海西方人使用的模式。西方译员翻译作品并向中国合作者进行解释，中国合作者用流畅的文言文将其记录下来。这种翻译模式是几十年来一直采用的合法的翻译方法。④但是对我们来说，这种翻译模式的问题是非常明显的。西方翻译人员的汉语能力达不到使其可以判断翻译是否真正忠实于原著的程度。另一方面，中国合作者无法断定，他们是否完全准确地理解了原著。因此，虽然翻译了大量的著作，⑤但大多数人对译著不满意。1894 年，马建忠要求建立一个翻译机构，尖锐地批评了那时不能令人满意的翻译队伍：

① 熊月之：《西学东渐与晚清社会》，上海：上海人民出版社，1994 年，第 304 页。

② 熊月之：《西学东渐与晚清社会》，上海：上海人民出版社，1994 年，第 342 页。

③ 关于广方言馆毕业生及其职业生涯的讨论，参见熊月之：《上海广方言馆史略》，载唐振常、沈恒春编：《上海史研究》，上海：学林出版社，1989 年，第 176~211 页。对于这些新机构成员的经历背景和社会地位又见本书中费南山的论文。

④ 傅兰雅：《江南制造局翻译西书史略》，载罗新璋编：《翻译论集》，北京：商务印书馆，1984 年，第 211~226 页。

⑤ 例如，江南制造局在 1871—1909 年间翻译印行 160 种西书，参见熊月之：《西学东渐与晚清社会》，上海：上海人民出版社，1994 年，第 499 页。

重释"信、达、雅"：晚清的翻译问题

盖通洋文者不达汉文，通汉文者又不达洋文，亦何怪夫所译之书，皆驳杂迂讹，为天下识者所鄙夷而讪笑也！①

因此，他急切地建议，招聘一名主要的翻译教习，他应当通晓汉语和一些别的外国语，在其领导下，由四五个精通文言文的人员润色翻译文字并担任汉语教习。他希望，这样一个机构将会提高翻译的质量。显然，这也不是一个满意的安排。这与先前的翻译实践相比，本质上并没有太大的区别。不幸的是，即使这样的建议也没有付诸实行，一段时间里，中国缺乏好的翻译者。

二、严复的"信"的概念

在 19 世纪和 20 世纪之交，出现了一位受过训练的杰出的翻译家：严复。很多人都同意，严复可能是晚清最合格的翻译家。严复对英语和中国的古文都很精通，在翻译方面达到信、达、雅的标准，应该不成问题。但是，有人批评严复没有能忠实地进行翻译。粗略比较一下英文原著和严复的翻译，可以发现，严复采用了一种过于自由的翻译态度。但是另一方面，严复自己拒绝承认不忠实于原著的指责。相反，他为他的翻译文风不优而道歉，说这是由于自己优先注重意思准确造成的。②这些关于严复翻译的不同观点表明，对信、达、雅的意思甚至三者之间的关系的理解，存在差异。

在《天演论译例言》中，严复告诉读者，他不是在翻译而是在"达旨"。这使他在翻译中有很大的自由。当然，他必须要付出代价，被指责没有忠实地翻译原著。对于"达"，严复解释说，由于汉语和英语之间的巨大差别，不得不对词序和句子结构作一些调整。至于

---

① 马建忠：《拟设翻译书院议》，载黎难秋编：《中国科学翻译史料》，合肥：中国科学技术大学出版社，1996 年，第 313~317、314~316 页。
② 严复：《天演论自序》，载《严复集》，第 5 册，第 1322 页。

翻译方法,严复认为,译者首先要对原著有一个透彻的理解,然后用一种自然而优雅的文笔改写原著。翻译过程中必须对原著有所调整,加译和删减都是必要的。严复认为,所有这些调整都是实现"达"的手段,或换言之,是为了使读者能够理解译文。然而,不管作出何种调整,最重要的是,不能歪曲原著的意义。因为这种调整的目的是为了更清楚地表达原著的意思。当他解释"达旨"的方法时,他强调,译文"意义不背本文"。从这里,我们可以理解他的重要论点,"为达即所以为信"。很明显,在严复心目中,信即忠实于原著并不是指忠实于外部因素如词序和句子结构等。忠实于原意才是问题的关键。如果调整外部因素能更有效地表明意思,翻译者应当作出这些调整。因此,对严复译著和英文原著进行文本形式的对比后,就发现严复对原著作了很多改变。

第三个问题"雅"的情况又怎么样呢？在"信、达、雅"三者之中,"雅"是最有争议的。严复提倡使用汉代以前的语法和词语进行翻译以达到"雅"。这招来激烈的批评。后面我们将解释,他为什么主张用汉以前的文风以达到"雅"。但是,重要的一点必须首先讲清楚:在严复看来,"雅"并不是一个阻碍"信"和"达"的力量。相反,通过使用汉代以前的文法和短语,容易达到'雅'"。下面,我们还要对此信念作解释。但是显然,在严复的心目中,雅、达和信不是相互矛盾的而是相互补充的。通过使用汉以前的语法和词语取得"雅",容易"达";由于"为达即所以为信",那么"雅"也成为取得"信"的手段。总之,"信"即忠实于原著的意义,是三者中最重要的。

译者忠实于原著看起来是理所当然之事，但却有不少译者故意改变或曲解原著的意义的案例,特别是在晚清时期。一个有趣的例子是苏曼殊(1884—1918)翻译维克多·雨果的代表作《悲惨世界》。在翻译者的心目中,忠实于原著可能是最不重要的事情。苏曼殊在其译作中甚至造出一个新人物:男德,并把自己想说的话通过这个创造出来的法国主人公口中说出，男德痛责中国社会的落后。①这是苏曼殊"翻译"这部法国小说的唯一目的。

近来的翻译研究理论认为，翻译是一个有目的的活动。当译者决定选择某一部作品去翻译时，他们希望翻译能够满足一定的需要，不论是政治的、经济的、教育的或者审美的需要。②当严复翻译《天演论》时，他要实现一个特定的目标。在中日战争中国惨败后不久，他开始翻译这部著作。③他希望通过翻译《天演论》，把社会进化论引入中国。他想告诉中国人的主要道理是，自然进化的原则对于人类社会和自然界，都是一样适用的。只有最适者才能在竞争中生存，弱者有可能灭绝。他向中国人提出种族灭绝可能性的警示，希望他们勇敢地面对现代世界的挑战，作出必要的变革和调整。

因此，严复翻译《天演论》的政治目的是很明显的。严复别的翻译作品具有同样的目的。翻译亚当·斯密的《原富》时，严复告诉读者，该书表明了中国的财富和经济的概念的虚弱和缺陷。④他在介绍他的另一部重要译作即约翰·斯图加特·穆勒的《逻辑学》时说，书中的思想将会澄清许多中国人先前说法和信仰的混乱。⑤严复不是一个多产的翻译者，但是他丰富的西方知识，将他从许多别的翻译者

---

① 例如，在译文中，这个法国主人公说："那支那国孔子的奴隶教训，只有那班支那贱种奉作金科玉律，难道我们法兰西贵重的国民也要听他那些狗屁吗？"在另一段落里，一个女主人公说了下面的话："哎，我从前也曾听人讲过，东方亚洲有个地方，叫作支那的。那支那的风俗，极其野蛮，人人花费许多银钱，焚化许多香纸，去崇拜那些泥塑木雕的菩萨；更有可笑的事，他们女子将那天生的一双好脚，用白布包裹起来，尖撬撬的好像那猪蹄子一样，连路都不能走了。你说可笑不可笑呢？"（苏曼殊译：《惨世界》，载《苏曼殊文集》，广州：花城出版社，1991 年，第 671~753、696、718 页）。

② 参见克里斯蒂恩·诺德：《目的性行为：析功能翻译理论》，曼彻斯特：圣乔劳姆，1997 年；罗曼·爱尔巴雷茨、比达尔·卡门-阿弗里卡编：《翻译、权力、颠覆》，克利文顿：多种语言问题出版公司，1996 年。

③ 严璩：《侯官严先生年谱》，载严复：《严复集》，第 5 册，第 1545~1552 页。

④ 严复译：《原富》（译自 Adam Smith, *An Inquiry into the Nature and Causes of the Wealth of Nations*, 1776 年），上海：商务印书馆，1931 年，第 2~3 页。

⑤ 严复 1901 年 9 月致张元济信，载《严复集》，第 3 册，第 546 页。

中区分出来。他能够选取在他看来能最好地服务于中国利益的作品来进行翻译。

明显地，如果精心选择的作品能适应中国的需要，他就没有必要去改变原著。然而，有批评者指出，即使根据内容，严复的《天演论》也远不够忠实于原著。①本文的目的不是讨论严复的翻译是否忠实于原著。但是，应当强调的是，那个时候问题不在于严复是否忠实地进行翻译。严复所称的忠实翻译的目的是借用西方作品的权威，来对中国产生一个更强烈的影响。②

人们可以正确地提问，为什么不能在形式上如句子结构和语序等方面也忠实于原著呢？我们知道，严复解释过，因为汉语和英语差异如此之大，翻译时对句子结构和语序作一些变化是必要的。无论如何，这不是一个无根据的借口，所有的英语和汉语的翻译者不得不找到来沟通两种语言的差异的方法。出于语法和结构的需要做一些变动，应当是最小限度的。但是，严复翻译中所作的变动并非是必需的。例如，严复把《天演论》的讲述者从第一人称"我"变成了第三人称"赫胥黎"。这虽然没有对内容作大的变动，但并不是出于语法的需要，而是与那个时代小说翻译的实践相一致。一位文学史学家指出，清代三部最早的重要翻译小说的主人公从第一人称变成了第三人称。这样做是由于传统的中国小说，几乎完全用第三人称叙事。翻译者的顾虑是，习惯于阅读传统小说的读者会将叙事的"我"当作翻译者本人。③和小说翻译者一样，严复不得不注意

---

① 参见冼玉仪：《严复》，载陈善伟、卜立德编：《翻译百科全书》，香港：中文大学出版社，1995年，第432~436页；吴茂生：《读严复的〈天演论〉》，载安乐哲等编：《通过翻译解释文化》，香港：中文大学出版社，1991年，第167~184、167~168页。

② 勒菲弗尔曾提出一个重要的翻译问题："为什么要产出'参考'别的文本的文本呢？为什么不直接产出原文呢？"他的回答是："如果产出一个'参考'别的文本的文本，而不是你自己的，你这样做最可能的原因是你认为别的文本比你自己的文本享有优势。换言之，你为你的文本请求帮助。"（安德·勒菲弗尔：《翻译、改写以及对文章结构的操控》，伦敦，纽约：劳特里奇，1992年，第2~3页）。

③ 陈平原：《中国小说叙事模式的转变》，上海：上海人民出版社，1988年，第76页。

当时的阅读习惯。

三、赞助者和严复的优雅文风

对晚清西方作品的翻译，读者当然是一个有影响的因素。在帝国晚期的中国，首先教育限于少数有特权的人，再加上大多数人对西学没有兴趣，翻译作品仅供有限的人群阅读。这个群体常有很高的官位，同时也起着赞助人的作用。

在近代的翻译研究中，赞助者是一个重要的问题。据勒菲弗尔（Lefevere）的观点，赞助者可理解为"能促进或阻碍文学作品的阅读、创作和改写的力量（人物和机构）"，某些人或某些群体、宗教团体、政党、社会阶层、朝廷还有现代世界的出版家和报纸、杂志和电视台等大众媒体等，都可以充当赞助者。而且，赞助由三个要素组成：意识形态部分、经济部分、身份部分。赞助又可以分为两种不同类型：区分性的赞助和非区分性的赞助。

> 当赞助的三个组成部分即意识形态的、经济的和身份的部分，由同一个赞助者来承担时，这样的赞助是非区分性的赞助（如过去的绝对统治者）。另一方面，当经济成功相对独立于意识形态因素，不一定随之带来身份和地位时，这样的赞助就是区分性的赞助。①

这种赞助者的概念，对于理解晚清的翻译活动是有帮助的。因为在中华帝国这样的国家里，没有统治者的最终许可，西方作品的翻译是不允许的。②因此，在早期阶段，除了那些在约开口岸由外国传教士所作的翻译外，西学的翻译不是由翻译者自愿所作，而是由

---

① 关于赞助的讨论主要来自安德·勒菲弗尔：《翻译、历史与文化论集》，伦敦、纽约：劳特里奇，1992年，第15~17页。
② 事实上，在清代早期，有些耶稣会士被允许留在中国，他们翻译了一些科技书籍。1723年雍正皇帝下令禁教并驱逐耶稣会士，翻译突然被中断。

政治领导人发起的。

　　最早的赞助群体是自强运动的领导者。[①]目睹中国屡败于外国列强之手，他们急于引进西方知识，使中国现代化和富强起来。1859 年，郭嵩焘第一个向皇帝奏请设立外国语言机构。郭嵩焘后来在 1876—1878 年间，担任中国第一任驻英法的公使。直到 1862 年，在恭亲王奕䜣和其他满族贵族的奏请下，成立了同文馆，中国才有了第一个外语和翻译机构。

　　相比较而言，这些改革者是自由和开放的。在他们中间，恭亲王起着重要的作用，因为他当时负责外交事务。虽然他本人不是皇帝，但他基本上担当了非区分性赞助者的角色。他在慈禧太后的支持下，负责建立一个政府翻译机构，该机构为翻译者提供意识形态的、经济的控制和身份地位。不幸的是，他所支持的翻译活动是不成功的，因为他们没有产生太大影响。由于他们翻译西方知识的目标是简单和直接的，因而翻译作品的范围受到限制。这些机构所翻译的书，可归于几个主要的类别之一：如科学技术、国际法、外国地理和历史。读者限于少数改革者。一般民众对新学或漠不关心，或持怀疑态度。还有一些保守派，他们不能接受中国人应向夷人学习的事实。为了推进一些新的运动，这些赞助人常常要费很大的劲。[②]而且，如前面所提到的那样，虽然赞助者负责为译者提供经济支持和社会地位，但提供的条

---

　　① 有人认为林则徐是"最早鼓励和主持翻译西学活动的人物"。林则徐，在鸦片战争前，为了收集敌方的信息，命令翻译广州和东南省份的西文报纸的新闻和评论，如《澳门新闻纸》、《广州纪事报》和《新加坡自由报》。参见马祖毅：《中国翻译简史：五四以前部分》，北京：中国对外翻译出版公司，1984 年，第 225~227 页。但我不认为这是翻译西学到中国的开始，因为林的活动极有限制，对中国没有任何影响。

　　② 恭亲王极大地触动顽固派的一个行动是，他制定一项规则，要高官成为同文馆的学生。恭亲王和顽固派斗争的简单情况可见熊月之：《西学东渐与晚清社会》，上海：上海人民出版社，1994 年，第 324~333 页；又见徐中约：《中国近代史》，香港：牛津大学出版社，1970 年，第 348~350 页。

件并不吸引人。①最重要的,西学的翻译者不能爬上较高的官阶。翻译工作不能吸引有才能的人,翻译作品质量低劣。因此,尽管有强有力的赞助者,翻译和翻译者仍被认为是边缘化了。

在这一点上,我们重新回到严复上来。在受过较短时期的传统教育后,他到福州船政学堂学习,这个船政局是最早的作为改革计划而建立的机构之一。毕业后,他被送到英国,在格林尼治海军学院学习。回国后,他在福州船政学堂教学一年,后成为天津新建的北洋水师学堂的总教习。他的顶头上司是李鸿章,李负责全中国的海军事务。②然而,看起来,李鸿章并不看重他。虽然很多最有学识的人承认他的西学和中学程度,但因为没有通过科举考试,所以他不受人尊重,不能在官场中取得高级的职位。③在前一节,我们知道,早期的翻译者自我形象差。说他们中一些人或许有自卑综合征或其他心理问题,并不夸张。④不幸地,严复也有这种感觉。在一首诗中,他表达了对学习英语的后悔,因为学习英语导致了他被鄙视为夷人的后果。⑤

---

① 1865 年 12 月 22 日恭亲王给皇帝上折,提议对于同文馆毕业生成绩优秀者,给予八品或九品的官职。(参见黎难秋编:《中国科学翻译史料》,合肥:中国科学技术大学出版社,1996 年,第 57 页)这是低级职位。即使给予在外交使团当译员的待遇,也缺乏吸引力。伍廷芳,是在香港受教育的一位律师,当时的驻英公使郭嵩焘请他当译员,他拒绝了。因为当译员每月收入 200 美元,当律师每月可轻易得到 1000 美元。黎难秋编:《中国科学翻译史料》,合肥:中国科学技术大学出版社,1996 年,第 304 页。

② 关于李鸿章在中国现代化中的作用,见朱昌峻、刘广京主编:《李鸿章与中国早期现代化》,纽约:M·E·夏普,1994 年。

③ 严复担任过的最高官职是国立大学校长。陈宝琛在严复的墓志铭中说:"不预机要,奉职而已",陈宝琛:《清故资政大夫海军协都统严君墓志铭》,载严复:《严复集》,5 卷本,北京:中华书局,1986 年,第 5 册,第 1541~1545 页。必须注意,严复没有放弃通过正途升官的路子。在 1885—1894 年间,他曾四次参加科举考试,但都失败了。

④ 上海伦敦传教会的中国译员李善兰是王韬的同学,不得不经常大喊以宣泄不适,这表明他们受到很强的社会压力。熊月之:《西学东渐与晚清社会》,上海:上海人民出版社,1994 年,第 269 页。

⑤《严复集》,第 1 册,第 361 页。

然而，严复如果得到李鸿章的赏识并在官场中占据高位，他今天恐怕不会享有在当代中国历史上的盛誉。严复现在被人记住的原因是，他作为最重要的翻译家，将社会进化论的理论引入中国，在很长时期内对中国的思想产生了不可估量的影响。依靠赞助人李鸿章是不可能带来这样的地位的。如果他选择李鸿章作为他的翻译赞助者，他可能不会与早期在同文馆或江南制造局的翻译者有所区别，他的翻译将被作为那些不引人注意的改革者的课本之一。使他取得成功并与其他翻译者特别是早期翻译者相区分的原因是，他为自己精心挑选了赞助人，该赞助人将帮助他取得普遍的支持。在这个赞助人的帮助下，加上他采取的特殊的翻译策略，严复成功地为自己赢得了一个大的读者群。

严复选为赞助人的是吴汝纶。在官阶上，吴远比李鸿章要低。他作为清朝最著名的学派桐城派的代表人物而享有盛誉。另一方面，作为一个爱国者，他支持现代化。他同情严复，说严复的才能和能力没有得到充分的赏识，是不公平的。①他对严复的支持极大地帮助严复推广其翻译作品，甚至使他赢得了保守派的支持。

吴汝纶是《天演论》和严复其他翻译作品的第一个读者——在付印前，严复将手稿送给吴汝纶征求意见。②吴汝纶非常喜爱《天演论》，他将全书抄录下来并将其放在自己的床下，以便自己可以随心所欲地经常阅读。③最重要的是，他给严复的《天演论》写了一篇序言，这个序言被一位批评家称为"桐城派散文的代表作，将会流传五百年以上"。④对这个序言作更近的观察，是完全应当的。

① 吴汝纶：《吴汝纶致严复书》，载《严复集》，第 5 册，第 1560 页。
② 严复：《群学肄言译余赘语》，载《严复集》，第 1 册，第 126~127 页。
③ 熊月之：《西学东渐与晚清社会》，上海：上海人民出版社，1994 年，第 683 页。
④ 徐立亭：《晚清巨人传·严复》，哈尔滨：哈尔滨出版社，1996 年，第 261 页。（徐立亭《晚清巨人传·严复》第 261 页的原话是："严复在二月收到了吴汝纶写的序，并且非常满意，称赞说至少可以流传 500 年。"而徐立亭的说法，又是根据吴汝纶致严复信中引述严复致吴汝纶信中的话。吴汝纶致严复信中说："接二月十九日惠书，知拙序已呈左右……至乃以五百年见许，得毋谬悠其词已乎。"见王栻主编：《严复集》，中华书局，1986 年，第五册，第 1561 页。——译者按）

在序言里,吴开篇即对赫胥黎的理论表示称赞,说这个理论在中国是前所未闻和惊天动地的。但他很快转向严复。吴写道,由于严复的翻译,他能理解赫胥黎的思想。这里要指出的重要一点是吴强调的是严复的写作风格,而不是作品的内容:没有严复优雅的文笔,赫胥黎的思想就不会被阐明。有趣极了,在序言中,吴氏用很长的篇幅讨论了从周代开始的中国散文传统。中心论点是,没有优雅的文风,思想不能自明。与此类似,赫胥黎的重要理论,如果没有用严复优美的文字表达,也不会被人接受。吴汝纶论及同时代其他人所作的翻译。他同意西学可以帮助启蒙民众,但又批评道,因为大多数西学汉译作品的汉语水平很差,将不能达到启迪民众的目标。但是严复的译文可与东周的散文相媲美。对严复译作的这种定位引出吴汝纶在《天演论》序言中的下面一句:"文如几道,可与言译书也。"[①]有了这样一位在古文界杰出人物的推荐,严复在保守派中的地位急速上升。

由此,我们也可以理解,严复坚持"雅"的原因和他的翻译使用汉代以前文风的原因。因为桐城派认为中国最好的散文写于春秋时期(前770—前476),那是在汉代以前。严复的"雅"只是为了得到这个清代最大散文学派的支持或试图使自己和这个派别联系在一起的手段。在一个强有力的赞助人的帮助下,严复的翻译赢得了一个很大的读者群。鲁迅在30年代对严复使用优美的文言文,作了令人信服的解释:

> 那时的留学生没有现在这么阔气,社会上大抵以为西洋人只会做机器——尤其是自鸣钟——留学生只会讲鬼子话,所以算不了"士"人的。因此他便来铿锵一下子,铿锵得吴汝纶

---

① 吴汝纶:《天演论吴序》,载《严复集》,第5册,第1317~1319页。

也肯给他作序。这一序,别的生意也就源源而来了。①

如果我们将"生意"不是理解为赚钱,而是指社会地位高或贵族身份,我们可以明白,赞助者和使用汉代以前文风的重要性。

当时所谓最伟大的小说翻译家林纾(1852—1924)的情形也与此类似。众所周知,林氏不懂任何外语,他不得不完全依赖使用汉语向他讲述故事的合作者。以现在的目光看,真正翻译的人是合作者——他们做的正是我们今天所称的"现场翻译"。我们知道,这种情况并不稀奇。但是不公平的是,大部分(即使不是全部)的声誉归于林纾。林纾因其优美的桐城派散文而身价高贵。无疑,优美的散文比译作本身的内容对读者产生更为强烈的印象。

四、"达"和严复期望的读者群

严复选择吴汝纶作为他的赞助者,与他设定的读者目标吻合。梁启超曾批评严复的翻译使用了难解的语言。在对梁的指责的答复中,严复说出了他的译作的期望读者群:

> 且不佞之所从事者,学理邃赜之书也,非以饷学僮而望其受益也。吾译正以待多读中国古书之人,使其目未睹中国之古书。而欲稗贩吾译者,此其过在读者,而译者不任受责也。②

他所期望的读者——"多读中国古书之人"——很明显的是那些对中国政治和最有可能对严复的职业生涯施加影响的人物。梁启超却有完全不同的读者群:

> 但吾辈所犹有憾者,其文笔太务渊雅,刻意摹仿先秦文

---

① 鲁迅:《关于翻译的通信》,载《鲁迅全集》,北京:人民文学出版社,1981年,第4卷,第370~388、380~381页。

② 严复:《与新民丛报论所译群学肄言》,载《严复集》,第3册,第516~517页。

体，非多读古书之人，一翻殆难索解，夫文界之宜革命久矣。况此等学理邃赜之书，非以流畅之笔行之，安能使学僮受其益乎？著译之业，将以播文明思想于国民也，非为藏山不朽之名誉也。①

不幸地，那个时代的中国并没有大量的学童。读者群，即使是翻译小说的读者，也都是传统的文人，更不用说《天演论》这样的作品。②对期望读者的错误概念，使梁启超通过外国小说的翻译进行现代化的路径遇到困难。而严复对读者的特性有完全清楚的认识，这使得他的译作得以成功，因为它们被广泛阅读和高度尊重。

究竟什么构成了那个时期的读者群，仍是一个问题。无疑，19、20世纪之交，当严复翻译《天演论》和梁启超呼吁翻译外国小说以使人们现代化时③，对现代化的反对不像在19世纪中期恭亲王奏请设立同文馆时那么强烈。然而，大多数人仍然相信，西方列强仅在军事力量方面有优势，很难使他们相信，在思想方面西方也有需要学习的东西。对于严复那些读了许多古文的期望读者来说，情况更是如此。当然，他们或许对西学有所同情，否则的话，他们可能根本不会去读译作。必须做的是去说服他们相信译作的内容值得关注。

我们已经知道，严复采用了桐城派的文风去吸引读者阅读他的译作；这就是他的颇有争议的"雅"的策略。但是这还不够，因为

---

① 梁启超：《绍介新著原富》，载牛仰山、孙鸿霓编：《严复研究资料》，福州：华夏文艺出版社，1990年，第266~268、267页。

② 西方小说译者徐念慈曾指出，那些购买和阅读小说的人中，百分之九十都是传统的知识分子。徐念慈：《余之小说观》，载陈平原、夏晓虹编：《二十世纪中国小说理论资料》，北京：北京大学出版社，1989年，第310~316、314页；另一位批评家也说，原先把时间用于读经的文人转向购买和阅读新小说。老隶：《文风之变迁与小说将来之位置》，载陈平原、夏晓虹编：《二十世纪中国小说理论资料》，北京：北京大学出版社，1989年，第204~207、206页。

③ 梁启超：《论小说与群治之关系》，载陈平原、夏晓虹编：《二十世纪中国小说理论资料》，北京：北京大学出版社，1989年，第33~37页。

保守思想也能用优美的文风写出来,对传统的读者产生吸引力。这样,严复和别的翻译者必须解决的另一个问题是,如何使保守派收敛傲慢而接受西学。这就又回到"达"的问题。前面已阐明,严复在解释"达"时,呼吁使用汉以前语法和词语。用他的话来说就是,"精理微言,用汉以前字法、句法,则为达易"。严复说汉代以前语法和词汇可以帮助表达西学,这对当今的读者来说显得奇怪。但是如果我们深入观察严复翻译外国概念和思想时所经常采用的做法,就可以发现,这是说服保守派有效的办法。

首先,没有疑问,严复对于翻译词语是细心和谨慎的。他的一句名言是:"一名之立,旬月踯躅。"①严复成功地新造许多新词,这些新词被长期广泛使用,对中国产生了巨大的影响。一个著名的和现成可用的例子就是将"evolution"译为"天演"。

然而,他所采用的一个策略更应引起注意,即采用或改造文言文词语去解释西方的概念。例如,当他翻译约翰·斯图加特·穆勒(John Stuart Mill)的《逻辑》(*A System of Logic*)时,他采用了两个《易经》的词语即"内籀"和"外籀"来分别代表"归纳"和"演绎"。②这两个术语最终被抛弃不用,现在我们都使用"归纳"和"演绎"。但是,用"内籀"和"外籀"的意义在于,给那些熟悉古代汉语作品的人们两个很深的印象:第一,严复本人精通经学;第二,这些外国思想并不是那么"外国"。前一个问题与严复的个人地位有关,后一个问题涉及对西学的整体接受。通过应用文言文词语去翻译西方概念,他给人这样一种印象:这些西方概念或许起源于中国,或者至少,这些概念在中国"古已有之"。由于传统读者对中国文化有很高的自豪感,通过使他们相信中国传统学术与夷人西学之间的可能的联系,严复能够减少甚至消除对西化的反对。正是因为这个原因,严复告

---

① 严复:《天演论译例言》,载《严复集》,第 5 册,第 1322 页。
② 严复:《天演论自序》,载《严复集》,第 5 册,第 1319~1320 页。

诉读者,用汉代以前词语,可以更容易翻译西方深奥的作品。一位批评家认为,这是某些苦药的糖衣。接受只有西学能够救中国的观点对于保守派来说是一剂苦药,必须给他们一些甜东西帮助他们吞下药。①

在小说的翻译中存在同样的情况。由于当时翻译小说②的读者是那些阅读传统作品的人们,他们基本上和阅读《天演论》的读者是同一个群体。对于他们当中的许多人,他们可能想了解关于西方文学的一些东西,但他们不能接受过于"非传统的"东西,特别是在意识形态方面。翻译者为了避免麻烦,常常删去那些可能冒犯读者的部分。一个例子是,小说中的宗教内容。译者必须非常小心地对待宗教问题,完全删去或者否认与宗教问题有联系。③我们可以引证的另一个例子是林纾的全译本《迦因小传》,书中揭示女主人公迦因生了一个私生子,因此招来保守派的严厉批评。而该书的缩减版删去了这部分内容,流传范围更广。④很明显,许多读者读翻译小说时带着与阅读传统小说一样的期望。为了取悦他们,译者必须采用一些策略。

在各种各样的策略中,最普遍采用的策略与"古已有之"问题

---

① 王佐良:《严复的用心》,载商务印书馆编辑部编:《论严复与严译名著》,北京:商务印书馆,1982 年,第 22~27 页。

② 关于晚清小说翻译的问题和策略的讨论,参见王宏志:《暴力行为:晚清民国时期西方小说的翻译》,载贺麦晓:《二十世纪中国文学场》,萨理:卡尔热,1999 年,第 21~39 页。

③ 同一个作者林纾在西方小说中采用了两种方法处理宗教问题。在翻译《黑奴吁天录》(*Uncle Tom's Cabin*)时,他删去了大部分宗教内容,理由是"为了方便读者"。林纾:《黑奴吁天录例言》,载陈平原、夏晓虹:《二十世纪中国小说理论资料》,北京:北京大学出版社,1989 年,第 27~28 页。另一方面,他在翻译《鲁滨逊漂流记》(*Robinson Crusoe*)时,保留了宗教内容,解释说,作为译者,应尊重原著。林纾:《鲁滨逊漂流记》,载陈平原、夏晓虹编:《二十世纪中国小说理论资料》,北京:北京大学出版社,1989 年,第 145~147 页。

④ 林纾:《迦因小传小引》,载陈平原、夏晓虹编:《二十世纪中国小说理论资料》,北京:北京大学出版社,1989 年,第 138 页。对于林纾的《迦因小传》(*Joan Haste*)的翻译的批评,见寅半生:《读迦因小传两译本书后》,载陈平原、夏晓虹编:《二十世纪中国小说理论资料》,北京:北京大学出版社,1989 年,第 228~230 页。

有关。林纾曾经称赞瑞德·哈葛德(H. Rider. Haggard)的《黄金雨》(*Allan Quatermain*)说"西方文风何其类似于司马迁"。①他的别的译作的序言中也有类似的话。这些也是严复翻译所采用的策略：西方作品的任何荣誉，都要找到其在中国传统的根源。另一个有趣的例子出现在林纾对瑞德·哈葛德的另一部小说《蒙特祖玛的女儿》(*Montezuma's Daughter*)的译本的序言中。虽然林很清楚，这是一个关于墨西哥镇压的故事，但他故意变更重点，强调主人公托马斯(Thomas)为父亲进行复仇，将书的标题变成《英孝子火山报仇录》。重要的不在于林纾鼓励子女的孝行，而在于林纾想说明，西方人对子女孝行不重视的认识是错误的。他用这一点，是在说对于西方人的错误认识对西学的促进是有害的。通过翻译这本书，他可以让中国的父亲和长兄们知道，西方人也讲孝道，因此西学是可以在中国传播的。②

由此很明显，不论是严复的翻译理论，还是译者所采取的实际策略，决定性的因素不在于翻译本身，而是出于对一系列因素的考虑而形成的。

再来看赞助者和读者的关系，我们发现，早期阶段西学的翻译主要是一个国家事业，赞助者是属于非区分型的。换言之，译者不得不完全依赖于赞助者以取得财政保障和社会地位。对意识形态和审美的控制是非常强有力的。然而，在晚清翻译史上，一个重要的问题是，1905 年科举制度的废除所引起的赞助者性质的变化。这个事件对中国近代史有深远的影响。对于受过教育的人来说，它突然打断了其通往官场以及随之而来的权力和财富之路。他们不得不另谋生路。换言之，他们不得不另找赞助者，尤其是出于财政原

---

① 林纾：《斐洲烟水愁城录》，载陈平原、夏晓虹编：《二十世纪中国小说理论资料》，北京：北京大学出版社，1989 年，第 141~142 页。

② 林纾：《英孝子火山报仇序》，载薛绥之、张俊才编：《林纾之研究资料》，福州：福建人民出版社，1989 年（"1989 年"应为"1983 年"。——译者按），第 108~109 页。

因。另一方面，随着约开口岸的开放，最重要的一个口岸是上海，这座城市人口上升很快，对大众娱乐的要求增长很快。杂志和报纸大量涌现。有的人开始以翻译和写作为谋生手段。中国有了最早的"职业"作家和译者群体。显然，作者和译者待遇相对较高[①]，他们的版权受到法律保护。[②]随着这个变化，译者将更多地以读者作为他们翻译活动的支持力量。小说翻译的情况尤其是如此，而对西方技术学的翻译，在一段时间里仍然主要是一项国家事业。

结　语

由于本文试图讨论晚清翻译面临的问题，我们可以征引两段严复关于他们在翻译西学时所遇困难的话：

> 仲尼之述作，莫大于《易》、《春秋》，今使西人欲会其微言，考其大义，则译而求之，可乎？秦汉之文辞，屈原之《离骚》，司马迁氏之《史记》，非绝作软？今使西人欲知其悃款之诚，赏其吊诡之观，则译而求之，得乎？而西之于中何以异？且西学之难以译求者，不止此已。[③]

第二段写道：

> 吾闻学术之事，必求之初地而后得其真，自奋耳目心思之力，以得之于两间之见象者，上之上者也。其次则乞灵于简策

---

① 我们不知道那时译者的标准收入，但据包天笑说，翻译了4~5万字的两本书，他挣了一百美元，足够几个月的花费。包天笑：《钏影楼回忆录》，香港：大华出版社，1971年。

② 范伯群、朱栋霖：《中外文学比较史，1898—1949》，南京：江苏教育出版社，1993年，第195页。

③ 严复：《英文汉诂卮言》，载《严复集》，第1册，第153页。

之所流传,师友之所授业。然是二者,必资之其本用之文字无疑也。最下乃求之翻译,其隔尘弥多,其去真滋远。①

参考文献

Alvarez, Roman and Carmen –Africa Vidal (eds.). 1996. *Translation, Power, Subversion*. Clevedon: Multilingual Matters Ltd. 罗曼·爱尔巴雷茨、比达尔·卡门–阿弗里卡编：《翻译、权力、颠覆》,克利文顿：多种语言问题出版公司,1996 年。

包天笑：《钏影楼回忆录》,香港：大华出版社,1971 年。

陈宝琛：《清故资政大夫海军协都统严君墓志铭》,载严复：《严复集》,5 册,北京：中华书局,1986 年,第 5 册,第 1541~1545 页。

陈平原：《中国小说叙事模式的转变》,上海：上海人民出版社,1988 年。

陈平原、夏晓虹编：《二十世纪中国小说理论资料》,北京：北京大学出版社,1989 年。

Chu, Samuel C. and Kwang–ching Liu (eds.). 1994. *Li Hung-chang and China's Early Modernization*. New York: M. E. Sharpe. 朱昌峻、刘广京主编：《李鸿章与中国早期现代化》,纽约：M·E·夏普,1994 年。

Cohen, Paul. 1974. *Between Tradition and Modernity: Wang Tao and Reform in Late Ching China*. Cambridge, Mass.: Harvard University Press. 柯文：《在传统与现代性之间：王韬与晚清改革》,坎布里奇,马萨诸塞：哈佛大学出版社,1974 年。

范伯群、朱栋霖：《中外文学比较史,1898—1949》,南京：江苏教育出版社,1993 年。

---

① 严复：《与外交报主人书》,载《严复集》,第 3 册,第 561 页。

傅兰雅（John Fryer）:《江南制造局翻译西书史略》，载罗新璋编：《翻译论集》，北京：商务印书馆，1984年，第211~226页。

贺麟:《严复的翻译》，《东方杂志》22.21，1925年，第75~87页。

Hsü, Immanuel C. Y. 1970. *The Rise of Modern China*. Hong Kong: Oxford University Press. 徐中约:《中国近代史》，香港：牛津大学出版社，1970年。

老隶:《文风之变迁与小说将来之位置》，载陈平原、夏晓虹编：《二十世纪中国小说理论资料》，北京：北京大学出版社，1989年，第204~207页。

Lefevere, Andre. 1992a. *Translation/History/Culture: A Sourcebook*. London, New York: Routledge. 安德·勒菲弗尔:《翻译、历史与文化论集》，伦敦、纽约：劳特里奇，1992年。

Lefevere, Andre. 1992b. *Translation, Rewriting and The Manipulation of Literary Fame*. London, New York: Routledge. 安德·勒菲弗尔:《翻译、改写以及对文章结构的操控》，伦敦、纽约：劳特里奇，1992年。

黎难秋编:《中国科学翻译史料》，合肥：中国科学技术大学出版社，1996年。

梁启超:《论小说与群治之关系》，载陈平原、夏晓虹编：《二十世纪中国小说理论资料》，北京：北京大学出版社，1989年，第33~37页。

梁启超:《绍介新著原富》，载牛仰山、孙鸿霓编：《严复研究资料》，福州：华夏文艺出版社，1990年，第266~268页。

林纾:《黑奴吁天录例言》，载陈平原、夏晓虹编：《二十世纪中国小说理论资料》，北京：北京大学出版社，1989年，第27~28页。

林纾:《英孝子火山报仇录序》，载薛绥之、张俊才编：《林纾之研究资料》，福州：福建人民出版社，1989年（"1989年"应为"1983年"。——译者按），第108~109页。

林纾：《迦因小传小引》，载陈平原、夏晓虹编：《二十世纪中国小说理论资料》，北京：北京大学出版社，1989年，第138页。

林纾：《斐洲烟水愁城录》，载陈平原、夏晓虹编：《二十世纪中国小说理论资料》，北京：北京大学出版社，1989年，第141~142页。

林纾：《鲁滨逊漂流记》，载陈平原、夏晓虹编：《二十世纪中国小说理论资料》，北京：北京大学出版社，1989年，第145~147页。

鲁迅：《关于翻译的通信》，载《鲁迅全集》，北京：人民文学出版社，1981年，第4卷，第370~388页。

罗新璋编：《翻译论集》，北京：商务印书馆，1984年。

马建忠：《拟设翻译书院议》，载黎难秋编：《中国科学翻译史料》，合肥：中国科学技术大学出版社，1996年，第313~317页。

马祖毅：《中国翻译简史：五四以前部分》，北京：中国对外翻译出版公司，1984年。

Ng, Mau-sang. 1991. "Reading Yan Fu's Tian Yan Lun", in: Roger Ames et al. (eds.). *Interpreting Culture Through Translation*. Hong Kong: Chinese University Press, pp. 167–84. 吴茂生：《读严复的〈天演论〉》，载安乐哲等编：《通过翻译解释文化》，香港：中文大学出版社，1991年，第167~184页。

牛仰山、孙鸿霓编：《严复研究资料》，福州：华夏文艺出版社，1990年。

Nord, Christiane. 1997. *Translating As a Purposeful Activity: Functionalist Approaches Explained*. Manchester: St. Jerome. 克里斯蒂恩·诺德：《目的性行为：析功能翻译理论》，曼彻斯特：圣乔劳姆，1997年。

Schwart, Benjamin. 1964. *In Search of Wealth and power: Yen Fu and the West*. Cambridge, Mass.: Harvard University Press. 本杰明·史华兹：《寻求富强：严复与西方》，坎布里奇，马萨诸塞：哈佛大学出版社，1964年。

Sinn, Elizabeth. 1991. "Yan Fu as Translator: A Textual Criticism of *the Tianyanlun*", in: Liu, C. C. (ed.). Fanyi xinlunji. Hong Kong: Commercial Press, pp. 359–66. 冼玉仪:《作为翻译者的严复:天演论文本的批判》,载刘靖之编:《翻译新论集》,香港:商务印书馆,1991年,第 359~366 页。

Sinn, Elizabeth. 1995. "Yan Fu", in: Chan Sin-wai and David Pollard (eds.). *An Encyclopaedia of Translation*. Hong Kong: Chinese University Press, pp. 432–6. 冼玉仪:《严复》,载陈善伟、卜立德编:《翻译百科全书》,香港:中文大学出版社,1995年,第 432~436 页。

苏曼殊译:《惨世界》,载《苏曼殊文集》,广州:花城出版社,1991年,第 671~753 页。

唐振常、沈恒春编:《上海史研究》,上海:学林出版社,1989年,第 176~211 页。

王韬:《弢园尺牍》,北京:中华书局,1959年。

王佐良:《严复的用心》,载商务印书馆编辑部编:《论严复与严译名著》,北京:商务印书馆,1982年,第 22~27 页。

Wong, Wang-chi Lawrence. 1999. "An Act of Violence: Translation of Western Fiction in the late Qing and early Republican Period", in: Michel Hockx (ed.). *The Literary Field of Twentieth Century China*. Surrey: Curzon, pp.21–39. 王宏志:《暴力行为:晚清民国时期西方小说的翻译》,载贺麦晓:《二十世纪中国文学场》,萨理:卡尔热,1999年,第 21~39 页。

吴汝纶:《天演论吴序》,载严复《严复集》,北京:中华书局,1986年,第 5 册,第 1317~1319 页。

吴汝纶:《吴汝纶致严复书》,载严复:《严复集》,北京:中华书局,1986年,第 5 册,第 1560 页。

熊月之:《上海广方言馆史略》,载唐振常、沈恒春编:《上海史研究》,上海:学林出版社,1989年,第 176~211 页。

熊月之：《西学东渐与晚清社会》，上海：上海人民出版社，1994年。

徐念慈：《余之小说观》，载陈平原、夏晓虹编：《二十世纪中国小说理论资料》，北京：北京大学出版社，1989年，第310~316页。

徐立亭：《晚清巨人传·严复》，哈尔滨：哈尔滨出版社，1996年。

薛绥之、张俊才编：《林纾之研究资料》，福州：福建人民出版社，1983年。

严复译：《原富》(译自 Adam Smith, *An Inquiry into the Nature and Causes of the Wealth of Nations*)，上海：商务印书馆，1931年。

严复译：《名学浅说》，上海：商务印书馆，1931年。

严复：《严复集》，全五册，北京：中华书局，1986年。

严复：《天演论译例言》，载《严复集》，第5册，第1321页。

严复：《天演论自序》，载《严复集》，第5册，第1322页。

严复：《群学肄言译余赘语》，载《严复集》，第1册，第126~127页。

严复：《与新民丛报论所译群学肄言》，载《严复集》，第3册，第516页。

严复：《英文汉诂卮言》，载《严复集》，第1册，第153页。

严复：《与外交报主人书》，载《严复集》，第3册，第561页。

严璩：《侯官严先生年谱》，载严复：《严复集》，北京：中华书局，1986年，第5册，第1545~1552页。

寅半生：《读迦因小传两译本书后》，载陈平原、夏晓虹编：《二十世纪中国小说理论资料》，北京：北京大学出版社，1989年，第228~230页。

官话、白话和国语

——20 世纪初中国"国语"概念的出现

白　莎

导　言

20 世纪最初二十年中,近代中国关于语言的话语,有三个重要的术语:官话、白话和国语。这三个术语在 19 世纪以前的中国都起着一定的作用。在讨论统一中国语言的进程中,三者的内容及其所描述的现实——中国的语言情形和某些语言在社会中所起的作用,都发生了变化。

众所周知,所谓的"文学革命"出现于五四运动开始前不久,它用白话文代替文言文。这一运动当之无愧地被看做是 20 世纪 20 年代被称为"国语"的近代中国统一语言产生过程中的里程碑。

像其他许多近代话语一样,关于语言的新话语开始于 19 世纪 90 年代。像在世界其他地方一样,语言问题在中国的出现与民族主义的传入有密切的联系。新语言概念的意识形态基础是对近代民族国家的机能及其人民的作用的新认识。寻找新的媒介向国民大众传播近代意识,把口头语言作为民族认同的一部分,导致对赋予传统中国社会某些语言的功能和作用进行重组。这样,官话地位上升,从通用语(lingua franca)被重塑为中国的国语。

本论文试图说明,近代对国语的需求如何被纳入中国语言情境中以及近代对国语的需求是如何开始改变中国语言情形的，这个过程一直延续到清王朝的结束。我要指出语言国语化过程中的两个推动力：全国性出版业的出现，将官话重命名为白话，同时将其重塑为大众交流的工具；学校系统的现代化和国家化要求全国统一的口语(不久称为"国语")的讲授。

一、清代文学理论和语言实践

语言学家查理士·福格森在其著名的讨论使用两种语言的论文里，以阿拉伯语为例，描述这样一种语言情形，在此情形中一种语言有两个类型：高雅型和粗俗型。这两种类型语言在其功能和声望、与其相联系的文学遗产、标准化和稳定性的程度、获得方式等方面都有所不同。在这样的社会中，是否掌握了高雅型语言将决定这个人的社会地位。①在中华帝国，这样的语言情形在文学理论中有很好的体现。

多莱热罗娃–韦林格洛娃在研究世纪之交中国小说时发现，在文学领域，正统的儒家美学提倡一种"非历史的"中国文学研究路径。她写道：

> 几个世纪以来，这个僵化的模式化的美学顽固地坚持两个互相排斥的中国文学的概念。一方面，有一些文本满足其模式化的理想，具有双重功能，即传达儒家圣人的道德原则和帮助统治者统治国家(经济)……另一方面，小说和戏剧被排除于儒家文学概念之外，不管其是用文言、官话或方言所写，因为它们被认为是纯娱乐性的，没有教化价值。②

由于儒学的文学("literature"，最好译为"literary studies"或德

---

① 参见查理士·福格森：《使用两种语言》，《单词》15，1959 年，第 325~340 页。
② 米列娜·多莱热罗娃–韦林格洛娃：《19 至 20 世纪转折时期的中国小说》，多伦多：多伦多大学出版社，1980 年，第 5 页。

语的 Schriftgelehrsamkeit)概念仅包括被称为"文"的使用,一种古代文体写成的文本和写作过程本身,关于文学的基本原理同样适用于语言理论。

在清代儒家知识分子的心目中,文化、文明及帝国统一不可分割地与写作联系在一起。例如,倪德卫这样解释历史学家和哲学家章学诚(1738—1801)作品中儒家"文"的概念:

> 在章氏的词汇中（以及在许多中国文学理论家的作品中),最恼人的词语之一是"文"——"写作"或"文学表达"。整个要点……依赖这个有两个意思的词:一般意义上的"写作",和作为表达"道"的深奥意义的"写作"。"文"即是文化本身。("周衰文弊")[1]

"文"在社会中的主要功能是保证文化的延续性,即通过联系现在和过去传播"道","能文"给予国家的统治者合法性。在一个更实在的层面,写作的功能是将语言极其多样化的许多省份统一为一个大的国家。[2]因此,只有经典语言的不同文体(文言、文理、文章——都是一种文体形式)才具有纵向统一和横向统一的双重功能。学校的读写课仅讲授文言文。[3]中国存在的其他形式的写作,尤其是白话形式,被认为不是"文",他们依然是德国语言学家所称的Schreibdialekt(书面方言)。[4]在汉语里,这些语言被认为是"话",称

---

[1] 倪德卫:《章学诚的生平与思想（1738—1801)》,斯坦福:斯坦福大学出版社,1966 年,第 117 页。

[2] 本书中毕鹗的论文从历史的角度对这种语言影响的多样性进行了探讨。

[3] 参见罗友枝:《清代的教育和通俗文学》,安阿伯:密歇根大学出版社,1979 年;张志公:《传统语文教育初探》,上海:上海教育出版社,1962 年。

[4] 德语从拉丁语中脱离出来的过程,见沃纳·贝斯切:《方言、书面方言、书面语、标准语:德语历史模式的例证概要》,载沃纳·贝斯切等编:《方言学:德语方言手册和常见方言研究》,柏林:华尔特·格鲁伊特,1983 年,第 961~990 页。

为"方言"、"俗话"、"乡谈"等，而不被称为"文"。甚至没有一个关于语言(包括书面语和口头语)的词，在晚清关于语言的文本中，书面语以"文字"表示，口头语以"语言"表示(学习外语总是包括外国语言文字)。

随着同时出现的白话文学的同时扩展，这样的理论越来越变得与变化中的语言情形相冲突。直到19世纪开始，中国的几个地区共同语发展出了他们自己的书写形式。特别是中国北方共同语即官话——由于中国北方相对较早和广泛发展的小说和官员们经常到首都北京——成为一种其口头及书面形式在中国大部分地方得到发展或通行的方言。

作为一种口头方言，官话甚至得到了一定程度的政府支持，使其成为国家机关所使用的通用语。由于方言被认为仅是一个发音的问题，18世纪的权威字典像《康熙字典》和后来雍正时期的《音韵阐微》等还定义了汉字的标准官话发音和书面发音。雍正皇帝被来自福建、广东官员难懂的方言所烦恼，甚至指示他们学习官话发音。18和19世纪浙江、福建、广东出版了许多针对官话学习者的辞书。[①]但是除了实际管理的考虑外，官话并不比其他方言享有更高的地位。口头方言并不对帝国"文"的统一构成威胁。因此，在一个非正式的层面上，官话受到尊重并且依然是口头会话的最重要的工具，甚至知识阶层也是如此。

另一方面，书面官话是构成白话文学主体的语言。因此，官话像白话文学一样，受到儒家知识分子抨击。宋明理学家如朱熹和吕坤等发现使用与口头语接近的简单的书面语没有问题，[②]而清代的

---

① 长泽规矩也：《明清俗语辞书集成》，东京：汲古书院，1974年；又见帕德尼：《18世纪中国的官话问题：雍正关于福建和广东的上谕》，《那不勒斯历史学报》48.4，1988年，第258~268页。

② 例如，见韩德琳：《晚明思想中的"行"：吕坤和其他士大夫的重新定向》，伯克莱：加州大学出版社，1983年，第143~160页。

学派,如考据派尤其是桐城派,便倾向于反对口语破坏正确的书面语言的自然倾向。白话文学或混合文体的文学地位低下,被认为不能表达道德和高尚的原则。①只有当教育民众的需要超过了对适当文学表达形式的考虑时,这个规则的例外才是可容忍的。最著名的例子是明清皇帝发布的对人民的训词,如被认为是明太祖(1368—1398)所发布的《六谕》,康熙皇帝于 1670 年发布的《圣谕》,雍正皇帝于 1724 年发布的《圣谕广训》等。在清代,上述上谕用各种官话版本发行,向未受过教育的百姓灌输儒家道德观。②历史小说至少有一部即《三国演义》是出于同样的考虑的。尽管小说一般是受到鄙视的,但在 1886 年,《三国演义》被认为适合于对新成立的天津武备学堂的学生进行教育。③将精英理想教给未受教育的人,叫作"演"或"演义",意思是"详细叙述、解释"或"表演"(总是变成白话),这是在历史小说的标题中和圣训的白话版本中常用的一个词语。历史小说和圣训的材料虽然是书面的,但被认为是一个口头解释的过程,而且实际情况往往正是这样。因为,圣训常用于对民众宣讲,小说构成了说书人的保留节目。④

近代,从 19 世纪 60 年代开始,西方传教士涌入中国,他们是最早对中国复杂的语言情形感到不满的人群之一。不管他们用何种办法去传播福音,他们只能到达一小部分人口。大部分传教士都来自欧洲国家,在那里,全国性的语言已得到充分发展和标准化。

---

① 参见米列娜·多莱热罗娃–韦林格洛娃:《19 至 20 世纪转折时期的中国小说》,多伦多:多伦多大学出版社,1980 年,第 5 页;胡志德:《从写作到文学:晚清散文理论的发展》,《哈佛亚洲研究学报》47.1,1987 年,第 51~96 页;周策纵:《五四运动:现代中国的思想革命》,坎布里奇、马萨诸塞:哈佛大学出版社,1960 年,第 269~270 页。

② 参见梅维恒:《圣训书面普及化的语言和意识形态》,载戴维·约翰逊等编:《帝国晚期的大众文化》,伯克莱:加州大学出版社,1985 年,第 325~359 页。

③ 高时良编:《中国近代教育史资料汇编:洋务运动时期教育》,上海:上海教育出版社,1992 年,第 502 页。

④ 描述《三国演义》,见邓嗣禹、毕乃德:《中国文献选编题解》。传播正史内容的论著见李福清:《历史演义与中国民间传统——口头与书面的"三国"》,莫斯科:诺科,1970 年。

然而，大多数的传教士没有从国家的视角来解决语言问题——李提摩太(1845—1919)或许是一个例外——他们低估了用汉字书写的官话在中国社会已有的作用。传教士们不去试图改变这种情况，而是企图适应各种不同的语言。在 19 世纪 90 年代,不同的新教团体开始合作,计划为中国生产四种不同类型的《圣经》译本：一个用高文理 High Wenli,一个用低(简)文理 Low (Simple)Wenli,一个用官话 Mandarin (这三个即所谓的官话和合版 Union Version),还有用罗马字书写的南方方言版。当和合版三种语言的三个委员会成立后,大多数参与翻译的人认为在高文理委员会工作是极大的荣誉,这说明文言文仍然地位很高。[1]另一方面,为低层中国人口工作的传教士彻底否认官话的用途,转向中国下层民众,喜欢地方方言。[2]很多传教士甚至鄙视中国汉字,喜欢新创造的用字母书写的方言。然而,在翻译工作开始后不久,由于快速变化的社会和语言现实,传教士的计划过时了。最后,在原有的计划中,只有官话版《圣经》生存了下来。因为这个原因,传教团体对中国国语发展的直接影响仍然是很小的。[3]

但是,在一个意识形态危机时代,通过传教士和别的途径与西方国家和日本的接触产生了新的有影响的语言思想。从 19 世纪 80 年代开始,关于语言的新问题被提了出来。在 19 世纪 90 年

---

① 参见乔斯特·让兹切:《终生的工作:为什么和合版用了近三十年才完成》,载伊爱莲编:《圣经与近代中国:文学与智性的激荡》,内特塔尔:斯泰勒出版社,1999 年,第 77~100、83 页。

② 例如,Y·K·叶:《上海的方言》,《教务杂志》22.8,1892 年,第 386~388 页。

③ 参见乔斯特·让兹切:《终生的工作:为什么和合版用了近三十年才完成》,载伊爱莲编:《圣经与近代中国:文学与智性的激荡》,内特塔尔:斯泰勒出版社,1999 年,第 77~100 页;约翰·德·弗兰西斯:《传教对中国民族主义的作用》,《皇家亚洲协会华北分会杂志》83,第 1~34 页。德·弗兰西斯论述了传教士对中国拼音计划的影响(这里不讨论这个问题),涉及到了《圣经》翻译的影响,他还发现,翻译者对于 1902 年官话版《圣经》在中国最畅销的事实非常气愤。1890 年开始编译的《圣经》官话和合版到 1919 年才得以出版,据说后来被作为官办学校的标准国语课程的一部分。参见利黑·雅利夫莱欧:《汉译〈圣经〉的语言问题》,伊爱莲编:《圣经与近代中国:文学与智性的激荡》,内特塔尔:斯泰勒出版社,1999 年,第 101~122 页。

代，要求废除一种最难的古文体——八股文（一种格式和韵律要求极严的语言，称作"八股文"或叫"文章"）——的人数激增。这些建议的目的在于为在实际知识方面而不仅仅在高深文学方面有才能的年轻人扩展通向考试的途径。1901 年，这种文体在科举考试中的废除，是中国语言情形进一步变化的开始。①

二、从官话到白话——老文体的新功能

受到西方和日本平民教育成功的鼓舞，改革者不仅要求文言文适应现代需要，而且要求所谓的"言文合一"。儒学崇尚古典的传统渐渐被打破，追求进步成为新的风尚。1887 年，黄遵宪在其著名的《日本国志》(1895 年印行)中写道:②

> 周秦以下，文体屡变，逮夫近世章疏、移檄、告谕、批判，明白晓畅，务其达意，其文体绝为古人所无。若小说家言，更有直用方言，以笔之于书者。则语言文字，几几乎复合矣。余又乌知夫他日者，不更变一文体，为适用于今，通行于俗者乎。③

新的口号直接借自日本语言情景。日本的书面语和口头语当时也是非常不同的。从 19 世纪 60 年代以来，出现了一种所谓的"言文一致"(意思正好是"语言文字合一")运动，出版了第一部用以东京语为基础的日本口语写作的现代小说，即二叶亭四迷(1864－1909)的《浮云》(1887－1889)。④此后的清代，中国语言概

---

① 参见傅吾康:《中国科举制度的改革和废除》,坎布里奇,马萨诸塞:哈佛大学出版社,1963 年,第 52~54 页。
② 参见波多野法子:《中国的改革:黄遵宪和日本模式》,坎布里奇,马萨诸塞:哈佛大学出版社,1981 年,第 53~54 页。
③ 黄遵宪:《日本国志·文学志》,《近代史资料》1963 年第 2 期,第 116 页。
④ 参见纳南特·吐温:《言文一致运动:运动的源起、发展和结局》,《日本文化学报》33.3,1978 年,第 333~356 页;山本正秀:《言文一致的历史论考》,东京:樱枫社,1981 年,第 30~51 页;纳南特·吐温:《书写日语标准化:现代化的一个因素》,《日本文化学报》43.4,第 425~454、443 页;又见马雷格·瑞耶译注:《日本第一部现代小说:二叶亭四迷的〈浮云〉》,纽约:哥伦比亚大学出版社,1967 年。

念的变化大多依照日本的先例。

对"言文合一"的新要求的结果之一，是一种被称作"白话"的通俗文体的产生。①白话文体被用于文言文书籍的翻译，还被用于旨在向未受教育的民众传播现代思想或"开通民智"的报刊的政论文章和新闻报道。②1897 年和 1898 年在上海，与梁启超、汪康年（1860－1911）及《时务报》发行人关系密切的维新人士（这个群体也包括黄遵宪），创办了几种开民智的白话报刊：《演义白话报》（1897 年）、《蒙学报》（汪康年 1897 年创办）、《无锡白话报》（1898 年裴廷梁[1857－1943]在无锡创办）和《女学报》（1898 年由康有为的女儿和裴廷梁的侄女 1898 年在上海创办）。③

特别是由于裴廷梁 1898 年用文言文发表的著名议论文《白话为维新之本》，《无锡白话报》因此可能是其中影响最大的。他写道：

---

① 另一个结果是由文字改革家所作更激进的"统一"尝试，他们计划让穷人免去汉字的负担（并不全部废除汉字），用方言的拼音教授基础的知识，见约翰·德·弗兰西斯：《民族主义和中国的语言改革》，普林斯顿：普林斯顿大学出版社，1950 年。对同一个口号的双重理解与中国语言概念的模糊性相联系。"语言文字合一"中的"文字"可以被理解为"书面语"（与"文言"同义）或理解为"书写形式"（即汉字）。

② 当然，如上所述，白话文学，特别是使用"官话"的文学早已存在，这是一种小说体和别的白话文学形式，不是政治论文或现代科普文章。为此目的，这种文体和其名称确实是"发明的"。当清政府开办劝学所要求人们遵循其改革方案，在这些机构中所使用的讲演材料分为"小说体"和"白话体"，参见《学部官报》4（1906 年 9 月 28 日），第 1 卷，第 95~96 页。

③ 关于《演义白话报》和《蒙学报》，见阿英：《晚清文艺报刊述略》，上海：古典文学出版社，1958 年，第 63~64 页；梁启超：《蒙学报演义报合序》，载中国史学会编：《中国近代史资料丛刊·戊戌变法》，4 卷本，上海：神州国光社，1953 年，第 4 册，第 539~540 页；汪康年等：《蒙学会报简章》，载中国史学会编：《中国近代史资料丛刊·戊戌变法》，第 4 册，上海：神州国光社，1953 年，第 540~542 页。关于《无锡白话报》，见范方：《中国官音白话报》，《近代史资料》，1963 年第 2 期，第 110~113 页；朱传誉：《报人、报史、报学》，台北：台湾商务印书馆，1985 年，第 7~11 页；刘家林：《白话报与白话文的最早创造者——裴可桴》，《新闻研究资料》1989 年第 3 期，第 32~39 页；裴廷梁：《无锡白话报序》，载中国史学会编：《戊戌变法》，第 4 册，上海：神州国光社，1953 年，第 542~545 页。关于《女学报》，见蔡乐苏：《清末民初的一百七十余种白话报刊》，载丁守和编：《辛亥革命时期期刊介绍》，第 5 册，北京：人民出版社，1987 年，第 493~546、498 页；方汉奇：《报史与报人》，北京：新华出版社，1991 年，第 295~296 页。

> 有文字为智国，无文字为愚国。识字为智民，不识字为愚民，地球万国之所同也。独吾中国有文字，而不得为智国，民识字而不得为智民，何哉？裘廷梁曰："此文言之为害矣。"

他继续写道：

> 文言兴而后实学废，白话行而后实学兴。实学不兴，是谓无民。①

把新文体称为"白话"及把新文体的报纸称为"白话报"，看来是其发明者在 19 世纪 90 年代末期新创造的词语。②虽然"白话"一词本身不是来自日本，但它作为一种为受教育程度低的民众创造的新的报纸文体，更多的是受到日本先例的影响。在 19 世纪 70 年代早期和 80 年代，在"文明开化"和"自由民权"的口号下，大报引进了口头语的栏目。政党用口头语发行所谓的"小新闻"。而且，为了教育民众，用口头语印行许多读物。③1876 年，上海《申报》首先试图建立一种"小新闻"，题为《民报》(与章炳麟后来在日本发行的报纸名称相同，但是对"民"的定义完全不同)，使用适合于不太懂得文理的"妇女、儿童、小商人、手艺人"④的简单语言。这份报纸的语言力图简单和易于理解到这样的程度，即只要受过几年教育就可以阅读它的文章。它不叫白话，但也不清楚它是叫官话，或上海方言，还是叫浅显文言。但是，重要的是，这份报纸没有取得成功，不

① 裘廷梁：《论白话为维新之本》，《近代史资料》1963 年第 2 期，第 120、123 页。

② "白话"一词的较早用法将在后文中讨论。

③ 参见纳南特·吐温：《言文一致运动：运动的源起、发展和结局》，《日本文化学报》，33.3，1978 年，第 333~356 页；山本正秀：《言文一致的历史论考》，东京：樱枫社，1981 年，第 30~51 页。

④ 《申报》，1876 年 5 月 5 日。

久即停止发行。①

考虑到新文体的被接受，把新文体叫"白话"，把使用新文体的期刊叫"白话报"，这是一个幸运的选择。"白话"是含有"低级"、"粗俗"意义的"俗话"的委婉说法。它现在成了"清楚的"和"直接的"语言。②然而，一开始，定义这个术语时就产生了问题。"白话"是一个来自南方汉语方言的词，指当地的共同语，与文言和官话都不同。③另一方面，改革者的雄心是一种全国性的共同语。一开始，他们就认识到官话在中国社会已经起到的作用，及其成为一种全国规模的语言的可能性。他们把官话作为一种传播思想的工具，希望全国读者都能读懂官话。上面提到的两种期刊，《演义白话报》和《无锡白话报》，用的是官话而不是地方方言。尽管两种期刊都建立在一个地区（江苏—上海），而官话不是被设定为期刊读者群体的当地人的口头语。这样，从一开始，新的报纸文体"白话"与官话紧密地联系在一起。但是，在新术语产生后的第一个十年，自称为"白话报"的期刊，尤其是在南方，必须对其将使用的文体进行定义。例如《女学报》，对其所用文体给出如下定义：

> 因为土话只能行在一县一州的，不能通到一省一国。本报

---

① 1876 年 3 月 29 日《申报》中最早提到这份新报纸。在 1876 年 6 月 6 日《申报》的一篇名为"论义学"的文章中，编者不得不承认，很少有人购买《民报》。后来，在关于《申报》售卖情况的文章中（1877 年 2 月 2 日）没有提到《民报》。我本人没有看到过《民报》。

② 比较大约二十年后胡适的热情的定义。胡适：《答钱玄同》，载王荣文编：《胡适作品集》，37 卷本，台北：远流出版公司，1994 年，第 3 卷，第 44 页。

③ 马西尼：《现代汉语词汇的形成及其向国语的演化：1840—1898》，伯克莱：《中国语言学报》（专著系列之六），1993 年，第 54 页。为闽南、福建、广东人所写的官话读物将汉字的官话发音（官音）用地方发音（白音）进行标注（例如，蔡奭：《官音汇解便览》，载长泽规矩也编：《明清俗语辞书集成》，东京：汲古书院，第 3 册，1974 年，第 399 页）。

章定用官话，乃是公共天下的意思。①

在《无锡白话报》的案例中，省去了这样的定义，结果产生了误解。因为人们误认为该刊是用无锡方言所写，这个期刊不得不重新命名为《中国官音白话报》。②

确实有一些使用地方方言的期刊。有的期刊标题用了他们的方言名称，几家北京的期刊和报纸正是这样做的，例如 1901 年的《京话报》和 1904 年的《京话日报》。但这些期刊也被算作一种白话期刊。在广州，官话不太流行，用北方方言所写的流行小说的影响很小。这个省的几家期刊虽然用"白话"命名，但实际使用的是广州方言。例如 1908 年的《岭南白话报》，甚至还有使用汉语和藏语两种语言的报纸《西藏白话报》。③有的期刊使用不同文体进行试验。1902 年，上海的《方言报》除了用官话，还用北京话、宁波话、广东话和苏州话写文章。1903 年，民族主义者的报纸《俄事警闻》试验针对不同的读者群使用不同的方言。例如，对湖南人使用"湖南白"，对广州人使用"广东白"等等，"官话"被用于满族人、西藏人、蒙古人和东北三省居民。④但是仅仅不到一年的时间，上海《方言报》就因

---

① 《上海女学报源起：论用官话》，引自蔡乐苏：《清末民初的一百七十余种白话报刊》，载丁守和编：《辛亥革命时期期刊介绍》，第 5 册，北京：人民出版社，1987 年，第 498 页。

② 范方：《中国官音白话报》，《近代史资料》1963 年第 2 期，第 110~113 页。

③ 参见白闰生：《我国最早的藏文报纸——西藏白话报》，《新闻研究资料》1989 年第 2 期，第 124~127 页。

④ 参见《俄事警闻》1（1903 年 12 月 25 日）。在第一期，该报公布了语言使用规则。对下列读者使用文言：记者、官员、外国代表、政府、中国留学生、中国教育会（即编者自己）、高级军官、学生社团、不同的政治团体（立宪派、革命派、顽固派等）以及绅士、传统教师、考试体制中的活跃分子等等。使用白话（未对白话进行分类）的读者有华侨商人、捐得官位者、工人、商人、农民、基督徒、和尚、乞丐、妓女、马贼等等。这个体制是有意义的，因为很多文章用"告……"的形式直接对目标读者进行演讲以激起他们的民族情绪。

为读者不能读懂所有这些方言而破产。①《俄事警闻》的民族主义编辑(其中有蔡元培)也仅采用"官话"作为他们宣传中国民族主义的媒介。

在 1903 年的东北危机中,尤其是在长江流域,中国新一轮的民族主义浪潮掀起。在这一浪潮中创办的几家白话报多多少少都与蔡元培领导的中国教育会有关系。其中有 1903 年 12 月林獬和刘师培(1884—1919)②在上海创办的《中国白话报》。《中国白话报》是文言日报《俄事警闻》(后改名为《警钟日报》)的"白话"姐妹刊。两份报刊都是在《苏报》被封和章炳麟、邹容被拘后,立即创办的。③《中国白话报》像大多数白话期刊一样短命,但却很有影响④,可作为民族主义者对使用白话和白话内容的态度的一个好例证。

《中国白话报》的编辑林獬是当时最重要的"白话"作家之一。他先前曾是《杭州白话报》的成功的撰稿人,⑤自称"白话道人"。在

---

① 参见史和等编:《中国近代报刊名录》,福州:福建人民出版社,1991 年,第 101 页。

② 参见丁守和编:《辛亥革命时期期刊介绍》,5 卷本,北京:人民出版社,1982—1988 年,第 1 卷,第 441~460 页;林慰君:《林白水先生传》,《传记文学》14.1,第 43~50 页;14.2,第 45~50 页;14.3,第 41~47 页,1969 年。

③ 另一份白话期刊是章太炎的弟子马裕藻 1903 年创办的《宁波白话报》。章太炎在注音字母的创立中起了重要作用。参见丁守和编:《辛亥革命时期期刊介绍》,5 卷本,北京:人民出版社,1982—1988 年,第 1 卷,第 431~440 页;黎锦熙:《国语运动史纲》,上海:上海书店,1990 年,第 51、56 页。《苏报案》后,陈独秀和章士钊及其他人在上海创办《国民日报》,但不久以后,1904 年 3 月陈独秀回到家乡芜湖创办了《安徽俗话报》。参见丁守和编:《辛亥革命时期期刊介绍》,5 卷本,北京:人民出版社,1982—1988 年,第 2 卷,第 163~189 页。关于《苏报》案,见 J·拉斯特:《苏案案:中国早期民族主义运动的一段插曲》,《东方和非洲学院学报》27.2,1964 年,第 408~429 页。

④ 该期刊不仅在整个长江流域售卖,在北京也有读者。《中国白话报》第 18 期(1904年 8 月 10 日)一篇名为《告当兵的兄弟们》的文章后来被《京话日报》第 9~12 期(1904 年8 月 24~27 日)连载。

⑤《杭州白话报》创办于 1901 年,持续存在到清亡,那时林獬已离开报社。参见徐运嘉、杨萍萍:《清末杭州的三种报纸:经世报、杭报、杭州白话报》,《新闻研究资料》1989 年第 3 期,第 132~139 页。

《中国白话报发刊词》中,林獬描述他使用"白话"的意图是使新的民众群体接受他的思想:

> 我们中国最不中用的是读书人。那般读书人,不要说他没有宗旨,没有才干,没有学问,就是宗旨、才干、学问件件都好,也不过嘴里头说一两句空话,笔底下写一两篇空文,除了这两件,还能够干什么大事呢?如今这种月报、日报,全是给读书人看的,任你说得怎样痛哭流涕,总是"对牛弹琴",一点益处没有的。……现在中国的读书人,没有什么可望了!可望的都在我们几位种田的、做手艺的、做买卖的、当兵的以及那十几岁小孩子阿哥、姑娘们。[①]

这样,"白话"被认为是对未受教育的人们讲话的工具,即不仅按照改革者意图教育他们,而且还要让他们去行动。至于"白话"的内容,林獬也赞同使用"官话",希望他的话能被全中国人理解而不仅被当地读者理解:

> 倘使在上海开一个顶大的演说厅,请了十八省男男女女都来听演说;我白话道人跑上去说起福建话来,恐怕你们都听不懂哩。唉!深的文法,列位们又看不懂;就是说把你听,列位们又是听不来的。而且我在上海说话,那能够叫十八省的人都听得着,我又没有加响的喉咙。我为着这事,足足和朋友们商量了十几天,大家都道没有别的法子,只好做白话报罢,内中用那刮刮叫的官话,一句一句说出来,明明白白,要好玩些,又要叫人容易懂些。[②]

[①] 林獬:《中国白话报发刊辞》,载张玉法等:《清末的革命运动:中国期刊指南》,哥伦比亚华盛顿特区:中国研究资料中心,1970年,第55页。

[②] 林獬:《中国白话报发刊辞》,载张玉法等:《清末的革命运动:中国期刊指南》,哥伦比亚华盛顿特区:中国研究资料中心,1970年,第55页。

这个期刊是否达到了其目标，打动了"种田的、做手艺的、做买卖的、当兵的"，还值得进一步研究。看起来，该刊在中国北方也有读者。1905年4月在北京创立的西城阅报社，向读者提供《中国白话报》所有各期，尽管该刊当时已经中断。这不能说明关于期刊读者的任何问题，因为这个阅报社由湖南人经营并服务于社会上层公众，而且在1905年9月，甚至计划建立一等、二等、三等阅报室。①在中国南方，"官话"不是大多数民众的口头语，这使人对于该刊所宣称的目标的实现难免产生一些怀疑。然而，期刊确实达到了向在现代的或半现代的学校里学习的"十几岁小孩子阿哥、姑娘们"传播的目标。1904年《中国白话报》的一则广告对此事实进行了揭示：

> 近日来购阅纷纷，其中尤以学生社会为多数。夫学生社会之所以乐于购此者，毋亦各为其家之妇孺，其乡之盲塞者计耳。本报陈说虽浅，立义则高，若非借同志之媒介，得以间接力以及于一般国民之耳目，则恐吾言之徒劳矣。②

1903年以后白话期刊的勃兴，不仅与东北危机后民族主义的高涨有关，还与1902年现代学制的建立有关。

这样，实际上，民族主义者的报刊对白话的强调，至少在南方，不像其所宣称的那样，是为了在农民、工人、士兵中赢得新的读者，而是别有目的。首先，它将过去限于娱乐和道德论文的尊贵的官话，变成了一种政治和科学的语言。在1901年以前最早的白话期刊主要包含将先前用文言写的、现在翻译成了白话的文章和

---

① 《大公报》，1905年5月5日。引自李孝悌：《清末的下层社会启蒙运动，1901—1911》，台北："中央"研究院近代史研究所，1992年，第54页；又见《京话日报》228(1905年4月8日)；265(1905年5月15日)；364(1906年9月23日)。
② 《警钟日报》37(1904年4月2日)。

新闻。许多翻译作品选自西方人傅兰雅、李提摩太和其他人的作品。这些作品本身是从西方语言翻译成文言文的译作的。在白话期刊上发表的另一类型材料是白话历史和演义一类的教育小说。①翻译现代主题的文言作品的过程也叫作演或演义，意思是"解释"、"表演"。表明译者的意图在于强调他们的作品与前代道德教化者的作品之间的密切关系。而且，"演"强调口头的"白话"与书面的"文"的不同。上述《杭州白话报》1901 年引进了论说。②这被其他白话期刊所仿效。一开始，这些论说的主要内容仍然是道德说教。③但在 1903 年以后，特别是在长江流域的民族主义的报纸中，"白话"文体的政治论说才出现。为了适应学生读者的需要，科学和教育主题的专栏也建立了起来。④由于民族主义者希望给读者带来社会变化、科学进步和民族力量的革命性的观念，以新词形式出现的"难懂的概念"，如"国民"、"革命"或"教育"这些丰

① 最早的白话报纸《演义白话报》主要由小说(如"通商原委演义"，即后来的"罂粟花")和新闻构成。《无锡白话报》有许多的翻译作品。两份期刊都没有用白话发表的真正的政治论说。参见阿英：《晚清文义报刊述略》，上海：古典文学出版社，1958 年，第 63~64 页(海德堡大学有该报的复制件)；又见《无锡白话报》、《中国官音白话报》的目录，载《中国近代期刊篇目汇录》，上海图书馆编辑，5 卷册，上海：上海人民出版社，1980—1984 年，第 1 卷，第 922~925 页。

② 关于文言报纸"论说"文章的发展沿革，见本书中燕安黛的论文。

③ 参见《杭州白话报》，载《中国近代期刊篇目汇录》，上海图书馆编辑，5 卷册，上海：上海人民出版社，1980—1984 年，第 2 卷，第 178~195 页；《京华报》(《京华报》应为《京话报》——译者按)，载《中国近代期刊篇目汇录》，上海图书馆编辑，5 卷册，上海：上海人民出版社，1980—1984 年，第 2 卷，第 196~197 页；《苏州白话报》，载《中国近代期刊篇目汇录》，上海图书馆编辑，5 卷册，上海：上海人民出版社，1980—1984 年，第 2 卷，第 221~222 页。

④ 《中国白话报》的栏目包括《论说》、《历史》、《地理》、《传记》、《教育》、《实业》、《科学》等等。从这些栏目的名称就很容易看出，从现代日语的借来词取代了古汉语的用词和较早的借来词，例如，"地理"取代了"舆地"，"历史"取代了"史学"，"科学"取代了"格致"。1904 年，"新系列"的《宁波白话报》采用了《中国白话报》的栏目格式。见《中国白话报》，载《中国近代期刊篇目汇录》，上海人民出版社，1980—1984 年，第 2 卷，第 1128~1136 页；《宁波白话报》，载《中国近代期刊篇目汇录》，第 2 卷，上海人民出版社，1980—1984 年，第 1124~1127 页。

富了报刊现代文言体的词语，现在大量涌入白话中。

另一方面，白话期刊使一整代的学生习惯于用白话并培养他们使用白话。这样，它奠定了文学革命的基础。1905 年，上海著名的中国公学的成立是朝这一方向前进的重要一步。这个学校是由反对日本文部省在清政府要求下发布《取缔清国留学生规则》的日本归国留学生创办的。这个学校被想象成一个全中国人的大学，学生和教师来自全国。胡适就是该校学生。根据胡适的回忆，这是最早的只聘用讲官话的教师的学校。①这个学校的学生发行白话期刊《竞业旬报》。期刊的刊名并没有使用作为"开民智"标记的"白话"一词。根据胡适的说法，它确实不想去"开民智"，而是传播知识"于小学校之青年国民"②，这些年轻的公民将成为像胡适一样的将来国家的思想领袖。1906 年 10 月，它的第一期中包括一篇关于官话的文章：

> 诸位呀，要救中国，先要联合中国的人心。要联合中国的人心，先要统一中国的言语……但现今中国的语言也不知有多少种，如何叫他们合而为一呢？……除了通用官话，更别无法子了。……现在中国全国通行官话，只须摹仿北京官话，自成一种普通国语哩。③

该刊一直存在到 1909 年，是延续时间最长的一份白话期刊。因此在此早期阶段，白话已经显示出成为现代书面语言和受教育阶层交流工具的趋势。

最后，白话期刊将语言问题与民族主义联系起来，使白话成

---

① 学生们把他们的语言称为"普通话"，这是日语"普通语"的借来词。要讨论这个问题就必然涉及"官话"内容的问题，这里不能论述这个问题。
② 胡适：《四十自传》，《中国历史研究》12.2，1978—1979 年，第 30 页。
③ 胡适：《四十自传》，《中国历史研究》12.2，1978—1979 年，第 31 页。引自英文译文。

为全国宣传的工具，并开始一步一步地取代文言一统中国的垄断
地位。

白话期刊证明是很成功的。在世纪之交后不久，"白话"已经
被广泛接受为开民智的工具的词语。民族主义者不再是唯一的使
用白话向民众传播思想的群体。虽然关于这种材料的统计数据不
完整，但人们可以安全地假设，截至清亡为止，中国存在过一百多
种白话期刊。①在公众舆论压力下，清政府被迫扩展"官话"与国
民交流的用途。从 1903 年起，甚至将对民众进行教育的官话材
料称为"白话"。这个运动从 1903 年开始，当时四川总督岑春煊
(1861—1933)将一个禁止妇女缠足的上谕翻译成白话并在民众中
散发。这本来是想面对民众宣讲的，但是也被在不同的白话报刊上
发表。别的省份相继而行，直隶总督袁世凯(1859—1916)就是这样
做的。他发布了著名的《国民必读》和其他宣传品。②有的白话报甚
至由官员资助，像 1905 年的《山西白话演说报》和1907年的《吉林
白话报》。③所有这些材料都是用"官话"写的。使用"官话"进行这种
宣传活动在中国有一个很长的传统。这样，把这种材料改名为"白
话"，在确定两个术语关系上又进了一步。

然而，使用"白话"尽管取得了这样的成功，但对"白话"的使用
还有一些限制。一方面，白话期刊仍然以口头语定位。一般的白话

---

① 蔡乐苏统计到 1915 年前共有 170 种白话期刊。然而，不管这个数字还是由史和
等人编辑的最全的近代期刊名录，都不完全或完全可靠；参见蔡乐苏：《清末民初的一百
七十余种白话报刊》，载丁守和编：《辛亥革命时期期刊介绍》，第 5 册，北京：人民出版
社，1987 年，第 493~546 页；史和等编：《中国近代报刊名录》，福州：福建人民出版社，
1991 年。

② 参见李孝悌：《清末的下层社会启蒙运动，1901—1911》，台北："中央"研究院近代
史研究所，1992 年，第 31~34 页。

③ 参见蔡乐苏：《清末民初的一百七十余种白话报刊》，载丁守和编：《辛亥革命时期
期刊介绍》，第 5 册，北京：人民出版社，1987 年，第 517~518 页；丁守和编：《辛亥革命时
期期刊介绍》，第 2 册，北京：人民出版社，1982—1988 年，第 548~562 页。

期刊,包括民族主义的白话期刊,几乎都夸大其与口头语的关系。例如,前引《中国白话报》常以这样的句子如"你看看吧"或"天气冷啊"作为段落的开头,[①]以显得适合与听众进行互动交流。为便于向读者朗读,早期白话用空白而不用标点。过去圣训宣讲的传统中,对官方"白话"的使用完全限于口头演讲。特别是1906年立宪运动开始后,对民众进行校外教育的劝学所遍布全国。白话材料构成了演讲内容的一部分。[②]

另一方面,与裘廷梁的名言相反,文言的地位很少受到公开挑战。即使文言受到了挑战,事实上,"白话"的地位仍比"文言"低。因为所有为白话期刊工作的记者, 在与同事交往时, 仍然写文言文章、文言信件等。近代的知识分子,假装既与其同伴讲话又与"种田的、做手艺的、做买卖的、当兵的以及那十几岁小孩子阿哥、姑娘们"讲话,他们仍然保留了语言的高低之分。他们并不以同一种语言对全民族讲话,而是使用两种语言——文言和白话。这意味着这个时期,民族出版业以两种不同的话语策略进行经营。许多文言报刊有"白话"形式的小姐妹报,最早的是1898年《中外日报》的姐妹报《上海晚报》。在上海,《警钟日报》与《中国白话报》相伴发行。在北京,白话的《京话日报》和文言文的《中华报》同时发行。在山西,《山西白话演说报》是《晋报》的副刊。几个大的商业报纸有白话栏目,如天津《大公报》。[③]

三、国语与国文——寻求全国性的语言

把官话发展成中国国语的过程说成是完全"无意识"的过程[④],像胡适后来所说的那样,是偏离了问题的要害。白话期刊的创办与

---

① 参见林獬:《中国白话报发刊辞》,载张玉法等《清末的革命运动:中国期刊指南》,哥伦比亚华盛顿特区:中国研究资料中心,1970年,第54页。
② 参见《学部官报》4,1906年9月28日,第1卷,第95~96页。
③ 参见史和等编:《中国近代报刊名录》,福州:福建人民出版社,1991年。
④ 参见胡适:《建设的文学革命论》,载王荣文编:《胡适作品集》,37卷本,台北:远流出版公司,1994年,第3卷,第63页。

语言问题的广泛辩论同时进行。"语言文字合一"的要求和全国统一的口头语言的要求紧紧相随。1896 年,梁启超首先在《时务报》上提出这个问题:

> 觇国之强弱,则于其通塞而已。血脉不通,则病;学术不通,则陋;道路不通,故秦越之视肥瘠,漠不相关;言语不通,故闽越之与中原,邈若异域。①

一个全国性的学制建立,必须决定教中国孩子何种语言及这种语言应叫何名称,这时国语的必要性变得特别急迫。1901 年,蔡元培发表了论文《学堂教科论》。在论文中,为了解决统一口语的问题,他建议在学校的最初两年(6 到 8 岁),在语音符号(没有汉字)的帮助下教授口头语官话。②

一年之后,1902 年,在日本影响下,统一口语有了一个新名称。这一年,(日本)国语调查委员会的成立,标志着有意识的语言计划的开始,日语的辩论也随之达到了高潮。在日本,"国语"(Kokugo)一词的现代意思是"全国性的语言",这是从其更老的意思,即与汉语相对的日本口语(我们自己国家的语言)派生出来的。这个词语的"一个国家的语言"的意思,是 19 世纪的后半期通过与外国的接触取得的。1894 年,上田万年(1867－1937)出版了《国语和国家》一书,给"国语"一词注入了很浓的民族主义味道。随着日本在战胜中国后产生的新自信,"国语"成了描述代表日本的单一语言的名称。③

---

① 梁启超:《论报馆有益于国事》,载梁启超:《饮冰室文集》,16 卷本,林志钧编,上海:中华书局,1936 年,第 1 卷,第 100 页。

② 参见蔡元培:《学堂教科论》,载蔡元培:《蔡元培全集》,高平叔编,4 卷本,北京:中华书局,1984 年,第 1 卷,第 147~149 页。

③ 参见罗伯特·莱米塞:《"国语"一词的歧义》,《中国–柏拉图学报》27,1991 年 8 月31 日,第 37~47 页;纳南特·吐温:《书写日语标准化:现代化的一个因素》,《日本文化学报》43.4,1988 年,第 425~454 页。

日本国语调查委员会成立的同一年，时任北京大学堂总教习的吴汝纶到日本考察日本的教育体制。他是一个著名的桐城派散文家和教育家，编辑了几本中国古代文学的诗文集。为了教育下层民众，他支持为北京方言建立一套语音标记符号（类似日本的假名）的计划。这套标音记号是由 1898 年百日维新失败后避难日本的王照设计的。①吴汝纶给北京大学堂管学大臣张百熙(1847–1909年)写信说：

> 今教育名家，率谓一国之民，不可使语言参差不通。此为国民团体最要之义。日本学校，必有国语读本。吾若效之，则省笔字，不可不仿办矣。②

不过，张百熙没有按照日本的模式来规定中国语言教学的术语和内容。1902 年的学堂章程没有任何关于国语或发音标记符号的内容。

与明治时期以前的日本相似，19 世纪中国的"国语"一词意思是与汉语相对的满语。1903 年，章炳麟反对康有为而向海外华商所写的著名政论，以及学部 1906 年的一份正式文件，仍在这个意义上使用"国语"一词。③吴汝纶的信似乎是中国最早提到"国语"的新用法，用于指称日本国家语言的名称。同时，"国语"通过另一个途径，在爱国的日本留学生归国的行李中，从日本传到中国。"国语"在沿海城市的报纸上出现。1904 年，"国语统一"的口号出现在中国的报刊上。在这些文章中，"国语"用于指称任何国家的全国性口

---

① 参见黎锦熙：《国语运动史纲》，上海：上海书店，1990 年，第 33~40 页。

② 《清末文字改革文集》，北京：文字改革出版社，1958 年，第 29 页。

③ 章炳麟：《驳康有为论革命书》，载《章太炎全集》，6 卷册，上海：上海人民出版社，1985 年，第 4 卷，第 173~184 页；《学部咨外务部文》，载《清末文字改革文集》，北京：文字改革出版社，1958 年，第 68 页。

语,暗含中国也应有"国语"的意愿。值得注意的是,陈独秀于1904年4月在他的白话报纸《安徽俗话报》上发表了一篇关于"国语教育"的文章。他用浅显的白话文体写道:

> 现在各国的蒙小学堂里,顶要紧的功课,就是"国语教育"一科。什么是国语教育呢?就是教本国的话……所以必定要重国语教育有两层道理:一是小孩子不懂得深文奥义,只有把古今事体,和些人情物理,用本国通用的俗语,编成课本,给他们读。等到他们知识渐渐的开了,再读有文理的书。一是全国地方大得很,若一处人说一处的话,本国人见而不懂本国人的话,便和见了外国人一样,哪里还有同国亲爱的意思呢? 所以必定要有国语教育,全国人才能说一样的话。

对于国语教育的内容,他建议如下:

> 即使我们不能像外国那样,编出完美的国语课本,我们仍然可以让一个懂得官话的教师每天上官话课……这样,经过三年学习之后,学生或许会使用官话。如果他们后来到了另一个省或区,这可以使他们免去他们仅仅因为他们不懂得官话就如同到了外国的不方便的感觉。①

这表明,他希望"官话"意思是全中国的语言,"国语"还没有被用作专有名词。

倾向改革的天津《大公报》(该报由满族人英华于1902年创办)。文章的作者使用笔名用文言体写道:

> 以人种相同、历史相同之民族,何其彼此乖违以至于此?

---

① 三爱(陈独秀):《国语教育》,《安徽俗话报》,1904年3月15日。

虽原因复杂不可缕指，而国语不能一致，殆亦最大之病源也。

作者没有将中国的国语等同于"官话"。但是，他说中国的国语还不存在，必须在"官话"的基础上创造出来：

> 撰定国语又为一难定之问题也，虽然中国语言之中最通行者莫如官话。况京师为一国之首都，而其地之语言又为各省游宦者之所共习，此其普及之力较诸各省语言最易为功。今之志士又皆以中国文字太深，汲汲谋编辑白话书报，以开通下流社会。此亦可见通行之官话，殆无人不晓者也。①

随着1903年底修订的学堂章程颁布，清政府也意识到统一全国语言的任务。在1902年的学堂章程中，学校的语言课程仅包括"习字"、"读经"、"作文"，而在1904年新章程中规定的课程，在初等小学堂叫"中国文字"，在高等小学堂叫"中国文学"。②政府的语言统一标准自然还是一个传统的标准，主要是写作的统一。只有文言的统一可以保证横向的(地区的)和纵向的(历史的)双向统一：

> 学堂不得废弃中国文辞……文学既废，则经籍无人能读矣。外国学堂最重保存国粹，此即保存国粹之一大端。③

清朝章程这时还没有采用"国语"的名称。然而，"官话"课目成

---

① 观生：《论国语统一之关系和统一之法》，《大公报》，1904年10月30日。
② 参见《钦定小学堂章程》(1902年)，载舒新城：《中国近代教育史资料》，三册本，北京：人民教育出版社，1985年，第2册，第404~410页。《奏定初等小学堂章程》(1903年)，载舒新城：《中国近代教育史资料》，三册本，北京：人民教育出版社，1985年，第2册，第420页。《奏定高等小学堂章程》(1903年)，载舒新城：《中国近代教育史资料》，三册本，北京：人民教育出版社，1985年，第2册，第435页。
③《学务纲要》，舒新城：《中国近代教育史资料》，北京：人民教育出版社，1985年，第1册，第202页。

为中国文学科的一部分。这个章程规定,所有学校都要教授"官话"
发音并解释道:

> 各国言语,全国皆归一致,故同国之人,其情易洽,实由小
> 学堂教字母拼音始。中国民间各操土音,致一省之人彼此不能
> 通语,办事动多扞格。兹拟以官音统一天下之语言,故自师范
> 以及高等小学堂,均于中国文一科内附入官话一门。其练习官
> 话,各学堂皆应用《圣谕广训直解》一书为准。将来各省学堂教
> 员,凡授科学,均以官音讲解,虽不能遽如生长京师者之圆熟,
> 但必须读字清真,音韵朗畅。[1]

政府解决全国语言统一的方法是传统的办法。寻找中国管理
史上的先例,这与 18 世纪雍正的政策很相近。"官话"仅被认为是
口头语,统一语言的问题仅被当作是发音问题。这样,通过背诵王
又朴(1680—1761)编辑的雍正皇帝的圣训,教给将来中国全国学
校系统的教师 (师范学堂和高等小学堂的毕业生) 正确的官话发
音,这就被认为是足够的了。没有制定关于"官话"的语法和词汇标
准化的章程,谨小慎微地避免给"官话"以口头的或书面的独立语
言地位。"国语"一词尽管仍指满族语,但采用"国语"替代"官话"将
会使"国语"在取得独立语言地位方向上走出太大的一步。

这样,"国语"一词在中国的语境下已经有了确定的意思,只要
满族进行统治,这个意思是不容易改变的。另一方面,更多民族主
义者鄙视白话, 宁愿将白话仅限于对学校外的未受教育的民众进
行教育。有趣的是,清政府要在"文"和"话"之间划出清楚的等级差
别的僵硬立场,与其宿敌即围绕在《民报》和章炳麟周围的群体的
立场颇为相近。1910 年,章炳麟和陶成章创办了一份面向海外华人

---

[1]《学务纲要》,舒新城:《中国近代教育史资料》,北京:人民教育出版社,1985 年,
第 1 册,第 210 页。

群体进行宣传,名为《教育今语杂志》的白话政治期刊。对于激进的民族主义者而言，白话的作用仅限于进行民族主义宣传的手段的公共演说领域。章炳麟给期刊写的文章实际上是演讲稿。该刊的序言听起来颇像前引政府文件中的用词：

> 欲斥弃国文，芟夷国史，是自亡其国。①

学校的语言课程,现代的和简化的文言体受到了欢迎,被叫作"国文",该词是从日语"国文"(Kokubun)一词派生而来。

在日本教育界，"国文"一词没有起到任何突出的作用，它指"国语"的书写体,是学校,特别是高年级国语课程的一部分。然而,学校课目的名称总是"国语",而不是"国文"。②约在 1902 年,"国文"一词在中国首次出现。这一年,蔡元培将中国教育会新创办的爱国学社的汉语课名称改为"国文"。③在民族主义者的圈子中,"国文"被赋予非常不同的意义,蔡元培没有定义"国文"的内容,但是肯定教授"古文"和"文学"课程。林獬在前述《中国白话报》中说：

> 他们外国人把文字分做两种：一种是古文,就是希腊拉丁的文;一种是国文,就是他本国的文字了。本国文字没有一人不通的,因他那种文字和说话一样。④

① 引自蔡乐苏：《教育今语杂志》,载丁守和编：《辛亥革命时期期刊介绍》,第 3 册,北京：人民出版社,1983 年,第 630~638、631 页;汤志钧：《章太炎与白话文》,《近代史研究》1990 年第 2 期,第 112~119、119 页。

② 参见西尾实等编：《国语教育辞典》,东京：朝仓书店,1957 年,第 280 页;海后宗臣、仲新：《从教科书看近代日本教育》,东京：东京书籍有限公司,1979 年,第 89~120 页。

③ 参见《爱国学社章程》,载高平叔编：《蔡元培全集》,4 卷本,北京：中华书局,1984 年,第 1 卷,第 166~167 页。

④ 林獬：《中国白话报发刊辞》,载张玉法等：《清末的革命运动：中国期刊指南》,哥伦比亚华盛顿特区：中国研究资料中心,1970 年,第 55 页。

因此他把"国文"用作与"国语"最宽泛的意义一样的意思，即一个国家的书面语言和口头语言。同时，他承认，在中国不存在古文和书面国语的区分。在中国进行这样的区分的要求被一位匿名的作者(可能就是林獬本人)稍晚在《警钟日报》的一篇文章《论白话报与中国前途之关系》提出来。① 另一位作者在发表于同一份报纸的文章《论国文之教授法》中把"国文"在狭义上理解为仅指汉字。②

不管如何定义，很清楚，"国文"是日语"国语"的对应词。最重要的原因是，"语" 仅指口头语言，如果学校里的语言课程教授作文，"国语"一词就显得不适当。另外的原因或许是，"国文"一词比"国语"一词更易于接受，因其具有与新的全国性语言意思相近的传统意思，指的是某种可被译为"国家的文字文化遗产"（"文字的"包括书面的语言和文学两种意思）的东西。

1903 年末的学堂章程即在此意义上使用"国文"一词，其中规定：

> 戒袭用外国无谓名词，以存国文，端士风。③

事实上，"中国文字"和"中国文学"课在小学堂作为一门课程，与读经分离，这已经在教授现代文言体方面走出一步。对于高等小学堂的中国文学课，其中规定：

> 其要义在使通四民（士农工商）常用之文理，解四民常用

---

① 参见《论白话报与中国前途之关系》，《警钟日报》，1904 年 4 月 25 日。

② 《学务纲要》，载舒新城：《中国近代教育史资料》，北京：人民教育出版社，1985 年，第 1 册，第 205 页。所谓的实体名词都是从日语术语派生而来的，这些日语术语在古汉语找不到其对应的先例，如"团体"、"国魂"、"舞台"、"代表"等等。早在 1911 年，一个百科辞典将"国语"定义为"某一国家专用的口头语。在我国的意思是满语"。"国文"被定义为"某一国家的书面文学研究，通常指我国的书面文学研究"。参见黄摩海编：《普通百科新大辞典》，上海：上海图书馆论社，1911 年。

③ 《奏定高等小学堂章程》，载舒新城：《中国近代教育史资料》，北京：人民教育出版社，1985 年，第 2 册，第 435 页。

之词句。①

但如果我们考虑到古文课而非实际的现代文言体是课程重要组成部分这一细节，这一步本身就显得半心半意。而且，课程表里"中国文字"或"中国文学"课与经学课程相比，处于一种劣势地位：在初等小学堂只有 4 学时，而读经课有 12 学时；高等小学堂的比例是 8 学时比 12 学时，尽管在"中国文学"课里增加了"古文"和"官话"课。②

四、制度的力量：国语的胜利

然而，清政府不能避免现代化的趋势。一个实际的原因是，按照其学校政策，新课程表所用教材几乎完全依赖于上海的商务印书馆。商务印书馆是当时中国最大和最先进的教科书出版商。这家出版社与日本教科书大出版商金港堂有密切合作，在 1904—1906 年间出版了著名的教科书系列"最新国文教科书"，1906 年，该教科书被新成立的学部确定为官办小学用书。③

这样，上海的民族主义者及其日本同事对政府的教育政策产生了直接的影响。一年后，学部想摆脱对上海教科书出版商的依赖，出版了自编的小学语言教科书系列的第一册和第二册，它们也称作"国文教科书"。"国文"一词第一次被正式地用作中国"国家语言"的名

---

① 《奏定初等小学堂章程》，载舒新城：《中国近代教育史资料》，北京：人民教育出版社，1985 年，第 2 册，第 435 页。

② 《奏定初等小学堂章程》，载舒新城：《中国近代教育史资料》，北京：人民教育出版社，1985 年，第 2 册，第 437 页。

③ 参见叶宋曼瑛：《张元济的生平和时代，1867-1959》，北京：商务印书馆，1985 年，第 117~128 页。又见《教科书之发展概况，1868-1918》，载张静庐编：《中国近代出版史料初编》，上海：群联书社，1953 年，第 219~253 页；叶宋曼瑛：《张元济的生平和时代，1867-1959》，北京：商务印书馆，1985 年，第 128~130 页。初等小学堂的一年级讲授"最新"系列教材。当然，对这个年龄的学生讲授科学和技术为时太早。参见《初等小学用最新国文教科书》，上海：商务印书馆，1910 年，第 60 版。关于教材系列的更多信息又可参见本书中冯尼·斯科尔日·仁达的论文。

称。但是,这些教科书只是以更传统的观点简单地照抄商务印书馆版的教科书,因而受到中国南方汉语教育家的强烈批评。商务印书馆的教科书系列仍然畅销。①古代的文言一时成为中国全国的书面语言。但是,统一全国口语即"国语"的要求变得更加急迫。1906 年,由日本归国留学生成立的"各省留沪学生总会"要求在各省发行白话报刊,在所有的学校里教授国语(现在用作中国全国性语言的专名)。最后,这项政策导致了方言的废除。②1907 年,商务印书馆出版了清代第一部也是唯一的一部国语教科书。③这部书的出版是由出版商单独发起,又一次期望政府会采取相应的政策。政府更新语言政策与预备立宪相联系。1909 年,一个在全国范围内逐步教授官话的计划开始了。学部相应地要求出版官话教科书。④政治参与的机会越来越多地给予各省的教育家,统一全国语言的要求就越强烈。1910 年,江苏教育会的江谦聚集了 32 名资政院议员,向学部请愿,要求按照日本的模式建立国语调查总会。他们还要求将"官话"改称"国语":

> 凡百创作,正名为先。官话之称,名义无当。话属之官,则农工商兵非所宜习。非所以示普及之意。正统一之名,将来奏请颁布此项课本时,是否须改为"国语读本"以定名称?⑤

同年十月,商务印书馆的国语课本被正式确定为学校用书:

> 国语教科书编辑大意以国语为统一国众之基,又注意于

---

① 参见江梦梅:《前学部编书状况》,载张静庐编:《中国近代出版史料初编》,上海:群联书社,1953 年,第 210~214 页。

② 参见周策纵:《五四运动:现代中国的思想革命》,坎布里奇,马萨诸塞:哈佛大学出版社,1960 年,第 34 页。

③ 参见北京图书馆编:《民国时期总书目:中小学教材》,北京:书目文献出版社,第 328 页。

④ 参见《学部官报》85,1911 年 4 月 11 日,第 3 卷,第 341~343 页。

⑤ 《清末文字改革文集》,北京:文字改革出版社,1958 年,第 117 页。

语法,并准全国南北之音而折衷之。全编大致由浅入深,虽异文言,却非俚语。各课义无偏宕,且足引起儿童兴会。由此进步,足为研求文学之阶梯,应准作为初等小学教科书。①

这是"国语"一词第一次出现在清廷的官方文件中(除了"满族语言"的意义外)。现在"国语"一词改变了其意思,成为中国全国语言的适当名称。他取代了后来除了英语出版物外极少使用的"官话"一词。上引文字表明,在南方汉语教育家的压力下,政府多大程度上偏离了其原有的立场。"国语"现在不仅是一个发音问题,而是一个羽翼丰满的语言,包括口头语和书面语,有其自身的语法。它被引入了初等小学堂(而不是像 1904 年章程所规定的高等小学堂和师范学堂),成了进一步学习更高文体的基础。这样,教"国语"(而不是"官话")成了国文课的一部分。对南方人的进一步让步是,打破北京音的垄断而赞成一种混合的标准。

1911 年 3 月,与修订的宪政计划相联系,江苏教育家要求的国语调查会成立了,正式批准的国语教科书被公布。②1911 年 7 月,清朝学部最终对中国南方的教育专家让步,召开中央教育会议,由上述江苏教育会的会长张謇担任主席, 商务印书馆编译中心主任张元济担任副主席。这次会议通过了成立国语调查总会的计划,该会的任务是启动一个"国语"的音韵、语词、语法的标准化的进程。③但是当时清朝已走到尽头,进一步语言计划也走到了尽头。

清政府正要重新考虑其对语言的态度,启动"国语"真正标准化的过程,而新生的民国教育部则向后退了一步,仅在 1913 年召开一个汉字阅读标准化的会议,这样回到了一个相当保守的姿态,

---

① 《学部官报》136,1910 年 8 月 23 日,第 4 卷,第 472 页。
② 参见《学部官报》146,1911 年 3 月 11 日,第 4 卷,第 625~626 页。
③ 倪海曙:《清末汉语拼音运动编年史》,上海:上海人民出版社,1959 年,第 235~236 页。

把口头语言统一的问题当成汉字阅读的标准化。至少，在这次会议上，产生注音字母，为后来编辑词典奠定了基础。只是到了1916年，袁世凯帝制失败后，"中华民国"国语研究会成立，全面的语言计划才开始。[1]

结　语

语言的口语化（即让交流媒介更容易地到达人民大众），对于那些希望扩大他们与中国社会受教育程度低的阶层进行交流的人来说，是一个重要的因素。然而，民族主义并不是自动地担当一个口语化的动力。在一个写作和文学有重要的文化认同作用的国度里，"文"不可能不与民族主义的另一个目的即"真实性"相冲突而被轻易地放弃。[2]晚清中国在这方面是一个转折期。如上显示，一个广泛地向平民大众施行教育的民族主义运动，是启动重组中国社会语言功能和作用进程的动力。清政府受公众舆论和它自己不想失去国家建设进程领导者的愿望所迫，承认全国口语统一的需要，并朝其标准化方向走出第一步。重塑"官话"为一个羽翼丰满的"国语"的进程，受到书面语和口头语很强的概念差异和只有古典书面语才能保证民族真实性和民族统一的信念的阻碍。这种信念统一了"国语"话语中的所有代理者。这样，在他们关于"国语"的理论中，我们可以发现两种"国语"——书面的"国文"和口头的"国语"。

胡适和他的同仁进行的所谓的文学革命闭合了"文"和"话"之间的概念缝隙。要做到这样，需要两个基本的概念变化：1.语言整体概念发展为一个不可分的书面的和口头的统一体。2.民族的地理概

---

① 参见黎锦熙：《国语运动史纲》，上海：上海书店，1990年，第50~67页。
② 不同国家的文学中有相似的发展情形。参见乔斯沃·菲斯曼：《语言和民族主义：两者的综合意图》，拉伍利，马萨诸塞：纽巴里书屋，1972年；乔斯沃·菲斯曼等编：《发展中国家的语言问题》，纽约：威利，1968年。

念的发展，即当前领土统一优于过去文化的真实。这两种变化通过胡适《文学改良刍议》的新的文学概念而取得。文学不再是中国"文"的历史知识的全部，而仅是现代西方意义上的文学。这样胡适可以声称"一时代有一时代之文学"，[①]将白话作为一种文学语言，其功能是作为文学创作的基础和当前的语言，即"国语的文学和文学的国语"。[②]

当国语成为一种文学语言，国文继续存在（在政界，在学校的高年级等等）。中国仍然想象有两种民族（和文学）语言，即古代的"国文"和现代的"国语"。这样，实际上，文学革命并非如它所宣称得那么革命。它只是在通向"国语"道路上许多步伐中较大的一步，在反对"国文"优势地位的斗争中取得了一席之地。在中华人民共和国的共产主义者与传统彻底断裂实现语言完全口语化的同时，台湾寻求"国文"和"国语"之间平衡点的努力一直持续到 20 世纪的后半期。[③]

参考文献

阿英：《晚清文艺报刊述略》，上海：古典文学出版社，1958 年，第 63~64 页。

白闰生：《我国最早的藏文报纸——西藏白话报》，《新闻研究资料》1989 年第 2 期，第 124~127 页。

Besch, Werner. 1983. "Dialekt, Schreibdialekt, Schriftsprache, Standardsprache: Exemplarische Skizze ihrer historischen Ausprägung

---

① 胡适：《文学改良刍议》，载王荣文编：《胡适作品集》，37 卷本，台北：远流出版公司，1994 年，第 3 卷，第 7 页。
② 胡适：《建设的文学革命论》，载王荣文编：《胡适作品集》，37 卷本，台北：远流出版公司，1994 年，第 3 卷，第 57 页。
③《"国语"与"国文"正名问题》，台北：国语日报社，1967 年。

im Deutschen", in: Werner Besch et al. (eds.). *Dialektologie: Ein Handbuch zur deutschen und allgemeinen Dialektforschung.* Berlin: Walter de Gruyter, pp. 961–90. 沃纳·贝斯切：《方言、书面方言、书面语、标准语：德语历史模式的例证概要》，载沃纳·贝斯切等编：《方言学：德语方言手册和常见方言研究》，柏林：华尔特·格鲁伊特，1983 年，第 961~990 页。

蔡乐苏：《教育今语杂志》，载丁守和编：《辛亥革命时期期刊介绍》，第 3 册，北京：人民出版社，1983 年，第 630~638 页。

蔡乐苏：《清末民初的一百七十余种白话报刊》，载丁守和编：《辛亥革命时期期刊介绍》，第 5 册，北京：人民出版社，1987 年，第 493~546 页。

蔡奭：《官音汇解便览》，载长泽规矩也编：《明清俗语辞书集成》，东京：汲古书院(Kyūko Shoin)，第 3 册，1974 年，第 399 页。

蔡元培：《学堂教科论》，载蔡元培：《蔡元培全集》，高平叔编，4 卷本，北京：中华书局，1984 年，第 1 卷，第 147~149 页。

Chow, Tse-tsung. 1960. *The May Fourth Movement: Intellectual Revolution in Modern China.* Cambridge, Mass.: Harvard University Press. 周策纵：《五四运动：现代中国的思想革命》，坎布里奇，马萨诸塞：哈佛大学出版社，1960 年。

《初等小学用最新国文教科书》，上海：商务印书馆，1910 年，第 60 版。

De Francis, John. 1948. "A Missionary Contribution to Chinese Nationalism", *Journal of the North China Branch of the Royal Asiatic Society 83*, pp.1–34. 约翰·德·弗兰西斯：《传教对中国民族主义的作用》，《皇家亚洲协会华北分会杂志》83，1948 年，第 1~34 页。

De Francis, John. 1950. *Nationalism and Language Reform in China.* Princeton: Princeton University Press. 约翰·德·弗兰西斯：《民族主义和中国的语言改革》，普林斯顿：普林斯顿大学出版社，

1950 年。

丁守和编：《辛亥革命时期期刊介绍》，5 卷本，北京：人民出版社，1982—1988 年。

Doleželová–velingerová, Milena（ed.）. 1980. *The Chinese Novel at the Turn of the Century*. Toronto：University of Toronto Press. 米列娜·多莱热罗娃–韦林格洛娃：《19 至 20 世纪转折时期的中国小说》，多伦多：多伦多大学出版社，1980 年。

范方：《中国官音白话报》，《近代史资料》1963 年第 2 期，第 110~113 页。

方汉奇：《报史与报人》，北京：新华出版社，1991 年。

Ferguson, Charles. 1959. "Diglossia", *Word* 15, pp. 325–40. 查理士·福格森：《使用两种语言》，《单词》15，1959 年，第 325~340 页。

Fishman, Joshua. 1972. *Language and Nationalism: Two Integrative Essays*. Rowley, Mass.: Newbury House. 乔斯沃·菲斯曼：《语言和民族主义：两者的综合意图》，拉伍利，马萨诸塞：纽巴里书屋，1972 年。

Fishman, Joshua et al.（eds.）. 1968. *Language Problems of Developing Nations*. New York: Wiley. 乔斯沃·菲斯曼等编：《发展中国家的语言问题》，纽约：威利，1968 年。

Franke, Wolfgang. 1963. *The Reform and Abolition of the Traditional Chinese Examination System*. Cambridge, Mass.: Harvard University Press. 傅吾康：《中国科举制度的改革和废除》，坎布里奇，马萨诸塞：哈佛大学出版社，1963 年。

高时良编：《中国近代教育史资料汇编：洋务运动时期教育》，上海：上海教育出版社，1992 年。

观生：《论国语统一之关系和统一之法》，《大公报》，1904 年10 月 30 日。

《"国语"与"国文"正名问题》，台北：国语日报社，1967 年。

Joanna Handlin. 1983. *Action in Late Ming thought: The Reorientation of lu k'un and Other Scholar-officials*. Berkeley: University of California Press. 韩德琳：《晚明思想中的"行"：吕坤和其他士大夫的重新定向》，伯克莱：加州大学出版社，1983年。

Hu Shi. 1978-79. "An Autobiographical Account at Forty", *Chinese Studies in History* 12.2, p. 30. 胡适：《四十自传》，《中国历史研究》12.2，1978-1979年，第30页。

胡适：《答钱玄同》，载王荣文编：《胡适作品集》，37卷本，台北：远流出版公司，1994年，第3卷，第44页。

胡适：《建设的文学革命论》，载王荣文编：《胡适作品集》，37卷本，台北：远流出版公司，1994年，第3卷，第63页。

胡适：《文学改良刍议》（1917年），载王荣文编：《胡适作品集》，37卷本，台北：远流出版公司，1994年，第3卷，第7页。

黄摩海编：《普通百科新大辞典》，上海：上海图书图论社，1911年。

黄遵宪：《日本国志·文学志》，《近代史资料》1963年第2期，第116页。

Huters, Theodore, 1987. "From Writing to Literature: The Development of Late Qing Theories of Prose", *Harvard Journal of Asiatic Studies* 47.1, pp. 51-96. 胡志德：《从写作到文学：晚清散文理论的发展》，《哈佛亚洲研究学报》47.1，1987年，第51~96页。

Ip, Manying. 1985. *The Life and Times of Zhang Yuanji 1867—1959*. Beijing: Shangwu yingshuguan. 叶宋曼瑛：《张元济的生平和时代，1867—1959》，北京：商务印书馆，1985年。

江梦梅：《前学部编书状况》，载张静庐编：《中国近代出版史料初编》，上海：群联书社，1953年，第210~214页。

Kaigo Tokiomi und Arata Nata. *Kyokasho de mite kindai Nihon no kyōiku*. 教科书でみる近代日本教育. Tokyo: Tōkyō Shoseki. 海后

宗臣、仲新：《从教科书看近代日本教育》，东京：东京书籍有限公司，1979 年。

Kamachi, Noriko. 1981. *Reform in China: Huang Zunxian and the Japanese Model.* Cambridge, Mass.: Harvard University Press. 波多野法子：《中国的改革：黄遵宪和日本模式》，坎布里奇，马萨诸塞：哈佛大学出版社，1981 年。

黎锦熙：《国语运动史纲》，上海：上海书店，1990 年。

李孝悌：《清末的下层社会启蒙运动，1901–1911》，台北："中央"研究院近代史研究所，1992 年。

梁启超：《论报馆有益于国事》，载梁启超：《饮冰室文集》，16 卷本，林志钧编，上海：中华书局，1936 年，第 1 卷，第 100 页。

梁启超：《蒙学报演义报合序》，载中国史学会编：《戊戌变法》，4 卷本，上海：神州国光社，1953 年，第 4 册，第 539~540 页。

林慰君：《林白水先生传》，《传记文学》14.1，第 43~50 页；14.2，第 45~50 页；14.3，第 41~47 页，1969 年。

Lin Xie. 1970,"Zhongguo baihuabao Fakanci", in: Chang Yu-fa et al. *The Revolutionary Movement during the Late Ch'ing. A Guide to Chinese Periodicals*. Washington D.C.: Center for Chinese Research Materials, p. 55. 林獬：《中国白话报发刊辞》，载张玉法等《清末的革命运动：中国期刊指南》，哥伦比亚华盛顿特区：中国研究资料中心，1970 年，第 55 页。

刘家林：《白话报与白话文的最早创造者——裘可桴》，《新闻研究资料》1989 年第 3 期，第 32~39 页。

Lust, J. 1964."The Su Bao Case: an Episode in the Early Chinese Nationalist Movement", *Bulletin of the School of Oriental and African Studies* 27.2, pp. 408–29. J·拉斯特：《苏报案：中国早期民族主义运动的一段插曲》，《东方和非洲学院学报》27.2，1964 年，第 408~429 页。

Mair, Victor. 1985. "Language and Ideology in the Written Popularization of the Sacred Edict", in: David Johnson et al. (eds.). *Popular Culture in Late Imperial Culture*. Berkeley: University of California Press, pp. 325–59. 梅维恒:《圣训书面普及化的语言和意识形态》,载戴维·约翰逊等编:《帝国晚期的大众文化》,伯克莱:加州大学出版社,1985 年,第 325~359 页。

Masini, Frederico. 1993. *The Formation of Modern Chinese Lexicon and its Evolution Toward a National Language: The Period from 1840–1898*. Berkeley: Journal of Chinese Linguistics(Mongraph Series, no.6). 马西尼:《现代汉语词汇的形成及其向国语的演化:1840—1898》,伯克莱:《中国语言学报》(专著系列之六),1993 年。

北京图书馆编:《民国时期总书目:中小学教材》,北京:书目文献出版社。

Nagazawa Kikuya. 1974. Min Shin zokugo jisho shūsei. Tokyo: Kyōko Shoin. 长泽规矩也:《明清俗语辞书集成》,东京:汲古书院,1974 年。

倪海暑:《清末汉语拼音运动编年史》,上海:上海人民出版社,1959 年。

Nishio Minoru et al. (eds.). 1957. Kokugo kyōiku jiten. Tokyo: Asakura shote. 西尾实等编:《国语教育辞典》,东京:朝仓书店,1957 年。

Nivison, David S. 1966. *The Life and Thought of Chang Hsueh-ch'eng (1738–1801)*. Stanford: Stanford University Press. 倪德卫:《章学诚的生平与思想(1738–1801)》,斯坦福:斯坦福大学出版社 1966 年。

Paderni, Paola. 1988. "The Problem of Kuan-hua in Eighteenth Century China: The Yung-cheng Decree for Fukien and Kwangtung", *Annali di Istituto di Napoli* 48.4, pp. 258–68. 帕德尼:《18 世纪中国

的官话问题：雍正关于福建和广东的上谕》，《那不勒斯历史学报》48.4，1988 年，第 258~268 页。

《清末文字改革文集》，北京：文字改革出版社，1958 年。

裘廷梁：《无锡白话报序》，载中国史学会编：《戊戌变法》，4 卷本，上海：神州国光社，1953 年，第 4 卷，第 542~545 页。

裘廷梁：《论白话为维新之本》，《近代史资料》1963 年第 2 期，第 120、123 页。

Ramsey, Robert. 1991. "The Polysemy of the Term Kokugo", *Sino-Platonic Papers 27* (August 31, 1991), p.37-47. 罗伯特·莱米塞：《"国语"一词的歧义》，《中国-柏拉图学报》27，1991 年 8 月 31 日，第 37-47 页。

Rawski, Evelyn Sakakida. 1979. *Education and Popular Literacy in Ch'ing China*. Ann Arbor：University of Michigan Press. 罗友枝：《清代的教育和通俗文学》，安阿伯：密歇根大学出版社，1979 年。

Riftin, Boris L'vovic. 1970. *Istoriceskaja epopeja i fol'klornaja tradicia v kitae*. Moscow: Nauka. 李福清：《历史演义与中国民间传统——口头与书面的〈三国〉》，莫斯科：诺科，1970 年。

Ryan, Marleigh G.(tr. And comm...). 1967. *Japan's First Modern Novel：Ukigumo of Futabatei Shimei*. New York：Columbia University Press. 马雷格·瑞耶译注：《日本第一部现代小说：二叶亭四谜的〈浮云〉》，纽约：哥伦比亚大学出版社，1967 年。

三爱(陈独秀)：《国语教育》，《安徽俗话报》，1904 年 3 月 15 日。

史和等编：《中国近代报刊名录》，福州：福建人民出版社，1991 年。

舒新城：《中国近代教育史资料》，3 卷，北京：人民教育出版社，1985 年。

汤志钧：《章太炎与白话文》，《近代史研究》1990 年第 2 期，第 112~119 页。

Twine, Nanette. 1978. "The Genbunitchi Movement: Its Origin, Development and Conclusion", *Monumenta Nipponica* 33.3, pp.333 – 56. 纳南特·吐温：《言文一致运动：运动的源起、发展和结局》，《日本文化学报》，33.3，1978 年，第 333~356 页。

Twine, Nanette. 1988. "Standardizing Written Japanese: a Factor in Modernization", *Monumenta Nipponica* 43.4, pp. 425–54. 纳南特·吐温：《书写日语标准化：现代化的一个因素》，《日本文化学报》43.4，1988 年，第 425~454 页。

汪康年等：《蒙学会报简章》，载中国史学会编：《戊戌变法》，4 卷，上海：神州国光社，1953 年，第 4 卷，第 540~542 页。

王荣文编：《胡适作品集》，37 卷册，台北：远流出版公司，1994 年。

徐运嘉、杨萍萍：《清末杭州的三种报纸：经世报、杭报、杭州白话报》，《新闻研究资料》1989 年第 3 期，第 132~139 页。

Yamamoto Masahide 1981. *Genbunitch no rekishi ronkō* 言文一致の历史论考. Tokyo: ōfūsha. 山本正秀：《言文一致的历史论考》，东京：樱枫社，1981 年。

Yariv –Laor, Lihi. 1999. "Linguistic Aspects of Translating the Bible into Chinese", in: Irene Eber (ed.). *Bible in China: The Literary and Intellectual Impact*. Nettetal: Steyler, pp. 101–122. 利黑·雅利夫莱欧：《汉译〈圣经〉的语言问题》，伊爱莲编：《圣经与近代中国：文学与智性的激荡》，内特塔尔：斯泰勒出版社，1999 年，第 101~122 页。

Yen, Y. K. 1892. "The Shanghai Vernacular", *The Chinese Recorder* 22.8, pp.386–88. Y·K·叶：《上海的方言》，《教务杂志》22.8，1892 年，第 386~388 页。

Zetzsche, Jost. 1999. "The Work of Lifetimes: Why the Union Version Took Nearly Three Decades to Complete", in: Irene Eber (ed.). *Bible in China: The Literary and Intellectual Impact*. Nettetal:

Steyler Verlag, pp. 77–100. 乔斯特·让兹切：《终生的工作：为什么和合版用了近三十年才完成》，载伊爱莲编：《圣经与近代中国：文学与智性的激荡》，内特塔尔：斯泰勒出版社，1999 年，第 77~100 页。

章炳麟：《驳康有为论革命书》，载《章太炎全集》，6 卷册，上海：上海人民出版社，1985 年，第 4 卷，第 173~184 页。

张静庐编：《中国近代出版史料初编》，上海：群联书社，1953 年。

张志公：《传统语文教育初探》，上海：上海教育出版社，1962 年。

《中国近代期刊篇目汇录》，上海图书馆编辑，5 卷册，上海：上海人民出版社，1980—1984 年。

朱传誉：《报人、报史、报学》，台北：台湾商务印书馆，1985 年。

在中国传播实用知识：
广州贸易体制时期的信息战略

米歇尔·C·莱依奇

在鸦片战争爆发前夕，由于鸦片贸易引起的紧张局面的升级和西方人对广州贸易体制的不满与日俱增，西方人和中国人的关系迅速恶化。一小群杰出的传教士和商人警觉到日益增长的军事冲突的可能性，他们寻求设计一种新战略以打破他们所确信的阻碍中西之间高尚和有效交流的文化障碍。他们想到了向中国人传播西方科学技术和文化知识，希望这样可以使中国人对西方的成就有深刻的印象，从而诱导他们和外国"夷人"进行更加积极和更有成效的交流。为了实现这个目标，这些人于 1834 年 11 月正式成立了"在华实用知识传播会"（又名"中国益智会"，Society for the Diffusion of Useful Knowledge in China，缩写形式为 SDUKC）。

根据其创建者的说法，"在华实用知识传播会"（以下称"中国益智会"）的目标是：

> 尽其所能通过各种手段，编印适合中华帝国现状情形的有用知识类别的浅近廉价的中文论文。①

在其存在的短暂几年中，"中国益智会"尽最大的努力去实现

---

① 《中国益智会文件》，发表于《中国丛报》(The Chinese Repository)，第 3 卷，1834 年 12 月，第 380 页。《中国丛报》是裨治文于 1832 年在广州创办的著名汉学期刊。

这个承诺，发表了大量的中文作品，这些作品主题广泛，信息丰富。其中包括《东西洋考每月统计传》，这份期刊包含诸如西方技术、自然科学、世界历史和地理等主题的文章。这份期刊按照几年前由普鲁士传教士郭实腊(Karl Gutzlaff, 1803—1851)创办的相近名称的期刊的模式，成为"中国益智会"世界观和目标的缩影。

虽然"中国益智会"的信息战略没有成功地避免鸦片战争的暴力，但它向许多中国人介绍了有价值的中国人越来越被迫与其竞争的西方人的历史和成就。这篇论文追寻事件的踪迹，分析"中国益智会"采用的信息战略的思想动因。本论文还探讨了"中国益智会"最有趣和最具代表性的出版物《东西洋考每月统计传》的文体和内容。

一、律劳卑爵士事件和西方人所营中文印刷业

随着1933年英国东印度公司垄断英国对华贸易局面的结束，在广州做生意的西方人很希望中外关系能做一个有利的调整。从18世纪中期以来，西方对华贸易严格按照广州贸易体制来进行。其中，所有的商业活动和官方交往都要通过清政府在广州口岸任命的公行商人来进行。虽然这种管理夷人的体制足以满足帝国政府的需要，但是外国商人越来越对该体制的限制和腐败不满，长期以来一直要求商业和外交关系的扩展。这样，1834年夏天，在英国政府撤销东印度公司的垄断后不久，律劳卑爵士(Lord William John Napier, 1786—1834)被派往广州担任新设置的英国对华商务监督一职，试图和中国官员谈判，对中英关系作出一系列更加令人满意的安排。

商人们并不是1834年住在中国的仅有的要求根本改革广州贸易体制的外国人。从1807年以来，伦敦传教会(London Missonary Society)的马礼逊为了让中国大众皈依天主教，试图打开中国的国门。1830年，美国公理会海外传道会(American Board of Commissioners for Foreign Missions)的裨治文(E. C. Bridgman, 1801—1861)加入进来。在随后的数年中，随着著名的普鲁士传教

士郭实腊（1803—1849）①和另一个美国公理会的代表卫三畏（Samuel Wells Williams, 1812—1884）的到来，刚萌芽的新教传教活动进一步得到加强。虽然截至 1834 年广州的新教传教士的数量仅有六人，但他们对外国工厂里的居民的事务和思想产生了巨大影响。他们也属于要求对现行中外关系体制进行根本变革的支持者之列。

不幸，律劳卑的使命是一个彻底的失败。到达广州后不久，他急于与两广总督卢坤接触，把一封信直接递到广州城门。这明显地违反了中方关于中外交往的规定。卢坤愤怒地将律劳卑逐出广州，并中止了中英贸易。随着冲突的升级，律劳卑将其理由告诉中国民众，他用汉语张贴布告，指责中国总督对当前混乱局面的"无知和固执"，坚持英国人想在"互利的原则上和中国进行贸易"，并且继续追求这一目标直到"这一对两国都同样重要的目标"②实现为止。为了表示其决心，律劳卑命令战舰安德洛玛刻号（Andromache）和伊莫金号（Imogene）上行到广州内河的黄埔。如果中国人不能更积极地回应其要求，他准备以武力施加压力。

但是，律劳卑没活到推行他的武力威胁的时刻，因为他患了致命的发热病，于 1834 年 10 月 11 日在澳门去世。此前，律劳卑的朋友兼翻译罗伯特·马礼逊于那年夏天，在经历了从他在澳门的家到广州商务监督住地的一个下雨的夜晚逆流而上的航程后悲剧性地死去了。最终，律劳卑的使命不仅没有达到其原定的调整与中国人的关系的目标，反而夺去了教会中最有经验成员的生命，并加剧了中国官员对居住广州的西方人的怀疑和敌意。

---

①此处郭实腊生卒年与本文前文中所注 "1803—1851 年" 矛盾，经查对，应为 "1803—1851 年"。——译者按

② 引自卫三畏：《中国总论——中华帝国的地理、政府、教育、社会生活、艺术、宗教及其居民概观》(1847 年)，2 卷本，台北：成文出版社，1965 年，第 473 页。

二、信息战略的起源

由于当局现在对他们认为是异端或煽动性的外国人的出版物保持警惕，裨治文等不能继续在忠实的皈依者梁阿发（1789—1855）的店铺里印刷中文的宗教宣传品，他们也不能在广州的居民中公开地和轻易地发行这种材料。事实上，粤海关监督(Chief Magistrate of Nanhae)发布一项法令，命令搜查和销毁所有的"外国夷人邪恶和淫秽的书籍"。该命令还威胁道，被发现帮助传教士的中国印刷者将被"立即抓捕并严厉惩罚"。①

中国人所采取的新限制措施，迫使传教士寻找他们先前的热衷传教战略的替代方案。在这个不幸的插曲之前，重点放在像梁阿发著名的《劝世良言》②这一类的材料的印刷和发行方面。这个活动得到英国和美国各种圣经、圣书会传教团体的慷慨赞助。③虽然中国政府的章程禁止这些活动，但这些活动缓慢地得到加强。散发这些材料给定期到广州参加科举考试的人们，被证明是一种将他们的信息传播给中国社会中最有文化群体的行之有效的办法。这些人又会把这些材料带回处于内地的家乡。1834 年 4 月，裨治文骄傲地通知美国圣书会(American Tract Society)说，郭实腊和梁阿发成功地在广州附近地区散发了基督教出版物。④但是，在律劳卑事件后，裨治文活动受到限制，他报告说："很可能必须等待一两年以后，阿发或其他人才能再次在这个地方散发书籍。"⑤

---

① 这个法令是由裨治文和詹姆士·马礼逊(罗伯特·马礼逊的儿子)翻译出，在 1835 年 1 月 20 日的一份通知信中传播，美国公理会海外传道会档案，第 256 号胶卷。由"黄监督"发布的命令是 1834 年 8 月 30 日宣布的。

② 梁阿发：《劝世良言》，广州：中国基督教会(Christian Union)，1832 年。

③ 这些包括美国圣经会(American Bible Society)、英国国外圣经会(the British and Foreign Bible Society)、美国圣书会(the American Tract Society)。

④《裨治文致美国圣书会》，广州，1834 年 4 月 14 日，美国公理会海外传道会档案，第 256 号胶卷。

⑤《裨治文致安德森(Anderson)，广州，1935 年 1 月 20 日》，美国公理会海外传道会档案，第 256 号胶卷。

在中国传播实用知识:广州贸易体制时期的信息战略

马礼逊死后,裨治文成为中国新教教会的高级成员,对他而言,律劳卑事件说明,缺乏相互理解和交流在继续严重损害着中西关系。当然,中国人被认为应承担大部分责任,因为他们缺乏中国以外的世界知识,致使他们鄙视外国人,拒绝平等地接受他们。根据裨治文的观点,中国人出于无知的自傲,阻碍他们改革与西方国家的关系体制,也使他们享受不到新时代的成就和福祉。

裨治文和大多数19世纪早期的热衷传教的新教传教士都相信,如同《圣经》所预言,世界正处于世界和平与繁荣的伟大的基督至福千年的前夕。全世界前所未有的知识扩张和西方世界见证的人类生活的迅速提高,似乎预言着"千禧年后的"新的世界秩序的即将到来。①这种对人类知识力量的信念——包括技术的和科学的知识——使裨治文相信,中国的令人忧虑的落后,是由于中国人不愿意去观察他们传统文化和政治界限以外的世界。一年前裨治文在《中国丛报》中这样写道:

> 整个国家处于沉睡之中,虽然她在梦想着伟大和辉煌,但她先天落后,受到强烈和湍急的浪潮影响。如果这个国家不很快被唤醒,谁能知道她的退步将在何处停止?……这个帝国的逐渐衰落,在不小的程度上,是由于她在知识上的退步。中国人有很多学校和高的文学头衔,也有很多学习的动因。然而,虽然很多人学习,但知识仍未增长。②

在此假定的基础上,裨治文得出结论,改造中国人并因而改善中外关系的有效办法是,"尽可能地了解他们的真实情况,向他们自

---

① 这个对圣经后千年预言的解释,认为基督将在千年和平后返回来审判世界。这个观点与19世纪在信奉正统派基督教者中间流行的"前千年主义者"解释截然不同,"前千年主义者"的解释认为,基督在创造千年和平和繁荣之前回来审判世界。

② 裨治文:《导论》,《中国丛报》,第2卷,1833年5月,第4页。

已展示这些情况，然后，在他们可接受的范围内施以改善的手段"。[1]
这意味着，首先，要学习中文以便启动迫切需要的"知识交流"，使中国人参与理性的讨论。裨治文认为，为了说服中国人相信从西方科学和宗教可以得来的好处，有必要通晓他们各种思想和表达的方式，熟悉他们的文学和哲学遗产。只有那样，西方的商人、外交官和传教士才能指望"不仅能用许多人可容易地和清楚地理解的语言来表达思想，而且能用这种语言赢得听众和听众的注意力"。[2]强调用令人愉快的和熟悉的词语传播新思想的重要性，裨治文写道：

> 如果新的和有趣的思想，纯洁和欢乐的情感，以及最重要的，神示的崇高真理，能用本土的外衣正确地展示出来，那么他们可能有一种魅力和力量，唤起心智，激发激情，校正判断，最终产生出全帝国的精神的和道德的革命。[3]

总之，裨治文相信，在中国的西方人发起的"知识的传播"，将有力量能够：

> 有效地达到国家的道德和宗教；纯化当局的资源……挽救国家的毁灭，将其置于世界国家的适当地位。[4]

知识传播远比不可避免地会带来生命和财产巨大损失的军事征服更可取，其优点表现为：

> 原则的征服，正确理性的胜利，真理的胜利……结果是如

---

[1] 裨治文：《导论》，《中国丛报》，第2卷，1833年5月，第4页。
[2] 裨治文：《导论》，《中国丛报》，第2卷，1833年5月，第4页。
[3] 裨治文：《中国的语言》，《中国丛报》，第3卷，1934年5月，第3页。
[4] 裨治文：《中国的语言》，《中国丛报》，第3卷，1934年5月，第10页。

此辉煌,把和平的祝福和对不朽声名的美好希望带给这个民族的民众。①

裨治文认为,那些值得传播给中国人的东西包括,在他看来对人类文明进程有传导作用的全部范围的知识。例如,那些从印刷业出现以来,在那些国家已作为"前进步伐"②的关键的,渗透在全欧洲的科学、艺术、技术和政府的原理。

事实上,裨治文的观点并非前所未有,因为米怜出于同样的假设而行动,先此已在其《察世俗每月统计传》(即传教士所知道的 Chinese Monthly Magazine)上,向中国人传播西方的科学、地理和历史知识。③米怜的期刊虽然主要是宗教内容,但它有时刊载一些为读者提供关于西方国家及其成就的基本信息的文章。④这些文章有的是由马礼逊和伦敦传教会的另一个代表人物麦都思所写,麦都思和米怜属于当时极少数能够写出此类文章的讲英语的西方人。⑤

三、郭实腊的《东西洋考每月统计传》

从 1833 年夏天开始,刚在广州住下的郭实腊,扩大其先驱者米怜的努力,出版了《东西洋考每月统计传》。郭实腊打算用这个期刊,将西方国家的力量和成就的意识传达给中国读者,以驱散在他看来中国人自我文化优越的错觉。郭实腊在为《中国丛报》写的一

---

① 裨治文:《中国的语言》,《中国丛报》,第 3 卷,1934 年 5 月,第 10 页。
② 裨治文:《中国的语言》,《中国丛报》,第 3 卷,1934 年 5 月,第 10 页。
③ 米怜作为伦敦传教会的代表于 1813 年在广州与马礼逊会合。米怜与马礼逊在一起只有六个月时间,后来他到巴达维亚、马六甲和槟榔屿的华侨社区游历,为传教活动寻找更安全和有前途的基地。最后,他在马六甲建立教会,从 1815 年到 1821 年断断续续地印行《察世俗每月统计传》。
④ 参见伟烈亚力:《基督教在华传教士回忆录:他们的著作、死者的讣告并附详细的索引》,上海:美华书馆,1867 年;台北:成文出版社,1967 年重印,第 20 页。
⑤ 麦都思是伦敦传教会派到中国最早的另一个人物。1817 年 6 月他到达马六甲,在东南亚各种各样的华人居住区住过,直到 1835 年移居广州。

篇文章中宣布其意图道：

> 当文明几乎在地球各处取得迅速进步并超越无知与谬误之时……单单只有中国人还保持静止不动，一如过去几个时代中他们保持静止不动那样。尽管我们长期与之交往，但他们仍然自以为是地球上所有民族中最高的，把所有其他民族看作"蛮夷"……这份月刊……出版的目的是，消解这种高高在上的和排外的概念，使中国人熟悉我们的艺术、科学和原则。期刊不问政治，也不想对任何主题使用粗话去激怒他们的头脑。有更好的办法去表明，我们确实不是"蛮夷"；编者宁愿用摆事实的方法来使中国人信服：他们还有许多东西要学。①

郭实腊为了吸引读者阅读其期刊，在期刊封面装饰了一个激励人的格言，模仿儒学经典的语言和文体。这些格言一般强调博学的价值或鼓励对外国人采取更接纳的态度。例如，其中一期的封面写道：

> 儒者博学而不穷，笃行而不倦。②

另一期封面有这样的文字：

> 四海为家，万姓为子。③

郭实腊还将每期的目录印在封面上，对那些有好奇心的、想看俄国地图或西方人构思的北极星图的中国人提供更多的吸引物。④

---

① 郭实腊：《中文杂志计划书》，《中国丛报》，第 2 卷，1833 年，第 187 页。
② 《东西洋考每月统计传》，道光癸巳年（1833）十一月号，封面。
③ 《东西洋考每月统计传》，道光甲午年（1834）三月号 3，封面。
④ 《东西洋考每月统计传》，道光癸巳年（1833）十一月号，封面；道光癸巳年（1833）十二月号，封面。

虽然郭实腊的期刊主要聚焦于非宗教的主题,有的文章和散文也宣传基督教的教义,特别是那些具有扩展中国人世界观的效果的内容。例如,第一期的导言部分阐述地球上的人们如何共有一个祖先,"列国民须以友恤也,必如身之有四肢",[1]这种说法被认为与先圣的教导是一致的,他说过"四海之内皆兄弟也"。[2]这样将其思想和儒学经典的概念和术语联系起来,郭实腊断言:"上帝之统辖包普天下,犹太阳发光宇宙一然,万人万物厥手下。皇天监于万方,降之百祥,天则听于无声,视于无形。"[3]

郭实腊鼓励他的读者以开放的态度对待外国知识,提醒他们孔子的教导"多闻择其善者而从之"。[4]毕竟,郭实腊坚持认为,孔子难道没有强调向他人学习的价值吗?他难道没说过"三人行,必有我师焉。择其善者而从之,其不善者而改之"吗?[5]郭实腊暗示,中国人应当努力做到对外国人更有耐心和更尊重。当樊迟问什么是"仁"时,孔子回答:

居处恭,执事敬,与人忠。虽之夷狄,不可弃也。[6]

在其整个出版期间,从1833年中到1834年中,郭实腊的期刊确实向中国读者介绍了西方世界的历史和成就的广泛的知识。他的出版物的一个特色是名为"东西世纪和合"的栏目。这个系列基于麦都思在巴达维亚和马六甲服务时用汉语写的文章。一般来说,这个系列强调西方文明的丰富和古老,将中国的历史和西方的历史联系起来,以《圣经》的创世纪的故事开始。麦都思在《传教士先

① 《东西洋考每月统计传》,道光癸巳年(1833)六月号,第2页。
② 《东西洋考每月统计传》,道光癸巳年(1833)六月号,第2页。
③ 《东西洋考每月统计传》,道光癸巳年(1833)六月号,第3页。
④ 《东西洋考每月统计传》,道光癸巳年(1833)六月号,第1页。
⑤ 《东西洋考每月统计传》,道光癸巳年(1833)六月号,第1页。
⑥ 《东西洋考每月统计传》,道光癸巳年(1833年)六月号,第1页。原始引文出自《论语》13:19。

驱》(*Missionary Herald*)上发表文章阐述其意图说：

> 我做这项工作是出于对中国人实际情况的考虑，他们常
> 常吹嘘其历史古老，鄙视欧洲人历史相对很近，暗示我们没有
> 一个比耶稣纪元更早的纪年。因此通过有规律地按日期展示
> 并联系每一重要时间所发生的重大事件，我努力向他们表明，
> 我们有一个可以依赖的、比他们自己的纪年更古老更真实的
> 纪年……①

麦都思在这方面的努力，与那些 16 世纪晚期和 17 世纪早期的
天主教"索隐派"的努力相类似，他们拿中国人的纪年法与《圣经》的
纪年法相比较，以显示《圣经》的纪年与世界历史的统一。②麦都思的
期刊系列的一部分名为《洪水后记》，试图阐明中国古代圣王的传
说——圣王与治水也有关——与诺亚的故事相类似。③通过将儒家
经典中尧舜禹的故事与《创世纪》的故事联系起来，作者试图阐明，
中国文明的创造者实际上是诺亚的直接后代。

郭实腊的期刊的另一部分是定期的地理内容，不仅包括欧洲
的土地和人民，还包括非洲、中东甚至中国人仅模糊了解的与清帝
国相邻的地区。例如，该刊某期内刊有一幅东南亚和南海的地图，
并用汉语标出该地区各种地理特征、王国和城市的名称。④该刊另
一期刊有一幅俄国地图，而中国人对俄国有浓厚兴趣。⑤

郭实腊的《东西洋考》发表自然科学的文章，对日食、月食和四

---

① 《麦都思的信，1828 年 7 月》，《传教士先驱》，1829 年 1 月，第 193 页。
② 见卓新平：《索隐派与中西文化认同》，"基督教在华历史国际学术讨论会"未刊会
议论文，1996 年 10 月，香港。
③ 《东西洋考每月统计传》，道光丁酉年(1837)正月号，第 3~4 页。
④ "东南洋亚南洋图"，《东西洋考每月统计传》，道光癸巳年(1833)六月号，插页。
⑤ 《东西洋考每月统计传》，道光癸巳年(1833)十一月号，插页。

季变化等现象提供科学解释。[①]关于西方技术的短文包括诸如蒸汽机的工作原理的图表和说明等内容。[②]郭实腊的期刊还有一个简短的新闻栏目,提供中国国内外最新发展的信息。时而,他还印刷商品价目表,列举当前在广州市场上丝、茶、食品及其他商品的价格。总之,郭实腊的期刊在供给中国读者一定范围有价值信息的同时,为中国读者提供了对西方文明的广博的见识。

四、中国益智会

不幸,律劳卑事件后,因为中国当局更严厉地禁止外国出版物,郭实腊的期刊被迫中止。由于传教士拼命寻找向中国传播现代进步和宗教拯救信息的工具,《中国丛报》仍旧倡导发行类似郭实腊的杂志的出版物的需要。事实上,到1834年11月,住在广州的传教士和少数感兴趣的商人联合在广州成立了"中国益智会",[③]向中国人传播科学和实际知识的目标获得新生。

受命负责组建新团体的委员会由詹姆士·马地臣(James Matheson),奥利芬特(D. W. C.Olyphant,卒于1851年)、威廉·威特莫(William S. Wetmore)、詹姆士·依因斯(James Innes)和托马斯·福克斯(Thomas Fox)组成,裨治文和郭实腊担任中文秘书,詹姆士·马礼逊(J. M. Morrison)担任英文秘书。[④]委员们在《中国丛报》宣布他们的目标:

当今时代,许多国家展开了进步的竞赛,现在正以很快的

---

① 《东西洋考每月统计传》,道光癸巳年(1833)八月号,第22~23页;道光甲午年(1834)三月号,第35~36页。

② 《东西洋考每月统计传》,道光甲午年(1834)四月号,第8~9页。

③ 这个团体的名称和概念来自于当时英国存在的"实用知识传播会"。该团体通过降低印刷品的价格极大地增加了有用信息的可用性,这种努力受到广州的外国团体的衷心赞同。见《中国丛报》,1833年10月,第329页。

④ 据"中国益智会"筹备会议的记录,《中国丛报》1834年12月,第380页。

速度前进。这个进程被科学之光照得更亮，被真理的力量推动的更快。这都是"传播有用知识"的结果。但是这种影响还没有到达"中国"，中国仍然处于静止状态，自我隔离起来以防止受到野蛮人的影响。因此，我们虽然把这种局面归因于中国人的冷漠、民族自傲和无知，在智力的进步中，中国还没有加入其他国家的行列；但是，我们无论如何也不能推脱我们漠不关心和无所作为的过错，我们没有在他们可接受的范围内为他们提供进步的手段和将他们从熟睡中唤醒去追求知识。[1]

这种做法显得比军事手段要好一些，不用真正的武器而用知识的"思想炮弹"将阻碍中国和"地球上的文明国家结成联盟"的文化障碍彻底粉碎。[2]为了达到这个目的，"中国益智会"试图：

尽其所能通过各种手段，编印适合中华帝国现状情形的有用知识类别的浅近廉价的中文论文。[3]

通过将其与中国人的冲突转变为文化和思想的相遇，该团体希望，随之而来的战争的性质将会是"胜利者和被征服者共同欢喜和高兴"。[4]

"中国益智会"的目标得到了广泛的支持，但是，很少有西方人汉语写作水平能达到可以写出他们想写的作品的程度。裨治文和郭实腊在这方面比委员会其他人更有能力——除了更著名的詹姆士·马礼逊之外——这样，他们被分派负责编辑必要的材料。两人当时正忙于其他的工作，然而，由于广州最近的骚乱在中国当局的头脑中仍然记忆犹新，雇用中国助手很困难。因此，新团体的工作

---

[1] "中国益智会"筹备会议的记录，《中国丛报》1834年12月，第379页。
[2] "中国益智会"筹备会议的记录，《中国丛报》1834年12月，第380页。
[3] "中国益智会"筹备会议的记录，《中国丛报》1834年12月，第383页。
[4] "中国益智会"筹备会议的记录，《中国丛报》1834年12月，第380页。

限于印刷郭实腊的《东西洋考》的修订版本,由新近获得的由美国公理会经营的平版印刷所承印。

　　不幸的是,1835 年 4 月郭实腊和一个新到的美国传教士司梯文(Edwin Stevens, 1802—1837)被发现非法沿闽江(福建)航行,散发基督教书籍和小册子后,这项工程被迫停止。这件事发生于律劳卑事件后不久,显得特别鲁莽,而且不出所料,也使中国官员更加警觉。直到 1836 年底,美部会在新加坡建立了由杜里时(Ira Tracy)经营的印刷设备,"中国益智会" 才又冒险印刷在广州附近地区散发的材料。①

　　五、"中国益智会"的《东西洋考每月统计传》

　　1836 年"中国益智会"所做的第一件事是恢复了《东西洋考每月统计传》,新版的期刊于 1837 年的第一个月发行,仍采用了郭实腊 1833 年和 1834 年编辑该刊所用的格式。该刊在保留原有向中国人介绍西方历史、地理和科学的宗旨的同时,现在又利用撰稿人萌芽的语言天才,在新撰西方诗歌、文学和哲学文章中,增加对艺术和人性的重视。

　　每期的封面与早期版本相似,包括一个简要目录和从某些广为人知的中国文献上选取有哲理的格言。这些格言意在强调中国传统内部类似基督教的原则, 或宣传博学的价值或鼓吹仁政的原则。例如,有一期的封面印着:

　　　　道也者不可须臾离也。②

　　另一期封面印着:

_____

　　① 参见《裨治文致安德森信,广州,1836 年 9 月 7 日》,美国公理会海外传道会档案,第 256 号胶卷。
　　②《东西洋考每月统计传》,道光戊戌年(1838)八月号,封面。

晚清中国新学领域

诗云：民之所好，好之；民之所恶，恶之。①

在第一期的序言中，编者欢迎他们的中国读者说：

切祈上帝俯念，垂顾中国，赐汉人近祉亨嘉。且赋心自觉万物主宰之宠惠……盖所食之饭，所饮之水，皆上帝之恩赐，莫不尽力感激无涯焉。②

编者接着宣布，虽然他们的"碌碌庸才"足以使他们"羞赧无地"，但他们希望读者忽略这个新生的《东西洋考》的缺点。用这种典型的中国风格，编者谦逊地宣称，他们的历史知识和个人经历不够丰富，他们情愿：

展发中国与外国之对联史，又致明古今中外史记之美，又使人景仰各国之圣贤者。③

"毕竟"，他们断言，"述史之时，表著上帝之福善祸淫，即是天纲之道也。"④

编辑者承诺，《东西洋考》将为一系列主题提供重要的参考资料，包括"伸明地珠之正背两面，详细列国之论"和"略说天文也"。⑤还有文章涉及"禽兽部纲目，树草花之总理，金石部之论，知之获大益"。编辑者宣称，西方人"行窍十分精工，竭力制造新法子不辍，此样技艺令人惊奇特异"。据说欧罗巴人"甚贵文字新闻之本，以广阔

---

① 《东西洋考每月统计传》，道光戊戌年(1838)七月号，封面。
② 《东西洋考每月统计传》，道光丁酉年(1837)正月号，第1页。该刊本栏目上的文章都不署作者姓名，因此很难判定是谁写了这篇或那篇文章。然而，这篇序言很明显地反映出裨治文编辑别的作品时的风格和内容。
③ 《东西洋考每月统计传》，道光丁酉年(1837)正月号，第1页。
④ 《东西洋考每月统计传》，道光丁酉年(1837)正月号，第1页。
⑤ 《东西洋考每月统计传》，道光丁酉年(1837)正月号，第1页。

流传不胜数"。编者发誓,这些作品中最要紧之消息将被选择译成汉语。唯一的顾虑是"以世事之传,不齐心推德,以事务为綦重"。因此,编者也许诺,鼓励讨论善言,要人们接受"天之教",以"守志乐道也"。①

编者向读者保证,《东西洋考》所选主题对人们有极大的好处,他们要读者"效劳,敷施之四海内"。②使用专为激发中国读者良好反应的短语,编者鼓励他们重视中国之外的文化成就,断言,世界的文学"犹沧海茫茫,始浮其面,忘食废寝,独顾养本灵气,成四德全备矣"。编者巧妙地将基督教和儒学主题相结合,写道:

上帝于生人禀予才能,谕教育之,人不学不成道。③

《东西洋考》第一期有名为"洪水后记"的麦都思文章的重编版本。除了将诺亚的洪水和中国古代圣王时代的洪水相联系外,这篇文章还讲述,在人们因"修筑高耸入云的巴别塔"而激怒上帝前,人们曾经都讲同一种语言。④读者被告知,此后人类的共同语言被搞乱了,各个民族分散而居;"这些分散到东亚的人就是汉族人的祖先"。⑤根据作者的说法,这个故事说明世界上的不同民族有着必要的亲族关系,这些不同的民族

犹水之有分派,木之有分枝,虽远近异势,疏密异形,要其本源则一。人之宗族者,如身之四肢,百体如血脉相通而疴痒相关焉。⑥

---

① 《东西洋考每月统计传》,道光丁酉年(1837)正月号,第1页。
② 《东西洋考每月统计传》,道光丁酉年(1837)正月号,第2页。
③ 《东西洋考每月统计传》,道光丁酉年(1837)正月号,第2页。
④ 麦都思:《洪水后记》,《东西洋考每月统计传》,道光丁酉年(1837)正月号,第4页。
⑤ 麦都思:《洪水后记》,《东西洋考每月统计传》,道光丁酉年(1837)正月号,第4页。
⑥ 麦都思:《洪水后记》,《东西洋考每月统计传》,道光丁酉年(1837)正月号,第4页。

在这篇文章的基础上,一个名为"史记"的栏目,成为以后各期固定的组成部分。在期刊发行过程中,这一栏目常发表关于中国之外的世界历史的各种文章, 使许多中国读者首次看到欧洲和中东地区的丰富和古老的文明。其中有对西方古典文明的讨论文章,如《西国古史》和《希腊国史略》。①还有文章强调西方人近来的历史成就,如《欧罗巴列国之民寻新地论》。②还有的文章,试图把中国读者带到他们自己时代的历史发展上,如一篇名为《大清年间各国事》的文章。③

自然,这个栏目很重视以色列的《圣经》历史。大多数的中国人确实被导向认为以色列王国是古代西方最大的和最有影响的国家。这一主题的文章有《主帅治理以色列》、《琐罗门王纪》、《犹太国王纪》和《以色列民出麦西国》。④所有这些文章重点强调上帝在保存和惩罚犹太人方面的突出作用。这些文章的纪年,小心地与中国古代王朝统治者相联系,强调犹太文明的古老和犹太教与基督教共有的文化遗产。

《东西洋考》中许多文章试图按这种方式,宣传对于传教士具有重要性的宗教主题。但是,正如编者所承诺的那样,这份期刊还包括了关于科学、技术、经济、政治和文学等内容广泛的文章。例如,关于地理的部分,提供了中国之外的各个国家和人民的大量信息。自然,欧洲是重点,分别有文章介绍各个国家,如瑞典、葡萄牙、俄罗斯和爱尔兰。⑤这些文章提供每个国家的历史、统治者、首都和物

---

① 《东西洋考每月统计传》,道光戊戌年(1838)九月号,第7~9页;道光戊戌年(1838)正月号,第3~7页。

② 《东西洋考每月统计传》,道光丁酉年(1837)五月号,第8~9页。

③ 《东西洋考每月统计传》,道光丁酉年(1837)七月号,第89~92页。

④ 《东西洋考每月统计传》,道光丁酉年(1837)十月号,第132~136页;道光戊戌年(1838)五月号,第83~85页;道光戊戌年(1838)八月号,第3~6页;道光丁酉年(1837)五月号,第4~6页。

⑤ 《东西洋考每月统计传》,道光戊戌年(1838)正月号,第71~74页;道光丁酉年(1837)八月号,第106~109页;道光丁酉年(1837)九月号,第220~224页;道光丁酉年(1837)九月号,第127页。

产的基本信息，还有关于其国内政治和在当前国际社会的角色的重要细节。

《东西洋考》还包括关于西方进步的社会政治制度，特别是那些可以为中国人提供一个启蒙模式的专门文章。例如，有一篇文章对"英吉利国政公会"或议会作了热情的介绍。[①]另一篇文章描述西方医院的公共管理和服务。[②]编者还发表攻击政治专制文章如《王霸异道》，或者抨击罪犯所受的虐待的文章如《论监内不应过于苦刑》的文章。[③]这些文章通过介绍与中国人一些残忍的传统和实践不同的人道主义的做法，很明显地意在促进中国社会和政治的改革。

在《东西洋考》上发表的科学和技术类文章，经常解释对中国读者来说大多是谜的自然现象。例如一个定期出现的"天文学栏目"有这样的文章，如《天文日长短》、《月面》和《宇宙》等。[④]气候和地理现象也是经常讨论的话题，有对露、雹、霜、雪、地震和火山等现象的简明的科学解释。[⑤]还有对许多中国读者很感兴趣的外国动物如狮子、鲸鱼、鸵鸟和豸所作的自然主义描述。[⑥]人体解剖是编者提供的又一主题，例如，某期有一篇名为《察视骨节之学》的文章。[⑦]为了鼓励对西方技术的赞赏，编者还编辑了关于水内匠笼和火蒸车的文章。[⑧]

[①]《东西洋考每月统计传》，道光戊戌年（1838）四月号，第63~65页。

[②]《东西洋考每月统计传》，道光戊戌年（1838）八月号，第8~9页。

[③]《东西洋考每月统计传》，道光丁酉年（1837）八月号，第103~105页；道光戊戌年（1838）五月号，第94~96页。

[④]《东西洋考每月统计传》，道光丁酉年（1837）正月号，第8页；道光丁酉年（1837）八月号，第110~112页；道光丁酉年（1837）四月号，第8~9页。

[⑤]《东西洋考每月统计传》，道光丁酉年（1837）十月号，第140~141页；道光戊戌年（1838）三月号，第57页；道光丁酉年（1837）六月号，第9页。

[⑥]《东西洋考每月统计传》，道光丁酉年（1837）三月号，第7~8页；道光丁酉年（1837）十一月号，第156页；道光丁酉年（1837）八月号，第109页；道光丁酉年（1837）八月号，第109页。

[⑦]《东西洋考每月统计传》，道光戊戌年（1838）七月号，第13~14页。

[⑧]《东西洋考每月统计传》，道光丁酉年（1837）六月号，第7~8页；道光丁酉年（1837）三月号，第10~11页。

《东西洋考》有一些更有趣和写得更精美的文章,内容集中于文学和哲学。与科学和技术文章类似,这些文章的目的是,通过吸引中国人对文化的情感和对自然的好奇,使他们潜移默化地欣赏西方文化的精巧和成就。例如,在一篇关于西方诗歌史的论文开头,作者说"人怀魂抱神,二者若不以文诗养之,虽有粟衣,岂得补灵魂之缺"。①

作者在这篇文章中解释欧洲国家有怎样古老和丰富的诗歌传统,"欧罗巴国兴诗流传于世"。而汉族:

> 汉人独诵李太白、国风等诗,而不吟欧罗巴诗词,忖思其外夷无文无词,可恨翻译不得之也。②

为了打消这些观念,作者解释道,事实上在西方有各式各样的诗歌形式,这种艺术有悠久的历史,可以上溯到古代。作者指出荷马(Homer)和米里屯(Milton)是西方的杰出诗人,评论说他们的诗"其义奥而深于道者,其意度宏也"。③

《东西洋考》除了极少数例外,几乎每期都对中国不愿欣赏西方显著成就进行批评。在一篇名为《经书》的文章中,作者评论道:"中国经书已翻译泰西之话,各国可读。但汉人未曾翻译泰西经书也。"④这是由于中国看不起外国人的文学作品,不顾"各国有其文法诗书,一均令我景仰世人之聪明及其才能也"的事实。⑤

读者被告知,西方的经典传统开始于古希腊,和中国周恭王

---

① 《东西洋考每月统计传》,道光丁酉年(1837)正月号,第9页。
② 《东西洋考每月统计传》,道光丁酉年(1837)正月号,第9~10页。
③ 《东西洋考每月统计传》,道光丁酉年(1837)正月号,第10页。
④ 《东西洋考每月统计传》,道光丁酉年(1837)二月号,第8页。16世纪晚期被耶稣会士翻译成拉丁文的中国文学开始进入欧洲。到18世纪,法国天主教传教士也把许多中国作品译成法文。
⑤ 《东西洋考每月统计传》,道光丁酉年(1837)二月号,第8页。这个观点当然忽视中国对从印度得到的佛经的敬仰和翻译。

(前 946－前 943)和周懿王(前 943－前 909)同时期。希腊文明衰落后,其传统由著名的罗马诗人如味耳治(Vergil)、和喇士(Horace)及伟大的历史学家利味(Livy)和大西多(Tacitus)继承下来。[①]读者还被告知,除了这些伟大的文学经典,代表神的教导的圣书,被认为是"上帝著万物主宰之圣旨",被各个时代的西方人所敬重。[②]

关于贸易和经济的文章也定期出现在《东西洋考》上。例如,一个名为"贸易"的栏目[③]报道在广州的外国商人的商业活动的最新发展和变化。这个栏目经常悲叹广州体制的缺点、或批评正在使中国人和其贸易伙伴之间产生严重紧张关系的不法和腐败。编者在一篇名为《银钱》的文章中倡导自由主义的商业。[④]这篇文章对西方的银行体系和商业实践作了介绍。

《东西洋考》的最后一部分一般是近来的新闻。这个部分包含从最近沿中国海岸台风到欧洲政治等各种主题的简短报道。这些报道用反映 19 世纪中期新教教徒千年思维的方式,强调全世界大事的相关性。例如,1837 年第一期描述前一年在中国和英国的致命的雷暴和激降雨,显示了万能和愤怒的上帝,对邪恶和不信宗教者的惩罚。[⑤]接下来的两个报告,解释了最近发生在法兰西和西班牙的政治动荡,还有这些天主教占优势的国家里为了政治权力斗争而产生的不法和混乱,正在破坏他们的社会。[⑥]另一篇报道描述最近土耳其的首相关押和羞辱一个英国公使。[⑦]据此报道,如果此事不加以纠正,这样的侮辱一定会激起英国政府的敌意。这里,《东西

---

① 《东西洋考每月统计传》,道光丁酉年(1837)二月号,第 8 页。
② 《东西洋考每月统计传》,道光丁酉年(1837)二月号,第 9 页
③ 这个栏目最早出现在《东西洋考每月统计传》,道光戊戌年(1838)正月号。
④ 《东西洋考每月统计传》,道光戊戌年(1838)七月号,第 14~15 页。
⑤ 《东西洋考每月统计传》,道光丁酉年(1837)正月号,第 14 页。
⑥ 《东西洋考每月统计传》,道光丁酉年(1837)正月号,第 14 页。
⑦ 《东西洋考每月统计传》,道光丁酉年(1837)正月号,第 15 页。

洋考》的编者明显地想向中国人传达含蓄的警告。

结　语

《东西洋考》大胆地尝试通过向中国读者传播关于西方世界的基本信息,促进积极的跨文化对话。在这个方面,它对现代中西关系的发展做出了值得称赞的贡献——不管它的发行者的宗教目的和文化偏见。虽然不能确定这份期刊的准确的发行量,但有许多证据表明,许多中国人读过这份期刊,对期刊的内容有深刻的印象。①确实,当中国官员突然面临学习尽可能多的西方知识的需要时,这份期刊是极少的关于外部世界的信息来源之一。

例如,苏珊娜·巴尼特注意到,魏源的著名地理著作《海国图志》的部分内容是基于从《东西洋考》摘录的材料。②在中国官员中同样闻名的著作、印行于 1848 年的《瀛寰志略》在编辑过程中,美国传教士雅裨理 (David Abeel,1804—1846) 给徐继畬(1795—1873)提供的材料中,就有这份期刊的各期。③

这些由魏源和徐继畬编辑的作品影响了国人对广阔世界及中国在世界中地位的态度,更不用说,还给他们提供了大量的知识和信息。龙夫威指出,传教士的出版物如《东西洋考》为中国人研究世界地理提供了便利,这种研究不仅破灭了中国是世界中心的神话,而且引进了破坏儒家秩序的新思想。他并不是唯一持有这种观点

---

① 见龙夫威对郭实腊编辑的早期各期的发行情况的论述,龙夫威:《新教徒地理学在中国:裨治文描绘西方》,载苏珊娜·W·巴尼特、费正清编:《中国的基督教:早期新教传教士著作》,坎布里奇,马萨诸塞:哈佛大学出版社,1985 年,第 100 页。
② 苏珊娜·W·巴尼特:《魏源和西方人:〈海国图志〉的资料来源》,《清史问题》2.4,1970 年 11 月,第 8 页。
③ 龙夫威对这个材料进行了很好的研究,见龙夫威:《中国绘制世界地图:徐继畬及其瀛寰志略》,坎布里奇,马萨诸塞:哈佛大学出版社,1975 年。

的人。①裨治文自己在《中国丛报》发表文章评论徐继畬的书时说：

我们认为，它对于摧毁中国统治者的自满、驱散中国统治者和学者的无知有推动作用，向他们表明，他们不是地球上唯一的民族。②

至少，《东西洋考》对于读者来说代表了一种新的报刊形式，至少有一位现代中国学者称其为近代中国发行的最早的中文期刊。③

参考文献

American Board of Commissioners for Foreign Missions, Papers. Mission to China (ABC 16.3). Yale Divinity School Library Archives. 美国公理会海外传道会（又名美部会）档案，中国传教会（美部会 16.3），耶鲁神学院图书档案馆。

Barnett, Suzanne W. and John K. Fairbank (eds.). 1985. *Christianity in China: Early Protestant Missonary Writings*. Cambridge, Mass.: Harvard University Press. 苏珊娜·W·巴尼特、费正清编：《中国的基督教：早期新教传教士著作》，坎布里奇，马萨诸塞：哈佛大学出版社，1985 年。

Barnett, Suzanne. 1970. "Wei Yuan and Westerners: Notes on the Sources of the HaiKuo T'u–Chih", *Ch'ing shih wen –t'i* 2.4 (November 1970), pp. 1–20. 苏珊娜·巴尼特：《魏源和西方人：〈海国图志〉的资料来源》，《清史问题》2.4，1970 年 11 月，第 1~20 页。

Broomhall, Marshall. 1927. *Robert Morrison: a Master Builder*.

---

① 龙夫威：《中国绘制世界地图：徐继畬及其瀛寰志略》，坎布里奇，马萨诸塞：哈佛大学出版社，1975 年，第 3 页。

② 裨治文：《徐继畬的瀛寰志略》，《中国丛报》，1851 年 4 月，第 193 页。

③ 蔡武：《谈谈东西洋考每月统记传：中国境内第一种现代中文期刊》，《国家中央图书馆学报》，1969 年 4 月，第 23~46 页。

London: Student Christian Movement. 海恩波：《马礼逊：一代宗师》，伦敦：学生基督徒运动，1927 年。

蔡武：《谈谈东西洋考每月统记传：中国境内第一种现代中文期刊》，《国家中央图书馆学报》(*National Central Library Bulletin*)，1969 年 4 月，第 23~46 页。

Drake, Fred W. 1975. *China Charts the World: Hsu Chi-yu and His Geography of 1848*. Cambridge, Mass.: Harvard University Press. 龙夫威：《中国绘制世界地图：徐继畬及其〈瀛寰志略〉》，坎布里奇，马萨诸塞：哈佛大学出版社，1975 年。

Drake, Fred W. 1985. "Protestant Geography in China: E. C. Bridgman's Portrayal of the West", in: Suzanne Wilson Barnett and John K. Fairbank (eds.). *Christianity in China: Early Protestant Missionary Writings*. Cambridge, Mass.: Harvard University Press, pp. 89–106. 龙夫威：《新教徒地理学在中国：裨治文描绘西方》，载苏珊娜·W·巴尼特、费正清编：《中国的基督教：早期新教传教士著作》，坎布里奇，马萨诸塞：哈佛大学出版社，1985 年，第 89–106 页。

Williams, Samuel Wells. 1965 [1847]. *The Middle Kingdom: A Survey of the Geography, Government, Education, Social Life, Arts, Religion, etc., of the Chinese Empire and Its Inhabitations*. 2 vols. Taibei: Ch'engwen. 卫三畏：《中国总论——中华帝国的地理、政府、教育、社会生活、艺术、宗教及其居民概观》(1847 年)，2 卷本，台北：成文出版社，1965 年。

Wylie, Alexander. 1967 [1867]. *Memorials of Protestant Missionaries to the Chinese: Giving a List of Their Publications, and Obituary Notices of the Deceased, with Copious Indexes*. Shanghai: American Presbyterian Mission Press. Reprint: Taibei: Ch'eng-wen. 伟烈亚力：《基督教在华传教士回忆录：他们的著作、死者的讣告并

附详细的索引》,上海:美华书馆,1867 年;台北:成文出版社,1967年重印。

Wylie, Alexander. 1964. *Notes on Chinese Literature: with Introductory Remarks on the Progressive Advancement of the Art; and a List of Translations from the Chinese into Various European Languages*. New York: Paragon Book Reprint. 伟烈亚力:《中国文学注解:关于艺术进步运动的初步评论和汉语译成欧洲语言的译作目录》,纽约:模范书局,1964 年重印。

卓新平:《索隐派与中西文化认同》,"基督教在华历史国际学术讨论会"(International Symposium on the History of Christianity in China) 未刊会议论文,1996 年 10 月,香港。

转变文体：LEADING ARTICLE 如何变成社论①

燕安黛

要想翻译一种文体，一些令人困扰的问题随之而来，涉及翻译的性质、翻译的不同概念层次和翻译过程中某些概念发生的改造。在这篇文章里，我将聚焦于 19 世纪新闻写作中一个著名的报纸文体个案及其在中国环境中的运用，以探讨这些发生在术语和文化两个层面的改造。②19 世纪早期以来，这种文体在英国称作"editorial"(稍后又称"leading article")③，19 世纪首先由传教士的报纸介绍到中国，不久，这种文体又随着商业性报纸来到中国。但是，"leading article"的情形表明，这种引进及随之而来的翻译进程，不是一个单向的交易。翻译几乎总是意味着改编和变化，其程

---

① 这篇论文基于我的博士论文《空洞的演讲：上海〈中文日报〉的"社论"(1884—1907)和革命的宣传方式》(海德堡大学，1999 年)的一部分。感谢顾彬的批评意见，感谢玛丽·兰金(Mary B Randin)对这篇论文的早期版本提出了详细的评论，感谢费南山艰辛的编辑工作。

② 聚焦于文化翻译的问题的最新研究，但以一种相当不同的路径进行的研究，见刘禾：《跨语际实践——文学、民族文化与被译介的现代性(中国，1900—1937)》，斯坦福：斯坦福大学出版社，1995 年。关于不同的翻译理论和翻译哲学方面的论文集，又见罗尔夫·艾伯弗尔德等编：《翻译和解释》，慕尼黑：威尔汗姆·芬克，1999 年。

③ 参见《牛津英语辞典》，牛津：牛津大学出版部印刷所，1989 年，第 5 卷，第 72 页；第 8 卷，第 751 页。我将两个术语用作同一个意义。因为"leading article"，例如在伦敦《泰晤士报》中固定不变的是 editorial article，指的是这类文章代表了报纸编辑的意见。

度依赖于所涉及的不同文化环境相互影响的性质。在我们的案例中，依赖于这些文化环境中对该种文体的各自的社会使用。①

在维多利亚时代的英国，撰写 leading article 享有极高的声望——掌握在资产阶级的精英人物手中——它成了强有力的政治工具，与议会体制及其倡导者密切地交织在一起。报纸编辑被认为是"城市国家"和"稳定社会"演化过程中的中心人物。杰出的记者是资本主义世界形成过程中的关键人物。②这样，报纸的社会使用——用著名报纸如伦敦《泰晤士报》的 leading article 来概括——意味着强烈的"建国议程"，对于在政治上被边缘化的中华帝国晚期的知识精英来说，有很强的吸引力。事实上，美查(Ernest Major，1841—1908)，上海一家最早的中文报纸《申报》(1872—1949)的编者，很大程度地利用这种吸引力来策划其市场策略。他和其他人一道，将这种西方的报纸概念应用于从上海条约口岸出现和扩展的中国市场，取得了很大成功。

"leading article"或"editorial article"变成汉语"社论"的过程，使得某些文化翻译的关键问题清楚地显示出来，只要这些问题是关于文化上定义的概念的接受、改变和占有的问题。与某种社会行动模式和某种话语相联系的文体，如何在中国文化环境中找到自己的位置呢？leading article 仅是转入一种新的环境中去填补一种先前的空白呢，或更可能地，它遇到了中国的对手，双

---

① 关于这种文体的社会学概念，见卡罗琳·米勒：《社会行动的类型》，《演讲季刊》70,1985 年，第 151~167 页；又见约翰·斯瓦里斯：《文体和参预》，《历史哲学学报》71,1993 年，第 687~698 页。

② 乔尔·H·维那编：《革新者和传教士：英国维多利亚时代的编者作用》，维斯特波特：格林伍德，1985 年，第 xiii 页。又参见德瑞克·佛雷若：《激进主义的编者：英国维多利亚早期的编者和城市政治》，载乔尔·H·维那编：《革新者和传教士：英国维多利亚时代的编者作用》，维斯特波特：格林伍德，1985 年，第 121~143 页。我这里描述的是自由报纸的理想类型的代表，因为它被其参与者高度尊重。很清楚，这不必要是"现实"的真正情景。参见阿兰德·琼斯：《维多利亚政治文化中的地方报业》，载劳伦·布瑞克：《维多利亚时代的报业调查》，哈伍德斯米尔：麦克米兰，1990 年，第 63~70 页。

转变文体：LEADING ARTICLE 如何变成社论

方发生斗争,最后这种相遇被改造成了新的东西呢？它是如何被接受的,在文化占有的过程中,它遇到过哪些曲折？有了"社论",我们是否就最终得到"leading article"的对等物,这个新术语的运用意味着什么？

我将以早期中国报界的 leading article 为基础, 以解决上述这些问题。这些报纸主要有上海的《申报》(因其较早和稳定的发行),包括一些最早的商业报纸和教会报纸,社会政治精英的精心之作,即由文人编辑的经世文编中的作品。第一步,我将描述这些文本的内容和目的, 以及每位作者的作品遵循了什么传统。第二步, 我将把这些发现与上面阐明的文化翻译的问题再次联系起来。

在这两个层面分析的基础上,我将提出两个观点。第一个观点是从文化层面而言:leading article 作为西方引进的东西, 如果不是成功地将西方的新闻写作模式与上述整个 19 世纪文人的经世作品形式结合成一体, 就不会有任何结果。leading article 被早期的编辑——不管他们是西方人还是中国人,教会的或商业的——翻译成经世文的概念框架。这样,通过一种逐渐的集中融合,中国的文人得以利用那时非常普遍被称为"论"和"说"的被修正的新闻文体,此种文体是在《经世文编》中可以找到的经典散文文体(最明显地是"论"和"说"的形式)。虽然根据其知名度、现实性和它许可的辩论话题的广泛而言,这一运载工具都绝对是新的,但它承载着一种限于熟悉的"富强"话语概念层面的话语,这种话语由于 19 世纪中期以来由《南京条约》和太平天国起义而引起的政治和社会动荡而弥漫全国,这种话语本身又是基于从 19 世纪以来取得突出地位的经世话语。但是,尽管有这种限制,从长期来看,这些形式特点——主题广泛,现实性和最重要的,知名度——以 leading article 为伪装,把文人的经世作品进一步改造为全新的东西,以至于将熟悉的经世话语放在一个完全不同的社会环境中,这样,将"社会"置入政治讨论中,而迄今为止，"社会"一直被排除在政治讨论之外。总之，政治讨论向民众开放。从那里，演化出术语的讨论。事实上，新文体早在它有一个新名称几十年前即被使用。起初，原有的文体看起来足以容纳新的社会使用，或——换言之——新的社会使用仍限于旧的普遍的框架内。只有当几十年以后，新出现的知识分子精英从上层改革实践的失败和流亡日本的经历中受到启示，感到需要给他们的政治宣言一个新的术语框架时，现代词语"社论"才被创造出来。这个新的术语不是外国人带来的革新。年轻的中国人自身——现在的知识分子——有意识地通过日本的翻译选择了外国术语"editorial"，去表达他们自己的社会和政治参与的新概念。指出新术语"社论"中暗含20世纪头十年非常时髦的"社会"概念，大概不会有错。①有趣得很，"社论"一词明显地被看做是独特的政治陈述，被"新"知识分子用于将其从老知识分子中区分出来。以他们的观点，他们的文章反映了全社会的立场，并不仅限于报社本身。与英语术语"editorial"明显不同，汉语词语"社论"可以含有两种意思。

尽管 leading article 只不过是一个非常特殊的例子，带有它自己相当奇特的特征，但只要是探求在中国历史关键时期（即旧的精英被摧毁、现代民族国家诞生的时期），某种特殊文体类型的变化的文化使用，它就具有典范意义。它使我们可以观察到一种不同政治参与类型的出现和旧时代文学精英的被取代。表达政治参与观点的新媒介和新文体，极力主张根本的社会和政治变化，这种变化最终导致旧体制的崩溃。

一、引进 leading article 到中国

如果我们首先考察一下现代术语的形成过程，我们可以看到汉语和日语的巨大差别。像在中国一样，第一份现代风格的日语报

---

① 阿达·海文·狄在其关于报纸语言的研究中，对"社论"评论道："其字面和名称通常指社会性意义。"（阿达·海文·狄：《新思想的新术语：华文报纸研究》，上海：卫理公会书局，1915 年，第 62 页）这意味着一个相近的解释。

纸建立于 19 世纪 60 年代。更多重要的和持久的报纸出现于19 世纪 70 年代,始于 1872 年创办的《东京日日新闻》——同年《申报》创办于上海。从那时起,在日本和中国的约开口岸,editorial article占了显著的位置。1874 年从欧洲旅行归国后, 作家福地源一郎(1841－1906)把 editorial article 变成了《日日新闻》最重要的栏目。他因建立日报 editorial 栏目而闻名, 又发展出了一种新的前置的editorial 文体。按照西方模式,他采用了起源于中国的词语"吾曹"来表示"我们编者",这个词是如此奇特,为他赢得了"吾曹先生"的绰号。在那之前,人们仅能偶尔发现叫做"论说"的论文和观点片断,常常在通信栏目,并没有编辑的连贯性。①正是在这个日本新闻业的早期阶段,新词"社说"创造出来。1878 年出版的辞典解释"社说"是"报纸编者所写文章(或观点片断)","社说"明显地是英语editorial article 的改编形式,强调报纸的权威态度。②这样在日本,对editorial article 有一个替代的词,强调记者的编辑作用。在现代新闻业的开始,对新的概念有新的术语。中国的情况则不是如此。

　　但是,这并不意味,在早期中国新闻界,没有一个与 editorial 对应的词语。editorial 最早出现于 19 世纪 30 年代早期教会报纸上,间隔一段时间后才对中国大陆本土产生影响。著名的传教士郭实腊在其《东西洋考每月统记传》(1833 年 8 月—1834 年 5 月)中,简洁地将其 editorial 片断——大多数是关于宗教的,但还有外交问题的——冠以"论"的名称。他利用了中国文学中古老的和令人敬重的文体。但是,不久他的报纸被禁止在中国领土上发行。

　　三十多年以后, 当传教士的出版物开始在新开条约口岸出现时,"论"又一次被用于指代"editorial"。林乐知主编的《教会新报》(1868—1874) 有英文目录, 将名为《消变明教论》的文章列于

---

　　① 詹姆士·哈夫曼:《明治报界政治:福地源一郎生平》,火奴鲁鲁:夏威夷大学出版社,1980 年,第 84~90 页。
　　②《明治时代的辞典》,东京:东京堂出版,1989 年,第 213 页。

editorial 栏目之下，并将其翻译为 *Christian Morality and Confucian Moral Code*(基督教道德和儒家道德观)。①然而，该报对中国普遍民众没有产生太大的影响。1874 年,林乐知将其改造成后来很有名的《万国公报》(1874—1883 年,1889—1907 年)，去掉了早期传教士出版物的强烈宗教气息。

第一份中文商业报纸,即《北华捷报》社发行、传教士编写的《上海新报》(1860-1872 年)没有 editorial article 这一重要栏目。它以报道太平天国运动而著称，但是它想变成公众论坛的努力几乎没有收到任何显著的回应。诚然，动荡的时局、编者的基督教背景、担心被与叛乱者联系起来，这些因素使得许多中国人不敢阅读这份报纸。

是美查和他的《申报》,一份明确的商业报纸,一天一天地使得 leading article 逐渐成为中国报界最重要的文体（可与福地源一郎在日本新闻界所起作用相比)。②美查总是把 leading article 印在报纸的头版头条,给了其非常重要的地位。这与伦敦《泰晤士报》的做法形成鲜明的对比。《泰晤士报》的 leading article 栏目下有三篇文章,印在报纸的中间。③但是，该报没有有意识地去将英语术语译成汉语的努力——至少，我们没有这种努力的证据。《申报》的 leading article 的另一个显著的特征是,尤其是在早期,其中许多文章是读者所撰写的。美查的征稿得到热烈的响应。《申报》的商业成功很大程度上归因于它成功地吸引了条约口岸和江南地区的很大部分的知识人。不久，《申报》成了公众讨论的一个活跃论坛,同时

①《消变明教论》,《教会新报》,1870 年 1 月 18 日。

② 参见以下两处的论断:《申报质疑》,《甬报》,1881 年 3 月；黄协埙:《本报最初时代之经过》,载《最近之五十年:1872—1922 年申报五十年周年纪念》(1922 年),上海:上海书店,1987 年。

③ 王韬以香港为基地的《循环日报》按照《泰晤士报》的模式,每期在第三版安排两三篇 Leaders 文章。

美查非常小心地区分编者和读者的观点。

不是编者(即美查和他所聘用的中国文人)所写的文章,通常署笔名。但是,与《泰晤士报》不同,编者和读者的文章都可以登载于报纸的头版头条。①

最早争论的问题之一是上海的"公共桥梁"问题(1872 年),早期最轰动的争论是关于上海吴淞铁路的拆毁问题(1874 年)。很多词语被用于这一类的文章,最普通的是"论"(对于是非对错的散论文章)、"说"(劝说的话)、"拟"、"拟请"、"议"(建议)、"书后"(评论)、"辩"(批驳)、"引"(导言)、"缘起"(关于某事的起源)等。在这些词语中,"论"和使用频度略低的"说",是最常使用的词语。"作论"不久被译作"to write a leader"。②我们可以发现合成词"论说"有古老意义"讨论"的意思,也有新的含义"leading article"(如1895 年10 月 31 日《申报》,很可能时间比这更早)。但是上海的报纸,直到1898 年现代化版面设计的先锋汪康年的《中外日报》(1898—1908)上才有了以"论说"命名的栏目。③

1898 年流产的变法努力是一个重要的转折点,彻底改变了上海(或中国)报纸的情景。改良者和在日本避难的革命者采用了日本报纸的一个术语"社说",并广泛地应用这一词语,首先在他们日本的出版物上使用,接着也在上海发行的报刊中使用。有强烈的政

---

① 这个特征或许受了"清议"概念的启发,"清议"是个人发表批评意见的合法形式。报纸要使自身成为公共领域的权威被看做是非法的行动。这样,含蓄地用报纸作为表达某种清议的论坛,《申报》试图将自身置于已有社会结构中。关于 19 世纪"清议"的一般性讨论,可见玛丽·兰金:《公众舆论和政治权力:19 世纪晚期中国的清议》,《亚洲研究杂志》41.3,1982 年,第 453~484 页;将报刊文章看做是清议的表达的讨论,见我的未刊稿:《为革命话语准备余地:19 世纪中国从经世文编到期刊出版》。

② 翟理思:《汉英词典》,伦敦:考里奇,1892 年。

③ 从第一期(1898 年 8 月 17 日)开始,《中外日报》有了"论说"栏目,该栏目置于"上谕"和"电报新闻"之后。参见汪诒年编:《汪穰卿(康年)先生传记遗文》(1938 年),台北:文海出版社重印,日期不详,第 106 页。此书对于汪康年的报纸的革新的版面布局作了说明,说这些是不成熟的努力,仍不能被中国读者接受。

治议程是革命报刊的一个特征。①同时，已有的报纸感到他们被迫采取改革，不小程度上归因于改革派报纸《时报》(1904-1936)的成功。它发展很快，成为一个强有力的竞争对手。这些内部改革的结果之一就是，分栏的引进，每个栏目有其名称(汪康年曾在 1898 年试图做过这些，但没有成功)，其中栏目之一就是"论说"，即现在确定的和有意识的 "leading article"。对于作者不是编辑部成员的情况，栏目名称改为"代论"。现代词语"社论"首次出现在 1907 年 1 月 5 日《时报》版面(直到那时，同时使用"论说"这一术语)。它明显地是仿照日语"社说"新造的术语，用"论"结尾，显得更加精炼和更加"中国化"。然而，它仍然被一位早期的中国新闻史学者看作是从日本引进的术语。②与孙中山革命党人有关的新创办的《神州日报》(1907 年 4 月—1927 年)紧接着也使用了这个术语。

有意识地采用新术语，明显地代表着来自中国新知识界内部的革新力量。③尽管他们努力采用新的布局和风格，保守派的报纸在相当长时间内仍坚持使用"论说"。④我想说明的是，leading article (或 editorial)的翻译最晚在 19 世纪 70 年代已出现，但是，翻译过程、对这个新文体的社会使用的根本不同的认识及中国人思想中真正采用这个新概念，只是到了 20 世纪最初十年当中国的改革者自己将新词"社论"引进中国才算完成。西方的概念"editorial"最初被翻译时用了一个已有的汉语概念"论"，在新的用法的影响下，经

---

① 1903 年以来，中文报纸用了"社说"一词(这些文章常是长系列的政治论文)。那些报纸有《国民日日报》(1903 年 6—10 月)，《警钟日报》(1904 年 2 月—1905 年 3 月)，《民呼日报》(1909 年 5—8 月)，《民吁日报》(1909 年 10—11 月) 和最后《国民公报》(1910 年 7 月—1919 年)。

② 参见姚公鹤：《上海闲话》(1917 年)，上海：上海古籍出版社，1989 年。

③ 除了 leading article 之外，还有其他一些术语用于指称当时出现的新形式的表达意见的文章，最著名的是《时报》的"时评"。

④ 上海的《新闻报》(1893—1949 年)最早在 20 世纪 30 年代晚期使用了"社论"，《申报》到了 20 世纪 40 年代才继之使用"社论"。

历一个变化的过程，最终产生了一个中国作者认为可以更易于表达这个文体真正社会用法的新术语。

新的汉语术语"社论"出现于中国全民(特别是在江南地区)兴起政治参与和激进主义意识的时期。不光是由于对政治表达和结社的禁令的结束,这还是一个立宪运动的时期,很明显的现代方式的公众联合反抗的最早实践(如收回利权运动)的时期。①人民在绅商精英的领导下,开始意识到他们的公共声音的潜在威力,不管这种声音是否立即见效。至少,当局必须考虑这些声音。

二、将 leading article 概念化为经世文

如上所述,是教会报纸和最有效的条约口岸的商业报纸,使 leading article 成了 19 世纪 70 年代以来报纸的固定栏目。因此,根据经世文将报纸文章概念化,具有关键作用。《教会新报》的编者林乐知,从其报人生涯开始就显示出了一种切合经世文型知识话语的编辑态度。艾德里安·贝内特在研究林乐知所办杂志的文章中说:

> 对仅在教会圈内提倡问题争论不满意, 林乐知在报纸开办后八个月内(即从 1871 年以来),通过向清廷游说,扩展了报纸的视野。这里,他在考虑国家可以为人民的利益做什么方面显示出其能力。②

① 参见傅因彻:《中国的民主:1905-1914 年地方、省和中央三层次的自治运动》,伦敦:澳大利亚国立大学出版社,1981 年;闵斗基:《苏杭甬铁路争端》,载闵斗基:《中华帝国晚期国家政体与地方权力的变化》,坎布里奇,马萨诸塞:哈佛大学出版社,1989 年,第 181~218 页;麦德琳·齐:《苏杭甬铁路借款:收回利权运动的个案研究》,《现代亚洲研究》7.1,1973 年,第 85~106 页。关于上海报界在 1907 年收回利权运动的表现可见燕安黛:《早期中国报纸的社论:文化上相互作用的文体》,载戴依特莫·罗塞玛德编:《据为己有和自作主张:对欧洲扩张的回应》,慕尼黑:奥登伯格,1999 年,第 111~136 页。
② 艾德里安·贝内特:《中国的传教士报人:林乐知和他的杂志,1860—1883》,阿森斯:佐治亚大学出版社,1983 年,第 133~134 页。

这种对教会报刊态度的清楚描述，是英国维多利亚时代报界精英在议会政治作用的回响，也是对中国知识界在国家政治中应起作用的启示。这样，两种结构差异很大的政治参与概念，有了一个融合的基础。[①]

《申报》的英国编辑美查，毫无疑问地，当他为报纸制定章程时，就是基于这种知识分子无私地参与国家福利的理想。虽然他在就职演说中强调新媒体的宣传效果（"上而士大夫下及农工商贾皆能通晓者"），[②]但是这种强调在更具体的章程及后来的宣言中，转向新报纸对政府事务产生的巨大潜能。在报纸的征稿要求中，他不得不适应可能的投稿人和读者——江南地区大量的受教育的精英——的兴趣和能力。要求读者写的东西——除了需要交费的广告——一是诗歌，另外是我们感兴趣的散文。在这个布告中，我们可以看到（早期的翻译）：

> 如有名言说论实系乎国计、民生、地利、水源之类者，上关皇朝经济之需，下知小民稼穑之苦，附登斯报，概不取酬。[③]

布告明显是经典的经世文主题的回响。政府管理，民众福利，农业和水的保护，这些都属于给皇帝所上奏折的主要内容。其中最著名的被收录在《经世文编》中。过了不久，这份布告在上海和江南

_____

[①] 尽管传教士报刊对后来的报刊发展起了至关重要的作用，但在成功的《万国公报》（1874 年创办，比《申报》晚两年）之前的传教士报刊只能看做是中国公共领域的边缘角色（至少精英部分是这样）。《万国公报》使传教士的报刊赢得了在知识界很有影响的少数热心读者，而且很明显商业报纸的中文编辑和记者得到很多由该杂志发布和传播的知识，使其拥有更多的读者。

[②]《本馆告白》，《申报》，1872 年 4 月 30 日。译自白瑞华：《中国的报刊 1800—1912》（1933 年），台北：成文出版社，1966 年，第 64~65 页。

[③]《本馆条例》，《申报》，1872 年 4 月 30 日；译自白瑞华：《中国的报刊 1800—1912》（1933 年），台北：成文出版社，1966 年，第 66 页。

的文人中得到积极的回应。支配政治前景的话语,再次准确无误地宣示出来。在读者的投稿中,我们发现有经典的经世文(关于赋税、官员腐败、天灾、秘密会社、民众骚乱、土匪、科举考试、行政管理、军事和边防事务、公共道德等等),还有关于洋务主题的文章(如蒸汽船航运、铁路、开矿、自然科学、现代教育、鸦片贸易和吸食、国际贸易、外交、基督教、传教等等)。而且,还有关于地方问题,如法庭案例、赌博、妓女、苦力贸易等等问题的讨论,常常是与如何统治国家和如何取得财富和权力有关的问题。

为了证明其存在的正当性,报纸编者再三强调报纸对政府有用。"通上下之情"是当时这种论调的流行语——与古代的联络结构相一致。新报纸即使不是过去言路的替代物,也被设计为对臭名昭著的旧言路堵塞的一个治理方案。上海的英语报纸甚至给新的中文报纸"都察院(御史衙门)"的绰号,[①]将其置于现存的官僚体制内。

费南山通过分析上海和香港主要报纸的自我定位,包括王韬在香港的《循环日报》(1874—1937 年),阐明了这一点。当对政府至关重要的旧的"言路"堵塞后,报纸就成了重建这种古老的"通上下"的机构的媒介。她认为,情况是这样的,新的日报不仅宣称要继承这种既有机构的功能,并且还要与之竞争。[②]报纸对政府事务有用体现在它们是这样一个工具:

广见闻,通上下,俾利弊灼然,无或壅蔽。[③]

这样,编者和早期记者所承担的社会政治作用可以被用于表

---

① 《上海的都察院》,《北华捷报》,1880 年 9 月 11 日。

② 费南山:《新闻业在中国的兴起,1860—1911》,威斯巴登:赫拉斯维茨,2002 年,第 278~289 页。

③ 《倡设日报小引》,《循环日报》,1874 年 2 月 12 日。

述涉身报界文人自尊心的词语清楚地表达，进而深化新媒介的文化接受。从一开始，报纸被少数具有西方知识的相当进步的知识分子(如福地源一郎、王韬等人)看做是潜在的政治工具(在日本和中国，通过对政治事务和官员进行批评的言论，这是从英语报纸派生出的理解)。但是，同时，在日本和中国，文化上被接受的和成功的新闻，在其早期阶段，被认为是在为国家服务。①这是国家最可能容忍的形式，因此发表政治批评的文章，使得报纸读者开始虽少但很快增长成为可能。在清末十年，为限制较少的言论准备了地步。更加关注国家的进步，这最终将导致现存国家和王朝的灭亡，对于主要参加者来说，这从一开始并不是自明的。

这种以政策为中心来看待报纸功能的最直接证据是《申报》早期的 editorials，讨论的问题有铁路建设、供水系统、矿务、西药、洪水防控、行船、通讯革新，西方机构如保险、拍卖、商业公司等等。许多经常讨论的话题，反映了思想更加开放的官员们的主要关注点，即促进中国的现代化尤其是军事和经济的现代化。这种讨论过去多少限于官员内部或官员之间的交流渠道，现在被公众化和(文体上的)某种程度通俗化。由此不久，报纸对于那些对这种讨论有兴趣的人，包括涉身这种事业和官场的绅商，成了一个必不可少的媒介。从一开始，这种以意识形态许可的治国建议为伪装的对政策问题强有力的参与，使得《申报》成为江南知识界最重要的文化资源之一。leading article 被翻译成中文报纸的"论"、"说"、"译"——关于国家经济和人民生活的论文——等形式，在"论说"一词中得到了综合。

三、晚清政治话语中的"论"

早期中文报纸文章中选择使用"论"，"说"等，是相当明显的。这

---

① 说起《东京日日新闻》的御用身份，詹姆士·哈夫曼称其为"明治时代的特有现象，非西方式的解说"，参见詹姆士·哈夫曼：《明治报界政治：福地源一郎生平》，火奴鲁鲁：夏威夷大学出版社，1980年，第93~99页。

些是早期报纸支配下的话语文体。除此之外，一些惯例的编者文章，如"我们编者(editorial we)"或者权威的和批评的态度，对中国作者并不新鲜。重大的革新是新的印刷媒体、书面语言的通俗化，还有深奥文学的大众化，即曾是少数——尽管数量不断增加——受教育者所专享的政治话语的大众化。但是，这些变化是逐渐发生的。根据文学声望，"论"不是一个差的选择，它是知识界最著名的文体。作为对经典和历史进行解释和评论的经典文体，其作者具有论是非的权威。因此，"论"是一个由来已久的常常来自官僚机构之外的政治批评文体，但是与潜在的或实际拥有官位者密切联系，因而有某种权威力量。作为一种新闻文体，它允许其作者使用类似于描述知识绅士角色词语去概念化自身的角色。同时，通过将精英政治话语移植到更开放的报纸，这种话语从固定体制得到一定程度的解放，体验新社会组织结构的进程成为可能。

在商业报纸上进行的政治讨论，直接导致世纪末的改革话语，梁启超和他在《时务报》(1896—1898 年)上发表的文章可以作为典范。但是，记者的话语行动建立于其上的风气，他们思想上的自我概念，可在历史上追寻到其足迹。精英话语通过经世文编找到其最有影响的出路，这个出路继续存在，并被报纸的Leading Article 所改造。

以精英政治讨论方式实现的新兴文人参与，可以追溯到 18 世纪晚期。从那时起，我们看到了更具批评性的学术态度的复兴，这种态度又与晚明道德批判的遗产相联系。不同学派之间的学术辩论，现在从属于知识分子对政治事务的参与热情。①这导致贺长龄

① 参见詹姆斯·波拉切克：《鸦片战争与清政府之内部斗争》，坎布里奇，马萨诸塞：哈佛大学出版社，1992 年；苏珊·曼·琼斯：《十八世纪晚期中国的学术和政治》，《清史问题》3.4，1975 年 12 月，第 28~49 页；魏斐德：《自治的代价：明治政治中的知识分子》，《代达罗斯》101.2，1972 年，第 35~70 页；本杰明·A·艾尔曼：《经学、政治与宗族：中华帝国晚期的常州今文学派研究》，伯克莱：加州大学出版社，1990 年。

（1785—1848）和魏源对《皇朝经世文编》（1828 年）的编辑。这种"皇朝经世文编"在 19 世纪后半期很流行，很多版本和续编相继出现。①《皇朝经世文编》的最前两个部分是"学术"和"治体"——论述儒家国家的意识形态基础。其余的六部分与政府六部有关，包括内容反映处理日常事务原则的知识汇编的资料和短文。其目的是创造一种"可用作思想源泉和改革松垮的帝国官僚机构的方法"的纲要。②这种新的对治国改造的关注（代替了先前的治国体制的保持），导致在 19 世纪对晚明东林党运动的重新估价。③清初，东林党人被指对明朝的灭亡负责，作为禁止任何形式的知识分子结社的借口。乾隆皇帝死后，宠臣和珅受到批判，正如魏忠贤（1568—1627）受东林党人批判一样。这导致一种新社团的建立，正当的批评的表达成为知识精英存在的新理由。④这个运动产生了艾尔曼所称"文人社团更加激进的古典风格散文修辞"。⑤

　　大约同时代出版的古体散文集，提供了表达这种批评的适当形式的文体。首先是姚鼐（1731—1815）的《古文词类纂》（序言的时

---

① 贺长龄、魏源编：《清经世文编》，3 卷本，北京：中华书局，1992 年（重印《皇朝经世文编》，思补楼 1886 年版）。别的版本有：福州饶玉成刻本（文海出版社重印），1873 年；思补楼重校本，1886 年（中华书局 1992 年重印）；其中有一个平版印刷本出现在 1901 年。参见《清经世文编》，3 卷本，北京：中华书局，1992 年，"序"。还有很多续编，例如张鹏飞：《皇朝经世文编补》（1851 年，58 卷）；饶玉成《皇朝经世文续编》（1882 年，120 卷）；葛士浚编：《皇朝经世文续编》（1888 年，上海 1901 年重印）；盛康：《皇朝经世文续编》（1897 年，120 卷）；陈忠倚：《皇朝经世文三编》（1902 年，80 卷）；何良栋：《皇朝经世文四编》（1902 年，52 卷）；求是斋《皇朝经世文五集》（上海：宜今室石印，1902 年，32 卷）。

② 本杰明·A·艾尔曼：《晚清宋学的关联：魏源和皇朝经世文编》，《清史问题》9.2，1988 年，第 56~85 页；又见魏斐德：《皇朝经世文编》，《清史问题》1.10，1969 年，第 8~22 页；冯天瑜：《道光咸丰年间经世实学》，《历史研究》，1987 年第 4 期，第 138~151 页。

③ 本杰明·A·艾尔曼：《经学、政治与宗族：中华帝国晚期的常州今文学派研究》，伯克莱：加州大学出版社，1990 年，第 299~300 页。

④ 对这些知识群体的研究见詹姆斯·波拉切克：《19 世纪早期中国的知识分子群体和知识分子政治》，博士论文，1976 年，加州大学，伯克莱分校。

⑤ 本杰明·A·艾尔曼：《经学、政治与宗族：中华帝国晚期的常州今文学派研究》，伯克莱：加州大学出版社，1990 年，第 296 页。

间是 1779 年,最早印刷约在 1820 年),①然后是曾国藩的《经史百家杂钞》(1860 年)。这些文集影响非常大,成了教育学生包括梁启超一代的最基本的教科书。②在这些文集中,"论"的文体占有最显著的位置,基本上,它们是所有别的文体的典型模式。在各种经世文编中,"论"是仅次于奏折的文体,奏折多少也算是以官方文件形式出现的一种"论"。

将欧阳修(1007—1072)的《朋党论》选编在《古文辞类纂》中,或许是那个时代新精神的最显著的证据。③在这篇文章里,欧阳修认为,结党可以有高尚的目的,否认结党必然不可避免地出于私心。雍正皇帝御笔撰文,激烈地抨击这个观点,把该论文和其先祖康熙皇帝的《圣谕广训》一起发布于全国的学校。④曾国藩将经典中强调不受限制地讨论政府事务的一些文章,收入其文集中。其中,《尚书》中的《洪范》篇——曾的文集中的第一篇——在 1895 年以后的改革作品中不断地被引用。

通过考察后来经世文编的主题内容,可以看出这些编辑文集和新日报的"论说"逐渐融合过程。19 世纪 80 年代葛士浚发行的经世文续编,增加了"洋务"部分,明显的是对 19 世纪 50 年代以来的挑战的回应,反映了曾国藩和李鸿章的现代化政策。⑤在日报上有类似的话题。后来的经世文续编,几乎专门收录倾向变法

---

① 姚鼐:《(广注)古文词类纂》,合肥:黄山书社。

② 佐藤一郎:《中国文章论》,上海:上海古籍出版社,1996 年,第 19 页。

③ 参见姚鼐:《(广注)古文词类纂》,合肥:黄山书社,第 44~45 页。但是只有王先谦(1842—1917)1889 年编印《续古文词类纂》敢收录清早期敢于直言的批评家戴名世(1653—1713)的作品。参见佐藤一郎:《中国文章论》,上海:上海古籍出版社,1996 年,第 95 页。

④ 倪德卫:《和珅和他的原告:18 世纪的意识形态和政治行为》,载倪德卫、芮沃寿编:《行动中的儒学》,斯坦福:斯坦福大学出版社,1959 年,第 209~243、225~227 页。

⑤ 葛士浚编:《皇朝经世文续编》,台北:文海出版社,1972 年。

的改革者和政治家的文章。而且，他们重印了很多最初在期刊上发表的译作和文章。①世纪之末，经世文编在题目上自称"新"，最重要的是麦仲华（1876－1956）的《皇朝经世文新编》，其中有梁启超1898年所作之序。这些都是在激进改革主义者的支持下编辑的，这些改革者，同时通过报纸做"公共关系工作"。②

　　甚至经世文编中的文体可以与报纸文体作对比。leading article最重要的标记——如前所述——是"论"和"说"，其次还有各式各样的评论如"书"、"书后"、"注"或"读……后"和建议，如"拟"、"拟请"、"议"或"策"。这很大程度上与出现在经世文编中的标记相一致。只有两个例外：官方的"疏"和私人的"书"。这两种文体，特别是在经世文编中非常显著，但作为Leading Article的一种形式，作用不大。③这又是暗含在报纸使用中的公共交流结构变化的标示。

　　再看古文集，我们发现曾国藩在其序言中，将"论著"又划分为不同的次级文体。除把三类文体归于哲学家，他把六类文体，即"论"、"辩"、"议"、"说"、"解"和"原"，与古文家联系起来。④根据《申报》的"论说"栏的一篇文章，后六类文体被认为是editorial作品：

---

　　① 例如，《皇朝经世文编五集》（1902年）包括很多梁启超的作品——虽然没有提到梁的名字（例如："西学书目表"，还有首先发表在《时务报》上的《变法通议》的大部分）——和其他改革家的作品，还有从西方和日本报刊翻译文章。参见求是斋编：《皇朝经世文五集》（1902年），台北：文海出版社，1972年。

　　② 麦仲华——康有为的学生之一，和康有为的女儿康同薇结婚——首先打破贺长龄的结构。他的《皇朝经世文新编》的章首先是"通论"和"君德"，有"官制"、"法律"、"学校"、"国用"、"农政"、"矿政"、"工艺"、"商政"、"币制"、"税则"、"邮运"、"兵政"、"交涉"、"外史"、"会党"、"民政"、"教宗"、"学术"和"杂纂"。甘韩的《清朝经世文新编续集》和求是斋《皇朝经世文编五集》都印行于1902年，按照麦仲华的章的结构。参见麦仲华编：《皇朝经世文新编》，台北：文海出版社，1972年。

　　③ 偶尔，可能以一奏折或致编者信作为leading article。但是我不认为这是该文体的典型。相反，对奏折的批评，常包括奏折内容，或读者直接写给"当轴者"的论文是leading article的正式的典型的形式。除那以外，大量的奏折和致编者信被印在报纸的其他栏目。

　　④ 曾国藩编：《经史百家杂钞》，《四部备要》本。"序例"，第1页。

转变文体：LEADING ARTICLE 如何变成社论

凡"论说"之目，或"论"，或"说"，或"议"，或"纪"，或"注"，或"书后"，或"答问"，或"策"，或"考"，或"辨"，其体不一，或以文中大旨撮两三字为篇目，如诸子书及韩（愈）苏（轼）文中之例，亦属通行。[①]

频繁使用的政治话语，只能被受过古典教育的学者以古文风格进行想象，[②]通过新的西方公众表达的媒介，革新的交流方式出现，通过这种方式，改革话语本身最终导致了一个真正的革新。通过在新报纸上使用"论"，把它改造成中国的 leading article，这些关注得到了照顾。而且，考虑到早期报刊文章的经世议程，改革报刊很明显地与经世话语相联系，改革派杂志之一就名为《经世报》。[③]

中国思想界因 1895 年被日本打败产生的沸腾气候和随后发生的社会达尔文主义进化思想的涌入，自 19 世纪 70 年代以来就潜伏在治国论文表面下的积极参与政治的种芽，开始突破这一层光滑的表面。"民"——至少以政治修辞来说——开始代替过去的"士"，由到处弥漫的"私"所产生的社会邪恶，将被"公"治愈。致使中国衰弱的"散"将被"合群"所克服。"静"的被动的民众意识将被"动"的主动的民众意识所取代。[④]所有这些通过梁启超有力的修辞产生的新思想，到 1898 年，成了经世文章的主流。这些文章成功引进中国，将产生一个长期的后果，远超过当时清朝统治者愿意进行的政治制度改革的范围。

---

① 《整顿报务余言》，《申报》，1898 年 8 月 24 日。

② 佐藤一郎认为这是文人表达的最高形式，和文人的政治参与和精英的存在理由不可分割。参见佐藤一郎：《中国文章论》，上海：上海古籍出版社，1996 年，第 1~7 页。

③ 这份报纸是由章太炎于 1897 年 8 月在杭州和上海创办的。

④ 这些思想大部分来自梁启超的作品，用于《申报》的编者文章，作为建立近代学校的论证材料，学校被看做富强国家重构的关键因素。参见《论中国之弱由于民智不开》，《申报》，1898 年 9 月 28 日。对该文的详细论述见我的文章《为革命话语准备余地：19 世纪的中国从经世文到期刊出版》。

思想意识与反映政治交流等级结构由官方或准官方的经世思想限定的话语相结合。这种结合与这种政治交流结构有一种基本的矛盾，要求进行国家与社会关系的根本重组。正是这个时候，当这些内容在报纸文章中得到了更大的地盘，由于它开始侵犯了一般的经世议程，报刊又受到于先前的限制，改革者被流放，进步报纸被关闭。保守派报纸从他们的改革事业退步到守旧或玩世不恭。1898年是转折点，被流放的改革者能够跨过国家正统的门槛，用报刊继续进行他们的试验，而在清朝影响的范围内，要从那里向前走是不可能的。由于身体已经从体制中脱离出来，激进的维新思想从此落在后面，经世改革的意识形态的限制也被抛弃。现在政治流放者感到，需要为他们所做的事情采用一个新的术语，他们把 leading article 译成"社说"——"代表社会说话"——并通过他们在横滨和东京印刷的报纸，将其传送到中国大陆。

结　语

翻译是一个不断交换的动态过程。leading article 文体的翻译就说明了这一点，进一步观察这种文体在随后年份中的发展变化，将会确证这个观点。有很多力量影响这个文体在新环境中的使用，为了掌握这些复杂的过程，我将提供一幅这些力量全体的简化图像。

Leading Article 随着现代报刊从西方迁移到中国后，来自西方和中国两方面的文化力量发生作用，努力想给它一种设定的中国读者所熟悉的外表形态。作者的态度和自我理解对于迁移过程的影响作用是很明显的。记者——在争取社会地位时——仍然坚持他们天生作为人民中最高阶层的崇高地位——文人，肩挑着国家道德完善和物质幸福双重重担。"论说-leading article"文章被文人-报人看作一个救国（正在成为一个"民族国家"的道路上）的工具，

转变文体:LEADING ARTICLE 如何变成社论

因为,它教育人民,告知政府,因此,与固有的文人社会政治参与形式相一致。一定程度上,革命报刊的"社说-leading article"文章和它对国家重建的参与,更符合这种情况。"民"仅仅是一个从新的知识和政治环境中出现的修辞化的形象,伪装为新的形式,却服务旧的事业,它的"新"被有意识的新术语的使用所强调。

但是,还有其他与文化力量不同的力量,试图阻止对某些概念的彻底的"真正的"迁移。某种文体的社会使用在一定程度依赖于正式接受该文体或不接受该文体——和依赖于加强这种不接受的力量。"社论-leading article"在地方层面得到很大力量,就像在地方自治和收回权益运动中该文体的运用所表明的那样。"民"只要被当地绅商利益所代表,他们的声音就必须加以考虑。但是,那看起来只是短时间的兴盛和有竞争力。政治当局再三试图将Editorial话语限制在他们自己定义的框架内。要求和异见又不得不在替代的文体中找到他们的表达方式。权威的 editorial 声音,很快又保留为官方话语的专有。在国民政府统治下,党组织和国家控制的报界极其自然地运用"社论"作为宣传他们观点的工具,社论不得不被作为真实的和唯一的工具。情况就是这样——至少在人民共和国时期——直到今天,《人民日报》的权威社论,有一种与近现代自由报刊的社论或评论版面文章明显不同的功能。

参考文献

《本馆告白》,《申报》,1872 年 4 月 30 日。

《本馆条例》,《申报》,1872 年 4 月 30 日。

Bennet, Adrian A. 1983. *Missonary Journalist in China. Young J. Allen and His Magazines, 1860—1883*. Athens: University of Georgia Press. 艾德里安·A·贝内特:《中国的传教士报人:林乐知和他的杂志,1860—1883》,阿森斯:佐治亚大学出版社,1983 年。

Brake, Laurel. 1990. *Investigating Victorian Journalism*. Houndsmills: MacMillan. 劳伦·布瑞克：《维多利亚时代的报业调查》，哈伍德斯米尔：麦克米兰，1990 年。

Britton, Roswell. 1966 [1933]. *The Chinese Periodical Press, 1800—1912*. Taibei: Ch'engwen. 白瑞华：《中国的报刊，1800—1912》（1933 年），台北：成文出版社，1966 年。

"The Censorate at Shanghai", *North China Herald*, September 11, 1880. 《上海的都察院》，《北华捷报》，1880 年 9 月 11 日。

《倡设日报小引》，《循环日报》，1874 年 2 月 12 日。

Chi, Madeleine, 1973. "Shanghai -Hangchow -Ningpo Railway Loan. A Case Study of the Rights Recovery Movement", *Modern Asian Studies 7.1*, pp.85–106. 麦德琳·齐：《苏杭甬铁路借款：收回利权运动的个案研究》，《现代亚洲研究》7.1，1973 年，第 85~106 页。

Elberfeld, Rolf et al. (eds.). 1999. *Translation und Interpretation*. Munich: Wilhelm Fink. 罗尔夫·艾伯弗尔德等编：《翻译和解释》，慕尼黑：威尔汗姆·芬克，1999 年。

Elman, Benjamin A. 1990. *Classicism, Politics, and Kinship. The Ch'ang-chou School of New Text Confucianism in Late Imperial China*. Berkeley: University of California Press. 本杰明·A·艾尔曼：《经学、政治与宗族：中华帝国晚期的常州今文学派研究》，伯克莱：加州大学出版社，1990 年。

Elman, Benjamin A. 1988. "The Relevance of Sung Learning in the Late Ch'ing: Wei Yuan and the Huang-ch'ao ching-shih wen-pien", *Late Imperial China* 9.2, pp. 56–85. 本杰明·A·艾尔曼：《晚清宋学的关联：魏源和〈皇朝经世文编〉》，《清史问题》9.2，1988 年，第 56~85 页。

冯天瑜：《道光咸丰年间经世实学》，《历史研究》1987 年第 4 期，第 138~151 页。

Fincher, John H. 1981. *Chinese Democracy. The Self–Government Movement in Local, Provincial and National Politics, 1905—1914.* London: Australian National University Press. 傅因彻：《中国的民主：1905—1914 年地方、省和中央三层次的自治运动》，伦敦：澳大利亚国立大学出版社，1981 年。

Frazer, Derek. 1985. "The Editor as Activist: Editors and Urban Politics in Early Victorian England", in: Joel H. Wiener (ed.). *Innovators and Preachers.* The Role of the Editor in Victorian England. Westport: Greenwood, pp. 121–43. 德瑞克·佛雷若：《激进主义的编者：英国维多利亚早期的编者和城市政治》，载乔尔·H·维那编：《革新者和传教士：英国维多利亚时代的编者作用》，维斯特波特：格林伍德，1985 年，第 121~143 页。

葛士浚编：《皇朝经世文续编》，台北：文海出版社，1972 年。

Giles, Herbert A. 1892. *Chinese –English Dictionary.* London: Quaritch. 翟理思：《汉英词典》，伦敦：考里奇，1892 年。

贺长龄、魏源编：《清经世文编》，3 卷本，北京：中华书局，1992 年（重印《皇朝经世文编》，思补楼 1886 年版）。

黄协埙：《本报最初时代之经过》，载《最近之五十年：1872—1922 年申报五十年周年纪念》（1922 年），上海：上海书店，1987 年。

Huffmann, James L. 1980. *Politics of the Meiji Press. The Life of Fukuchi Gen'ichirō.* Honolulu: University of Hawaii Press. 詹姆士·哈夫曼：《明治报界政治：福地源一郎生平》，火奴鲁鲁：夏威夷大学出版社，1980 年。

Janku, Andrea. 1999a. "Der leitartikel in der frühen chinesischen Presse. Aspekte kultureller Interaktion auf der Ebene des Genres", in: Dietmar Rothermund (ed.)*Aneignung und Selbstbehauptung. Antworten auf die europäische Expansion.* Munich: Oldenbourg, pp. 111–36. 燕安黛：《早期中国报纸的社论：文化上相互作用的文体》，

载戴依特莫·罗塞玛德编：《据为己有和自作主张：对欧洲扩张的回应》,慕尼黑：奥登伯格,1999 年,第 111~136 页。

Janku, Andrea.1999b.*Nur leere Reden. Das Genre "Leitartikel" in der chinesischsprachigen Tagespresse Shanghais(1884—1907)und die Revolutionierung des Weges der Rede*. Ph. D. diss., University of Heidelberg. 燕安黛：《空洞的演讲：上海中文日报的〈社论〉(1884—1907)和革命的宣传方式》,博士论文,海德堡大学,1999 年。

Janku, Andrea. *Preparing the Ground for Revolutionary Discourse: From the Statecraft Anthologies to the Periodical Press in Nineteenth Century China*. Unpublished manuscript. 燕安黛：《为革命话语准备余地：19 世纪中国从经世文编到期刊出版》,未刊稿。（该参考文献在文中脚注出现,在"参考文献"部分遗漏,特补充于此。——译者按）。

Jones, Aled. 1990. "Local Journalism in Victorian Political Culture", in: Laurel Brake (ed.). *Investigating Victorian Journalism. Houndsmills: MacMillan*, pp. 63-70. 阿兰德·琼斯：《维多利亚政治文化中的地方报业》,载劳伦·布瑞克：《维多利亚时代的报业调查》,哈伍德斯米尔：麦克米兰,1990 年。

Liu, Lydia H. 1995. *Translingual Practice. Literature, National Culture, and Translated Modernity –China, 1900—1937*. Stanford: Stanford University Press. 刘禾：《跨语际实践——文学、民族文化与被译介的现代性(中国,1900—1937)》,斯坦福：斯坦福大学出版社,1995 年。

《论中国之弱由于民智不开》,《申报》,1898 年 9 月 28 日。

麦仲华编：《皇朝经世文新编》,台北：文海出版社,1972 年。

Mann Jones, Susan, 1975. "Scholasticism and Politics in Late Eighteenth Century China", *Ch'ing-shih wen-t'i* 3.4(December), pp. 28-49. 苏珊·曼·琼斯：《18 世纪晚期中国的学术和政治》,《清史问

题》3.4，1975 年 12 月，第 28~49 页。

Mateer, Ada Haven. 1915. *New Terms for New Ideas. A Study of the Chinese Newspaper*. Shanghai: Methodist Publishing House. 阿达·海文·狄：《新思想的新术语：华文报纸研究》，上海：卫理公会书局，1915 年。

Meiji no kotoba jiten 明治のことば辞典. 1989. Tokyo: Tōkyōdō shuppan.《明治时代的辞典》，东京：东京堂出版，1989 年。

Miller, Carolyn R. 1985. "Genre as Social Action", *Quarterly Journal of Speech* 70, pp. 151–67. 卡罗琳·米勒：《社会行动的类型》，《演讲季刊》70，1985 年，第 151~167 页。

Min Tu-ki. 1989. "The Soochow-Hangchow-Ningpo Railway Dispute", in: id. *National Polity and Local Power. The Transformation of Late Imperial China*. Cambridge, Mass.: Harvard University Press, pp. 181–218. 闵斗基：《苏杭甬铁路争端》，载闵斗基：《中华帝国晚期国家政体与地方权力的变化》，坎布里奇，马萨诸塞：哈佛大学出版社，1989 年，第 181~218 页。

Nivison, David S. 1959. "Ho-shen and His Accusers: Ideology and Political Behavior in the Eighteenth Century", in: David Nivison and Arthur F. Wright（eds.）.*Confucianism in Action*. Stanford: Stanford University Press, pp. 209–43. 倪德卫：《和珅和他的原告：18 世纪的意识形态和政治行为》，载倪德卫和芮沃寿编：《行动中的儒学》，斯坦福：斯坦福大学出版社，1959 年，第 209~243 页。

Rankin, Mary B. 1982. "Public Opinion and Political Power: Qingyi in Late Nineteenth Century China", *Journal of Asian Studies* 41.3,pp.453–84. 玛丽·兰金：《公众舆论和政治权力：19 世纪晚期中国的清议》，《亚洲研究杂志》41.3，1982 年，第 453~484 页。(该参考文献在文中脚注中出现，但在文后"参考文献"中遗漏，特补充于此。——译者按)。

The Oxford English Dictionary. 1989. Oxford: Clarendon. 《牛津英语辞典》，牛津：牛津大学出版部印刷所，1989年。

Polachek, James M. 1992. *The Inner Opium War*. Cambridge, Mass.: Harvard University Press. 詹姆斯·波拉切克：《鸦片战争与清政府之内部斗争》，坎布里奇，马萨诸塞：哈佛大学出版社，1992年。

Polachek, James M. 1976. "*Literati Groups and Literati Politics in Early Nineteenth Century China.*" Ph. D. diss., University of California, Berkeley. 詹姆斯·波拉切克：《19世纪早期中国的知识分子群体和知识分子政治》，博士论文，1976年，加州大学，伯克莱分校。

求是斋编：《皇朝经世文五集》(1902年)，台北：文海出版社，1972年。

佐藤一郎：《中国文章论》，上海：上海古籍出版社，1996年。

《申报质疑》，《甬报》，1881年3月。

Swales, John. 1993. "Genre and Engagement", *Revue Belge de Philologie et d'Histoire* 71, pp. 687–98. 约翰·斯瓦里斯：《文体和参预》，《历史哲学学报》71，1993年，第687~698页。

Vittinghoff, Natascha. 2002. *Die Anfänge des Journalismus in China（1860—1911）*. Wiesbaden: Harrasssowitz. 费南山：《新闻业在中国的兴起，1860—1911》，威斯巴登：赫拉斯维茨，2002年。

Wakeman, Frederic. 1969. "The Huang-ch'ao ching-shih wen-pien", *Ch'ing-shih wen-t'i*.10, pp. 8–22. 魏斐德：《皇朝经世文编》，《清史问题》1.10，1969年，第8~22页。

Wakeman, Frederic. 1972. "The Price of Autonomy: Intellectuals in Ming and Ch'ing Politics." *Daedalus* 101.2, pp. 35–70. 魏斐德：《自治的代价：明治政治中的知识分子》，《代达罗斯》101.2，1972年，第35~70页。

汪诒年编：《汪穰卿(康年)先生传记遗文》(1938年)，台北：文海出版社重印，日期不详。

Wiener, Joel H.(ed.).1985. *Innovators and Preachers. The Role of the Editor in Victorian England*. Westport: Greenwood. 乔尔·H·维那编：《革新者和传教士：英国维多利亚时代的编者作用》，维斯特波特：格林伍德，1985 年。

《消变明教论》，《教会新报》，1870 年 1 月 18 日。

姚公鹤：《上海闲话》(1917 年)，上海：上海古籍出版社，1989 年。

姚鼐：《(广注)古文辞类纂》，合肥：黄山书社。

曾国藩编：《经史百家杂钞》，《四部备要》本。

《整顿报务余言》，《申报》1898 年 8 月 24 日。

汉语词汇的历时性和共时性变化
比较研究①

这篇论文探讨与交通工具领域相关的概念和词语在上个世纪的汉语中是怎样发展的。通过比较不同版本《辞源》的相关词条,(最早的《辞源》印行于 20 世纪早期,最新版《辞源》印行于几乎一个世纪之后,)可以追寻和分析某些一般的历时的词汇变化踪迹。对基于来自 1995–1998 年五个不同汉语社区的 25,000,000 汉字的共时语料库(LIVAC)进行比较,可以得到了共时性视角关于词汇革新的不同分布的奇特视窗。它还可以对语言和文化变化的起源和机制及对于外部文化刺激的向心的和离心的两种倾向及其显现和变化,提供有洞察力的观察。

一、导言

语言是人类文化内在的组成部分, 反映了人类积累的文化和社会经验。这样随着人类社会和文化的演进,一些人造物的显著性将随着时代变化,经历上升或下降,或既上升又下降的过程(不同

---

① 这份研究报告得到了香港研究资助局 (The Research Grant Council of Hong Kong)的竞争性指定用途补助金(Competitive Earmarked Research Grant, GERG)和台湾的 CCK 学术基金(RG021–91)的资助。本论文的部分内容先前用中文发表于:邹嘉彦和冯良珍:"汉语 (五地) 与日语新概念词语对比研究——从新闻视窗看词汇衍生与重整",《语言研究》,2000 年 3 期,第 51~70 页。感谢马西尼(Federico Masini)、白莎(Elisabeth Kaske)、索依(W. F. Tsoi)、村上史展(N. Fuminobu)等人对本文提出的意见。

时期情况会有不同),导致新词汇的出现和别的词汇的消亡。在后一种情况下,即词汇的消亡在文化社会中可能不是彻底地消亡,因为在这个社会中,可以通过文本或辞典,记录下词汇的用法。由于不可避免的选择,后者还可以有过滤和法典化的功能。在一些例子中,其显著性衰退的词汇不一定完全消失。他们可能扎根于一个文学或高深的记录中,仅仅有学问的或受教育的阶层可以使用。有时候,表现在他们特有的文字表达才能中。别的时候,作为一个社会阶层地位的标记。在别的例子里,在文盲世界,有的词汇可能通过一些方言有选择性地保留下来,而在其他语言中则没有。大量地保留了这样的词汇的方言显得比那些没有保留这些词汇的方言更保守。常常只有文学语言使用古词。新词可能取代某些现存词汇(即"词汇替换"),或者他们可以代表新近词汇化的文化事物(即"词汇引进")。这样一种新词的词汇形式, 可以是另一种语言的模型的语音复制品,该语言文化提供词汇引进的来源;或者它可能是非本土的模型的语义复制;或者它仅是本土语言中已有词素的词义扩展。①第一个语音复制的例子,我们看它是离心的,因为当还有一个替代存在时,它却按照一个非本土的模型进行改造。但是在后面一个语义复制的例子中,我们看它为向心的,因为改造是基于本土的材料的运用。这种两分法和基础概念框架的重要性没有被普遍接受和讨论,更不能予以充分的理解。②

二、历时比较的基础

在汉语的个案中, 基于现代原则在词汇库内进行的比较显示出某些有趣的全球趋势。《辞源》的编辑开始于1908 年,最早出版

---

① 对这些概念的更详细的讨论,见邹嘉彦:《语言接触和语言革新》,载朗宓榭、阿梅隆、顾有信:《新思想的新术语:中华帝国晚期的西学和词汇变化》,莱顿、波士顿:布里尔学术出版社,2001 年,第35~53 页。

② 对于离心性和向心性倾向,我分别使用了"辞心力"和"向心力"。见邹嘉彦和冯良珍:《汉语(五地)与日语新概念词语对比研究——从新闻视窗看词汇衍生与重整》,《语言研究》,2000 年第3 期,第51~70 页。

于 1915 年。随着全球急速的社会变化,《辞源》的增补版于 1931 年出版,原因如下:

> 十余年中,世界之演进,政局之变革,在科学上自有不少之新名辞发生。①

一个新的增订版本因此于 1939 年出版。通过比较这两种版本的《辞源》(1931 年和 1939 年)可以得出一个关于词汇变化的总的看法。这种词汇变化,在大多数情况下,在 1931—1939 年之前已开始,覆盖世纪之交,延伸到 20 世纪早期划时代性的五四运动发生。为便于讨论,两个版本分别被称作"《辞源》31"和"《辞源》39"。它们主要涉及语源有历史价值因而具有积累性的词条。他们没有包括当前用法的代词,也不包括当前语言中的功能词。还有从 20 世纪 40 年代以来出版《辞海》主要综合覆盖当前使用的词汇。这样,《辞海》包括《词源》中目前仍在使用的条目,比《辞源》有更大的容量。《现代汉语词典》(简称《现汉》)②是一个权威出版物,更多地集中于在现代标准汉语中当前普遍使用的词,虽然在时间框架上与《辞海》相似,构成了《辞海》词汇的一个子集。

从 1995 年开始,香港城市大学的语言资讯科学研究中心进行了一项工程, 共时地和系统地搜集不同的汉语地区发表的中文报纸文章(Linguistic Variation in Chinese Communities, LIVAC——汉语共时语料库)。该数据库约有 25,000,000 个汉字,搜集了从1995 年到 1998 年来自香港、澳门、上海、新加坡和台北五个地区的中文词汇。从这个数据库中,我们可以选取一个使用于不同汉语地区很大的词汇集。我们称其为汉语共时语料库当代汉语词汇集(Lexicon of Contemporary Chinese,简称 LIVACL),其中包括从文本数据库中

---

① 方毅给 1931 年《辞源》扩编本所作的例言。
② 《现代汉语词典》,北京:商务印书馆,1996 年。该词典常被简称为《现汉》。

选出的超过 300,000 个词条。①

下面的表一提供一个上面词汇集中词条数量的总结。

表一：主要汉语词典中词条数量

词典	年	词条数量
辞源	1931	65,555
辞源	1939	88,074
现汉	1996	50,333
辞海	1999	127,841
LIVACL(1.0)	1995–1998	300,000++

比较《辞源》31 和《辞源》39 可以看出，1939 年版《辞源》比 1931 年版《辞源》，收录词条净增长 35%。然而，和《辞源》比较，《辞海》和 LIVACL 是根据不同的原则编写的，有前文所指出的不同目的。进行一些定量的和定性的比较是有用的。

如果我们考察一类具体物体，或与"交通工具"有关的名词，我们发现，这个"机械"的次类，从工业革命以来，特别是在上个世纪，经历了很大的增长。为了比较的目的，进一步考察该标题下相关的词条，产生了表二的数据。

表二：主要汉语辞典中与交通工具有关的词条数量

词典	年	词条数量
辞源	1931	178
辞源	1939	240
现汉	1996	135
辞海	1999	239
LIVACL	1995—1998	1,406 (784)

很有趣，从表二看出，《辞源》的两个版本显示与交通工具有关

---

① 见邹嘉彦：《中文各地区共时词语研究报告》(*Linguistic Variation in Chinese Communites–LIVAC1.0*)，香港城市大学语言资讯科学中心，1998 年。LIVAC 到 2003 年止，发展到从十亿字的扩展数据库中选出的超过 500,000 个词(http://www.rcl.cityu.edu.hk/livac/)。

的词条增长大约 30%，这与十年内词条总量净增率基本一致。而且,《辞源》31 中的一个词条去掉,新增 65 个新词条。

唯一去掉的词条是:临车,代表一种相对模糊的已经过时不用的历史的人造物。与此不同,许多的交通工具词汇,对于 1931 年和 1939 年版的《辞源》都是共用的——这可以从表三中看出。

表三:《辞源》1931 和《辞源》1939 共有的交通工具词汇

1. 东洋车	7. 快车	13. 人力车
2. 火车	8. 雷车	14. 软轮车
3. 火轮车	9. 雷火车	15. 衣车
4. 机关车	10. 列车	16. 指南车
5. 脚踏车	11. 路车	17. 自动车
6. 轿车	12. 气车	18. 自转车

上表表明,到 20 世纪 30 年代,许多新的机器和交通工具进入中国社会,被给以新的特别的名称。这些包括"人力车"(1. 东洋车, 13. 人力车)、"机车"(2. 火车,4. 机关车)、"快车"(7. 快车)、"自行车"(17. 自动车,5. 脚踏车)和"机动自行车"(12. 气车,18.自转车)。

还须值得注意的是,有特别老的词条,在意思上经历了变化。例如,6."轿车",原先意思是由两个骡子或马拉的轿子。但是在现代标准汉语中,它的意思是一种轿子汽车。15."衣车"意思是运送衣物的交通工具或有帘子的手推车。但是在现代汉语中,它的意思是缝纫的机械。而且,14."软轮车",意思并不是有充气轮胎的车。这些都是语义变化的例子。

还有词汇重整的例子。①例如,3."火轮车"(汽车之俗称,对蒸汽和内燃机车的统称)就是一个描述性的词汇,指早期蒸汽机车;4.机关车(现称火车);12. 气车和 17. 自动车(即"摩托车");18. 自转

---

① 见邹嘉彦:《语言接触和语言革新》,载朗宓榭、阿梅隆、顾有信:《新思想的新术语:中华帝国晚期的西学和词汇变化》,莱顿、波士顿:布里尔学术出版社,2001 年,第 35~53 页。

车(或称"脚踏车")。

但是,《辞源》39 中出现了少量的另外的新的交通词条：电车、炮车、摩托车、汽车,这些不同于过去的"火轮车"、"洋车"和"坦克战车"等。

词条"坦克"值得特别注意,因为我们可以追寻其历时变化形式：

坦克战车——坦克车——坦克

它开始于一个合成词形式"坦克战车",两次被简化,最后被重整为双音节的拟音词"坦克"。这仅是历时变化的概观。下面,共时的比较将产生更有趣的发现。

三、共时的比较

表四：词汇重整和由地域发生的词义革新
——坦克、吉普和出租车(1995—1998)

	中国香港(%)	中国上海(%)	新加坡(%)	中国台湾(%)
1. 坦克车	10	0	0	30
2. 坦克	90	100	100	70
总计(%)	100	100	100	100
3. 吉普车	0	75	0	100
4. 吉普	0	25	0	0
总计(%)	100	100	0	100
5. 的士车	0	1	0	0
6. 的士	95	1	0	6
7. 出租车	4	90	0	0
8. 出租汽车	0	6	1	0
9. 计程车	1	0	2	94
10. 德士	0	0	97	0
11. 打的	0	3	0	0
总计(%)	100	100	100	100

汉语词汇的历时性和共时性变化比较研究

(表 4 中"上海"一栏的 5—11 项相加为 101,此处计算上似不够精确。——译者按)

表五:词汇重整和由单词发生的词义革新
——坦克、吉普和出租车

	中国香港 (%)	中国上海 (%)	新加坡 (%)	中国台湾 (%)	总　计 (%)
1. 坦克车	50	0	0	50	100
2. 坦克	36	26	28	10	100
3. 吉普车	54	23	0	23	100
4. 吉普	0	100	0	0	100
5. 的士	94	0	0	6	100
6. 的士车	0	100	0	0	100
7. 出租车	5	95	0	0	100
8. 出租汽车	0	90	10	0	100
9. 计程车	1	0	1	98	100
10. 德士	0	0	100	0	100
11. 打的	0	100	0	0	100

　　表四和表五包括从 LIVACL(1.0)中选取的数据,我们可以进一步看到"坦克"和一些别的交通工具词汇重整形成新词机制的普遍的趋势。

　　Tank 在上海和新加坡经历了从混合形式"坦克车"到"坦克"的变化。在不同程度保留混合形式"坦克车"方面,台湾显得最保守,其次是香港。

　　通过比较 Jeep 显示,混合形式"吉普车"到纯发音形式"吉普"的转变刚开始。值得注意的是,上海在这方面又是领先,这和"坦克"的情况一样。

　　Taxi 的情况,每一个地区有一个喜欢的名称:香港是"的士",上海是"出租车",新加坡是"德士",台湾是"计程车"。然而,还有开始出现的词条跨地区之间使用,上海显示出了最大的变通性。

表五表明，在"坦克"和"吉普"的案例中，双音节重整词"坦克"比早期的三音节词混合词"坦克车"有总体的优势，表五还表明，"吉普车"开始重整为"吉普"。这种词汇重整的方向，实际上是一个普通的趋势，因为"坦克"和"吉普"本身并没有词义的内容，但是加上它们修饰的"车"，它们变成了新的和固定的词汇。随着时间的推移，当他们所指代的交通工具被某一特定社会足够的熟悉时，更简单的和被喜欢的双音节语音词成了一个受欢迎的缩略语。

四、不同汉语地区的交通工具词汇

作为静止的字典的研究路径的替代路径，我们尝试从一个实际语言运用的社会语言视角去比较词汇变化。这将可以对词汇变化程度和影响做出更实际的正确评价。这个视窗路径，从 1996 年 12 月到 1997 年 1 月共 30 天内香港、澳门、上海、台北和新加坡大量的报纸材料还有日本的《朝日新闻》中，选取共时性样本。

从中精选出所有的与"交通工具"有关的词，进行定量的和定性的分析。在我们的视窗中，与交通工具有关的词汇共发现了 353 个。[①]其中仅有 144 个词，或大约 40%的词被发现在所有的地区中通用。有 209 个词(中国香港 45 个、中国澳门 30 个、中国上海 73 个、中国台北 22 个、新加坡 39 个)在指定的视窗内仅出现于一个地区。除了一些例外，这些独有的词，可以反映出当地文化背景和语言特征。

(一)中国香港

从香港视窗独有的 45 个词条中，可以反映出香港语言文化的下述特点：

"小巴、巴士线、城巴、旅游巴、校巴、绿巴"，这些词表明，"巴士"被作为基本的词语，其简化形式"巴"常被作为中心词，派生出别的新词。它们显示出香港一种公共交通模式的丰富发展和英语

---

① 见附录 1。

的影响,香港采用了英语"Bus"的音译。

尾班车、上落车等等反映了当地的广东方言特色。尾在广东方言中,有扩展的"最后"的意思;"落"在广东话中,与现代标准汉语的"上"一样,后面可跟一个名词物体,它代替现代标准汉语中"下车"中的"下"。

(二)中国澳门

在澳门单独出现的30个词条中,"房车赛、赛车场、车手、赛车会"等,反映了所观察的视窗内澳门独特的汽车大奖赛文化。"空巴"是"空中巴士"的简化形式,反映了类似香港的简化趋势的扩展,与"小型巴士"简化为"小巴"的情况类似。

(三)中国上海

在视窗内上海有73个独有词条,在五个社区中是最高的,它们也反映了某些文化特征:

1."三轮车、自行车棚、售票车、公交车票、送水车、公交车、便民车"等,反映了某些日常生活必需品的显著特点。

2."空调车",反映了空调交通工具相对显著的地位,直到近来仍受注意。然而,这种交通工具在别的地区可能更普及,因此无须特别标注。

3."打的",与传统的"叫出租车"比较,代表一个相对近期的和越来越普及与交通模式有关的活动。它是一个新的从"的士"的词干"的"派生的词,"的"与"巴士"的"巴"相平行。

(四)中国台湾

台湾只有22个独特的词条,在五个地区中是最少的。

1."主战车、轻战车、敌战车"等,反映了在观察的视窗的时间内,对海峡两岸敌对和武装冲突的特别关注。

2."宾士"Mercedes-Benz(德国奔驰车),代表了一种受欣赏的声望很高的消费产品,但是通常为大众所不能达到。台湾的这种翻译,有贵族和社会阶层的意义,相比较而言,比其他地区翻译要好。

（五）新加坡

新加坡有 39 个独特的词条：

1. "巴士车,新巴(新加坡汽车公司)"等,反映出与中国香港类似的趋势。

2. "牛车、车路、包车、脚车"等等,反映了新加坡与周边发展中国家的联系。

3. "德士"、"罗里 Lorry",反映了语音翻译的不同趋势,因为讲闽南话人口占优势。德士在闽南话读 teksi,读音与英语 Taxi 极相近。虽然"德士"在较古老的中国语言中已存在,指一个特定的牧师。

某地区独有词条, 在特定地区内个别地或许是特殊地发展起来。很清楚,许多仅在一个地区出现的词,或可逐步被一个或多个其他地区的成员所理解。但是,有的某个地区特有词汇会使别的地区的成员感到困惑难解。

五、各地间的互懂度

不同语言地区之间不同的有时甚至歧异的历史发展趋势,会导致大量的词汇、语音和其他的语言变化,甚至可能带来独立的方言和语言的出现。这些发展的重要性可以被相互之间的互懂度来度量。过去的研究基于音位和语音的变化。①一个基本的假设是,基本词汇为比较提供了最好的基础。但是,这种比较仅为在假设的语境中的互懂的可能性提供一种理论的度量。这是因为,在实际应用中,某一地区独特的词汇是否被另一地区的讲话者所遇到,不能得到确定。这样,一种替代的度量方法的可能性是存在的,即基于实际的语言应用,通过视窗选取样本的路径,而不是用假设比较的方法。

---

① 例如,见游汝杰、杨蓓:《广州话、上海话和普通话词汇接近率的计量研究》,载邹嘉彦等编:《汉语计量与计算研究》,香港:香港城市大学,语言资讯科学研究中心,1998年,第57~77页;郑锦全:《汉语方言沟通度和方音计算》,《中国语文》,1994年第1期,第35~43页。

汉语词汇的历时性和共时性变化比较研究

用我们 30 天的视窗,我们尝试下述不同的路径:

1. 我们集中讨论, 在共时语料库中找到的有关交通工具的词汇的实际用法。

2. 我们不看音位的相互理解,而是集中于印刷的词汇,用一种特殊的语标书写系统编码,因而是书面语言。因此,我们采取一种更宽广的、与以前截然不同的角度,但是它反映了某汉语地区的普通成员试图阅读和理解来自另一语言地区文字材料的情况。

3. 我们集中于共同的词类,拿交通工具作为一主题,试图进行更深入和系统的分析。

4. 我还想找到一个有意义的方式, 去思考人们常假定的互懂是双向的或相互的问题。下面的结果是通过对香港和上海的比较得来的。

香港和上海

对香港和上海两个地区的 30 天视窗的交通工具的词汇分析如下:

1. 在两个地区都有的词汇。

2. 仅出现于一地区而可被另一地区所理解的词汇。

3. 仅出现于一地区而其他地区的成员不能理解的词汇。

在整个视窗中,香港的词汇有 146 条,上海有 166 条,其中,55 词为两地共有的词汇,即视窗中约三分之一的词汇是共有的。香港独有的词汇 91 个,上海独有的词汇 111 个,这些词中许多词容易被另一地区的成员理解,有一些词不能被另一地区成员理解。情况总结如下:

1. 一个地区的词汇可被另一地区居民正确猜测的有：香港的"巴士线、尾班车、泵水车、救伤车"容易被上海人理解。上海的"冲洗车、自行车"同样易被香港居民理解。

2. 香港的词汇不易被上海人理解的有:上落车、木头车、吊臂车、吊鸡车、溶架、泊车仔、猪笼车、单车径、九巴。

3. 上海的词汇不能被香港居民理解的有：打的、差头、面包车、残的、黄鱼车、车风。

在此基础上，可注意下面的事实：

在上海能理解的香港词汇：

144 个（这里与前文"在整个视窗中，香港的词汇有 146 条"相矛盾。——译者按）中有 77 个，占 53.35%（"53.35%"计算得不准确，且与后文"53.45+38.19=91.64%"相矛盾。——译者按）

再加上 38.19% 的两地共有的词，我们得出可被上海理解的香港词汇的比率：

53.45+38.19=91.64%

在香港可理解的上海词汇：

166 个中有 79 个，占 47.59%

加上 33.13% 的双方共有词，我们可以得出可被香港理解的上海词汇的比率：

47.59+33.13=80.32%

反过来，这意味着不可被理解的词：

香港词不被上海居民理解：8.4%

上海词不被香港居民理解：19.6%

这说明，可懂性不是相互的，上海居民理解香港词汇数量多于香港居民理解上海词汇数量。

情况为什么会是这样？有多种原因。最重要的原因可能是一地区对于另一地区的文化取向和喜欢倾向不相对称。

如果对书面日语和书面汉语进行比较，相应的互懂度如下：[1]

日语的交通工具词汇（用汉字书写）被中国人理解比例为 77.96%。

汉语的交通工具词汇（用汉字书写）被日本人理解比例为

---

① 见邹嘉彦、冯良珍：《汉语（五地）与日语新概念词语对比研究——从新闻视窗看词汇衍生与重整》，《语言研究》，2000 年第 3 期，第 51~70 页。

51.27%。

这也反映了，在与交通工具有关的问题上，中国人对日本文化比日本人对中国文化有较大的倾向。考虑到日本汽车文化的较大优势和日本汽车工业在世界上的领先地位，这一点显得不奇怪。香港汽车文化比上海有一个更长时间的成熟消费的历史。因此，毫不奇怪，在文化适应方面，上海可能关注香港更多一些。

六、词汇派生模式的比较

数据还显示出新词衍生的四种类别：

A、意描、摹译词，如"救护车"、"装甲车"。

B、音译词，如"罗里"、"的士"、"巴士"。

C、语义和语音混合词，如"巴士站"、"的士站"。

D、音译意注词，如"卡车"、"摩托车"。

下表提供了一个各种新词衍生方式的比率：

表六：译词词语分类比率比较表：

地区	词条数	A	B	C	D
中国香港	83	60 72.29%	15 18.07%	3 3.61%	5 6.02%
中国澳门	69	58 84.05%	3 4.35%	4 5.79%	4 5.79%
中国上海	85	72 84.70%	3 3.53%	4 5.88%	5 5.88%
中国台湾	49	40 81.63%	3 6.12%	3 6.12%	3 6.12%
新加坡	57	47 82.46%	4 7.02%	3 5.26%	3 6.12%
日本	90	42 46.60%	27 30%	19 21.11%	2 2.22%

从上面可以看出，新词衍生牵涉两个主要的相反的过程：一方面，用本土的语言元素，如意描词，如装甲车、救护车(A)；另一方面，用非本土的语言元素，如音译词，如巴士、的士(B)。在这些两个极端之间，还有一个中间模式，综合两种衍生方式，如卡车、摩托车(C 和 D)。

在本文第二节中我们看出，坦克提供了一个历时词汇发展的典型例子：

　　坦克战车(《辞源》39)——坦克车(《辞海》)——坦克(《现汉》)

　　在这个设想的框架内，我们称本土语言元素的使用为词语形成过程的向心性趋势，非本土元素的使用为离心性趋势。让我们首先选取表六中本土的语言元素作一个比较的基础。这证明是适当的，因为真正的本土人对非本土音译的词素不熟悉。

　　通过比较产生了下面降序的向心性趋势：

　　中国上海→中国澳门→新加坡→中国台北→中国香港→日本

　　前四个地区的差异，范围从81~85%，是很小的。但是，中国香港完全本土语言元素的使用比例仅有72.29%，在所有汉语地区中是最低的。通过进一步比较，日本完全本土语言元素的使用比例仅有46.67%，即少于一半。

　　我们还可以取另一个相反的极端，以表五("表五"应为"表六"。——译者按)为基础，比较完全非本土语言元素的使用(即B)。离心性的排序如下：

　　日本→中国香港→新加坡→中国台北→中国澳门→中国上海

　　这几乎与向心性的排序完全相反(除了两个地区外：新加坡和中国台北)

　　两个相反的路径，互相验证，确认总体的连续统一。它为不同汉语地区对外来文化刺激接纳和排除的"向心性"和"离心性"，提供了指数。在一端，中国上海/澳门在向心性倾向上领先，在另一端，中国香港在离心性倾向方面领先，与日本情形接近但比不上日本。

　　这些发现并不奇怪。日本从明治以来的开放和二战以后美国对日本的占领，使日本转向大规模改造和接纳西方事物。英国人一个半世纪在中国香港的统治，与罩住大陆几十年的竹幕形成对比，引起中国香港类似的社会、文化和心理的开放。值得注意的是，日本和中国香港在这个视窗时期以新闻特别自由而著称。

　　中国上海较早对西方的开放，在竹幕时期如果算不上倒转也受到阻碍。中国澳门的例子乍看似乎有些奇怪，由于其殖民时期比中国香港更长。然而,应当注意,中国澳门的殖民当局对广阔的文化前线影响很小,由于小而精英的葡萄牙社区和占多数的讲汉语(广东话)的人口之间形成简单的共存。这些讲汉语的多数人,总是用中文材料来了解中国香港和中国内地。他们认为英语作为第二外语,比葡萄牙语更重要。①

在20世纪的前半个世纪,日本在中国台湾进行了五十年的殖民统治,这带来了与日本相似的特点。但是,在20世纪后半期,中国对台湾主权的恢复,阻止这种情况的发展。②新加坡的情况更像中国香港,有相似的殖民统治历史。然而,应当注意:在我们所采用的视窗框架中,在这篇文章中,仅使用了来自新加坡中文媒体的书面语言;在新加坡对于承认和使用现代标准汉语一事存在有组织性的社会关注,特别是在新加坡的高级法定语言方面。这样,相对保守的新加坡阶层,归于向心性倾向之列,这并不意外。但是如果比较口头语,情形将会有很大的不同。

或许更重要的是,这项研究表明,词汇革新,不管是通过"借词"或别的方式的新造词,并不是通常所表明的那样仅具有零敲碎打的兴趣,相反,这个现象值得系统的研究,可以产生新的理论重要性。这些发现也使我们对词汇衍生有一个更好的理解,可以追踪到语言之外的原因,追踪到更整体的社会情境下和一个较大地区的集体认识倾向去理解。

附　录

附录一:在一个30天(1996年12月—2000年1月)("1996年12月—2000年1月"明显有误,根据正文,应为"1996年12月—

---

① 见邹嘉彦:《变化中的香港社会两种语言体制和三种语言问题》,载苏·莱特、海伦·凯利-豪麦斯编:《一国两制三语:香港语言变化调查》,克利文顿:多种语言问题出版公司,1997年,第22~33页。

② 黄宣藩:《语言、社会与族群意识》,台北:文鹤公司,1994年初版。

1997 年 1 月"。——译者按)的视窗中,中国香港、中国澳门、中国台湾、中国上海、新加坡报纸中出现的与交通工具有关的汉语词汇：

1 九巴	2 十字车	3 三轮车	4 三轮车夫	5 三轮车主
6 下车	7 下车处	8 上下车	9 上车	10 上落车
11 土方车	12 大巴	13 大车	14 大篷车	15 小巴
16 小巴车	17 小汽车	18 小车	19 小型车	20 工程车
21 中巴	22 公交车	23 公交车票	24 公共汽车	25 公车
26 太空车	27 巴士	28 巴士车	29 巴士站	30 巴士线
31 手推车	32 木头车	33 水车	34 火车	35 火车站
36 火车票	37 火车头	38 牛车	39 主战车	40 出车
41 出租车	42 出租队	43 包车	44 卡车	45 囚车
46 失车	47 巨龙车	48 平板车	49 平治车	50 打的
51 民车	52 瓦斯车	53 用车	54 田螺车	55 白搭车
56 列车	57 列车长	58 列车员	59 列车站	60 吉普车
61 吊车	62 吊秤车	63 吊臂车	64 吊鸡车	65 名车
66 地车	67 老爷车	68 自行车	69 自行车棚	70 行车
71 行车证	72 行车线	73 衣车	74 作案车	75 助动车
76 尾班车	77 快车	78 快车队	79 快车道	80 冲洗车
81 汽车	82 汽车司	83 汽车组	84 汽车业	85 汽车厂
86 汽机车	87 私车	88 私家车	89 车	90 车子
91 车手	92 车斗	93 车主	94 车卡	95 车扒
96 车名	97 车次	98 车行	99 车位	100 车尾
101 车系	102 车身	103 车巡	104 车房	105 车况
106 车型	107 车客度	108 车架	109 车流	110 车流量
111 车胎	112 车风	113 车展	114 车库	115 车座
116 车租	117 车站	118 车迷	119 车商	120 车票
121 车船	122 车速	123 车顶	124 车场	125 车厢
126 车牌	127 车程	128 车费	129 车轴	130 车间
131 车队	132 车队长	133 车号	134 车资	135 车资卡
136 车路	137 车道	138 车祸	139 车祸率	140 车种

汉语词汇的历时性和共时性变化比较研究

141 车价	142 车厂	143 车潮	144 车辆	145 车辆组
146 车轮	147 车轮牌	148 车钱	149 车险	150 车头
151 车缝	152 车籍	153 车龄	154 车软盘	155 巡逻车
156 坦克	157 坦克车	158 定位车	159 房车	160 房车赛
161 拉煤车	162 拉臂车	163 拖车	164 拖架车	165 服务车
166 泥头车	167 泊车	168 泊车仔	169 泊车员	170 的士
171 的士牌	172 的士业	173 直通车	174 空中巴士	175 空巴
176 空调车	177 卧铺士	178 花车	179 长途车	180 便民车
181 便车	182 刹车	183 刹车器	184 刹车灯	185 前导车
186 城巴	187 宜传车	188 客车	189 客车化	190 客货车
191 客运车	192 架子车	193 洗车房	194 泵水车	195 看车
196 砂石车	197 计程车	198 计程车业	199 军车	200 风车
201 飞车	202 飞虎车	203 乘车	204 乘车人	205 乘车证
206 倒车	207 候车	208 候车停	209 候车室	210 修车
211 座车	212 座驾车	213 旅巴	214 旅游巴	215 旅游车
216 校巴	217 校车	218 消防车	219 班车	220 起步车
221 起重车	222 送水车	223 送货车	224 送款车	225 马车
226 高档车	227 停车	228 停车位	229 停车处	230 停车场
231 停车费	232 停车点	233 侦察车	234 偷车	235 偷车贼
236 售车量	237 售票车	238 堵车	239 执勤车	240 宿营车
241 专车	242 彩车	243 扫车	244 扫路车	245 挂车
246 推土车	247 推车	248 采访车	249 救火车	250 救伤车
251 救护车	252 弃车	253 货车	254 货柜车	255 货柜车架
256 通车	257 单车	258 单车径	259 单机车	260 厢型车
261 残的	262 渣土车	263 买车者	264 越野车	265 超车
266 超载车	267 跑车	268 邮政车	269 邮递车	300 绿巴
301 肇事者	302 豪华车	303 宾士	304 轻单车	305 废土车
306 废弃车	307 德士	308 摩托	309 摩托车	310 摩托车尾箱
311 摩托车厂	312 撞车	313 敌战车	314 样车	315 槽罐车
316 猪笼车	317 轮椅车	318 驾车	319 驾车者	320 学车者

呈现意义：

晚清中国新学领域

321 战车	322 拥车	323 拥车证	324 机车	325 机动车
326 烧车	327 独轮车	328 输送车	329 压缩车	330 挤车
331 赛车	332 赛车场	333 赛车会	334 柜车	335 翻斗车
336 翻车	337 转车	338 转车站	339 医疗车	340 双向车
341 骑车人	342 罗车人	343 轿车	344 铲车	345 警车
346 面包车	347 赃车	348 铁箱车	349 驱车	350 飙车
352 灵车	352 灵车	353 蓝车站		总词频：4712

　　附录二：在 30 天的窗口中（1996 年 12 月—2000 年 1 月）（"1996 年 12 月—2000 年 1 月"明显有误，根据正文，应为"1996 年 12 月—1997 年 1 月"。——译者按），日本报纸中与交通工具有关的日本词汇

1 车(クルマ)	2 自动车	3 自动车道	4 轻自动车	5 乘用车
6 高级乘用车	7 小型乘用车	8 驻车	9 驻车场	10 违法驻车
11 车线	12 外国车	13 车内	14 车两	15 自転车
16 车种	17 列车	18 电车	19 停车	20 车いす(ヴイス)
21 电气自动车	22 输入车	23 国产车	24 机关车	25 中古车
26 驻车中	27 驻车禁止	28 消防车	29 车检	30 新车
31 乘车率	32 盗难车	33 公用车	34 爱车	35 车外
36 乘车场	37 驻车违反	38 国际战略车	39 救急车	40 对向车
41 车台	42 图书馆车	43 蒸汽机关车	44 爆弹	45 车体
46 改造车	47 驻亭车	48 后续车	49 犯行车两	50 四轮驱动车
51 自家用车	52 废车	53 送迎车	54 国民车	55 事故车
56 外车	57 新型车	58 送迎车	59 大型车	60 停车中
61 海外生产车	62 除雪车	63 车规制	64 车裂(中国刑法)	65 右折车
66 直进中	67 英国车	68 满车	69 逆谕入车	70 发车
71 营业车	72 同车	73 小型车	74 无保险车	75 高级车
76 收集车	77 洗车场	78 持扫车	79 车轮	80 齿车

汉语词汇的历时性和共时性变化比较研究

81 未来车	82 土足严禁车	83 集金车	84 马车	85 积载车
86 车道	87 二轮车	88 降车口	89 车库	90 下车
91 指导车	92 台车	93 降车场	94 先导车	95 警护车
96 左折车	97 大众车	98 最新式作车	99 飞车	100 车间距离
101 紧急车	102 对向车线	103 单车	104 三轮车	105 保冷车
106 货车	107 搭载车	108 型商用车	109 车座	110 震灾工作车
111 关系车两	112 人车人体	113 车	114 车列	115 米国车
116 片侧一车	117 直进车线	118 车寄せ	119 フゴン车	120 プレスパックカー车
121 ブジャー用车(RV)	123 ミクサー车	124 ポンプ车	125 フォード车	126 プロトン车
127 エアバッグ制备车	128 巡回サービス车	129 ガソリン车	130 ドイツ车	131 トヨタ车
132 ホンダ车	133 ヨーロッパ车	135 モデル车	136 カー用品	137 宣伝カー
138 选举カー	139 バス	140 バス停	141 タクシー	142 トラック
143 バイク	144 ミニバイク	145 カーナビ	146 オートバイ	147 リヤカー
148 パトカー	149 カーナビゲーション	150 ソーラーカー	151 マイカー	152 ソーラーカーレース
153 ソーラーカーコンペ	154 タンク	155 タンクローリ	156 ダンプカー	157 アジアカー
158 スポーツカー	159 カーフェリー	160 カーナビシス	161 レンタカー	162 レーシングカー
163 モノレール	164 ワンボックスカー	165 カーナビゲーションシステマ		总词频:2094

参考文献

《辞海》,上海:上海辞书出版社,1999 年。

《辞源》,1931 年。

《辞源》,1939 年。

黄宣藩：《语言、社会与族群意识》，台北：文鹤公司，1994 年初版。

Masini, Federico. 1993. *The Formation of Modern Chinese Lexicon and its Evolution Toward a National Language: The Period from 1840—1898*. Berkeley: Journal of Chinese Linguistics (Monograph Series, no.6). 马西尼：《现代汉语词汇的形成及其向国语的演化：1840–1898》，伯克莱：《中国语言学报》（专著系列之六），1993 年。

T'sou, Benjamin K. 1975. "On the Linguistic Covariants of Cultural Assimilation", *Anthropological Linguistics* 17, pp. 445–65. 邹嘉彦：《论语言的文化同化的共变性》，《人类学语言学》17，1975 年，第 445~465 页。

T'sou, Benjamin K.1995. "Some Methodological Remarks on Lexical Innovation in Chinese", paper presented at the conference "Prisma Sprache：Chinesische Versuche der Bewältigung Westlichen Gedankenguts", Bad Homburg, Germany. 邹嘉彦：《关于汉语词汇变化的一些方法》，提交"棱镜语言：中国尝试摆脱西方思想成果"学术讨论会论文，巴德霍姆堡，德国，1995 年。

T'sou, Benjamin K. 1997. "Aspects of the Two Language System and Three Language Problem in the Changing Society of Hong Kong". In：*One Country, Two Systems, Three Languages：A Survey of Changing Language Use in Hong Kong*. Clevendon：Multilingual Matters, ed. Sue Wright and Helen Kelly–Holmes, pp. 22–33. 邹嘉彦：《变化中的香港社会两种语言体制和三种语言问题》，载苏·莱特、海伦·凯利–豪麦斯编：《一国两制三语：香港语言变化调查》，克利文顿：多种语言问题出版公司，1997 年，第 22~33 页。

邹嘉彦 (T'sou, Benjamin K)：《中文各地区共时词语研究报告》(Linguistic Variation in Chinese Communites–LIVAC1.0)，香港城市大

学语言资讯科学中心(http://www.rcl.cityu.edu.hk/livac/),1998 年。

T'sou, Benjamin K. 1998b. "A Window on Re -lexification in Chinese", paper presented at "Linguistic Change and the Chinese Dialects: An International Symposium dedicated to the Memory of the late Professor Li Fang-kuei", University of Washington, Seattle. 邹嘉彦:《汉语词汇重组窗口》,提交"语言变化和汉语方言:纪念李方桂教授国际学术讨论会"论文,华盛顿大学,西雅图,1998 年。

T'sou, Benjamin K.2001. "Language Contact and Lexical Innovation", in:Michael Lackner, Iwo Amelung and Joachim Kurtz (eds.). *New Terms for New Ideas. Western Knowledge and Lexical Change in Late Imperial China.* Leiden: Brill, pp.35-53. 邹嘉彦:《语言接触和语言革新》,载朗宓榭、阿梅隆、顾有信:《新思想的新术语:中华帝国晚期的西学和词汇变化》,莱顿、波士顿:布里尔学术出版社,2001 年,第 35~53 页。

邹嘉彦、冯良珍:《汉语(五地)与日语新概念词语对比研究——从新闻视窗看词汇衍生与重整》,《语言研究》,2000 年第 3 期,第51-70 页。

《现代汉语词典》,北京:商务印书馆,1996 年。

游汝杰、杨蓓:《广州话、上海话和普通话词汇接近率的计量研究》,载邹嘉彦等编:《汉语计量与计算研究》,香港:香港城市大学语言资讯科学研究中心,1998 年,第 57~77 页。

郑锦全:《汉语方言沟通度和方音计算》,《中国语文》1994 年第 1 期,第 35~43 页。

呈现意义：
晚清中国新学领域

下

〔德〕朗宓榭　〔德〕费南山　主编

李永胜 李增田　译

王宪明　审校

天津出版传媒集团

天津人民出版社

学科的构建

THE ORGANIZATION OF KNOWLEDGE

命名物理学：中华帝国晚期近代科学学科的竞争性表述

阿梅隆

导　言

本文目的在于对物理学被纳入晚清中国的知识门类的过程做简短的总体考察。[①]我特别聚焦于晚清时期物理学如何被命名及其范围如何界定的问题。我的意图并不是说，这里讨论的术语问题使得物理学最初被引进中国时遭遇困难。反之，我想说的是，对术语问题作近距离观察可以被当作一个有效的方法工具，以更清晰地观察到中国试图吸纳西方科学时所必须克服的困难。事实上，在被接纳的初期阶段，物理学常与19世纪中国所使用的"科学"的种种名称相混合。同时，物理学的分支被当作准独立学科。只有在19世纪最后的岁月中，几十年来形成的术语和分类模糊问题，对于译者和"科学大众"而言，才变得清楚起来。对于这个难题的第一反应是，复兴17世纪耶稣会首创的一个术语。最终，当物理学在中国成为一个科学研究和学术教育的领域时，一个全新的和固定的物理学术语被采用，成了一个标准的术语。

---

① 感谢芮·玛格（Rui Magone）对本文初稿提出的许多有益的意见。

一、物理学在西方的出现

当我们考察将物理学内容定义为科学研究科目的尝试时，我们将会发现在不同国家和不同时期，情况大不相同。最近几十年的研究表明，对于界定物理学科的内容并使其成为高等教育的独立学科，19世纪前半期是决定性的时期。这个被称作"物理学的发明"的过程[1]，开始于18世纪，那时，与"自然哲学"意义相同的物理学从"自然历史"的领域分离开来（特别归因于林耐[Linné]及其他人对分类进行的突出努力），在19世纪开端时进入了其决定性的阶段，那时化学已成为一个独立的学科。从菲涅耳(Fresnel)开始，"专门的"或"实验的"物理学，如声学、热学、光学、电学及磁学和普通物理学（即牛顿力学）最终统一，[2]归于新的"能量物理学"的定义下。[3]

在本文的背景下，强调西方"物理学发明"的过程伴随许多术语变化和发明，是有用的。新术语被用于发起和强调与传统的概念分离。著名的例子就是法拉第(Faraday)新造的术语"阳极"和"阴极"，这两个概念是19世纪30年代他与威廉·惠威尔(William Whewell)合作设计出来的。[4]同时，科学的重新分类和职业化以及课程的变化也要求创造新术语，如"科学家"本身也是惠威尔创造的。事实上，"科学家"和后来的"物理学家"这些术语，帮助强调"腐化的"形而上学和道德科学与自然科学和物理学的区别，自然科学和物理学的重要性在19世纪前半期迅速增加。[5]

---

① 参见苏珊·法耶·坎农：《文化中的科学》，纽约：科学史出版社，1978年，第111页。

② 参见罗伯特·H·塞里曼：《菲涅耳和物理学成为一门学科》，《自然科学史》，4，1975年，第137~162页。

③ 参见彼德·米歇尔·哈尔曼：《能量、力和物质：十九世纪物理学的概念发展》，剑桥：剑桥大学出版社，1982年（剑桥科学史系列）。

④ 参见威廉·惠威尔：《归纳科学的哲学》，2卷本，伦敦：约翰·W·帕克，1847年第2版，第1卷，第51页。

⑤ 参见西尼·罗斯：《科学家：一个词的故事》，《科学年报》18，1962年，第65~85页。

命名物理学：中华帝国晚期近代科学学科的竞争性表述

术语演化进程在西方远不是统一的，注意这一点是重要的。当
Physik 在德国，physique 在法国早已得到广泛应用时，[①]"physics"在
英国还没有被欣然接受，在那里"自然哲学"一词仍然更为流行。[②]
19 世纪四五十年代以来，英国大学许多专门讨论物理学的讲席仍
被称作"自然哲学讲席"——现在其意义被理解得更狭窄。19 世纪
60 年代，一些从法语译成英语的物理学著作仍然被翻译成讨论"自
然哲学"，尽管采用"物理学"名称的书籍也同时发行。显然，英国大
学的教育实践与欧洲大陆有很大的不同。在该领域领先的剑桥大
学，主要在"数学荣誉学位考试"的框架内教授物理学（创建于 1951
年的"自然科学荣誉学位考试"起初并不流行，卡文迪什[Cavendish]
实验室和实验物理讲席直到 1871—1874 年才建立）。[③]虽然物理学
质量高，但课程中没有统一的物理学的名称，仅有单个的物理学的
次级相对独立的分支学科的名称。这些分支学科之间的联系不是
通过"物理学"的一般概念而建立，而是通过这样的事实，即重要的
公理能够用高等数学的方法得到理解。[④]

二、19 世纪 50 到 90 年代西方物理学在中国的传播

"physics"在现代汉语中译作"物理学"。如同其他指称科学门
类的术语一样，如"经济学"和"哲学"分别指称"economics"和
"philosophy"，物理学这个术语起源于日本，在日语中发音为
butsurigaku。当它第一次以书名出现后，其发展惊人地迅速。两年内

---

① 参见鲁道夫·斯蒂切温：《现代学科体系的起源：1740—1890 年德国的物理学》，
法兰克福：苏尔坎普，1984 年；莫里斯·克鲁斯兰、克鲁斯比亚·斯密思：《物理学从法国向
英国的传播：1800—1840》，《自然科学史研究》9，1978 年，第 1~62 页。

② 1835—1838《英国百科全书》区分"化学"和"自然哲学"，"物理学被用作指自
然哲学"。同时代的百科全书还有更多这样的例子，参见理查德·叶：《阅读百科全书：英
国艺术和科学词典中的科学和知识组织》，《伊希斯》82，1991 年，第 24~49 页。

③ 罗蒙达斯·斯威垂斯：《英国物理实验室的兴起》，《自然科学史研究》7，1976 年，
第 405~436 页。

④ 戴维·B·威尔森：《数学家中间的实验家：剑桥自然科学荣誉学位考试的物理学，
1851-1900》，《自然科学史研究》12：2，1981~1982，第 253~284 页。

它成了最常用的译名,并最终成为物理学仅有的汉译名称。

一般认为, 源于日本的社会科学词汇晚来中国而迅速标准化的主要原因之一是, 直到世纪之交越来越多的中国学生到日本学习,中国科学话语缺乏这些领域,因而没有相应的术语的需求。[①]1894—1895 年中日战争后,中国人最终转向使用日本术语(用汉字形式),这些日本术语容易被采用并具有高度的稳定性。这种稳定性经历了一个长期的过程,开始于明治维新后不久,那时日本学者能够发展出一种高度复杂的科学语言,尽管不是没有困难。[②]

然而,必须意识到, 在自然科学特别是在应用科学领域,情形大不相同。17 世纪通过翻译著作和耶稣会士及皈依者所著的书籍,西学已开始大量涌入中国。事实上,艾儒略的《西学凡》(西学概论)和别的耶稣会士的著作为 "physics"(当然是亚里士多德学派意义上的"physics")[③]提供了一个音译名称"费西加",尽管这一词语在中国历史上没有留下任何痕迹。1840 年鸦片战争后开始的引进西学的第二阶段,与新教传教士的科学事业密切联系。众所周知,这些活动对于某些思想更加开放的知识分子有长期的影响,而且,广泛觉察到的现代化的需要导致一系列教授西方知识和西方科学的高等教育机构的建立。根据 1851—1890 年间的不完全统计,39 部仅与物理学(不包括天文学和化学)有关的著作被译成汉语。在1891—1910 年间,又有 47 部著作被译成汉语。[④]虽然这个数量分析在一定程度上表明(例如在帝国晚期)物理学知识以一个相当快的步

---

① 例如,1895 年前,仅有四部关于"经济学"的专著被译成汉语,参见叶世昌:《近代中国经济思想史》,上海:上海人民出版社,1998 年,第 83 页。

② 物理学领域对这些问题的简短讨论, 参见健吉鲁小泉:《日本最早的物理学家的出现:1868~1900 年》,《物理学史研究》6,第 3~108 页,特别是第 46~47 页,有更详细的分析,参见日本物理学会编:《日本物理学史》,二卷本,东京:东海大学,1978 年,第 77~88 页。

③ 参见艾儒略、杨廷筠:《西学凡》,杭州 1623 年,第 4 页。

④ 参见王冰:《明清时期(1610—1910)物理学译著书目考》,《中国科技史料》1986年第 5 期,第 3~20 页。

伐被介绍到中国，但这并不足以说明，物理学知识实际传播的过程，也不能提供一个西方物理学传入中国并被接受的全景路线图。①

就"物理学"的汉语名称而言，从鸦片战争后传播物理学的第一个阶段的 1851—1868 年，情形是令人吃惊的混乱。在某种程度上，这个阶段对于后来的发展具有决定性意义。因为在这个阶段，传教士和翻译者没有能引进一个普遍接受的物理学的名称术语，但是却成功地使物理学诸分支科学成为准独立的"科学"。在此语境下，第一部重要的著作是，由医生传教士合信（1816—1873）编辑、于 1855 年出版的一本小书，该书有一个启示性的书名《博物新编》②。该书在中国颇受欢迎，三年后在日本重印。③不幸的是，我们不知道合信著作的资料来源是什么和他为什么给他的书起这样的书名。"博物"术语被广泛地应用于传统中国，可被译为"broad learning of the phenomena"。它成为几本书的名称，如张华的《博物志》（公元 3 世纪）一般译为"*Treatise on curiosities*"。进一步观察该书，可以很清楚地看出，合信有意将西方科技引入中国。或许合信用"博物"一词作为"natural philosophy"的汉译名称，④不是从较狭义的"物理学"（physics）的意义上，而是回到 18 世纪几乎包含全部类别的"关于自然的学问"的"自然哲学"（natural philosophy）。⑤虽然有可能将"博物"一词限定为如同西方在 18 世纪中以来较狭义的"物理学"的意义，⑥但是这种情况在中国

---

① 我们对于这些书售出的确切数量不太清楚。至于盗印的数量，还没有人研究过这个重要问题。

② 参见合信：《博物新编》，上海：墨海书馆，1855 年。玛高温已经于 1851 年印行名为《博物通书》的书，但其影响极有限。合信书名中的"新"字可能是针对玛高温的书所说。参见玛高温：《博物通书》，宁波：爱华堂，1851 年。

③ 参见合信：《博物新编》，江户：老皂馆，1858 年。

④ 后来的传教士都采用这样的名称。

⑤ 参见附录。

⑥ 例如，罗存德建议"博物"作为"natural philosophy"的译名。参见罗存德：《英华字典》，4 卷本，香港：新闻办公室，1866—1869 年。

没有发生。①事实上，合信对各种科学领域相当不系统的论述和他强调"奇异的"西方科技发现（例如潜水钟），使得中国读者可能会把该书当作另一本关于"奇器"的书，正如其模糊不清的书名作暗示。随后努力引进西学到中国的人是一群传教士。伟烈亚力是该群体的一员，他在 1857—1858 年发表了由上海墨海书馆出版的名为《六合丛谈》的系列科学作品。这些作品努力系统地向中国传播西学。②以我们看来，它的重要性在于，它有意将西方科学（包括物理学的分支）描述为"学"。③尽管缺乏确证，但看起来这种努力基于明朝末年邓玉函（Johann Schreck，1576—1630）和王征（1571—1644）编辑的耶稣会士译作《远西奇器图说最》所建立的模式。《图说》写道，被用作指称西方（前牛顿时代）力学的"重学"，应当被认为是一种与其他"科学"（如"文学"）相并列的"学"。④《六合丛谈》中用于指称不同类别学问的术语与后来所采用的术语仍有不同。很可能，一些物理学的术语是在墨海书馆的语境中新造的，其中有的术语直到今天仍在使用。⑤在中华帝国晚期的"科学话语"范围内，物理学的分支与别的科学具有同等地位。然而，仍缺少一个更普遍的物

---

① 有趣的是，在 20 世纪早期，"博物"被用作指称"natural history"，例如，18 世纪欧洲从自然哲学中分离出来的科目（动物学、植物学和矿物学）。参见曾朴、徐念慈：《博物大辞典》，上海：宏文馆，1907 年。

② 参见王扬宗：《〈六合丛谈〉中的近代科学知识及其在清末的影响》，《中国科技史料》1999 年第 3 期，第 211~226 页。

③ 参见伟烈亚力：《六合丛谈小引》，载《六合丛谈》1.1，1857 年，第 1~2 页。

④ 邓玉函、王征：《远西奇器图说录最》（1627 年），载任继愈编：《中国科学技术典籍通汇·技术卷》，郑州：河南教育出版社，1993 年，第 1 卷，第 599~693、610 页。该重印本的底本是 1844 年的守山阁版本。

⑤ 冯桂芬很可能是最早使用"光学"一词的中国人，他与墨海书馆的一些工作人员有密切的联系。鸦片战争后，最早的光学译著之一，是艾约瑟和张福僖两人共同编辑的。值得注意的是，这部大概完成于 1851 年的译著的名称仍叫《光论》。可能还有另外一部声学译著以同样的方式进行命名。参见王扬宗：《晚清科学译著杂考》，《中国科技史料》1994 年第 4 期，第 32~40、34~35 页。

理学的名称。正如我在下面所详细描述,这具有"同等级化"的效果,使得在新的更具有包含性的术语下对不同学科重新分类更加困难。1868 年,丁韪良印行《格物入门》,不久被用作北京新建立的同文馆的课本。①该书虽然质量低劣,却具有极大的影响力,甚至在日本被几次重印。丁韪良编书的资料来源不清楚。我们知道,他自称这本书是他的"自然哲学入门"。②显然,丁韪良有一个相当广泛的"自然哲学"概念。该书主要论述物理知识,没有提到植物学和动物学。该书包括化学部分(化学入门),这表明,从严格意义上讲,丁韪良所用的"格物"与物理学不是同义的。丁韪良在他的书名中使用"格物",当然是为了吸引中国读者,中国读者将这个术语与《大学》中的"格物致知"联系起来。实际上,"格物"是朱熹(1130—1200)按照新儒学对中国思想进行综合的基础之一。"格物"与"格物致知"的另一个缩写词"格致"有一种不明确的关系。"格物"或许是以"事实"或更确切地说是以"事物"为中心的,例如在 17 世纪方以智(1611—1671)的《物理小识》中的"格物"。③"格致"是一个更普遍的术语,在明末清初常被用作西方 scientia 的汉语译名,scientia 一词,如同其汉译名称一样,充满了经验的和道德的关怀。④照此观点,"格物"是一个合理的"物理学"的汉译名称的候选者。事实上,在 1880年,林乐知翻译了贝尔福·史特威(Balfour Stewart)著的《科学初级读本系列》中的物理学卷,出版了第一本真正把西方物理学各个分支综合起来的教科书(其中没有包括化学,这与丁韪良的《格物入门》不

---

① 丁韪良:《格物入门》,北京:同文馆,1868 年。
② 参见丁韪良:《花甲回忆》,纽约:模范书局,1966 年,第 235~236 页。
③ 裴德生:《从感兴趣到不关心:方以智和西学》,《清史问题》,第 3 卷,1976 年,第60~80 页。
④ 参见大卫·C·雷诺兹:《重绘中国思想地图:十九世纪中国的科学图像》,《清史问题》12.1,1991 年,第 27~61、40 页。

同),他将其命名为《格致启蒙格物学》。[1]虽然该书翻译得很好,但并没有引起足够的注意。[2]"格物"和"格物学"作为"物理学"译名的可能性也没有受到足够的注意。恰恰相反,总体上"格致"和"格物"的区别趋于消失。[3]"格学"在汉语被理解为"格物"和"格致"的缩写词,最早被慕维廉(William Muirhead,1822—1900)在其介绍培根的《新工具》(Novum Organum)第一部分时,用于对"科学"的翻译(或用当时的术语,很可能是相当"诱人的科学"),[4]"格学"一词在19世纪末变得很流行,[5]它的出现无助于澄清局面,但是如果还有一些残留的差别的话,它有效地消除了所有的差别。

物理学知识继续涌入中国,大多数通过多产的江南制造局翻译馆,该馆出版了大量的与物理学有关的书籍。这些出版物几乎无一例外地论述物理学领域内的某一特殊领域,如光学、声学、热学和电学。在大多数的传教士作品中也可以得见类似的零碎的物理学知识(但同时又是相当综合的知识)的情形。

三、中国接纳"物理学"

那么,物理学在中国是如何被接纳的呢?回答这个相当复杂的问题,对聚焦于那些意图明确地将物理学描述为一门学科的文本,是有帮助的。这些文本的中心特点之一是,用了"学"作后缀,以命

---

① 参见贝尔福·史特威著,林乐知译:《格致启蒙格物学》,上海:江南制造局,1880年。该书是据1872年伦敦麦克米兰出版的史特威所著 Physics (Science Primers)一书翻译的。

② 在1889年出版的《心灵学》一书中,颜永京用"格物学"指 physics,用"格物后学"指 metaphysics。该书由上海益智书会(School and Textbook Series Committee)出版,林乐知是该委员会的成员。参见海文著,颜永京译:《心灵学》,上海:益智书会,1889年。

③ 最近席泽宗注意到这一点,见席泽宗:《中国传统文化里的科学方法》,上海:上海科技教育出版社,1999年,第39页;又见王扬宗:《从格致到科学》,《历史大观园》1994年第10期,第56~57页。

④ 参见慕维廉:《格致新法》,《益智新录》,1876年7月。这篇文章于1877年由《格致汇编》再版。该文章的修订版1888年以《格致新机》为名以书的形式出版。

⑤ 例如,参见李提摩太:《续论格学》,载李提摩太、仲英:《洋务新论》,1894年,2,8a。

名某一学科和学科分支。这个特点已反映在冯桂芬咸丰朝晚期完成的著名的《校邠庐抗议》一书中。①更可能的是,接受西学的中国人比西方传教士和翻译者更能区分"格致"和"格物"的细微差别。如刚才提到的,这将至少提供一种区分"一般科学"和"物理科学"或严格限定的"物理学"(林乐知翻译书名中的"格物学")的可能性。不过,在实践中,这种理论可能性并没有应用过。例如,1895 年,曾经一度命名为"格物馆"(从什么时候叫这个名称,现在还不清楚)的同文馆的物理学校,被更名为"格致馆",以做到"以符名实"。尽管樊洪业认为,这个变化是朝向某些标准化形式的一步,②但我要说,恰恰相反,它实际上模糊了一般科学及其分支之间的区别。③虽然"格物"和"格致"一直用到帝国的结束,新知识的两个最普遍的名称"西学"和后来的"新学",在意识形态上更受尊重。④这些名称看起来将西方知识提升到和本土传统知识同样高的地位。然而,有一个重要的后果,应看作与中国的分类传统有联系,对于此种传统,中

---

① 例如,参见冯桂芬:《校邠庐抗议》,郑州:中州古籍出版社,1998 年,第 209~213 页。

② 参见樊洪业:《从格致到科学》,《自然辩证法通讯》10.3,1988 年,第 39~50、44 页。汪晖认为,名字的变化与"西学中源"说有关,参见汪晖:《科学的观念与中国的现代认同》,载汪晖:《汪晖自选集》,桂林:广西师范大学出版社,1997 年,第 208~305、220 页。如果"格致"按孟悦所说,是"杂交的科学"的话,在我看来,这仅仅是由于"西学中源"理论要求按照西方标准对中国经典重新进行分类。发现中国的科学技术传统并不意味着这个传统可被成功地应用于"科学实践",参见孟悦:《杂交的科学对现代性:江南制造局的实践,1864—1897 年》,《东亚科学技术与医学》16,1999 年,第 13~52 页。

③ "格致"和"格物"易于混淆的程度,可以从北洋学堂第一个毕业生所持毕业文凭中看出。据此文凭,他学习了"格致学",不包括化学和天文学,因此不是指"科学"。课程表中包括"格物学"、"重学"、"化学"、"地学"。看来,"格致学"指"物理学",而"格物学"可能是指"除力学之外的物理学"。参见北洋大学天津大学校史编辑室编:《北洋大学天津大学校史》,2 卷本,天津:天津大学出版社,1990 年,第 1 卷,文前插图页和第 30 页(参见附录)。李鸿章在为艾约瑟《西学略述》所作"序"中,误将丁韪良《格物入门》当成《格致入门》,参见艾约瑟:《西学略述》,载《格致启蒙》,北京:总税务司署,1886 年,第 1 卷,序,第 4 页。

④ 参见熊月之:《西学东渐与晚清社会》,上海:上海人民出版社,1994 年,第 229~230 页。

山茂描述如下："如果一个现象显得很难被置于一个现存的单元内，总是需要为其做一个新箱子。"根据中山茂的分析，这种"文献传统"能够阻止一种危机的出现，这种危机在西方，一旦许多置于大的学科之中的不同分支学科之间的矛盾变得很多时，必将出现。[①]就中华帝国晚期的西学而论，前进一步，提出不仅只有一箱子"西学"看来是可能的。在"西学"这个箱子内有许多小的箱子，装进现代科学的分支和次分支。如果引进一个新的或被认为是新的分支学科，则另造一个小箱子容纳它。前面已提到，内容矛盾或相同的学科被置于同一个大箱子内，将会有一种"同等级化"的副作用。这种情况最显著的例子是在中国原被称为"重学"的力学，"重学"一词由 17 世纪耶稣会士引进中国。1868 年，丁韪良引进竞争性的概念"力学"，这与牛顿力学的基本趋向更相一致。[②]然而，它逐渐被许多中国人看作新的知识分支，要求建立一个新箱子，最后"力学"箱子与"重学"共存。事实上，很多晚清作者在指称西方知识或西方大学的课程时，倾向于包括"重学"和"力学"两者在内。[③]这种流行的混乱和不能较好地进行分类的情形，还表现在，某些被用作描述整体科学的术语，与某些描述分支科学的术语置于同一个层次。[④]

---

① 中山茂：《中国、日本和西方的学术和科学传统》，东京：东京大学出版社，1984 年，第 58 页。

② 参见丁韪良：《力学入门》，这是 1868 年由同文馆出版《格物入门》一书的部分内容。关于这个问题参见阿梅隆：《重和力：晚期中华帝国接受西方力学》，载朗宓榭、阿梅隆、顾有信等编：《新思想的新术语：中华帝国晚期的西学和词汇变化》，莱顿：布里尔学术出版社，2001 年，第 197~232 页。

③ 例如，参见俞樾为王仁俊书所序序，王仁俊：《格致古微》(1896 年)，载任继愈编：《中国科学技术典籍通汇·技术卷》，郑州：河南教育出版社，1993 年，第 7 卷，第 791~886 页；梁启超：《论学校十三》，《时务报》，光绪二十二年十月一日，第 2 页。直到 1906 年，严文炳在为一种力学教科书所作序言中，仍然抱怨这种术语的混乱。他甚至建议引进一种全新的力学术语及其分支，但最后没有使用，见马格讷斐立著，严文炳、常福元译：《力学课编》，北京：学部编译图书局，1906 年。

④ 例如，可参见张德彝：《随使英俄记》，长沙：岳麓书社 1986 年，《走向世界丛书》，第 605 页(记述 1876 年事情)。

392

接受某些分支科学或次级分支西方科学名称，认为这足以对西方科学进行分类，这一趋向有另一个后果，即实际上或被认为属于某一学科分支的全部知识将被置于不同的箱子中。结果，有的知识分支，包括物理学的分支，获得了一个它们在西方所没有的意义。这种情形最典型的例子是"水学"和"气学"，这两个术语可能最早都是由丁韪良的《格物入门》引进的。根据西方标准，这些知识被认为是力学的分支，它们在丁韪良的作品中占据了一个相当不系统的位置。丁韪良扩展了这些领域的界限，描述了与自然科学（或如他所称的"自然哲学"）无关的一些现象和发明。在"水学"部分，例如，我们一方面发现流体力学的基本原理；另一方面，还有很多对水动力器械的描述，这些东西从严格意义上来说，属于技术领域。更令人震惊的是，丁韪良引进的"气学"概念，涵盖了几乎所有与汽油或蒸汽有关的事物（当然也包括火车机车和蒸汽船）。显然，这个路径与任何物理学的定义是决不相容的。这种对物理学的实用主义的论述，看起来与这样的事实有关，即引进的新知识应当优先注重"应用"。[1]事实上，对应用的注重可以从《清会典》中察觉出来。1899 年版的《会典》中，我们可以发现对北京同文馆"格致"课程的描述：专门的力学、水力学、声学、气体/蒸汽、热学、光学和电学，强调它们的"利于用"。[2]扩展某些物理学次级分支的术语的语义的趋向，反映在世纪之交的一些出版物中，使得再翻译变得更困难。[3]

总体上，19 世纪后半期中国对于物理学描述和分类的情形的特点是，一方面缺乏统一的名称，另一方面又过于强调单个的分

---

① 这很可能是化学在西方科学经典内被给以较为显著地位的原因所在。我们还应顺便注意到，与物理学领域的情况相反，"化学"的名称很早就稳定下来，并且一直使用至今。

② 参见《钦定大清会典》，台北：中文书局，重印 1899 年版会典，第 100 卷，第 10~11 页。

③ 例如，可参见《泰西水学》，载顾其义、吴文藻编：《西法策学汇源二集》，上海：宏保书局，1898 年。事实上，《格物入门》将"hydraulics"翻译为"水学"是误导。

支领域。毫不奇怪,职业的命名也存在同样的两难情感。像"格致家"、"格物家"或"格学家"等词语模糊了一般"科学家"和特殊的"物理学家"的区别,对于日益增长的来自西方的新知识的分类没有提供指导和帮助。同时,我们能观察到,指称物理学下级分支职业的人们的专门术语的出现。如"电学家"这样的词,[①]与德语的名称 *Elektrisierer* 有一些相似之处,该德语名称在 18 世纪常用于指那些在展览会演示电学实验的人,但是当 *Physik* 成为科学研究的法定领域后,*Elektrisierer* 的使用逐渐被淘汰。[②]在我看来,这种物理学下级分支的"独立性"有助于晚清无处不在的西学中源说的应用。[③]极为重要的是,人们发现,古老的《墨经》(其文本那时仍是错误百出的) 中的一些陈述与西方物理学的某些主题可以联系起来。这个联系最早由邹伯奇(1819—1869)在道光时期建立的。据邹氏的说法,《墨经》中的某些段落和西方的光学和视学有明显的同等现象。[④]迄今为止对这个神奇的话题还没有进行太多的研究,举例说明这个理论如何应用,看起来是有用的。黄遵宪完成于 1879 年并于 1880 年首次发行的《日本杂事诗》中,讨论各种科学的中国起源。对于光学的起源,他写道:

临鉴立景。二光夹一光。足被下光故成景于上,首被下[上]光故成景于下。鉴者近中,则所鉴大景亦大,远中,则所鉴小景

---

① 例如,参见李提摩太:《格致书目说略》,载李提摩太、仲英编:《洋务新论》,1894年,2,9a。中国人写的这些专业科学家的文章可参见彭瑞熙:《格致之学中西异同论》,载王韬编:《格致书院课艺》,1887 年,第 1 页。

② 参见鲁道夫·斯蒂切温:《现代学科体系的起源:1740—1890 年德国的物理学》,法兰克福:苏尔坎普,1984 年,第 257~260 页。

③ 参见全汉昇:《清末的西学源出中国说》,《岭南学报》4.2,1935 年,第 57~102 页。

④ 参见邹伯奇:《论西法皆古所有》,载邹伯奇:《学计一得》,1845 年,第 2 卷,第 20~23 页。当然,将西方数学和天文学与中国的传统联系起来,这种做法在 17 世纪就被采用,并且最终得到康熙皇帝的认可。

亦小。此光学之祖也。①

　　这个段落后来不久在张自牧（1833—1886）《瀛海论》中再次出现，②不久出现在晚清许多的散文和试题中。③我发现的唯一的试图用光学解释这一问题的尝试，是在格致书院彭瑞熙的答卷中。他写道，这与"光学家"的"回光、折光、传光、射光"理论相一致。④现代研究确定，所有这些《墨经》段落当然与光学有关。⑤有趣的是，据我所知，这些段落与那时《墨经》的任何版本都不对应，⑥这个事实显然没有被直接引用《墨经》而没看出任何问题的人所注意。这些段落可被翻译如下：

If one approaches a mirror a shadow [image?] will appear.

Two light [–rays?] grip to one light [–point].⑦

The bottom receives light from below, for this reason the shadow　[image] is above, the top receives light from above for this

---

　　① 黄遵宪：《日本杂事诗广注》（1879 年），长沙：湖南人民出版社，1981 年，《走向世界丛书》，第 97 页。

　　② 参见张自牧：《瀛海论》，载王锡祺编：《小方壶斋舆地丛钞》，上海：祝一堂，1877—1897 年，第 11 卷，第 483~495、488 页。

　　③ 例如，参见郑观应：《西学》，载郑观应：《盛世危言》，1998 年，第 73~78 页；又见刘光汉（即刘师培）：《周末学术史总序》，《国粹学报》1；1、2、3、4、5；3。

　　④ 参见彭瑞熙：《格致之学中西异同论》，载王韬编：《格致书院课艺》，1887 年。

　　⑤ 参见钱临照：《释〈墨经〉中光学力学诸条》，载《李石曾先生六十岁纪念文集》，昆明：国立北平研究院，1942 年，第 135~162 页。

　　⑥ 第一段无疑应读为"临鉴而立景到"（葛瑞汉：《后期墨家的逻辑、伦理和科学》，香港，伦敦：香港中文大学出版社，1978 年，B22），第二段虽被缩短但是正确的（葛瑞汉：《后期墨家的逻辑、伦理和科学》，香港，伦敦：香港中文大学出版社，1978 年，B18 解释），第三段原来读：'足蔽下光故成景于上首蔽上光故成景于下'（葛瑞汉：《后期墨家的逻辑、伦理和科学》，香港，伦敦：香港中文大学出版社，1978 年，B19 解释），最后一段原先读："鉴者近中则所鉴大景亦大远中则所鉴小景亦小而必正（或'必易'，依赖于人们是否引述'中之内'或'中之外'的解释）。"（葛瑞汉：《后期墨家的逻辑、伦理和科学》，香港，伦敦：香港中文大学出版社，1978 年，B23 解释）

　　⑦ 想象两束平行穿过凸透镜的光束，或许可以理解这个问题。

reason the shadow [image] is below.[1]

　　If the man looking at himself approaches the center [focal point?] [of a concave mirror?] that what is being mirrored is large and the shadow is large as well. If [the man looking at himself] is far away [from the focal point of a concave mirror?] that what is being mirrored is small and the image is small as well.

　　这样阅读，包含着相当数量的我对原文的解释[2]，当然我的意图并不在于对《墨经》可能的意思作出解释。我的目的是想说明，与那时的光学文献建立对话是可能的。实际上，邹伯奇已做过这个工作，他试图把《墨经》中的段落和当时可以参考的关于西方光学的著作中的命题建立起对话。然而，邹伯奇的对话还是相当粗糙的，因为他的主要信息来源是汤若望(1591—1666)发表于200年前的《远镜说》。1894年，冯澂出版了一本同样主题的书。冯澂不一定比邹伯奇更正确，但他使用了从西文译成汉语的绝大多数光学著作。[3]他偶然找到证据表明，《墨经》里的"二光夹一光"证实了前帝国时代的中国的望远镜的存在。[4]

　　黄遵宪的作品当然是非常有影响的，他不去建立这种对话，这

---

　　① 这样的理解将会建立一个与暗箱(camera obscura)的联系。

　　② 实际上，即使阅读《墨经》中不像我所讨论有误解和变化的其他段落，也包含着非常多的解释。这一点从李约瑟、葛瑞汉和钱临照的不同解释可以看出来，参见李约瑟：《中国的科技与文明》，第4卷：物理学和物理技术，第1部分：物理学，剑桥：剑桥大学出版社，1962年，第81~86页；葛瑞汉：《后期墨家的逻辑、伦理和科学》，香港，伦敦：香港中文大学出版社，1978年；钱临照：《释墨经中光学力学诸条》，载《李石曾先生六十岁纪念文集》，昆明：国立北平研究院，1942年。甚至在今天，几乎在同一个基础上，新的被认为更准确的解释仍被提出来，例如，参见孙中原：《墨学通论》，沈阳：辽宁出版社，1993年，第227~241页。

　　③ 包括金楷理和赵元益译《光学》，傅兰雅《光学图说》，《光学揭要》和丁韪良《格物入门》和《格物测算》两书中的相关部分。

　　④ 参见冯澂：《光学述墨》，南京：南京书局，1900年，序言写于1894年。

使我怀疑，黄和其他许多人一样，没有科学教育的背景，至少部分地被"光学"这样的词语的含义所影响。这种现象，我们从将"重学"纳入"西学中源"的话语中也能观察到。[1]通过对比，甚至最简单的物理学定义都不允许这种设想的关系轻易建立，[2]更不用说将物理学理解为一种高度抽象和数学化的科学。

四、科学的分类和"物理学"新术语的出现

前面已提到，最早的将所有物理学分支集于一身的课本是1880 年出版的名为《格物学》的书。不过，早在19 世纪70 年代，英国传教士艾约瑟（Joseph Edkins，1823—1905）就试图使其中国读者熟悉物理学的统一性。在1874—1875 年发表于《中西闻见录》上的一篇篇幅很长但却相当难理解的文章中，他介绍了法拉第（Faraday）的电解理论，特别是法拉第关于力的统一的理论（这样又回到力本论者的概念，但没有将其命名）。然而，艾约瑟没有在能够运用这种理论的语境中为这种科学提供一个名称。[3]早期的双语辞典，提供了一些定义物理学的术语，大多是描述性的。[4]1886 年，艾约瑟重译了贝尔福·史特威（Balfour Stewart）的《物理学》（Physics），用了"质学"的名称，[5]"质学"和"体学"一起回到了物理学的原意。1898 年，潘慎文（A. Parker）以《格物质学》为名翻译出版了史砥尔的《大众物理学》（Popualr Physics）一书。他在"阅读说明"中写道，过去"物理学"被译成"格物"。他认为这是不正

---

① 阿梅隆：《重和力：晚期中华帝国接受西方力学》，载朗宓榭、阿梅隆、顾有信等编：《新思想的新术语：中华帝国晚期的西学和词汇变化》，莱顿：布里尔学术出版社，2001 年。

② 贝尔福·史特威书中"物理学"的两种翻译，实际上是以"否定"方式定义物理学的，说物理学研究化学所没有包括的现象。

③ 参见艾约瑟：《光热电吸新学考》，《中西闻见录》第 28 号和 29 号，1874—1875 年。我们这里还要注意，他的文章还有宗教信息。

④ 例如，罗存德，建议"性理"或"性学"，参见罗存德：《英华字典》，4 卷本，香港：新闻办公室，1866—1869 年。

⑤ 参见贝尔福·史特威著，艾约瑟译：《格致质学启蒙》，北京：总税务司 1886 年（《格致启蒙》10）。

确的，因为"格物"真正的"意思是宇宙间各种研究"。最终，他保留了题目中的"格物"以作为对较早翻译的让步。①但是"体学"和"质学"都不是没有问题的，因为"体学"常被作为指称"解剖学"，②而"质学"偶尔用作"化学"的汉译，③有时甚至用于科学整体。④即使这些术语没有大规模使用，它们的出现说明，对于早期将物理学作为一门学科的名称的尝试，有一种增长中的不安。随着越来越多的中国人在19世纪90年代对西学产生兴趣——这一发展与不断增加的怎样实现军队国家现代化和如何建立更好的（即现代的）教育系统的问题密切联系在一起⑤——对现有知识重新进行分类就变得必要了。通过出版书目可以部分地做到这一点。例如，梁启超注意到了现存分类系统的不足。他在《西学书目表》的序言中写道"西学各书，分类最难"。有趣的是，他关注如何分类应用科学的某些方面。例如，他建议对常被归入"光学"一部分的摄影和到那时为止被认为是"汽学"的蒸汽机重新进行分类。根据梁启超的看法，这两个领域应被重新归入"工艺"类。⑥世纪之交前后，投身于传播西学(和天主教信仰，因为它由法国耶稣会士资助)的上海《汇报》系列，发表了自称"读译书斋主人"的读者的一个问题："问西学分派之次序如何？"他从编者那里得到的回答如下：

> 西学分天人二种。天学论造化之奇，性情之蕴，超乎俗见

---

① 参见史砥尔著，潘慎文、谢洪赉译：《格物质学》，上海：墨华书馆1898年，第4页。

② 参见赫美玲：《官话字典及翻译手册》，上海：总税务司署造册处，1916年。

③ 严复：《穆勒名学》，3卷本，上海：商务印书馆，1931年，第1页。

④ 参见《震旦学院章程》，《浙江潮》，第6期，1903年。

⑤ 更多的人增长了对西学的意识，这可以从熊月之对《格致汇编》和《格致新报》所发表的致编者信的分析中得到证实。熊月之认为，印行于1898年的《格致新报》发表的致编者信，与印行于二十年前的《格致汇编》发表的致编者信相比，显示了对西学的更好的理解和更系统的对待。参见熊月之：《西学东渐与晚清社会》，上海：上海人民出版社，1994年，第457~458页。

⑥ 参见梁启超：《西学书目序例》，《时务报》，光绪二十二年十月一日，第3~6页。

尘心之上，非庸碌之所能知行。人学分二种。一考已往事端，即史学也。一考恒有之物理，分五种：曰几何，曰形性，曰天文，曰化学，曰博物。几何包算学，代数，形学，三角等法。形性包重、声、光、热、磁、电等学。天文须先知算学、形学方能从事。[①]

如果我们将术语学的好奇放在一边，[②]那么这篇短文，和别的许多文章一样，很清楚地表明，西学分类意识的增长，在某种程度上与现代物理学概念相伴随。偶尔，从上面的段落可以看到，17世纪耶稣会士首先使用的"形性"和"形性学"，成了物理学的汉语译名中的强有力的竞争者。[③]显然，这个术语突然复苏，是由于天主教士及其中国信徒于1898年决定出版一份致力于传播西学的报纸《格致新报》。名为《格致初桄》的系列的第一期有一个科学分类表，列出了动物学，植物学，矿物学，化学，形性学和神经学。[④]尽管不是该报使用的唯一的物理学名称，但"形性学"很快取得了优势地位。事实上，《形性学要》是一家与耶稣会活动关系密切的出版社对迦诺（Ganot）的 *Cours de Physique Purement Experimentale. A l'usage des Gens du Monde* 一书的汉译名称，该书成了19世纪最流行的物理学课本之一。[⑤]作为物理学译名，"形性学"当然不是一个坏的选

---

① 《汇报》，第109号，1901年。

② 例如，"几何"从耶稣会以来一直用作指 geometry，该用法在中国被广泛接受，但是它突然被用作指整体的数学，对于这种情况还没有人作过解释。恩格弗里指出，"几何"并不是 geometry 的译名，但他承认，两者关系密切。参见彼得·恩格弗里：《欧几里德在中国：欧几里德〈几何原本〉1607年最早译本的出现及其1723年前的被接受过程》，莱顿：布里尔学术出版社，1998年，第138~139页。我们还要注意，社会科学完全被排除于这个解释之外。

③ 参见傅汎际、李之藻：《名理探》（1631年），台北：台湾商务印书馆，1965年，第315页。

④ 参见姜颙：《格致初桄序》，《格致新报》1，1898年1月13日。

⑤ 参见迦诺：《形性学要》，李杕、赫师慎译，上海：格致译文报馆，1898年。

择，而且是基于耶稣会士的传统。然而，它也并非没有冒险。从一个感兴趣的读者在《格致新报》的继承者《汇报》上提出的问题可以清楚地看到这一点。这问题是：

> 生物亦隶形性，何以形性学要不及此？

编者回答如下：

> 中文曰形性，西文曰 physique（法语原文）。犹言著形学，生物虽亦著形，而西人别为博物学 Histoire naturelle 专事讲求，探微入奥。诚以一人之精神有限，兼考诸学，未免好博不精，故为分道扬镳之举。①

明显地，这些用于描述西方科学的术语的非抽象化在其他领域也能发生。没有证据表明，正是非抽象化的威胁使"物理学"成为physics 的最终汉译名称。早期提到这个术语及其简略形式"物理"，明确作为西方 physics 的汉译名称而不是引自日本课本的情况的，如郭嵩焘在 1878 年提到过，②黄遵宪在1890 年提到过，③在王韬1890年的书中、④宋育仁(1858—1931)1895 年的《采风记》⑤和 1897 年《南洋公学章程》出现过。⑥1898 年以来的《格致新报》几次提到"物理学"这个术语。有时同一期中也使用"形性学"的名称，使读者不易理解。决定性的事件极有可能是 1900 年江南制造局发行的名为"物理学"的书。⑦

---

① 《汇报》，第 109 号，1901 年。
② 参见郭嵩焘：《伦敦与巴黎日记》，长沙：岳麓书社，1984 年，《走向世界丛书》，第462 页。
③ 参见黄遵宪：《日本国志》，台北：文海出版社，1968 年，第 804 页。
④ 参见王韬：《重订法国志略》，1890 年，第 15 页。
⑤ 宋育仁：《采风记》，袖海山房，1895 年，第 2 卷，第 9 页。
⑥ 参见《南洋公学章程》，《集成报》第 7 期，1897 年，第 25 页。
⑦ 参见饭盛挺造著，藤田丰八、王季烈译：《物理学》，上海：江南制造总局，1900 年。

命名物理学：中华帝国晚期近代科学学科的竞争性表述

虽然，有些老的术语继续用了一段时间，据我所知，对于这个新术语的恰当没有争论，①这个术语很快进入学校章程，②被用作教科书名称，③甚至在 1908 年作了中国第一部专业的多语辞典的名称。④甚至关于可能的起源和假定传统的构建误导的讨论大部被避免了。⑤这样该术语被广泛理解为它所应有之义：一个其目的在于描述一个纯粹的科学研究领域的术语。⑥可以说，就知识的引进而论，用"物理学"作为汉译名称，标志着一个新时代的开始。这一次，大规模的认识论影响来自日本。但是，1900 年"物理学"的翻译虽然基于一本日文书，但是它却深深植根于 19 世纪 50 年代以来展开的中国术语传统。这个传统，没有被标准化，它因此没有包括"物理学"。⑦

---

① 1902 年编辑完成的《英汉技术词典》，是中国教育会标准化努力的成果，中国教育会是由传教士建立的，该会对于新出现的词语的态度是相当保守的，这是因为有关人员喜欢使用他们自己新造的词语。《英汉技术词典》将"物理学"作为可能的但并非优先选择的 physics 的译名。参见中国教育会编辑：《英汉技术词典》，1902 年。

② 例如，《钦定学堂章程》，1902 年，表，第 5 页。

③ 例如，参见何德赍著，谢洪赍译：《最新简明中学用物理学》，1902 年。

④ 参见学部审定科编：《物理学语汇》，上海：商务印书馆，1908 年。

⑤ 我们应注意，在 1905 年，墨子即被冠以"物理学家"之称号，这对于中国科学史的编纂是一个具有重要意义的发展。参见觉晨：《中国物理学家墨子》，《理学杂志》1905.4，第 63~70 页；1906.6，第 75~87 页。

⑥ "物理"一词的经典意思是"事物的规则"。这个意义上的"物理"在中国有很长的历史。进入 20 世纪后，中国学者意识到，"物理学"与"物理"根本不同，例如，参见严复：《论今日教育应以物理学为当务之急》，载王栻编：《严复集》，北京：中华书局，1986 年，第 2 卷，第 278~286 页。这篇演讲大约发生在 1901 年或稍晚一点的时间，在此演讲中，严复仔细区分了"物理科学"和"物理"，"物理"一词涉及到化学、天文和其他科学。王夫之曾用"物理"来翻译 physics（实际上还有用"化学"来翻译 chemistry）的说法已被沈国威驳斥，参见张秉伦、胡化凯：《中国古代物理一词的由来与词义演变》，《自然科学史研究》，1998 年第 1 期，第 55~60 页；沈国威：《王夫之用过物理化学吗？》，《辞库建设通讯》，1999.3，第 29~30 页。

⑦ 仅举一例：日语对于各种波动的运动，使用"波"（日语，ha），而汉译为"浪"，从 1860 年代以来一直使用。汉语将 refraction 译为"折光"而日语则译为"屈射"（日语，kussetsu）。

结　语

　　本文中，我聚焦于帝国晚期的中国在接纳物理学过程中所遇到的术语和分类困难。确实，对西方科学的接纳遇到了无数政治的、制度的和思想的障碍，但是，在接纳过程中所产生的物理学本身内部的张力对于接收和吸纳过程有确定的影响，这也是确定无疑的。我不想说这种因素对接受过程有决定性影响。不过，看来清楚的是，没有一种对西方科学译成汉语方式的综合探讨敢于不考虑这些内部张力。这些张力很大程度上是由物理学在中国传播的零碎风格所产生。通常情况下，传播的知识缺乏清楚的描述，部分责任在于传播者对有关科学知识理解上的不足，有些情况下，受到意识形态的感染。"自然哲学"概念在英国和美国的持续，甚至在19世纪当这个术语最终限于大陆的"物理学"时（该词还在延续），这可能影响到中国吸纳物理学知识的进程。我们可以设想，从"自然哲学"概念不太显著的法国或德国来的传教士，比做实际工作的英美传教士和翻译者，将传达一种更令人信服和更统一的物理学图画。另一方面，中国人在接纳和占有这些由英美传播者传来的知识时显得准备不足。结果，他们将这些知识称为"西方的"或"现代的"，两者都是模糊不清的术语，对于当时传入中国的大量知识不能提供一种分门别类的导引。或者，他们将这些知识分成（部分地与传播者的意图一致）"格物"、"格致"两类，而这两个概念语意模糊，词义处于不断的变化之中。①日本的例子（综合、连续、成功的"自上而下的现代化"）表明，对新知识的成功描述和分类是可能的。虽

---

　　① 1903年，章炳麟指责中国的"哑巴学者"，把日本称为"物理学"的东西叫做"格致"，因为这样将使得"格致"的真正意思和对"物理学"理解变得模糊。显然，章炳麟没有想到，用"物理学"也将带来同样可怕的后果。参见章炳麟：《论承用维新二字之荒谬》(1903年)，载汤志钧编：《章太炎政论选集》，北京：中华书局，1977年，第242~244、242页。

然有一些术语混乱,实际应用的考虑加强了日本物理学家(确实有一些与中国形成很大差别的物理学家)制定可被用作科学和教育目的的统一术语的需要。另外,日本用外语演讲的传统,对于日本成功地发展出统一的科学语言,可能是一个重要的因素。与此不同,中国对物理学分类的体制,在物理学被接纳过程中的内部张力的压力下,趋于崩溃。当建立一个近代教育体系的需要产生时,这一点清晰地显现出来。在此种教育体系中,物理学作为一个界定清楚的科学研究领域,即将发挥重要的作用。

附　录

表一:翻译著作和西方传教士撰写著作中对物理学的
定义和"表述"

年份	表述出处	中文表述	英语译文
1855	合信的《博物新编》的内容	地气论,热论,水质论,光论,电气论,天文略论,鸟兽略[a]	On the atmosphere, on heat, on the properties of water, on light, on electricity, on astronomy, on animals.
1857	《六合丛谈小引》表述"西学"	精益求精超前轶古启名哲未言之奥辟造化未泄之奇请略举其纲一为化学,一为察地之学,一为鸟兽草木之学,一为测天之学,一为电气之学,别有重学流质数端,以及听视诸学,皆穷极毫芒,精研物理[b]	Ever seeking refinement, it surpasses the ancient and sloves the mysteries about which the wise men did not speak. It develops the hidden wonders of creation. Please allow me to briefly introduce its principles: one is chemistry...one is the learning of exploring the earth...one is the learning of birds, beasts and plants...one is the learning of measuring the heavens...one is the learning of electricity...there are also mechanics and the principles of fluids as well as acoustics, optics which are all exhaustive to the extreme and refined in exploring the principles of things.
1868	丁韪良的《格物入门》的内容	水学,气学,火学,电学,力学,化学,算学[c]	Hydraulics, pneumatics, heat, electrics, mechanics, chiemistry, measurement and calculating.

呈现意义：

晚清中国新学领域

年份	表述出处	中文表述	英语译文
1874	艾约瑟文章中对"西学"的定义	近来泰西新学分为二门一为格致学一为化学计天下万物除神魂而外再无有能出于斯二者，即如天学地学格致之士已考得在下之地球与在上之日月星辰咸有互相吸引之力又用算法三角形圆形方形八线之学考知地球上诸物各点如何运动之理凡造大炮火轮车船及铁路等项咸出于格致之学 d	The new learning from the West is divided into two branches: One is physics, the other is chemistry. If one wants to calculate the ten thousand things with the exception of the super-natural beings there is nothing which could excel these two. Astronomers and geologists for example already have found out that on the earth below and in the sun, the moon and the stars above there is the force of mutual attraction. They use mathematics, the learning of the triangle, of the circle of the square and trigonometry in order to determine the principle of the movement of all points of every body on earth. The manufacture of big cannons, locomotives, steam-ships, railways etc. are all based on physics.
1886	艾约瑟《西学略述》的卷7(科学)的内容	天文，质学，地学，动物学，金石学，电学，化学，天气学，光学，重学，流质重学，气质重学，身体学，[比]较动物体学，身理学，植物学，医学，几何原本学，算学，代数学，历学，稽古学，风俗学 e	Astronomy, physics, geology, zool-ogy, mineralogy, electricity, chemistry, atmospheric sciences, optics, mechanics, hydromechanics, gas mechanics, anato-my, comparative anatomy (?), hygiene(?), botany, medicine, geometry, arithmetics, algebra, calendric system, archaeology, ethnology(?).
1886	艾约瑟《西学略述》中的物理学定义	质学乃论物之质与性为格致中最要之一学如论力有摄引力黏合力以及性异之物合而为一之力又有助力诸器如天平与举重杆皆是也 f	Physics treats the matter and nature of objects. It is one of the most important branches of the sciences. It for example discusses forces. There is the force of attraction, molecular force and the force which draws together objects of different nature. There are a number of simple machines as for example the balance and the lever which all belong to it.

命名物理学:中华帝国晚期近代科学学科的竞争性表述

年份	表述出处	中文表述	英语译文
1898	史砥尔的《格物质学》的目录	动与力,吸力,机器本原,流气二质,压力,声学,光学,热学,磁学,电学。[g]	Movement and force, attraction, the origins of machines, the pressure of fluids and gases, acoustics, optics, heat, magnetics, electrics.
1899	《形性学要》中定义的"形性学"科目	形性一学所包尤广曰重学曰水学曰气学曰声学曰热学曰光学曰磁学曰电学凡八门分之各为一学合之总称形性学。[h]	[The subjects]treated by physics are very broad. They are called mechanics, hydraulics, pneumatics, acoustics, heat, optics, magnetics and electrics. All these eight subjects are single sciences when they are divided. When they are taken together they are called physics.
1900	饭盛挺造《物理学》对"物理学"定义	物理学分为二大科一物体运动之学(即重学)一质点运动之学而物体运动学更分三派一定质重学一流质重学一气质重学……至质点运动学亦分为六科如左浪动通论,声学,光学,热学,磁气学,电学[i]	Physics is divided into two branches: The study of the moving bodies (i.e. mechanics) and the study of the movement of molecules. The study of the movement of bodies is divided into three groups: solid body mechanics, fluid mechanics, gas mechanics. The study of the movement of molecules is divided into the six branches listed below: general laws of undulatory motion, acoustics, optics, heat, magnetism, electricity.

注:

(a) 合信(Benjamin Hobson):《博物新编》,上海:墨海书馆 1855 年。

(b) 伟烈亚力(Alexander Wylie):《六合丛谈小引》,载《六合丛谈》1.1,1857 年,第 1~2 页。

(c) 丁韪良(W.A.P. Martin):《格物入门》,北京:同文馆 1868 年。光学包含在热学部分。

(d) 艾约瑟 (Joseph Edkins):《光热电吸新学考》,《中西闻见录》28 和 29,1874—1875 年。

(e) 艾约瑟:《西学略述》,载《格致启蒙》,北京:总税务司署 1886 年,第 1 卷,第 70~86 页。

(f) 艾约瑟:《西学略述》,载《格致启蒙》,北京:总税务司署 1886 年,第 1 卷,第 71 页。

(g) 史砥尔(J. D. Steele)著,潘慎文(A.P.Parker)、谢洪赉译:《格物质学》,上海:墨华书馆 1898 年,目录。

(h) 迦诺(Adolphe Ganot):《形性学要》,李杕、赫师慎译,上海:格致译文报馆 1898 年，李秋所作序，第 1 页。

(i) 饭盛挺造著，藤田丰八、王季烈译：《物理学》，上海：江南制造总局 1900 年。

表二：中文文献对物理学的定义和"表述"

年份	表述出处	中文表述	英语译文
1861	冯桂芬介绍西学的书籍	算学重学视学光学化学皆得格物至理 [a]	Mathematics, mechanics, perspective, optics and chemistry all profit from the highest principles of gewu.
1868	王韬论英国的"实学"	英国以天文、地理、电学、火学、气学、光学、化学、重学为实学 [b]	In England astronomy, geography, electricity, heat, pneumatics, optics, chemistry and mechanics are considered as practical learning.
1876	张德彝描述牛津和剑桥大学的课程	通国以英格兰之敖克斯佛与堪卜立址之二大学院首……、二学所教者系英文华文英萨森文亚喇伯文赛拉的文希伯来文希腊文拉丁文印度文日本文天竺古文日斯巴尼亚文法文德文俄文义文天文地理教学化学道学医学算学光学性学音学化[画]学诗学力学歌学壮学气学 [术理学]测学重学格物学写字学药性学金石学草木学禽兽学古教学治理学教训学减笔学机器学泥瓦学律例学今例古例印度律万国律罗马例犹太例今史古史万国公法及行轺指掌等 [c]	All over the world the two universities of Oxford and Cambridge in England are considered to be the best. At these two schools the [following subjects] are taught: English, Chinese, Medieval English, Arabian, Celtic, Hebrew, Greek, Hindi, Japanese, Sanskirt, Spanish, French, German, Russian, Italian, astronomy, geography, religion, chemistry, philosophy (?), medicine, mathematics, optics, physiology (?), acoustics, arts, poetry, mechanics (dynamics?), music (?), pneumatics, measuring (surveying?), mechanics (statics?), physics (?), writing, pharmacology, mineralogy, botany, zoology, history of religions (?), administration, education, stenography, mechanical engineering, architecture, law, modern law, ancient law, Indian law, international law (?), Roman law, Jewish law, modern history, ancient history, international law and diplomacy.

命名物理学：中华帝国晚期近代科学学科的竞争性表述

年份	表述出处	中文表述	英语译文
1890	一本策论书中"培养人才"一节中论"西学"	西学以历算为基格致为宗一切光学化学汽学电学皆从此出 d	Western learning takes calendar-studies and mathematics as basis and 'sciences' as guiding principle. All optical, chemical, mechanical, acoustical, pneumatical and electrical learning comes from this.
1895	描述法国大学的体制	译其科名目义亦曰学问统光电汽热音重算诸学合天文地理为一科 e	If one translates the names of the subject of studies, which are also called 'learning', then optics, electricity, heat, sound, mechanics and arithmetics are combined with astronomy and geography and form one department.
1896	描述西方的科学协会	西人所言化学光学重学力学盖由格物而至于尽物之性者也 f	That which the Westerners call chemistry, optics, mechanics (dynamics?), all starts from the investigation of things and arrives at the nature of things.
		间尝涉猎西书探其大旨算学为经重学化学为纬天机学隶重学地学矿学隶化水学气学热学电学及火器水师等学又兼隶重学化学外此若声学光学乃气学热学之分支似非重学化学所可隶者 g	In the past I intermittently browsed through Western books and was able to find out their guiding principle. They all take mathematics as warp and mechanics and chemistry as woof. Astronomy and machinery belong to mechanics while earth sciences and mining belong to chemistry. Hydraulics, pneumatics, heat, electricity and fire-arms and navy belong to both mechanics and chemistry. The others as acoustics and optics are branches of pneumatics and heat and it seems that they cannot be [classified] as belonging to mechanics and/or chemistry.
		西人为学也有一学即有一会故农学会有矿学会有商学会有工艺会有法学会有天学会有地学会有算学会有化学会有电学会有声学会有光学会有重学会有力学会有水学会有热学会有医学会有动植两学会有教务会 h	For everyign that the Westerners take as 'learning' exists an association. Thus there is an agriculture association, a mining association, an economic association, an industrial association, a law association, an astronomical association, a geographical (?) associaition, a mathematical association, a chemical association, an electrical association, an acoustics association, an optical association, a mechanical(?) association, an association of dynamics (?), a hydraulic association, an association for the study of heat, a medical association, a zoological association, a botanical association and an educational association.

呈现意义：

晚清中国新学领域

年份	表述出处	中文表述	英语译文
1898	描述西学的一部分类别	其学别类分门有条不紊曰天文学曰地理学曰金石学曰电学曰化学曰气学曰光学曰火学曰水学曰重学曰动物学曰植物学曰几何学兹数者为西学之要即中学所谓格致也[i]	This learning is classified into numerous subjects as astronomy, geography, mineralogy, electricity, chemistry, pneumatics, optics, heat, hydraulics, mechnics, zoology, botany and geometry. These few are the most important ones of Western learning and they correspond to that what in Chinese learning in called gezhi.
	梁启超《西学书目表》中的"科学"分类	算学，重学，电学，化学，声学，光学，汽学，天学，地学，全体学，动植物学，医学，图学[j]	Mathemtics, mechanics, electrics, chemistry, acoustics, optics, pneumatics, astronomy, geological sciences, anatomy, biology, medicine, cartography.
1900	中国最早的大学毕业生所学课程	英文，几何学，八线学，化学，格致学，身理学，天文学，富国策，通商约章，律法总论，罗马律例，英国合同律，英国罪犯律，万国公法，商务律例，民间词讼律，英国宪章，田产易主律例，船政律例，听讼法则。[k]	English, geometry, trigonometry, chemistry, physics, physiology, astronomy, economics, international trade, law in general, Roman law, English contract law, English penal law, international law, business law, private law, English constitutional law, property law, shipping law and court regulation.
	北洋大学堂第二年所学课程	驾驶并量地学，重学，微分学，格物学，化学，笔绘图并机器绘图，作英文论，翻译英文[l]	Navigation and surveying, mechanics, calculus, physics, chemistry, map-drawing and engineering drawing, writing of English articles, English translation.

命名物理学:中华帝国晚期近代科学学科的竞争性表述

年份	表述出处	中文表述	英语译文
1901	描述西学的分类	问西学分派之次序如何西学分天人二种天学论造化之奇性情之蕴超乎俗见尘心之上非庸碌之所能知能行人学分二种一考已往事端即史学也一考恒有之物理分五种曰几何曰形性曰天文曰化学曰博物几何包算学代数形学三角等法形性包重声光热磁电等学天文须先知算学形学方能从事化学即分合物之元粒博物包无生有生二种无生博物即地理地质矿工气候流水等学皆有生博物即植物动物全体增长知觉等学另有学之总纲讲究万物之本末终始西人名为格物学。ᵐ	Question: How is Western learning classified and ordered? Answer: Western learning is divided into the two branches of heavenly and human learning. Heavenly learning deals with the miracle of creation, with that which is embedded in the disposition. It deals with that which is beyond the ordinary carnal desires and that which is known and put into practice without labor and effort. Human learning is divided into two branches: One inquires into the facts of the past –this is history. The other examines the persevering principles of things and is divided five branches. One is called mathematics, one is called physics, one is called astronomy, one is called chemistry, one is called 'natural history'. Mathematics comprises arithmetics, algebra, geometry, trigonometry and other methods. Physics comprises mechanics, acoustics, optics, heat, magnetics, electrics. If one wishes to engage in astronomy one first needs to know about arithmetics and geometry. Chemistry deals with the separation into and the combination of molecule. Natural history comprises the two branches of the inorganic and the organic. Inorganic natural history deals with geography, geology, mineralogy, meteorology and hydrology. Organic natural history comprises the studies of botany, zoology, anatomy, reproduction(?) and neurology. Except for this there are the fundamental principles of learning which inquire into the essential and non–essential and the beginning and the end of the ten thousand affairs and the ten thousand things. The Westerners call it philosophy.

呈现意义：

晚清中国新学领域

年份	表述出处	中文表述	英语译文
1901	山东大学建议开设的课程	艺学一门分为八科一算学二天文学三地质学四测量学五格物学内分水学力学汽学热学声学光学磁学电学八目六化学七生物学内分植物学动物学两目八译学泰西方言附[a]	The school of sciences is divided into eight departments: mathematics, astronomy, geology, surveying, physics (devided into eight subjects: hydromechanics, mechanics, pneumatics, heat, acoustics, optics, magnetics and electricity), chemistry, biology (divided into botany and zoology) and translation with foreign languages as an addition.
1902	钦定学堂章程	格致科之目六一曰天文学二曰地质学三曰高等算学四曰化学五曰物理学六曰植物学。	The science department is divided into six subjects: Astronomy, geology, higher mathematics, chemistry, physics, biology.
1903	定义物理学	物理学者研究物象而操天工人代之权也或谓为形性学若光水重热声电诸科并隶焉[b]	Physics researches objects and the natural power which act for man. It sometimes is called xingxingxue and it comprises the fields of optics, hydraulics, mechanics, heat, acoustics and electricity.
1903	定义格致	释格致,重学,声学,光学,热学,磁气学,电学,气象学[c]	An explanation of gezhi: Mechanics, acoustics, optics, heat, magnetics, electricity, meteorology.

注：

(a) 冯桂芬:《校邠庐抗议》,郑州:中州古籍出版社,1998 年,第 209~213 页。

(b) 王韬:《漫游随录》,长沙:湖南人民出版社,1982 年,《走向世界丛书》,第 116 页。

(c) 张德彝:《随使英俄记》,长沙:岳麓书社,1986 年,《走向世界丛书》,第

410

605 页。

(d)《中西经济策论通考》，第 5 卷，第 3 页。

(e) 宋育仁：《采风记》，袖海山房，1895 年，第 2 卷，第 12 页。

(f) 俞樾为王仁俊所作序言。王仁俊：《格致古微》(1896 年)，载任继愈编：《中国科学技术典籍通汇·技术卷》，郑州：河南教育出版社，1993 年，第 7 卷，第 791~886 页。

(g) 林颐山为王仁俊书所作序言。王仁俊：《格致古微》(1896 年)，载任继愈编：《中国科学技术典籍通汇·技术卷》，郑州：河南教育出版社，1993 年，第 7 卷，第 791~886 页。

(h) 梁启超：《论学校十三》，《时务报》，光绪二十二年十月一日，第 2 页。

(i)《西学为富强之本论》，《格致译文汇报》1，1898 年。

(j) 梁启超：《西学书目表》，1896 年。

(k) 北洋大学天津大学校史编辑室编：《北洋大学天津大学校史》，二卷本，天津：天津大学出版社，1990 年，第 1 卷，文前插图。

(l) 北洋大学天津大学校史编辑室编：《北洋大学天津大学校史》，二卷本，天津：天津大学出版社，1990 年，第 1 卷，第 30 页。

(m)《汇报》，109 号，1901 年。

(n) 袁世凯：《奏办山东大学堂折》，载璩鑫圭、唐良炎编：《中国近代教育资料汇编——学制演变》，上海：上海教育出版社，1991 年，第 54 页。

(o)《钦定学堂章程》，1902 年，表，第 5 页。

(p) 王景沂：《科学书目提要初编》，北京：官报局，1903 年，第 15 页。

(q) 汪荣宝、叶澜：《新尔雅》，上海：民权社，1903 年，第 121~131 页。

参考文献

艾儒略(Aleni, Giulio)、杨廷筠：《西学凡》，杭州，1623 年。

Amelung, Iwo. 2001. "Weighs and Forces: The Reception of Western Mechanics in Late Imperial China", in: Michael Lackner, Iwo Amelung, Joachim Kurtz (eds.). *New Terms for New Ideas. Western Knowledge and Lexical Change in Late Imperial China.* Leiden: Brill, pp. 197–232. 阿梅隆：《重和力：晚期中华帝国对西方力学的接纳》，载朗宓榭、阿梅隆、顾有信等编：《新思想的新术语：中华帝国晚期

的西学和词汇变化》，莱顿：布里尔学术出版社，2001 年。

北洋大学天津大学校史编辑室编：《北洋大学天津大学校史》，2 卷本，天津：天津大学出版社，1990 年。

Cannon, Susan Faye. 1978. *Science in Culture*. New York: Science History Publications. 苏珊·法耶·坎农：《文化中的科学》，纽约：科学史出版社，1978 年。

Crosland, Maurice and Crosbie Smith. 1978. "The Transmission of Physics from France to Britain: 1800—1840", *Historical Studies in the Physical Science 9*, pp. 1–62. 莫里斯·克鲁斯兰、克鲁斯比亚·斯密思：《物理学从法国向英国的传播：1800—1840 年》，《自然科学史研究》，9，1978 年，第 1~62 页。

艾约瑟（Edkins, Joseph）：《光热电吸新学考》，《中西闻见录》第 28 号和 29 号，1874—1875 年。

艾约瑟：《西学略述》，载《格致启蒙》，北京：总税务司署，1886 年，第 1 卷，序，第 4 页。

Educational Association of China (comp.). 1902. *Technical Terms. English and Chinese.* 中国教育会编辑：《英汉技术词典》，1902 年。

Engelfriet, Peter. 1998. *Euclid in China. The Genesis of the First Translation of Euclid's Elements in 1607 and its Reception up to 1723*. Leiden: Brill. 彼得·恩格弗里：《欧几里德在中国：欧几里德〈几何原本〉1607 年最早译本的出现及其 1723 年前的被接受过程》，莱顿：布里尔学术出版社，1998 年。

樊洪业：《从格致到科学》，《自然辩证法通讯》10.3，1988 年，第 39~50、44 页。

冯澂：《光学述墨》，南京：南京书局，1900 年，序言写于 1894 年。

冯桂芬：《校邠庐抗议》，郑州：中州古籍出版社，1998年。

傅兰雅(Fryer, John)译：《光学图说》。

傅汎际 (Furtado, Francisco)、李之藻：《名理探》(1631年)，台北：台湾商务印书馆，1965年。

迦诺(Ganot, Adolphe)：《形性学要》，李杕、赫师慎译，上海：格致译文报馆，1898年。

Graham, A.C. 1978. *Later Mohist Logic, Ethics and Science*. Hong Kong, London: The Chinese University Press. 葛瑞汉：《后期墨家的逻辑、伦理和科学》，香港，伦敦：香港中文大学出版社，1978年。

赫士(W. M. Hayes)、朱葆琛译：《光学揭要》(1893年)，上海：译文商会，1898年。

郭嵩焘：《伦敦与巴黎日记》，长沙：岳麓书社，1984年，《走向世界丛书》。

Harman, Peter Michael. 1982. *Energy, Force and Matter. The Conceptual Development of Nineteenth Century Physics*. Cambridge: Cambridge University Press (Cambridge History of Science). 彼德·米歇尔·哈尔曼：《能量、力和物质：十九世纪物理学的概念发展》，剑桥：剑桥大学出版社，1982年(剑桥科学史系列)。

海文(Haven, Joseph)著，颜永京译：《心灵学》，上海：益智书会，1889年。

何德赉(Headland, Isaac Taylor)著，谢洪赉译：《最新简明中学用物理学》，1902年。

Hemeling, Karl E. G. 1916. *English–Chinese Dictionary of the Standard Chinese Spoken Language and Handbook for Translators, including Scientific, Technical, Modern and Documentary Terms*.

Shanghai: Statistical Department of the Inspectorate General of Customs. 赫美玲：《官话字典及翻译手册》，上海：总税务司署造册处，1916 年。

合信(Benjamin Hobson)：《博物新编》，上海：墨海书馆，1855 年。

合信：《博物新编》，江户：老皂馆，1858 年。

黄遵宪：《日本国志》，台北：文海出版社，1968 年。

黄遵宪：《日本杂事诗广注》(1879 年)，《走向世界丛书》。长沙：湖南人民出版社，1981 年。

《汇报》，第 109 号，1901 年。

饭盛挺造著，藤田丰八、王季烈译：《物理学》，上海：江南制造总局，1900 年。

姜颙：《格致初桄序》，《格致新报》1，1898 年 1 月 13 日。

觉晨：《中国物理学家墨子》，《理学杂志》1905.4，第 63~70 页；1906.6，第 75~87 页。

Koizumi, Kenkichiro. 1975. "The Emergence of Japan's First Physicists：1868–1900", *Historical Studies in the Physical Science* 6, pp. 3–108. 健吉鲁小泉：《日本最早的物理学家的出现：1868–1900 年》，《物理学史研究》6，1975 年，第 3~108 页。

金楷理(Kreyer, Carl T)、赵元益译：《光学》，上海：江南制造局，1876 年。

梁启超：《论学校十三》，《时务报》，光绪二十二年十月一日，第 2 页。

梁启超：《西学书目序例》，《时务报》，光绪二十二年九月十一日，第 3~6 页。

刘光汉(即刘师培)：《周末学术史总序》，《国粹学报》1；1、2、3、4、5；3。

Lobscheid, Wilhelm. 1866–1869. *English and Chinese Dictionary with Punti and Mandarin Pronunciation*. 4 Vols. Hong Kong: Daily Press Office. 罗存德：《英华字典》，4卷本，香港：新闻办公室，1866—1869年。

玛高温（MacGowan, Daniel）：《博物通书》，宁波：爱华堂，1851年。

马格讷斐立（Magnus, Philip）著，严文炳、常福元译：《力学课编》，北京：学部编译图书局，1906年。

丁韪良（Martin, W.A.P.）：《格物入门》，北京：同文馆，1868年。

丁韪良：《格物测算》，北京：京师同文馆，1883年。

Martin, W.A.P. 1966. *A Cycle of Cathay or China, South and North. With Personal Reminiscences*. New York: Paragon, pp. 235–36. 丁韪良：《花甲回忆》，纽约：模范书局，1966年，第235~236页。

Meng Yue. 1999. "Hybrid Science versus Modernity: The Practice of the Jiangnan Arsenal 1864–1897", *East Asian Science, Technology and Medicine* 16, pp.13–52. 孟悦：《杂交的科学对现代性：江南制造局的实践》，1864—1897年，《东亚科技与医学》16，1999年。

慕维廉（Murihead, William）：《格致新法》，《益智新录》，1876年7月。

Nakayama Shigeru. 1984. *Academic and Scientific Traditions in China, Japan, and the West*. Tokyo: University of Tokyo Press. 中山茂：《中国、日本和西方的学术和科学传统》，东京：东京大学出版社，1984年。

《南洋公学章程》，《集成报》第7期，1897年，第25页。

Needham, Joseph. 1962. *Science and Civilization in China*. Vol. 4: *Physics and Physical Technology*. *Part 1: Physics*. Cambridge:

Cambridge University Press, pp. 81-6. 李约瑟：《中国的科学与文明》，第 4 卷：物理学和物理技术，第一部分：物理学。剑桥：剑桥大学出版社，1962 年，第 81~86 页。

Nihon butsurigaku kai (ed.). 1978. *Nihon no butsurigaku shi* 日本の物理学史. 2 vols. Tokyo: Tokai daigaku. 日本物理学会编：《日本物理学史》，2 卷本，东京：东海大学，1978 年。

彭瑞熙：《格致之学中西异同论》，载王韬编：《格致书院课艺》，1887 年，第 1 页。

Peterson, Willard J. 1976. "From interest to indifference: Fang I-chih and Western Learning", *Ch'ing-shih wen-t'i*, pp. 60-80. 裴德生：《从感兴趣到不关心：方以智和西学》，《清史问题》，1976 年，第 60~80 页。

钱临照：《释墨经中光学力学诸条》，载《李石曾先生六十岁纪念文集》，昆明：国立北平研究院，1942 年，第 135~162 页。

《钦定大清会典》，台北：中文书局，重印 1899 年版会典，第 100 卷，第 10~11 页。

《钦定大学堂章程》，1902 年，表，第 5 页。

全汉昇：《清末的西学源出中国说》，《岭南学报》，4.2，1935 年，第 57~102 页。

Reynolds, David C. 1991. "Redrawing China's Intellectual Map: Images of Science in Nineteenth Century China", *Late Imperial China* 12.1, pp. 27-61. 大卫·C·雷诺兹：重绘中国思想地图：19 世纪中国的科学图像，《清史问题》12.1，1991 年，第 27~61 页。

李提摩太(Richard, Timothy)：《续论格学》，载李提摩太、仲英：《洋务新论》，1894 年，2，8a。

李提摩太：《格致书目说略》，载李提摩太、仲英编：《洋务新论》,2,9a。

Ross, Sydney. 1962. "Scientist: The Story of a Word", *Annals of Science 18*, pp. 65–85. 西尼·罗斯:《科学家:一个词的故事》,《科学年报》18,1962 年,第 65~85 页。

邓玉函(Schreck, Johann Terrenz)、王征:《远西奇器图说录最》、(1627 年),载任继愈编:《中国科学技术典籍通汇·技术卷》,郑州:河南教育出版社,1993 年,第 1 卷,第 599~693 页。

沈国威:《王夫之用过物理化学吗?》,《辞库建设通讯》,1999.3,第 29~30 页。

《时务报》,1896.8–1898.8,汪康年编,上海。台北:华文书局,1967 年重印。

Silliman, Robert H. 1975. "Fresnel and the Emergence of Physics as a Discipline", *Historical Studies in the Physical Science 4*, pp. 137–62. 罗伯特·H·塞里曼:菲涅耳和物理学成为一门学科,《自然科学史》,4,1975 年,第 137~162 页。

史砥尔(J. D. Steele)著,潘慎文(A. P. Parker)、谢洪赍译:《格物质学》,上海:墨华书馆,1898 年。

贝尔福·史特威(Stewart, Balfour)著,林乐知翻译:《格致启蒙格物学》,上海:江南制造局,1880 年。

贝尔福·史特威著,艾约瑟译:《格致质学启蒙》,北京:总税务司,1886 年,(《格致启蒙》10)。

Stichwen, Rudolf. 1984. *Zur Ensttehung des modernen Systems wissenschaftlicher Diszipline. Physik in Deutschland 1740 bis 1890.* Frankfurt: Suhrkamp. 鲁道夫·斯蒂切温:《现代学科体系的起源:1740—1890 年德国的物理学》,法兰克福:苏尔坎普,1984 年。

宋育仁:《采风记》,袖海山房,1895 年,第 2 卷,第 9 页。

孙中原：《墨学通论》，沈阳：辽宁出版社，1993 年，第 227~241 页。

Sviedrys, Romuldas. 1976. "The Rise of Physics Laboratories in Britain", *Historical Studies in the Physical Sciences 7*, pp. 405– 36. 罗蒙达斯·斯威垂斯：《英国物理实验室的兴起》，《自然科学史研究》7，1976 年，第 405~436 页。

《泰西水学》，载顾其义、吴文藻编：《西法策学汇源二集》，上海：宏保书局，1898 年。

王冰：《明清时期(1610—1910)物理学译著书目考》，《中国科技史料》1986 年第 5 期，第 3~20 页。

汪晖：《科学的观念与中国的现代认同》，载汪晖：《汪晖自选集》，桂林：广西师范大学出版社，1997 年，第 208~305 页。

王景沂编：《科学书目提要初编》，北京：官报局，1903 年。

王仁俊：《格致古微》(1896 年)，载任继愈编：《中国科学技术典籍通汇·技术卷》，郑州：河南教育出版社，1993 年，第 7 卷，第 791~886 页。

汪荣宝、叶澜：《新尔雅》，上海：民权社，1903 年，第 121~131 页。

王韬：《重订法国志略》，1890 年，第 15 页。

王韬：《漫游随录》，长沙：湖南人民出版社，1982 年《走向世界丛书》。

王扬宗：《晚清科学译著杂考》，《中国科技史料》1994 年第 4 期，第 32~40 页。

王扬宗：《从格致到科学》，《历史大观园》1994 年第 10 期，第 56~57 页。

王扬宗：《〈六合丛谈〉中的近代科学知识及其在清末的影响》，

《中国科技史料》1999 年第 3 期，第 211~226 页。

Whewell, William. 1847. *Philosophy of the Inductive Sciences. Founded upon Their History.* 2 vols. London: John W. Parker (2nd edtition). 威廉·惠威尔：《归纳科学的哲学》，二卷本，伦敦：约翰·W·帕克，1847 年第 2 版。

Wilson, David B. 1982. "Experimentalists among the Mathematicians: Physics in the Cambridge Natural Sciences Tripos, 1851 – 1900", *Historical Studies in the Physical Sciences* 12:2(1981/82), pp. 253– 84. 戴维·B·威尔森：《数学家中间的实验家：剑桥自然科学荣誉学位考试的物理学，1851 –1900》，《自然科学史研究》12：2，1981—1982 年，第 253~284 页。

伟烈亚力（Alexander Wylie）：《六合丛谈小引》，载《六合丛谈》，1.1，1857 年，第 1~2 页。

《西学为富强之本论》，《格致译文汇报》1，1898 年。

席泽宗：《中国传统文化里的科学方法》，上海：上海科技教育出版社，1999 年。

熊月之：《西学东渐与晚清社会》，上海：上海人民出版社，1994 年。

学部审定科编：《物理学语汇》，上海：商务印书馆，1908 年。

严复：《穆勒名学》，3 卷本，上海：商务印书馆，1931 年。

严复：《论今日教育应以物理学科为当务之急》，载王栻编：《严复集》，北京：中华书局，1986 年，第 2 卷，第 278~286 页。

叶世昌：《近代中国经济思想史》，上海：上海人民出版社，1998 年。

Yeo, Richard. 1991. "Reading Encyclopedias. Science and the Organization of Knowledge in British Dictionaries of Arts and Sciences, 1730–1850", *Isis* 82, pp. 24–49. 理查德·叶:《阅读百科全书：英国艺术和科学词典中的科学和知识组织》,《伊希斯》82,1991 年,第 24~49 页。

袁世凯:《奏办山东大学堂折》,载璩鑫圭、唐良炎编:《中国近代教育资料汇编——学制演变》,上海:上海教育出版社,1991 年,第 54 页。

曾朴、徐念慈:《博物大辞典》,上海:宏文馆,1907 年。

章炳麟:《论承用维新二字之荒谬》(1903 年),载汤志钧编:《章太炎政论选集》,北京:中华书局,1977 年,第 242~244 页。

张秉伦、胡化凯:《中国古代物理一词的由来与词义演变》,《自然科学史研究》,1998 年第 1 期,第 55~60 页。

张德彝:《随使英俄记》,长沙:岳麓书社,1986 年《走向世界丛书》。

张自牧:《瀛海论》,载王锡祺编:《小方壶斋舆地丛钞》,上海:祝一堂,1877—1897 年,第 11 卷,第 483~495 页。

郑观应:《西学》,载郑观应:《盛世危言》,1998 年,第 73~78 页。

《中西经济策论通考》,1902 年,上海,第 6 卷,第 22 页。

《震旦学院章程》,《浙江潮》第 6 期,1903 年。

邹伯奇:《论西法皆古所有》,载邹伯奇:《学计一得》,1845 年,第 2 卷,第 20~23 页。

中华帝国晚期"考古学"及"史前史"概念的接受和考古学的确立[①]

苏荣誉

导　言

中国人醉心于古器物的搜集和研究与欧洲人一样，已经有好几个世纪了，而且，早在西方"考古学"传入之前，中国学者对中国史前史就有清晰的了解。但是，与19世纪欧洲发生的情形不同，无论是从文字记载还是人造实物方面来说，中国人的这种兴趣都没有发展成"考古学"——研究文物发掘技术的学科，也没有发展成"史前学"——研究如何解释最早的历史文献的学科。

下文中，我将对导致考古学作为一门学科在中国确立，并实现专业化的诸种发展因素进行探讨。我将证明，西方和日本学者或个人所从事的考古研究和勘查，其实在中国还没有形成考古学概念之前，就早已经在中国出现了，因此它并没有对考古学学科的发展产生深远影响。只是几十年后，到了20世纪开始时，考古学和史前研究才被介绍到中国。其来源主要有两个：首先，它是当时译介日文著作这一普遍潮流的组成部分；其次，它是伴随着甲午战争特别

---

① 作者感谢费南山博士为本文所做的翻译和编辑工作，她的工作使本文增色不少；也感谢陈星灿博士，他于1997年出版的著作为本研究提供了很有价值的资料。

是义和团运动之后社会科学传入中国而传入中国的。

就政治关联性而言，考古学在社会科学和自然科学里并不是例外，因此，这门学科在中国的发展就像在欧洲一样，与民族主义情感的高涨密切相连。①中国首次接触考古学领域缘于历史学家重修中国史的努力，这种努力又受到了 20 世纪早期考古大发现的激励。这些考古大发现使得历史学家不得不重新审视本国的历史学。②作为中国史重修工程的一部分，章太炎、梁启超、蒋智由（1865？—1929）等学者开始对中国传统的历史编纂学和西方新的史学方法进行反思。

但是，考古学作为一门学科是 20 世纪 20 年代才在中国建立起来的，是在海外接受考古学教育的中国学者以及在中国从事研究的外国考古学家彼此合作的结果。③

一、现代考古学在欧洲的发展

考古学作为一门学科也是 19 世纪西方学术研究的一个新领域。西方的"考古学"一词—— 如 *archaeology/archeology*（英文）、*archaeologie*（法文）、*Archäologie*（德文）、*archaeologia*（意大利文）、*arqueologia*（西班牙文）—— 起源于希腊语 *arche* 和 *logos*，意思是"关于（文化）起源的科学"，亦即对远古时代的研究。在 17 世纪，该

---

① 关于欧洲的情况参见玛格里特·戴兹安祝和蒂莫西·切姆皮恩编：《民族主义和欧洲的考古学》，波德和圣·法兰西斯科：西方观察出版社，1996 年。

② 直到现在，新的文物出土仍使我们对中国古代学术成就有更多的了解。像新近发现的郭店竹书等考古发现已经对既有的学术范式形成了根本性的挑战。关于 20 世纪考古学对我们认识古代中国所产生的巨大冲击，参见鲁惟一、夏含夷编：《剑桥中国古代史：从文明开始到公元前 221 年》，剑桥：剑桥大学出版社，1999 年。

③ 汉语中的"考古学"一词最有可能是从日本转口引进的一个词语。然而，"考古学"一词最早的出处之一是井上哲次郎和有贺长雄编的日文特殊词汇词典《改订增补哲学词典》，东京：东洋馆。在该词典中，考古学一词仍被译作"古物学"。井上哲次郎是一位具有保守主义史学倾向的历史学家，他撰写的新的《东洋史》代表了日本史学从明治世界史"向日本的回归"。参见唐小兵：《全球空间和现代性的民族话语：梁启超的历史观》，斯坦福：斯坦福大学出版社，1996 年，第 30 页后，第 71 页后。

词的含义被缩减为对古代器物和遗迹的研究。由于古代器物都含有美术价值,所以一直到 18 世纪该研究领域一直被当作美术史研究的一部分。只是到 19 世纪,"考古学"才如同它在今天所具有的含义一样,开始具有研究物质文化的一切方面的含义。就像近来关于考古学和政治意识形态间相互关系的研究所表明的,考古学作为对历史的研究,其学科发展如果没有强烈的民族主义动力,永远只能处于个人癖好或业余休闲的状态。例如,在 19 世纪的法国和英国,考古学的专业化发展受到了政府和学术活动的促进,比如国家博物馆的建造、剑桥大学于 1852 年设立迪士尼(Disney)考古学讲座教授职位。①

现代考古学由对古代器物的研究发展而来。在欧洲,文艺复兴运动促进了对古代铭文、文学和艺术的研究,人们开始搜集古希腊、罗马的铭文和雕塑。这一兴趣还进一步发展到对基督教圣地巴勒斯坦,甚至近东的埃及和巴比伦的古器物的搜集。法国大革命为考古活动提供了新的动力:拿破仑派遣学者到埃及探寻古文物的遗迹,意大利和西班牙的古文物在拿破仑战争中被劫掠一空,并被带到法国,存放进 1793 年新建的卢浮宫博物馆。拿破仑还派学者到庞培进行大规模的文物挖掘。19 世纪地理学和生物学的发展,特别是查尔斯·达尔文的生物进化论和赫伯特·斯宾塞的社会进化学说,从根本上对以往的观念尤其是上帝造人的信念形成了挑战。这样,史前考古由于人们对人类起源问题日益增长的兴趣而受到了激励。

考古史学家丹尼尔·格莱恩(Daniel Glyn)认为,16 至 18 世纪的古文物研究专家和自然科学家共同为考古学成为一门科学奠定了基础。起初,由于史前研究完全依赖于考古发现,史前研究和考

---

① 参见玛格里特·戴兹安祝、蒂莫西·切姆皮恩编:《民族主义和欧洲的考古学》,前言和各处。

古学经常被合二为一。1819 年,丹麦皇家博物馆馆长克里斯丁·J·托姆森(Christian Juergensen Thomsen,1788—1865)在对该馆收藏品进行研究的基础上,提出了"三个时代"的理论。根据这一理论,古代丹麦经历了石器时代、青铜时代和铁器时代三个时代。1838年,法国考古学家杰克·布歇·德·彼尔特 (Jacques Boucher de Perthes,1788—1868)在索姆河砂砾层中发现了燧石标本,他认为这是史前人类使用的工具。1859 年,一位英国考古学家兼地理学家对他的发现再研究后,肯定了他的这一说法。1865 年,约翰·鲁波克勋爵(John Lubbock Avebury,1834—1913)在其《史前时代》一书中进一步把石器时代分为两个阶段:打制的石器时代和磨制的石器时代。前者被称为旧石器时代,其特征是"在索姆河砂砾层发掘的石器。这一时期,人类与猛犸、洞熊、长毛犀牛和其他已经灭绝的动物共居于欧洲领地"。[1]后者被称为新石器时代,"一个以华美的燧石和其他石块武器和工具为特征的时代"。[2]以丹尼尔·格莱恩之见,这种日益成长的对史前史进行分期的能力,正是把 1859 年作为欧洲考古学确立之年的原因。

二、前近代时期中国的金石学

在中国,自古代以来对历史的持久兴趣培育了中国的金石学,即青铜器铭文和石刻研究。早在孔子时代(前 551—前 479年),古人就不得不借助于出土的墓葬品来了解他们的历史,因为商周时代礼乐制度的原初意义已经失传。古人云:"礼失而求诸野",[3]据此言,汉代学者开始研究周边地区的民俗和四夷之地的风俗。司马迁(前 145—前 86)在《史记·太史公自序》中说:

---

① 丹尼尔·格莱恩:《考古学一百五十年》,坎布里奇,马萨诸塞:哈佛大学出版社,1976 年,第 85 页。

② 丹尼尔·格莱恩:《考古学一百五十年》,坎布里奇,马萨诸塞:哈佛大学出版社,1976 年,第 85 页。

③ 此语为孔子所言,转引自《汉书·艺文志第十》。见班固:《汉书》,北京:中华书局,1964 年,第 30 卷,第 1736 页。

上会稽,探禹穴,窥九疑,浮于沅、湘;北涉汶、泗,讲业齐
鲁之都。观孔子之遗风,乡射邹、峄……于是迁仕为郎中,奉使
西征巴、蜀以南,南略邛、筰、昆明,还报命。[1]

此外,古文经在汉代被发现时,许慎(约58—约147)评论道:

君国亦往往于山川得鼎彝,其铭即彝(同"前")代之古文,
皆自相侣,虽叵复见远口,共详可得略而说也。[2]

早期的青铜器铭文和石刻研究构成了中国金石学研究的初期
阶段,因为它显示了试图将历史研究建立在客观资料的基础上的
严肃的努力。

更加精深的青铜器铭文和石刻研究兴起于宋代。宋仁宗年间
(1023—1063),刘敞(1019—1068)请人将自己所收集的11件古器
物用石头雕刻、拓印并绘图,汇编成《先秦古器图碑》一书,不幸的
是此书今已失传。刘敞这样描述其意图:"礼家明其制度,小学正其
文字,谱谍次其世谥。"[3]

1061年,欧阳修(1007—1072)将他自己发现和搜集的金石器
上的铭文进行了复制,并将其与对这些古器的研究所得以《集古
录》一书出版,不过此书如今也已佚失。[4]我们今天拥有的最早的古
器图录是1092年出版的《考古图》。[5]该书不仅汇编了古代青铜器

---

① 司马迁:《太史公自序》,《史记》,第10卷,北京:中华书局,第3293页。

② 许慎:《说文解字》,编后语,转引自:K·L·坦恩:《第一部汉语综合词典〈说文解字〉编后语》,麦迪逊、威斯康辛:威斯康辛大学,1966年,威斯康辛中国研究系列之一,第15页。

③ 刘敞:《先秦古器集中提出古器的研究方法》,载朱剑心:《金石学》,上海:文物出版社,1981年,第21页。

④ 欧阳修:《集古录》(1646年),载《文渊阁四库全书》,台北:商务印书馆,1984年重印。

⑤ 吕大临:《考古图》(1092年),台北:台湾商务书局,1983年重印,第10卷。

的图像，而且还有对这些古器物的尺寸、大小和重量以及其搜集者姓名的文字说明。后来，王黼(1079—1126)于1123年出版了《宣和博古图》，①本书收录搜集到的古器880件，相对于《考古图》的优点是，它还记述了这些古器的发现地点，表明了图像和实物之间的比例关系。因此王黼的《博古图》是对古文物较全面的展示。总之，这些出版物是金石学在中国诞生的标志。

元代和明代对金石学的发展均没有做出更大的贡献。不过，正如本杰明·A·艾尔曼所说，明代时期古器研究还是随着人们对自然研究的兴趣日益增加而兴盛了起来。明代古器物研究的内容包括搜集、研究古器物并将其归类于古典的格物研究领域，以及就如何保管这些古器制定严格的规章制度：

> 凡见一物，必遍阅图谱，究其来历，格其优劣，别其是否而后已。②

然而，金石学研究在清代又开始繁荣起来。乾隆皇帝(1736—1796)主持编纂的《四鉴》收集了4千多件青铜器图片，并附有文字说明。《四鉴》的编纂极大地促进了金石学的复兴，金石研究后来成为所谓的乾嘉学派的主要研究对象。统计资料显示，从北宋(960—1127)到清乾隆时期，共有67部金石学著作；而从乾隆时期到1911年清朝灭亡，共有906部金石学著作。③这表明清代对金石学的兴趣急剧上升。不仅有断代的金石学著作，如《两汉金石记》，④而且有地区性的金石学著作，如《两浙金石记》。⑤收集的范围也非常广泛，

---

① 王黻：《宣和博古图》(1123年)，第30卷，扬州：江苏广陵古籍印刻社，1991年。
② 艾尔曼引述王佐(1427年进士)为《格古要论》简要版所作的绪言。参见本杰明·A·艾尔曼在本书中的论文。
③ 容媛：《朝代人名通检》，载《金石书目录》，北京：商务印书馆，1930年，第1~24页。
④ 《两汉金石记》(1786年)，台北：文海出版社，1967年重印。
⑤ 阮元编：《两浙金石记》，第16卷，杭州：浙江书局，1890年。

除了传统的金石铭文,我们现在还发现有雕塑、石头浮雕、手稿、墓碑、度量衡器具、钱币、玉器、图章、砖块、陶像,甚至明代文物。这些作为新的研究对象,在吴大澂(1836—1902)、孙诒让(1848—1908)等金石学家的金石学著作中都有描述。[①]

尽管人们对金石学的原有兴趣实际上已经发展成为对古器物的研究,但我还是认为,这一学术领域在理论或方法论上在清代都没有突破。对器物的研究只是对宋代金石学的简单继承和发展。尽管金石学在中国有漫长的历史,但它并没有发展成考古学。与欧洲相比,中国既没有经历一场浪漫主义运动,也没有去系统地收集和记载出土的器物。

三、外国学者在中国的考古活动

如同在埃及、希腊和美索不达米亚一样,在中国,考古活动也是由西方的探险家发起的。早在 1860 年,印度加尔各答博物馆馆长、英国人约翰·安德森爵士(Sir John Anderson,1833—1900)就从云南搜集了一批磨制的石器,包括石斧和石锅。[②]

在 19 世纪,中国西部地区对西方帝国主义国家一直是一个很有吸引力的地区。同时,外国学者和探险家怀着各种意图到这一地区从事考古活动。1863 年至 1864 年间,英国政府派遣印度人穆罕默德·哈米德(Mohamad el Hameed)到新疆地区考察,正是他的报告第一次提到了埋藏于地下的和阗古城。1865 年,英国探险家约翰逊(W. Johnson)旅行抵达塔克拉玛干沙漠,并确定沙漠之下掩埋着多个古城。8 年之后,英国人道格拉斯·福塞斯爵士 (Sir Douglas Forsyth)也穿越新疆,并证实有古城掩埋于沙漠之下。他还首次派人对和阗东面的一座地下古城进行了考察。在那里发现的一些小佛像

---

① 张岂之编:《中国近代史学学术史》,北京:中国社会科学出版社,1996 年,第 384~388 页。

② 约翰·安德森:《从八莫进入云南西部的探险报告》,加尔各答:政府印刷局,1871 年。

和铸币被带出中国并在欧洲对这些东西展开了研究。①从那以后，来自英国、俄国、法国、德国和瑞典的许多团队来到新疆、宁夏、甘肃、内蒙古和西藏从事考古勘探工作，并将所发现的古器物运回他们本国。在这些人当中，最著名的有瑞典人斯文·赫定(Sven Hedin, 1865—1952)、匈牙利考古学家马克·A·斯坦因(Marc Aurel Stein, 1862—1943)、俄罗斯人蒂米特里·克莱门兹 (Dimitri Klements, 1848—1914)和法国人伯希和(Paul Pelliot, 1878—1945)。②

　　斯文·赫定是瑞典的一位地理学家，在1890—1896年、1899—1902年、1904—1909年和1927—1935年，他先后四次到中国西部旅行。他因发现和挖掘楼兰古城及在第二次旅行中发现藏文书籍而闻名于世。③1898年，蒂米特里·克莱门兹组建了第一支由圣彼得堡科学院派遣的考古探险队，他们在吐鲁番探寻古城，并从古寺中拆下壁画运回欧洲。④

　　1900—1905年，马克·A·斯坦因不仅在中国西北地区发现了大量的古城，还在丹丹乌利克首次进行了小规模的发掘。他用图文并茂的形式对这次发掘进行了详细的记录。⑤1906—1914年，斯坦因数度前往新疆探寻古代遗址，拆走米兰古城的壁画，搜集到许多敦煌文物，甚至还发掘出一些石器时代的文物。⑥

　　1906年，伯希和考察新疆喀什地区时，发现了一座古代佛教寺庙、一尊佛像和大量用吐木休克语书写的文字资料。但最令他闻名于世的是他次年在敦煌发现了大量的佛教经文和文物。意大利人

---

　　① 杨汉璋译：《丝绸之路上的外国魔鬼》，兰州：甘肃人民出版社，1983年，第29~36页。

　　② 陈星灿：《中国史前考古学史研究，1885–1949》，北京：生活·读书·新知三联书店，1997年。

　　③ 斯文·赫定著，李述礼译：《亚洲腹地旅行记》，上海：上海书店，1984年。

　　④ 杨汉璋译：《丝绸之路上的外国魔鬼》，兰州：甘肃人民出版社，1983年，第29~36页。

　　⑤ 向达译：《斯坦因西域考古记》，上海：中华书局，1936年。

　　⑥ 见马尔克·奥里尔·斯坦因：《亚洲腹地：在中亚、甘肃和伊朗东部探险的详细报告》，牛津：牛津大学出版部印刷所，1928年，第85页。

吉格列厄蒂(E. H. Giglioti, 1845—1909)对他如何在中国搜集历史
文物有所记载,如 1898 年在福州搜集的翡翠锅,在延安洞穴中搜
集的石刀等。①还有其他许多外国学者前来中国从事考古活动,如
库寿龄(S. Couling, 1852—1922)、J·C·布朗(J. C. Brown)、大卫(E.
C. David)等人。这些学者在山东、云南、四川、内蒙古等地搜集石
器。除了从事考古研究,这些学者有时还在西方报纸上发表一些荒
谬的报道,如对中国药店里的龙骨的描述。不过这些报道对西方学
术界影响甚少。②

　　1894—1895 年中日甲午战争后,日本考古学家在中国的考古
活动开始活跃起来。1895 年 8—12 月间,鸟居龙藏(1870—1953)受
东京帝国大学派遣到辽东地区从事人类学和考古学研究。在旅顺、
大连、熊岳城、盖平、海城、大石桥、辽阳等,他对史前和汉朝文物进
行了考察。在盖平、金县、貔子窝,他发现了石锅;在析木城,他发现
了石鲨遗迹。1905—1908 年,鸟居又先后至少两次到辽东半岛考
察。最后,他在 1910 年将自己的考察成果以《南满洲调查报告》一
书出版。该书是日本第一代人类学家和考古学家的标志性研究成
果。③1906 年以后,鸟居与其夫人将他们的考古活动进一步扩展到
内蒙古大草原,他们在喀喇沁旗、赤峰、林西、达赛诺尔、多伦淖尔、
张家口和蒙古进行考察,并在红山后和其他地区发现了史前文物。
1911 年,他们将自己的这些考察经历发表于《蒙古记行》。④1914
年,他们的考古旅行又被用法文进行了报道。⑤次年,另一篇有关辽
东半岛南部地区的研究报告也以法文面世。⑥

　　1896 年,田中正太郎在台北发现石制工具,继他之后不久,粟野

---

① 见顾颉刚:《钱玄同》,《古史辨 1》,上海:上海古籍出版社,1980 年重印。
② 裴文中:《史前考古学基础》,《史前研究》1,1983 年,第 172~174 页。
③ 鸟居龙藏:《南满洲调查报告》,东京:集英社,1910 年。
④ 鸟居龙藏:《满蒙的探查》,东京:万里阁书房,1911 年。
⑤ 鸟居龙藏、脱利:《东蒙的原始居民》,《科学杂志》,36,1914 年 3 月,第 1~100 页。
⑥ 鸟居龙藏:《南满洲的原始居民》,东京:东京大学出版社,1915 年。

傅之丞和伊能嘉矩（1867—1925）在冈山也搜集到石制工具，并于1907年发现软体动物的遗骸。鸟居后来也在冈山发现了一些石器工具，并断定台湾的石器时代文物属于史前时期。①在被日本占领后，台湾的考古活动增加显著。统计显示，1902年10月30日前，发现遗址有93处，而到1910年，169个考古研究工作站点已经建立了起来。②

陈星灿将1920年之前外国人在中国的考古活动概括出如下五个特征：（一）勘查重于发掘，发掘只具有随意性；（二）历史时期重于史前时期；（三）绝大多数勘查者是学者，其中有些人甚至还是专业考古学家，如日本人滨田耕作（1881—1938）和鸟居龙藏，但也有一些人是业余爱好者、情报人员和文化劫掠者，如日本人橘瑞超（1890—1968）；（四）绝大多数考古勘查和发掘工作都被用文字和图片记录了下来，这符合学术规范；（五）绝大多数考古活动都是在未经中国政府允许和未有中国人参与的情况下进行的。所以绝大多数报告都是以外国文字发表的，文物也大多被带出了中国。③

在中国的考古活动和研究使外国研究者及其后继者在许多国家赢得了巨大声誉，大大丰富了世界各地公私机构的文物收藏数量。但是，他们并没有对中国的考古学产生多大影响，相反却加剧了在中国非法的文物发掘。由于中国学者见不到文物，发现或发掘文物的报道又是以外国语言在外国发表的，这样，西方学者在中国西北和日本学者在中国东北、台湾所从事的这种密集的考古活动以及考古学的思想、理论和方法，就无法传播到中国的学术界。

四、"考古"和"史前"的概念引入中国

前文中提到的晚清中国对金石学研究兴趣的增长与清末著名

---

① 金关丈夫、国分直一：《台湾考古学研究史》，载金关丈夫、国分直一：《台湾考古志》，日本法政大学出版社，1979年，第1~20页。

② 金关丈夫、国分直一：《台湾考古学研究史》，载金关丈夫、国分直一：《台湾考古志》，日本法政大学出版社，1979年，第1~20页。

③ 陈星灿：《中国史前考古学史研究，1885—1949》，北京：生活·读书·新知三联书店，1997年，第49页。

的甲骨和竹简的发现同时发生。这是中国历史编纂学的分水岭,成为中国考古学的起步阶段。

1910年,商朝都城之一的安阳附近的小屯村农民发现了最早的甲骨并将其售给古董商时,学者罗振玉(1866—1940)立即想购买这些甲骨。一年内共发现了约一万片甲骨。第二年,罗振玉派他的弟弟罗振常(1875—1942)和妹夫范兆昌去购甲骨碎片并记录发掘地点和发掘详情。罗振玉又是第一个购买没有文字的甲骨的人。①1915年,罗振玉亲自到安阳去考察甲骨的出土地点。②他不仅收集龟甲,还收集石器,如石刀和石锅,玉器,如璧,象牙和象牙制器。1916年,他发表了《殷墟古器物图录》。③他的书名用"古器物"代替了"金石",反映了他想突破传统金石学的僵化的框架的想法。继承自然研究的传统,他建议,金石学的研究不能局限于书房,而应当包括探险和研究自然现象。

1906—1908年当马尔克·奥里尔·斯坦因第二次来到中国西部时,他发现了竹简;1913年,法国学者爱德华·沙畹(1865—1918)在《斯坦因在新疆沙漠地区发现的汉文文献》一书中发表了这些发现。④该书包含991篇竹简文字。一年后,罗振玉和王国维(1877—1927)以《流沙坠简》为题发表了他们对这些竹简中588篇文字的研究成果。⑤这是中国学者首次将现代考古发掘材料用于他们的研究中。在沙畹发表他的书之前,罗和王就已经开始了研究。在他们完成他们的书之前,看到了沙畹的著作,他们加了以下的评论:

乃知沙氏书中每简首所加符号,皆纪其出土之地。其次自

---

① 罗振常:《洹洛访古游记》(1911年),出版地不详,蟫隐庐,1936年重印。
② 罗振玉:《五十日梦痕录》,上虞,出版者不详,1912—1936年。
③ 罗振玉:《殷墟古器物图录》,罗振玉1916年印行。
④ 爱德华·沙畹:《斯坦因在新疆沙漠地区发现的汉文文献》,牛津:牛津大学出版社,1913年。
⑤ 陈星灿:《中国史前考古学史研究,1885—1949》,北京:生活·读书·新知三联书店,1997年,第30~35页。

西而东，自敦一、敦二讫于敦三十四，大抵具斯氏图中。思欲加
入考释中，而写定已过半矣，乃为图一、表一，列烽燧之次及其
所出诸简，附于书后，并举其要如次。①

学者如罗振玉、王国维后来进行考古学研究时，怀有一种信
念，即只有重新修正中国过去的历史才能得到一个现代的中国人
的认同。安阳和其他地方的伟大发现对于检验过去的崇高信念提
供了一个非常好的机会。考古学在一个特殊的历史时期进入中国，
该时期国家军事上的明显弱势迫使中国学者反省他们的文化本
质。这致使他们提出了中国文化起源的问题。西方学者早在17世
纪就讨论过这个问题，当时德国耶稣会士基尔什尔(Athanasius
Kircher, 1610－1680)，在他 1654 年写的《埃及之谜》(Cedipi
Aegyptiaci)一书中，提出了中国文化源于埃及的理论。从那时起，对
于中国文化起源有种种理论，有起源于巴比伦、印度、东方，甚至欧
洲等等说法。②

20 世纪初，关于中国人起源和史前问题的讨论在中国开展起
来。1900 年章太炎发表的《中国通史略例》已经显示了对西方考古
学的熟知。③章太炎还研究了考古发现和历史研究的关系。两年后，
即 1902 年，在给吴君遂的信中，章氏讨论了历史编纂的问题，强调
出土文献和文物是历史研究的必要材料。④

梁启超对历史编纂的兴趣的增长，体现在他阅读了《西学书目

---

① 参见王国维：《后序》，载罗振玉、王国维：《流沙坠简》，上虞：罗氏宸翰楼，1934 年
印行。北京：中华书局，3 卷本，1993 年重印。1914 年初版三册出现于日本；1916 年和
1934 年修订版在上海出版。

② 陈星灿：《中国史前考古学史研究，1885—1949》，北京：生活·读书·新知三联书
店，1997 年，第 30~35 页。

③ 章太炎：《中国通史略例》(1900 年)，载章太炎：《訄书重订本哀清史》，《章太炎全
集》，上海：上海人民出版社，1984 年，第 3 卷，第 331 页。

④ 章太炎：《致吴君遂书》(1902 年)，载汤志钧编：《章太炎政论选集》，北京：中华书
局，1977 年，第 172 页。

表》所列举的大量西方历史著作,并写了很多关于新史学的作品,
唐小兵对此进行了详细的研究。①1901 年,梁启超开始准备写一本
关于中国史的书,在写书过程中,他详细阐述史前史和考古学的思
想。梁启超表现出对史前的相当清楚的理解,他认为,基于考古证
据的史前史,必须与中国历史的神话时期相分离。在《中国史叙论》
一文中,梁启超明确区分了关于中国历史的理论、思想、体系和分
期,他计划在将来对这些进行更深的研究。②在"有史以前之时代"
一章中,他介绍了托姆森(Thomsen)的史前三期说:

> 一千八百四十七年以来, 欧洲考古学会专派人发掘地中
> 遗物,于是有史以前之古物学遂成为一学派。近所订定而公认
> 者,有所谓史前三期:其一石刀期,其二铜刀期,其三铁刀期。
> 而石刀期中又分为新旧二期。此进化之一定阶级也,虽各期之
> 长短久暂诸地不同,然其次第则一定也……中国虽学术未盛,
> 在下之层石未经发见。然物质上之公例,无论何地,皆不可逃
> 者也。故以此学说为比例,以考中国有史前之史,决不为过。据
> 此种学者所称,新旧两石刀期,期所经历年代,最为绵远。其时
> 无家畜,无陶器,无农业。中国当黄帝以前,神农已作耒耜,蚩
> 尤已为弓矢。其已经过石器,交于铜器时代之证据甚多。然则
> 人类之起迢哉邈乎,远在洪水时代以前。③

明显地,梁启超的史前概念已经相对成熟。有趣的是,梁启超

---

① 梁启超:《西学书目表》,上海:时务报馆 1896 年。梁启超列出约 50 种历史书,总
计超过 100 多册。参见唐小兵:《全球空间和现代性的民族话语:梁启超的历史观》,斯坦
福:斯坦福大学出版社,1996 年,第 31 页后和全书各处。
② 梁启超:《中国史叙论》(1901 年),载林志钧编:《饮冰室合集》,上海:中华书局,
1936 年。北京:中华书局,1989 年重印,12 卷本,第 1 卷。
③ 见《有史以前之时代》一章,载梁启超:《中国史叙论》(1901 年),载林志钧编:《饮
冰室合集》,上海:中华书局,1936 年。北京:中华书局,1989 年重印,12 卷本,第 1 卷,第
8~10 页。

在《新史学》中讨论了"三世"的传统概念,并试图将其归并为一个历史演化的理论。①

汪荣宝(1878—1933)毕业于南洋公学,并曾留学日本东京早稻田大学,1903年翻译并编辑了日本历史学家坪井九马三(1858—1936)的《史学方法论》。②1902年,汪荣宝以"衮甫"的笔名发表了他对日本当代历史编纂的观点的文章《史学概论》,收入《译书汇编》。汪指出,考古学家应当常常划分历史:

> 为书契以前与书契以后之两部。自人类学者言之,则书契以前之一部为最重,而自史家之眼观之,则书契以前尚为无史之时代,以关系较少,无待探求,从而史学上所谓考古学者,其意味必为书契以后之考古学。③

汪简单地将"史前"定义为书的发明之前;这种对史前和历史两个时期进行明确区分是历史上的第一次。

一年后,即1903年,另一个留日学生李浩生将日本历史学家浮田和民(1959—1946)("1959—1946"有明显错误,经查,应为"1859—1946"。——译者按)的《史学原论》的讲稿翻译为《史学通论》。他解释如何写史:

> 古代历史家,口碑记录之外无资料,每收集之,比较之,改

---

① 据"三世"的理论,历史发展从据乱世到升平世再到太平世。唐小兵:《全球空间和现代性的民族话语:梁启超的历史观》,斯坦福:斯坦福大学出版社,1996年,第65页和249页,55条目。

② 坪井九马三:《史学方法论》,东京:早稻田大学,1903年。

③ 衮甫(汪荣宝):《史学概论》(1902年),载《译书汇编》9(1902年12月12日)和10(1902年12月27日)。汪荣宝在他翻译坪井九马三的《史学方法论》的前一年出版了《史学概论》。俞旦初猜想,汪荣宝翻译和编辑了坪井九马三的课堂讲义。俞旦初:《二十世纪初年西方近代考古学思想在中国的介绍和影响》,《考古与文献》1983年第4期,第111页,第16条目。

删之,再演复说之,以为正确之历史。然至近时,则更以遗物及
经念物为资料,而历史始脚踏实地,骎骎有进步之盛运矣。

该书还描述了遗迹的价值和对待它的正确方法:

> 遗物者,虽为考古要件,然而不免断片散佚,或可谓偶尔
> 发见者。故三种之资料,不得偏重其一,但研究历史之方法,则
> 在活用之而敷衍历史之资料,以扩充其范围已耳。①

1903 年, 写于 1857—1861 年间完成了一半的巴克尔(Henry
Thomas Buckle,1821—1862 年)的《英国文明史》一书由南洋公学书
译书院译成中文出版。该书对于欧洲写史的过程描述如下:

> 吾欧洲之所谓良史,盖无乎不包矣。如发故城之址,而得
> 古钱,则摹其款识之文,字母之式,象形之篆,斯亦考证之资
> 也。至若久湮之言语,必董理而详次之。盖人语迭变,本有定例
> 以准之。今人之所得者,已有数端。②

诗人、记者和梁启超的同事蒋智由开始区别前近代中国传统
的古器物研究与西方的考古学。1903 年,以"观云智"为笔名,他在
《新民丛报》上发表了《世界最古之法典》的系列文章。这些文章描

---

① 李浩生译:《史学通论》,译自浮田和民:《史学原论》,早稻田大学讲义,杭州:合众
译书局,1903 年。转引自俞旦初:《二十世纪初年中国的新史学思潮初考》,《史学史研究》
1982 年第 3 期,第 54~58 页。1913 年,浮田和民讲稿有六种译本出现在中国。
② 俞旦初:《二十世纪初年西方近代考古学思想在中国的介绍和影响》,《考古与文
献》1983 年第 4 期,第 107~111 页。所说该书对于新史学有巨大的影响,不仅因为它符合
明治日本"文明史"的编纂趋势,而且还因为它是英国史的代表之作,并详细描述了巴克
尔的积极历史编纂理论。张岂之编:《中国近代史学学术史》,北京:中国社会科学出版
社,1996 年,第 82 页。

写法国于 1901 年对波斯的征讨,在那里发现古巴比伦的汉谟拉比法典。这不仅说明中国学术界开始注意外国学术界的动向,文章还表明蒋智由对他的时代的科学和考古有深入的理解。

> 今西洋学者独发明新学理也,于古昔之事被其发明者甚多。然皆从事迹实验得来,与我国学者从纸片上打官司断断不休,盖有异矣。我国人以考古自尊容,讵知考古之事亦不能不用新法而后可,谓之真考古。若仅抱一部十三经仰屋钻研以为古莫古于是矣,则真河伯之见也。后世之事,无不从上世孕育而来,自其脱毂而后,若与前事截然为二。然细索其从来之迹,草蛇灰线之中,一一可求,且往往于其中得霍然大解之事。是故考古之学亦今日之饶趣乐而有实益也。虽然,必先汇通群学而后,于考古之学其眼光乃自不同,若夫以考古为考古,其学术之范围甚隘,吾见其考古之不足观已。①

蒋最早对“中国的考古”和“真正的考古”作了区分。

同一年,刘成禺(约 1876—1952)在《湖北学生界》发表《历史广义内篇》一文。在《有史以前之人种》一节,他不仅介绍了史前三个时代的思想,还清楚地提到了西方的“古物发现学说”。

> 夫人类使用器具,与器具性质,考古学者用察其知识与开化之程度,当欧洲大旱,瑞士湖水,涸落湖心,杕工发现,殆二百余具,备灶、石、木炭、斧钩之属。察其家屋,四面围水,则知古代有水居之民族。古代埃及壁间,多画人与熊、象、鹿群争食之像,则知古代有咬嚼之民族。②

---

① 观云:《世界最古之法典》,《新民丛报》,1903 年第 33 期,第 19~22 页;第 34 期,第 31~39 页。

② 刘成禺:《历史广义内篇》,《湖北学生界》3,1903 年,转引自俞旦初:《二十世纪初年西方近代考古学思想在中国的介绍和影响》,《考古与文献》1983 年第 4 期,第 10 页。

中华帝国晚期"考古学"及"史前史"
概念的接受和考古学的确立

1907 年，吴渊民翻译和编辑了另一篇历史编纂学的论文《史学通义》，并将其发表在《学报》上。该文有一节"有史以前之概况"，说史前学开始于约五十年前。文章对考古学历史作了简短的回顾，解释了"三个时代"理论的起源，指出历史发展的不平衡性。这显示出比梁启超深奥的知识。①

1903 年，广智书局的编者翻译了日文课本《泰西事物起源》，该书清楚地解释了"三个时代"：

> 欲明人类进步之阶级，应知自太古（即书契以前）以迄今日，当区为三时代，曰石器时代，青铜器时代，铁器时代。

他还详细描述了每个时代的特征：

> 石器时代者，用石、骨、木、角以制器之时代也，是为太古中最旧之时代。彼时未知五金之用，所用以燧石（即火石）为最多。其始但知割石而用之，不知磋磨之术。继乃知加以磋磨。故名甲之时代为旧石器时代，乙之时代为新石器时代。②

这些文献清楚地说明，20 世纪初"考古学"和"史前史"的概念在中国学术界是如何出现的。虽然我们不知道梁启超的"考古学"和"史前史"的概念源于哪种文献，但是上面所引述的出版物绝大多数译自日本学者作品，而且绝大多数译者是早期留日学生，这说明现代考古学和史前的概念是从日本进口而来的。

五、中国留学生和中国考古机构的建立

以五四运动为标志的新文化运动，是一场破坏偶像的革命的尝

---

① 吴渊民译：《史学通义》，《学报》1，1907 年，转引自俞旦初：《二十世纪初年西方近代考古学思想在中国的介绍和影响》，《考古与文献》1983 年第 4 期，第 58、60 页。

② 涩江保编：《泰西事物起源》，上海：文明书局，1926 年，第 23 页。

试,攻击甚至移除旧传统以建立新理性。新理性的核心通过民主和科学的概念表达出来。在历史学领域，这一点体现为"古史辨运动"。该运动的先锋人物顾颉刚(1893—1980)主张"彻底更新中国古史"，他完全否认传统的三皇五帝的存在,主张建立新的古代史。

> 三皇五帝的系统,当然是推翻的了。考古学上的中国上古史,现在刚才动头,远不能得到一个简单的结论。①

与五四运动偶像破坏相适应,顾颉刚试图揭开中国历史编纂学对中国历史文献的层累,以到达历史文献的原始状态。对于顾颉刚和他的跟从者,出土文献和中国古代历史的新发现证实,中国传统远不如过去所崇尚的那样伟大。他对历史证据的批判和疑古的态度继承了前清学者考证学派的传统学术经验。这种传统是由他的祖父传授给他的,并影响了新生的金石学。

还有,20世纪早期的考古发现从根本上对先前纯文本研究的方法提出了挑战,促进了用实物验证文字历史的新方法。1923年,顾氏甚至还计划亲自研究古器具,然而,他感到自己太老而不能进行这样的学习。②1917年,胡适(1891—1962)从美国回国后,他建立了一个学术圈子,和顾颉刚在北京大学讨论历史和中国经典的问题。胡适深刻影响了现代历史编纂法,提倡将考古学作为一个独立学科,他对中国的考古活动评价如下：

> 将来等到金古学、考古学发达上了科学轨道以后,然后用地底下掘出的史料,慢慢地拉长东周以前的古史。③

---

① 顾颉刚:《自序》,《古史辨1》,北京:朴社,1926年重印,第51页后。
② 顾颉刚:《与钱玄同先生论古史书》,《古史辨1》,北京:朴社,1923年,第59~66页。
③ 胡适:《自述古史观书》(1921年),《古史辨1》,北京:朴社,1926年重印,第22~23页。

最后，李玄伯(1895—1974)评论道："要想解决古史唯一的方法就是考古学"，①这种严格的学术要求为考古学在中国的发展奠定了基础。

大量的石器时代史前遗迹的发现，如爱德加 (E.Edgar)于1914—1915年间在闽江盆地收集的石器，进一步促进了中国对旧石器时代的研究。爱德加1917年发表了他这一次探险的报告。②1913年，法国耶稣会士桑志华(Emile Licent,1876—1952)认为，华北是发现史前遗迹的主要地区，十年后发表了他的成果。③1918年，瑞典地理学家安特生(Jonan Gunnar Anderson,1874—1960)首先对周口店进行化石学调查，发现中国的新石器遗址。他认为，大量的脊椎动物化石埋在那里。④与先前的研究者们的考古活动相比较，安特生能和中国的地理学家同事很好地合作工作，导致中国诸科学博物馆的建立。顾颉刚的另一位亲密的同事、地理学家丁文江(1877—1936)访问了桑志华在天津的实验室，然后与安特生合作，于1916年在北京建立自然科学博物馆。

大约同一时间，在《古史辨》期刊上关于新的中国历史的辩论正在进行，李济(1896—1979)完成了他在哈佛大学关于人类学的论文后回到中国。1926年李济发掘西阴村的仰韶文化遗址，标志着中国人进行考古活动的开始。李济一起回国的其他留学生取得了新的考古机构的主要职位，如徐旭生(1888—1976)，留法学习哲学，他参加了斯文·赫定的研究组；梁思永(1904—1954)和李济同

---

① 李玄伯：《古史问题的唯一解决方法》(1924年)，《古史辨1》，北京：朴社，1926年重印，第270页。

② E·爱德加：《长江上游和闽江的石器》，《皇家亚洲协会华北分会杂志》，第 XILIII 卷("XILIII"标注错误，经查对，应为"Vol.XLVIII"，即"第48卷"。——译者注)，1917年。陈星灿认为这是那个时期极少的史前考古报告之一，见陈星灿：《中国史前考古研究，1885—1949》，北京：生活·读书·新知三联书店，1997年，第48页。

③ 桑志华、德日进：《中国旧石器时代》，《人类学》35,1928年，第201~234页。

④ 安特生：《黄土地的孩子》，伦敦：K·保罗·传恩切，1934年。

毕业于哈佛大学人类学系；还有后来的哈佛学生冯汉骥（1899—1977），林惠祥（1901—1958），裴文中（1904—1982）等。[①]李济还主持了中国人在安阳第一次大规模发掘，这次发掘由1928年新建立的中央研究院承担。历史语言研究所的考古学组是最早的和最重要的中国考古科研机构。

结　语

从汉代初期以来中国学者就对古物有兴趣，常将古物作为其研究对象；然而，在20世纪初之前，他们从来没有试图把这些研究发展成为系统的学科。在宋代研究对象主要是艺术品，主要由鉴赏家对其进行研究。清代，随着考据学的兴起，对金石学的兴趣上升。中国学术的突破和对考古方法的系统兴趣，随着20世纪初著名的安阳甲骨的发现而到来。从那时起，中国学者注意到了西方这一领域的著作，并进行了学术讨论。

虽然从19世纪中期以来外国人就在中国进行考古调查和探险，但他们并没有那么早就将考古学引入中国，而是将大量文物移出中国。"考古学"和"史前史"的概念经由日本来到中国，但不是通过在中国工作的日本考古学家的调查和发掘结果而引入中国，而是以中国的留日学生为媒介。他们对考古学的兴趣和动力源于按照现代科学的历史编纂标准来重写中国历史的意向。新的三个时代的理论因此被接受，考古学方法被作为一种对中国经典历史编纂传统文本研究传统进行批评的工具。

20世纪之初，外国考古学家开始以纯科学的目的进行考古研究并与中国学者进行合作，为考古学在中国的发展奠定了基础。然

---

① 张岂之编：《中国近代史学学术史》，北京：中国社会科学出版社，1996年，第460~468页。

而,考古学作为一门正式学科,是由在国外接受了西方人类学和考古学训练的中国归国留学生所建立的。

他们的著名发现,如殷墟商都及那个地区青铜器时代器物和甲骨的发现,使新学科成为重要的学科领域。然而,他们也展开了新的关于中国文化的精粹和中国文化传播的可靠性的问题的讨论,这一问题是由"古史辨派"而产生。因此考古学仍然与"民族精神"合法化的工程紧密相连。

参考文献

Anderson, John. 1871. *A Report on the Expedition to Western Yunan via Bhamo.* Calcutta: Office of the Superintendent of Government Printing. 约翰·安德森:《从八莫进入云南西部的探险报告》,加尔各答:政府印刷局,1871 年。

Anderson, J. G. 1934. *The Children of the Yellow Earth. London: K. Paul Trench.* 安特生:《黄土地的孩子们》,伦敦:K·保罗·传恩切,1934 年。

班固:《汉书》,北京:中华书局,1964 年。

Chavannes, Eduard. 1913. *Les documents Chinois discouverts par Aurel Stein dans les sables du Turkestan Oriental.* Oxford: Oxford University Press. 爱德华·沙畹:《斯坦因在新疆沙漠地区发现的汉文文献》,牛津:牛津大学出版社,1913 年。

陈星灿:《中国史前考古研究,1885—1949》,北京:生活·读书·新知三联书店,1997 年。

Diaz‑Andreu, Margarita and Champion, Timothy (eds.).1996. *Nationalism and Archeology in Europe.* Boulder and San Francisco: Westview Press. 玛格里特·戴兹安祝、蒂莫西·切姆皮恩编:《民族主义和欧洲的考古学》, 波德和圣·法兰西斯科: 西方观察出版社,

1996 年。

Edgar, E. 1917. "Stone Implements on the Upper Yangtze and Min River". *Journal of North China Branch of the R. A. S.*, XILIII. E. 爱德加：《长江上游和闽江的石器》，《皇家亚洲协会华北分会杂志》，第 XILIII 卷（"XILIII"标注错误，经查对，应为"Vol.XLVIII"，即"第 48 卷"。——译者按），1917 年。

Glyn, Daniel. 1976. *A Hundred and Fifty Years of Archaeology.* Cambridge Mass.: Harvard University Press. 丹尼尔·格莱恩：《考古学一百五十年》，坎布里奇，马萨诸塞：哈佛大学出版社，1976 年。

顾颉刚：《与钱玄同先生论古史书》，《古史辨 1》，北京：朴社，1923 年，第 59~66 页。

顾颉刚：《自序》，《古史辨 1》，北京：朴社，1926 年重印，第 51 页。

顾颉刚：《钱玄同》，《古史辨 1》，上海：上海古籍出版社，1980 年重印。

观云：《世界最古之法典》，《新民丛报》，1903 年，第 33 期，第 19~22 页；第 34 期，第 31~39 页。

衮甫（汪荣宝）：《史学概论》，载《译书汇编》，9（1902 年 12 月 12 日）和 10（1902 年 12 月 27 日）。

胡适：《自述古史观书》（1921 年），《古史辨 1》，北京：朴社，1926 年重印，第 22~23 页。

Kanaseki Takeo and Kokubu Naoichi. 1979. "Taiwan kōkugaku kenkyūshi". In：ibid. *Taiwan kōkoshi.* N.p.：Hōsei daigaku shuppan kyoku, pp. 1–20. 金关丈夫、国分直一：《台湾考古学研究史》，载金关丈夫、国分直一：《台湾考古志》，日本法政大学出版社，1979 年，第 1~20 页。

李浩生译：《史学通论》，译自浮田和民：《史学原论》，早稻田大学讲稿。杭州：合众译书局，1903 年。

李述礼译：《亚洲腹地旅行记》（译自 Sven Hedin. 1925. My Life

as an Explorer. New York），上海：上海书店，1984 年。

李玄伯：《古史问题的唯一解决方法》(1924 年)，《古史辨 1》，北京：朴社，1926 年重印，第 270 页。

梁启超：《西学书目表》，上海：时务报馆，1896 年。

梁启超：《中国史叙论》(1901 年)，载林志钧编：《饮冰室合集》，上海：中华书局，1936 年；北京：中华书局，1989 年重印，12 卷本，第 1 卷。

《两汉金石记》(1786 年)，台北：文海出版社，1967 年重印。

Licent, E. and Chardin, de Teihard. 1928. "Le palaeolithique de la Chine", *Anthropologie 35*, pp. 201– 34. 桑志华、德日进：《中国旧石器时代》，《人类学》35，1928 年，第 201~234 页。

刘敞：《先秦古器集中提出古器的研究方法》，载朱剑心：《金石学》，上海：文物出版社，1981 年。

吕大临：《考古图》(1902 年)，台北：台湾商务书局，1983 年重印，10 卷本。

罗振常：《洹洛访古游记》(1911 年)，出版地不详，蟫隐庐，1936 年重印。

罗振玉：《五十日梦痕录》，上虞，出版者不详，1912—1936 年。

罗振玉：《殷墟古器物图录》，罗振玉 1916 年印行。

罗振玉、王国维：《流沙坠简》，上虞：罗氏宸翰楼，1934 年印行；北京：中华书局，3 卷本，1993 年重印。

Loewe, Michael and Shaughnessy. Edward L. 1999. *The Cambridge History of Ancient China. From the Origins of Civilization to 221 B. C.* Cambridge: Cambridge University Press. 鲁惟一、夏含夷编：《剑桥中国古代史：从文明开始到公元前 221 年》，剑桥：剑桥大学出版社，1999 年。

欧阳修编辑：《集古录》(1646 年)，载《文渊阁四库全书》，台北：商务印书馆，1984 年影印。

裴文中：《史前考古学基础》，《史前研究》1，1983 年，第 172~174 页。

容媛：《朝代人名通检》，载《金石书目录》，北京：商务印书馆，1930 年。

阮元编：《两浙金石记》，16 卷，杭州：浙江书局，1890 年。

涩江保编：《泰西事物起源》，上海：文明书局，1926 年。

司马迁：太史公自序，载《史记》，卷 10，北京：中华书局。

Stein, Marc Aurel. 1928. *Innermost Asia: Detailed Report of Explorations in Central Asia, Kan-su and Eastern Iran*. Oxford: Clarendon Press. 马尔克·奥里尔·斯坦因：《亚洲腹地：在中亚、甘肃和伊朗东部探险的详细报告》，牛津：牛津大学出版部印刷所，1928 年。

Tang Xiaobing. 1996. *Global Space and the Nationalist Discourse of Modernity. The Historical Thinking of Liang Qichao*. Stanford: Stanford University Press. 唐小兵：《全球空间和现代性的民族话语：梁启超的历史观》，斯坦福：斯坦福大学出版社，1996 年。

Inoue Tetsujirō and Ariga Nagao. 1884. *Kaitei zōho tetsugaku ji-i*. Tokyo: Tōyōkan. 井上哲次郎、有贺长雄：《改订增补哲学字汇》，东京：东洋馆，1884 年。

Thern, K. L. 1966. *Postface of the Shuo-wen Chieh-tzu. The First Comprehensive Chinese Dictionary*. Madison, Wis.：University of Wisconsin(Wisconsin China Series, no.1). K·L·坦恩：《第一部汉语综合词典〈说文解字〉编后语》，麦迪逊，威斯康辛：威斯康辛大学，1966 年，威斯康辛中国研究系列之一。

Torii Ryūzō. 1910. *Minami Manshu chōsa hōkoku*. Tokyo: Shūeisha. 鸟居龙藏：《南满州调查报告》，东京：集英社，1910 年。

Torii Ryūzō. 1911. *Man Mō no tansa*. Tokyo: Banrikaku Shuhō. 鸟居龙藏：《满蒙的探查》，东京：万里阁书房，1911 年。

Torii Ryūzō and K. Torii. 1914. "Populations primitives de la

Mongolie Oriental", *Journal of Science 36* (March), pp. 1–100. 鸟居
龙藏、脱利:《东蒙的原始居民》,《科学杂志》,36,1914 年 3 月,第
1~100 页。

Torii Ryūzō. 1915. *Populations primitives prehistoriques de
Mondchourie Meridionale*. Tokyo: Tokyo University. 鸟居龙藏:《南满
洲的原始居民》,东京:东京大学出版社,1915 年。

Tsuboi Kumezō.1903.Shigaku hōhōron. Tokyo:Waseda Daigaku.
坪井九马三:《史学方法论》,东京:早稻田大学,1903 年。

王黼:《宣和博古图》(1123 年),30 卷,扬州:江苏广陵古籍印
刻社,1991 年。

向达译:《斯坦因西域考古记》,(译自 Marc Aurel Stein. 1933.
*On Ancient Central Asia Tracks: Brief Narrative of Three Expeditions
in Innermost Asia and North-Western China*. London: Macmillan),上
海:中华书局,1936 年。

杨汉章译:《丝绸之路上的外国魔鬼》(译自 Peter Hopkirk.
1980. *Foreign Devils on the Silk Road: the Search for the Lost Cities
and Treasures of Chinese Central Asia, London*. Murray),兰州:甘肃
人民出版社,1983 年。

俞旦初:《二十世纪初年中国的新史学思潮初考》,《史学史研
究》,1982 年第 3 期。

俞旦初:《二十世纪初年西方近代考古学思想在中国的介绍和
影响》,《考古与文献》,1983 年第 4 期。

张岂之编:《中国近代史学学术史》,北京:中国社会科学出版
社,1996 年。

章太炎:《致吴君遂书》(1902 年),载汤志钧编:《章太炎政论选
集》,北京:中华书局,1977 年。

章太炎:《中国通史略例》(1900 年),载章太炎:《訄书重订本哀
清史》,《章太炎全集》,上海:上海人民出版社,1984 年,第 3 卷。

日语地理学术语的形成和传播

荒川清秀

大约十年前,在分析日中同形词时,我对"热带"一词的起源产生怀疑,从那时起我开始进行地理学术语形成的研究。以"热带"为开端,我开始分析和研究普通地理学术语如"回归线"、"海流"、"贸易风"的起源和传播情况。我的目的不仅是寻找每个术语的起源,还要发现这些被翻译成日语和汉语的术语的形成和传播规律。这篇文章将提出地理学新术语形成的各种方式。

一、源于欧洲语言的地理术语

(一)源于拉丁语的术语:热带、温带、寒带

《汉语外来词词典》①将"热带"列为日语借来语,但在日语中,用"暑"而不用"热"表示气候,所以日语中正确的术语应该是"暑带"。由于汉语用"热"而不用"暑",我认为"热带"或许是一个在中国形成的新术语。为了确定这个术语的起源,我查阅了明治维新时期中国出版的英汉词典。罗存德编辑的《英华字典》(1866—1869年印行)对于这个问题特别有帮助,因为一般认为罗存德编辑该词典没有使用过任何来自日本的资料。②这部字典对"热带"的解释是"the tropics"和"torrid zone",因此"热带"一词很可能不是在日本而

---

① 刘正和高名凯编:《汉语外来词词典》,上海:上海辞书出版社,1982年。
② 参见罗存德:《英华字典》,香港:新闻办公室,1866—1869年。

447

是在中国形成的。由于罗存德在词典里创造了很多新术语,他可能就是"热带"的创造者。中国长期西学翻译传统所产生的许多翻译作品也是罗存德的参考资源。日本语言学家佐藤亨指出,"热带"一词出现于 17 世纪耶稣会士艾儒略(1582—1649)所著《职方外纪》中。[①]艾儒略给出如下解释:

> [地球]分为五带:其赤道之下,二至规以内,此一带者,日轮常行顶上,故为热带。夏至规之北至北极规,冬至规之南至南极规,此两带者,因日轮不甚远近,故为温带。北极规与南极规之内,此两带者,因日轮止照半年,故为"冷带"。[②]

除了"热带","温带"和"冷带"也已经出现在这段文字中。然而地理史资料使我们进一步查找到更早的记录,如利玛窦在《坤舆万国全图》中写道:

> 以天势分山海,自北而南,为五带:一在昼长[昼长指北回归线](方括号内为本文作者所加注释。下同。——译者按)昼短[昼短指南回归线]二圈之间,其地甚热,带近日轮故也。二在北极圈之内,三在南极圈之内。此二处地居甚冷,带远日轮故也。四在北极昼长二圈之间,五在南极昼短二圈之间,此二地皆谓之正带,不甚冷热,日轮不远不近故也。[③]

很明显,这里只有一个合成词术语"正带"。另外两个区仍没有名称。但是对于"热带"一词如何形成,这里提供了一个线索。根据

---

① 佐藤亨:《近世语汇的研究》,东京:樱枫社,1983 年。

② 艾儒略:《职方外纪》,杭州,1623 年。重印于《天学初函》,台北:学生书局,1972 年重印,第 1 卷,第 1313~1314 页。

③ 利玛窦:《坤舆万国全图》,1602 年,三张图,宫城县文化财保护协会重印。

下面的句子,艾儒略形成了"热带"一词:

其地甚热带近日轮故也。

根据下面一句艾儒略形成了"冷带"一词:

此二处地居甚冷带远日故也。

为什么现在用"寒带"而不用"冷带"作为地理科学名称呢？我们可以设想,如果艾儒略不是照搬利玛窦《坤舆万国全图》的解释的话,他有可能形成"寒带"一词。为什么利玛窦没有写"其地甚寒",而是用了"此二处地居甚冷"？在中国古典文献中,我们总能发现"寒"的意思是"cold"。虽然在汉代的语源学字典《说文解字》,[①]对"冷"的解释是"冷意为寒",但是在六朝之前,"寒"被用于指"cold"。只有从六朝起,"冷"才有了与"寒"一样的意思。

如果利玛窦有意为五个区起名字,他也许会用"寒带"。但是,由于他想向普通读者解释寒冷区,他无意识地用了一个口语词"冷"。艾儒略——忠于利玛窦的解释——形成了"冷带"一词。

马西尼对"热带"一词被接受,曾评论道:"在利玛窦那里,这个合成词仍是自由的。在艾儒略那里它是明确的固定的合成词。"[②]除了"正带",利玛窦在《坤舆万国全图》中,没有形成任何新的词语,只是解释"热带"和"寒带"的意思,对地球上这些部分没有给出特定的名称。但是利玛窦在他的《乾坤体义》中更早地使用了这个词:

为五带:一在昼长、昼短二圈之间,其地甚热,则谓热带,

---

① 许慎:《说文解字注》(段玉裁注),北京:中华书局,1977 年。
② 马西尼著,黄河清译:《现代汉语词汇的形成——十九世纪汉语外来词研究》,上海:汉语大辞典出版社,1998 年,第 193 页。

近日轮故也。二在北极圈之内，三在南极圈之内，此二处地俱甚冷，则谓寒带，远日轮故也。[①]

《乾坤体义》出版于1605年，比《坤舆万国全图》晚了3年。但是经过比较这两本书，可看出，《乾坤体义》比《坤舆万国全图》编辑时间早，因为《乾坤体义》中关于五个区的理论的解释更为详确，而《坤舆万国全图》只是给了一个简短的解释。

当艾儒略读了利玛窦对五区的解释，他仅看到了"正带"一词，而没有看到用温度来描述区域的词。他就用"温"代替"正"而形成"温带"。

但是，为什么"正带"出现在利玛窦的《坤舆万国全图》中？这个问题的关键在于欧洲语言。那时，欧洲使用的正式语言是拉丁语。与"温带"词义相近的拉丁词是"temperatus"，而这个词不一定与热或温度有关。《牛津英语—拉丁语词典》解释"temperatus"的意思是，"temperate（温和的）、moderate（中和的）、mild（适度的）"，含有"under control（掌控之中）、not exceeded（不超过）、appropriate（适当的）"的意义。当利玛窦形成"正带"时，他脑海中一定有 zona temperata 这个拉丁词。

关于"温带"一词的类似现象在日本文献中也能看到。例如，在《二仪略说》中，出现了"回归线"，使用了与"温带"相类似的"和带"一词。[②]江户时代最优秀的地理学家山村才助（1770—1807）在其《订正增译采览异言》中用荷兰语解释"温带"，说"温带叫作gematigd lijn，而 gematigd 的意思是中和"。[③]

类似地，"热带"也不是一个恰当的翻译，因为拉丁语中类似的

---

① 利玛窦：《乾坤体义》，1605年，四库全书版。
② 小林谦贞：《二仪略说》，手稿，国立公文书馆内阁文库。
③ 山村才助：《订正增译采览异言》（1802年），4卷本，东京：青史社，1979年，第1卷，第79页。

词语是 zona torrida,其意义是"high-tempered(高温)"而不是"hot(热)",甚至还有"燥(hot-tempered)"的意思。罗存德的《英华字典》因此有如下的词条"torrid 热,燥,燥热"。①

(二)来自英语的术语:海流和贸易风

形成地理学新词的另一种类型是基于对英文文献的翻译,如"海流"、"贸易风"、"盆地"等。

世界上的航海者很早就知道海流的存在。由于这个词看起来像是直译,看起来"海流"一词也存在了很长时间。但是,直到1890年,该词才在印刷文本中出现,是通过日语形成的,而不是直接汉译而来。在早期文献中"ocean current"不是被译成"海流",而是翻译如下:

> 《地理备考》②译为"流";《地理全志》③译为"平流";《格物探源》④译为"河流";《地志启蒙》⑤译为"水溜"。

出现上述译名的原因可以从该词的英语用法的历史变化中找到。直到1863年,《牛津英语词典》才最早出现"ocean current"一词,此前一直使用"stream"或相类似的词。"stream"的这种用法可以追溯到1375年,那时该词出现在"Gulf stream"中。

另一个有趣的例子是"贸易风"。虽然"贸易风"确实是英语词"trade wind"的直译,但在过去还有过用别的词来翻译它的例子。例如,合信(1816—1873)在其著名的《博物新编》中说:"恒信风通常

---

① 罗存德:《英华字典》,香港:新闻办公室,1866—1869年。
② 玛吉士:《新释地理备考全书》,《海山仙馆丛书》,1847年重印本,第2卷,"水流论"章。
③ 慕威廉:《地理全志》,上海:墨海书馆,1853—1854年。
④ 韦廉臣:《格物探原》,北京:总税务司,1878年。
⑤ 艾约瑟:《地志启蒙》,北京:总税务司,1886年。

称作贸易风"①，在罗存德的《英华字典》中，我们能发现这样的词条"热带常风"。②在江户时代所谓的兰学家的翻译中，我们发现了这样的翻译即"特定方向的风"，如"定风"和"定向风"。

由于"trade wind"的复杂历史，出现了这些不同的术语。最初，该词意思确实是"有特定方向的风"而与贸易无关。据《牛津英语词典》，"trade wind"与商业有关的最早例子仅出现在1699年。"贸易风"这个词是根据这个新意义形成的。《博物新编》中说，恒信风通常称作贸易风，说明新、旧译法同时存在。

这样，最初"贸易风"仅仅是通俗的名称。而罗存德使用"热带常风"的名称，与德语的翻译有关。源于拉丁语的词Passat，在语义上与"特定方向的风"（恒信风）很类似而与"商业"语义不同。当"贸易风"在中国使用一段时间后，后来被"信风"取代，"信风"一词在经典文献中已存在，与"季风"有同样的意义。在中国，"贸易风"现在是Trade Wind的口语名称，而"信风"是正式的科学名称。就我所知，英语和日语是仅有的两种将该词语与贸易和商业相联系的语言。

（三）源于德语和法语的术语：冰山和冰河

"冰山"是一个典型的源于德语的地理名词。虽然它已出现在意大利耶稣会士艾儒略的《职方外纪》中，但它是Eisberg的直译。

"冰河（glacier）"起源于法语glace。罗存德在他的字典中译成"冰田"或"山上冰田"的名称。对于他来说，"冰河"不是一种河而是一块地。在今天的中国，既用"冰川"也用"冰河"，但"冰川"使用频率较高。由于"川"意思是"平原"，我猜想"冰川"中的"川"意思是"平原"，类似"冰田"。

二、日本学者创造的术语

（一）从训读到音读：回归线

虽然很大一部分地理术语最初出现在利玛窦的《坤舆万国全

---

① 合信：《博物新编》，上海：墨海书馆，1855年，第1卷，第9页。
② 罗存德：《英华字典》，香港：新闻办公室，1866—1869年。

图》中，其中却没有出现"回归线"一词。日语词"暑带"出现于 17 世纪占星术的书《二仪略说》(Nigi ryakusetsu)，看起来很像一个日语词语。又因为，"回归线"(Kaikisen)出现在《二仪略说》中，它或许是一个典型的日本词语。

日本语言的特点是两种发音系统的存在：训读(日本语读法)和音读(汉语读法)。对于日语和汉语中意思相似的汉字采用训读。例如，"海"训读为 umi。日本人看到这个词马上想到日语词 umi。"海"音读为 kai，即汉字"海"的日语读音。一位日本耶稣会士编辑的《罗葡日对译辞书》对"回归线"的解释是另一个恰当的例子：它是 "the northern and southern boundary, in between which the sun moves back and forth (meguri-kaeru 巡回去)"(南部和北部的界线，在其间太阳来回移动)。①

我猜想，日本耶稣会士根据对 meguri-kaeru 的解释形成了"回归"一词。在现代汉语中，"回归"是由两个具有相近意思的汉字所组成的合成词，在这里，"回"和"归"意思也是一样的。

(二)从荷兰语产生的术语：半岛(日语：hantō)

江户时代日本的兰学家通过翻译荷兰合成词的单个元素将荷兰语译成日语，例如：

引力：Aantrekkings(引，pull)Kracht(力，power)=inryoku 引力

十二指肠：Twaalf(十二，twelve)Vingerigen(指，finger)Darm(肠，intestine)=jūnishichō 十二指肠

静海：Still(静)Zee(海)=seikai 静海

半岛：Half(半，half)Eiland(岛，island)=hantō 半岛

让我们更近距离观察"半岛"一词的形成和传播过程。在荷兰语中，"半岛"被叫作 schiereiland，按江户时代出版的《江户波留麻》(江户时代的日荷辞典)的解释，其直译应为 jitō 似岛(类似于

---

① 《罗葡日对译辞书》，1595 年，东京：勉诚社重印。

岛屿)①。然而，hantō 仍是从荷兰语直译而来的典型例子，在罗存德的《英华字典》中也有这个词。

关于借用日语词，周振鹤曾说：

> 过去，有一种误解，认为汉语的外来词主要经由日本来到中国。这仅是部分的正确。事实上，在明治维新前，汉语、日语和欧洲语言的接触方向和日语、汉语中的新词语相反，是从欧洲到中国到日本。只是到了后来本世纪(二十世纪)初，方向发生变化，词语的流向是从欧洲到日本到中国。在这两个时期中间，即从日本明治维新(1868 年)到中国戊戌维新(1898 年)之间，词语交换的两个流向都有。②

我还要补充说，另一个误解是，一般认为，来源于日语的借来语只是 1894—1895 年中日战争后之事。上面我已提到了罗存德的《英华字典》可作为某些词语源于汉语的一个例证。但是，返回到我们的"半岛"的例子，我们或许得重新考虑这些较早的说法。

19 世纪，马礼逊③和卫三畏④的《英华字典》中没有收录"半岛"一词，麦都思的字典中对"半岛"的解释如下：

> 连地之岛，有颈之屿，水流未周之屿。⑤

罗存德接受了麦都思的部分翻译，但是增加了"半岛"一词：

---

① 稻村三伯：《江户波留麻》，江户，1796 年。
② 周振鹤：《初读〈现代汉语词汇的形成〉中译本》，《词库建设通讯》，15，1998 年，第 6 页。
③ 参见马礼逊：《华英字典》，三部分，六册。澳门：东印度公司出版社，1815—1823 年。
④ 参见卫三畏：《英华韵府历阶》，澳门：中国丛报社，1844 年。
⑤ 麦都思：《英汉字典》，上海：墨海书馆，1847—1848 年。

连洲之地,连洲之岛,半岛,水不全之岛。①

在罗存德的辞典出版前,"半岛"一词在汉译西书中没有出现过。但是,该词被收录在崛达之助(1823—1894)的《英和对译袖珍辞书》②中。森冈健二指出,大约百分之六十收录于该辞典的词语来源于江户时代的荷日辞典中。③事实上,下列辞典和地理书收录"半岛"一词:

《异教词汇集》(Collection of unorthodox words)新译本
《舆地志》④
《新释舆地图说》⑤
《和兰字汇》⑥

这表明,"半岛"确实是一个日语词。那么我们应如何估价罗存德辞典中出现的"半岛"一词呢?一个可能的解释是,罗存德和崛达之助各自形成"半岛",因为在罗存德的母语中,半岛是Halbinsel(半圆形岛)。另一个可能是,罗存德看了日本材料。据远藤智夫⑦和那须雅之⑧的研究,罗存德曾做过汉语和荷兰语的翻译工作,并和马修·C·培里(Matthew C. Perry,1794—1879)的副手亨利·亚当斯(Henry Adams,卒于1869年)一起来到日本。在与日本政府谈判过程中,罗存德遇到了崛达之助并送给他麦都思编辑的英华和华英

---

① 罗存德:《英华字典》,香港:新闻办公室1866—1869年。
② 参见崛达之助:《英和对译袖珍辞书》,江户:洋书调所,1862年。
③ 参见森冈健二:《近代语的成立:明治期词汇编》,东京:明治书院,1969年。
④ 参见青地林宗:《舆地志》,手稿,1827年。
⑤ 参见渡边华山:《新释舆地图说》,手稿,1836年。
⑥ 参见桂川甫周:《和兰字汇》,江户:山城屋佐兵卫,1855—1858年。
⑦ 参见远藤智夫:《英和对译袖珍辞书与麦都思的英汉字典》,《英学史研究》,29,1996年,第47~49页。
⑧ 参见那须雅之:《罗存德小传补遗——罗存德的访日与堀达助》,现代中国研究会会议论文,日本,丰桥,1996年。

字典。后来在 1862 年,他再度访问日本时,他或许购买了崛达之助的辞典。

因此,我设想,罗存德可能看到了崛达之助编的辞典。罗存德在编辑辞典时必须做出自己的选择。对这两个辞典进行粗略比较后发现,仅有"半岛"、"雪崩"和"昼夜平分线"看来是来源于崛达之助的辞典。

这个例子可以作为例证,表明在甲午中日战争前,也有新词语从日本传入中国的情况。一般而言,现代从事日汉词语相互作用的研究工作,必须从研究崛达之助和罗存德的辞典开始。

然而, 并非所有罗存德创造的词语都被后来出版的辞典所吸收。传教士所编辑的辞典,情况更是这样。我们可以从下面的例子可以看出这一点。

《英华萃林韵府》:第一部分:没有收录。第三部分:土股。①
《英汉技术术语》:土股。②
《官话字典及翻译手册》:土股,半岛。③

中国的传教士是如何理解日本人翻译的术语的, 这个问题仍须进一步研究。至少,在赫美玲所编《官话字典》中,传教士首次使用了"半岛"一词。

(三)借自古典文献——山脉

在明治维新前,日本人总是借用中国古典文献词语,来翻译欧美新词语,例如"演绎法"、"形而上学"、"相对"、"绝对"、"伦理学"等等。但是在新语产生过程中,也有一些借用日文经典文献的情况。

"山脉"原先是用于描写风水的词。兰学家渡边华山 (1796—

---

① 参见卢公明:《英华萃林韵府》,2 卷本,福州:罗瑟利耶·马卡尔公司,1872 年。
② 参见狄考文:《英汉技术术语》,中国教育会筹备,上海:美华书馆,1904 年。
③ 参见赫美玲:《官话字典及翻译手册》,上海:总税务司署造册处,1916 年。

1841)用"山锁"和"山脉"来翻译荷兰语的 bergketen（山脉），这两个译法都是直译。"山脉"后来取代"山锁"成了通用的术语。例如，箕作省吾(1821－1847)的《坤舆图识补》中出现了"暗得大山脉"；[①]在杉田成卿(1817－1859)的《地学正宗》中包含"山脉"和"连山"。[②]宇田川榕精在其《万国地学和解》中解释"山脉"。[③]这可以作为证据，表明"山脉"是来源于日语的汉语词汇。在慕维廉(1822－1900 年)的《地理全志》中，我发现了下面的记述："在地球表面有四种地形，山脉有五种走向。"[④]

在我看来，这里所用的"山脉"很可能是一个传统的风水术语，而不是一个地理术语。因为慕维廉在《地理全志》中关于山脉起源理论的《山原论》一段中，没有使用"山脉"；而且，20 世纪之交的传教士所使用的"山脉"的术语有"岭"和"山岭"。从下面的例子可以看出这一点：

《英华萃林韵府》：第一部分，岭；第三部分，山岭。

《英汉技术术语》：山岭，冈陵。

赫美玲的《官话辞典》：连山，山岭。

这说明，"山脉"作为地理学术语，源于日本，传播到中国来。

(四)误解：化石

《汉语外来词辞典》写道"'化石'一词起源于日语"，[⑤]但是，马西尼对于这个观点表示怀疑。[⑥]事实上，"化石"一词的形成过程非

---

① 参见箕作省吾：《坤舆图识补》，江户，1846 年。

② 参见杉田成卿：《地学正宗》，江户：竹口贞斋，1851 年。

③ 参见宇田川榕精：《万国地学和解》，手稿，1868 年。

④ 慕威廉：《地理全志》，上海：墨海书馆，1853－1854 年，第 1~5 卷。

⑤ 刘正、高名凯编：《汉语外来词词典》，上海：上海辞书出版社，1982 年。

⑥ 马西尼著，黄河清译：《现代汉语词汇的形成——十九世纪汉语外来词研究》，上海：汉语大辞典出版社，1998 年，第 177 页。

常复杂。

"化石"是"化为石"的简写形式，这是一个词组而不是合成词。马西尼认为这是一个合成词，由一个修饰语和被修饰的单词组成。对于现代汉语这是一个可能的解释。但它原先是一个由一个动词和宾语组成的词组。我的观点是，"化石"是一个词组，而不是合成词。这个词组最早出现在康熙时期方以智（卒于 1671 年）的《物理小识》[1]中。《物理小识》在江户时代传播到日本，影响了许多日本学者，特别是自然科学的学者。对于中国人，"化石"确实是一个词组。但是对于日本自然史学者，如平贺源内（1728—1779），司马江汉（1747—1818），木内石亭等，"化石"是一个合成词，将其用于他们的著作中，如《物类品质》[2]、《天地理谭》[3]和《云根志》。[4]虽然像在《地学浅释》[5]中，由传教士所形成的"礓石"一词，在日本用过一段时间，但后来"化石"成了正确的地理学术语。当它作为地理学术语的地位奠定后，这个术语的结构无可争议，也易于为中国学术界所接受。

正如马西尼所设想，今天"化石"这个词，将被作为一个合成词，由一个修饰语和被修饰的词组成。但是，对于《物理小识》中出现的"松化石"的形式，我们该怎么办呢？如果我们把"松化石"作为一个合成词，我们必须将其理解为"松化的石"，而不能将其看作一个由修饰语和被修饰词组成的合成词。事实上，在汉语中很少有这种合成词。任学良在他对汉语医学词汇形成模式的研究中，收集了一些这类词，我认为它们都是日语借来语。[6]

---

① 参见方以智：《物理小识》，出版地不详，1664 年。
② 参见平贺源内：《物类品质》，江户、大阪：松籁馆，1763 年。
③ 参见司马江汉：《天地理谭》，手稿，1816 年。
④ 参见木内石亭：《云根志》，1764 年，东京，1994 年重印。
⑤ 参见《地学浅释》，上海：江南制造局，1873 年。
⑥ 参见任学良：《汉语造词法》，上海：上海社会科学院出版社，1981 年。

(五)变形:健康

"健康"是通过颠倒"康健"而形成。"康健"一词出现于较早的文献,如宋代沈括(1031—1095)的《梦溪笔谈》①和本土小说《儒林外史》②和《红楼梦》中。③在日语中,kenkō(健康)一词最早出现在下列由兰学家编辑的荷兰语—日语辞典中的一系列术语:

波留麻和解:welstand welvaarende welzyn.④

译键:wekstand pluis.⑤

和兰字汇:opkoomen.⑥

改正增补译键:pluis opkoomen.⑦

在荷兰—日语辞典中,被列在 gezondheid(health)词条下的仅有 kōken(康健)或 jōnari(状也)等等。只有经过兰学家绪方洪庵(1810—1863)和首任厚生大臣长与专斋(1838—1902)的努力后,"健康"才逐渐被接受为正确的医学用语。那以后,"健康"传播到中国,取代原意为"健康"的"康健"。⑧

为什么日语将"康健"颠倒成"健康"?最主要的原因是:那时汉语中已存在大量颠倒了词序的双音节词语,如:疗治/治疗,竞争/争竞,战争/争战等。汉语言研究表明,百分之八十的合成双音节词语,要据音调顺序进行排列。⑨因为日本人一般不知道这个规则,他们相信他们可以通过颠倒音节顺序形成新词。

---

① 参见沈括:《梦溪笔谈》,北京:文物出版社,1975年,第24卷。

② 参见吴敬梓:《儒林外史》,北京:人民文学出版社,1985年。

③ 参见曹雪芹:《红楼梦》,北京:人民文学出版社,1958年。

④ 稻村三伯:《波留麻和解》,江户,1796年。

⑤ 藤林普山:《译键》,1811年,东京:青史社,1981年重印。

⑥ 桂川甫周:《和兰字汇》,江户:山城屋佐兵卫,1855—1858年。

⑦ 广田宪宽:《改正增补译键》,1864年。

⑧ 参见阿达·海文·狄:《新思想的新术语:华文报纸研究》,上海:美华书馆,1915年,第139页。该书对"健康"解释是"健康,robust,strong,vigorous;起初顺序是颠倒的'康健',用于称长者,如儿子谈父亲。'健康'这种形式的用法不受年龄限制,但是不能用于指称无生命的东西"。

⑨ 陈爱文、于平:《并列式双音词的字序》,北京:中国语文出版社,1979年。

第二个原因是，由于日本人翻译了那么多的西方书籍，他们需要大量新词。为了使某一词语新奇而引人注意，方便的办法就是，使用已有词语，将其改变成新词。例如，"胃肠"和"运搬"就是将"肠胃"和"搬运"倒过来而成的。在汉语中，"健康"一词取代了"康健"一词，而"胃肠"和"运搬"并没有取代"肠胃"和"搬运"。

结　语

我对地理学术语形成过程进行论述的目的在于，揭示在新语形成过程中，对中国和日本学者展开的多种选择。翻译者可以采取直接从原始语言(如本文例子中所涉及到的英语、德语和法语)进行翻译的方法。在某些情况下，原始语言的某些词语本身是新语，绝大部分源于拉丁语。为了追寻这些词语的原意的踪迹，人们必须查询拉丁语起源和这些词语的意义。

而且，我想表明，关于中国新语接受途径的一般假设，即明治维新前的欧洲—中国—日本和中日战争后的欧洲—日本—中国的路线，在一切情况下都是不正确的。相反，我们也发现了，在世纪之交很久之前，有很多词语在日本形成，被中国接受。在日本，兰学家对于创造新语起了非常重要的作用，从本文所述例子中，我们还能看到，除了对西方外国语言进行改编，日本学者确实基于中国经典的词语创造了大部分的新词，但是，也有基于日本经典用语的新词语。

正如罗存德的情况所表明，他和日本人的接触和到日本的游历对他创造地理学新术语时的选择产生重要影响。因此，新语的创造必须被理解成一个复杂的过程，其中也牵涉到每个翻译者个人的经历。

参考文献

艾儒略(Giulio Aleni)：《职方外纪》，杭州，1623年。重印于《天学初函》,台北:学生书局,1972 年重印。

Aochi Rinsō. 1827. *Yochishi*. Manuscript. 青地林宗:《舆地志》,手稿,1827 年。

曹雪芹:《红楼梦》,北京:人民文学出版社,1958 年。

陈爱文、于平:《并列式双音词的字序》,北京:中国语文出版社,1979 年。

《地学浅释》,上海:江南制造局,1873 年。

Doolittle, Justus. 1872. *A Vocabulary and Hand-Book of the Chinese Language, Romanized in the Mandarin Dialect.* 2 vols. Fuzhou: Rozario, Marcal and Company. 卢公明:《英华萃林韵府》,2 卷本,福州:罗瑟利耶·马卡尔公司,1872 年。

艾约瑟(Joseph Edkins):《地志启蒙》,北京:总税务司,1886 年。

Endō Tomoo. 1996. "Eiwa taiyaku shūchin jisho to Medhurst no Yinghan zidian". *Eigakushi kenkyū* 29. pp. 47–59. 远藤智夫:《英和对译袖珍辞书与麦都思的英汉字典》,《英学史研究》29,1996 年,第 47~49 页。

方以智:《物理小识》,出版地不详,1664 年。

Fujibayashi Fuzan. 1811. *Yakken*. Reprinted Tokyo: Seishisha, 1981. 藤林普山:《译键》,1811 年,东京:青史社,1981 年重印。

Hemeling, Karl E. G. 1916. *English-Chinese Dictionary of the Standard Spoken Language and Handbook for Translators, including Scientific, Technical, Modern, And Documentary Terms.* Shanghai: Shanghai Statistical Department of the Inspectorate General of Customs. 赫美玲:《官话字典及翻译手册》,上海:总税务司署造册处,1916 年。

Hiraga Gennai. 1763. *Butsurui hinshitsu*. Edo, Osaka: Shōraikan. 平贺源内:《物类品质》,江户、大阪:松籁馆,1763 年。

Hirota Kenkan. 1864. *Kaisei Zōho yakken.* n.p. 广田宪宽:《改正

增补译键》,1864 年。

合信(Benjamin Hobson):《博物新编》,上海:墨海书馆,1855 年。

Hori Tatsunosuke. 1862. *Eiwa taiyaku shūchin jisho.* Edo: Yōsho shirabesho. 崛达之助:《英和对译袖珍辞书》,江户:洋书调所,1862 年。

Inamura Sanpaku. 1796a. *Edo haruma* (Japanese –Dutch dictionary of the Edo period). Edo. 稻村三伯:《江户波留麻》,江户,1796 年。

Inamura Sanpaku. 1796b. *Haruma wage* (Dutch –Japanese dictionary). Edo. 稻村三伯:《波留麻和解》,江户,1796 年。

Katsuragawa Hoshū. 1855 –58. *Oranda jii* (Japanese –Dutch dictionary). Edo: Yamashiroshi. 桂川甫周:《和兰字汇》,江户:山城屋佐兵卫,1855—1858 年。

Kiuchi Sekitei. 1764. *Unkonshi.* Reprinted Tokyo, 1994. 木内石亭:《云根志》,1764 年,东京,1994 年重印。

Kobayashi Kentei. *Nigi ryakkusetsu.* Manuscript, Kokuritsu kobun shokan naikaku bunko. 小林谦贞:《二仪略说》,手稿,国立公文书馆内阁文库。

刘正、高名凯编:《汉语外来词词典》,上海:上海辞书出版社,1982 年。

Lobscheid, Wilhelm. 1866 –69. *English and Chinese Dictionary with Punti and Mandarin Pronunciation.* Hongkong: Daily Press Office. 罗存德:《英华字典》,香港:新闻办公室, 1866—1869 年。

玛吉士(Jose Martins–Marquez):《新释地理备考全书》,《海山仙馆丛书》1847 年重印本。

马西尼 (Federico, Masini)著,黄河清译:《现代汉语词汇的形成——十九世纪汉语外来词研究》, 上海：汉语大辞典出版社,1998 年。

Mateer, Ada Haven. 1915. *New Terms for New Ideas. A Study of the Chinese Newspaper*. Shanghai: Presbyterian Mission Press. 阿达·海文·狄:《新思想的新术语:华文报纸研究》,上海:美华书馆,1915年。

Mateer, Calvin W. 1904. *Technical Terms English and Chinese. Prepared by the Committee of the Educational Association of China*. Shanghai: Missionary Press. 狄考文:《英汉技术术语》, 中国教育会筹备,上海:美华书馆,1904年。

Medhurst, Walter Henry. 1847—48. *English and Chinese Dictionary*. Shanghai: Missionary Press. 麦都思:《英汉字典》, 上海:墨海书馆,1847—1848年。

Mitsukuri Shōgo. 1846. *Konyo zushikiho*. Edo. 箕作省吾:《坤舆图识补》,江户,1846年。

Morioka Kenji. 1969. *Kindaigo no seiritsu: meigiki goihen*. Tokyo: Meiji Shoin. 森冈健二:《近代语的成立:明治期词汇编》,东京:明治书院,1969年。

Morrison, Robert. 1815 –23. *A Dictionary of the Chinese Language*. 3 parts, 6 vols. Macao: East India Company's Press. 马礼逊:《华英字典》,三部分,六册。澳门:东印度公司出版社,1815—1823年。

慕威廉 (William Muirhead):《地理全志》, 上海:墨海书馆,1853—1854年。

Nasu Masayuki. 1996. "W. Lobscheid shōdenhoi–Lobscheid teki hōnichi yo Hori Tatsunosuke". paper prepared for the Conference of the Society of Modern Chinese Research, Toyohashi, Japan. 那须雅之:《罗存德小传补遗——罗存德的访日与堀达助》,现代中国研究会会议论文,日本,丰桥,1996年。

Raponichi taiyaku jisho. 1595. Reprint Tokyo: Benseisha.《罗葡

日对译辞书》,1595 年,东京：勉诚社重印。

任学良：《汉语造词法》,上海：上海社会科学院出版社,1981 年。

利玛窦(Matteo Ricci)：《坤舆万国全图》,1602 年,三张图,宫城县文化财保护协会(Miyagiken bunkazai hogo kyōkai)重印。

利玛窦：《乾坤体义》,1605 年,四库全书版。

Satō Tōru. 1983. *Kinseigoi no kenkyū*. Tokyo: ōfūsha. 佐藤亨：《近世语汇的研究》,东京：樱枫社,1983 年。

沈括：《梦溪笔谈》,北京：文物出版社,1975 年,第 24 卷。

Shiba Kōkan. 1816. *Tenchiritan*. Manuscipt. 司马江汉：《天地理谭》,手稿,1816 年。

Sugita Seikei. 1851. *Chigaku shōsō*. Edo: Tenshirō. 杉田成卿：《地学正宗》,江户：竹口贞斋,1851 年。

Udagawa Yōsei. 1868. *Bankoku chigaku wage*. Manuscript. 宇田川榕精：《万国地学和解》,手稿,1868 年。

Watanabe Kazan. 1836. *Shinshaku yochizusetsu*. Manuscript. 渡边华山：《新释舆地图说》,手稿,1836 年。

Williams, Samuel Wells. 1844. *English and Chinese Vocabulary, in the Court Dialect*. Macao: Office of the Chinese Repository. 卫三畏：《英华韵府历阶》,澳门：中国丛报社,1844 年。

韦廉臣(Alexander Williamson)：《格物探原》,北京：总税务司,1878 年。

吴敬梓：《儒林外史》,北京：人民文学出版社,1985 年。

许慎：《说文解字注》(段玉裁注),北京：中华书局,1977 年。

Yamamura Saisuke. 1979 [1802]. *Teisei zōyaku sairan igen*. 4 vols. Tokyo: Seishish. 山村才助：《订正增译采览异言》(1802 年),4 卷本,东京：青史社,1979 年。

周振鹤：《初读〈现代汉语词汇的形成〉中译本》,《词库建设通讯》,15,1998 年,第6 页。

将名称和实际配对：
翻译和中国逻辑学的发现

顾有信

导　言

　　王国维最早将 20 世纪之交的二三十年称为中国历史前所未有的"发见时代"。[①]对他这样强调的评价，可以从不止一种意义上进行证明。王国维自己指的是，通过河南出土的甲骨文，敦煌出土的竹书和帛书以及在其他地方发现的被埋没很久的尤其是在帝国边际时代的文献和历史文物，发现了可利用的中国远古的文字和实物的资料。但是，人们也可以引证不易触知的发现去证实他的评价。通过翻译欧洲语言(或经由日语)的著作，中国与西方知识频繁接触，刺激了汉语术语数量的扩展，最终激起了中国话语空间发生根本性的重新组合。对西方派生术语和概念的改造吸收，不仅导致几个世纪以来构成中国学术话语框架的术语和概念体系逐渐被取代，还加速了被忽视的中国知识遗产的发现和再发现，这些遗产将被解释为新的历史描述，并被用作对替代性的或可能被忘记了的传统的构建。

　　[①] 王国维：《最近二三十年中中国新发现之学问》，《清华周刊》350，1925 年，重印于姚淦铭、王燕编：《王国维文集》，4 卷本，北京：中国文史出版社，1997 年，第 4 卷，第 33~38、33 页。

呈现意义：

晚清中国新学领域

20世纪早年中国"逻辑"话语的出现，是上述第二种知识发现的例证。然而，这很少引起人们注意。中国的逻辑和哲学史学家通常忽视最早发现本土逻辑问题理论的人们所做的尝试性努力，[①]而是将他们的分析集中于至少十年后，由受过训练的逻辑学家胡适、章士钊(1881—1973)、郭湛波或虞愚(1909—1989)等进行的最早的系统研究。[②]中国之外，很少有文章论及这个问题。[③]

在这篇论文中，我将努力证明，这种忽视是不幸的。近距离观察最早用逻辑术语解读中国古代文献的文本，可以洞察翻译双重过程中(首先是文化间的，然后是文化内的)所存在的危险。这种翻译双重过程塑造了关于中国思想历史的现代话语，这种话语的形成首先发生在中国，然后，由于更新翻译，也发生在西方。尽管它们有印象主义的特性，我将要讨论的刘师培、章炳麟、梁启超和王国维等人的文本，不仅突显了作者的精巧性，他们努力用未经验证的概念工具去描绘未经绘制的领地；这些文本还表明，早期的翻译者

① 较详细地论述这些发展的专著仅有：李匡武编：《中国逻辑史》，5卷本，兰州：甘肃人民出版社，1989年，第4卷，第126～180页；彭漪涟：《中国近代逻辑思想论》，上海：上海人民出版社，1991年；曾祥云：《中国近代比较逻辑思想研究》，哈尔滨：黑龙江教育出版社，1992年；赵总宽编：《逻辑学百年》，北京：北京出版社，1999年，第5～131页。相关资料汇集于：周云之等编：《中国逻辑史资料选》，6卷本，兰州：甘肃人民出版社，1991年，第4卷，第240～357页。大多数中国逻辑思想史论著仅用很少的页面论述这个问题。例如，参见王奠基：《中国逻辑思想史分析》，北京：中华书局，1961年；王奠基：《中国逻辑思想史》，上海：上海人民出版社，1979年；周文英：《中国逻辑思想史稿》，北京：人民出版社，1979年；杨沛荪编：《中国逻辑思想史教程》，兰州：甘肃人民出版社，1988年；温公颐、崔清田编：《中国逻辑思想史教程(修订本)》，天津：南开大学出版社，2001年。

② 胡适：《先秦名学史》(博士论文，哥伦比亚大学，1917年)，上海：亚东图书馆，1922年；胡适：《中国哲学史大纲》，上海：商务印书馆，1919年；章士钊：《逻辑指要》，重庆：时代精神社，1943年(手稿完成于1917年)；郭湛波：《中国辩学史》，上海：中华书局，1932年；虞愚：《中国名学》，南京：正中书局，1937年。

③ 参见高田淳：《中国近代的"论理"研究》，《讲座东洋思想》4，系列2：《中国思想》3，1967年，第215～227页；伍威·法兰肯豪瑟：《逻辑学和20世纪初中国的国家自我理解》，载克里斯蒂·汉谟、伯纳德·福勒编：《中国的自我理解和文化同一："文化中国"》，多特蒙德：帕劳杰克普特，1996年，第69～80页。

已建立和共同达成一个"清晰的表达框架"，①后来的作者用他们对"中国逻辑思想史"自信的解释填充该框架。这样，我的论文意欲成为朝向一个话语谱系的第一步，这个话语谱系的出现，我认为，在19世纪末之前几乎是不可想象的。

一、欧洲逻辑学在明末清初中国

为了证实上文所说的后一个命题，有必要回顾西方逻辑在17世纪和后来19世纪再度被中国接受过程中，中国人全然漠不关心的态度。就我们所知，最早的欧洲逻辑片断是由耶稣会士罗明坚（1543－1607）和利玛窦翻译成汉语的。他们的问答式作品，提及亚里士多德"四因说"概念和其他与推理实践有关的概念。②此外，演绎证明的形式通过数学译作，尽管不完善，被介绍到中国，最著名的是欧几里德（Euclid）的《几何原本》（*Elements*）。③这些文本中，没有一个文本告知读者，所提供的概念属于一个叫做"逻辑"的独立分支的西方科学。艾儒略于1623年最早明确指出逻辑学是独立科学。在他的《西学凡》和被更广泛阅读的《职方外纪》中，艾儒略将"落日加"（逻辑）作为欧洲大学预科的课程之一。④艾儒略将这一学

---

① 参见弗瑞特尤夫·罗迪：《寻求清晰表达框架的历史哲学》，载彼得·H·海里编：《历史性地研究哲学》，布法罗，纽约：普罗米修斯书屋，1988年，第329~340页。虽然我不是完全按照罗迪的意思使用这个词语，我同意他对这个框架的定义，即这个框架"是一个影响、倾向、调适的复杂网络，聚焦于单个理论和体系的发展"，还有，它"由普通语言要素和单个作者的技术术语、概念和定义构成；后来哲学家对它们的综合和解释；对后来成为新理论和系统见解的调适的反思；哲学以外的决定性因素如时代、政治和社会趋向的一般问题以及文学、艺术和科学的跨文化关系等等"。弗瑞特尤夫·罗迪：《寻求清晰表达框架的历史哲学》，载彼得·H·海里编：《历史性地研究哲学》，布法罗，纽约：普罗米修斯书屋，1988年，第334页。

② 参见罗明坚：《天主圣教实录》，北京，1584年，第4页；利玛窦：《天主实义》（1601年），蓝克实、胡国祯译，圣路易斯：耶稣会文献研究所，1985年，第84页。参见梅文健：《利玛窦〈天主实义〉中欧洲哲学的论题》，载《利玛窦国际学术讨论会论文集》，马切拉塔：利玛窦研究中心，1984年，第65~92页。

③ 参见彼得·恩格弗里：《欧几里德在中国：欧几里德〈几何原本〉1607年最早译本的出现及其1723年前的被接受过程》，莱顿：布里尔学术出版社，1998年。

④ 艾儒略：《西学凡》，杭州，1623年，重印于李之藻编《天学初函》（1628年），6卷本，台北：台湾学生书局，1965年，第1卷，第1~60、31~33页。艾儒略：《职方外纪》，杭州，1623年，重印于李之藻编：《天学初函》（1628年），台北：台湾学生书局，1965年，第3卷，第1269~1496、1360~1361页。

科或多或少中性地定义为"区分对错的方法"和"从猜测和错误中辨别真知识"，艾儒略确切无疑地指出，像哲学整体一样，落日加事实上不过是一种"神学的婢女"。①

《名理探》一书最早对这个婢女的巨大能力进行了阐释。《名理探》是基于亚里士多德《范畴篇》(Categories)和波菲利(Porphyry)的《亚里士多德〈范畴篇〉导论》(Eisagogue)的拉丁语课本的部分译文，傅汛际(1587—1653)于1631年和1639年分两次将其出版。②《名理探》是傅汛际和信徒李之藻五年多艰苦劳动的结果，傅汛际的任务是"译意"(翻译意思)，而李则尽其全力做到"达辞"。③以我们的观点，这个真正令人敬慕的努力的最有趣的方面是，即使李之藻和傅汛际也想不出一个适当的汉语语境来置放西方逻辑。字面上，李之藻在翻译过程中发明的数十个专业词语，没有一个是从今天被认为是中国逻辑遗产重要部分的文本或语境派生而来的。④而且，因为该译著

---

① 《西学凡》，第31页。又见陆鸿基：《艾儒略介绍西方学术传统到17世纪的中国：〈〈西学凡〉研究〉，载蒂齐安那·李皮耶络和马雷凯编：《来自西方的学者：艾儒略和天主教与中国的对话》，内特塔尔：斯泰勒出版社，1997年，第479~518、493~495页。

② 傅汛际、李之藻：《名理探》，杭州，1631—1639年，台北：台湾商务印书馆，1965年重印，2卷本。《名理探》的拉丁文原书由科英布拉(Coïimbra)大学的塞巴斯蒂安·的·库托(Sebastian da Couto)编辑，1611年在科隆(Cologne)印刷(初版于1607年)，名为 *Commentarii Collegii Conimbricences e Societas Iesu in Universam Dialecticam Aristotelis Stagiritæ, nunc primum in Germania in lucem editi*(《亚里士多德辩证法概论》)。参见惠泽霖：《亚里士多德在中国》，《北京天主教公报》264，1935年8月，第417~429页；又见深泽助雄："论《名理探》的翻译"，《中国思想和文化》1，1986年，第20~38页。

③ 傅汛际、李之藻：《名理探》，杭州，1631—1639年，台北：台湾商务印书馆，1965年重印，2卷本，第1卷，第1页。

④ 参见：《技术术语表》，出自罗伯特·瓦尔德：《亚里士多德在中国：语言、范畴论和翻译》，剑桥：剑桥大学出版社2000年，第153~160页。对于《墨子》的《墨辩》篇的类似的研究见包遵信：《〈墨辩〉的沉沦和〈名理探〉的翻译》，《读书》1，1986年，第63~71页。相比较，何莫邪认为"在李之藻的译文中有证据表明，他在翻译中参考了佛教逻辑"，但是他没有证实自己的估计。参见何莫邪：《中国传统的语言和逻辑》，载李约瑟编：《中国的科学与文明》，第7卷，第1部分，剑桥：剑桥大学出版社，1998年，第165页。唯一明显的例外是，李之藻为"逻辑"使用的术语"名理"，该词在三四世纪的学术辩论中并没有重要作用，自从汉代早期以来成了一个含糊的与辩论有关的普通名称。参见何莫邪：《中国传统的语言和逻辑》，载李约瑟编：《中国的科学与文明》，第7卷，第1部分，剑桥：剑桥大学出版社，1998年，第354页。

"充满了专门创制的、可怕的技术词语"，①任何读者，不管他如何精通汉语文献和先前的耶稣会士作品，如果没有一个有本事的导师连续指导，将难以领会其意义。同样的情况适合于包括在南怀仁(Ferdinand Verbiest, 1623—1688)1683 年《穷理学》中这一文本的扩展版本。《穷理学》是一部西方科学和哲学的综合文集，编辑目的是徒然希望吸引帝国对于基督教教育课程的支持。②不足为奇，这本书，甚至逻辑学整体，从来没有对基督教社团之外发挥任何显著的影响，不久便被人所遗忘。③

二、晚清的逻辑学

在中国话语语境下西方逻辑学初次突然出现时所表现出的激烈变化的特点，在西方逻辑学 19 世纪后半期再度在中国断断续续出现时仍然可以感觉到。与其他学科相比，直到 20 世纪之交，对逻辑学的介绍仍是零星的。尤其是因为现在提供和推销知识给中国的新教传教士，不如他们的耶稣会士先驱对这一学科重视。一个例外是艾约瑟，他在 1875 年《亚里士多德里传》中对逻辑学作了新的解释。④然而，艾约瑟不知道耶稣会士发明的复杂术语，也许是不愿采用它们，艾约瑟在解释亚里士多德的"辩论之理"（即"逻辑学"）或更专业性的"初中终三级完备之理"（即"三段论法"）怎样被不同阅历的人所使用，以到达永恒真理和在辩论中使人信服时，遭遇到不少困难。⑤

① 罗伯特·瓦尔德：《亚里士多德在中国：语言、范畴论和翻译》，剑桥：剑桥大学出版社，2000 年，第 86 页。

② 参见杜鼎克、钟鸣旦合编：《南怀仁的〈穷理学〉(1683 年)》，载高华士编：《南怀仁时代在华天主教士：传教途径的某些方面》，鲁汶：鲁汶大学出版社，1999 年，第 11~31 页。

③ 即使对基督教团体内部的影响的例证也极少见。参见曹杰生：《略论〈名理探〉的翻译及其影响》，载《中国逻辑史研究》，北京：中国社会科学出版社，1982 年，第 285~302、294 页。

④ 艾约瑟：《亚里士多德里传》，《中西闻见录》第 32 号 1875 年，第 7~13 页。

⑤ 艾约瑟：《亚里士多德里传》，《中西闻见录》第 32 号 1875 年，第 11 页。

一个更实质的贡献是他的《辨学启蒙》，这是艾约瑟于 1886 年完成的哲分斯流行的中学教科书《逻辑学》一书的译本。[①]虽然他常采用解释的方法而不新造的专用词语，因此不能达到如《名理探》那样的准确程度，但他的翻译对于习惯了当时混合语言的科学著作的读者来说，是不难理解的。[②]即使读者不能完全依赖其课本学习推理的有效形式，他们也被引导到一种学科，这个学科与亚里士多德和耶稣会士所教授和实践的逻辑学很少有共同点。《辨学启蒙》中的逻辑不再仅仅是基督教信仰和文艺复兴科学的婢女，而是成了"进步"的强有力工具。然而，仍无证据显示中国读者表现出积极的反应。弗兰西斯·培根的《新工具》(*Novum Organum*)的概要也遇到同样的情况。该书的概要以《格致新理》和《格致新法》为名，在三期教会杂志上连载。该书的部分译文于 1888 年以《格致新机》为名出版专书。[③]

进一步的观察可以看到，直到世纪之末，逻辑学与主流的和变法维新话语的距离仍然有多么远。首先，我们可能注意到，直到1902 年，词典编纂者仍不能为"逻辑"一词找到一个较稳定的汉语对应词。为了提供选择，他们被迫发明更多的新词和解释，这些新词和解

---

① 哲分斯著，艾约瑟译：《辨学启蒙》，载艾约瑟编：《格致启蒙》，16 卷，北京：总税务司，1886 年。根据伦敦麦克米兰公司 1876 年出版哲分斯 Logic(Science primers)一书翻译。

② 在这个问题上，我不同意以下两书观点，李匡武编：《中国逻辑史》，5 卷本，兰州：甘肃人民出版社，1989 年，第 4 卷，第 127~132 页；杨沛荪编：《中国逻辑思想史教程》，兰州：甘肃人民出版社，1988 年，第 291~292 页。对于艾约瑟术语选择的详细分析，参见我的论文《翻译科学之科学：现代汉语逻辑术语形成过程中的欧洲和日本模式》，1866—1912 年，载詹姆士·C·贝克斯特和乔苏·A·费格尔编：《历史编纂与日本的价值和规则意识》，京都：国际日本学研究所，2002 年，第 53~76 页。

③ 《新工具》的概要发表在慕维廉：《格致新理》，《益知新录》，1.1–1.5(1876 年 7 月—1876 年 11 月)；慕维廉：格致新法，《格致汇编》，2.2(1877.3)；2.3(1877.4)；2.7(1877.8)；2.8(1877.9)和 2.9(1877.10)；慕维廉：《格致新法》，《万国公报》，1.506–1.513(1878.9–1878.11)。《新工具》第一册的译文出现在：月庚著，慕维廉、沈毓桂译：《格致新机》，北京：同文书会和上海：格致书院，1888 年。关于后者(《格致新机》)，参见邹振环：《译林旧踪》，南昌：江西教育出版社，2000 年，第 55~57 页。

释或许在他们作品之外从来不会被人使用。[①]其次，逻辑对于广泛传播的"西学中源"说来说，是一个显著的例外。西学中源说对于普及西学知识的其他分支起了很大作用。[②]甚至，西学中源话语的综合巨著，其明确用意是要证明所有所谓"新"知识分支扎根于中国的《格致古微》一书，也没有一字论及逻辑学。[③]最后，或许最惊人的是，迟至 1896 年，一本原本收录不错的西学书目将艾约瑟的《辨学启蒙》与游记、博物学和烹调书一起列入"未分类"项下。[④]

三、严复和现代性的推理法

1900 年前后，西方逻辑突然出现在中国话语中，显得非常引人注目。在唯一可用的逻辑课本使得目录学家感到困惑的仅六年后，国家最权威的高等教育机构中已开始教授这门课程。京师大学堂译书局章程中特别提及翻译逻辑学教材的任务。[⑤]许多发行量大的期刊发表逻辑学的文章，其中大部分是从日语翻译而来。[⑥]为了满足教育机构和感兴趣的读者日益增长的需求，私人出版商努力提供可读的入门书。[⑦]

突如其来的逻辑热浪潮，当然与中日战争和流产的戊戌维新后对各种近代知识的全面开放紧密相关，也与从日本涌入的新思

① 见顾有信：《遇到逻辑术语：西方概念的中国本土化》，载朗宓榭、阿梅隆、顾有信等编：《新思想的新术语：中华帝国晚期的西学和词汇变化》，莱顿等：布里尔学术出版社，2001 年，第 147~176、156~157 页。

② 参见全汉昇：《清末的西学源出中国说》，《岭南学报》4.2，1935 年，第 57~102 页。

③ 参见王仁俊：《格致古微》(1896 年)，重印于任继愈编：《中国科学技术典籍通汇》，第 1 卷，第 7 部分，郑州：河南教育出版社，1993 年。例外的情况见顾有信：《遇到逻辑术语：西方概念的中国本土化》，载朗宓榭、阿梅隆、顾有信等编：《新思想的新术语：中华帝国晚期的西学和词汇变化》，莱顿等：布里尔学术出版社，2001 年，第 156 页。

④ 梁启超：《西学书目表》，上海：慎始基斋，1896 年，3.20a-b。

⑤ 参见《京师大学堂译书局章程》，1903 年，重印于黎难秋编：《中国科学翻译史料》，合肥：中国科学技术大学出版社，1996 年，第 493~497、494 页。

⑥ 参见周云之等编：《中国逻辑史资料选》，6 卷本，兰州：甘肃人民出版社，1991 年，卷 5.1，第 503~543 页；复旦大学哲学系资料室、四川大学哲学系资料室：《1900－1949 年全国主要报刊论文资料索引》，北京：商务印书馆，1989 年，第 215~222 页。

⑦ 参见王云五：《商务印书馆与新教育年谱》，台北：台湾商务印书馆，1973 年，第 16 页。

潮有关，从 19 世纪 80 年代以来逻辑学就是日本大学教育的一个科目。①然而，正如许多评论者所指出，20 世纪初中国逻辑学的奇特图像最早是由严复绘制成形的，严复是第一个对科学保持了持久激情的著名学者。②

　　严复在近代中国学术史中的作用当然有被夸大的倾向，但是从我所关注的较窄的语境来说，他的参与确实具有决定性影响。他不仅最终将逻辑和宗教分离（"异教"在现代中国仍然引起如此多的怀疑），他还引进许多概念，尽管不是词语，这些将决定直到20世纪 20 年代的逻辑话语。严复的不朽成就之一是约翰·斯图加特·穆勒里程碑式的《逻辑体系》的部分内容，译文中他暗中使用或者模仿先秦散文的古典风格，创造了一种全新的术语。③虽然他发明的词语几乎没有被沿用下来，④他的译本被广泛阅读和征引，如某些批评家所指，仅仅是由于严复的公众影响力，⑤而且，严复通过一个短命的名学会和许多公众演讲传播新科学。⑥他的坚持不懈的游说，也为逻辑学很快被纳入中学和大学的课程起了推动作用。

　　① 参见船山信一：《明治论理学史研究》，东京：理想社，1968 年（"1968 年"为原书此处遗漏，据本文脚注补充。——译者按），第 19~44 页。
　　② 特别参见本杰明·史华兹：《寻求富强：严复和西方》，坎布里奇，马萨诸塞：哈佛大学出版社，1964 年，第 186~196 页；张志建、董志铁：《试论严复对我国逻辑学研究的贡献》，载《中国逻辑史研究》，北京：中国社会科学出版社，1982 年，第 303~320 页；孙中原：《论严复的逻辑成就》，《文史哲》1992 年第 3 期，第 80~85 页。
　　③ 严复译：《穆勒名学》（1905 年），3 卷本，上海：商务印书馆，1931 年。该书手稿从 1902 年起即在严复的同伴中流传。该书译自 John Stuart Mill. *A System of Logic. Inductive and Ratiocinative.* London：Parker，1843.数年后，严复发行了哲分斯的 Logic 的译本，即严复译：《(耶芳斯)名学浅说》（1909 年），北京：商务印书馆，1981 年。到那时，出现了很多比严复的晦涩古文易懂的逻辑学书籍，因此该译作的影响很有限。
　　④ 由严复译作产生的两百多逻辑学术语中，仅有极少数今天仍在用。参见朗密榭、阿梅隆、顾有信：WSC 数据库：产生于 19 世纪和 20 世纪早期的中国社会、哲学和政治术语的电子数据库，2001 年，网址 http://www.wsc.uni-erlangen.de/wscdb.htm。
　　⑤ 这个观点参见朱执信：《就论理学驳〈新民丛报〉论革命之谬》，《民报》第 6 号 1905 年第 6 号，第 65~78、65 页。
　　⑥ 参见王蘧常：《严几道年谱》，上海：商务印书馆，1936 年，第 55 页。

将名称和实际配对：翻译和中国逻辑学的发现

对于严复而言，逻辑并不仅仅是纯学术的关注。深深着迷于他在格林尼治皇家海军学院接触到的穆勒的"狂热归纳推理"，[①]严复将逻辑想象成普遍适用的"艺术"，当持续应用时，将带来无限的科学和社会政治进步。西方力量的基础是培根的科学探索精神，这种精神必须依靠逻辑才能得到实际应用。这样，逻辑使欧洲人建立"新理"，"新理"使欧洲在现代得以富强。相反，中国不能以同样的道路发展，因为中国的经典中缺乏逻辑严密和想象，而且由于忽视正确的定义，其中充满了模糊。[②]

从1895年开始，严复再三告诉其日益增长的读者群，逻辑学潜在的奇异的艺术仅由两种基本方法组成："归纳"（他译为"内导"或"内籀"）和"推理"（"外导"或"外籀"）。他在一篇早期的论文中写道，在"内导"时，人们"合异事而观其同，而得其公例"，而在"外导"时，人们"于意中皆有一例"，这个"例"（规律）是通过"试验"印证过的，因此，"印证愈多，理愈坚确也"。[③]因此归纳法是中国所急切需要的自然科学应走的捷径。但是，严复与穆勒有同样的信念，即认为在残酷的事实基础上，推理法提供了推理和验证一个原理的方法，不管它是数学法则或政治和哲学的信仰。合在一起，正如严复所描述的，西方逻辑的"二端"，作为必不可少的现代性的推理工具，是治疗中国许多疾病的良药。20世纪早年知识大众对新的科学知识的兴趣的发展速度之快，证实了严复在使读者分享他的非常乐观的信念方面，取得了很大程度的成功。

四、从跨文化到文化内翻译

当"西方"逻辑移植到中国话语领域后，不同知识和政治背景

---

① 参见本杰明·史华兹：《寻求富强：严复和西方》，坎布里奇，马萨诸塞：哈佛大学出版社，1964年，第189~190页。

② 参见彭漪涟：《中国近代逻辑思想史论》，上海：上海人民出版社，1991年，第62~65页。

③ 严复：《西学门径功用》(1898年)，重印于严复著，王栻编：《严复集》，5卷本，北京：中华书局，1986年，第92~95、94页。

的学者立即展开第二次，即文化内的翻译进程，最终导致有关我们从那时起称为"中国逻辑学"的独立话语的形成。从上可知，这种话语的迅速出现远非不证自明的。其他欧洲分支知识可以相对容易与广泛的文献或错或对地联系起来（正如西学中源说所确定的），相比之下，含有明确的逻辑思想的文献却颇为罕见。

或者至少这是最早想从中国经典中发现相关段落的西方人的观点。利玛窦自己多次说过，中国学术尽管很复杂，却"没有逻辑规则的概念"和不懂得"辩证法"。[①]对这个率直而有影响的论断的回响一直延续到 20 世纪。1902 年，最早研究现存名家著作的欧洲学者之一阿尔佛雷德·佛尔科写道，这些"中国诡辩家"的"辩证法"是：

> 最原始的那种……中国人头脑从来没有超出这些原始的辩证法，发展出一个完整的逻辑体系，或许是因为它本身太不讲逻辑。[②]

最早将欧洲逻辑引入明治思想的日本学者，尽管在其表述中不像上述论断那样屈尊，但他们同样坚信，中国和日本从来不知道也不渴求一种可与西方逻辑相比的一门知识。[③]

"中国逻辑"——在中国古代经典明确表达的逻辑理论的意义上——的最终发现常归功于哲学家孙诒让（1848－1908）。1897 年，即在他的价值极高的《墨子》的重编本的修订版印刷后不久，他写信给梁启超。这封信在他逝世后才发表，其中写道：

---

① 德礼贤编：《利玛窦文集和最早的中欧关系》，3 卷本，罗马：国家图书馆，1942－1949 年，第 1 卷，第 39 页；第 2 卷，第 77 页。又见《十六世纪的中国：利玛窦中国札记，1583－1610 年》，路易斯·J·格勒吉翻译，纽约：蓝登书屋，1953 年，第 30、325、341 页。

② 阿尔佛雷德·佛尔科：《中国的诡辩学派》，《皇家亚洲协会中国分会会刊》34，1902 年，第 1~100、5 页。

③ 参见坂出祥伸：《明治哲学对中国古代论理学的理解》，载船山信一：《明治论理学史研究》，东京：理想社，1968 年，第 242~268、242~248 页。

将名称和实际配对：翻译和中国逻辑学的发现

尝谓《墨经》楬举精理，引而不发，为周名家言之宗，窃疑其必有微言大例，如欧士论理家雅里大得勒之演绎法、培根之归纳法及佛氏之因明论者。①

不幸，孙诒让从来没有证实他的"怀疑"。严复第二年在《天演论序》中提出了一个同样含糊的论断：

司马迁(在《史记》中)曰："《易》本隐而之显。《春秋》推见至隐"，此天下至精之言也。始吾以谓本隐之显者，观象系辞以定吉凶而已；推见至隐者，诛意褒贬而已。及观西人名学，则见其于格物致知之事，有内籀之术焉，有外籀之术焉。内籀云者，察其曲而知其全者也，执其微以会其通者也。外籀云者，据公理以断众事者也，设定数以逆未然者也。乃推卷起曰：有是哉，是固吾《易》、《春秋》之学也。迁所谓本隐之显者，外籀也；所谓推见至隐者，内籀也。其言若诏之矣。二者即物穷理之最要涂术也。而后人不知广而用之者，未尝事其事，则亦未尝咨其术而已矣。②

即使在他对穆勒和耶芳斯(哲分斯)译作所作长注中，严复仅仅宣称"夫名学为术，吾国秦前，必已有之"外，没有提出进一步论断。③要说他对正在出现的中国逻辑话语有杰出贡献，那就是他坚持将"名学"作为"逻辑"最恰当的译名。尽管有批评认为，选择"名学"的译名意味着将完全外国化的科学和中国名家的关怀之间不可靠地对等起来。④这样，说孙诒让或严复应当被当作被忘记二千多年的"传统"的发现者，证据显得很弱。事实上，如果仅仅因为怀疑经典中某一段落

----

① 孙诒让：《与梁卓如论墨子书》(1897年)，重印于：《孙籀庼先生集》，15卷本，台北：文艺出版社，1963年，第2卷，第581~585、582页。

② 严复：《译天演论自序》(1897年)，重印于严复著，王栻编：《严复集》，5卷本，北京：中华书局，1986年，第1319~1321、1319~1320页。

③ 严复：《名学浅说》(1909年)，北京：商务印书馆，1981年，第46页。

④ 参见严复：《穆勒名学》(1905年)，3卷本，上海：商务印书馆，1931年，第1卷，第2~3页。批评意见，参见朱执信：《就论理学驳〈新民丛报〉论革命之谬》，《民报》第6号，1905年，第65页。

含有与欧洲逻辑相关的见解,就足以使其得到这一荣耀的头衔的话,那么,这一头衔应归于语法学家乔治·冯·登·格贝兰茨,他在1888年出版的简要介绍《墨子》的文章中写了下述一段话:

> 第十卷(第40~43章),特别难懂。它表面上主要由许多定义组成,文风特别简明和抽象,在许多地方,文字看起来是有意地写得不清晰。全书深奥难解。时而我们被导向怀疑,在定义后面有一个综合判断和肯定的陈述,然而它看起来又似乎用例子来讲解形式逻辑和辩证法的。这是我所遇到的最晦涩的文本之一。[①]

在任何情况下,这些先锋的"发现家"没有一人对20世纪中国逻辑话语表达实际框架的构建起到很大作用。相反,这个框架的构成要素于1903—1909年间在刘师培、章炳麟、梁启超和王国维的一系列论文中得到确定和讨论。尽管路径不同,他们每个人都对逻辑学的未来框架做出了原始的贡献。

五、古典学者:刘师培

刘师培在这个语境中的作用常被低估。刘师培是17世纪以来作为汉学中心的扬州一个显赫的学术世家的早熟的传人,他以变色龙一样的政治激进主义而闻名。[②]在20世纪初,他又被认为是中国知识界的希望之一,这是由于他在家乡扬州受到完美的语言文字学教育,他的快速以及大胆创新的笔锋和他在吸收外国思想和融通中西方面表现出来的多才多艺。1903年,他发表的第一本书《中国民约精义》,是这种能力的惊人例证。[③]为了宣传让·雅克·卢梭的《社会契

---

① 乔治·冯·登·格贝兰茨:《论中国的哲学家墨子》,莱比锡的学术团体关于撒克逊王国的讨论报告,《哲学史课程》40,1888年,第62~70、68页。(我将该段话从德文译成英文——顾有信)

② 参见张灏:《危机中的中国知识分子:寻找秩序和意义,1890—1911》,伯克莱:加州大学出版社,1987年,第146~179页。

③ 刘光汉(刘师培):《中国民约精义》(1903年),重印于刘师培:《刘师培全集》,北京:中共中央党校出版社,1997年,第1卷,第560~597页。

约论》的概念,这些概念通过日文的翻译在中国已经被人知道,刘师培故意把文章分成小的段落,解释有用的段落,通过引述权威的中文文献来确证他的解释。①当然,刘师培不是首先采用这项技术的人——这类似于许多解释"西学中源"说的文章的辩论策略——但他采用这种释经的手段,比先前的作者更为具有说服力。特别是,他根据其翻译需要,随意变更"词义"和"词"的顺序。他的一篇激进的论文《攘书》包含一些学术章节,刘师培应用严复对穆勒的《名学》的翻译去论证荀子(约前 325—前 238 年)《正名篇》的深刻思想,而一旦需要时,他又会反其道而行之。②

刘师培在《攘书》和他后来的作品中,对逻辑的理解完全按照严复的理解。像严复一样,他把"归纳"和"演绎"当作逻辑的中心关注点,他还引述了严复对穆勒著作的一段译文,强调逻辑不能被看做纯粹形式的"思之学",而是"求成之学",承载道德和精神的方面。③刘师培试图在中国传统学术范围内为逻辑找到一席之地,这也是明显受了严复的影响。利用严复将西方逻辑译为"名学",刘师培试图将逻辑置于"小学"的框架之内。很明显,这是不容易的。为达此目的,刘将中国古典文献中关于"名"的性质和功能的各种观点,主要根据《荀子》的启发,综合为概念理论。④在这种努力中,刘

---

① 参见王晓玲:《刘师培和他的中国社会观》,《汉学研究》,17.1-2,1998 年,第 155~190 页。

② 刘光汉(刘师培):《攘书》(1903 年),重印于刘师培:《刘师培全集》,北京:中共中央党校出版社,1997 年,第 2 卷,第 1~17、15~17 页。

③ 刘光汉(刘师培):《攘书》(1903 年),重印于刘师培:《刘师培全集》,北京:中共中央党校出版社,1997 年,第 2 卷,第 15 页。

④ 除了《攘书》中的评论,刘师培还发展这一理论于:刘光汉(刘师培):《小学发微补》(1905 年),重印于刘师培:《刘师培全集》,北京:中共中央党校出版社,1997 年,第 1 卷,第 422~442 页;刘光汉(刘师培):《国学发微》(1905 年),重印于刘师培:《刘师培全集》,北京:中共中央党校出版社,1997 年,第 1 卷,第 474~499 页;刘光汉(刘师培):周末学术史序(1905 年),重印于刘师培:《刘师培全集》,北京:中共中央党校出版社,1997 年,第 1 卷,第 500~525 页;刘光汉(刘师培):《荀子名学发微》(1907 年),重印于刘师培:《刘师培全集》,北京:中共中央党校出版社,1997 年,第 3 卷,第 316~318 页。

师培不断地用逻辑证明荀子关于分类法的论述。他的努力中的一个新奇元素是，在中国经典中发现与西方逻辑关键词语相对等的词语。这样，他将荀子的"共名"和"别名"注释为"公名"和"专名"。把"大共"和"大别"及"归纳"和"演绎"进行配对。①此外，他提出一些"因明"术语作为欧洲概念的功能对等词，验证了孙诒让早期关于西方逻辑和中国佛教推理(它本身仅在中国被重新发现)的相似性的提示。②然而，尽管刘师培比他的先驱者更努力地寻找可能的对等语，但他坚持认为，西方逻辑和"因明"仅适合于补充而不是代替中国小学，因为它没有在独特的中国语言和文字的基础上演化。

刘师培对传统中国学术优越性的公开崇信也促使他从 1905 年后投身于保存中国"国粹"的运动中。在此运动背景中，他对中国正在出现的逻辑话语做出另一影响深远的贡献。国粹派的一个目标是复兴中国的文化遗产，类似于欧洲文艺复兴中希腊思想的重新发现。③在国粹派期刊的第一期，刘师培在《周末学术史序》一文中规划出详细的复兴计划。④在这个规划中，他只不过是用近代学科的线索去重新审视中国学术史（其中他悄悄地放进两章关于中

---

① 刘光汉(刘师培)：《攘书》(1903 年)，重印于刘师培：《刘师培全集》，北京：中共中央党校出版社，1997 年，第 2 卷，第 16~17 页。《荀子》，22.2 后使用的术语的英译据下书改写：约翰·诺布洛克：《荀子：全译和研究》，3 卷本，斯坦福：斯坦福大学出版社，1994 年，第 3 卷，第 130 页。

② 刘光汉(刘师培)：《攘书》(1903 年)，重印于刘师培：《刘师培全集》，北京：中共中央党校出版社，1997 年，第 2 卷，第 16~17 页。晚清民国时期佛教逻辑的重新发现，参见伍威·法兰肯豪瑟：《中国佛教逻辑导论》，威斯巴登：赫拉斯维茨，1996 年，第 205~217 页；又见姚南强：《因明学说史纲要》，上海：三联书店，2000 年，第 328~339 页。

③ 参见郑师渠：《晚清国粹派——文化思想研究》，北京：北京师范大学出版社，1997 年，第 132~139 页；马丁·伯纳尔：《刘师培与国粹运动》，载费侠莉编：《变化的限度：近代中国保守主义思想论文集》，坎布里奇，马萨诸塞：哈佛大学出版社，1976 年，第 90~112、106 页。

④ 刘光汉(刘师培)：《周末学术史序》(1905 年)，重印于刘师培：《刘师培全集》，北京：中共中央党校出版社，1997 年，第 1 卷，第 500~525 页。由于刘师培从来没有想过要写一本这些"序言"所指的书，这个标题似应译为"Prolegomena to…"。参见黎锦熙：《序》(1936 年)，重印于刘师培：《刘师培全集》，北京：中共中央党校出版社，1997 年，第 1 卷，第 26 页。

国小学的内容)。①在"心理学"和"道德学"之后,这个混杂的学术史的第三章"新方法",专门论述"论理学史"。

这一章意想的内容读起来不如其标题具有革命性。再次用严复的名学解释"论理学"("逻辑"一词通常的日语借来语②),刘师培对他在《攘书》中的论述作了根本上的修订。他对引文的重新排列,使得他不得不在其新的学术史的每章都必须回答的问题:哪些文章、学派或个人应当在某学科背景下被讨论? 在《攘书》中,刘指出逻辑和范围较广的经典文献的相似性,包括看起来可能性很小的文献,如《礼记》、早期词典如《尔雅》或《释名》和董仲舒(约前195—前105年)的《春秋繁露》。现在,他得出结论,早期中国逻辑史排他性地集中于荀子的《正名》。别的学派和文献,包括那些今天常被拿来讨论中国逻辑的文献——最著名的如名家和《墨经》,还有《尹文子》和《庄子》某些部分——被明确地排除在预想的经典之外,因为它们的作者仅"鉤钛析乱以诡辩相高",因此,他们是"诡辩家"而非"逻辑家",即真正的"名学家"。③

六、佛学家:章炳麟

章炳麟是刘师培长期的学术同伴,政治和学术倾向上,与他的学生有很多共同之处,更深深地扎根于古文经学。古文经学在晚清诸子学复兴中起了决定性的作用。④对于我们的研究目的而言,这个特殊的学术派别在两个方面具有其重要性:一方面,许多成为20世纪中国逻辑法则的文献,即《墨经》,如果没有这一学派的成员18

---

① 参见吴光兴:《刘师培对中国学术史的研究》,《学人》7,1995年,第163~186、172~176页。

② 对"逻辑"一词早期日语译名的研究,参见船山信一:《明治论理学史研究》,东京:理想社,1968年,第19~28页。

③ 刘光汉(刘师培):《周末学术史序》(1905年),重印于刘师培:《刘师培全集》,北京:中共中央党校出版社,1997年,第1卷,第503页。

④ 参见王汎森:《章太炎的思想——兼论其对儒学传统的冲击》,台北:时报文化出版公司,1985年,第26~33页。对于诸子学在晚清复兴的一般介绍,参见罗检秋:《近代诸子学与文化思潮》,北京:中国社会科学出版社,1997年,第50~200页。

世纪以来进行精心的文本考证，将无法读懂。没有孙诒让及其先驱们的努力，要发现它们的逻辑价值，即使不是完全不可能，也会更为艰难。[1]另一方面，到 19 世纪末，证明中国文化遗产多样性的持续努力严重削弱了儒学作为正统学说的最高地位。正是这种削弱使刘师培在其"序"中宣称"儒家仅为九家中的一家"[2]并提出重新描述中国学术史的方案，忽略历史悠久的经学和子学界限。

章炳麟的思考没有走得这么远。摒弃刘师培按照学科对中国学术遗产重组的建议，他建议改编《汉书·艺文志》的分类法以适应当代学术环境。所作改编之一涉及到"名家"，按章的意见，"名家"需要重新定义而为逻辑留出更多空间。在 1906 年发表的《诸子学说略》中，他相当清楚地勾画出这个新的理解：

> 凡正名者，亦非一家之术，儒、道、墨、法，必兼是学，然后能立能破，故儒有荀子《正名》，墨有《经说》上、下，皆名家之真谛，散在余子者也。若惠施（约前 370—前 310 年）、公孙龙（约前 325—前 250 年）辈，专以名家著闻，而苟为钑析者多，其术反同诡辩。[3]

在这段话中，章氏暗中将先秦九家之一的"名家"的通常含义，替换成与欧洲人"逻辑"相近似的意义。章炳麟承认，所有学派都可以找到这种知识的踪迹，他又不留疑问地认为荀子的《正名篇》和

---

[1] 参见葛瑞汉：《后期墨家的逻辑、伦理和科学》，香港等地：香港中文大学出版社，1978 年，第 64~72 页。

[2] 刘光汉（刘师培）：《周末学术史序》（1905 年），重印于刘师培：《刘师培全集》，北京：中共中央党校出版社，1997 年，第 1 卷，第 500 页。

[3] 章炳麟：《诸子学略说》（1906 年），重印于刘梦溪编：《中国现代学术经典——章太炎卷》，石家庄：河北教育出版社，1996 年，第 479~497、493 页。关于这篇文章在中国现代学术史上的地位，参见岛田谦次著，乔苏·A·费格尔译：《中国革命的先锋：章炳麟和儒教》，斯坦福：斯坦福大学出版社，1990 年，第 116~122 页。

《墨经》是这一方面最丰富的材料。与刘师培相似，他称赞荀子对名称、感知、智力和大量外在事实之间的关系的见识，并摒弃诡辩家惠施和公孙龙的夸张的艺术。与刘师培相反，他不仅仅将逻辑学理解为名学，即一个主要以名称为基础的学术。在章炳麟看来，逻辑确实是一种"论理学"，对于辩论实践具有检验价值，因此，他对《墨经》——孙诒让重构的版本——很尊重，《墨经》看起来至少提供了关于有效推理的形式和条件的基础理论。①

　　章详细阐述这个说法，通过相当复杂的翻译、再翻译和解释过程，该说法提出中国古代逻辑理论的另一个要素。经过努力，他将墨家的"故"②和中国佛教推理的"三支比量"中的"因"统一起来，将二者与亚里士多德"三段法"的"小前提"联系起来。③这样做不但要求不同寻常的诡辩程度，还使过去常常迷信现代理论优越性的读者可能感觉困惑，因为尽管章炳麟熟知欧洲思想，却用"因明"和本土词语来解释他引进的全部概念——这是当时很少采用的翻译策略，甚至文化保守主义者都不采用。

　　章炳麟选择本土词语作为其概念框架，反映出他的信念，即"因明"比《墨经》和欧洲逻辑提供了更有效的"论理法"。在1909年《原名》一文中，章炳麟更坚定地阐明了这一信念：

　　　　辩说之道，先是其旨，次明其柢，取譬相成，物故可形，因明所谓宗、因、喻（兼喻体喻依）也。印度之辩，初宗，次因，次喻。大秦之辩，初喻体，次因，次宗。其为三支比量一矣。《墨经》以因为

① 章炳麟：《诸子学略说》（1906年），重印于刘梦溪编：《中国现代学术经典——章太炎卷》，石家庄：河北教育出版社，1996年，第494~496页。又见罗检秋：《近代诸子学与文化思潮》，北京：中国社会科学出版社，1997年，第157页。
② 参见葛瑞汉：《后期墨家的逻辑、伦理和科学》，香港等地：香港中文大学出版社，1978年，第189~190页。
③ 参见章炳麟：《诸子学略说》（1906年），重印于刘梦溪编：《中国现代学术经典——章太炎卷》，石家庄：河北教育出版社，1996年，第495~496页。

故。其立量次第，初因，次喻体，次宗……大秦与墨子者，其量皆先喻体后宗。先喻体者无所容喻依，斯其短于因明。①

章炳麟的文化内翻译尝试就这样显示出一个奇特的形状。他以其机灵的综合能力表明，至少在基础层面，宣称"传统"即中国佛学的表达框架的优先，同时依照源于西方的理解来重新定义单个概念如逻辑王国的界限，是可能的。然而，除了少数著名的例外，他的努力的成功仅限于佛教界。

七、古生物学家：梁启超

当古文经学的支持者坚持以肯定的态度回答中国逻辑的问题时，曾师从今文学派的先锋康有为的梁启超，首先报以怀疑的态度。在几篇文章中，他批评严复将"逻辑学"译为"名学"，恰恰因为这种翻译将逻辑学与"战国'坚白同异'之言"联系太过紧密，然而"此学实与战国诡辩家言不同"②。在常被认为是第一部用汉语写的"近代化"的中国思想史论著《论中国学术思想变迁之大势》中，梁启超得出一个更为批判性的估价。在这篇文章中，他认为"论理思想之缺乏"是中国哲学首要的和先天的不足，特别是与古印度和希腊比较，那里逻辑很早就被作为自我独立的学科。在中国，邓析（卒于前 501 年）、惠施和公孙龙仅会"播弄诡辩"，因此不能打开逻辑研究的康庄大道。③梁启超指出中国缺乏逻辑理论的原因有三个：第一，中国学者过于注重实际运用，而从来没有发现"注意讨论对错"是必要的。第二，中国从来没有为其语言制订出一个语典或文典，因此，"措词设句之法"从来不能被人理解。第三，过于尊重教条和教师

---

① 章炳麟：《原名》（1909 年），刘梦溪编：《中国现代学术经典——章太炎卷》，石家庄：河北教育出版社，1996 年，第 111~118、115~116 页。

② 梁启超：《今世文明初祖二大家之学说》（1902 年），载林志钧编：《饮冰室文集》（1936 年），北京：中华书局，1990 年重印，第 13 集，第 1~12、2 页。

③ 梁启超：《论中国学术思想变迁之大势》（1902 年），载林志钧编：《饮冰室文集》（1936 年），北京：中华书局，1990 年重印，第 7 集，第 1~104、33 页。

阻止公开讨论和辩论。①

然而，像对其他许多事情一样，梁启超不久改变了主意，和通常一样带着复仇。1903 年到美国游历根本改变了他的政治和学术观点，②此次游历后他也变得着迷于中国文化的复兴。像其国粹派阵营的对手一样，梁启超感到中国学术的复兴依赖于中国古代遗产的重新发现。1904 年，他写道：

> 近世泰西之文明，导源于古学复兴时代。循此例也，故今者以欧西新理比附中国旧学，其非无用之业也明矣。③

最早从事此项事业的论文之一是梁启超的《墨子之论理学》，该文后来成为中国逻辑史学者的重要参考文献。

与他公开宣称的意图相一致，梁启超为他的文章确定的参考框架全部源于西方的术语，他从严复译作和其他译自日语的著作中自由选出这些词语。对于这个不久前否认中国古代存在任何与西方逻辑相似之物的人，梁启超很从容而镇定地运用这些词语。他的文章以《释名》篇开头，作为现代版本的"格义"，这是一种惊人的实践。梁启超轻易地举出许多证据，将《墨经》中的一些术语与一套基本逻辑概念联系起来，包括：名词、命题、前提、断案、媒词、特称命题、假言命题、法式、立证、比较、积叠式和推论。④他的解释策略的例子如下：

---

① 梁启超：《论中国学术思想变迁之大势》(1902 年)，载林志钧编：《饮冰室文集》(1936 年)，北京：中华书局，1990 年重印，第 7 集，第 34 页。

② 参见列文森：《梁启超与中国近代思想》，坎布里奇，马萨诸塞：哈佛大学出版社，1953 年，第 103~120 页。

③ 梁启超：《墨子之论理学》(1904 年)，载林志钧编：《饮冰室专集》(1936 年)，北京：中华书局，1990 年重印，第 37 集，第 55~72 页，55 页。

④ 梁启超：《墨子之论理学》(1904 年)，载林志钧编：《饮冰室专集》(1936 年)，北京：中华书局，1990 年重印，第 37 集，第 56~58 页。

名(墨子"小取"章)，以名举实。案：墨子所谓名，即论理学所谓名词 Term 也。如云："墨子者中国人也"，墨子与中国人为两名辞也。

辞(墨子"小取"章)，以辞抒意。案：墨子所谓辞，即论理学所谓命题 Proposition 也。如云："墨子者中国人也"，一语连续之为一命题也。

说(小取)，以说出故。案：墨子所谓说，即论理学所谓前提 Premise 也。凡论理学必用三段法，其第一段谓之大前提，第二段谓之小前提。如云"有道行能救人者圣人也"此大前提也。云："墨子者有道行能救人者也"，此小前提也。又案墨子之所谓说，以专属诸小前提差为确当。①

这里有两点值得注意。第一，在上述及后面的例子中，与验证他的某一配对的选择相比，梁启超更注重解释他所建议翻译《墨子》对应词语的西方术语的意思。第二，仅从梁启超提供的证据的基础上，对他建议的翻译是否正确，读者很难作出理性判断。他的某些配对，如相当明显的"名"和"term"，被后来的学者所采用或至少考虑过；绝大多数配对很快被放弃。至少，在他的论文的其余部分，梁启超在公开证实的文本支持下，成功地建立了一套关键术语。这个可称为古生物学的证据，使他能尝试重建失去已久的大概成为化石的《墨经》中的逻辑体系。

按梁启超的描述，这个被遗忘的体系，看起来与传统欧洲课本的三段法的基本形式极为相似。除了在他的论文第一部分他发现的逻辑概念的配对，现在他发现了隐含的和未发现的普及原则和

---

① 梁启超：《墨子之论理学》(1904 年)，载林志钧编：《饮冰室专集》(1936 年)，北京：中华书局，1990 年重印，第 37 集，第 56 页。《小取》第十一的英文译文，从葛瑞汉的译文改写而来，葛瑞汉：《后期墨家的逻辑、伦理和科学》，香港等地：香港中文大学出版社，1978 年，第 432~433 页。

"论理学家所奉为神圣不可侵犯"之三段论的公例八条。①最后，他更大胆声称，墨子的"三法"或"三表"领先培根的自然观和推理逻辑的价值两千年，墨子因此应被尊为"吾东方之培根"。②

虽然他的论文的大多数论断不能令人信服，但两个重要的发现必须归功于梁启超：一方面，他最早指出，中国古典文献的逻辑片断中隐藏着一个充分发展的逻辑体系，这个体系必须通过文本分析和我们今天所谓的"理性重建"相结合才能得以恢复。这个重建的建议，刺激了20世纪二三十年代对墨子和别的文献的非常有收获的兴趣。另一方面，通过将他的系统的发现和墨子实际的辩论实践联系起来，③梁启超表明，中国逻辑的研究不能全部聚焦于外在的逻辑理论，而至少同样地要从研究暗含在推论实践中的逻辑中取得。

八、档案保管员：王国维

对于中国古代是否知道逻辑理论的问题，王国维分享了梁启超最早的怀疑态度。1905年，王国维写道，与欧洲和印度比较，中国有"辩论，但是没有逻辑"，因为中国人普遍缺乏理论兴趣和想象力。④然而，在作出这一否定判断的两个月后，王国维发表了一篇短文，名为《周秦诸子之名学》。⑤该文或许是对王国维于1904年译成汉语的日本哲学家桑木严翼《荀子之论理学说》一文迟来的回应。⑥

---

① 参见梁启超：《墨子之论理学》(1904年)，载林志钧编：《饮冰室专集》(1936年)，北京：中华书局，1990年重印，第37集，第58~63页。

② 参见梁启超：《墨子之论理学》(1904年)，载林志钧编：《饮冰室专集》(1936年)，北京：中华书局，1990年重印，第37集，第70~71页。

③ 参见梁启超：《墨子之论理学》(1904年)，载林志钧编：《饮冰室专集》(1936年)，北京：中华书局，1990年重印，第37集，第63~68页。

④ 王国维：《论新学语之输入》，《教育世界》96，1905年，重印于姚淦铭、王燕编：《王国维文集》，4卷本，北京：中国文史出版社，1997年，第3卷，第40~43，40页。

⑤ 王国维：《周秦诸子之名学》，《教育世界》98，100，1905年，重印于姚淦铭、王燕编：《王国维文集》，4卷本，北京：中国文史出版社，1997年，第3卷，第219~227页。

⑥ 桑木严翼：《荀子之论理学说》，《教育世界》74，1904年。原文出自桑木严翼：《荀子的论理说》，《早稻田大学学报》14，1898年，重印于桑木严翼：《哲学概论》，东京：博文社，1900年，第449~463页。

不管其动机如何,王国维当然胜任手中的工作。在本文所讨论的学者中,他受到过最全面的欧洲逻辑的教育。早在1902年他就师从上海南洋公学的日本教习藤田丰八(1870—1929)和田冈佐代治(1870—1912)开始学习哲分斯的《逻辑》,而且他从来没有失去对逻辑的兴趣。[①]此外,在翻译日文和英文的哲学著作过程中,他牢固地掌握了逻辑学术语。这些逻辑学术语在当时的中国通常显示了前所未有的词汇连续性。[②]

或许正是这种扎实的基础给了他信心,他的论文以对逻辑理论繁荣的必要条件的断然陈述开篇。他写道,历史证明,逻辑是将学术辩论中的讨论意见抽象出来的结果。在希腊,辩证法的发展是为了应对齐诺(Zeno)的自相矛盾的问题。后来,亚里士多德综合了可用的逻辑知识以回应来自诡辩家的批评。类似的过程导致印度"因明"方案的出现,也引起了中国逻辑思考的开始。王国维认为,中国逻辑学之父是墨子,他不得不捍卫自己的道德和政治原则以对付儒学的蔑视。荀子不得不以同样的态度保护儒学遗产,以应对邓析、惠施及其追随者的不负责任的诡辩。荀子的《正名》使中国逻辑达到了其早期的顶峰。[③]王国维强调说,汉武帝(前140—前87年)时代的意识形态分层,通过"罢黜百家,独尊儒术"有效地终止了学术辩论,因此永远中止了中国的逻辑思想。从这个最后的论断中,他揭示了一个其他作者还未明确表述过的真理:与"西方的"或

---

① 刘烜:《王国维评传》,南昌:百花洲文艺出版社,1996年,第14~15页。他能运用这个知识的一个场合是,他阅读叔本华关于充分推理原则的论文。参见柯宝山:《王国维和叔本华:哲学相遇,经典德国美学影响下中国文献自我理解的变化》,斯图加特:弗兰茨·斯特纳,1986年,第86~88页。

② 对于王国维作为一个译者的成就的描述,参见孙珠琴:《作为价值翻译者的王国维》,载卜立德编:《创造和翻译:近代中国早期的西方文学读物,1840—1918年》,费城:约翰·本杰明斯,1998年,第253~282页。

③ 参见王国维:《周秦诸子之名学》,《教育世界》98,100,1905年,重印于姚淦铭、王燕编:《王国维文集》,4卷本,北京:中国文史出版社,1997年,第3卷,第219、224~227页。

当代的、看起来预示着潜在的无限的社会、科学和知识进步的逻辑话语相比较，对中国逻辑的讨论，不管如何大胆进行定义，现在是，将来也仍然仅是一个历史档案的兴趣而已。

但是，如何接近、排列和有序保存这些档案仍然是一个问题。王国维的解决办法是首先对档案所实际含有的内容作出诚实的估价。按他的观点，中国的逻辑遗产不过由三要素组成：在《墨经》注释中发展起来的对"定义"的讨论，从《墨经》"大取"和"小取"篇中抽出来的不完整的"推论之谬妄"目录和荀子提出的"概念"的理论。①不幸，只有两个要素可被重建，因为《墨子》中仅有"小取"的相关段落可以被完全理解。

王国维对这一章的处理表明，他接近中国遗忘的逻辑遗产的路径与梁启超不同。他们两人在他们的解释中完全依赖于源于西方的表述框架。但是，由于对重建隐藏的"体系"或"理论"不感兴趣，王国维可以在这一框架中为他的探索选择更为精炼的分析工具。梁启超不得不寻找对等的中心逻辑概念以完成一个复兴中国文化的体系。王国维可以从他的材料所指示的任何意义得到满足，即使这意味着，他只能发现微弱的暗示，指向"暧昧之谬妄"和"偶然性之谬妄"的可能的概念。②这个更谨慎的路径反映在王国维对中国逻辑与古希腊逻辑各自优点的估价中。他写道，不像亚里士多德，墨子和荀子都没有发现推理的抽象规则，他们的逻辑见解如同"御秦之鲁军"那样无力。③

---

① 王国维：《周秦诸子之名学》，《教育世界》98，100，1905 年，重印于姚淦铭、王燕编：《王国维文集》，4 卷本，北京：中国文史出版社，1997 年，第 3 卷，第 219 页。

② 王国维：《周秦诸子之名学》，《教育世界》98，100，1905 年，重印于姚淦铭、王燕编：《王国维文集》，4 卷本，北京：中国文史出版社，1997 年，第 3 卷，第 220~221 页。

③ 王国维：《墨子之学说》，《教育世界》121，1906 年，重印于姚淦铭、王燕编：《王国维文集》，4 卷本，北京：中国文史出版社，1997 年，第 3 卷，第 159~174、173 页。

结　语

　　中国逻辑学历史上的"发现时代"随着王国维过早结束了。在逻辑学专业话语在新中国成立后不到十年内，本文讨论的作者们勾画出了一个补充的研究领域的轮廓，这个领域最终宣称自己是"中国逻辑思想"的独特话语。在同样短的时期内，刘师培富有折中主义特色的激动和不确定性让位于王国维的清醒的学术刚性。

　　在这个急速发展的过程中，中国逻辑的早期发现者归结和讨论了三个问题，直到今天，这三个问题仍然是中国逻辑思想中支配地位的话语：1.是否真的存在像"中国逻辑"这样的东西？2.如果确实存在，那么，哪些文献或文献片断应该被认为是所谓逻辑传统的组成部分？3.最后，以何种术语或表述框架，可使这些文献得到最好的理解？

　　对于第一个问题，所有作者很快一致同意，传统中国思想确实蕴含明确的逻辑理论或至少逻辑理论的片断，特别是，如果逻辑被定义为"名学"的话。对于第二个问题的意见也没有更大的分歧。《荀子》的"正名"和《墨经》被一致接受，大家还一致同意，需要排除名家的思想家，他们被归入轻佻的和有潜在危险的"诡辩家"。在本文讨论的时期及其他时期，第三个问题是最有争议的。刘师培半心半意地建议在传统中国小学语境中综合逻辑和小学，但是他没能建立起将两个学科有效地联系起来的令人信服的表达框架。章炳麟从"因明"词汇中成功地提取了这样一个框架的初步，但是他的努力从来没有引起佛学圈以外人士的兴趣。梁启超采用了一个粗略的、现成的源于西方的术语框架的版本。这一版本明显地比王国维复杂但精心选取的术语库更适合于非专业的读者。这两种框架的综合，在20世纪中国逻辑思想作品中得到精炼和巩固，有时甚至扩展到包括了20世纪20年代在中国才开始研究的符号逻辑的术语。[1]

最后，我们的作者永恒的贡献，如果有的话，是什么？刘师培提出了按照西方规范重写中国学术史的思路，即将中国古代思想的文献遗产重组或修正为当代熟悉的科学和哲学构成部分。这项挑战很快由蔡元培、胡适和章士钊等学者承担起来，但是只有刘师培在北京大学的学生冯友兰（1895—1990）才使这项事业得到充分发展。章炳麟注意到了中国不同的逻辑传统之间的默许共鸣，他可以被认为是最早将文化主义者世界文明"三极"的思想——包括欧洲、印度和中国自己——转用于逻辑王国的作者。梁启超鼓舞了很多的作者，这些作者由于数量太多而不能一一列出。他的影响最明显地体现在胡适身上。在其著名论文中，胡适将梁启超暗示的逻辑和方法体系运用于全部的中国古代哲学文献。只有王国维没有任何忠实的跟随者，或许是因为他的硬性估价听起来像是对即将产生的话语的最终定论。

参考文献

复旦大学哲学系资料室、四川大学哲学系资料室编：《1900—1949 年全国主要报刊论文资料索引》，北京：商务印书馆，1989 年。

艾儒略（Giulio Aleni）：《西学凡》，杭州，1623 年，重印于《天学初函》，1965 年，第 1 卷，第 1~60 页。

艾儒略：《职方外纪》，杭州，1623 年，重印于《天学初函》，1965 年，第 3 卷，第 1269~1496 页。

贝庚（Francis Bacon）著，慕维廉（William Muirhead）、沈毓桂译：《格致新机》，北京：同文书会和上海：格致书院，1888 年。

---

[1] 参见林夏水、张尚水：《数理逻辑在中国》，《自然科学史研究》2.2，1983 年，第 175~182 页。

包遵信：《〈墨辩〉的沉沦和〈名理探〉的翻译》，《读书》1，1986年，第63~71页。

Bernal, Martin. 1976. "Liu Shih-p'ei and National Essence", in: Charlotte Furth （ed.）. *The Limits of Change. Essays on Conservative Alternatives in Republican China.* Cambridge, Mass.: Harvard University Press, pp. 90–112. 马丁·伯纳尔：《刘师培与国粹运动》，载费侠莉编：《变化的限度：近代中国保守主义思想论文集》，坎布里奇，马萨诸塞：哈佛大学出版社，1976年，第90~112页。

曹杰生：《略论〈名理探〉的翻译及其影响》，载《中国逻辑史研究》，北京：中国社会科学出版社，1982年，第285~302页。

Chang, Hao. 1987. *Chinese Intellectuals in Crisis. Search for Order and Meaning, 1890–1911.* Berkeley: University of California Press. 张灏：《危机中的中国知识分子：寻找秩序和意义，1890—1911》，伯克莱：加州大学出版社，1987年。

China in the 16th Century. The Journals of Matthew Ricci 1583—1610. 1953. Translated by Louis J. Gallagher. New York: Random House.《十六世纪的中国：利玛窦中国札记，1583—1610年》，路易斯·J·格勒吉翻译，纽约：蓝登书屋，1953年。

Dudink, Ad and Nicolas Standaert. 1999. "Ferdinand Verbiest's Qionglixue (1683)", in: Noël Golvers (ed.). *The Christian Mission in China in the Verbiest Era: Some Aspects of the Missionary Approach.* Leuven: Leuven University Press, pp. 11–31. 杜鼎克、钟鸣旦合编：南怀仁的《穷理学》(1683年)，载高华士编：《南怀仁时代在华天主教士：传教途径的某些方面》，鲁汶：鲁汶大学出版社，1999年，第11~31页。

艾约瑟（Joseph Edkins）：《亚里士多德里传》，《中西闻见录》1875年第32号，第7~13页。

艾约瑟编：《格致启蒙》，16卷，北京：总税务司，1886年。

艾约瑟编译，哲分斯著：《辨学启蒙》，载艾约瑟编：《格致启蒙》，16卷，北京：总税务司，1886年。

Engelfriet, Peter M. 1998. *Euclid in China. The Genesis of the First Translation of Euclid's* Elements Book 1–4 (Jihe yuanben. Beijing, 1607)and its Reception up to 1723. Leiden: Brill. 彼得·恩格弗里：《欧几里德在中国：欧几里德〈几何原本〉1607年最早译本的出现及其1723年前的被接受过程》，莱顿：布里尔学术出版社，1998年。

Fonti Ricciane. Documenti originale concernenti Matteo Ricci e la storia delle prime relazioni tra l'Europa e la Cina (1579–1615). 1942–1949. 3 vols. Edited by Pasquale D'Elia. Rome: Libreria dello stato. 德礼贤编：《利玛窦文集和最早的中欧关系》，3卷本，罗马：国家图书馆，1942—1949年。

Forke, Alfred. 1902."The Chinese Sophists", *Journal of the China Branch of the Royal Asiatic Society* 34, pp. 1–100. 阿尔佛雷德·佛尔科：《中国的诡辩学派》，《皇家亚洲协会中国分会会刊》34，1902年，第1~100页。

Frankenhauser,Uwe.1996a. "Logik und nationales Selbstverständnis in China zu Beginn des 20. Jahrhunderts", in: Christiane Hammer and Bernhard Führer (eds.). Chinesisches Selbstverständnis und kulturelle Identität: 'Wenhua Zhongguo'. Dortmund:Projekt,pp.69–80. 伍威·法兰肯豪瑟：《逻辑学和二十世纪初中国的国家自我理解》，载克里斯蒂尼·汉谟、伯纳德·福勒编：《中国的自我理解和文化同一："文化中国"》，多特蒙德：帕劳杰克特，1996年，第69~80页。

Frankenhauser,Uwe. 1996b. *Die Einführung der buddhistischen Logik nach China.* Wiesbaden: Harrassowitz. 伍威·法兰肯豪瑟：《中国佛教逻辑导论》，威斯巴登：赫拉斯维茨，1996年。

Fukazawa Sukeo. 1986. "Meiri tan´ no yakugyō ni tsuite".

Chūgoku-Shakai to bunka 1, pp. 20–38. 深泽助雄：《论〈名理探〉的翻译》，《中国思想和文化》1，1986 年，第 20~38 页。

Funayama shin'ichi. *Meiji ronrigakushi kenkyū*. Tokyo: Risōsha. 船山信一：《明治论理学史研究》，东京：理想社，1968 年（"1968 年"为原书此处遗漏，据本文脚注补充。——译者按）。

傅汎际（Francisco Furtado）、李之藻：《名理探》，杭州，1631—1639 年，台北：台湾商务印书馆，1965 年重印，2 卷本。

Gabelentz, Georg von der. 1888. "Über den chinesischen Philosophen Mek Tik", *Berichte über die Verhandlungen der königlich sächsischen Gesellschaft der Wissenschaften zu Leipzig. Philologisch-Historische Klasse* 40, pp. 62–70. 乔治·冯·登·格贝兰茨：《论中国的哲学家墨子》，莱比锡的学术团体关于撒克逊王国的讨论报告，《哲学史课程》，40，1888 年，第 62~70 页。

Graham, Angus C. 1978. *Later Mohist Logic, Ethics and Science*. Hong Kong et al.: The Chinese University Press. 葛瑞汉：《后期墨家的逻辑、伦理和科学》，香港等地：香港中文大学出版社，1978 年。

郭湛波：《中国辩学史》，上海：中华书局，1932 年。

Harbsmeier, Christoph. 1998. *Language and Logic in Traditional China*, in: Joseph Needham (ed.). Science and Civilisation in China. Vol. VII, Pt. 1. Cambridge: Cambridge University Press. 何莫邪：《中国传统的语言和逻辑》，载李约瑟编：《中国的科学与文明》，第 7 卷，第 1 部分，剑桥：剑桥大学出版社，1998 年。

胡适：《中国哲学史大纲》，上海：商务印书馆，1919 年。

Hu shih. 1922. *The Development of the Logical Method in Ancient China* (Ph. D. diss., Columbia University 1917). Shanghai: Yadong tushuguan. 胡适：《先秦名学史》（博士论文，哥伦比亚大学，1917 年），上海：亚东图书馆，1922 年。

Jevons, William Stanley. 1876. *Logic* (*Science Primers*). London: Macmillan. 威廉·斯坦利·哲分斯:《逻辑》,伦敦:麦克米兰,1876 年。

哲分斯:《辩学启蒙》,载艾约瑟编:《格致启蒙》,16 卷,北京:总税务司,1886 年。

耶芳斯(即哲分斯)著,严复译:《名学浅说》(1909 年),北京:商务印书馆,1981 年。

《京师大学堂译书局章程》,1903 年,重印于黎难秋编:《中国科学翻译史料》,合肥:中国科学技术大学出版社,1996 年,第493~497 页。

Knoblock, John. 1994. Xunzi. *A Translation and Study of the Complete Works*. 3 vols. Stanford: Stanford University Press. 约翰·诺布洛克:《荀子:全译和研究》,3 卷,斯坦福:斯坦福大学出版社,1994 年。

Kogelschatz, Hermann. 1986. *Wang Kuo-wei und Schopenhauer. Eine philosophische Begegnung. Wandlung des Selbstverständnisses der chinesischen Literatur unter dem Einflu ß der klassischen deutschen Ästhetik*. Stuttgart: Franz Steiner. 柯宝山:《王国维和叔本华:哲学相遇,经典德国美学影响下中国文献自我理解的变化》,斯图加特:弗兰茨·斯特纳,1986 年。

Kurtz, Joachim. 2001. "Coming to Terms with Logic. The Naturalization of an Occidental Notion in China", in: Michael Lackner, Iwo Amelung and Joachim Kurtz(eds.). *New Terms for New Ideas. Western Knowledge and Lexical Change in Late Imperial China*. Leiden et al.: Brill, pp. 147–76. 顾有信:《遇到逻辑术语:西方概念的中国本土化》,载朗宓榭、阿梅隆、顾有信等编:《新思想的新术语:中华帝国晚期的西学和词汇变化》,莱顿等:布里尔学术出版社,2001 年。

Kurtz, Joachim. 2002. "Translating the Science of Sciences. European and Japanese Models in the Formation of Modern Chinese Logical Terminology, 1886–1912", in: James C. Baxter and Joshua A. Fo-gel(eds.). *Historiography and Japanese Consciousness of Values and Norms*. Kyoto: International Research Institute for Japanese Studies, pp. 53–76. 顾有信：《翻译科学之科学：现代汉语逻辑术语形成过程中的欧洲和日本模式，1866—1912 年》，载詹姆士·C·贝克斯特、乔苏·A·费格尔编：《历史编纂与日本的价值和规则意识》，京都：国际日本学研究所，2002 年，第 53~76 页。

Kuwaki Gen'yoku.1898. "Junshi no ronri setsu". *Waseda gakuhō* 14. Reprinted in: id. 1900. *Tetsugaku gairon*. Tokyo: Hakubunsha, pp. 449–63. 桑木严翼：《荀子的论理说》，《早稻田大学学报)》14，1898 年，重印于桑木严翼：《哲学概论》，东京：博文社，1900 年，第 449~463 页。

桑木严翼（Kuwaki Gen'yoku）著，王国维译：《荀子之论理学说》，《教育世界》74，1904 年。

Lackner, Michael, Iwo Amelung and Joachim Kurtz. 2001. *WSC-Databases: An Electronic Repository of Chinese Scientific, Philosophical and Political Terms Coined in the Nineteenth and Early Twentieth Century*. Retrieves from http://www.wsc.uni –erlangen.de/wscdb. htm. 朗宓榭、阿梅隆、顾有信：WSC 数据库：《产生于19 世纪和 20 世纪早期的中国社会、哲学和政治术语》的电子数据库，2001 年，网址 http://www.wsc.uni–erlangen.de/wscdb.htm。

Levenson, Joseph R. 1953. *Liang Ch'i-ch'ao and the Mind of Modern China*. Cambrdge, Mass.: Harvard University Press. 列文森：《梁启超与中国近代思想》，坎布里奇，马萨诸塞：哈佛大学出版社，1953 年。

黎锦熙：《序》(1936 年)，重印于刘师培：《刘师培全集》，1997 年，第 1 卷，第 26 页。

李匡武编：《中国逻辑史》，5 卷本，兰州：甘肃人民出版社，1989

年,第 4 卷,第 126~180 页。

　　梁启超:《西学书目表》,上海:慎始基斋,1896 年。

　　梁启超:《今世文明初祖二大家之学说》(1902 年),载《饮冰室文集》,1990 年,第 13 集,第 1~12 页。

　　梁启超:《论中国学术思想变迁之大势》(1902 年),载《饮冰室文集》,1990 年,第 7 集,第 1~104 页。

　　梁启超:《墨子之论理学》(1904 年), 载《饮冰室专集》,1990 年,第 37 集,第 55~72 页。

　　梁启超著、林志钧编:《饮冰室文集》(1936 年),北京:中华书局,1990 年重印。

　　梁启超著、林志钧编:《饮冰室专集》(1936 年),北京:中华书局,1990 年重印。

　　林夏水、张尚水:《数理逻辑在中国》,《自然科学史研究》2.2,1983 年,第 175~182 页。

　　刘光汉(刘师培):《中国民约精义》(1903 年),重印于刘师培:《刘师培全集》,1997 年,第 1 卷,第 560~597 页。

　　刘光汉(刘师培):《攘书》(1903 年),重印于刘师培:《刘师培全集》,1997 年,第 2 卷,第 1~17 页。

　　刘光汉(刘师培):《小学发微补》(1905 年),重印于刘师培:《刘师培全集》,1997 年,第 1 卷,第 422~442 页。

　　刘光汉(刘师培):《国学发微》(1905 年),重印于刘师培:《刘师培全集》,1997 年,第 1 卷,第 474~499 页。

　　刘光汉(刘师培):《周末学术史序》(1905 年),重印于刘师培:《刘师培全集》,1997 年,第 1 卷,第 500~525 页。

　　刘光汉(刘师培):《荀子名学发微》(1907 年),重印于刘师培:《刘师培全集》,1997 年,第 3 卷,第 316~318 页。

　　刘师培:《刘师培全集》,4 卷本, 北京: 中共中央党校出版社,1997 年。

刘烜：《王国维评传》，南昌：百花洲文艺出版社，1996年。

Luk, Bernard Hung-Kay. 1997. "Aleni Introduces the Western Academic Tradition to Seventeenth Century China. A Study of the *Xixue Fan*". In: Tiziana Lippiello and Roman Malek (eds.). *Scholar from the West*. Giulio Aleni S. J.(1582-1649)and the Dialogue between Christianity and China. Nettetal: Steyler, pp. 479-518. 陆鸿基：《艾儒略介绍西方学术传统到17世纪的中国：〈西学凡〉研究》，载蒂齐安那·李皮耶络、马雷凯编：《来自西方的学者：艾儒略和天主教与中国的对话》，内特塔尔：斯泰勒出版社，1997年，第479~518页。

罗检秋：《近代诸子学与文化思潮》，北京：中国社会科学出版社，1997年。

Melis, Giorgio.1984. "Temi e tesi della filosofia europea nel 'Tianzhu Shiyi'di Matteo Ricci",in:*Atti del convegno internazionale di studi Ricciani*. Macerata: Centro studi Ricciani, pp. 65-92. 梅文健：《利玛窦〈天主实义〉中欧洲哲学的论题》，载《利玛窦国际学术讨论会论文集》，马切拉塔：利玛窦研究中心，1984年。

Mill, John Stuart. 1843. *A System of Logic. Inductive and Ratiocinative*. London: Parker. 约翰·斯图加特·穆勒：《逻辑体系—归纳与演绎》，伦敦：帕克，1843年。

慕维廉（William Murihead）：格致新理，《益知新录》1.1-1.5（1876年7月—1876年11月）。

慕维廉：《格致新法》，《格致汇编》，2.2(1877.3)；2.3(1877.4); 2.7(1877.8); 2.8(1877.9)和 2.9(1877.10)。

慕维廉：《格致新法》，《万国公报》，1.506-1.513 (1878.9—1878.11)。

贝庚著，慕维廉、沈毓桂译：《格致新机》，北京：同文书会和上海：格致书院，1888年。

彭漪涟:《中国近代逻辑思想史论》,上海:上海人民出版社,1991年。

全汉昇:《清末的西学源出中国说》,《岭南学报》4.2,1935年,第57~102页。

Ricci, Matteo, S. J. 1985[1601]. *The True Meaning of the Lord of Heaven* (*T'ien-chu Shil-i*). Translated by Douglas Lancashire and Peter Hu Kuo-chen S.J. St. Louis: The Institute of Jesuit Sources. 利玛窦:《天主实义》(1601年),蓝克实、胡国祯译,圣路易斯:耶稣会文献研究所,1985年。

Rodi, Frithjof. 1988. "Historical Philosophy in Search of Frames of Articulation", in: Peter H. Hare(ed.). *Doing Philosophy Historically*. Buffalo, N.Y.: Prometheus Books, pp. 329–40. 弗瑞特尤夫·罗迪:《寻求清晰表达框架的历史哲学》,载彼得·H·海里编:《历史性地研究哲学》,布法罗,纽约:普罗米修斯书屋,1988年,第329~340页。

罗明坚(Michele Ruggieri):《天主圣教实录》,北京,1584年。

Sakade Yoshinobu. 1968. 明治哲学に於ける中国古代論理学の理解. In: *Funayama* 1968, pp.242-268. 坂出祥伸:《明治哲学对中国古代论理学的理解》,载船山信一:《明治论理学史研究》,1968年,第242~268页。

Schwartz, Benjamin. 1964. *In Search of Wealth and Power. Yen Fu and the West*. Cambridge, Mass.: Harvard University Press. 本杰明·史华兹:《寻求富强:严复和西方》,坎布里奇,马萨诸塞:哈佛大学出版社,1964年。

Shimada Kenji. 1990. *Pioneer of the Chinese Revolution. Zhang Binglin and Confucianism*. Translated by Joshua A. Fogel. Stanford: Stanford University Press. 岛田谦次著,乔苏·A·费格尔译:《中国革命的先锋:章炳麟和儒教》,斯坦福:斯坦福大学出版社,1990年。

Sun, Cecile Chu-chin. 1998. "Wang Guowei as Translator of Values", in：David Pollard （ed.）. *Creation and Translation. Readings of Western Literature in Early Modern China*, 1840–1918. Amsterdam, Philadelphia: John Benjamins, pp. 253–82. 孙珠琴：《作为价值翻译者的王国维》，载卜立德编：《创造和翻译：近代中国早期的西方文学读物，1840—1918 年》，费城：约翰·本杰明斯，1998 年，第253~282 页。

孙诒让：《与梁卓如论墨子书》(1897 年)，重印于《孙籀庼先生集》，15 卷本，台北：文艺出版社，1963 年，第 2 卷，第 581~585 页。

孙中原：《论严复的逻辑成就》，《文史哲》，1992 年第 3 期，第80~85 页。

Takada Atsushi. 1967. 中国近代の論理研究. *Kōza Tōyō shisō* 4, Series2: Chūgoku shisō 3, pp. 215–27. 高田淳：《中国近代的"论理"研究》，《讲座东洋思想》4，系列 2：《中国思想》3，1967 年，第215~227 页。

《天学初函》(1628 年)，李之藻编，6 卷本，台北：台湾学生书局，1965 年。

Verhaeren, H. 1935. "Aristote en Chine", *Bulletin Catholique de Pékin 264*(Août, 1935), pp. 417–29. 惠泽霖：《亚里士多德在中国》，《北京天主教公报》264，1935 年 8 月，第 417~429 页。

王奠基：《中国逻辑思想史分析》，北京：中华书局，1961 年。

王奠基：《中国逻辑思想史》，上海：上海人民出版社，1979 年。

王汎森：《章太炎的思想——兼论其对儒学传统的冲击》，台北：时报文化出版公司，1985 年。

王国维：《论新学语之输入》，《教育世界》96，1905 年，重印于《王国维文集》，第 3 卷，第 40~43 页。

王国维：《周秦诸子之名学》，《教育世界》98，100，1905 年，重印于《王国维文集》，第 3 卷，第 219~227 页。

王国维：《墨子之学说》，《教育世界》121，1906 年，重印于《王国维文集》,第 3 卷,第 159~174 页。

王国维:《最近二三十年中中国新发现之学问》,《清华周刊》350,1925 年,重印于《王国维文集》,第 4 卷,第 33~38 页。

王国维著、姚淦铭、王燕编:《王国维文集》,4 卷本,北京:中国文史出版社,1997 年。

王蘧常:《严几道年谱》,上海:商务印书馆,1936 年。

王仁俊:《格致古微》(1896 年),重印于任继愈编:《中国科学技术典籍通汇》,第 1 卷,第 7 部分,郑州:河南教育出版社,1993 年。

Wang Xiaoling. 1998. "Liu Shipei et son contrat social chinois", études chinoises 17.1–2. pp. 155–90. 王晓玲:《刘师培和他的中国社会观》,《汉学研究》17.1–2,1998 年,第 155~190 页。

王云五:《商务印书馆与新教育年谱》,台北:台湾商务印书馆,1973 年。

Wardy, Robert. 2000. *Aristotle in China. Language, Categories, and Translation.* Cambridge: Cambridge University Press. 罗伯特·瓦尔德:《亚里士多德在中国:语言、范畴论和翻译》,剑桥:剑桥大学出版社,2000 年。

温公颐、崔清田编:《中国逻辑思想史教程(修订本)》,天津:南开大学出版社,2001 年。

吴光兴:《刘师培对中国学术史的研究》,《学人》7,1995 年,第163~186 页。

严复:《译天演论自序》(1897 年),重印于《严复集》,1986 年,第 1319~1321 页。

严复:《西学门径功用》(1898 年),重印于《严复集》,1986 年,第 92~95 页。

严复:《穆勒名学》(1905 年),3 卷本,上海:商务印书馆,1931 年。

严复：《名学浅说》(1909 年)，北京：商务印书馆，1981 年。

严复著，王栻编：《严复集》，5 卷本，北京：中华书局，1986 年。

杨沛荪编：《中国逻辑思想史教程》，兰州：甘肃人民出版社，1988 年。

姚南强：《因明学说史纲要》，上海：三联书店，2000 年。

虞愚：《中国名学》，南京：正中书局，1937 年。

曾祥云：《中国近代比较逻辑思想研究》，哈尔滨：黑龙江教育出版社，1992 年。

章炳麟：《诸子学略说》(1906 年)，重印于《中国现代学术经典·章太炎卷》，1996 年，第 479~497 页。

章炳麟：原名(1909 年)，重印于《中国现代学术经典·章太炎卷》，1996 年，第 111~118 页。

章士钊：《逻辑指要》，重庆：时代精神社，1943 年。

张志建、董志铁：《试论严复对我国逻辑学研究的贡献》，载《中国逻辑史研究》，北京：中国社会科学出版社，1982 年，第 303~320 页。

赵总宽编：《逻辑学百年》，北京：北京出版社，1999 年。

郑师渠：《晚清国粹派——文化思想研究》，北京：北京师范大学出版社，1997 年。

刘梦溪编：《中国现代学术经典——章太炎卷》，石家庄：河北教育出版社，1996 年。

周文英：《中国逻辑思想史稿》，北京：人民出版社，1979 年。

周云之等编：《中国逻辑史资料选》，6 卷本，兰州：甘肃人民出版社，1991 年。

朱执信：《就论理学驳〈新民丛报〉论革命之谬》，《民报》1905 年第 6 号，第 65~78 页。

邹振环：《译林旧踪》，南昌：江西教育出版社，2000 年。

中国国际法术语的形成：
1847—1903

鲁　纳

导　言

　　汉语文言文出于各种实用目的，通过从先秦到晚清的大量汉语文献牢固确立起来，是整个帝国时期中国行政管理、政治与哲学论文、某些类型的小说与诗歌的文字媒介。从现代语言学来说，汉语文言文不是十分讲究语法，但汉语文献宝库及其解释文献可使文言文结构原则和解释中国文献遗产的原则得到明确定义。文言文词汇有长久的使用传统，从汉朝开始就有记载。当这种传统的文字媒介受到各种新的概念或新的知识框架体系的冲击时，它便将这些新的概念或知识逐渐吸收进了自己的词语体系，如佛教和西方耶稣会士带来的西学，就被吸纳进中国传统文化的框架内。

　　汉语的标准化作为民国最初十年中民族主义政治浪潮的一部分，通常是指主要作为政治运动的"五四运动"的文化后果之一；但是，词语上的许多革新和"现代化"实际上在 20 世纪一二十年代的政治和民族主义运动之前就已经被整合进中华帝国的文言文体系了。在大多数情况下，新造词汇和外来词语是由这些词汇的使用者，而不是政治精英整合进本民族语言的；一种语言的标准化和新词汇元素的输入主要不是一个政治交涉的过程，而是一个使用者的社会接受问题，即这些新形式和新成分在多大程度上被使用者整合进自己的语言里。

西学各门新分支学科的新专业词汇输入晚清帝国的情况正是如此。鸦片战争后的几十年间，许多新学传入中国，传入的方式多数是西方传教士在中国学者的合作下把西语著作译成中文。通过这些译著，形成了一系列新的技术术语，它们或者是某种形式的外来词语，或者是有目的的新造词语。只要通过这一系列新术语所引进的新学，在当下的技术、社会或政治进程中具有重要意义，这些新术语很快就会作为正统的语言元素在本民族语言中生根。但是，当这种新学及其相关术语还不能贴近中国当时的社会政治发展进程时，在社会进程考虑将这一新现实全盘吸收进正统语言之前，还需要一个漫长的标准化和整合过程，而且这种标准化和整合过程有时还伴随着译法和术语上的不同争论。

就鸦片战争与中华民国成立之间的中国来说，总的趋势是来自西方的技术创新和自然科学术语迅速被吸收为中国的正统词语；但社会科学及其相关术语在被整合进晚清帝国标准的文言文词语体系之前，却经历了一个相当漫长和复杂的交涉过程。本文的目的就在于探讨社会科学的最早分支学科，即作为一种西方政治哲学和国际交往行动规范的国际法，传入中国的过程和历史背景。我想说明，把西方国际关系法原则和重要著作翻译成中文的相互竞争的翻译传统，在相当长的时期内都未获得人们对其专门术语和翻译语言的普遍接受。实际上，中国人所遭遇到西方"蛮夷"、"不平等条约"、关税制度或治外法权，都没有迫使中国人把国际法理论及其词语完全整合进他们的标准语言中。只是中国于1894年至1895年蒙受其东部邻国日本的羞辱之后，西方国际法才在中国的官员眼中成为中国处理国际关系的有用和必不可少的工具。我认为，在一种语言中确立一种新的专业词汇，可能是一群科学家、传教士或政治家出于科学、政治或宗教动机而承担的使命，但把这种新的专业词汇整合进他们公认的标准语言是历史和社会进程的结果，而历史和社会进程主要受制于独立于政治和人为性进程之外的外部因素。就国际法而言，这些因素从有限的程度来说，是西方蚕食中国的经济后果；从更大程度上是中国人在 1894 年至 1895 年遭受日本近代战争机器的羞辱之后，日益增长的民族认同危机的结果。

从第一次鸦片战争到中华民国成立，中华帝国政治秩序的衰落和最终崩溃实际上是一场缓慢发展的中国民族认同危机。中国各种历史悠久的信念和传统社会政治制度受到了来自"蛮夷"的社会政治秩序的挑战。在与西方相互交换观念的过程中，中国的传统观念受到了怀疑，新的民族认同无论是从内部还是从外部正在交涉形成之中。

从国内政治秩序方面来说，在极权主义向人民主权观念转变的过程中，民族认同的改变可能是最为突出的。民族认同的转变首先在建立君主立宪制、而后不久在建立共和制的努力中得到明确的表达。这两种政治制度都是西方舶来品。从国际关系方面来说，与西方条约国的新型关系对中国提出的挑战，表现在中国民族认同正从传统的、不可让渡的、自给自足的和包含一切的中国文化认同走向一个新的地方。在这里，中国正在不断让渡自己的与西方文化"他性"相并列的文化"自性"。到 19 世纪末，完整的中国主权对于饱受摧残的中国文化"自性"来说，似乎是唯一存在的希望。然而中国在与西方首次接触后在国际关系中谈判国家主权完整问题，比日本在国际关系中谈判国家主权问题要晚。对这一外部压力的反应姗姗来迟，大概是由于要确保中国的主权，也迫使中国不得不接受整个国际法的概念和框架。在我看来，在甲午战争前中国并不认为国际法是必不可少的。下面笔者将力图表明：中国的国际认同危机主要由来自东方而不是西方的挑战；日本通过甲午战争给中国造成的民族认同危机，比 1842 年《南京条约》至甲午中日战争年间的治外法权、"不平等条约"和鸦片贸易更加严重。

自19世纪60年代起,西方国际法同时被介绍到当时还没有广泛的语言接触的中国和日本。但是我们发现,近代中日两国国际法词汇存在一种密切的对应关系。本文的目的还在于探讨,中国将近四十年翻译国际法著作和遭遇国际法律问题的传统是如何以及为何在甲午战争后20世纪初的极短时期内被完全"和化"的。因此这里的问题是,为什么中国的国际法词汇在经历了四十年翻译国际法著作的本土传统后,是如此不稳定和易受外来影响,以致大部分的核心词汇都在1903年左右受到了日本的影响呢?

国际法作为西方社会科学的第一个分支学科是在19世纪下半期被介绍到中国的。我们可能容易理解,当新的社会科学分支学科首次经由日本传入中国时,容易受到日本汉字词汇的影响,因此,20世纪的中日两国语言在"社会"、"科学"、"社会科学"、"社会学"等词语上存在着一致关系。但"国际法"、"中立"、"独立国"、"自然法"等术语,中国在1903年之前就有自己的译法,而且与日本的译法不同,可是为什么这些词语在20世纪的中日两国语言里还是存在一致呢?①在19世纪晚期的汉语里,这些20世纪的国际法术语原本属于异质词汇。为了理解中国国际法术语在1902年至1903年间的几个月内是如何轻易地日语化的,下面我将对中国国际法术语在受日本影响之前的传播历史进行一番分析。

一、中国的两个"蛮夷"国际法传统

在欧洲语境下,国际法起源于罗马帝国处理境内不同地区关

---

① 有关西方对晚清帝国术语问题的影响的全面讨论,见:刘禾:《跨语际实践——文学、民族文化与被译介的现代性(中国,1900—1937)》,斯坦福:斯坦福大学出版社,1995年;马西尼:《现代汉语词汇的形成及其向国语的演化:1840—1898》,伯克莱:《中国语言学报》(专著系列之六),1993年。

系的管理制度，也就是通常所说的"万民法"或"万国法"。当中世纪的欧洲分裂为许多不再受梵蒂冈政治霸权主宰的独立国家后，结盟、战争、缔约和均势逐渐成为国际法即国家间法律这一学科的基础。国际法学科的产生一般归之于胡格·格老秀斯（Hugo Grotius，1583—1645）及其于 1625 年出版的《论战争与和平法》。欧洲国际新秩序的开端归因于 1648 年的《威斯特伐利亚和约》。

在帝国主义和欧洲扩张时期，国际法扮演着一种区分非欧洲世界的非文明国家和基督教文明国家的工具性角色，后者具有开化非文明国家和准文明国家的权利和义务。在欧洲文明者的眼里，如果准文明国家或非文明国家变得完全文明开化，即被承认是国际民族大家庭的完全成员，享有作为主权和独立国家的全部权利和义务，显然是令人不快的事情。对于西方贸易国家来说，文明者的角色实际上是一种非常方便扮演的角色，因为他们能够始终如一地把他们看来是合适的权利和义务授予非文明或准文明的国家。第一次鸦片战争后，中国的情形就是如此。鸦片战争后英国和后来进入中国的多数欧洲贸易国，主要关心的是中国能否会遵守条约，而不是开化中国将之纳入到文明国家的国际共同体。欧洲国家愿意让中国继续维持它在东亚的传统中华帝国世界秩序。所以，当中国开始接触国际法理论方面的著作时，并没有受到在华欧洲列强的支持。确切地说，它是中国人首先创议并在若干的外国个人帮助下进行的，并非受到当时许多在华欧洲人毫无保留的认可。

在第二次鸦片战争和 1858 年至 1860 年的大沽危机前，中国人翻译国际法的唯一努力是林则徐（1785—1850）和魏源的《海国图志》。该书首次出版于 1842 年，共 50 卷。1847 年，又扩充为 60 卷，其中包括美国医生传教士伯驾（Peter Parker，1804—1888）和中国译员袁德辉（大约出生于 1800 年）分别译自瓦特尔（Emmerich de Vattel，1714—1767）《各国律例》三章的两篇文章。于是，许多用于向中国读者传递国际法观念的新词语和新表达在 1847 年被创造出来。①但这些译著在此后 20 年间并未产生实质性影响,使国际法系统传入中国。只是在第二次鸦片战争后于1861 年建立了总理衙门, 中国从 1876 年开始与欧洲国家大规模建立了外交关系,系统介绍国际法学科才成为中国人的一项事业。

美国传教士丁韪良于 1850 年到达中国。丁韪良出于对外交关系和中国语言的兴趣, 决定把瓦特尔的整部著作全部译成中文。没有任何迹象表明丁韪良从事这项工作是受《海国图志》这一早期译作的影响。但此后不久, 丁韪良在 1860 年大沽危机时的美国驻华公使华若翰(John E. Ward, 1814—1902)的鼓励下,搁下瓦特尔的著作,开始着手翻译起美国人亨利·惠顿(Henry Wheaton, 1785—1848)的《国际法原理》。当时,中国海关总税务司首席助理赫德(Robert Hart, 1835—1911)已为总理衙门翻译了惠顿著作中论使节权利部分的二十四项条款。1863 年春,总理衙门要求美国驻华公使蒲安臣(Anson Burlingame, 1820—1870)推荐一本合适的国际法教材以供翻译,蒲安臣也推荐了惠顿的著作。不同的国际法专家和作者之间存在不同的民族偏见和兴趣,是 19 世纪初国际法出版物的一个明显特征。因此,当总理衙门官员决定用中文来介绍国际法时, 我们暗暗感觉到美国向总理衙门推销美国国际法教科书的国家动机。丁韪良在上海翻译

---

① 参见鲁纳:《中国人对国际法的最早翻译——兼论〈海国图志〉的编著》,《东方文物学报》,61,2000 年,第 203~237 页;又见张新敦:《西方政治学传入中国的最早阶段》,《燕京社会学杂志》,5,1950 年,第 1~29 页;徐中约:《中国融入国际大家庭的外交:1858-1880 年》,坎布里奇,马萨诸塞:哈佛大学出版社,1960 年,第 121~125 页;李兆杰:《国际法是如何传入中国的》,载《国际法律问题研究》,北京:中国政法大学出版社,1999 年,第 53~135、82~96 页;王维俭:《林则徐翻译西方国际法著作考略》,载《中山大学学报》1985 年第 1 期,第 58~67 页;熊月之:《〈海国图志〉征引西书考释》,载《中华文史论丛》,上海:上海古籍出版社,1996 年,第 55 辑,第 235~259 页;张劲草:《西方国际法如何传入中国及其对中国的影响》,载伯恩哈·H·K·鲁克主编:《文化间的接触,第 4 卷,东亚的历史和社会科学》,莱维斯顿:梅伦出版社,第 264~270 页。

惠顿著作之事已为人所知。他尚未完成的译稿不断地被呈送恭亲王奕䜣(1833—1898)和总理衙门。总理衙门任命四位官员协助他翻译这部著作,并拨 500 两白银用于译稿的印刷和出版。不过,由于总理衙门内部一些人的反对,译稿最初并未获准出版。①

1864 年春,由于俾斯麦与丹麦在欧洲的战争,普鲁士在天津大沽港扣留了三艘丹麦船只作为战利品。根据惠顿中文版著作里的解释,恭亲王认为普鲁士没有权力在中国海事管辖权范围内扣留丹麦船只。这一事件得到成功解决,恭亲王奕䜣出版丁韪良译稿的主张在总理衙门得到认可。于是译稿在当年以《万国公法》为题出版。

1865 年,丁韪良在新成立的京师同文馆被委以英文教习,于是便放弃传教,成为一位受领薪金的清政府雇员。1867 年,丁韪良回到美国印第安那大学从事国际法研究,并被聘为国际法教授。两年以后,他回到中国,被任命为同文馆总教习。②

在同文馆期间,丁韪良继续翻译了多部国际法和外交方面的著作。同文馆法文科的两位中国同僚联芳(生卒年不详)和庆常(生于1899 年?)翻译了马顿斯(Charles de Martens,1790—1861)的法文书

---

① 参见朱宏达:《中国国际法术语的发展及英译问题》,《亚洲研究杂志》,27,1967 年, 第 485~501、486~491 页;徐中约:《中国融入国际大家庭的外交:1858—1880 年》,坎布里奇,马萨诸塞:哈佛大学出版社,1960 年,第 125~138 页;休斯·E·R:《西方世界对中国的侵略》,伦敦:亚当斯和查尔斯·布兰克出版公司,1968 年,第 104~109 页;李贵连:《20 世纪初期的中国法学》,载李贵连主编:《20 世纪的中国法学》,北京:北京大学出版社,1998 年,第 1~65 页;刘禾:《为全球立法:19 世纪国际法的传播》,载刘禾编:《交流的象征:全球流通中的翻译问题》,达勒姆、伦敦:杜克大学出版社,1999 年,第 127~164 页;王立新:《美国传教士与晚清中国现代化》,天津:天津人民出版社,1997 年,第 261~265、271~276、365~377 页;熊月之:《西学东渐与晚清社会》,上海:上海人民出版社,1994 年,第 301~333 页;张劲草:《西方国际法如何传入中国及其对中国的影响》,载伯恩哈·H·K·鲁克主编:《文化间的接触,第 4 卷,东亚的历史和社会科学》,莱维斯顿:梅伦出版社,第 264~270 页;邹振环:《影响中国近代社会的一百种译作》,北京:中国对外翻译出版社公司,1996 年,第 82~87 页。

② 参见史景迁:《中国的援助者》,伦敦:勃德雷·海德出版社,1969 年;王维俭:《订正若干中外辞书中“丁韪良”词目涉及的史实》载《中山大学学报》,1987 年第 2 期,第 68~76、68~70 页。

《外交指南》,丁韪良对该书的翻译工作进行了指导,并于1876年将该书以《星轺指掌》为名在同文馆出版。从当年起,该书就成为中国新设立的驻外使团经常参考的书籍。丁韪良与汪凤藻等人翻译的第二部国际法理论著作是美国人伍尔西(Theodore Dwight Woolsey,1801—1889)的《国际法研究导论》。丁韪良在美国学习期间就结识了耶鲁大学的伍尔西,并发现他的著作适合做京师同文馆的教学用书。1877年,该书以《公法便览》为名在同文馆出版。在选用国际法教科书的问题上没有考虑德国学者兼外交家马顿斯的法文的《外交指南》,显示了同文馆的美国民族偏见。不过这种倾向通过翻译瑞士国际法专家伯伦知理(Johann Caspar Bluntschli,1808—1881)的《国际法汇编》得到了部分纠正,该书中译本1880年取名《公法会通》在同文馆出版。[1]由于同文馆无人接受过翻译德文书籍的培训,所以布伦奇利(即伯伦知理)的著作是由同文馆法文科的联芳、庆常和丁韪良本人从法文版翻译而来的。国际法学会编纂的一本陆地战例手册于1880年分别在布鲁塞尔和日内瓦出版。同文馆法文科在丁韪良的主持下翻译了这本小册子,并于1883年以《陆地战例新选》为名出版。

　　1864年,在为《万国公法》写的前言中,丁韪良兜售了一种可以证明西学东源说的中国观点,即在中国周朝同样可以找到国际法律秩序的起源:

　　　　国际法目前的这种形式是基督教文明成熟的结果,但它同时也起源于国家间的相互交往;早在古希腊时期,一部基本法典就为各希腊城邦所公认。

　　　　约在同一时期,类似的规则也受到从中华帝国分裂出来的各封建王国的遵守。各封建王国虽然在名义上承认对周天

---

　　① 该译作在翻译过程中名为《公法千章》,在该书1880年出版前,在新书预告的书目中使用的一直是这个名称。

子的效忠，但在事实上保持着独立；在连续数个世纪的和平与战争的交往中，它们之间所维持的不断变化的关系导致了众多惯例的产生，其中许多惯例既稀奇又具有指导意义。①

1881年丁韪良访问欧洲，又在欧洲兜售这些中国本土国际秩序与欧洲传统秩序相似的观点。他于9月13日在柏林东方学者大会上所作的题为《中国古世公法探源》的报告，1882年，被收录于《五届东方学者国际会议丛刊》，1883年，又刊于《国际评论》与《中国教务》杂志。1884年，鉴于中国人对这篇文章的强烈兴趣，汪凤藻又将之译为中文在同文馆出版，取名《中国古世公法略论》。②

1861年，英国青年傅兰雅被派到香港英华学院担任校长。傅兰雅在该校工作两年，同时兼学粤语。1863年，傅兰雅又被委以京师同文馆英文教习之职，也只工作了两年。1865年，傅兰雅赴上海。1868年，他在江南制造局翻译馆供职，负责翻译科学书籍，直至1896年。傅兰雅在江南制造局供职期间译作甚丰，从1870年至1880年，他至少出版了三十四部自然科学和技术方面的译著。1880年至1896年他又翻译了七十四部著作，并且增加了法律和政治经济学方面的著作。③ 在江南制造局期间，傅兰雅译有两部国际法著作，这两部著作显然是同时翻译的。第一篇译作篇幅稍短，译自埃德蒙·罗伯特森（Edmund Robertson）刊于《大英百

---

① 丁韪良译：《万国公法》，北京：崇实馆，1864年，序言第1页。（丁韪良此序言是用英文写的，而某些1864年崇实馆版的《万国公法》书中并没有此英文序言。有学者推测，丁韪良可能只是在《万国公法》一部分印本前加了英文序言，以送给在华外人和美国政府官员。参见田涛：《国际法输入与晚清中国》，济南：济南出版社，2001年，第42页。——译者按）

② 有时这篇文章的题名也被称作《古世公法论略》或《中国古世公法》。

③ 参见史景迁：《中国的援助者》，伦敦：勃鲁雷·海德出版社，1969年，第140~154页；又见艾德里安·阿瑟·贝内特：《傅兰雅译著考略》，坎布里奇，马萨诸塞：哈佛大学出版社，1967年；王扬宗：《傅兰雅与近代中国的启蒙》，北京：科学出版社，2000年。

科全书》中的一篇国际法论文,是在汪振声(1884—1945)的合作下完成的,译稿以《公法总论》①为名在江南制造局出版,时间大约在 1886 年至 1894 年间。②为了增加英国译著在中国的分量,从而与丁韪良同文馆的译著分庭抗礼,傅兰雅同时着手翻译起费利摩(Robert Joseph Phillimore, 1810—1885)的四卷本巨著《国际法评论》,其中前三卷的一部分译毕于 1878 年,③但直到 1894 年才出版,出版时定名《各国交涉公法论》。这部鸿篇译著是傅兰雅、汪振声、俞世爵和钱国祥合作的结果。费利摩著作第四卷论述的是国际私法,中译本后来在江南制造局以单行本方式出版,时间约在 1898 年至 1902 年,④书名为《各国交涉便法论》,⑤主要由傅兰雅和钱国祥翻译。

1896 年,傅兰雅离开中国到美国加州大学担任了东方语言与文学讲座教授。此前,他已与程瞻洛开始合作翻译一部中等篇幅的国际法著作。于 1872 年至 1894 年任荷兰驻华大使的福格森(Jan Helenus Ferguson, 1881–1923),曾就国际问题广泛著书立说,其中也包括中国对外关系问题。1884 年,他的主要普及性著作《国际法手册》在海牙和伦敦出版,并被傅兰雅选译成中文。但译稿尚未完成,傅兰雅就于 1896 年离开了中国。随后,程瞻洛在乐志让的协助下继续该书的翻译工作。1901 年,该中译本取名《邦交公法新论》在上海格致书室出版。

---

① 该书后来又被冠以《万国公法总论》书名。

② 江南制造局在出版时未标出版日期,根据傅兰雅自己的文献目录清单推断,该书约出版于 1886 年至 1894 年间。参见王扬宗:《江南制造局翻译书目新考》,《中国科技史料》1995 年第 2 期,第 3~18、6 页。

③ 参见郭嵩焘:《伦敦与巴黎日记》(1891 年),长沙:岳麓书社,走向世界丛书之一,1984 年,第 746~747 页。该书在 1878 年呈送驻英公使郭嵩焘时初定名《万国交涉公法论》。

④ 江南制造局在出版时亦未标出版日期,出版时间只能根据文献目录推断。参见王扬宗:《江南制造局翻译书目新考》,《中国科技史料》1995 年第 2 期,第 6 页。

⑤ 有时也称《交涉便法论》。

19 世纪 80 年代后半期和整个 90 年代，丁韪良没有任何国际法译著面世，只是到 1903 年他才又译出一部国际法著作。这也是他最后的一部国际法译著，名曰《国际法论集》，由英国人威廉·霍珥(William Edward Hall，1836—1894)著。丁韪良在 1898 年被任命为京师大学堂总教习时，在綦策鳌的协助下开始翻译霍珥的著作，但因义和团运动而中断。丁韪良设法使译稿在义和团运动中保存下来并最终在 1902 年末完成翻译，冠名《公法新编》。该译著由李鸿章和端方(1861—1911)作序，广学会于 1903 年出版。1904 年，丁韪良和綦策鳌还在广学会出版了一部国际关系史讲学集，是丁韪良 1902 年至 1904 年在张之洞(1833—1909)所办的湖北仕学院讲学的讲稿。该书取名《邦交提要》，实际上表明这是一部介绍西方历史而非国际法的著作。

1864 年，林乐知被任命为上海广方言馆英文教习。1870 年，随着并入江南机器制造局的该馆来到江南制造局。从 1871 年始，林乐知同时担任这两个机构的教习和翻译。在担任江南制造局译员的 1871 年至 1881 年间，林乐知翻译了八部有关外交("交涉")和西方国家历史("国志")方面的著作。[①]在供职于广学会的 1887 年至 1907 年，即其生命中的最后 20 年，林乐知撰写了许多国际关系和教育方面的著作，并译有一部国际法论著。在蔡尔康(1852—1920)的合作下，他着手翻译劳麟赐(Thomas Joseph Lawrence，1849—1919)的《国际公法手册》。1903 年，该译作以《万国公法要略》为名在上海广学会出版。他们术语用词的主要来源是丁韪良的译著，不过从他们所使用的国际法语言和词汇来看，已经可以从中看到某些日本的影响。

从 1847 年第一部国际法译著出版到 1903 年丁韪良的最后一部国际法译著出版，国家利益对于形成翻译国际法著作的两个主

---

① 参见熊月之：《西学东渐与晚清社会》，上海：上海人民出版社，1994 年，第 614~637 页。

要传统,具有极为重要的意义。这两个传统兴起于两个在华"蛮夷"的个人冲动和一群有才智和革新思想的中国学者和学生的热情支持,产生于第二次鸦片战争后中国相对自由和接受西方的政治气候中。从国家层面来说,无论是中国还是西方国家,都未正式批准或支持过像这样在中国翻译和引进国际法,但译者和他们的所在机构在中国的维新派和开明绅士中间发现了自己的支持者。直到19世纪90年代中期,从这些译著中还没有发展出来中国人对于国际法的任何论争,但此时中国知识分子能够对国际权利和义务进行理论上的思考。中国的文人学士确实对中国同意给予外国治外法权提出过质疑,但此时汉语还没有一个用于表示"治外法权"的专门术语。不过,这两个不同翻译传统中所蕴含的欧洲法律智慧和实践,对于心怀忧国之心的读者来说是可以利用的。所以,具有重要意义的是,在1895年中日战争和《马关条约》签订后,本土中国人关于中国主权和中国国际地位的理论著作、译著和论争,终于浮出了水面。

二、本土中国人对国际法的关注

《马关条约》似乎破灭了中国人自强计划的希望,与邻国朝鲜和日本的新型关系也损坏了中国在东亚传统国际秩序中的地位。在国际关系中建立完整的中国主权,成为遭受屈辱的中国保持民族"自性"的唯一保证。而这根本不同于1842年至1894年欧洲国家在传统帝国秩序框架内带给中国的挑战。以中国人看来是成功的教育和政治改革的日本明治维新为蓝本,湖南发起了改革运动,建立了现代教育机构,国际法也在长沙时务学堂第一次被引进中国教育机构的课程表。《马关条约》签订后不久,毕永年即在长沙建立了公法学学会。然而,随着戊戌维新运动的失败,他对使用国际法来复兴中国在东方的国际地位的信心破碎了,公法学学会也被解散。[①]

[①] 参见蔡锷:《国际公法志》,上海:广智书局,1902年,前言,第1页;丁平一:《湖南维新运动史:1895—1898》,台北:汉忠文化事业出版社,2000年,第91页。

同时，丁祖荫于1898年编纂了一部国际法著作，于常熟出版。①该书内容主要取自丁韪良所译惠顿的著作，但也选用了丁韪良其他译作和傅兰雅译作的一部分内容。作为一位儒士，丁祖荫认为，虽然国际法可以管理国际社会里各成员国之间的平衡，但只有"仁道"才能在各国间建立一种永久的和谐——并可能恢复中国在东方作为"万国之主"的地位。丁祖荫对于国际法传入中国，似乎没有多少影响。

但唐才常（1867—1900）和蔡锷（1882—1916）通过在1898年至1902年撰写多部国际法、国家主权和外交论著，对本土中国人引进国际法理论产生了一定程度的影响。他们与湖南维新派均有联系，在湖南维新运动期间就国际法及其在中国的运用问题广泛著书立说。唐才常自1897年起担任颇具影响的湖南维新杂志《湘学新报》的主编，并于1897年至1898年在《湘学报》和《湘报》上发表了多篇论述国际法和中国国际关系问题的文章。②唐才常的国际法知识和理论思考主要来自于傅兰雅所译的费利摩著作，但也有迹象表明他阅读过丁韪良的译著并运用了其中的一些资料。蔡锷为湖南本地人，与毕永年、唐才常和湖南维新派以及一位后来在民国初期成为很有影响力的政治和军事领导人的人士保有联系。他于1902年出版的国际法著作似乎是最早由中国人撰写并在中国出版的通论性国际法著作之一。③

但蔡锷的著作产生于中国文献和两个中国传统已经失利的时期，他使用的多是日文文献和术语。蔡锷与唐才常和湖南维新派的联系表明，他极有可能熟悉丁韪良、傅兰雅、唐才常这些代表中国本土传统的译作。他的著作还与唐才常的著作一起被收录于1903

---

① 丁祖荫：《万国公法释例》，载丁祖荫：《常熟丁氏丛书》，常熟，1898年。
② 重印于唐才常：《公法通义》，出版地不详，1898—1902年；唐才常：《觉颠冥斋内言》（1898年），载《新学大丛书》，上海：积山乔记书局，1903年。
③ 参见蔡锷：《国际公法志》，上海：广智书局，1902年。

年在上海出版的《新学大丛书》。他没有参考这些文献的事实,已经强烈表明世纪之交日文著作的重大影响。

随着 19 世纪日益接近尾声,中国的知识分子和官员越来越认识到：国际法实际上是中国处理与西方列强和日本事务的一个有用的甚至是必不可少的工具。19 世纪 70 年代,已有中国学者如马建忠等人在西方学习国际法,但是,这些人并没有在国际法框架内以一种可见的方式，影响或促进中国公众对中国国际地位的公开讨论。在 19 世纪 90 年代后半期,两种潜在的"蛮夷"来源,即丁韪良的同文馆传统和傅兰雅的江南机器制造局传统,可以作为在中国发展这种辩论的基础。这两种传统的融合成为第三种潜在的来源,并通过 19 世纪末的某些出版物获得了影响。但是,在1902 年至 1903 年日本具有深远意义的影响出现之前，这些传统没有任何一种在中国人的话语中牢固地确立起来。

从那时起,几乎没有任何国际法著作直接从西语翻译而来,由西方传教士管理的机构所建立的传统也出现中断。日文有关国际法的著作支配着这一领域的话语，西方著作是通过日文版被翻译过来和转手获取的，所使用的词汇也全部是已经定型的日本汉字国际法词汇。蔡锷早期受到的日本影响可以追溯到他在日本接受军事训练时期。《马关条约》签订后不久,中国就开始派遣成百上千的留学生到日本学习。①这些留学生中间有多少人接受过国际法训练虽然没有确切的数字记载,但必定有相当数量的学生是学法律甚至是专门学国际法的。在蔡锷以后的著译中,他们对面向中国读者的国际法作品的影响是非常明显的。

杨廷栋(1861—1950)系江苏人,江苏省谘议局议员,为一江南立宪团体成员，是两部有关立宪和省咨议局的著作的作者。1901年,他翻译了卢梭的《社会契约论》并在《译书汇编》杂志上发表。杨

---

① 参见保拉·哈里尔：《播种变革的种子：中国留学生和日本教习,1895—1905》,斯坦福:斯坦福大学出版社,1992 年。

廷栋还组建了宪政预备会,出版《宪政杂志》。他留学于东京早稻田大学,①其著作《公法论纲》②所依据的日文资料很可能就是他在日本搜集的大学的讲座集。在该书序言中,他将日本明治复兴的经验与中国最近三十年的发展进行了比较, 并为中国的地位, 如他所说,"游离于国际法范围之外"而忧虑。

　　杨廷栋和蔡锷的著作是中国人第一批独立理解的国际法著作,而不是基于西方著作的中文译著。它们也是第一批在中国出版且完全根据日本经验来详论国际法的著作。从这时起,同时出现的这两种情形极有利于形成一套全新的中国国际法术语,以取代既存的术语传统。

　　在这些事件之后和民国建立之前, 除前面提到的林乐知和丁韪良于 1903 年和 1904 年出版的译著之外, 仅有的两部西方国际法译著分别译自法文和德文著作,于 1902 年至 1903 年出版。③

　　法国律师台夏尔登(Arthur Desjardins,1835–1901)非常热衷于研究东方国际法律问题, 与日本国际法专家有贺长雄 (1860—1921)素有交往。有贺长雄曾在巴黎工作过一段时间,后来用法文写了一篇关于中国与国际法的文章,题为《中国人民的权利》(*La Chine et le Droit des Gens*),发表于《两个世界杂志》(*Revue des Deux Mondes*) 1900 年 10 月号。文章从当时日本人的观点出发,把中国描述成国际事务中的一个不可靠的伙伴,而把日本则描述成一个与欧洲国家平等合作的国际伙伴。吴启孙把这篇文章译成中文,并于 1902 年以《支那国际论》为题在上海/东京发表,译文中使用的皆是日语国际法词汇。另外一部译著是 1903 年上海商务

　　① 参见琼·嘉德:《印刷品与政治:"时报"与晚清中国的改革文化》,斯坦福:斯坦福大学出版社,1996 年。
　　② 参见杨廷栋:《公法论纲》,上海:普通学术室和开明社,1902 年。
　　③ 另有一个例外是 1910 年出版的罗伦(Thomas Joseph Lawrence)著《国际法原理》的中译本。但涛译:《国际公法提纲》,上海:长明公司和标铭公司,1910 年。

印书馆出版的福兰兹·李斯特(Franz von Liszt, 1851—1919)的著作
(*Das Völkerrecht: Systematisch dargestellt*)。这一著作是由商务印书
馆译自德文版,配以《国际公法大纲》中文书名出版。至此,国际法
词语已完全日本化了;日语作为国际法译著的语言和词汇,被中国
接受了。

　　然而,在1903年至1911年间,所有在中国和日本为中国读者
出版的著作,或者译自日文,或者由中国赴日留学生完全根据日本
的经验所写。其中来自日本影响最大的当属法学教授中村进午
(1870—1939),他也是许多日本重要国际法著作的作者。这些著作
介绍了1903年至1911年日本学者对国际法的解释。中国读者可
以见到的这些著作是:

　　　　范迪吉等译:《国际公法》,1903年出版, 北条元笃和熊谷
直太著作译本;

　　　　范迪吉等译:《国际私法》,1903年出版,中村太郎著作译
本;

　　　　林棨等译:《国际公法精义》,1903年出版, 多个日文国际
法著作译本;

　　　　袁飞译:《万国公法要领》,1903年出版,沼崎甚三著作译
本;

　　　　王鸿年译:《国际中立法则提纲》,1904年出版, 中立国际
规则和规定译本;

　　　　王鸿年译:《战时现行国际法规》,1904年出版, 战时国际
规则和规定译本;

　　　　叶开琼译:《平时国际公法》,1905年出版, 中村进午著作
译本;

　　　　张福先译:《战时国际公法》,1905年出版, 主要为中村进
午演讲稿译本;

郭斌译:《国际私法》,1905 年出版,三田博士著作译本;

廖维勋译:《平时国际公法》,1905 年出版,中村进午演讲译本;

陈嘉会译:《战时国际公法》,1905 年出版,日本战时国际法演讲集译本;

曹履贞译:《国际私法》,1905 年出版,山田三良讲稿和著述译本;

江庸译:《战时国际条规辑览》,1905 年出版,战时国际法规则日译版译本;

无名氏译:《万国公法提要》,1905 年出版,高桥作卫著作译本;

熊开先译:《平时国际公法》,1906 年出版,绪方维一著作译本;

赵象谦译:《战时国际公法》,1906 年出版,绪方维一演讲译本;

冯阊模译:《国际私法图解》,1906 年出版,石光三郎和森惣之祐著作译本;

金保康译:《平时国际公法》,1907 年出版,中村进午演讲稿译本;

金保康译:《战时国际公法及局外中立》,1907 年出版,中村进午演讲稿译本;

傅强译:《国际私法》,1907 年出版,山田三良演讲稿和教学讲义译本;

袁希濂译:《新译国际私法》,1907 年出版,中村进午演讲稿译本;

严献章译:《战时国际公法》,1908 年出版,有贺长雄著作译本;

徐锷、郭恩泽译:《战时国际国际法要论》,1908 出版,高桥作卫的三部著作译本；

李倬译：《国际私法》，1911 年出版，山田三良著作译本；

陈时夏译：《平时国际公法》，1911 年出版，中村进午著作译本；

陈时夏译：《战时国际公法》，1911 年出版，中村进午著作译本。

本土中国人对国际法的关注与中日战争和 1897 年湖南发起的维新改革运动的体验刚好形成巧合。因此，中国人对国际法问题最早的理论思考是从中国翻译国际法著作的两个传统分叉出来的。但似乎没过多久，归国的留日学者就抛弃了这些传统，并从他们在日本的经历出发，建立了一个讨论中国国际地位和作用的基础。为了考察上述中国国际法话语在制度性、历史性和诠释性因素方面的变化轨迹，是否也存在于中国国际法术语早期的现代化过程中，下面我将对从 1864 年第一部中文译著出版到 1902 年到 1903 年日文著作开始发挥影响期间，汉语国际法词汇形成的某些特点展开分析。

三、国际法词汇

1861 年，中国设立了总理衙门。1876 年，中国在国外开设了常驻使馆。1878 年，中国还受邀参加在布鲁塞尔举办的第六届国际法改革和编纂大会，中国驻伦敦公使郭嵩焘出席了本届大会。会上，郭嵩焘希望国际法学会所做的工作能有益于所有政府和民族。他还为中国不能完全同意学会制定的国际法准则进行了申辩，指出原因在于中西政治文化背景不同。他也表达了中国将很快接受国际法科学的愿望，因为这样做无疑是利于中国。作为回报，郭嵩焘被选为国际法学会荣誉副主席。郭嵩焘在死后还一直保留了这个职位三十五年。由于郭嵩焘本人不懂英语，他的日记里所记的外语词汇都是音译，而没有将这些词语翻译过来。

例如,他将上面提到的国际法改革与编纂大会记录为"铿莱林斯法尔齐立法尔姆安得科谛费格林升阿甫英得纳升尔那"。①

因此人们可能会认为,当中国想确保自己国际大家庭的成员地位和主张自己作为国际事务中的一个平等伙伴的权利和义务时,丁韪良和傅兰雅翻译的著作对于中国就显得至关重要。中国传统的世界秩序正在崩溃,为了避免自己被"瓜分",中国需要寻求被承认是一个平等和独立自主的国际伙伴。为了评价在国际法词语形成过程中各种国际法翻译学派和传统之间的不同发展和影响,我选择了这一时期的一些最典型的相互竞争的术语和术语流来加以讨论(见表一)。②

从 19 世纪 60 年代开始翻译国际法著作起,丁韪良只创造了较少数量的新词。在绝大多数情况下他主要使用的是当时既有的术语和习惯,来表达国际法学科的理论原则。他给自己的译著杜撰新词的典型例子,就是他用"权利"表示"right"。"权利"二字在中国早期的著作中就有, 但丁韪良在 1864 年的译著中把它作为一个表示"right"的新词;在伍尔西著作中译本的序言中,它也被解释为汉语中的一个新词。③在另外一些例子中,如用"万国公法"表示"international law", 用一系列词语表示 "sovereignty"和"independence"等,在促进早期专业术语的形成方面,丁韪良也用了当时的语言。比如"万国公法",这个词只是反映了早期罗马"万民法"的观念,并非是后来边沁(Jeremy Bentham,1748—1832)于19

---

① 参见郭嵩焘:《伦敦与巴黎日记》(1891 年),长沙:岳麓书社,《走向世界丛书》之一,1984 年, 第 302 页;又见徐中约:《中国融入国际大家庭的外交:1858—1880 年》,坎布里奇,马萨诸塞:哈佛大学出版社,1960 年,第 206~207 页。

② 由于袁德辉和伯驾 1847 收录于《海国图志》的译文和后来的译文存在雷同,这里略去对它们的词语进行比较分析。

③ 丁韪良译:《公法便览》,北京:同文馆,1877 年,凡例,第 2~3 页;又见鲁纳:《中国政治话语中的"权力"和"权利"概念》,载朗宓榭、阿梅隆、顾有信等编:《新思想的新术语:中华帝国晚期的西学和词汇变化》,莱顿:布里尔学术出版社,2001 年,第 125~143 页。

世纪初创造的"international law"一词的语义，因此这个词语不及后来的日语新词"国际"使用得长久。

丁韪良翻译的惠顿著作在中国出版后的第二年传入日本，因此他使用的词语和习惯表达成为日语国际法词语的早期基础。但明治维新以后，在革新汉字和扩展中国文学的基础上，日本很快发展出自己独立的词汇。从丁韪良的词汇中保留下来的仅有"权利"和"主权"。从"管辖权"和"均势"也可以看出一些影响。

表一：竞争性的国际法词汇（1864–1903 年）

	丁韪良 同文馆 1864—1903	傅兰雅 江南机器制造局 1886—1901	日本 影响 1902—
sovereignty	主权	主权	主权
傅兰雅"借用"丁韪良的译法			
independent state	自主之国	自主之国	独立国
neutral	局外	局外、中立	中立
high seas	大海	大海	公海
日本"借用"丁韪良的译法			
right	权利	分所当得	权利
jurisdiction	管辖	管理	管辖权
balance of power	均势之法	平权之理	均势主义
日语新词，非"借用"			
duties	——	分所当为	义务
(public) international law	万国公法	交涉公法	国际法
private international law	公法之私条	交涉便法	国际私法
natural law	性法	天然之法	自然法
positive law		实在律法， 特设之律	制定法 实定法 实体法
exterritorial right	不归地方管辖	——	治外法权
right of self-protection	自护之权	自行保卫	自卫权

《万国公法》出版后不久就在官界和非官界获得了显著的地位,这既由于它已经被证明了的应用价值,也由于在很长时期内它是这类著作中唯一的汉语著作。在丁韪良后来又出版了国际法译作后,因为专业术语略有变化,这些著作的影响在许多情况下似乎只限于一个狭小的范围内。当到19世纪末中国学者对西方国际法展开理论讨论的时候,①我们发现,他们所指和讨论的是中国传统中的惠顿的理论和学说,而不是其他著作。这意味着,丁韪良的别的译著以及19世纪晚期的其他译著在知识分子中间并没有得到广泛传播或被众所周知。

就傅兰雅在江南机器制造局的译著而言,从其专业词汇中很难看到与同文馆传统相类似之处。傅兰雅的确使用了丁韪良表示"sovereignty"和"independence"的词语,他用现有汉语词汇表示"neutral"和"high seas"也正好与丁韪良的用语形成巧合。但是,傅兰雅确立了一套完全独立的江南传统。傅兰雅1886年至1901年间的大量国际法译著里的词汇表明,他的译著遭到的命运与丁韪良后来的译著相类似。人们知道傅兰雅的国际法译著唯一一次产生了实际影响的,是1878年郭嵩焘在伦敦得到了一本傅兰雅尚未译完的费利摩的著作。此事发生在该译稿在江南机器制造局出版的十六年前。②那时,中国只有丁韪良翻译的两位美国国际法专家的著作。但是,作为中国第一位驻欧洲公使和那年国际法改革与编纂大会的代表,郭嵩焘很可能觉得在这里提及这两位国际法哲学家不合场合。傅兰雅虽然译作颇多,但他的术语方法并没有在汉语中确立起来,也没有被收录进当时的词典。

因为在1895年之前本土中国人对这些问题的争论还没有浮出水面,所以这两个机构各自独立运行,没有为这些概念确立一个

---

① 参见郑观应:《盛世危言》(1894年),郑州:中州古籍出版社,1998年;王韬:《弢园文录外编》,郑州:中州古籍出版社,1998年。

② 傅兰雅的译稿当时名为《万国交涉公法论》,而不是后来出版时的《各国交涉公法论》。

全国性标准的迫切愿望。当有关这些理论问题的争论在《马关条约》签订不久，第一次浮出水面后，丁韪良和傅兰雅在术语使用上的不同引起了一场暂时性的术语和概念混乱。[①]如果来自日本的影响不是如此深远，这些争论本来可能会导致两种术语传统的归并。然而，首先在日本出版中文著作并在日本接受数年西式大学教育后归国的中国留学生，把全部的日语国际法词汇也带回了中国。因为这些留学生很少或没有接触过中国的两种翻译传统和中国早期的国际法译作，而且他们中的绝大多数年纪轻轻，易于接受日本现代教育制度和以日语为载体的西方科学，所以他们为这一个新学科带回了一整套新的术语。中国人对国际问题的全部话语在词汇方面被和化了，同文馆和江南机器制造局的传统也在几个月之内被丢弃了。在现代日语和汉语词汇中，唯一能够看到的早期中国术语传统的残留，就是丁韪良创造的"权力"和"主权"，这两个术语早在19世纪60年代就传到了日本。但是，日本维新运动对中国有令人信服的影响，它带着对中国主权的信念和对受到羞辱的民族认同的希望，清除了所有的中文传统，接受了日语传统。日语传统首先成了中国民族"自性"悲惨感的场所。在始于1902年的日本国际法著作和译著涌入中国的浪潮中，汉语中出现许多竞争性术语，其中我们发现不可或缺的国际法词语有"义务"、"国际法"、"国际私法"、"自然法"、"实体法"、"治外法权"和"自卫权"。

日本早在1862年就派遣留学生赴欧洲学习国际法。到19世纪80年代，以日本汉字为基础，一套国际法词汇就在日语中确立起来。[②]与此同时，日本翻译和出版了许多西方国际法著作。1902年，日本成立了日本国际法学会，并在同年第一次出版了《国际法杂志》。早有人认为，日本对中国国际法术语产生影响发生在20世

---

① 丁祖荫和唐才常的著作就是例证。

② 这可以从东京1884年出版的《哲学字汇》得到证实(井上哲次郎、有贺长雄：《改订增补哲学字汇》。东京：东洋馆，1884年)。

纪的前几十年。①但是上述术语列表及其相关文献证据表明，向日本术语的变迁仅仅发生在 1902 年至 1903 年这一很短的时期，与留日学生首批归国的时间相同。这种术语变迁不仅可从西语国际法著作的中译本，还可以从日语国际法著作的中译本中看得出来。

结　语

1901 年，李鸿章在给丁韪良翻译的霍珥著作题写的序言中指出，国际法正在成为中国政治现实的一部分：

> 公法者，环球万国公共之法，守之则治，违之则乱者也。光绪庚子之夏，卷匪变起，围攻使馆，戕害使臣，为从来所未有。三数庸臣，目不知古今，焉知有公法……我先不能守公法，人即不以公法待我，报施之常，无可言者。然方事之殷，北方之乱如响斯应，而东南宴然。当大乱之时，处可乱之地，而竟得免于乱。我守公法，彼亦守公法也。②

在本文开头，我曾提出一个问题，即中国本土翻译国际法著作的近四十年传统，为什么如此脆弱从而在 1902 年至 1903 年左右受到了日本的强烈影响？我的观点是，翻译西语国际法著作的两个不同传统，即在 1864 年至 1903 年同时共存的同文馆传统和江南机器制造局传统，没有任何一个能够在晚清的官方语言和专业术语中确立起自己牢固的基础。这两种传统之间也几乎没有任何术语上的交流，只是在世纪之交有一种融合的趋向。但这种融合似乎来得太晚，以致难以与日本急速进来的日语术语形成竞争。日本起

---

① 朱宏达：《中国国际法术语的发展及英译问题》，《亚洲研究杂志》27，1967 年，第 489 页。

② 丁韪良译：《公法新编》，上海：广学会，1903 年，前言，第 1 页。

初曾受到丁韪良 1864 年译作的影响，但 19 世纪 70 年代和 80 年代在日本汉字的基础上形成了自己的国际法词汇，只有很少的一部分词汇来自中文。当中国留学生在 1902 年至 1903 年把这些词汇从日本带回中国的时候，这些词汇便非常迅速地垄断了汉语词汇；并在中国第一次信奉国际法的时候，主导了中国人后来对国际法的理解的发展，就像李鸿章在 1901 年所指出的那样。赴日接受日本"近代"西式教育的中国留学生，并不是在科学领域已经训练有素的学者，而主要是缺乏经验和不熟悉西学中现有中国传统的青年学生。这种状况使他们特别易于接受他们在日本所经历的语言、术语和科学环境。无论是就大量的出版物中的词汇来说，还是就培训和研究西方科学（包括国际法）的现代机构来说，日本已经建立起一个牢固的传统。这一事实使得，这些青年学生到达日本后，日本的经验对他们产生了很大的影响。当这些留学生陆续从日本教育机构毕业后，他们把这种新现实和描写这种新现实的新日语工具给了饥饿的中国民族"自性"。正是由于这种术语流入与对作为拯救中国认同之工具——特别是在中国与其前藩属国的关系中——的国际法、国际权利知识和主权意识的日益增长的需求碰巧相遇，新的术语机器很快便被接收进汉语文言文体系。如果在甲午战争之前国际权利和义务被承认是中国国际关系中的必要工具，语言上的进步必然会发轫更早，并且会在一种早就存在的术语传统中确立基础，这可以从绝大多数自然科学的分支学科中看出。1902 年至 1903 年间中国国际法语言发生的术语流变，是 1894 年至 1895 年日本给中国造成严重国际危机的有力明证。

参考文献

Bennett, Adrian Arthur. 1967. *John Fryer: The Introduction of Western Science and Technology into Nineteenth -Century China.*

Cambridge, Mass.: Harvard University Press. 艾德里安·阿瑟·贝内特：《傅兰雅译著考略》，坎布里奇，马萨诸塞：哈佛大学出版社，1967 年。

蔡锷：《国际公法志》，上海：广智书局，1902 年。

Chang, His-t'ung. 1950. "The Earliest Phase of the Introduction of Western Political Science into China", *Yenching Journal of Social Studies 5*, pp.1-29 张新敦：《西方政治学传入中国的最早阶段》，《燕京社会学杂志》5，1950 年，第 1~29 页。

Chiu, Hungdah. 1967. "The Development of Chinese International Law Terms and the Problem of Their Translation into English", *Journal of Asian Studies 27*, pp.485-501. 朱宏达：《中国国际法术语的发展及英译问题》，《亚洲研究杂志》27，1967 年，第 485~501 页。

但涛译：《国际公法提纲》，上海：长明公司和标铭公司，1910 年。罗伦(Thomas Joseph Lawrence)著《国际法原理》(*The Principles of International Law*)的中译本。

丁平一：《湖南维新运动史：1895—1898》，台北：汉忠文化事业出版社，2000 年。

丁祖荫：《万国公法释例》，载丁祖荫：《常熟丁氏丛书》，常熟，1898 年。

郭嵩焘：《伦敦与巴黎日记》(1891 年)，长沙：岳麓书社，《走向世界丛书》之一，1984 年。

Harrel, Paula. 1992. Sowing the Seeds of Change: Chinese Students, Japanese Teachers, 1895—1905. Stanford: Stanford University Press. 保拉·哈里尔：《播种变革的种子：中国留学生和日本教习，1895—1905》，斯坦福：斯坦福大学出版社，1992 年。

Hsü, Immanuel. 1960. China's Entrance into the Family of Nations: The Diplomatic Phase 1858-1880. Cambridge, Mass.: Harvard University Press. 徐中约：《中国融入国际大家庭的外交：1858—1880 年》，坎布里奇，马萨诸塞：哈佛大学出版社，1960 年。

Hughes, E. R. 1968. The Invasion of China by the Western World. London: Adam and Charles Black. 休斯·E·R:《西方世界对中国的侵略》,伦敦:亚当斯和查尔斯·布兰克,1968 年。

Inoue Tetsujirō and Ariga Nagao. 1884. Kaitei zōho tetsugaku jii. Tokyo: Tōyōkan. 井上哲次郎、有贺长雄:《改订增补哲学字汇》。东京:东洋馆,1884 年。

Judge, Joan. 1996. Print and Politics:"Shibao"and the culture of Reform in Late Imperial China. Stanford:Stanford University Press. 琼·嘉德:《印刷品与政治:〈时报〉与晚清中国的改革文化》, 斯坦福:斯坦福大学出版社,1996 年。

李贵连:《二十世纪初期的中国法学》,载李贵连主编:《二十世纪的中国法学》,北京:北京大学出版社,1998 年,第 1~65 页。

李兆杰:《国际法是如何传入中国的》, 载《国际法律问题研究》,北京:中国政法大学出版社,1999 年,第 53 ~135 页。

Liu,Lydia H. 1995. *Translingual Practice:Literature,National Culture,and Translated Modernity –China,1900 –1937.*Stanford:Stanford University Press. 刘禾:《跨语际实践——文学、民族文化与被译介的现代性 (中国,1900—1937)》, 斯坦福: 斯坦福大学出版社,1995 年。

Liu, Lydia H. 1999."Legislating the Universal: The Circulation of International Law in the Nineteenth Century", in: id.(ed.). *Tokens of Exchange: The Problem of Translation in Global Circulation.* Durham, London: Duke University Pres. 刘禾:《为全球立法:19 世纪国际法的传播》,载刘禾编:《交流的象征:全球流通中的翻译问题》,达拉谟、伦敦:杜克大学出版社,1999 年。

丁韪良(Martin,W.A.P.)译:《万国公法》,北京:崇实馆,1864 年。

丁韪良译:《公法便览》,北京:同文馆,1877 年。

丁韪良译:《公法新编》,上海:广学会,1903 年。

Masini, Federico. 1993. *The Formation of Modern Chinese Lexicon and Its Evolution Toward a National Language: The Period from 1840–1898*. Berkeley: Journal of Chinese Linguistics(Monograph Series, no.6). 马西尼:《现代汉语词汇的形成及其向国语的演化:1840—1898》,伯克莱:《中国语言学报》(专著系列之六),1993 年。

Spence, Jonathan. 1969. *The China Helpers*. London: The Bodley Head. 史景迁:《中国的援助者》,伦敦:勃德雷·海德,1969 年。

Svarverud, Rune. 2000."Jus Gentium Sinense: The Earliest Chinese Translation of International Law with some Considerations Regarding the Compilation of *Haiguo tuzhi*", *Acta Orentalia 61*, pp.203–237. 鲁纳:《中国人对国际法的最早翻译——兼论〈海国图志〉的编著》,《东方文物学报》61,2000 年,第 203~237 页。

Svarverud, Rune. 2001."The Notions of 'Power'and 'Rights'in Chinese Political Discourse", in: Michael Lackner, Iwo Amelung and Joachim Kurtz (eds.). *New Terms for New Ideas: Western Knowledge and Lexical Change in Late Imperial China*. Leiden: Brill, pp.125–43. 鲁纳:《中国政治话语中的"权力"和"权利"概念》,载朗宓榭、阿梅隆和顾有信等编:《新思想的新术语:中华帝国晚期的西学和词汇变化》,莱顿:布里尔学术出版社,2001 年,第 125~143 页。

唐才常:《公法通义》,出版时间和地点不详。

唐才常:《觉颠冥斋内言》(1898 年),载《新学大丛书》,上海:积山乔记书局,1903 年。

田涛、李祝环:《清末翻译外国法学书籍评述》,载《中外法学》,2000 年第 3 期,第 355~371 页。

王立新:《美国传教士与晚清中国现代化》,天津:天津人民出版社,1997 年。

王韬:《弢园文录外编》,郑州:中州古籍出版社,1998 年。

王维俭:《林则徐翻译西方国际法著作考略》,载《中山大学学报》,1985 年第 1 期,第 58~67 页。

王维俭：《订正若干中外辞书中"丁韪良"词目涉及的史实》,载《中山大学学报》,1987 年第 2 期,第 68~76 页。

王扬宗：《江南制造局翻译书目新考》,《中国科技史料》,1995 年第 2 期,第 3~18 页。

王扬宗：《傅兰雅与近代中国的启蒙》,北京：科学出版社,2000 年。

熊月之：《西学东渐与晚清社会》,上海：上海人民出版社,1994 年。

熊月之：《海国图志征引西书考释》,载《中华文史论丛》,上海：上海古籍出版社,1996 年,第 55 辑,第 235~259 页。

杨廷栋：《公法论纲》,上海：普通学术室和开明社,1902 年。

张海鹏：《追求集：近代中国历史进程的探索》,北京：社会科学文献出版社,1998 年。

Zhang, Jingcao. 1992. "How Western International Law Was Introduced into China and Its Influence upon China", in: Bernhard H. K. Luk (ed.) *Contacts Between Cultures. Vol.4: Eastern Asia: History and Social Science.* Lewiston: Mellen, pp.264–70. 张劲草：《西方国际法如何传入中国及其对中国的影响》,载伯恩哈·H·K·鲁克主编：《文化间的接触,第 4 卷,东亚的历史和社会科学》,莱维斯顿：梅伦出版社,第 264~270 页。

郑观应：《盛世危言》(1894 年),郑州：中州古籍出版社,1998 年。

邹振环：《影响中国近代社会的一百种译作》,北京：中国对外翻译出版社公司,1996 年。

玻璃潜艇与电子气球：
中国科幻小说中科技词汇的构词法

海伦娜·赫尔罗尔多娃

在科幻小说中，小说文本之外的现实世界中通常不存在的事物构成了科幻世界的重要部分。虽然读者看不到在科幻小说中读到的虚构事物，但可以在自己的头脑中想象这些事物。本文的目的就在于解释读者是如何被领上想象之路的。我原则上认为，汉语是通过复杂的语言符号把虚构的非经验事物传达给读者的，而这种语言符号的结构和要素选择是按照某种有助于读者对该事物形成思维图像的模式加以设计的。

我在本文分析的是那些指称20世纪前20年中国科幻小说和短篇小说中的虚幻事物的科技词汇。我将首先对构建表示虚构的非经验事物的语言符号的原则加以解释，然后阐明这些语言符号与非经验现实之间的关系。我对表示虚构事物的新造词汇的构词法进行的分析，是建立在兹丹卡·赫玛诺瓦(Zdenka Heǐmanová)和马西尼(Federico Masini)已有的研究基础上的，他们都研究过近代汉语的新词构词法。①他们对新造词汇描述性特征的分析是我考察语言符

---

①参见兹丹卡·诺瓦特纳：《近代汉语外来词与杂合词研究综述》，载《东方学档案》35,1967—1969年，第613~648页;36,第295~325页;37,第48~75页;兹丹卡·赫玛诺瓦–诺瓦特纳：《近代汉语经济学术语的构成与结构》，《亚非语言的社会背景》，布拉格：东方研究所,1974年,第45~77页。

号与非经验事物和虚构性现实之间关系的基础。

科幻小说中的虚构的非经验现实的概念是建立在马克·昂热诺(Marc Angenot)研究科幻小说中的虚幻世界基础上的。根据昂热诺的观点，正如我们在"现实性"小说中发现的那样，科幻小说中的虚幻世界是由那些不用于指称普通经验世界中已知事物的符号构成的。就像昂热诺指出的那样，科幻小说的美学目的"在于创造一个遥远的、陌生的然而却是可以理解的'世界'"。①

一、本文考察的文献

本研究以考察在1904年至1918年间中国长篇和短篇小说中出现的约50个科技术语为基础，所考察的著作绝大多数标注的时间在1905年至1912年间，这是中国科幻小说早期发展过程中最多产的时代。

20世纪前20年的科幻小说，我找到了大约80部，包括由中国作者原创的小说和从西方著作改编而来的长、短篇小说。这些目前已知著作只有少量著作被研究过，其余大多数著作还属有待开垦的沃土。某些著作很少为人所知或人们仅知道书的名字。②我在本文选取的著作有的已经被人进行过研究，有的还不太为人所知。选取的标准是使用频率较高的新创的科技词汇。

1904年至1905年，《绣像小说》杂志连载了一位笔名叫"荒江钓叟"的作者写的一篇不甚完整的小说《月球殖民地》。③小说共35

① 马克·昂热诺：《缺失的范式：科幻小说记号语言学导论》，载《科幻小学研究》，6,1979年，第9~19、10页。

② 参见吴定波、帕特里克·D·墨菲：《中国的科幻小说》，纽约：普拉格，1989年；王德威：《世纪末的绚烂：清末科幻小说被压抑的现代性，1849—1911》，斯坦福：斯坦福大学出版社，1997年；陈平原：《从大众科学到科幻小说：关于"飞机"的考察》，载卜立德主编：《翻译与创作》，阿姆斯特丹、费城：约翰·本杰明，1998年，第209~239页；卜立德：《朱尔斯·凡尔恩：科幻小说及相关事务》，载卜立德主编：《翻译与创作》，阿姆斯特丹、费城：约翰·本杰明斯，1998年，第177~207页；郭蓁：《论晚清政治乌托邦小说》，《清末小说》，22,1999年，第53~86页。

③ 参见荒江钓叟：《月球殖民地》，《绣像小说》，31.2—62.11,1904—1905年。(香港：商务印书馆,1980年重印)

**玻璃潜艇与电子气球:中国科幻
小说中科技词汇的构词法**

章,叙述的是一群中国和日本男女打算乘气球到月球旅行的冒险
经历。根据王德威(David Der-wei Wang)的研究,这是一篇很一般
的小说,其中有许多中国传统小说中的那些陈词滥调。①不过值得
一读的是它把月球、气球和科学与流放、寻找被流放者或追求自我
实现和自我完善联系在一起的复杂的象征主义手法。

在徐念慈(1874—1908)以"东海觉我"为笔名发表在《小说林》
杂志上的《新法螺先生谭》短篇小说中,②主人公通过精神和思想上
的磨炼实现了肉体和精神的分离,其肉体进入到深入地球内部的地
下世界,而精神则漫步在行星和恒星的周围。徐念慈实际上是受日
本作家严谷小波(1870—1933)的一篇短篇小说的启发,这篇小说被
包天笑(1876—1973)译成了中文,③但这篇小说本身是由德国人冯·
敏豪森男爵(Baron von münchausen,1720—1797)的故事改编而来
的。王德威认为,这篇小说典型地表现了晚清时期知识分子的双重
性格,即追求知识和为了人类甘愿牺牲自己的精神。④

吴趼人(1866—1910)的小说《新石头记》(发表于《南公报》),
讲述的是贾宝玉的冒险故事。贾宝玉是曹雪芹(1715—1763)的著名
小说《石头记》(后来在 20 世纪初期以《红楼梦》闻名)里的男主
人公。⑤在《石头记》原著中,贾宝玉是一个贵族家庭的后裔,无心于
学业;在吴趼人的小说里,贾宝玉一来到现代化的大上海,就变成
了一位现代科学技术的热情敬慕者。

---

① 参见王德威:《世纪末的绚烂:清末科幻小说被压抑的现代性,1849—1911》,斯坦
福:斯坦福大学出版社,1997 年,第 288 页。
② 参见徐念慈:《新法螺先生谭》(原作发表于《小说林》1905 年第 6 期),载于润琦
主编:《清末民初小说书系·科学卷》,北京:中国文联出版公司,1997 年,第 1~20 页。
③ 参见王德威:《世纪末的绚烂:清末科幻小说被压抑的现代性,1849—1911》,斯坦
福:斯坦福大学出版社,1997 年,第 295~301、383 页。
④ 参见王德威:《世纪末的绚烂:清末科幻小说被压抑的现代性,1849—1911》,斯坦
福:斯坦福大学出版社,1997 年,第 296 页。
⑤ 参见吴趼人:《新石头记》(原作发表于《南公报》,1905 年,第 8~11 期),郑州:中
州古籍出版社,1986 年。

萧然郁生发表于《月月小说》杂志上的小说《乌托邦游记》也是一篇未完之作。在这篇小说里，故事的主人动身前往乌托邦岛旅行，但在这个充满希望的开端之后，小说在第五章突然收了尾。①

包天笑著短篇小说《空中战争未来记》，亦发表于《月月小说》杂志，生动地描述了1900年至1930年德、英、俄之间的世界战争。②

包天笑的《世界末日记》，以第一人称的口吻讲述了人类的世界末日：地球由于太阳系的崩溃而面临毁灭；著名科学家在探讨拯救人类的可能性；工程师设想了建造人造星球或飞往太空的种种可能；哲学家认为人的灵魂是不朽的，因而能够在任何物质方面的大劫难中幸存。③

小说《电世界》发表于《小说时报》，作者的笔名是"高阳氏不才子"。④小说描绘了2009年至2209年中国现代化和技术、社会发展的画卷。⑤

梅梦的短篇小说《水底潜行艇》发表于《小说月报》，主人公是一位海员，在一场战争中进攻敌人的潜艇时英勇负伤。住院期间，他在梦中看到了新型的军事潜艇。⑥

二、构造新名词的原则

新造词汇的一个共同特点就是它们的描述性特征。⑦在一个复

---

① 参见萧然郁生：《乌托邦游记》(原作发表于《月月小说》，1906年，第1~2期)，载于润琦主编：《清末民初小说书系·科学卷》，北京：中国文联出版公司，1997年，第73~86页。

② 参见包天笑：《空中战争未来记》(原作发表于《月月小说》，第21期，1908年10月)，载于润琦主编：《清末民初小说书系·科学卷》，北京：中国文联出版公司，1997年，第94~99页。

③ 参见包天笑：《世界末日记》(原作发表于《月月小说》，第19期，1908年8月)，载：于润琦主编：《清末民初小说书系·科学卷》，北京：中国文联出版公司，1997年，第87~93页。

④ 可能是许指岩(又作"严")，即许国英(1875—1923)的笔名。

⑤ 参见高阳氏不才子：《电世界》，《小说时报》，1，1909年，第1~58页。

⑥ 参见梅梦：《水底潜行艇》(原作发表于《小说月报》，1918年9月8日)，载于润琦主编：《清末民初小说书系·科学卷》，北京：中国文联出版公司，1997年，第209~217页。

⑦ 参见兹丹卡·诺瓦特纳：《近代汉语外来词与杂合词研究综述》，载《东方学档案》，35，1967—1969年，第620页；兹丹卡·赫玛诺瓦－诺瓦特纳：《近代汉语经济学术语的构成与结构》，《亚非语言的社会背景》，布拉格：东方研究所，1974年，第63页。

玻璃潜艇与电子气球:中国科幻
小说中科技词汇的构词法

合词和名称单元中,构词元素的选取与结合是与虚构事物的结构相对应。词语中的中心成分通常表示虚构事物,修饰成分表示该事物的基本特征。就科幻小说中的科技名词而言,我们想知道的是,为了创造表示非经验性事物的术语名词,选取的是何种构词成分以及是如何把这些构词成分结合在一起的。

我们可以把我们分析的名词术语分为两类:一类是传统或具有引申含义的名词,一类是新造名词和名称单元。[①]

(一)具有引申含义的名词

马西尼关于中国近代词语构词法的杰出研究表明,创造新词语的方法之一是引申或改变现有词语的语义范围。[②]根据我对中国科幻小说的研究,像这样使用的现有词语有两种类型:一类是"常用"词汇系统,一类是被用于表示现实世界中已知事物的新造科技名词。在现有"常用"词汇中,我只发现一例为引申含义:在《电世界》小说的第三章中,"翅膀"一词被用来指称可供一人乘坐的小飞机。在 19 世纪末或更早一些时期的新造科技名词使用更经常一些。[③]特别是含有"电"这一语义词素的词语,如电报、电灯、电光或电车是经常使用。这一时期的中国科幻小说,用一些表示经验现实中各种已知交通工具的词语来指称想象的交通工具。例如,在小说《电世界》中,作为可载数百位乘客的公共交通工具,"公共电车"被建造了出来。[④]为了实现人工气候,把带

---

① 所有名词皆用该词的汉语拼音后加该词的汉字形式给出。双音节和三音节名词的构词元素我们用方括号予以标示。只有当构词元素对于分析构词法必要时,我们才用括号给出这些构词元素。作为多音节名词语义单位的构成元素我们用尖括号予以标示。词的英语译文用圆括号标示。

② 参见马西尼:《现代汉语词汇的形成及其向国语的演化:1840-1898》,伯克莱:《中国语言学报》(专著系列之六),1993 年,第 152 页。

③ 参见马西尼:《现代汉语词汇的形成及其向国语的演化:1840-1898》,伯克莱:《中国语言学报》(专著系列之六),1993 年,第 127 页。

④ 参见高阳氏不才子:《电世界》,《小说时报》1,1909 年,第 8 章。

有火炉的"气球"挂在高空。①"气球"能飞上月球。②"飞机"能载数百位乘客。③

(二)双音节和三音节复合名词

新造词语构成了新词的主要部分。根据兹丹卡·赫玛诺瓦的研究,汉语中的新词是按照普通构词法创造的新词语,④新词的创造要么没有受到外语模式的影响,要么在创制过程中受到外语词汇的启发。⑤

根据词语构成方式,我把新词分成两种明显不同的类型:一种是双音节词和三音节词,另一种是多音节名称单元。双音节新词的代表结构形式可以从"飞艇"[飞+艇](flying machine)一词看出,构词要素被安排成偏正结构,其中主要成分含有被一个定语所修饰的某事物的特性,定语被用于描述所指称的事物。表一中的词例代表双音节的结构形式:

表一:双音节词结构类型:

dianqiang 电枪	电+枪	electric gun[a]
dianzhen 电针	电+针	electric rays emitted by the electric gun[b]
dianguang 电光	电+光	electric rays[c]
shuixue 水靴	水+靴	water boots=a machine that enable persons to move on a water surface[d]
feiting 飞艇	飞+艇	flying machine[e]
feiche 飞车	飞+车	flying machine[f]

---

① 参见吴趼人:《新石头记》(原作发表于《南公报》1905 年第 8~11 期),郑州:中州古籍出版社,1986 年。

② 参见荒江钓叟:《月球殖民地》,《绣像小说》31.2~62.11,1904—1905 年。(香港:商务印书馆,1980 年重印)

③ 参见高阳氏不才子:《电世界》,《小说时报》1,1909 年。

④ 参见兹丹卡·诺瓦特纳:《近代汉语外来词与杂合词研究综述》,载《东方学档案》35,1967—1969 年,第 614 页。

⑤ 参见马西尼:《现代汉语词汇的形成及其向国语的演化:1840—1898》,伯克莱:《中国语言学报》(专著系列之六),1993 年,第 152 页;兹丹卡·诺瓦特纳:《近代汉语外来词与杂合词研究综述》,载《东方学档案》35,1967—1969 年,第 614 页。

玻璃潜艇与电子气球:中国科幻
小说中科技词汇的构词法

a. 高阳氏不才子:《电世界》,《小说时报》1,1909 年,第 2 章和第 5 章。

b. 同上,第 5 章。

c. 同上,第 2 章。

d. 吴趼人:《新石头记》(原作发表于《南公报》1905 年第 8~11 期),郑州:中州古籍出版社,1986 年,第 34 章。

e. 高阳氏不才子:《电世界》,《小说时报》1,1909 年。

f. 吴趼人:《新石头记》(原作发表于《南公报》1905 年第 8~11 期),郑州:中州古籍出版社,1986 年,第 34 章。

"留像镜"[<留+像>+镜]这类词是三音节合成词的代表。"留像镜"这个词的结构是:中心词素为一单音节的名词性词素或单字,修饰成分为一双音节动宾词组。这种结构的词例很多,见表二:

表二:三音节词结构类型(1):

rushuiyi 入水衣	<入+水>+衣	diving suits[a]
Wanghaijing 望海镜	<望+海>+镜	telescope[b]
toushuijing 透水镜	<透+水>+镜	telescope[c]
wangyuanjing 望远镜	<望+远>+镜	telescope[d]
zhumingjing 助明镜	<助+明>+镜	telescope[e]
ceyuanjing 测远镜	<测+远>+镜	telescope[f]
feikongting 飞空艇	<飞+空>+艇	flying machine[g]

a. 吴趼人:《新石头记》(原作发表于《南公报》,1905 年第 8~11 期),郑州:中州古籍出版社,1986 年,第 28 章。

b. 高阳氏不才子:《电世界》,《小说时报》1,1909 年。

c. 吴趼人:《新石头记》(原作发表于《南公报》,1905 年第 8~11 期),郑州:中州古籍出版社,1986 年,第 29 章。

d. 萧然郁生:《乌托邦游记》(原作发表于《月月小说》,1906 年第 1~2 期),载于润琦主编:《清末民初小说书系·科学卷》,北京:中国文联出版公司,1997 年,第 80 页。

e. 吴趼人:《新石头记》(原作发表于《南公报》,1905 年第 8~11 期),郑州:中州古籍出版社,1986 年,第 25 章。

f. 同上。

g. 萧然郁生:《乌托邦游记》(原作发表于《月月小说》,1906 年第 1~2 期),载于润琦主编:《清末民初小说书系·科学卷》,北京:中国文联出版公司,1997 年。

不过,修饰成分也有的是动词或名词结构(见表三)：

表三：三音节词结构类型(2)：

shengjiangji　升降机	<升+降>+机	flying machine engine[a]
jintuiji　进退机	<进+退>+机	flying machine engine[b]
qianlijing　千里镜	<千+里>+镜	telescope[c]
bolichuan　玻璃船	玻璃+船	Glass submarine[d]
Feixing zhi qi　飞行之器	飞行+小品词+器	flying machine[e]

a. 吴趼人：《新石头记》(原作发表于《南公报》,1905 年第 8~11 期),郑州：中州古籍出版社,1986 年,第 26 章。

b. 同上。

c. 同上,第 25 章。

d. 高阳氏不才子：《电世界》,《小说时报》,1,1909 年,第 14 章。

e. 包天笑：《空中战争未来记》(原作发表于《月月小说》,第 21 期,1908 年 10 月),载于润琦主编：《清末民初小说书系·科学卷》,北京：中国文联出版公司,1997 年,第 90 页。

在最后一个例子中，一个小品词将中心词和修饰语连接在一起。在某些情况下,少数三音节复合词的构成与此不同,中心词是一个双音节名词,而修饰词为一单音节词,如"电手枪"[电+手枪](electric gun)[①]或"电肥料"[电+肥料](electric fertilizer)。[②]

(三)多音节名称单元

虚构事物的大多数新词为多音节名称单元。四音节名称单元按照偏正结构构成,中心词和修饰词都是双音节词。试看表四：

表四：多音节结构类型：

feixing jiandui 飞行舰队	<飞行>+<舰队>	flying warship[a]
zhizao tianqi 制造天气	<制造>+<天气>	artificial earth atmosphere[b]
zhizao tongqi 制造容器	<制造>+<容+器>	artificial climate in a submarine[c]

① 高阳氏不才子：《电世界》,《小说时报》1,1909 年,第 2 章、第 5 章。

② 高阳氏不才子：《电世界》,《小说时报》1,1909 年,第 9 章。

玻璃潜艇与电子气球:中国科幻
小说中科技词汇的构词法

续表

zhaoxiang qiju 照相器具	<照相>+<器具>	photographic camera[d]
jiasu feiche 加速飞车	<加速>+<飞车>	ultraspeed flying machine[e]
kongzhong feiting 空中飞艇	<空+后置词>+<飞艇>	flying machine[f]
ziran dianche 自然电车	<自然>+<电车>	automobiles[g]
kongqi dianqiu 空气电球	<空气>+<电球>	spaceship[h]

a. 包天笑:《空中战争未来记》(原作发表于《月月小说》,第 21 期,1908 年 10 月),载于润琦主编:《清末民初小说书系·科学卷》,北京:中国文联出版公司,1997 年,第 5 章。

b. 吴趼人:《新石头记》(原作发表于《南公报》,1905 年第 8~11 期),郑州:中州古籍出版社,1986 年,第 22 章。

c. 同上。

d. 萧然郁生:《乌托邦游记》(原作发表于《月月小说》,1906 年第 1~2 期),载于润琦主编:《清末民初小说书系·科学卷》,北京:中国文联出版公司,1997 年,第 80 页。

e. 吴趼人:《新石头记》(原作发表于《南公报》,1905 年第 8~11 期),郑州:中州古籍出版社,1986 年。

f. 高阳氏不才子:《电世界》,《小说时报》,1,1909 年,第 14 章。

g. 同上。

h. 同上。

在五音节和六音节名称单元中,中心成分通常为三音节合成词,由一名词性中心词素和作为修饰词的动词或动宾词组构成;修饰成分由两个名词或名词加后置词构成。如表五:

表五:多音节结构类型中的三音节合成词:

haidi toushuijing 海底透水镜	<海底>+<透水镜>	telescope used for undersea observation[a]
shuidi qianxingting 水底潜行艇	<水底>+<潜行艇>	deep-sea submarine[b]
diantong fayinji 电筒发音机	<电筒>+<发+音+机>	personal wireless telephone[c]

续表

kongzhong feixingchuan 空中飞行船	<空+后置词>+ <飞行船>	flying machine[d]
kongzhong diandiqi 空中电递器	<空+后置词>+ <电+递+器>	wireless telegraph used on a board of a flying machine[e]
kongzhong shusong lieche 空中输送列车	<空+后置词>+ <输送+列车>	flying transport machine[f]
zhangxing ruanboli 障形软玻璃	<障+形>+<软+ 玻璃>	protective modulated soft glass[g]

　　a. 吴趼人：《新石头记》(原作发表于《南公报》，1905 年第 8~11 期)，郑州：中州古籍出版社，1986 年。

　　b. 梅梦：《水底潜行艇》(原作发表于《小说月报》，1918 年 9 月 8 日)，载于润琦主编：《清末民初小说书系·科学卷》，北京：中国文联出版公司，1997 年。

　　c. 高阳氏不才子：《电世界》，《小说时报》1，1909 年，第 7 章。

　　d. 包天笑：《空中战争未来记》(原作发表于《月月小说》，第 21 期，1908 年 10 月)，载于润琦主编：《清末民初小说书系·科学卷》，北京：中国文联出版公司，1997 年。

　　e. 萧然郁生：《乌托邦游记》(原作发表于《月月小说》，1906 年第 1~2 期)，载于润琦主编：《清末民初小说书系·科学卷》，北京：中国文联出版公司，1997 年，第 82 页。

　　f. 高阳氏不才子：《电世界》，《小说时报》1，1909 年。

　　g. 吴趼人：《新石头记》(原作发表于《南公报》，1905 年第 8~11 期)，郑州：中州古籍出版社，1986 年，第 26 章。

　　在最后一个例子中，三音节中心词作为中心成分由一名词加形容词构成。构成中心成分的中心名词有时也用"大"或"小"来修饰，如"海底潜水大船"[<海底>+<潜+水>+<大+船>]](deep-sea great submarine)。①

三、读者对虚幻事物的构拟

　　科幻小说的读者会把虚幻世界里的事物与经验现实进行联系。②他们会根据自己以往的书本知识和其他经验把虚幻事物在自

――――――――――

　　① 参见高阳氏不才子：《电世界》，《小说时报》1，1909 年，第 15 章。

　　② 参见卡尔·戴丽尔·曼姆格伦：《美国现代和后现代小说中的虚构空间》，利维斯堡：联合大学出版社，1985 年，第 53 页。

玻璃潜艇与电子气球：中国科幻
小说中科技词汇的构词法

己的头脑里加以形象化。[①]在读科幻小说时，读者必须对那些不存在于现实世界的虚幻事物加以现实化。为了能使虚幻世界变得易于理解和想象，小说结构及其要素结构就得沿着一个确定的路线对读者加以引导。首先，就是要对用于表示虚幻事物的词语的构成成分进行选择，以使虚幻事物能够为读者所想象。虽然词语指的是虚幻事物，但它们必须用那些指示现实经验事物的词语作构词要素，就像我们从上面的例子所看到的那样。正是选择这样的构词要素并将这些要素加以组合，使得表示虚幻事物的词语变得易于理解。所以，虚幻事物必须被置于有助于读者对其加以现实化的熟悉语境中。[②]

描述通常被作为对虚构事物加以现实化的一种媒介。对描述的分析告诉我们虚构的事物对于当时的中国人来说究竟为何物。描述告诉我们撩人兴趣的虚幻世界的种种特征。一般来说，虚幻的事物一般被描述为一种新的事物，要么为新发明，要么为新设计。随后，通常是对其形状、外观、功能和用途的描述。描述的作用的典型例证，是对各种飞行器的描述。那个时期，各种飞行器在科幻小说中出现的频率极高。陈平原认为，飞行器是进步和奔向未来的象征。[③]对飞行器的描述主要集中于其速度、飞行距离以及其他方面的非凡之处。飞行器在一天之内就能飞上太阳并返回地球。[④]一只飞往乌托邦岛的飞行器有五个舱室、一个图书馆、一个戏院、好几个工厂、一个博物馆和一个化学实验室。[⑤]运输飞船是一直径达三

---

① 参见沃尔夫冈·艾瑟：《阅读行为：一种美学回应理论》，巴尔的摩、伦敦：约翰·霍普金斯大学出版社，1987年，第35页。

② 参见沃尔夫冈·艾瑟：《阅读行为：一种美学回应理论》，巴尔的摩、伦敦：约翰·霍普金斯大学出版社，1987年，第35页。

③ 参见陈平原：《从大众科学到科幻小说：关于"飞机"的考察》，载卜立德主编：《翻译与创作》，阿姆斯特丹、费城：约翰·本杰明斯，1998年，第209~239、236页。

④ 参见吴趼人：《新石头记》（原作发表于《南公报》，1905年第8~11期），郑州：中州古籍出版社，1986年，第34章。

⑤ 参见箫然郁生：《乌托邦游记》（原作发表于《月月小说》，1906年第1~2期），载于润琦主编：《清末民初小说书系·科学卷》，北京：中国文联出版公司，1997年，第73~86页。

公里之长、能充十万立方米气体的巨大气球，飞行高度可达七公里。[1]乘一个有三个舱室、可容纳一千乘客的小气球从欧洲飞到纽约持续了十二个小时。[2] 乘一个单人飞行器由上海飞到北美，再返回到中国，用了三小时五十分。[3]除了局限于地球范围的飞行器，我们还发现有能在太空飞行的飞行器，如《电世界》小说里的"电气球"。有启迪意义的是，在对飞行器的描述中，这些飞行器都是有非凡速度和飞行距离的巨大交通工具。这些特征使它们成为理想的长距离交通工具。总之，飞行器是交通的象征，并因此是影响和控制的象征。这些象征在世纪之交后不久就处于科幻小说中的虚幻世界的中心。那时，新的技术发明塑造着未来的图景。

结　语

科幻小说中的虚幻世界是由不存在于读者经验世界中的虚构事物构成的。为了在脑海中构建出这些非经验性事物，读者需要根据作品所提供的线索，包括指示非经验性事物的词语，来展开想象。

在中国科幻小说中，指示非经验性事物的词语具有不同的类型。具有引申含义的传统词语构成指示非经验性事物的词语的少数，而指示非经验性事物的词语的多数是由双音节词、三音节词和多音节名称单元构成的。新构词语的成分被组织成偏正结构。对表示虚构事物的名词在构成成分上的选择和组合，反映了读者所理解的虚构事物的特征。中心成分通常表示虚构的事物，修饰成分表示虚构事物的基本特征。为了使虚构的事物能为人所认知，还附有

[1] 参见包天笑：《空中战争未来记》（原作发表于《月月小说》，第21期，1908年10月），载于润琦主编：《清末民初小说书系·科学卷》，北京：中国文联出版公司，1997年。

[2] 参见包天笑：《空中战争未来记》（原作发表于《月月小说》，第21期，1908年10月），载于润琦主编：《清末民初小说书系·科学卷》，北京：中国文联出版公司，1997年，第94页。

[3] 参见高阳氏不才子：《电世界》，《小说时报》1，1909年，第3章。

玻璃潜艇与电子气球:中国科幻小说中科技词汇的构词法

对其外观和功能的描述。新构词语的结构及附带描述有助于读者感知和理解虚构的事物。

但是，还有一个问题是，谁是 20 世纪早期中国科幻小说的读者呢？他们的经验世界、知识以及过去的书本和非书本经验，使他们把科幻小说理解为一个不同于非经验现实的世界。对于谁是科幻小说的读者，证据虽不完全，但是包括作者们写的科幻小说评论、报纸上刊登的科幻小说广告以及科幻小说本身，这些证明材料为我们提供了中国科幻小说的样本读者。

从我在前言中提到的 20 世纪头 20 年所出版的科幻小说的数量来看，科幻小说是一种流行的文学类型，而且作品通常都发表在主要的刊物上。一些科幻小说甚至成年累月地连载，如《月球殖民地》就连载于 1904 年至 1905 年间。有些作品至少出版或发表过两次，首次发表于报纸，而后又是以书的形式出版，比如《新石头记》。这篇小说第一次连载于《南公报》，1908 年又由上海改良小说社出版成书。[①]

但遗憾的是广告和科幻小说的作者、编辑撰写的科幻小说的评论非常稀少。在 1910 年至 1915 年的六卷《小说月报》里，我只找到四个科幻小说广告。其中一篇小广告是关于《易形奇术》和《薄命花》这两篇不广为人知的科幻小说的，该广告刊载于《小说月刊》的 1911 年卷第 4 期。另外一篇关于两篇由西语翻译过来的科幻小说的小广告，对作品进行了比较详细的描述。这两篇小说都刊载于《小说月刊》1911 年卷的第 7 期。《秘密电光艇》的广告颂扬了一艘电动船的船员经历的冒险;《回头看》的广告邀请读者畅游美好的

---

① 其他的例子见吴定波与帕特里克·D·墨菲:《中国的科幻小说》，纽约：普拉格，1989 年，第 14 页；王德威:《世纪末的绚烂：清末科幻小说被压抑的现代性，1849—1911》，斯坦福：斯坦福大学出版社，1997 年，第 178、381 页；卜立德:《朱尔斯·凡尔恩:科幻小说及相关事务》，载卜立德主编:《翻译与创作》，阿姆斯特丹、费城:约翰·本杰明斯，1998 年，第 179、190、204 页；郭蓁:《论晚清政治乌托邦小说》，《清末小说》22，1999 年，第 85 页。

未来世界。《回头看：2000—1887》(1888 年)是根据爱德华·贝莱米(1850—1889)的同名小说改编的。①

作者们对科幻小说的评论集中于西方著作中存在有科幻小说，以及中国小说基于道德说教原因而对科幻小说的需要。从鲁迅(1881—1936)为朱尔斯·凡尔恩的改编作品《九十七小时二十分从地球到月球》(1865 年) 写的序言，以及侠人 (1905 年)、徐念慈(1907 年)和梅梦(1918 年)写的科幻小说评论，我们可以发现这种观点的例子。②

广告和作者们的科幻小说评论并没有论及科幻小说的读者，但有关读者问题的间接证据可以从叙事的策略中找到，包括模范读者、小说的用词和某些结构间的标记，这些为我们提供了哪些人阅读科幻小说的线索。尽管有人认为中国早期科幻小说的模范读者是同时具有中国传统背景和西方背景、关心中国前途命运的城

---

① 参见《回头看》，《礼拜六》(爱德华·贝莱米 Edward Bellamy 发表于 1888 年的 *Looking Backward*：2000—1887 的中译本)，1904 年，第 25~36 页。江苏 Guanling("guanling"应为"广陵"。——译者按)古籍刻印社，1987 年重印。

② 改编的鲁迅作品在 1903 年以《月界旅行》之名发表于《新月小说》。参见陈平原：《二十世纪中国小说史(1897—1916)》，北京：北京大学出版社，1989 年，卷 1，第 49 页；王德威：《世纪末的绚烂：清末科幻小说被压抑的现代性，1849—1911》，斯坦福：斯坦福大学出版社，1997 年，第 252、378 页；卜立德：《朱尔斯·凡尔恩：科幻小说及相关事务》，载卜立德主编：《翻译与创作》，阿姆斯特丹·费城：约翰·本杰明斯，1998 年，第 190 页。《月界旅行》的序言通常在每一本关于中国科幻小说的著作都有讨论，见罗伯特·马修：《日本科幻小说的起源》，布里斯班：昆士兰大学日语系(不定期论文之四)，1978 年，第 2 页；吴定波、帕特里克·D·墨菲：《中国的科幻小说》，纽约：普拉格，1989 年，第 13 页；王德威：《世纪末的绚烂：清末科幻小说被压抑的现代性，1849—1911》，斯坦福：斯坦福大学出版社，1997 年，第 252 页；卜立德：《朱尔斯·凡尔恩：科幻小说及相关事务》，载卜立德主编：《翻译与创作》，阿姆斯特丹·费城：约翰·本杰明斯，1998 年，第 186 页；迈克尔·胡斯：《犹豫不决的西方之旅：科幻小说在中国大陆不断变化的命运》，《科幻小说研究》27.1，2000 年，第 92 页。该文新版载《鲁迅全集》，北京：人民文学出版社，1973 年，第 11 卷，第 9~11 页。又载《鲁迅全集》，北京：人民文学出版社，1981 年，第 10 卷，第 151~152 页。侠人和徐念慈的评论见于润琦编：《清末民初小说书系·科学卷》，北京：中国文联出版公司，1997 年，第 13 页；梅梦的评论见于润琦编：《清末民初小说书系·科学卷》，北京：中国文联出版公司，1997 年，第 219 页。

市中产阶级男性，但没有直接的证据来支持这种观点。这些小说发表和出版数量很多，在1905年至1912年反复多次出版，显示了这类小说的受欢迎程度以及传播情况，也表明科幻小说是20世纪早期中国文学舞台的重要部分。

参考文献

Angenot, Marc. 1979. "The Absent paradigm: An Introduction to the Semiotics of Science Fiction", Science Fiction Studies 6, pp.9–19. 马克·昂热诺：《缺失的范式：科幻小说记号语言学导论》，载《科幻小学研究》6，1979年，第9~19页。

包天笑：《空中战争未来记》（原作发表于《月月小说》第21期，1908年10月），载于润琦主编：《清末民初小说书系·科学卷》，北京：中国文联出版公司，1997年，第94~99页。

包天笑：《世界末日记》（原作发表于《月月小说》第19期，1908年8月），载于润琦主编：《清末民初小说书系·科学卷》，北京：中国文联出版公司，1997年，第87~93页。

陈平原：《二十世纪中国小说史（1897—1916）》，北京：北京大学出版社，1989年。

Chen, Pingyuan. 1998. "From Popular Science to Science Fiction: An Investigation of 'Flying Machines'", in: David Pollard (ed.). *Translation and Creation*. Amsterdam, Philadelphia: John Benjamins, pp. 209–39. 陈平原：《从大众科学到科幻小说：关于"飞机"的考察》，载卜立德主编：《翻译与创作》，阿姆斯特丹、费城：约翰·本杰明斯，1998年，第209~239页。

高阳氏不才子：《电世界》，《小说时报》1，1909年，第1~58页。

郭蓁：《论晚清政治乌托邦小说》，《清末小说》22，1999年，第53~86页。

荒江钓叟：《月球殖民地》，《绣像小说》，31.2–62.11，1904—1905 年。（香港：商务印书馆，1980 年重印）

《回头看》，《礼拜六》（爱德华·贝莱米[Edward Bellamy]发表于 1888 年的 *Looking Backward*：2000–1887 的中译本），1904 年，第 25~36 页，江苏 Guanling（"guanling"应为"广陵"。——译者按）古籍刻印社，1987 年重印。

Huss, Mikael. 2000. "Hesitant Journey to the West: SF's Changing Fortunes in Mainland China", *Science Fiction Studies* 27.1, p.92. 迈克尔·胡斯：《犹豫不决的西方之旅：科幻小说在中国大陆不断变化的命运》，《科幻小说研究》，27.1，2000 年，第 92 页。

Iser, Wolfgang. 1987. *The Act of Reading. A Theory of Aesthetic Response*. Baltimore, London: Johns Hopkins University Press. 沃尔夫冈·艾瑟：《阅读行为：一种美学回应理论》，巴尔的摩、伦敦：约翰·霍普金斯大学出版社，1987 年。

Malmgren, Carl Darryl. 1985. *Fictional Space in the Modernist and Post-modernist American Novel*. Lewisburg: Associated University Presses. 卡尔·戴丽尔·曼姆格伦：《美国现代和后现代小说中的虚构空间》，利维斯堡：联合大学出版社，1985 年，第 53 页。

Masini, Federico. 1993. *The Formation of Modern Chinese Lexicon and its Evolution Towards a National Language*: *The Period From 1840–1898*. Berkeley: Journal of Chinese Linguistics (Monograph Series, no.6). 马西尼：《现代汉语词汇的形成及其向国语的演化：1840—1898》，伯克莱：《中国语言学报》（专著系列之六），1993 年。

Matthew, Robert. 1978. *The Origins of Japanese Science Fiction*. Brisbane: Department of Japanese, University of Queensland (Occasional Papers 4). 罗伯特·马修：《日本科幻小说的起源》，布里斯班：昆士兰大学日语系(不定期论文之四)，1978 年。

梅梦：《水底潜行艇》（原作发表于《小说月报》，1918 年 9 月 8

日），载于润琦主编：《清末民初小说书系·科学卷》，北京：中国文联出版公司，1997 年，第 209~217 页。

Novotná, Zdenka. 1967–1969. "Contributions to the Study of Loanwords and Hybrid words in Modern Chinese", in: *Archív orientální* 35, pp.613–48; 36, pp. 295–325; 37, pp.48–75. 兹丹卡·诺瓦特纳：《近代汉语外来词与杂合词研究综述》，载《东方学档案》35，1967—1969 年，第 613~648 页；36，第 295~325 页；37，第 48~75 页。

Novotná, Heĭmanová –Zdenka. 1974. "Coinage and Structure of Economic Terms in Modern Chinese", *Asian and African Languages in Social Context*. Prague: Oriental Institute in Academia, pp.45–77. 兹丹卡·[赫玛诺瓦–] 诺瓦特纳：《近代汉语经济学术语的构成与结构》，《亚非语言的社会背景》，布拉格：东方研究所，1974 年，第 45~77 页。

Pollard, David. 1998. "Jules Verne, Science Fiction and Related Matters", in: David Pollard (ed.). 1998. *Translation and Creation*. Amsterdam, Philadelphia: John Benjamins, pp.177–207. 卜立德：《朱尔斯·凡尔恩：科幻小说及相关事务》，载卜立德主编：《翻译与创作》，阿姆斯特丹、费城：约翰·本杰明斯，1998 年，第177~207 页。

Wang, David Der–wei. 1997. *Fin–de–siècle Splendor. Repressed Modernities of Late Qing Fiction, 1849–1911*. Stanford: Stanford University Press. 王德威：《世纪末的绚烂：清末科幻小说被压抑的现代性，1849—1911》，斯坦福：斯坦福大学出版社，1997 年。

Wu, Dingbo and Patrick D. Murphy. 1989. *Science Fiction from China*. New York: Prae. 吴定波、帕特里克·D·墨菲：《中国的科幻小说》，纽约：普拉格，1989 年。

吴趼人：《新石头记》（原作发表于《南公报》，1905 年第 8~11 期），郑州：中州古籍出版社，1986 年。

萧然郁生：《乌托邦游记》（原作发表于《月月小说》，1906 年第

1—2 期），载于润琦主编：《清末民初小说书系·科学卷》，北京：中国文联出版公司，1997 年，第 73~86 页。

　　徐念慈：《新法螺先生谭》（原作发表于《小说林》1905 年第 6 期），载于润琦主编：《清末民初小说书系·科学卷》，北京：中国文联出版公司，1997 年，第 1~20 页。

　　于润琦编：《清末民初小说书系·科学卷》，北京：中国文联出版公司，1997 年。

西方冲击下中国近代音乐理论和术语的演变

杰琳德·吉尔德

导 言

20世纪前数十年，音乐在中国的重要任务是激励变革和担当新社会的稳定因素。这个重新定义后的角色只有置身于中国传统音乐和文化背景下才能得以理解，而中国传统音乐和文化也有助于解释后来的术语变迁。最初的文本全部由音乐记谱法构成，当我们想到欧洲与中国音乐记谱法的差异时，这方面的意义就尤为明显。欧洲乐谱具有固定的节奏单元,而中国乐谱不具有说明性的功能,其目的在于记录和描述性地保存古老的乐曲。

尽管中国音乐记谱法及其术语受到过中亚的强烈影响，尤其是在唐朝，但在整个历史上保持了相当的稳定性。这从历史经典中音乐理论的循环性特点来看尤为明显。历史经典中音乐理论的同源性根植于儒家学说，它努力完善祖先的音乐。这些深深镶嵌进儒家历史编纂学的逆向思维，导致了建立在学术论文基础上的音乐理论的产生。出于教化的目的,学术论文主要依靠冗长的引证进行解释。这样，从周初到晚清，中国音乐理论中的术语保持了相当的稳定性。在这一整个历史时期,音乐术语镶嵌于中华文化的总体结构之中。

在本文，我将对 20 世纪初叶三位重要的中国音乐学家的著作加以考察。他们代表了把西方音乐和乐谱介绍到中国的三种不同路径。他们是：中国学校里的第一位唱歌教师沈心工(1869—1947)；中国音乐适度西化并把中国古典诗词与音乐相结合的倡导者李叔同(1880—1942)；中国音乐教育学之"父"曾志忞(1879—1929)。本文首先简要地回顾一下他们在日本对西方音乐理论的接触，而后探讨作为这种接触所导致的音乐术语的变迁。

一、1900 年以前的中国音乐理论简史

自中西方最初接触以来，音乐和乐器就在中西方文化交流中扮演着重要角色。双方都把音乐看作是各自文化的本质和人类"内心世界"的表达方式。利玛窦于 1601 年所著的《西琴曲意》①介绍了八首基督教歌曲，不过这些歌曲都没有任何乐谱。尽管我们在利玛窦的简短介绍中只发现了四个音乐术语("西琴"、"雅琴"、"曲"和"音")，但这篇文章可以被认为是论述欧洲音乐的第一篇论著。特别是，利玛窦介绍了"西洋雅琴"，这是耶稣会士送给万历皇帝的礼物之一。

第一部深入研究欧洲音乐术语的著作是徐日昇(Tomaso Pereira)和德礼格(Theodorico Pedrini)合著并于 1713 年出版的《律吕正义续编》。②但中国人撰写的第一部西洋音乐理论著作是在 190 年(从 1713 年到 1903 年)以后。

在耶稣会士时代，西洋音乐和音乐理论如同西洋科学一样，在中国的影响范围仅限于中国社会的最上层，即宫廷官员和皇室成员。当耶稣会士失宠并离开宫廷之后，西洋音乐便渐为世人忘却。只是到 19 世纪晚期，新教传教士的活动才又激起了人们对西洋音乐的兴趣。尽管传教士写了大量的圣歌集，却很少有论述音乐理论和术语的。仅存的三本含音乐理论成分的圣歌集分别是李提摩太

---

① 利玛窦是在李之藻的帮助下完成这本书的写作的。见李之藻：《畸人十篇》，载《西琴曲意》(《天学初函》丛书)，台北：台湾学生书局，1965 年。

② 《律吕正义续编》(1713 年)，重印于《钦定四库全书》，经部 9，第 1~221 页。

夫人(Mrs. Timothy Richard)的《小诗谱》、①狄就烈(Julia B. Mateer)的《圣诗谱:乐法启蒙》②和金楷理(Karl T. Kreyer)的《喇叭吹法》。③

1903年,当曾志忞撰写近代中国第一部乐理著作《乐理大意》时,中国仍然缺少音乐教学资料;而且,由于缺少合适的音乐教习,中国也就没有统一的教材。曾志忞对这种情况进行了描述:"音乐教科书,今全国仅有二三种,且此一二种,又出于极脆弱极单薄之手。"④通过我在北京图书馆和音乐学院的查阅,我认为曾志忞所说的这两三本书是上述欧洲传教士所写的书。⑤这几本书含有对西方乐谱和唱歌的介绍:

1.《律吕正义续编》:标志中国系统发展音乐术语的开端。⑥

2. 李提摩太夫人著《小诗谱》:直到李提摩太知道中国有自己的音名唱法即工尺谱以前,他在教会学校一直用首调唱名法教授歌曲演唱。他的妻子写的《小诗谱》通过把西洋乐谱中的表达符号(如声音渐强和渐弱的标记符号)添加进工尺谱,推进了中国乐谱的发展。

3.《圣诗谱:乐法启蒙》:中国历史上第一部为教会学校里的俗人撰写的著作。该书传授基本的乐理知识并涉及西洋音乐理论和术语。在中文序言里(同时也有一个简短的英文序言),狄就烈提到了《律吕正义续编》,但是提出了该书在理解上的困难,这种困难产生于教堂调式向大小调制的过渡时期。

---

① 李提摩太:《小诗谱》(1883年),上海:广学会,1901年重印。

② 狄就烈:《圣诗谱:乐法启蒙》,上海:梅花书馆,1892年。(该书初版于1872年,1879年增补,1892年第2版,1907年第3版,我手头有1892年版本)

③ 金楷理:《喇叭吹法》(无出版时间和出版地点,在江南制造局的书目中也无此书),见艾德里安·A·贝内特、约翰·福莱尔:《十九世纪西方科技传入中国》,坎布里奇,马萨诸塞:哈佛大学出版社,1967年,第21页以后。

④ 曾志忞:"音乐教育论"(1),《新民丛报》,第3年第14号,1903年(经查对,"1903年"应为"1904年"。——译者按),第55~60页。

⑤ 我得出这一结论的根据是,我所找到的资料全部为欧洲传教士的著作,除此之外,没有任何别的资料。

⑥ 见杰琳德·吉尔德–波恩:《〈律吕正义续编〉:1713年以来在华关于欧洲音乐记谱法的一本耶稣会小册子》,哥廷根:1991年重印本。

第四本书，即金楷理编写的《喇叭吹法》，最有可能被用作赫德组建的中国第一支管乐队的教学资料，[①]而且主要使用了与狄就烈著作一样的术语。

二、近代中国音乐理论的演变

中国音乐的复兴可以追溯到 19 世纪末的维新时期。梁启超（1873—1928）（"1873—1928"应为"1873—1929"。——译者按）、康有为（1858—1928）（"1858—1928"应为"1858—1927"。——译者按）等人提出教育革新以后，乐制就随之进行了根本的变革，而且这种变革几乎在康、梁二位维新人士一逃亡日本之后就开始了。表现这些音乐变革的传媒是在日本编辑的杂志，如《新民丛报》、《江苏》和《醒狮》。[②]从那时起，特别是在五四运动以后，中国乐制及其术语就固定于西洋音乐理论的基本观念中。西洋乐理是通过日本传入中国的。

在 19 世纪末中国第一批留学生到达日本时，日本已经有了相当发达的音乐教育系统，包括幼儿园、中学和大学里的日常唱歌。日本引入近代音乐理论和术语的最重要人物是伊泽修二（1851—1917），[③]他最著名的著作是《洋乐事始》。[④]受伊泽修二的影响，中国早期留日学生沈心工对近代音乐产生了浓厚的兴趣。1902 年，他创办了音乐讲习会，后来又更名为亚雅音乐会。学会章程可能是由赞助学会的梁启超本人亲自起草的，发表于《新民丛报》，其中第一条规定，学会的宗旨是通过在学校和公共生活中发展音乐教育从而唤醒"国民精神"。[⑤]章程为后来中国音乐的发展铺平了道路。音乐

① 费正清等编：《赫德书信集》，坎布里奇，马萨诸塞：贝尔克纳普出版社，第 2 卷，第1330 页。

② 遗憾的是我没有能找到《醒狮》杂志。

③ 威廉·P·玛尔姆：《日本明治时期的近代音乐》，载多纳德·H·谢夫利主编：《日本文化的传统与现代化》，普林斯顿：普林斯顿大学出版社，1971 年，第 257~300、265 页。

④ 伊泽修二：《洋乐事始》（1884 年），东京：平凡社，1971 年。

⑤《亚雅音乐会之历史》，《新民丛报》，第 3 年第 9 期，1905 年，第 101~104 页。

学会章程的制订者是这一时期最主要的音乐教育家曾志忞、沈心工、李叔同。此外,田村虎藏和伊泽修二也是音乐学会成员。

第一位在日本学习音乐的中国留学生是曾志忞。[①]他于1901年东渡日本留学,1902年加入音乐讲习会,1903年由研修法律转到1879年创办的东京音乐学校改学音乐。[②]

沈心工是一位秀才,对中国传统教育颇有研究,1902年赴日本留学。作为音乐讲习会的创办人,他受命聘请日本著名音乐教师铃木米次郎(1868—1940)担任学会教习。沈心工日益认识到唱歌在日本公共生活、教育和政治宣传中的重要性,于1903年2月返回中国,在与南洋公学相邻的一所学校谋得一份教职。这就是上海中国近代音乐教育的开端。

李叔同是第二位中国早期校园歌曲的作曲家,[③]他留学日本,在东京艺术科学院学习油画,同时还在东京音乐学校学习编写钢琴演奏曲。[④]根据笔者研究,李叔同和沈心工很少写理论方面的著作,但这些仅有的理论著作对于理解近代音乐和校园歌曲创作思想的不同路径很重要。

(一)沈心工与中国学校唱歌的开端

沈心工在多所学校开设唱歌课程,同时还从事音乐教习的培养工作。在东京创办音乐讲习会以后,1903年在学校开设唱歌课程,可以说是沈心工把近代音乐教育介绍到中国的第二个里程碑。由于在日本停留时间较短,沈心工未能完善自己的理论见解。他没有留下重要的乐理著作,但留下了一部歌集。[⑤]在这部名为《学校唱

---

① 见陈聆群:《不应被遗忘的一位先辈音乐家曾志忞》,《中央音乐学院学报》1983年第3期,第44~48页。

② 曾志忞的作品在下文中介绍。

③ 李叔同学习过传统油画,他在1901年和他的先驱者一样,加入了上海的教育机构——南洋公学。

④ 在他1906年出版的《国学唱歌集》中,有一小部分是他自己的作品,这部分作品是以日本和西方乐曲为基础并附加中国诗歌而创作的。

⑤ 沈洽:《沈心工传》,《音乐研究》1983年第4期,第60页。

歌集》的著作里,第一卷包括名为"乐理撮要",对唱歌的简要介绍和对弹琴法的简要介绍。序言第二部分包括下列观察：

> 余初学作歌时,多选日本曲,近年则厌之,而多选西洋曲。以日本曲之音节一推一扳,虽然动听,终不脱小家气派。若西洋曲之音节,则浑融浏亮者多,甚或挺接硬转,别有一种高尚之风度也。(默察国人一般之心理,往往喜唱日本曲,而不喜唱西洋曲。竟有学校教师于奏曲之际,故意加花,而自鸣得意者,此非音乐之佳兆也。)[①]

这一小段文字反映了沈心工在选择校园歌曲时的教学意图。一方面,作者向读者传递了一种西洋乐曲的高洁无上,比日本乐曲更加适宜于教学;同时另一方面,从中国人学会如何保持中国传统民歌原初的版本而不加入有节奏的修饰音符这个意义上讲,过渡阶段是很明显的。保持原初版本是活泼新颖的前提。

(二)李叔同与中国古典诗词融入近代音乐

值得注意的是,在学习了一段时间以后,李叔同在 1906 年创办了中国第一份音乐杂志《音乐小杂志》,并用笔名"息霜"为这份杂志写了序。在《乐典》栏目下,是田村虎藏撰写的一篇近代音乐理论简介,这是这本杂志当中最重要的东西,也是这本杂志里最长的一篇文章。随后在《杂纂》栏目下,是李叔同撰写的另一篇文章《昨非录》。这篇短文与后面的《呜呼词章》[②]一同显示了李叔同稳健的改革精神。在对日本西洋新音乐最初的热情消退之后,随之而来的

---

① 沈心工:《学校唱歌集》,上海:文明书局,1915 年,前言,第 3 页。

② 马修斯将"词章"译为"polished phraseology"(见 R·H·马修斯:《汉英词典》,坎布里奇,马萨诸塞:哈佛大学出版社,1974 年,第 1031 页)。"词章"在倪豪士《印第安那中国传统文学指南》(布卢明顿:印第安纳大学出版社,1986 年)中并没有被当作一个文学类型。

西方冲击下中国近代音乐理论和术语的演变

是深刻的反思：

> 我国近出唱歌集，皆不注强弱缓急等记号。而教员复因陋
> 就简，信口开河，致使原曲所有之精神趣味皆失。①

在阐述了深入研究和练习这些歌曲并用风琴伴奏演唱这些歌曲
的重要意义后，在文章的最后一部分，李叔同表露了他的挫败之感：

> 去年，余从友人之请，编《国学唱歌集》。迨今思之，实为第
> 一疚心之事，前已函嘱友人，毋再发售，并毁板以谢吾过。

不仅他的失败，更重要的是他先驱的同事的失败，根源于他们
只是粗通音乐。这在下面这篇文章里表现得尤为明显：

> 予到东后，稍涉猎日本唱歌，其词义袭用我古诗者，约十
> 之九五(日本作歌大家，大半善汉语)。我国近世以来，士习帖
> 括、词章之学，金蔑视之。挽近西学输入，风靡一时，词章之名
> 辞，几有消灭之势。不学之徒，习为薮昌，诋其故典，废弃雅言。
> 迨见日本唱歌，反啧啧称其理想之奇妙，凡吾古诗之唾余，皆
> 认为岛夷所固有，即齿冷于大雅，亦贻笑于外人矣。②

因此，李叔同主张用一种合理的古典教育取代当时的流行倾
向。李叔同明显固守传统，因为他用《诗歌》、《楚辞》中的诗词来为
日本和西方乐曲填词。这样，通过引进校歌，李叔同把早期对西洋
音乐的接收与古典教育结合了起来。西方音乐理论和术语在中国
的传播归功于曾志忞。

---

① 息霜(李叔同)：《昨非录》，《音乐小杂志》1,1906年,第19页。
② 息霜(李叔同)：《呜呼词章》，《音乐小杂志》1,1906年,第20页。

（三）曾志忞与中国音乐学的开创

与前辈相比，曾志忞的乐理著作范围广泛，[1]并为近代音乐教育学的形成奠定了基础。曾志忞撰写了第一部理论著作和译著，从而把现代音乐术语从日本介绍到中国。如上所述，那时，曾志忞看不到任何重要的音乐理论著作；另外还有一种观点解释了他为什么感到有必要建立一种全新的音乐理论："输入文明而不制造文明，此文明仍非我家物。"[2]由于曾志忞把前面提到的1900年以前的理论著作都看成是拙劣的和肤浅的，因此他既没有提到这些著作，也没有使用任何杜撰的界标，而只是把自己的著作建立在日本的乐理著作基础之上。另外，他渴望把音乐研究整合进科学的框架。在《音乐教育论》第二卷，他坚持必须把广泛的现代术语作为教学的基础，其目的是为音乐研究奠定科学基础：

> 万物皆有定义。因有物知其能，因其能知其义……近世既认音乐为一科学。夫既曰学，则研究是者安可不知其定义。[3]

曾志忞是第一位用一篇文章将西方音乐记谱法系统地介绍到中国的中国人。他的这篇文章发表于江苏同乡会的《江苏》杂志。[4]曾志忞在这篇短文中，从传统的伦理角度，对音乐教育学表现出一种前所未有的兴趣。

> 吾国音乐发达之早，甲于地球，且盛于三代，为六艺之

---

① 见刘靖之：《中国新音乐史论集》，香港：香港大学亚洲研究中心，1986年，第28页。

② 曾志忞：《音乐教育论》(1)，《新民丛报》3.14，1903年（经查对，"1903年"应为"1904年"。——译者按），第55页。

③ 曾志忞：《音乐教育论》(2)，《新民丛报》第3年第20号1903年（经查对，"1903年"应为"1904年"。——译者按），第61~74、61页。

④ 曾志忞：《乐理大意》，《江苏杂志》1903年第6期，第63~70页。

西方冲击下中国近代音乐理论和术语的演变

一。①自古言教育者无不重之。汉以来,雅乐沦入俗乐,淫陋降至近世,几以音乐为非学者所当闻。②

曾志忞用古典的语言继续坚持了儒学的观点:从汉朝开始,民间音乐弥漫于上层社会。这导致了一种令儒学弟子非常不能接受的混杂情形,因为他们拒绝俗乐及其情感特性。曾志忞的这些考虑给读者的印象是,自汉朝以来中国音乐一直处于停滞时期。接着他阐述了他在日本所学的近代教育歌曲教学的含义。在他的音乐教育思想中,曾志忞既没有借助于自己的音乐传统,也没有借助于整套器乐和音乐伦理。例如,在过渡时期,他曾考虑录用一些不熟悉中国音乐的日本和欧洲教习。曾志忞把风琴作为他的主要教学乐器,用中国古诗作歌词,用中国民乐作乐曲,目的是为了维护传统。

从曾志忞在《音乐教育论》最后一章确立的规则来看,他显然要求一种新的思维方式,并在学校音乐方面远离中国文化:

一、不可改人原曲。

二、不可断非乐句。

三、不熟读全曲,得其全神,不可填歌词。

四、不知乐曲不可编歌译谱。③

为了保持音乐的真实性,把五线谱引进到中国是必要的。西洋音乐中五线谱的发明被中国人认为是西洋音乐先进和中国音乐落后的主要原因。

---

① 六艺为礼、乐、射、御、书、数,根据 R·H·马修斯:《汉英词典》,剑桥,马萨诸塞:哈佛大学出版社,1974 年,第 597 页。

② 曾志忞:《乐理大意》,《江苏杂志》1903 年第 6 期,第 63 页。

③ 曾志忞:《音乐教育论》(2),《新民丛报》第 3 年第 20 号 1903 年(经查对,"1903 年"应为"1904 年"。——译者按),第 72~73 页。

在《音乐杂志》的第一期，①萧友梅（1884—1940）②称中国在周朝时期音乐教育主要由盲人乐师掌握。欧洲也存在同样的情况，但欧洲的盲人乐师从来不是教育家，而只是音乐家。正是由于这个原因，欧洲的乐谱每年都在改进，直到今天，15世纪的音乐还能在传播，更古老的音乐也还能被演奏。中国当然也有许多优秀的音乐作品和音乐技法，但问题是，如果没有懂音乐的朋友或听众，这些优秀的音乐和技术就注定得失传。"所以，伯牙因为钟子期死了，就不再弹琴。假使伯牙会用好的法子，把他的乐曲记起来，我们今天不是还可以有听听他的音乐的机会吗？"③

这当然是一个非常聪明的观点，但是作者没有提到这种优雅的中国古典音乐高度发达的秦乐谱。对于我们在曾志忞的著作中看到的中国音乐落后的原因，萧友梅也进行了分析。根据西方音乐的发展程度，萧友梅看到了下列差异：

1. 有键乐器的发明，萧友梅（错误地）认为这是复音音乐的起源。

2. 有量记谱法的发明，这是对位法的基础。

3. （教堂）风琴师和唱歌教师令人尊敬的职业。

4. 有歌唱大师一类人的兴起，在行会中歌唱的艺术，其前身是"吟游诗人"。

5. 欧洲在16世纪有了音乐院的设立。

这些考虑的结果是，旧式的音乐教师和乐师不得不学习西方的乐谱、和声、对位、配乐以及作曲，而且只有在这种情况下才可以说是中国音乐的改革。④

中国可利用的音乐著作不能提供参考价值，因为这些书的界标像它们的结构一样多种多样。例如，《律吕正义续编》的前十章主要

---

① 陈聆群等：《萧友梅音乐文集》，上海：上海音乐出版社，1990年，第166页。

② 萧友梅曾在日本东京和德国莱比锡留学，1927年他成为新建的音乐学校的校长。见陈聆群等：《萧友梅音乐文集》，上海：上海音乐出版社，1990年，第555页。

③ 萧友梅语，转引自陈聆群等：《萧友梅音乐文集》，上海：上海音乐出版社，1990年，第555页。

④ 陈聆群等：《萧友梅音乐文集》，上海：上海音乐出版社，1990年，第413~416页。

讨论的是旋律记谱法,后面的几章讨论的是韵律记谱法。但是,正如前面已经提到,后来的作者不愿意使用这些书,这可能是因为在从七音阶制向大小调音阶制过渡时期它们已经出现并且随之出现困难的缘故。在以师生对话形式写成的《乐法启蒙》一书中,狄就烈采用了《律吕正义续编》的某些界标,但这些早期著作唯一共有的因素是它们都是先讲旋律记谱法,然后再讲韵律记谱法。

三、中国近代音乐术语的演变

为了研究音乐术语从而确定它们的具体起源, 我选定了六种汉语构词法,这些构词法来源于李博和马西尼的权威研究:[①]

1. 音素外来词。即通过借用音素转化成为中文词汇的外来词语。例如,"do re mi fa sol la si"的中文唱名是"乌勒鸣乏朔拉犀";"Piccolo flute"在中文里叫"比各洛"。

2. 语义外来词。即中国传统词汇中存在,但被赋予一种新的含义的词语或词素。例如,"记号"一词,其传统含义是"标记"、"符号"。

3. 字形外来词。即这些词语的含义和书写形式都是从一种中文书写体语言借用来的。如"国歌"一词来自日本。

4. 回流外来词。一些被日语借用的传统词汇,在中国停用后又从日本传回中国,这些词语被称为回流外来词。如意为"和谐音乐"的传统词语"和声",就是从中国传到日本,后又回流到中国的。

5. 混合外来词。即音素借用与本土词素相结合的一种词汇。如乐器"扣得尔鼓"就是音素"扣得尔"(koudeer)加本土语汇"鼓"构成的。

6. 纯粹新词。根据马西尼的研究,这些词"是受某一外语词汇启发, 但又不以任何外语模式为基础而构成的新词"。[②]如

---

① 从方法论意义上来说,我指的是李博和马西尼的语言学研究。李博把汉语中的外来词分为四种:音素外来词、语义外来词、混合外来词和字形外来词;马西尼又增加了回流外来词和纯粹新词两种。见李博:《统一的中国式的马克思主义词汇的形成和功能:日本和中国接受马克思主义在词汇和概念上的特征》,威斯巴登:斯特纳,1979年;马西尼:《现代汉语词汇的形成及其向国语的演化:1840—1898》,伯克莱:《中国语言学报》(专著系列之六),1993年。

② 马西尼:《现代汉语词汇的形成及其向国语的演化:1840—1898》,伯克莱:《中国语言学报》(专著系列之六),1993年,第128页以后。

"accordion"被译为"手风琴"。

下面我将对在《律吕正义续编》、狄就烈的《乐法启蒙》、伊泽修二的《洋乐事始》、曾志忞的老师田村虎藏的《乐典大意》和曾志忞著作中出现的早期西方音乐术语进行一番比较。[1]我在这里选择"notation"、"composition"和"note"三个术语来讨论它们各种中文对应词的基因结构。这一分析将会增加前面所述观点的可信度，即日本音乐术语对中国音乐术语的形成(包括词汇变化方面)至关重要。

(一)Notation(乐谱)

"notation"通常译为"谱"或"曲谱"，在音乐上意指用秦谱、律吕谱或工尺谱等记谱方式在纸上记录乐曲。记谱方法至今没有一种统一的形式，因乐器和时代不同而不同。由于节奏和节拍依作曲者/演奏者个人而定，因而也没有固定的节奏时间单位。

《律吕正义续编》："notation"一词在序言里的对应词"字谱"，而在正文中的对应词是"乐图"。"图"意指图表、地图、图画、图形，"图"和"乐"结合就构成了一个新词。

《乐法启蒙》："notation"的对应词是"乐表"，但传统词汇中没有该词。"表"意指表格、图表、手表等。这个新词译为英语即为"music chart"。

《洋乐事始》：伊泽修二给"notation"配的词语是"乐谱"，该词自宋代就在中国使用，但后来停用，再后来中国的著作又重新引进了这个词。

《乐典大意》：谱表

曾志忞："谱表"，明显是一个来自日本的字形外来词。

(二)Composition(作曲)

在欧洲音乐传统中，"composition"具有个人创造的意思，这种个人创造要满足独创性标准并用音调符号学的书写形式表现出

---

① 见前揭曾志忞文；《乐理大意》和《音乐教育论》。

来。从这个意义上来讲,传统汉语根本不存在这一词语的对应词,因为作曲这一概念从来就没有以一个恰当的满足独创性要求的象形文字形式在中国存在过。创作者同时也是表演者:

> 作曲过程通常是一个再创作的过程,它包括对现有的音乐作品进行改编、改写和编辑。再创作者可能全部使用现有资料,也可能增加一些自己的个人风格(习性),或是选择某些乐句并用另外的一些资料对它们进行再加工。因此,同样的音乐作品有许多不同的版本形式,这些不同的版本形式存在于不同的音乐类型。①

因此,代替"作曲"概念的是,对现有乐曲的再创作过程和新的安排。这就是琴艺打谱。打谱只记下音高结构,不记准确的韵律。

《律吕正义续编》:"度曲",意即"按曲谱唱歌"。②在《律吕正义续编》,度曲具有乐谱的含义。我们可以把它看作是语义外来词。

《乐法启蒙》:没有提到这个词。

《洋乐事始》:"乐曲",从音乐作品意义来讲;"旋法",从作曲过程来讲。

《乐典大意》:没有提到这个词。

曾志忞:"作曲",这个词语在传统词典中不存在,是从日语借来的一个字形外来词。

(三)Note(音符)

在欧洲音乐记谱法中,note是表示音高和音长的符号,在中国传统音乐里没有这种符号。

---

① 梁明月:《十亿人的音乐:中国音乐文化导论》,纽约:海因里奇绍芬,1985年,第174~175页。

② 见《汉语大词典》,"按曲谱唱歌",上海:汉语大词典出版社,1990年,第3册,第1225页。

《律吕正义续编》："形号"，为一新词结构。

《乐法启蒙》："号"、"乐号"。"号"是语义外来词；"乐号"是新词结构。

《洋乐事始》："音符"。

《乐典大意》："音符"。

曾志忞："音符"，这在中国传统典籍中找不到，是一个字形外来词。

中国近代化早期阶段的音乐新术语与日本的术语完全一致，几乎所有的新术语都是从日文借来的字形外来词。上述三个典型例子表明，与更早的中国音乐著作相比，中国对欧洲术语的接受始于中国留学生在日本的逗留。

在下一个发展阶段，即五四运动时期，中国学生留学欧洲并收集了大量的专业名词，其中主要是新词和混合词，他们把这些词语带回了中国。语义外来词数量不多，相比之下，有大量的字形外来词、新词和混合词，这表明，人们很少去对东亚和西方音乐文化之间的异同进行反思，尽管这种反思是必要的。于是，中国音乐退化了，不过这也与"五四运动"普遍的反传统潮流相合拍。

完全采用由复调音乐与和声组成的西方乐制，导致了对中国传统音乐的抑制。共产主义时代开始时传统音乐发生欧化，在此很久以前，中国的本土乐器就被进行了改造，保留了外形，增加了音高和音强。①

四、结语：定义中国近代音乐问题

关于中国音乐演变的一些尚未解答的问题，在上述关于学校唱歌和音乐学理研究、艺术音乐和民俗音乐二分法、中国本土音乐与西方音乐和 20 世纪新音乐之间差异性的讨论中得到反思。从一开始，这些对中国近代音乐的反思就是通过与西方古典音乐发展

---

① 见展艾伦：《中国音乐的基础：伦理学和美学研究》，安阿伯：U.M.I.，1980 年，第 167 页以后。

的比较而进行的，因而音乐问题与传统遗产和民族文化问题之间的联系很快就建立了起来。

首先，是梁启超为中国学校开设音乐课和为新旧诗歌创作新乐曲提供了动力。当梁启超要求形成一种有助于中国变革进程的音乐形式时，[1]这意味着梁启超采取的是一种明确的民族主义态度，[2]而且这种态度已经指向了中国音乐文化的未来。梁启超的要求是：

> 今欲为新歌适教科用，大非易易。盖文(如《演孔歌》、《爱国歌》等)太雅则不适，[3]太俗则无味。斟酌两者之间，使合儿童讽诵之程度，又不失祖国文学之精粹，真非易也。[4]

梁启超显然把新音乐的作用与现代文学的新角色等同了起来。现代文学的新角色主要是由梁启超设计的。在评价中国传统音乐和新音乐的过程中，中国科学家相应地采取了西方的标准，这意味着他们并没有把中国传统音乐看作是艺术音乐。相反，他们采取的是当时盛行的观点，即中国音乐从古典时期以来只有停滞，没有发展，因而中国音乐的独特性得不到承认，至少在术语层面如此。

虽然 folk music 的现代含义是"民间音乐"，但我们难以为从前的"雅乐"(refined music)找到一个准确的词语。相反，"新音乐"、"现代音乐"均被等同于与原来"民间音乐"相对的"雅乐"。原来的"雅乐"需要满足西方艺术音乐的要求。"新音乐"指用欧洲风格作曲

---

① 梁启超：《饮冰室诗话》，《新民丛报》第 3 年第 9 号，1903 年，第 87~94、87 页。

② 列文森：《儒教中国及其现代命运》，伯克莱：加州大学出版社，1968 年，第 97 页。

③ 《演孔歌》是由康有为为纪念孔子而写的歌曲，《爱国歌》为梁启超所写，这两首歌都是朝国歌方向发展的努力。见梁启超：《饮冰室诗话》，《新民丛报》第 3 年第 9 号，1903 年，第 91 页。

④ 梁启超：《饮冰室诗话》，《新民丛报》第 3 年第 9 号，1903 年，第 91 页。梁启超在这里并没有考虑中国传统唱歌中的歌词定位规则问题。就像西方歌谱一样，谱的概念第一次采用书面音乐的形式。见王美珠：《中国乐谱》，《符号学杂志》9.3~4，1987 年，第 301~315 页。

(即采用和声、对位法、乐曲形式)和用西方乐器(偶尔也使用一两件中国的乐器)演奏中国曲调的演奏技艺。

在音乐方面，梁启超是个门外汉，不过他使自己成了新音乐文化和音乐教育的引路人。因此，我们把讨论的重点放在中国音乐西化的第一阶段显得尤为重要。

新音乐的领军人物是曾志忞和萧友梅。雅乐是宫廷礼乐这种历史现象留下的遗产，因此曾经留学日本和德国的萧友梅反对复兴中国古典音乐，支持对中国音乐进行改革。这一切可以用萧友梅的下述一段话加以概括：

> 与其说复兴中国旧乐，不如说改造中国音乐较为有趣。因为复兴旧乐不过是照旧法再来一下。说到改造，就采取其精英，剔去其渣滓，并且用新形式表出之。所以一切技术与工具须采用西方的，但必须保留其精神，方不至失去民族性。①

萧友梅的观点显然属于 19 世纪末期以来流行于维新派中间的体用二分法框架。对于如何发展中国音乐，他有具体的计划。他建议：

> 搜集旧民歌，去其鄙俚词句，易以浅近词句，并谱以浅近曲调；遇有谱之民歌，整理之后更配以适当的和声。②

这同样也适用于民曲和旧剧。鼓励人们创作民歌应成为政府和音乐机构的一项必要任务。颁发奖金被看作是激励新一代进行民歌创作的手段。

---

① 萧友梅语，引自陈聆群等：《萧友梅音乐文集》，上海：上海音乐出版社，1990 年，第 465 页。
② 同上，第 466 页。

尽管已经做出了把现代音乐引入中国的这些努力，但新音乐的具体含义至今依然模糊不清。重要的是，中文词典已给出了"雅乐"、"俗乐"、"古典音乐"和"先锋派"的定义(先锋派音乐是依照欧洲先锋派进行定义的，但对于早已被介绍到欧洲的中国先锋派只字未提)，①其中也包括"严肃音乐"和"轻音乐"。报纸和音乐讨论经常会谈到"新音乐"，②但是当人们在《中国大百科全书·音乐舞蹈》③或《中国音乐词典》等工具书查阅"新音乐"的定义时，找到的唯一条目是一份1940年创刊的《新音乐》报纸。我们也可以查到"新音乐社"和"新音乐运动"条目。但是新音乐的理论究竟是什么，无法在我们的头脑中形成概念。相反，在这些20世纪初开始西化的中国音乐前面加上一个"新"字，与其说是一个理论化的音乐术语，不如说是一个意识形态口号。

参考文献

Bennett, Adrian A. and John Fryer. 1967. *The Introduction of Western Science and Technology into Nineteenth Century China.* Cambridge, Mass.: Harvard University Press. 艾德里安·A·贝内特、约翰·福莱尔：《十九世纪西方科技传入中国》，剑桥，马萨诸塞：哈佛大学出版社，1967年。

Brown Mateer, Julia(狄就烈)：《圣诗谱：乐法启蒙》，上海：梅花书馆，1892年。

---

① 见高文厚：《"大陆中国"的新音乐：多元主义时代》，《和谐：欧洲中国音乐研究基金会杂志》5，1990年，第76~134页。

② 见刘靖之：《中国新音乐史论集》，香港：香港大学亚洲研究中心，1986年；高秋：《新音乐社述略》，《音乐研究》1982年第2期，第95~99页；茅于润：《一个星期日的午后》，《音乐艺术》1983年第2期，第16~22页；陈聆群：《萧友梅的音乐理论贡献》，《中国音乐学》1993年第2期，第20页。

③《中国大百科全书·音乐舞蹈》，北京：中国大百科全书出版社，1989年。

陈聆群：《不应被遗忘的一位先辈音乐家曾志忞》，《中央音乐学院学报》3，1983 年，第 44~48 页。

陈聆群等：《萧友梅音乐文集》，上海：上海音乐出版社，1990 年。

陈聆群：《萧友梅的音乐理论贡献》，《中国音乐学》1993 年第 2 期，第 20 页。

Fairbank, John King et al.(eds.). 1975. *The I.G. in Peking. Letters of Robert Hart. Chinese Maritime Customs*, *1868－1907*. Cambridge, Mass.:Belknap Press, vol.2, p.1330. 费正清等编：《赫德书信集》，坎布里奇，马萨诸塞：贝尔克纳普出版社，第 2 卷，第 1330 页。

高秋：《新音乐社述略》，《音乐研究》1982 年第 2 期，第 95~99 页。

Gild-Bohne, Gerlinde. 1991. *Das Lülü Zhengyi Xubian. Ein Jesuitentraktat über die europäische Notation in China von 1713.* Götingen: Edition Re. 杰琳德·吉尔德-波恩：《〈律吕正义续编〉：1713 年以来在华关于欧洲音乐记谱法的一本耶稣会小册子》，哥廷根：1991 年重印本。

《汉语大词典》，"按曲谱唱歌"，上海：汉语大词典出版社，1990 年。

Izawa Shūji. 1971[1884]. 伊沢修二. *Yōgaku kotohajime.* 洋楽事始. Tokyo: Heibonsha. 伊泽修二：《洋乐事始》(1884 年)，东京：平凡社，1971 年。

Kouwenhoven, Fank. 1990. "Mainland China's New Music: The Age of pluralism", *Chime. Journal of the European Foundation for Chinese Music Research 5*, p.76-134.《高文厚："大陆中国"的新音乐：多元主义时代》，《和谐：欧洲中国音乐研究基金会杂志》5，1990 年，第 76~134 页。

Kreyer, Karl(金楷理)：《喇叭吹法》，出版时间不详。

Levenson, Joseph R. 1968. *Confucian China and its Modern Fate*. Berkeley: University of California Press. 列文森：《儒教中国及

其现代命运》,伯克莱:加州大学出版社,1968 年。

李之藻:《畸人十篇》,载《西琴曲意》(《天学初函》丛书),台北:台湾学生书局,1965 年。

Liang, Mingyue. 1985. *Music of the Billion: An Introduction to Chinese Musical Culture*. New York: Heinrichshofen. 梁明月:《十亿人的音乐:中国音乐文化导论》,纽约:海因里奇绍芬,1985 年。

梁启超:《饮冰室诗话》,《新民丛报》第 3 年第 9 号,1903 年,第 87-94 页。

Lippert, Wolfgang. 1979. *Entstehung und Funktion einiger chine-sischer marxistischer Termini. Der lexicalisch-begriffliche Aspekt der Rezeption des Marxismus in Japan und China*. Wiesbaden: Steiner. 李博:《统一的中国式的马克思主义词汇的形成和功能:日本和中国接受马克思主义在词汇和概念上的特征》,威斯巴登:斯特纳,1979 年。

刘靖之:《中国新音乐史论集》,香港:香港大学亚洲研究中心,1986 年。

《律吕正义续编》(1713 年),重印于:《钦定四库全书》,经部 9,第 1~221 页。

Malm, William P. 1971. "The Modern Music of Meiji Japan", in: Donald H. Shively (ed.). *Tradition and Modernization in Japanese Culture*. Princeton:Princeton University Press, pp.257–300. 威廉·P·玛尔姆:《日本明治时期的近代音乐》, 载多纳德·H·谢夫利主编:《日本文化的传统与现代化》,普林斯顿:普林斯顿大学出版社,1971 年,第 257~300 页。

茅于润:《一个星期日的午后》,《音乐艺术》,1983 年第 2 期,第 16-22 页。

Masini, Federico. 1993. *The Formation of Modern Chinese Lexicon and Its Evolution Toward a National Language: The period from 1840 to 1898*. Berkeley: Journal of Chinese Linguistics (Monograph Series no.6). 马西尼:《现代汉语词汇的形成及其向国语的演化:1840–

1898》,伯克莱：《中国语言学报》(专著系列之六),1993 年。

Matthews, R. H. 1974. *Chinese–English dictionary*. Cambridge, Mass.: Harvard University Press. R·H·马修斯：《汉英词典》, 坎布里奇,马萨诸塞：哈佛大学出版社,1974 年。

Nienhauser, William H. 1986. *Indiana Companion to Traditional Chinese Literature*. Bloomington: Indiana University Press. 倪豪士：《印第安那中国传统文学指南》,布卢明顿：印第安那大学出版社,1986 年。

Richard, Timothy (李提摩太)：《小诗谱》(1883 年),上海：广学会,1901 年重印。

沈洽：《沈心工传》,《音乐研究》1983 年第 4 期,第 60 页。

沈心工：《学校唱歌集》,上海：文明书局,1915 年。

Thrasher, Alan. 1980. *Foundations of Chinese Music: A Study of Ethics and Aesthetics*. Ann Arbor: U.M.I. 展艾伦：《中国音乐的基础：伦理学和美学研究》, 安阿伯：U.M.I.,1980 年。

Wang Mei–chu. 1987. "Chinesische Notenschriften", *Zeitschrift für Semiotik* 9.3–4, pp. 301–15. 王美珠：《中国乐谱》,《符号学杂志》9.3–4,1987 年,第 301~315 页。

息霜(李叔同)：《昨非录》,《音乐小杂志》1,1906 年,第 19 页。
息霜(李叔同)：《呜呼词章》,《音乐小杂志》1,1906 年,第 20 页。
《亚雅音乐会之历史》,《新民丛报》第 3 年第 9 号,1903 年,第 101~104 页。

曾志忞：《乐理大意》,《江苏杂志》1903 年第 6 期,第 63~70 页。
曾志忞：《音乐教育论》(1),《新民丛报》第 3 年第 14 号,1903 年(经查对,"1903 年"应为"1904 年"。——译者按),第 55~60 页。
曾志忞：《音乐教育论》(2),《新民丛报》第 3 年第 20 号,1903 年(经查对,"1903 年"应为"1904 年"。——译者按),第 61~74 页。

《中国大百科全书·音乐舞蹈》,北京、上海：中国大百科全书出版社,1989 年。

心灵和思想领域的知识

KNOWLEDGE BETWEEN HEART AND MIND

翻译如同摆渡：
吴历（1632-1718）的《三巴集》

顾　彬

导　言

　　尽管汉学学科的发展始于耶稣会士的翻译活动，但是无论对汉学的起源还是对早期翻译的作用的理解，都不够充分，甚至那些专门从事向西方传播中国文化的人的情况也是如此。总体上，翻译仍被看作是一件无关紧要的事情。汉语水平好的人被建议直接去读中文原著，汉语水平达不到读中文原著的人可以去读那些仅对原著隐隐一瞥的英文版、日文版或是德文版。而且，对从事中文著作翻译的人来说，最好的事情莫过于他或者她①能够轻松逃脱同行的吹毛求疵。译者常常会因未能理解某一词语的特定含义而受到指责，或因母语知识欠佳而遭到批评。批评者许多情况下还是那些不事翻译和对翻译仅有一知半解的人。他们当然是以刻薄的嘲笑来抬高自己，但这样常常给翻译工作者的职业声誉造成痛楚的伤痕。

　　翻译并不仅仅是在两种语言之间进行词句对应的机械行为。翻译应该被看作是一种"可能的"解释，从这个意义上讲，翻译就是

---

　　① 出于政治正确性的考虑，我在这里对"他"和"她"进行了区分，而且在我看来，还有必要再加一个"它"。

解释。这样，翻译只要被冠上翻译之名，就不能被断然认为是"错误"，它只是反映了不同的理解而已。因此，汉学家的主要工作不应该是查错，而应该是致力于判定翻译在特定文化里曾经起过或应该起到什么样的作用。

翻译和文化发展犹如一枚硬币的两面，密切相连、不可分割。从某种意义上说，没有翻译就不可能有文化。比如，从鸦片战争以来席卷整个中国的革命和改革运动就可以看出这一点。没有对马克思著作的翻译，中国的革命就不可想象；其他改革运动则受到亚当·斯密（Adam Smith, 1723—1790）和达尔文（Charles Darwin, 1809—1882）的译著的强烈影响。由于一些重要的译著推动了社会发展，所以说翻译是任何社会、思想和理论变革的重要媒介。当然，在中国第一次遭遇西方文明时，中国还不存在这种变革。随着佛教在两千多年前开始传入中国，梵语改变了汉语，就如同中国改革开放以来英语、日语和德语对汉语的变革一样。

翻译总是一个进入到译者自身文化背景的语义输入过程。因此完全保持原作的全部内容和丰富内涵是不可能的，就像在翻译过程中不可避免地会添加一些新的意涵一样。翻译也是一个决策过程，译者在翻译过程中必须决定保留什么内容或舍弃什么东西。正是由于这个原因，译著与原著有所不同，这种不同在于译著并没有原原本本地体现原著的深度和丰富程度。一篇可以被逐字逐句地进行翻译的文章必定缺乏思想深度，也必然短命。为什么直到今天我们还在翻译柏拉图的苏格拉底对话、《圣经》和《庄子》呢？就是因为这些著作是从来没能穷尽其丰富意义的珍品。

在德语中，"翻译"一词为 übersetzen。该词含义有二，其中第二种含义即为"摆渡"。我们可以认为，翻译工作者就是把人或物品从此岸运到彼岸、从已知运到未知的船夫。不仅乘客和货物在发生位移，船夫本身也在发生位移。正是从这个意义上，我在以前的一篇

翻译如同摆渡：吴历(1632-1718)的《三巴集》

文章中说翻译就是濒临死亡。[1]翻译也意味着"自我变造"：在将一种未知的外国语言要素创造性地转换为一种新的语言媒介的活动中,原来的自我消失了。

一、跨越边境

画家兼诗人吴历于 1681 年穿越边境到达澳门时,已经接受了(基督教的)洗礼。[2]为什么那时候他要去澳门？他在到达澳门之后就即刻着手编纂一本 30 首诗的诗集,名曰《澳中杂咏》。诗集里的第一首诗就为这个问题提供了答案:[3]

> 关头阅尽下平沙,
>
> 濠境山形可类花。
>
> 居客不惊非误入,
>
> 远从学道到三巴。

从许多方面来看,这是一首十分令人惊异的诗作,而整卷诗集也可以这么说。我们先从最明显的问题来看:最后一行的"道"并非指道教之道、儒教之道或是佛教之道,而是指基督教的真理或(天

---

① 顾彬:《被扼杀的书！翻译和临近死神:翻译者背离原意》,载罗尔夫·艾伯弗尔德等编:《翻译与解释》,慕尼黑:威尔汗姆·芬克(中等篇幅学术著作系列,第 5 号),1999 年,第 133~142 页。

② 参见乔纳森·查维斯:《歌唱源头:中国画家吴历诗作中的自然和神》,火奴鲁鲁:夏威夷大学出版社,1993 年,第 52 页。吴历生于常熟(江苏),这是清代早期传教活动的中心之一。1679 年至 1680 年间,吴历接受了基督教的洗礼,取名西门-艾克萨斐尔 (Simon-Xavier)。1681 年,吴历经澳门到罗马,在罗马居留了八年。吴历一生的经历在其诗集《三巴集》中有叙述。尽管吴历留存下来的画作很少,但他被认为是清代最著名的画家之一。

③ 不幸,我必须自己将吴历的诗作翻译成英文,这样就打破了翻译理论的规则,即译者只能进行译成母语的工作。我的翻译与乔纳森·查维斯的翻译有很大不同(见乔纳森·查维斯:《歌唱源头:中国画家吴历诗作中的自然和神》,火奴鲁鲁:夏威夷大学出版社,1993 年,第 140~154 页)。他的译文依据的是我不能看到的文献版本。我的翻译基于吴历:《三巴集》,载《图书集成》3.203,1681 年,第 1~6 页。下面,我在英文译文前先给出德文译文。(吴历诗作的英文和德文译文在此次翻译时全部略去。——译者按)

主教)神学。何以见得？首先，吴历提到他正在游览的名为"三巴"的地方。他写道："三巴，耶稣会之(学/教)堂名。"三巴教堂的遗迹至今仍可在澳门看到，并且已是澳门的著名地标。"三巴"在当时不仅是一座大天主教教堂的名字，同时也是一个神学研究会的名称。在一些学者看来，它甚至是亚洲的第一所大学。其次，吴历知道，他跨过的不仅仅是一个将葡萄牙狭小殖民地与中国分割开来的地理关卡，同时也是思想、学术和意识形态的关卡。否则他会告诉外来的居客不必因看到非葡萄牙的访客惊奇。吴历知道，到了澳门就意味着进入了一个不同的世界，自己是这个世界的一位陌客，而且别人也把自己作为一位陌客上下打量。所以他不得不自我解释说自己没有迷失方向，而是特意进到了一个除了进行贸易之外一般不希望中国人进入的地方。"跨越边境"具有告别一个人原有身份和担当起一个新角色的意涵，这个概念在诗中是用"阅尽"这一双关语加以表述的。"阅尽"的双重含义是"越过终点"和"注视终点"。于是上面这首诗可以这样理解：我吴历已看遍中国的山山水水，现在就要离开这里进入到一个全新的世界并将使我也变得焕然一新。"关头阅尽下平沙"意思是离开山冈，前往大海，来到海滩上，由此远望，所有的山冈都"可以被比作紫色的花——紫色的花蕾"。"紫色花蕾"必定是个隐喻，在我看来它可能是指天主教牧师的袍服。[1]这样，这一诗句实际隐含的意思就是：无论是就景色还是就景色的观光者而言，花象征的是一个新的开端。但对诗作者来说，崭新的并将彻底改变诗作者自己的东西，可以而且只能变成自身文化的形式：道即基督教神学，基督教神学即道。只有随着时间的推移，吴历才能在汉语中找到关于基督教神学的新的表达方式，其中的一个例子就是"十"字。[2]

---

[1] 这一看法当然可供商榷。

[2] 对传教士理雅各如何把"道"翻译成英文进行的深入论述，可见本书费乐仁的文章。

二、文化差异的变革力量

研究"道"或拥有"道"的人是为"道人"。从道学的意义上讲，成为道人和追求艺术二者之间并不矛盾。但为什么像在第20首诗里所说的那样，吴历在唤醒自己的基督教意识而成为一个基督教道人之后就打算放弃自己的艺术追求呢？在第28首诗里，他谈到了这个问题。

> 老去谁能补壮时，
> 工夫日用恐迟迟。
> 思将旧习先焚砚，
> 且断涂鸦并发诗。

只有当我们了解了吴历本人对这首诗的评价后，我们才能够理解吴历的意图：他将致力于"学道"。"道"即基督教神学，具有根本的神学意义。在这里，它意味着一个人个性的完全改变。吴历虽然没有明确提到这种改变，但却间接地暗示到了。从《红楼梦》（1792年）我们可以知道，在18世纪，西方的摆钟或曰自鸣钟已是中国富足人家的寻常摆设。据我所知，这些钟表的价值只是在于他们的机械性特点而不是符号特征。可吴历对自己在澳门看到的西方世界进行过精心的描述，把时钟变成了一种符号。他曾想给自己观察到的东西方差异、中欧差异起一个名称，这个名称就来自于东西方不同的时间概念。让我们来看第19首诗：

> 红荔枝头月又西，
> 起看风露眼犹迷。
> 灯前此地非书馆，
> 但听钟声不听鸡。

在吴历的脑海中似乎并不只有地理意义上的"西方"概念。他身处中国南部,住在一座葡萄牙式的房屋,周围就是天主教堂。他可能每天很早就起来去参加祈祷。他周围的人不靠"自然"时间来安排作息。如果靠公鸡叫鸣来安排时间,那就不可能准时去参加祈祷。生活和信仰的改变意味着一个新的时间安排:组织一天事务的机械时间很准确,但公鸡啼鸣所表示的时间则很模糊。关于此,吴历写道:"(澳门)晨暮得由自鸣钟安排。"因此,"此地非儒家书馆"。

在这个新世界主要有两种声音:时钟的钟声和教堂的钟声,亦即时间的声音和神的声音。第一种声音意即"做好准备",第二种声音意即"改变你自己"。第20首诗的最后两行讲到了倾听教堂钟声带来的变化。

> 前山后岭一声听,
> 醒欲道人闲梦断。

这里的"道人"当然也可以被理解成"一个浑身熏染着中国传统价值观的人"。不管我们怎么理解"道人",其中所包含的信息是明确的:通过基督教的教化觉"醒"了。

我们现在回到最初的问题:为什么吴历打算放弃绘画和诗歌?在这里我们只能对问题的答案进行推测。中国的绘画和诗歌显然具有中国的文化背景,关于这一点我们也可以从整个诗集中看出。放弃绘画和诗歌可能意味着在皈依基督教神学之后放弃中国绘画和诗歌转而追求一种基督教的艺术,正如他在澳门完成他的诗集后所做的那样。

三、翻译也是对话

吴历描绘了一个令人惊奇的没有仇外之情的世界。他非但不排拒外国的东西,相反还似乎喜欢澳门葡萄牙人所提供的新视野。他很清楚东西方之间的差异, 不过他试图通过对话来消除这种差异。他注意到的差异之一就是语言和文字。在第26首诗中,他描述了中国和欧洲在交流上的困难：

> 门前乡语各西东，
> 未解还教笔可通。
> 我写蝇头君鸟爪，
> 横看直视更难穷。

　　这是一种解释东西方差异的极好方法。东西方的交流，无论是口头交流还是书面交流，对双方来说都是一件困难的事情。即便是在中欧交流已达数个世纪之久的今天，我们仍能听到西方不了解东方和东方不了解西方的抱怨声。不幸的是，对话的人之间也没有完美的交流手段，充其量是每一方都尽己最大努力去了解对方。我们的理解永远不可能完善，但总是处于日益完善的过程中。这就是吴历用了一个"穷"字并将其放在诗的末尾的原因：眼睛不可能穷尽它所看见的中国汉字和外国字母的意义。

　　四、"归"

　　我们知道，自中世纪以来，中国文化中对友谊的尊崇可能几近于对高高在上的神灵的崇拜。根据西方人的传统理解，是上帝把世界造成了人类家园并使人类生活富有意义。反之亦然，是知音或知己，亦即朋友把世界变成了一个相互理解、期望和沟通的地方。因此，在我与他、这里与那里、近处与远方之间并非是一个中空的世界，而是充满了两人的精神。但倘若一个人是（中国）天主教徒，另一人又非中国人，事情又会怎样？中国式的友谊还有可能吗？曾有机会跟柏应理（Philippe Couplet, S. J., 1623—1693）去到罗马但最终还是待在了澳门的吴历，把对友谊的尊崇延伸到了包括西方人在内。从这个角度来说，吴历将自己的精神世界扩展到罗马。在他的思想中，他正陪伴着柏应理（见第 10 首诗中）和巴塔萨-戴达科斯·德·罗查（Balthasar-Didacus de Rocha）（见第 16 首诗）在去往

"大西"的路上。他的想象不仅包含空间方面,也包括精神方面。第
16首诗的最后一行是:

> 归向何人说死生。

在汉语里,"归"也有"死"的意思,人回到自己由来之地,被埋
葬。众所周知,中国人通常忌讳谈论死的话题,因为他们怕这种话
会在活人身上应验。但在基督教里,死亡是很重要的事情。死亡和
受难不仅在西方艺术扮演着重要角色,而且已成为公共空间的决
定性因素:耶稣受难图过去能够而且现在仍然能够在基督教堂内
外看到。因此,吴历提出的问题在某些方面是很令人吃惊的。也许
是出于押韵的缘故,他把"生死"写成"死生"。这种倒置不仅汉语习
惯允许,基督教神学也允许:死亡之后将是复活和生命的永恒。如
果我没有理解错的话,在第16首诗里诗人用的是西方的韵脚:qi-
qu("起"—"去"),heng-sheng。当然,这一点有待于讨论。"去"可以
理解为"离去"或者"死";"起"可理解为"升"、"重生"或"复活"。因
此,对外国朋友云游西天的思考终结为一个神学问题,将中国传统
归结为一个次要的事情。

结　语

吴历对东西方接触交流的贡献是独特的,不仅从他所处的时
代来说如此,就从今天来看也同样如此。我一直感到非常遗憾的
是,来自中国的许多访客似乎不能感知西方的西方性。即使是在波
恩的大街上,他们也总是在谈论他们的祖国和"咱们中国"。但吴历
没有提到大清王朝之类的事情。他理解东西方之间的差异,并对这
些差异进行了真实的描述。他看到穿着异国服饰的葡萄牙男女,在
白种外国人家里干活儿的非洲黑人,做生意的客家人和土家人,在

街上列队行进和为过圣诞节做准备的天主教徒。他也留心注意无论是在教堂、家里或是大街上举行的宗教仪式。他将这称为"圣"，亦即他正在把某些事物转换成与这些事物相异的"自己的"文化。儒家或道家所说的"圣"，意义完全不同于基督教神学所说的"圣"（Holy），造成这种不同的因素就在于基本的经历。但是，作为学者或翻译工作者，我们怎么知道，"道"非"道"而是"神学"、"圣"非"圣"而是"神"的呢？我们需要有人告诉我们。幸运的是我们发现了吴历，他意识到了读者可能遇到的这些困难。这就是为什么他给自己的著作加上注解的原因，这些注解告诉我们他实际上正在将一些东西加以中国化（神学：道）并创造一些新的名词（Sao Paulo：三巴）。所以说，吴历站在了直到今天我们还在实践的一个传统的起点上。

参考文献

Chaves, Jonathan. 1993. *Singing of the Source: Nature and God in the Poetry of the Chinese Painter Wu Li*. Honolulu: University of Hawaii Press. 乔纳森·查维斯：《歌唱源头：中国画家吴历诗作中的自然和神》，火奴鲁鲁：夏威夷大学出版社，1993 年。

Kubin, Wolfgang. 1999. "Die Bücher werden dich töten! Übersetzen und Thanatos oder：Ein überstetzer wider Willen", in：Rolf Elberfeld et al. (eds.). *Translation und Interpretation*. Munich: Wilhelm Fink (Schrifen der Académie du Midi, no.5), S. 133–42. 顾彬：《被扼杀的书！翻译和临近死神：翻译者背离原意》，载罗尔夫·艾伯弗尔德等编：《翻译与解释》，慕尼黑：威尔汗姆·芬克（中等篇幅学术著作系列，第 5 号），1999 年，第 133~142 页。

吴历：《三巴集》，载《图书集成》3.203,1681 年，第 1~6 页。

中国人对 GOD 的中文译名[①]
——中国人在《万国公报》对"圣号问题"的回应

黄文江

　　新教讲经者面临的最具挑战性的任务不是解释《圣经》，而是翻译《圣经》，因为这将成为他们最持久的纪念。解释《圣经》可以而且也确实经常避开那些晦涩难懂的地方，但翻译《圣经》却不能这样处理，他们必须逐字逐句地全部译出。一个忠实于新教原则的翻译者必须首先是一个解释者，用希伯来语和希腊语中的神学工具去查明经文的正确读法及其正确的含义。[②]

——嘉斯拉夫·帕利坎(生于 1923 年)

导言:确定问题

　　除了上述对翻译《圣经》会不可避免地遇到的困难的认识，帕利坎还根据他对《圣经》翻译史的研究提出了另外一个有益的评判。他把术语翻译看作是"最明显的问题"，并就此提出了三种可能

---

　　① 本文为香港浸会大学资助研究项目的成果,项目编号为 FRG/97-98/I-32。作者对香港浸会大学的慷慨资助深表感谢, 对香港浸会大学费乐仁教授以及台湾淡江大学苏精教授为本文所做的评论和提供的帮助诚致谢意。

　　② 嘉斯拉夫·帕利坎:《圣经改革和改革中的圣经》,纽黑文:耶鲁大学出版社,1996年,第41页。

的处理方案。他评论说：

> 当传教士把《圣经》翻译成一种新的语言时，他们是否会冒着混淆新旧信仰的危险……去使用那些现成的、基于异教传统的未来皈依者们熟悉的宗教术语呢？还是会把原版或旧版中的专门术语音译成一种新的术语……抑或是干脆创设一套全新的词语和习语？……这些方案中的每一种以及这些方案的不同组合，都在《圣经》翻译史上留下了印记。①

采用上述三种方案中的任何一种（使用旧词、进行音译或创造新词），都无疑是一个漫长而困难的决断过程。而且，在我们把翻译看作是一个沟通过程的时候，尤金·阿尔伯特·奈达（Eugene Albert Nida，1914 年生）很中肯地指出，受众因素，包括来自受众文化的系列前提是最根本的。②

新教传教士清末来到中国时，与天主教传教士不同，他们传教议程中最紧迫的任务之一是把《圣经》译成汉语。而在有关《圣经》翻译的所有问题当中，最重要的是如何翻译"God"（上帝）。而且，新教传教士极力主张"God 的翻译用语必须统一"，同时他们也不希望令他们的中国听众感到困惑，以致使他们"似乎谈论的是不同的诸神"。③

根据帕利坎的研究，在华新教传教士在"圣号问题"上面临的三种选择是：(1)使用旧术语（在汉语中找一个对应词），(2)进行音译，(3)创造新词。19 世纪的传教士坚守基督信仰中的核心观念，即

---

① 嘉斯拉夫·帕利坎：《圣经改革和改革中的圣经》，纽黑文：耶鲁大学出版社，1996年，第43页。

② 尤金·A·奈达、威廉·D·里伯恩：《跨文化意义》，纽约：奥比斯图书公司，1987年，第20~32页。

③ 赖德烈：《基督教在华传教史》，伦敦：基督教知识促进会，1929年，第261页。

God(上帝)是无处不在和无所不能的。这样,第一种选择就被普遍认为是势在必行的。为了把受众因素考虑进去,我们必须认识到,为给基督教的《圣经》术语"God"找到一个"准确的中文翻译",在华传教士所面临的形势是极其复杂的,这些翻译包括"天"、"天主"、"上帝"和"神"等。在"God"一词汉译问题上所展开的复杂而长久的争论,被称为"圣号问题"。

有关"圣号问题"的著述汗牛充栋,但只有少量著作对其历史进行了认真的研究。据我所知,还没有人对这一问题进行过全面的研究。就目前来看,李家驹和伊爱莲(Irene Eber)撰写的历史性著作可以算是最全面的研究。①他们的著作有两个相同的特点,即:都止于 19 世纪 70 年代末和都极少提及中国人在这一问题上的声音。1877 年是有着重要意义的一年,因为在这一年第一次召开了所有新教传教士大会,会上一致同意不涉及"圣号问题"。中国声音没有受到应有的注意可能有两个原因。首先,在中国近代史领域,特别是在中国基督教史领域,不久前才刚刚开始对基督教在华历史的轮廓进行描绘。今天,我们仍能从费正清十多年前写的文章中找到相关信息,他抱怨说,"我们总的来说对中国基督教团体及其成员和影响还不甚了解。"②其次,那些参与"圣号问题"论争的中国基督教徒的背景信息还没有被挖掘出来。

得益于近来对"圣号问题"和中国基督徒的研究,我打算对中国人参与"圣号问题"的论争的问题进行探讨。但是,作为对这个问题的初步研究,我将本文的研究范围限于《万国公报》上记载的中

---

① 李家驹:《一场神或上帝大争论:早期来华新教传教士对于"God"一词的翻译与解释(1807–1877)》(哲学硕士论文),香港:香港中文大学,1991 年;伊爱莲:"没完没了的术语问题",载伊爱莲、温司卡和纳特·沃尔夫编:《圣经与近代中国:文学与智性的激荡》,圣奥古斯丁:《华裔学志》研究所,1999 年,第 135~161 页。

② 费正清:《新教传教士著作在中国文化史上的地位》,载费正清、苏姗娜·巴尼特编:《基督教在中国:早期新教传教士著作》,坎布里奇,马萨诸塞:哈佛大学出版社,1984 年,第 3 页。

国声音。①

一、圣号问题：传教士的声音

新教传教士是把《圣经》译成中文并发起"圣号问题"论争的人。因此，首先对参与晚清时期"圣号问题"论争的一些著名传教士的基本观点和立场进行考察，看来是有益的。1814 年，马礼逊将《新约》译成中文并出版，书名为《耶稣基利士督我主救者新遗诏书》。但对于当时的中国读者来说，很可能只能理解书名的后半部分"我主救者新遗诏书"。1823 年，《旧约》和《新约》的一个中文合译本完成并出版，书名为《神天圣书》。与 1814 年版本相比，1823 年版本的书名更加清晰地向当时的中国读者传递了神的信息。尽管马礼逊有时用"神"作为"God"的汉译，但他在自己的著作和译作中并没有选用一个特定的词语指称"God"。就像 1823 年版书名所显示的那样，他既用"神"，又用"天"。但作为《圣经》的翻译者，马礼逊为我们提供了他如何看待自己译作的某些线索。他写道：

> 在我的译本里，我坚持的是信、明、简；使用的是常用词语汇而非不常用的古典词语；也不使用异端神学和异教的专门术语。我注重易懂胜于雅致。对于艰涩难啃的段落，我采用的是我所接触的最严肃、虔诚和最不古怪的牧师普遍认可的含义。②

另外，马礼逊还建议，为了克服在《圣经》翻译问题上面临的困难，传教士和中国基督教徒之间的合作努力也是一种办法。他写道：

> 在我看来，欧洲基督教的翻译工作者和学习过几年欧洲文学并对基督教有研究的中国本土学者的联合，最有可能产

---

① 我所使用的是台北华文书店 1969 年影印的《万国公报》(1876 年至 1877 年)，引文中所注页码因而也是该影印本的页码。

② 马礼逊：《马礼逊回忆录》(二卷本)，马礼逊遗孀编，伦敦：朗曼出版公司，1839 年，第 2 卷，第 9 页。

生出最好的《圣经》中译本。有鉴于此,我向教友们的赞助者推荐正在马六甲兴办的英华学院,这个学院旨在进行中国文学和欧洲文学的互惠教育,以及基督教知识的广泛传播。[①]

从 19 世纪 30 年代起,在华传教士普遍感到有必要重译马礼逊的《圣经》。1843 年 8 月 22 日,12 位美英传教士在香港举行会议讨论重译工作。马礼逊的《圣经》被否决的同时,他那关于传教士和中国基督教徒联合起来共同翻译《圣经》的建议也被抛到了一边。正如在所谓的代表版(Delegates' Version)产生的不同阶段所显示的那样,只有当传教士不知道如何进行语言润色时,才会想到需要中国人的帮助。例如,王韬在帮助润色《约伯记》和《诗篇》的译文方面受到了高度评价。[②]有人可能会认为,在翻译《圣经》的队伍中之所以没有中国人是因为中国人没有受到过足够的翻译训练,就像马礼逊说的那样。但是最近的研究表明,至少有一人可以选择,这个人就是何进善 (1817—1871)。他是理雅各(James Legge,1815—1897)的忠实同僚,最有资格参加《圣经》的翻译工作,因为从 1843 年开始他就是"本土的福音传道者"。[③]在他写出《马太福音注释》时,他就已经证明自己有能力从事《圣经》的翻译工作。

在 1843 年的香港会议上,确定了各国传教士合作重译《圣经》的安排。但由于"圣号问题",英美传教士的联合努力终属枉然。1852 年,英国传教士在麦都思 (Walter Henry Medhurst,1796—

---

① 马礼逊:《马礼逊回忆录》(二卷本),马礼逊遗孀编,伦敦:朗曼出版公司,1839年,第 2 卷,第 10 页。

② 苏精:《王韬的基督教洗礼》,载林启彦、黄文江编:《王韬与近代世界》,香港:香港教育出版公司,2000 年,第 435~452、440~441 页。

③ 费乐仁:《传播者而非创立者:近代中国第一位新教神学家何进善(1817—1871)》,载伊爱莲、温司卡、纳特·沃尔夫编:《圣经与近代中国:文学与智性的激荡》,圣奥古斯丁:《华裔学志》研究所,1999 年,第 165~198、177 页。

1861)的主持下完成了一本中文版《圣经》的翻译工作。美国传教士
的译本则是在裨治文(Elijah Coleman Bridgman,1801—1861)的主
持下于1858年完成。麦都思和理雅各是主张使用"上帝"一词的主
要代表，①而文惠廉(William Boone,1811—1864)和裨治文则是主
张使用"神"这个词语的代表。②总之，围绕"圣号问题"，许多传教士
关心的基本问题可以简单概括如下：

> 为了确定"True God"(真神)的含义，新教徒一开始就希望
> 把绝对名或曰类属名与相对名区别开来。如果说
> "Tetragrammaton"(神名)被认为是绝对名，那么"Elohim"(神)就
> 是相对名。但是在汉语里哪个词是绝对名，哪个词是相对名呢？
> ……除了绝对名和相对名问题，传教士还问及中国人是否有上
> 帝的观念以及中国宗教的性质和实践是什么。中国存在一种古
> 老的一神教吗？或者说中国人总是多神论者吗？③

此外，"圣号问题"涉及到每位传教士在内心乃至宗教信仰体
系上的差别。以理雅各为例，"圣号问题"是他探求儒家学说和基督

---

① 麦都思有两本著作是关于"圣号问题"的，一本是《探讨"上帝"一词的正确翻译
法》，上海：教会出版社，1847年；另一本是：《论中国人的神学》，上海：教会出版社，1847
年。准确反映理雅各在这一问题上的立场的两本著作是：《儒教与基督教之关系》，上海、
伦敦：克里和威尔士，1877年；《致马克斯·穆勒的一封信：关于汉语"帝"和"上帝"的英译
问题》，伦敦：特吕布纳公司，1880年。

② 文惠廉：《关于"Elohim"和"Theos"的正确汉译》，广东：《中国丛报》，1848年。没多
久理雅各做出了有力的回应，见理雅各：《中国人的鬼神观念》，香港：登记处，1852年。除
了发表在《教务杂志》的许多文章，还有一些代表性的出版物也非常值得重视，这些出版
物是：湛约翰：《圣号问题简单化或汉语中仙、灵、帝的含义简介绍而清晰》，广州：怡顺，
1876年；威廉·A·拉篓尔：《圣号问题：寻求最接近〈圣经〉中"Elohim"和"Theos"意思的中
文词语》，上海：美华书馆，1877年；柏汉理和欧德理：《"God"的中文译名：陈述与答辩》，
伦敦：T.威廉，1877年。

③ 伊爱莲：《没完没了的术语问题》，载伊爱莲、温司卡、纳特·沃尔夫编：《〈圣经〉与
近代中国：文学与智性的激荡》，圣奥古斯丁：《华裔学志》研究所，1999年，第138页。

教相容性的一部分。①而且,造成"圣号问题"的部分原因也在于传教士的不同背景,即"19世纪英帝国和美利坚民主国(或'年轻的共和国')对上帝本身的相互矛盾的理解"。对此,欧文·海亚特(Irwin Hyatt)做了进一步的评论:

> "God"是永远全能的存在吗?——这是"上帝"传递的基本观念——或者就像"神"对许多传教士的意涵一样,他是已被证实的具有诸多历史精神的真正的"God"吗?能与人的心灵同一吗?②

1877年,在中国召开第一次新教传教士大会时,为了避免在"圣号问题"上产生进一步的意见分歧,会议同意"不讨论'God'的恰当圣号问题"。③但是关于"圣号问题"的争论在1877年并没有结束。只是当进入20世纪,随着义和团运动"出乎意料地开启了一个各国传教士合作的新时代","圣号问题"的争论才"逐渐平息"。④

二、被忽视者的声音:《万国公报》上中国基督教徒的观点

近来对梁发(1789—1855)、洪秀全(1814—1864)、何进善、王韬以及19世纪中国八大客家基督教徒的研究,使我们现在对19世纪中国的一些基督教徒皈依基督教的经历有了更深的了解。几乎毫无例外,在个人和宗教问题上,他们都经过了深刻的反思。他们的皈依和反思当然影响到他们看待基督教及其与中国传统

---

① 黄文江:《理雅各:东西方交汇路口上的先驱》,香港:香港教育出版公司,1996年,第99~113页。

② 欧文·海亚特:《圣使荣哀录:19世纪山东东部的三个美国传教士》,坎布里奇,马萨诸塞:哈佛大学出版社,1976年,第231~232页。

③ 《1877年5月10日至24日上海中国新教传教士大会记录》,上海:美会书馆,1877年,第20页。

④ 郭佩兰:《中国妇女与基督教:1860—1927年》,亚特兰大:学者出版社,1992年,第32页。

之间关系的方式,因此他们便相应地形成了自己的基督教观。他们对基督教的理解是否可以被认为是神学,以及他们的神学是否足以使他们能够被冠以神学家之名,这是两个根本性的问题。对这两个问题需要进行更为深入的历史研究,而这实际上也是另外一个研究课题。不过,像梁发、洪秀全、何进善这些人成为基督徒并传播基督教,显然不仅仅是因为传教士教他们这样做。因此,从他们自己的角度来研究他们的声音显得尤为重要。①

关于"圣号问题",中国的基督教徒在《教会新报》上发表过一些文章。②但《万国公报》尤为值得关注,因为从 1877 年到 1878 年这一较短的时间里就发表了 48 篇这方面的文章。一位来自美国长老会派海外传教团的传教士陆佩 (或叫陆佩书,John S. Roberts),对"圣号问题"颇有兴趣。在读了黄品三(1823—1890)的一篇文章之后——黄在这篇文章里提出了一个新的译名——他倡议中国的基督教徒在《万国公报》上撰文讨论"圣号问题"。③《万国公报》上发表的 48 篇文章就是这一倡议的结果。这里不去详细复述这 48 篇文

① 关于梁发,见 P·理查德·波耳:《梁发对道德力量的追求》,载费正清、白淑珍编:《基督教在中国:早期新教传教士著作》,坎布里奇,马萨诸塞:哈佛大学出版社,1984 年,第 35~46 页;关于洪秀全, 见鲁道夫·瓦格纳:《再现天国景象: 宗教在太平天国运动中的角色》,伯克莱:东亚研究所,1982 年;史景迁:《上帝的中国之子:洪秀全的太平天国》,纽约:诺顿公司,1996 年;P·理查德·波耳:《作为革命家的神学家:洪秀全关于太平天国的宗教幻象》,载郝延平、魏秀梅编:《近代中国史的传统与蜕变:刘广京教授七十岁寿辰纪念》,台北:"中央"研究院近代史研究所,1998 年,第 2 卷,第 907~954 页;关于王韬,见林启彦、黄文江编:《王韬与近代世界》,香港:香港教育出版公司,2000 年,第 435~452 页;关于客家基督教徒,见珍希·G·卢兹、罗兰·R·卢兹编:《中国客家人遭遇基督教,1850~1900》,纽约:M·E·夏普公司,1998 年。关于香港早期的中国基督教,见施其乐:《作为精英、中间人的华人基督徒与香港教会》,香港:牛津大学出版社,1985 年。

② 艾德里安·A·贝内特:《中国的传教士报人: 林乐知和他的杂志,1860~1883》,雅典:佐治亚大学出版社,1983 年,第 114~119 页;邢幅增:《文化适应与中国基督徒,1860~1911》,香港:建道神学院,1995 年,第 123~124 页。

③ 陆佩:《翻译"God"圣号列言》,《教务杂志》7.2(1876 年 3~4 月号),第 136~141 页;《教务杂志》7.3(1876 年 5~6 月号),第 213~216 页;又见陆佩:《汉译原则》,载《1877 年 5 月 10 至 24 日上海中国新教传教士大会记录》,第 418~429 页。

章的内容，而是从中选取一些优秀的代表性的作品来阐述中国人在"圣号问题"上的声音。

在一系列的论争当中,黄品三是首位参与者。他出身于江苏一富裕家庭,接受过良好的中国传统教育,年轻时还潜心研究过道教。他与基督教发生的关系得到强化是在他受雇于柯玛莎(Martha Crawford, 1830—1909)管理下的一所女子学校之后,后来他成为这所学校的中文教师。1855 年,黄品三接受了洗礼。两年之后,即 1857 年,他被任命为执事以辅佐晏玛太(Matthew Yates, 1819—1888)管理教会。美国内战期间(1861—1865),由于教会不能全额支付薪金,晏玛太到美国驻上海总领事馆做了一名中文翻译。黄品三因此在教会承担了更多的职责。1870 年,黄品三被任命为牧师。作为牧师,黄品三享有很高的声誉。他的见解和教导很受中国基督教徒的欢迎。同样值得称道的是他写了大量的著述:在《教会新报》上发表了 14 篇文章,在《万国公报》上发表了 24 篇文章。[1]基督教徒的生活和伦理构成了他全部作品的很大一部分内容,如罪恶和自由意志问题、吸食鸦片问题、一夫多妻制问题等。[2]他也写自己皈依基督教的经历,这启发了林乐知将一系列中国基督教徒撰写的有关本人入教经历的文章发表在《万国公报》上。[3]总之,在发起《圣号论》的讨论之前,黄品三是一位受过良好教育并与基督教有 20 多年联系的中国人。

在《圣号论》一文,黄品三对当时的译名("神"和"上帝")进行了批评,认为这两个词语都不是准确表达基督教中"God"的中文译名。相反,他更加喜欢用一个新造的词语"造化主"作为"God"的中文译名。这一译名背后隐含着"天为造化"的基本含义。另外,佛教和道教

① 查时杰:《中国基督教人物小传》,台北:中华福音神学院出版社,1983 年,第 15~20 页。

② 艾德里安·A·贝内特:《中国的传教士报人：林乐知和他的杂志,1860-1883》,雅典:佐治亚大学出版社,1983 年,第 113、138~139、142~144 页。

③ 艾德里安·A·贝内特:《中国的传教士报人：林乐知和他的杂志,1860-1883》,雅典:佐治亚大学出版社,1983 年,第 167 页。

的经典中也没有出现过"造化主"一词,在中国历史上也没有用"造化主"来表示或暗指过被基督教徒称为"伪神"的东西。同样,黄品三也反对使用音译,他认为最好的选择是对现有的某个词语稍微进行一下修改。他提出的译名是一个可感知的译名,这一译名不会使人联想到佛教或道教历史传统中的概念或与之相混淆。①

但陆佩不同意黄品三新造的译名, 所以他邀请其他的中国基督教徒撰文参与到"圣号问题"的讨论中来。据我所知,这是传教士首次向公众公开"圣号问题"和在中国基督教徒中间发起讨论。但同时讨论也只限于下列八点问题:

1. 古时所拜之上帝即造万有之主否? 以黄君之意论之,似为非也。

2. "帝"与"上帝"何解?

3. 古时称"上帝"二字指一位而言抑可指其一类而言?

4. "神"字何解?

5. "神"字指一位而言,抑指其一类而言?

6. 上帝可归于神之一类否?

7. 人身无形而不灭者可称为神否? 如言可称,试言其故。

8. "灵"字何解? 指人身而不灭言,抑必另加一字,或指万有之主而言,其是一灵,可与不可? ②

公开发表的第一个回应也来自黄品三。令他兴奋的是,他的文章促使陆佩开办了一个让中国人讨论"圣号问题"的论坛。不过他指出,他并没有事先收集过当前和过去传教界争论"圣号问题"的资料。他还指出,没有人要求他去支持哪一方或者哪个人,这是他独创的贡献。尽管中国人有很多称谓神的词语,但他认为还没有一个专一的词语可以表达"God"这个整个宇宙创造者的含义。他再一

---

① 黄品三:《圣号论》,《万国公报》(1877 年 7 月 21 日),1969 年影印本, 第 3880~3881 页。

② 陆佩:《圣号论列言》,《万国公报》(1877 年 7 月 21 日),1969 年影印本, 第 3881~3882 页。

次强调指出,他认为"造化主"这个词是用于翻译"God"的最佳选择。他还反对陆佩处理问题的方式:即通过设置八个讨论点来限制中国人提出新的选择方案。①

在给黄品三的回复中,陆佩首先指出自己无意审查黄品三的方案是否正确。陆佩显然把心力倾注在了他所提出的"八点"上:他依然希望听到中国人寻找神和基督教中"God"一词的绝对名和类属名。他还指出,传教士之间争论的实质是如何找到属于类属名和绝对名的中文译名。②

在发表第三篇文章时,黄品三将文章题目中的关键词由"圣号"改成了"首要称名"。在这篇文章里,他力图回答陆佩所提出的问题。他认为,"神"这个词具有一种类属含义,对此他列举了"神道"、"神明"、"神灵"、"神佛"、"神贤"等词。他还解释说,只有中华帝国的皇帝才有资格敬拜"上帝"。因此他认为,普通中国人不可能把"上帝"作为一个类属名。更为重要的是,他反对在翻译"God"时简单地采用要么"神"要么"上帝"的二分法,但他承认遵从和保持文本所传达的历史环境的重要性。他举了一个翻译《新约》第十五章的例子,以说明在翻译中应该考虑的问题。他认为最好的译法是用"巳"而不是用现代时间度量"上午九点"来译。他想通过这个例子向陆佩表明,无论是全译《圣经》,还是仅仅翻译"God",都是比决定用哪个中文词语来指称最高的神圣存在或其他存在更加微妙的事情。③在给黄品三很短的回复中,陆佩对黄品三所做的贡献表示感谢,赞同他的文章用"首要称名"取代"圣号",并号召其他中国人发表自己的见解。④

---

① 黄品三:《作圣号论原意》,《万国公报》(1877 年 8 月 11 日),1969 年影印本,第3955 页。

② 陆佩:《圣号论列言原意》,《万国公报》(1877 年 8 月 11 日),1969 影印本,第3955~3956 页。

③ 黄品三:《首要称名》,《万国公报》(1877 年 8 月 18 日),1969 年影印本,第 3985 页。

④ 陆佩:《美国教士陆佩书首要称名论后》,载《万国公报》(1878 年 3 月 9 日),1969 年,第 4000 页。

一年多以后，黄品三就"圣号问题"写了一篇更短的文章。在这篇文章里，他对如何翻译希伯莱语"Elohim"表现出了灵活的态度。他说，找到一个恰当的译法固然很好，但即使是有不同的译法，保持和谐与和平也是必要的，基督教就是一种和平的宗教。换言之，黄品三在这里暗示了他不想看到在"圣号问题"上有那么多的反驳和批判。①或许黄品三看到陆佩和中国基督教徒之间——有时是中国基督教徒内部之间——在"圣号问题"上无休止的争论，感到很惊奇。下面是别的一些例子。

随后的一篇回应文章是武昌的姚成全用笔名"碌碌子"写的。他声称，对陆佩所列问题的回答是他与许多人讨论后的结果，也就是说是集体的智慧。碌碌子不像黄品三，他严格遵循了陆佩的八点式，并相应地提供了自己的观点。

1. 他们读过中国经书特别是《易经》，但这并没有使他们得出"上帝"是造物主的结论。

2. "帝"的意思是国王或统治者，虽然"上帝"是一个神的名字，但不是造物主的名字。

3. 在"上帝"一词是不是一个类属名的问题上，他们没有给出任何答案。他们指出，作为神，存在不同的"帝"，如"玉帝"。但同时，中国人不会说"雨上帝"或"财上帝"。

4. 他们认为"神"字广泛应用于宗教词语(如"神明")和普通词语(如"心神")当中。

5. 他们认为"神"是一个类属名。

6. 他们认为"上帝"是一位"神"，但神并非上帝。

7. 他们不认为人身上无形的和不朽的东西就等于"神"。

8. 他们发现"灵"的含义是多种多样的，它可以指一具不朽的人

---

① 黄品三：《致和平论》，《万国公报》(1878 年 3 月 9 日)，1969 年影印本，第 4725 页。

体,一个人的智能(如"灵敏"),或神的一种能力表现(如"灵验")。①

　　另一篇关于"圣号问题"的文章出自上海伦敦传教会的潘恂如。我们在此有必要介绍一下潘恂如的背景。1854 年,潘恂如到上海拜见王韬, 随后成为上海伦敦传教会传教士慕维廉(William Muirhead, 1822—1900)的中文教师。1855 年,他接受了洗礼,随后又被任命为牧师。1858 年, 他回原籍参加科举考试并取得优异成绩。但后来他又重返上海继续在上海伦敦传教会做牧师。显然,他对中国经典造诣颇深,是一位学者型牧师,在上海颇受人尊敬。

　　潘恂如对"上帝"一词的原始意义进行了考察。他在关于《虞典》的研究中认为,"上帝"一词意指唯一和最高的神。他还指出,是道家赋予了"帝"字一种宗教含义,特别是道教在汉代兴盛以后。"玉帝"就是他举的一个例子。他也不主张人们用"神"这个词,因为该词明显具有一种多神论的含义。在一部以周朝 (约前11 世纪至前 256 年)立国为素材的神话小说《封神榜》广为流传以后,"神"可能就被用到了许多不同的语言环境之中。因此传教士明智地在"神"之前加了一个"真"字,目的是避免使人误认为基督教中的"God"只是多神中的一种。另外,潘恂如也认为,黄品三的"造化主"一词只有文化人

---

① 碌碌子 (即姚成全):《答陆佩先生圣号列论》,《万国公报》(1877 年 9 月 15 日),1969 年影印本,第 4064~4065 页。[正文此处所列八条是本文作者对署名"碌碌子"的文章的概要转述,《万国公报》所载"碌碌子"的文章原文是:1.(《书》曰天地万物父母,《易》曰大哉乾元,万物资始,大哉坤元,万物资生……)上帝即天地,天地不可以为主,上帝亦非万有之主也;2.(唐虞以前帝不可考,三皇以后)称人之君则为帝……至若"上帝"二字……若另探别意,吾未之学也;3."上帝"二字指一位而言,抑指一类而言,余照此言,实难定论。若以一位言之,则大地、玉皇,古今亦均谓之上帝;若一类言之,则通国之中,未闻有雷上帝、雨上帝、火上帝、财上帝、佛爷上帝、观音上帝之称;4.神字何解? 余仅知其二:第一为人有所拜者,如神灵、神鬼、神仙;第二为人所有者,如精神、心神、神游、神往之属;5.神非一位,必以一类为至当;6.("上帝"与"神"义本不同。)谓上帝是神,则可;谓神是上帝,则不可;7.夫人身之无形者,虽有神往、精神等语,若至死后,未必仍有精神,未必犹能神往也,似亦未必不灭;8."灵"字用法不一,有指人身不灭者言,如"灵魂"、"阴昊";又指人聪明言,曰灵敏、灵变、灵活机等是;又指鬼神之权能显应言,《诗》曰"以赫厥灵",又"濯濯厥灵",又"灵验"、"威灵"、"宪灵不爽"之类。——译者按]。

才可能理解。潘恂如本人看好"天"字，认为无论是对于有文化的人还是普通大众都容易理解。①

潘恂如的文章发表后不久，何玉泉(1806—1903)的一篇文章又激起了陆佩更加强烈的反应。为了便于理解何玉泉的观点，这里先介绍一下他的背景。何玉泉接受过良好的中国经典教育，在香港一所乡村小学任教。理雅各由于承担着翻译中国经典的任务，热衷于结交在香港的中国文人。在何玉泉加入教会之前，理雅各就对何玉泉颇为熟悉。1857 年，理雅各推荐何玉泉到政府资助的黄内甫学校任教。督学罗存德（Wilhelm Lobscheid，1822 年生）——里内什传教会的前传教士——到黄内甫学校进行检查并与何玉泉就祖先崇拜问题展开了争论。最后洪仁玕(1822—1864)站到理雅各的立场上并最终成功说服何玉泉皈依了基督教。洪仁玕后来成为太平天国的干王。何玉泉于1857 年 10 月 25 日接受了基督教的洗礼。②这里或许有必要引用一段湛约翰(John Chalmers，1825—1899)的评论，通过这段评论我们可以对成为基督教徒后的何玉泉有一个更清晰的了解。湛约翰评论说：

> 何玉泉是一位信念坚定的布道者，他无疑是许多善行的完成者……自从何进善 1871 年死后，他就认为自己是牧师职位的当然继承者。而且，虽然他从未获得牧师的名分，但他一直行使着牧师之职和享受着这一职位无法形容的尊严。我想，他不会让把任何别的人称作他们的牧师……他的亲朋好友会支持他。③

---

① 潘恂如：《圣号论》，《万国公报》(1877 年 9 月 22 日)，1969 年影印本，第 4092~4093 页。

② 罗存德：《对中国教育状况和香港公立学校的评论》，香港：香港邮报出版社，1859年，第 34~35 页；又见伦敦传教会香港工作站：《中国教堂及与传教相关的事件登记与记录》，未出版文献，1939 年 10 月 2 日复制，现存香港中文大学崇基学院图书馆。

③ 湛约翰：《香港地区史，1870~1880 年》，1880 年，未刊手稿，存于伦敦传教会即今世界传教联合会档案馆，中国南部/报告/第一函(South China/Report/Box1)，第 7~8 页。

何玉泉是教堂里的一位执事。更为重要的是，在何进善 1871 年死后,他认为自己已是准牧师。又由于他教过多年书,有着较高的社会地位,他的领导角色因而得到强化。他自命的领导角色驱使他对"圣号问题"提出了自己的答案——"天道合参"。

何玉泉的"天道合参"理论来源于他对儒家学说和基督教的长期思考。他 51 岁时成为基督教徒,50 岁时经历了儒学思想的转变——"知天命"。在好长一段时间里,他对《六经》中"上帝"的意思感觉困惑,在皈依基督教后他才找到了答案。他越研究,越认为"天道"可以通过研习基督教和中国的经典获得,因为他们互为补充。他还认为,中国古人也从 God 那里得到过启示,依据就是犹太人和中国古人都把祭祀作为一种宗教牺牲。他认为,《圣经》中的"God"就是《六经》中的"上帝"。他还认为,用《六经》中的"上帝"一词是宣扬基督的最好手段。所以在他看来,"God"应该翻译为"上帝"。①

陆佩不赞成何玉泉的儒学与基督教具有相容性的理论,他从七个方面给予了批驳。第一,他不认为天道可以通过研习儒家经典获得,因为只有《圣经》中才包含 God 的启示。第二,他反对何玉泉不加批判地使用"上帝"这个词,这个词在何玉泉那里是被作为类属名使用的。第三,他再一次强调耶稣是唯一的救世主。第四,他认为祭祀作为宗教牺牲在犹太人和中国的历史传统中存在着许多差别。第五,他反对用"天"作为"Theos"的译名。第六,《圣经》是唯一的,因为只有它能以基督的名义告诉人们救赎的信息。最后,基督教传播的主要障碍在于个人的傲慢,即相信通过个人的努力是可以获得拯救的。与此相应,陆佩还批判了何玉泉证明《六经》中的"上帝"就等于基督教中的"God"的意图,因为它在中国人中间鼓励傲慢,驱使他们远离基督教救赎说这一核心教义。因此,他谴责何

---

① 何玉泉:《天道合参》,《万国公报》(1877 年 9 月 29 日),1969 年影印本,第 4122~4124 页。

玉泉的理论,尽管他的理论以儒学"上帝"的概念起始,对中国人来说听起来颇为合理。①

何玉泉对陆佩的批评进行了有力的回应。他强调,他对儒家学说的积极评价是受到了理雅各的启发。而且,他坚信自己在六点驳文中提出的"天道合参"理论。首先,在回应陆佩认为只有《圣经》才包含上帝的启示的观点时,何玉泉澄清说,他指的是概念意义上的真理("道"),而不是经典著作("书")本身。何玉泉还认为,上帝偏爱那些敬畏他的人,不论这些人属于哪个民族。其次,何玉泉强调说,他沿用的是麦都思对《旧约圣经》的译法。他还进一步强调说,他无意矮化唯一救世主耶稣的地位,相反,他只是遵从《圣经》。《圣经》中说：

> 向犹太人,我就作犹太人,为要得犹太人。向律法以下的人,我虽不在律法以下,还是作律法以下的人,为要得律法以下的人。②

第三,在反驳陆佩认为祭祀的含义在犹太传统和中国传统之间存在多方面的不同这一观点时,他重申中国经典中的"上帝"就是基督教里的"God"。他的这一观点是建立在古代历史扩散理论基础上的,因为他认为,大洪水之后,大约在诺亚时期,伏羲就出现了,就像《创世纪》第七章说的那样。换句话说,他认为很可能中国人很早就可能知道了God。第四,他指出,他是在遵循麦都思把"Theos"(神)译为"天"的做法。第五,针对陆佩称《圣经》与其他书相比是唯一的这种观点,他强调"天道"可以从各种不同的文本中获知并传播。第六,他认同基督教传播的主要障碍在于人的傲慢,即坚信通

---

① 陆佩:《陆佩先生书何玉泉先生天道合参后》,《万国公报》(1877 年 9 月 29 日),1969 年影印本,第 4125~4126 页。

② 《圣经》哥林多前书,第九章第 29 句。

过个人的努力可以得救。但他不赞同陆佩说法，即证明中国经典中的"上帝"相当于基督教里的"God"体现了一种不可接受的傲慢。相反，他坚信自己这样做会更有效地把救赎的信息传给中国信徒。①

陆佩并不觉得何玉泉的主张令人信服，他做了十四点回应。前九点是用问句的形式表述的，目的是质疑何玉泉所提论点的根据。后五点旨在重申其主张。1.从哪儿可以看出"上帝"就是耶和华？2.他是怎么确信耶和华就是"上帝"的？3.他能将"God"进行汉译吗？4.根据"天道合参"理论，他能称自己为先知吗？5.就像他相信"天"就等于"上帝"一样，他能将"God"译为"天"吗？6.正像他称天道是普世的一样，如果中国的圣人能够思考和理解"天道"的话，那么他们的地位又如何呢？他们等同于耶稣吗？7.既然他把中国古代杰出的人物如文王、孔子看作是圣人，那圣人的标准又是什么？8.既然他认为"上帝"就是神，那他为什么拒绝把"神"作为绝对名呢？9.他会不同意保罗让人去遵守一些并不违背基督教教义的规制或习俗吗？10.根据《创世纪》第七章，只有诺亚一家畏惧和敬仰上帝，中国人不可能和诺亚敬仰同一个上帝。11.中国古代帝王进行的祭祀并不包括把人民从罪孽中拯救出来的含义。12.《旧约》里的祭祀象征的是基督受难以拯救人类的灵魂。13.《圣经》代表拯救各族人民的(唯一的)"一道"。14.表白这些观点的目的是为了宣示"真道"和颂扬耶稣。②

在"十四点"评论以后，何玉泉再没有在《万国公报》上发表过任何文章。但王献吁非常有趣地进行了回应。对于王献吁，除了知道他是广东人以外，人们对他知之不多。在他众多的观点当中，有两点值得注意。首先，他认为陆佩对何玉泉的文章反应有点过分，而他们两个人都"心存圣道"。其次，他建议对"天道"的定义持一种宽宏大量

---

① 何玉泉：《续天道合参》，《万国公报》(1877 年 12 月 8 日)，1969 年影印本，第4400~4406 页。

② 陆佩：《陆佩先生书续天道合参后》，《万国公报》(1877 年 12 月 8 日)，1969 年影印本，第 4406~4409 页。

的态度——任何与《圣经》相一致的见解都应该被接受。而陆佩强调的是《圣经》的至上权威，人们只有在《圣经》里才能发现"天道"。但是,王献吁承认中国经典中的"道"是"真道"而不是"天道"。①

在何玉泉和陆佩热烈的辩论中间有一段插曲。北京伦敦传教会的牧师英绍古也参与了这场辩论。他的观点更加务实,建议别再就"圣号问题"进行学术争论。他认为重要的是从现有的词汇中找出一个明智的术语。在他看来,"上帝"显然是用来翻译"God"的一个明智中文词汇,同时上帝也是中国人崇拜的最高的神。②但陆佩仍然认为,"上帝"一词不可能表达基督教中"God"的含义,就像他在批驳何玉泉的文章里已经表述的那样。另外,陆佩也不同意在没有找到确切的答案之前,就放弃在"圣号问题"上的争论。他不想以真理的代价换得表面的和谐。③

除了那些接受过扎实的中国经典教育的人士之外,一些教会学校的毕业生也参与了这场辩论, 如王炳堃 (又叫王谦如,1846 —1907)和王炳耀(又叫王煜初,1843 —1902)。有必要先介绍一下他们的背景。王炳堃和王炳耀为同胞兄弟, 其父为王元沈(1818—1914)。1847 年,王元沈来到香港并成为一名忠实的基督教徒,协助郭实腊从事传教活动。王炳堃和王炳耀兄弟二人于是被送到莱茵传教会的传教士叶纳清(Ferdinand Genähr,卒于 1864 年)门下学习,以便日后能培养成牧师。毕业后,王炳耀加入了莱茵传教会,而王炳堃加入了柏林传教会。他俩都是广东地区活跃的布道者。但他们的教育背景没有使他们远离对中国文化的认同。在他们大量的文章和

---

① 王献吁：《拟阅何玉泉天道合参并陆佩后论》,《万国公报》(1878 年 1 月 12 日),1969 年影印本,第 4539~4542 页。

② 英绍古：《圣号定称说》,《万国公报》(1877 年 12 月 1 日),1969 年影印本,第4374~4375 页。

③ 陆佩书：《陆佩先生书续圣号定称后》,《万国公报》(1877 年 12 月 1 日),1969 年影印本,第 4436~4438 页。

宗教手册中,他们将基督教教义和中国思想结合在了一起。①

王炳堃在一篇文章中仔细研究了"上帝"、"神"和"天主"的原初意义。为此,他查阅了《周礼》、《小雅》等中国的经典和历史著作。非常有趣的是,据我所知,王炳堃是将明末清初耶稣会士的历史经历引入"圣号问题"的第一个中国人。他的结论是"上帝"一词是用于翻译"God"的最好选择。②大约一年以后,王炳耀看到了"圣号问题"论辩的另一方面。他非常不满地看到,围绕"圣号问题"的许多辩论逐渐导致了不同的观点甚至敌对性的分歧,而不是促进一致和团结。于是他主张取消辩论。③他的要求提出后不久,《万国公报》终止了"圣号问题"的论辩。不过这不是因为他的影响,而是因为一位负责宗教文章的新编辑不想让传教士和宗教界承受任何进一步的痛苦和分歧。④

结　语

对《万国公报》上记载的中国人在"圣号问题"上的声音使我们看到,中国基督教徒对于基督教核心概念——最高的神——的文化翻译,有他们自己的观点。这一点与先前对 19 世纪中国基督教徒的研究结论是一致的:他们并不只是简单地遵从传教士的所言所教。丹尼尔·贝斯所谓传教士在基督教传道史上发挥了更为支配性的作用的观点,实际上是把中国基督教徒置于次要地位的

---

① 罗香林:《中国族谱所记基督教之传播与近代中国之关系》,《东方杂志》7.1,1969年1月,第 1~22 页;刘粤声:《香港基督教会史》,香港:香港中国基督教联盟,1941年,第 254~258 页。

② 王炳堃:《徽号论》,《万国公报》(1878 年 1 月 26 日),1969 年影印本, 第 4573~4579 页。

③ 王炳耀:《上陆佩牧师第一书》,《万国公报》(1878 年 5 月 11 日),1969 年影印本,第 4940~4941 页。

④《请勿复辩》,《万国公报》(1878 年 6 月 29 日),1969 年影印本,第 5147 页。

结果。中国基督教徒的贡献只是没有得到认可而已。贝斯指出：

> 没有任何一个教会未被邀请或是被拒绝出席这些大会[1877 年、1890 年和 1907 年传教士大会]。大约有 1100 位传教士出席了 1907 年大会，占全部在华新教传教士的 25%，但受邀请的中国基督教徒只有六七个人。毫无疑问，这很能说明问题。

而且，中国传教士的声音还没有被记录在案。他评论说：

> 会议的记录严重地贬低了中国人的作用，甚至连中国与会者的名字都不记录，但他们确实就在那儿。[1]

在这种情况下，鉴于无法从许多别的资料中获得中国人的观点，《万国公报》上记载的声音就显得特别具有重要意义。

显然，陆佩和这些中国基督教徒在"圣号问题"上存在尖锐的分歧，因而人们很容易会附和，

> 雅克·赫涅的论点，即儒教与基督教的基本概念和价值观是不相容的；从长远来看耶稣会士没有成功的可能。[2]

但是，还应当指出，"许多教会历史学家反对雅克·赫涅的这一论题"。[3]考虑到这些观点，我们该如何看待陆佩和中国基督教徒之

---

① 丹尼尔·H·贝斯：《近代中国的传教团和基督徒，1850–1950》，"美国传教士与中国社会变迁：交汇与碰撞"会议主题发言稿，林菲尔德学院，俄勒冈，1994 年，第 6~7 页。

② 罗兹：《中国基督教与中国教会，西文文献：前沿状况》，载《近代中国基督教史杂志》1，1998 年，第 36 页。

③ 罗兹：《中国基督教与中国教会，西方文献：前沿状况》，载《近代中国基督教史杂志》1，1998 年，第 36 页。

间的分歧呢？如果我们强调陆佩的观点,那就很容易陷入雅克·赫涅关于基督教和中国文化不可融通的论断;如果考虑到中国人的反应,就会是另一番景象。我们可以看到,对于陆佩不能灵活地处理论争,他们坦率地表达了自己的反对意见。我们也许有必要在这儿引用一段对中国人参与"圣号问题"论战的观点:

> 当我们回过头来看中国基督教徒内部的论争时，我们能够看到一些人能够比较自由地把上帝的象征纳入到他们自己的传统，其原因就在于他们没有传教士的那种自负。

而且,

> 通过帮助将一神教的"God"这一外来象征转化成一个让人们易于理解的概念，中国人在"圣号问题"上发挥了重要的作用。他们为"God"选择了一个本土的而且是尊贵的名称，而且还把"God"的教义整合成自己整体论和宇宙论的宗教虔诚。[①]

显然,从新术语到理解基督教义的理论,中国基督教徒的观点都是创新性的。从长远来看,他们加入辩论确实有益于把基督教经典译成中文的过程。尽管他们的参与并没有立即导致有效地对中国受众传播基督教信息，但他们至少是为实现这一目标而进行的较早的努力。为了更好地理解有关"圣号问题"的文化复杂性或基督教在中国的一般历史发展，对中国基督教徒的声音进行深入彻底的研究势在必行。

---

① 郭佩兰:《中国妇女与基督教:1860—1927 年》,亚特兰大:学者出版社,1992 年,第 36~37 页。

参考文献

Bays, Daniel H. 1994. "Missions and Christians in Modern China, 1850–1950". Manuscript of a keynote speech paper presented at the "American Missionaries and Social Change in China: Collision and Confluence", Linfield College, Oregon, 1994. 丹尼尔·H·贝斯：《近代中国的传教团和基督徒，1850—1950》，"美国传教士与中国社会变迁：交汇与碰撞"会议主题发言稿，林菲尔德学院，俄勒冈，1994 年。

Bennett, Adrian A. 1983. *Missionary Journalist in China: Young J. Allen and His Magazine, 1860—1883*. Athens: University of Georgia Press. 艾德里安·A·贝内特：《中国的传教士报人：林乐知和他的杂志，1860—1883》，阿森斯：佐治亚大学出版社，1983 年。

Blodget, Henry and Ernest John Eitel. 1877. *The Chinese Term for God: Statement and Reply*. London: T. Williams. 柏汉理、欧德理：《"God"的中文译名：陈述与答辩》，伦敦：T·威廉，1877 年。

Bohr, P. Richard. 1984. "Liang Fa's Quest for Moral Power", in: John King Fairbank and Suzanne Wilson Barnett (eds.). *Christianity in China: Early Protestant Missionary Writings*. Cambridge, Mass.: Harvard University Press, pp.35–46. P·理查德·波耳：《梁发对道德力量的追求》，载费正清、苏姗娜·巴尼特编：《中国的基督教：早期新教传教士著作》，坎布里奇，马萨诸塞：哈佛大学出版社，1984 年，第 35~46 页。

Bohr, P. Richard. 1998. "The Theologian as Revolutionary: Hung Hsiu–chuan's Religious Vision of the Taiping Heavenly Kingdom", in: Hao Yen–p'ing and Wei Hsiu–mei (eds.). *Tradition and Metamor-*

phosis in Modern Chinese History: Essays in Honor of Prefessor Kwang-ching Liu's Seventy-fifth Birthday. Taibei: Institute of Modern History, Academia Sincia, Vol.2, pp. 907-954. P·理查德·波耳：《作为革命家的神学家：洪秀全关于太平天国的宗教幻象》，载郝延平、魏秀梅编：《近代中国史的传统与蜕变：刘广京教授七十岁寿辰纪念》，台北："中央"研究院近代史研究所，1998 年，第 2 卷，第 907~954 页。

Boone, William. 1848. *An Essay on the Proper Rendering of the Words Elohim and Theos into the Chinese Language*. Canton: Chinese Repository. 文惠廉：《关于"Elohim"和"Theos"的正确汉译》，广东：《中国丛报》，1848 年。

Chalmers, John. 1876. *The Question of Terms Simplified, or the Meanings of Shan, Ling and Ti in Chinese Made Plain by Induction*. Canton: E-Shing. 湛约翰：《圣号问题简单化或汉语中仙、灵、帝的含义因介绍而清晰》，广州：怡顺，1876 年。

Chalmers, John. 1880. "The History of the Hong Kong District, 1870-1880", Unpublished manuscript. Deposited at the Archives of the London Missionary Society, now known as Council for World Missions. 湛约翰：《香港地区史，1870—1880 年》，1880 年，未刊手稿，存于伦敦传教会即现今世界传教联合会档案馆。

Eber, Irene. 1999. "The Interminable Term Question", in: (Irene Eber,) Wan Sze-kar and Knut Walf (eds.). *Bible in Modern China: The Literary and Intellectual Impact*. Sankt. Augustin: (Institut Monumenta Serica.) 伊爱莲：《没完没了的术语问题》，载伊爱莲、温司卡、纳特·沃尔夫编：《圣经与近代中国：文学与智性的激荡》，圣奥古斯丁：《华裔学志》研究所，1999 年。

Fairbank, John King.1984. "Introduction: The Place of Protestant Writings in China's Cultural History", in: John King Fairbank and

Suzanne Wilson Barnett (eds.). *Christianity in China:Early Protestant Missionary Writings*. Cambridge,Mass.:Harvard University Press. 费正清:《新教传教士著作在中国文化史上的地位》,载费正清、苏姗娜·巴尼特编:《中国的基督教:早期新教传教士著作》,坎布里奇,马萨诸塞:哈佛大学出版社,1984 年。

何玉泉:《天道合参》,《万国公报》(1877 年 9 月 29 日),1969 年影印本,第 4122~4124 页。

何玉泉:《续天道合参》,《万国公报》(1877 年 12 月 8 日),1969 年影印本,第 4400~4406 页。

Hong Kong Station of the London Missionary Society. 1939 [Repr.]. "Register and Record of the Chinese Church, and of Events Connected with the Mission". Unpublished document, reproduced on October 2, 1939, now kept in the Chung Chi College library, the Chinese University of Hong Kong. 伦敦传教会香港工作站:《中国教堂及与传教相关的事件登记与记录》,未出版文献,1939 年 10 月 2 日重印,现存香港中文大学崇基学院图书馆。

黄品三:《圣号论》,《万国公报》(1877 年 7 月 21 日),1969 年影印本,第 3880~3881 页。

黄品三:《作圣号论原意》,《万国公报》(1877 年 8 月 11 日),1969 年影印本,第 3955 页。

黄品三:《首要称名》,《万国公报》(1877 年 8 月 18 日),1969 年影印本,第 3985 页。

黄品三:《致和平论》,《万国公报》(1878 年 3 月 9 日),1969 年影印本,第 4725 页。

Hyatt, Irwin T. Jr. 1976. Our Ordered Lives Confess: *Three Nineteenth-Century American Missionaries in East Shantung*. Cambridge, Mass.: Harvard University Press. 欧文·海亚特:《圣使荣哀录:19 世纪山东东部的三个美国传教士》,坎布里奇,马萨诸塞:哈

佛大学出版社,1976 年。

Kwok, Pui -Lan. 1992. *Chinese Women and Christianity 1860—1927*. Atlanta: Scholars Press. 郭佩兰:《中国妇女与基督教:1860—1927 年》,亚特兰大:学者出版社,1992 年。

林启彦、黄文江编:《王韬与近代世界》,香港:香港教育出版公司,2000 年。

Latourette, Kenneth Scott. 1929. *A History of Christian Missions in China*. London: Society for Christian Knowledge. 赖德烈:《基督教在华传教史》,伦敦:基督教知识促进会,1929 年。

李家驹:《一场神或上帝大争论:早期来华新教教士对于"God"一词的翻译与解释(1807—1877)》(哲学硕士论文),香港:香港中文大学,1991 年。

Legge, James. 1852. *The Notion of the Chinese Concerning God and Spirits: with an Examination of the Defense of an Essay, on Proper Rendering of the Words Elohim and Theos into the Chinese Language, by William Boone D. D. Missionary Bishop of the Protestant Episcopal Church of the United States to China*. Hong Kong: Hong Kong Register Office. 理雅各:《中国人的鬼神观念》, 香港:登记处,1852 年。

Legge, James. 1877. *Confucianism in Relation to Christianity: A Paper Read Before the Missionary Conference in Shanghai on May 11th 1877*. Shanghai and London: Kelly and Welsh. 理雅各:《儒教与基督教之关系》,上海、伦敦:克里和威尔士,1877 年。

Legge, Jame. 1880. *A Letter to Professor F. Max Müller, chiefly on the Translation into English of the Chinese Terms Ti and Shang Ti in Rely to a Letter by"Inquirer"in the Chinese Recorder and Missionary Journal for May–June 1880*. London: Trubner and Co. 理雅各:《致马克斯·穆勒的一封信:关于汉语"帝"和"上帝"的英译问题》,

伦敦：特吕布纳公司，1880 年。

刘粤声：《香港基督教会史》，香港：香港中国基督教联盟，1941年。

Lobscheid, William. 1859. *A Few Notices on the Extent of Chinese Education and the Government Schools of Hong Kong, with Remarks on the History and Religious Notions of the Inhabitants of This Island*. Hong Kong: China Mail Press. 罗存德：《对中国教育状况和香港公立学校的评论》，香港：香港邮报出版社，1859 年。

碌碌子（即姚成全）：《答陆佩先生圣号列论》，《万国公报》（1877 年 9 月 15 日），1969 年影印本，第 4064~4065 页。

罗香林：《中国族谱所记基督教之传播与近代中国之关系》，《东方杂志》7.1，1969 年 1 月，第 1~22 页。

Lutz, Jessie. 1998. "Chinese Christianity and Chinese Missions, Western Literature：The State of the Field", *Journal of History of Christianity in Modern China 1*. 珍希·罗兹：《中国基督教与中国教会，西方文献：前沿状况》，载《近代中国基督教史杂志》1，1998 年。

Lutz, Jessie. and Rolland Ray Lutz. 1998. *Hakka Chinese Confront Protestant Christianity, 1850–1900, with the Autobiographies of Eight Hakka Christians, and Commentary*. New York: M. E. Sharpe. 珍希·罗兹、罗兰·R·罗兹编：《中国客家人遭遇基督教，1850—1900》，纽约：M·E·夏普公司，1998 年。

Medhurst, Walter Henry. 1847a. *An Inquiry into the Proper Mode of Rendering the Word God in Translating the Sacred Scriptures into the Chinese Language*. Shanghai: Mission Press. 麦都思：《探讨"上帝"一词的正确翻译法》，上海：教会出版社，1847 年。

Medhurst, Walter Henry. 1847b. *A Dissertation on the Theology of the Chinese with a View to the Elucidation of the Most Appropriate Term for Expressing the Deity in the Chinese Language*. Shanghai:

Mission Press. 麦都思：《论中国人的神学》，上海：教会出版社，1847年。

Morrison, Eliza (ed.). 1839. *Memoirs of the Life and Labours of Robert Morrison, D. D. Compiled by His Widow, with Critical Notices of His Chinese Works by Sammuel Kidd and an Appendix Containing Original Documents*. 2 vols. London: Longman. 马礼逊：《马礼逊回忆录》（二卷本），马礼逊遗孀编，伦敦：朗曼出版公司，1839 年。

Nida, Eugene A. and William D. Reburn. 1987. *Meaning Across Cultures*. New York：Orbis Books. 尤金·A·奈达、威廉·D·里伯恩：《跨文化意义》，纽约：奥比斯图书公司，1987 年。

潘恂如：《圣号论》，《万国公报》（1877 年 9 月 9 日），1969 年影印本，第 4092~4093 页。

Pelikan, Jaroslav. 1996. *The Reformation of the Bible*；*The Bible of the Reformation*. New Haven: Yale University Press. 嘉斯拉夫·帕利坎：《圣经改革和改革中的圣经》，纽黑文：耶鲁大学出版社，1996 年。

Pfister, Lauren F. 1999. "A Transmitter But Not a Creator；Ho Tsun-sheen (1817–1871), The First Modern Chinese Protestant Theologian", in：(Irene Eber), Wan Sze-kar and Knut Walf (eds.) 1999. pp.165–198. 费乐仁：《传播者而非创立者：近代中国第一位新教神学家何进善(1817—1871)》，载伊爱莲、温司卡、纳特·沃尔夫编：《〈圣经〉与近代中国：文学与智性的激荡》，圣奥古斯丁：《华裔学志》研究所，1999 年，第 165~198 页。

《请勿复辩》，《万国公报》（1878 年 6 月 29 日），1969 年影印本，第 5147 页。

Records of the General Conference of the Protestant Missionaries of China, held at Shanghai, May 10–24, 1877. Shanghai: Presbyterian Mission Press. 《1877 年 5 月 10 日至 24 日上海中国新教传教士大

会记录》，上海：美华书馆，1877 年。

Roberts, John S.1876. "Some General Principles for Guidance in Translating the S. S. Terms for 'God'", *Chinese Recorder* 7.2 （March–April 1876），pp. 136–141，and 7.3 （May–June 1876），pp. 213–216. 陆佩：《翻译 "God" 圣号列言》，《教务杂志》7.2 （1876 年3–4 月号），第 136~141 页；《教务杂志》7.3(1876 年 5–6 月号)，第 213~216 页。

Roberts, John S. 1877. "Principles of Translation into Chinese", in:*Records of the General Conference of the Protestant Missionaries of China*,pp.418–29. 陆佩：《汉译原则》，《1877 年 5 月 10 日至 24 日上海中国新教传教士大会记录》，第 418~429 页。

陆佩：《圣号论列言》，《万国公报》(1877 年 7 月 21 日)，1969 年影印本，第 3881~3882 页。

陆佩：《圣号论列言原意》，《万国公报》(1877 年 8 月 11 日)，1969 影印本，第 3955~3956 页。

陆佩：《美国教士陆佩书首要称名论后》，《万国公报》(1877 年 8 月 18 日)，1969 年影印本，第 4000 页。

陆佩：《陆佩先生书何玉泉先生天道合参后》，《万国公报》(1877 年 9 月 29 日)，1969 年影印本，第 4125~4126 页。

陆佩书：《陆佩先生书续圣号定称后》，《万国公报》(1877 年12 月 1 日)，1969 年影印本，第 4436~4438 页。

陆佩：《陆佩先生书续天道合参后》，《万国公报》(1877 年 12 月 8 日)，1969 年影印本，第 4406~4409 页。

Russel, William Armstrong. 1877. *Term Question: An Enquiry as to the Term in the Chinese Language which Most Nearly Represents Elohim and Theos as They are Used in the Holy Scriptures*. Shanghai: American Presbyterian Mission Press. 威廉·A·拉塞尔：《圣号问题：寻求最接近〈圣经〉中"Elohim"和"Theos"意思的中文词语》，上海：美华书馆，1877 年。

Smith, Carl T. 1985. *Chinese Christians: Elites, Middlemen, and the Church in Hong Kong.* Hong Kong: Oxford University Press. 施其乐:《作为精英、中间人的华人基督徒与香港教会》,香港:牛津大学出版社,1985 年。

Spence, Jonathan D. 1996. *God's Chinese Son: The Taiping Heavenly Kingdom of Hong Xiuquan.* New York: W. W. Norton & Company. 史景迁:《上帝的中国之子:洪秀全的太平天国》,纽约:诺顿公司,1996 年。

苏精:《王韬的基督教洗礼》,载林启彦、黄文江编:《王韬与近代世界》,香港:香港教育出版公司,2000 年,第 435~452 页。

Wagner, Rudolf G. 1982. *Reenacting the Heavenly Vision: The Role of Religion in the Taiping Rebellion.* Bekeley: Institute of East Asian Studies. 鲁道夫·瓦格纳:《再现天国景象:宗教在太平天国运动中的角色》,伯克莱:东亚研究所,1982 年。

《万国公报》,1876–1877 年,台北:华文书店,1969 年影印。

王炳堃:《徽号论》,《万国公报》(1878 年 1 月 26 日),1969 年影印本,第 4573~4579 页。

王炳耀:《上陆佩牧师第一书》,《万国公报》(1878 年 5 月 11 日),1969 年影印本,第 4940~4941 页。

王献吁:《拟阅何玉泉天道合参并陆佩后论》,《万国公报》(1878 年 1 月 12 日),1969 年影印本,第 4539~4542 页。(此文献在原书正文脚注出现,但在该文的“参考文献”部分遗漏,特增补于此——译者按)

Wong, Timothy Man–Kong. 1996. *James Legge: A Pioneer at Crossroads of East and West.* Hong Kong: Hong Kong Educational Publishing Company. 黄文江:《理雅各:东西方交汇路口上的先驱》,香港:香港教育出版公司,1996 年。

邢幅增:《文化适应与中国基督徒,1860–1911》,香港:建道神学院,1995 年,第 123~124 页。

英绍古:《圣号定称说》,《万国公报》(1877 年 12 月 1 日),1969 年影印本,第 4374~4375 页。

查时杰:《中国基督教人物小传》,台北:中华福音神学院出版社,1983 年。

理雅各《中国经典》中的
19世纪儒家哲学术语和
中国—苏格兰汇通

费乐仁

一、理雅各的诠释环境:苏格兰现实主义

`1843年理雅各将英华书院(1818—1856年,1920年—)从马六甲迁到新建殖民地香港的时候,理雅各随身带到中国东南沿海的不只是一个教育机构。他的脑海中充满着基督教福音派的虔诚,他有意识地将其作为自己在世界上负责任地生活的一种方式。不过,理雅各完全采取这种生活方式是在他20岁从阿伯丁皇家学院(King's College in Aberdeen)获得硕士学位之后。理雅各实际上生长于苏格兰东北部一个虔诚的公理会家庭,受长兄的神学思想和当时苏格兰主流哲学的影响颇深。[①]就后者来说,苏格兰知识分子通过重新思考"人类信仰之基本法则"和"人类理性之基本要素"而进行的哲学反思,给大卫·休谟(David Hume,1711—1776)极端的经验主义和怀疑论以明确的回应,而这些知识分子许多是苏格兰国教长老会派的牧师。尽管苏格兰学派的基本信念是高度理

---

① 我的一篇文章最早对理雅各及其长兄乔治所受的哲学、神学和思想影响进行了研究。见费乐仁:《理雅各著作研究的若干新维度:第1部分》,《中西文化关系杂志》12,1990年,第29~50页;费乐仁:《理雅各著作研究的若干新维度:第2部分》,《中西文化关系杂志》13,1991年,第33~46页。一本关于理雅各传教生涯的思想评传正在考虑由美因兹大学苏格兰研究中心(the Scottish centre of the Universityof Mainz)出版,如果此书得以出版,其书名拟为《履行人的全部责任:理雅各及苏格兰和中国的际遇》(*Pursuring the Whole Duty of Man,James Legge(1885–1897)and the Scottish Encounter with China*)。

性化的，而且在方法论上完全继续了亚里士多德式的思维方式，但他们还是打算重新思考人类认识世界的方法。

就像加布里埃·马塞尔(Gabriel Marcel, 1889—1973)后来在20世纪初推断认识论的价值那样，托马斯·里德(Thomas Reid, 1710—1796)及其19世纪的追随者声称，感觉是不以"天赋观念"为介质的，就像约翰·洛克 (John Locke, 1632—1704) 和乔治·伯克莱(George Berkeley, 1684—1753)这些英格兰哲学以及休谟的苏格兰经验主义所认为和宣称的那样；相反，感觉是具体化的自发结果，这些自发结果产生对事物基本性质的内在判断。对因果关系的敏感性、外部世界存在的事实、某些基本人类价值观与亲属义务的一般原则，都来自于人们在其社会和自然环境下所做出的复杂和前理性的约定。尽管对精神现象的逻辑分析可能有助于哲学家们对精神力量的性质产生新的理解，但这些苏格兰现实主义者并没有把分析性的立场当作一个人在世界上最根本的立场。他们认为，在人们共同持有的信仰当中具有一种基本的价值取向，这种价值取向即使不一定真实，也是可以被普遍接受的，而且可以确定的是，它与人们生活世界中的某些基本生活经验有关。根据人们对生活世界的价值取向，判断被划分成不同层次的真理价值观。有些判断是"肯定的，另一些判断则是可能的，并且从最高的可能性到最低的可能性分为不同的层次"。于是，来自于自发性感觉经验的信念会作为"或然真理"，或者在少数非常重要的情况下被看作是与"必然真理"有关而变得重要。①因此，这里对人类在世界上的生活方式提出了一种解释，这种解释要求把"常识"看作是人类经验中无可非议的定向因素，同时它也可以说明不同地方不同的人们为什么会有不同的信仰和信仰体系。这种解释并没有运用官能心理学的知识。伊曼努尔·康德(Immanuel Kant, 1724—1804)在18世纪晚期就已经在欧洲大陆创立了官能心理学，但是直到19世纪中叶苏格

---

① 此处引文引自威廉·汉密尔顿编、哈里·M·布莱肯注：《托马斯·里德哲学文集》(两卷本)，希尔德斯海姆：乔治·奥尔姆斯出版集团，1967年，第1卷，第209~211页。

兰的哲学家们对此还不甚了解。那时,康德的理论体系和先验论方法已开始使他们对心智、感觉和信仰本质的解释黯然失色。①

因此可以打个比方说,一个大脚指头痛风并不仅仅是以一种消极的方式"通知"我这个地方疼痛,同时还向知觉传递了一种积极的"信念":即"我的脚指头"是作为"我的身体"的一部分存在于这个世界的。这是我存于世的总体状态,尽管这种感觉可能偶尔会由于某种特殊境遇而不符合事实(例如做截肢手术后还会感到已被截去的肢体依然存在),但这些虚幻的印象对于"常识"学派来说是可以被分析和校正的,并且是可以理解的。

这对于年轻的理雅各来说十分重要,在他面对 19 世纪具有多个信仰的复杂世界的时候,它赋予了他消除 1835 年从皇家学院毕业的次年之前一直阻碍他接受基督教信仰的重大障碍的一种手段。正像理雅各从苏格兰现实主义者那里了解到的,必然真理的"第一原则"提供了关于文法、逻辑、数学、审美品位、道德和哲学之性质的基本看法。因此,理雅各在他所考察的中文典籍中寻求诠释原则的意愿毫无疑问是由这一理解激发出来的,即这些是理解的基本原则,它导致对任何著作的合理和正当解释。因此,他强调《孟子》一书里存在的一条诠释原则——方式是将这一原则标注于《中国经典》每一卷的扉页——本身就是一种有意识的断言,即承认逻辑和解释中的这些第一原则的证据确实就存在于儒学界。②在道德领域,亲属"义务"包括坚

---

① 19 世纪中叶,苏格兰"常识学派"哲学家兼评论家威廉·汉密尔顿曾设法消除康德的官能心理学和赞成告知性的感觉、反对"天赋观念"的苏格兰现实主义之间的区别,但最终只是加强了康德的先验论在 19 世纪后半期的支配性地位。只有到 20 世纪末,在北美关于"改革宗认识论"的讨论中(阿尔文·普兰丁格 Alvin Plantinga 和尼古拉·沃特斯托夫 Nicolas Wolterstorff 是这一讨论的主要人物),国际社会才对苏格兰哲学家最初提出的这些观点产生兴趣,原因是里德(Reid)的著作提到了这些哲学家的名字。

② 原文出自《孟子》5A:4,载于理雅各译注:《中国经典》第 2 卷,牛津:克莱兰顿出版社,第 353 页。原文写道:"(故说《诗》者)不以文害辞,不以辞害志;以意逆志,是为得之。"对于将此段引作诠释原则的重要意义以及其中存在的问题,更为全面的讨论参见费乐仁:"没有曲解的媒介词语、句子和文章:理雅各对'儒家经典'诠释学的理解",载涂经怡编:《经典与诠释:中国文化的诠释学传统》,新不伦瑞克,新泽西:学报出版社,2000年,第 370~382 页。

持兄弟手足之情和父子之爱的固有正确性，这反映的是与晚清时期儒家世界观极为相似的苏格兰现实主义所主张的情感。[1]在哲学领域，从最高意义上讲关于神的存在这一问题有种种明确的观点，这些观点还就自然启示与特别启示的区别提供了广泛的辩论。这些观点是由杜迦尔德·斯图亚特(Dugald Stewart, 1753—1828)进行了详细的阐述。在"自然神学"的标题下，这些观点使得清楚地说明精神和神性范畴的各种概念化成为可能，而这些精神和神性范畴是独立的人类理性所能达到或支配的。[2]正是这种解释很大程度上帮助理雅各将神学讨论延伸到比较宗教学的领域，并且在引导他作为基督教徒确信自己所信奉的神圣"特别启示"方面也发挥了明显作用。

结果，理雅各随身将一套哲学和神学观念带到了中国大陆，这套哲学和神学观念为在由基督教和儒学世界观所支撑的普遍信仰方面求同别异提供了极其灵活和适用的方法。正是这套哲学和神学观念在19世纪40年代初把理雅各引到了研究儒家经典的路途上，并一直指导着他的神学研究。在研究中国经典及其注解时，理雅各也使用了这套观念。从1844年到1856年，这些经典及注解在为香港英华学院学生授课时使用，只是在对儒家经典及其注释传统研究投入大量的精力之后，理雅各才开始了其翻译工作，这些翻译工作使他在1861年出版了八卷本《中国经典》的第一卷。

二、融合与混乱？理雅各对儒学形而上术语的翻译

在了解了影响理雅各翻译所有儒家经典这一庞大的和终身投

---

① 一个非常恰当的例子是，在叙述托马斯·布郎(Thomas Brown, 1778-1820)作为苏格兰常识学派成员辉煌而短暂的一生时，麦考士由于自己与父母和兄弟姐妹的亲密关系而被当作孝道价值观的楷模。参见詹姆斯·麦考士：《解释和批评性的苏格兰传记本哲学：从哈奇森到汉密尔顿》，伦敦：麦克米兰，1875年。

② 在斯图亚特的著作里有很大一段是讨论这些问题的，这些问题之所以得到明确阐述是由于斯图亚特看到法国大革命的意识形态中存在反有神论的倾向。关于这些讨论和观点，参见威廉·汉密尔顿编：《杜迦尔德·斯图亚特文集》(全11卷)，爱丁堡：托马斯·康斯特布尔公司，1854年，第7卷，第12~227页。

入的工程的诠释学上的前理解之后，现在我们可以来直接讨论他翻译形上术语的几个重要实例了。我们下面讨论的重点是：

1. 理雅各对儒家精神世界各个要素和维度的处理。

2. 理雅各在理解有机宇宙论方面所面临的明显麻烦。有机宇宙论不仅内生于儒家学说对人类的解释，并且强化了这种解释。

3. 理雅各对"道"这一词语的多种翻译。这表明苏格兰现实主义原则赋予翻译以不同程度的活力，并因此将"道学"领域改造成一个新亚里士多德主义的概念框架。

在对形而上术语这一特定领域进行研究的过程中，我们力图揭示苏格兰现实主义和新教神学是如何激励和影响他在儒学和基督教世界观之间寻找对应概念的。此外，我们还要表明，这些思维方式是如何引导理雅各确定、解释和评价中国学术注疏家怀有的普遍信仰的性质的。注疏家们怀有的普遍信念来自于他们对儒家经典的注解。我们还试图表明，对不太容易理解的形而上的概念，理雅各是如何利用自己出版的著作的不同侧面——如译文、序言、译文下的注解以及在每一本译著后面附的经典字典——去探究恰当的译法，显示他对某些问题所得出的苏格兰现实主义的认识，指出汉语文本中的含糊不清之处，以及表达他的评价和情感。这些晦涩难懂的形而上概念从总体上使他的基督教现实观倍感沉重；特别使他对中国信仰的理解倍感沉重。我们还认为，尽管理雅各从许多方面来说都是一位思想敏锐的翻译家，但他对儒家世界观和道家世界观所固有的宇宙有机体论并没有给予充分的解释。因此，理雅各的译文虽然在发现自然神这一方面在儒家经典内部为基督教护教学打开了一扇大门，但在其他方面则实际上限制了读者对理解儒家学者解释其古代经典的主要方式之一的采用。

(一)上帝、儒学圣灵说与理雅各对儒学灵性层次的解释

通过对儒家经典及其注释(包括一些罗马天主教的二手资料)

的研究，到 1852 年，理雅各显然已经深信"上帝"是翻译《圣经》中 theos 和'elohim 的最佳译名。但有关这方面的争论及其长期意义别处已有论述，这里不再重复。①

在"上帝"之下，是众多的神灵存在，通常称为"神"或"鬼神"。不可否认，这些神或鬼神普遍存在于儒家经典，虽然《论语》里有一段文字说 Master Kong②（孔子，前 551—前 479）并没有讨论过神的问题。③在对这段话的注释中，理雅各表明了朱熹（1130—1200）和王肃（195—256）是如何把神和与鬼神密切相连的神秘活动等同起来的。④因此，不论孔子是否谈论过鬼神，问题都是要理解：在儒家经典其他地方同样存在的通常与神灵存在密切关联的"神秘活动"到底描述的是什么呢？

《中庸》里有一处文字记述孔子谈论过鬼神：

> 鬼神之为德，其盛矣乎！视之而弗见，听之而弗闻，体物而不可遗。使天下之人，齐明盛服，以承祭祀。洋洋乎如在其上，如在其左右。⑤

---

① 理雅各在 1850 年至 1852 年间就"译名问题"而写的大量著作中，已对此进行了明确的叙述，其中他所做的最重要的努力被写进了他的一篇长文：《中国人的鬼神观念》，香港：登记处，1852 年。1877 年，在一部只有 12 页的篇幅简短的争论著作中，理雅各减少对中文原文的引述，重申了自己的基本观点。在 19 世纪的最后几十年里，这一观点一直与传教学中的"理雅各主义"适应战略联系在一起（理雅各：《儒教与基督教之关系》，伦敦：特吕布讷父子公司，1877 年）。就 1877 年的论争来说，这一争论的广泛性可见本书黄文江的文章和伊爱莲的近作第六章（伊爱莲：《犹太主教与中国圣经：施勒楚斯基（1831–1906）》，莱顿：布里尔学术出版社，1999 年，第 199~233 页）。

② 孔子，"Confucius"。

③《论语》7:20（《中国经典》1，第 201 页）。

④ 对理雅各来说，从这些解释性注释收集来的信息十分重要，因为从 19 世纪 40 年代后期他就一直反对另一传教士组织坚持用"神"这个词来翻译《圣经》中的"God"。这些注解显然表明理雅各的主张是正确的："神"字的含义过于宽泛以致在表示一个独一无二和最终的存在时毫无意义。

⑤《中庸》16（《中国经典》1，第 397~398 页）。

这种直白的解释为儒学圣灵说提供了坚实的基础。这里不仅解释了鬼神如何表现和影响人类的行为，还讲述了萨满教为了占卜之故把鬼神邀入灵媒的许多细节。而且，这意味着鬼神通过促进人的适当礼仪来承认他们的存在、他们的祈福力量以及特定的人们在不同礼仪场合应该承担的角色。鬼神是和谐宇宙的一部分。在这个宇宙里，人类对礼敬之礼会采取一种明确的立场，他们通过物质符号与鬼神实现互动，就像鬼神在精神层面与他们进行接触一样。

就此而论，更为重要的是理雅各在翻译"鬼神"一词时所遇到的困境。在为前文所引《中庸》文字中的第一句话所做的注释中，理雅各详细论述了"鬼神"一词的含义，并最终认为："鬼神两个字在文中是合在一起的，不能分开来译。鬼神二字合于一起就是'神'的等义语。"①然而，当他引用朱熹、程氏兄弟②和张载(1020—1077)著作中的段落时，即按照宋代的儒学传统来展现有关该词的形而上的讨论时，他发现自己无法接受他们统合阴阳两种力量的努力，也无法接受一个通过"自然界的两次呼吸"与"鬼神"合为一体的宇宙。他以一种十分沮丧的语气总结说："很难——不是说不可能——准确地想象这样的描述究竟意味着什么。"在清朝学者毛奇龄(1623—1716)所作的解释中，理雅各发现了更加易于理解的信仰，在这里，"鬼神"被等同于"道"：他们"是道，体现于滋养万物之体天"。③尽管理雅各没有添加任何评论，但他显然并不完全信服毛奇龄对这些形而上问题的解释。毛奇龄所提出的实质上是一个有机的宇宙，在有机宇宙，为了得到"滋养"，神灵世界的不同方面与物质领域交互作用。如果事情果真如此，那么从儒学的观点来看，人类可能有一种与这些神灵存在接触和相互作用的、得到强化的潜能，甚至能够拥有

---

① 见《中国经典》1，第 398 页。
② 程颢(1030—1085)和程颐(1033—1107)。
③ 见《中国经典》1，第 398 页。

通常这些神灵存在才具有的品质。

(二)儒学人类学：探索人类变革的可能性

神灵的这种作用——通过精神附体滋养人类——实际上是理雅各所知道的正统儒学经典教育的一部分。但正是在这里，里雅各开始为自己的基督教世界观感到极其不安。《中庸》里说"至诚"之人"可以赞天地之化育"，所以至诚之人可以与天地合为一体。但里雅各对此持有异议，认为这话说得有点过头，它并不是对有限的人类本性的真实描述。①当至诚之人在随后的一个章节里被描述为"如神"时，理雅各则以苏格兰的"常识"展示了自己的精神体验比较宗教等级观，以此拒绝让这种比较宗教等级观接受理性的审视：

> 整个篇章都十分荒谬，对"至诚"的夸夸其谈也显得十分荒唐。作为上天之同道，圣人的先见之明亦不过是借助于占卜、巫术和其他一些愚昧作法所进行的猜测而已。②

尽管这可以被理解为理雅各暂时失去了对中国儒学的耐心，但这种解释可能过于肤浅。这种评论对理雅各来说是一种巨大的形而上的冒险：如果人在某种意义上能够成为神或者"如神"，那就无须基督的救赎；但他确信人类的本性远没有这么完美，他们极易于因恐惧而做出不道德和不公平的行为，但却很少"如神"那样具有才华。Master Meng③在某些地方甚至提出了一种更加强烈的观点，这种观点又一次触及到理雅各信仰中的这种敏感性，从而促使他为了避免明显的联系而提出一个不甚恰当的英文表述方式。在《孟子》7B:25 中，人类的品行分为不同的境界："善"、"信"、"美"、"大"、"圣"。但"圣"并不是品行发展的最高境界，进一

---

① 《中庸》22(《中国经典》1，第416页)。
② 见《中庸》24 的注(《中国经典》1，第418 页注解，左栏)。
③ 孟子，"Mencius"(约前 372–约前 289)。

步的发展是可能的,这就是"圣而不可知之之谓神"。①最高的境界是"神"。在这里提出的有机宇宙,这种转变发展是可行的,因为所有事物的基本性质都是一样的。②然而理雅各认为这种宇宙论不可能是正确的,因此他在附注里直接而透彻地讨论了这一问题:

> "圣而不可知之之谓神"可与《中庸》里的"至诚如神"相对照。在《四书合讲》评注里,所用措辞则更为强烈,但这两个实际上起着同样的效果。有些人把"神"翻译为"divine",但这种翻译方式不可取。就这一术语用之于人而言——该术语适于有超强判断力以及行为和影响方式都比较神秘的人——中国作者偏离了神的至高权力。③

尽管理雅各在很大程度上认识到了"神"的翻译错误,但他在这里却不接受人类有呈现儒学著作中所宣称的那些特性的任何可能性。通过引证《圣诗集》和《旧约》"箴言篇"中关于大海深不可测,为理性所不能理解的论述,理雅各指出,人类完成这类事情的能力必然是有限的。实际上,理雅各的敏感性也使他引用其他儒学经典来表明经典著作的不同版本之间也存在不相一致的地方。他此前翻译的《中庸》里就有一段文字清楚地描述道:

> 夫妇之愚,可以与知焉,及其至也,虽圣人亦有所不知焉。夫妇之不肖,可以能行焉,及其至也,虽圣人亦有所不能焉。④

---

① 《中国经典》2,第490页。

② 在提交给1999年1月于新加坡国立大学举行的孟子学术研讨会的论文中,我更加全面地阐述了这种比较宇宙论。参见费乐仁:《为何人民之友不能成为民主党及何者使然:重建孟子哲学中的"道德人"》,载詹艾伦、恒俊编:《孟子对译》,火奴鲁鲁:夏威夷大学出版社,2002年。

③ 《中国经典》2,第490~491页。

④ 《中庸》12(《中国经典》1,第392页)。

理雅各给这段文字的注释是想再一次去努力发现儒学将人类置于天地之间的全面一致性，但这也再次表明了他不同意有机宇宙论的意涵，因为根据有机宇宙论的说法，人类能够达到与神同样高的境界。

> ……我承认在研究这段文字时感到很茫然。朱熹引侯氏语：圣人所不知，如孔子问礼问官之类；所不能，如孔子不得位、尧舜病博施之类。他还补充道：愚谓人所憾于天地，如覆载生成之偏，及寒暑灾祥之不得其正者。若这些事情为作者之所想，我们只能为其观点中语言之模糊和缺少连贯性感到遗憾。①

在这里理雅各显然是在批判朱熹对这段文字的注解，认为朱熹没能领会这段文字真正的含义，而这一含义在理雅各看来再明显和实用不过了。当然，就像朱熹引用其他人的注解一样，有很多历史和制度方面的事情是人们不一定知道的，所以人们不得不通过研究来获得。除此而外，人们可能会因为没有做成本来注定成功的事情而感到失望。不过，这些具体例子漏掉了那些对理雅各来说更加具有普遍意义的东西：人类的理解力即使再好，也仍然不能理解摆在自己面前的一切事物。避开对这一人类本性的含义的解释，在理雅各看来就是没能领会其中的真正意义。

理雅各继续质问道：如果事实果真如此，为什么《中庸》结尾会有把孔子说成是"宇宙圣人"这一"不切实际"的说法呢？在理雅各看来，这关系到理解人类思想和行为的第一原则的矛盾性问题，因此他只能指出他不得不指出的那些矛盾。他还坚持认为，即使从古老的儒学传统来看，也仍然可以看到人类远不及最高儒学理想所赞许的那样富有力量和可以改变。

---

① 《中国经典》1，第393页，注。

(三)借助苏格兰现实主义原则揭示道的多维性

在把儒家经典翻译成英文的过程中,"道"是最具挑战性的术语之一,这部分是因为这一术语具有多重含义,但更主要的原因是它在运用于中国所有重大传统方面所表现出来的丰富形上意义。在《中国经典》第一卷卷尾所附的词典词条里,理雅各将"道"的译法总结为两种:一是道路,路径;二是学说、原则、教义。[1]实际上,《中国经典》第一卷这本书里还有许多"道"的转义语,其中许多转义语对我们来说具有非常重要的意义,这是我们在考察理雅各处理其他几个主要儒学词汇的方法后得出的结论。

凡是在"道"体现出世俗含义的地方,我们都可以体会到理雅各这位学者兼翻译家的精明和深思熟虑。"道"可以指一条有形的"道路"[2]或是一般的人生"旅程"[3];也可以是指"说"[4]或是"引导"或"统治"他人的行为。[5]只有在少数情况下,"道"才具有其他并不总能解释清楚的含义。[6]在《中庸》一书,"道"在许多处呈现"路径"之意,不过这是一种隐喻,对于隐喻这种修辞手法我们将在后面作进一步的解释。[7]

---

[1]《中国经典》1,第497页,右栏。理雅各还给第一种解说增添了一个子类,指出道"通常"是伴随着"道德适用性"而出现的。此外他还指出,"道"可以是指"路线,即正确的道路",有时也指"正确的方法,即什么是对的和真正的"。从后一种译法我们开始感到了他用苏格兰主义的常识解释这一术语的影响。在第二种译法中,理雅各也提到了"有道"和"无道"这一对经常出现的修辞。他认为这对修辞适用于"有节操的"或"无节操的"人,也适用于"治理良好的"或"治理不良的"政治王国。就前一种译法来说,苏格兰现实主义术语学的存在是不可否认的。

[2]《论语》6:10;9:11;17:14(《中国经典》1,第189、221、324页)。

[3]《论语》8:7;15:39(《中国经典》1,第210、305页);《大学》第10章就是"治国"之"大道"之意(《中国经典》1,第378~379页);《中庸》30:3是"季节和日、月运行的路线"之意(《中国经典》1,第427页)。

[4]《论语》11:30和16:5(《中国经典》1,第286、311~312页);《大学》3(《中国经典》1,第363页)。

[5]《论语》1:5;2:3;12:23;19:25(《中国经典》1,第189、221、324页)。

[6] 例如,参见《大学》10(《中国经典》1,第375~376页)。

[7]《中庸》1,2,4,5,13,27:1(《中国经典》1,第383~385、387~388、393~394、422页)。

尽管至少有一次理雅各把"道"译成"实际过程 practical courses"，①理雅各别的时候承认"道"决定某种行为和生活方式的"特征"，②同样反映了这种意涵，②但显示理雅各翻译语汇中苏格兰现实主义印记的更为重要的转义语，存在于论述儒学政治、道德和伦理情况的段落，以及"道"字表现终极关怀的地方。

就政治领域来说，当出现"有道"和"无道"这样的词语时，理雅各将"有道"译为"when good government prevails"或"when the kingdom is well-governed"，将"无道"译为"when bad government prevails"或"when the kingdom is ill-governed"。③但在其他情况下，他对这两个词语的翻译又反映了新亚里士多德主义的术语学，将之译为"when right principles prevail"和"when right principles are prostrated"，或者仅译作"principled condition"和"unprincipled condition"。④因为这些词语经常一前一后地出现在同一句子中，所以就此而言，理雅各显然是用"principles"来更为简便地特指那些证明是正确政治判断的行动。在此，"道"这一符号的转喻力消失了，理雅各取而代之的是更加直接和狭隘的规则与制度。那些被证明是正确政治判断的行动可以根据这些规则和制度得到评判。

尽管"道"还通过其他转喻方式被用来描述父亲、先王和射手的生活方式，⑤但在这类描述中最为著名的是"君子之道"。⑥《论语》

①《论语》1:2(《中国经典》1，第138~139页)。
② 理雅各实际上在许多描述"君子"和"善人"的情境中使用的是"这是……的特征"这一短语。见《论语》5:12,11:19(《中国经典》1，第178、243~244页)。
③《论语》5:2;8:13;14:1;15:6;16:2(《中国经典》1，第172~173、212、275、296、310页);中庸27:7(《中国经典》第1卷，第423页)。
④《论语》8:13;12:9;16:2(《中国经典》1，第212、258、310页);《中庸》10(《中国经典》1，第389~390页)。
⑤《论语》1:11;1:12;3:16(《中国经典》1，第142、143、160页)。
⑥《论语》14:30;19:12(《中国经典》1，第286、343页);《中庸》12,13,15,33:1(《中国经典》1，第391、394、396、431页)。

理雅各《中国经典》中的 19 世纪
儒家哲学术语和中国—苏格兰汇通

里许多地方提到"天道"、"人之道"和"天地道"。①在这些地方,译文
继续使用了转喻,并像在中文原著中一样将之运用于"道"所描述
的人、上天或活动:这种"道"具有一种规范性的力量,意思是"道"
不仅象征着一种独特的作用,而且对于那些遵从"道"的人来说还
具有指示性的意义。正是在此意义上,我们才得以明白理雅各为什
么在其他情形下乐意用一些规范性的词语来扩大"道"字的含义。

传授规范的方法之一就是教学。因此,从儒学重视师生关系再
加上关注人们的学习的情形来说,理雅各把"道"译为孔子、古代圣
君等这些伟人的"学说"、"原则"甚或"制度"有时候是恰当的。②心
怀此想,理雅各把《大学》里的第一句"大学之道……"译为"大学所
教导的是……"("What the Great Learning teaches is"…),③这时他
绷紧了我们对于翻译是否恰当的极度敏感性。

尽管这种语言转换通常是人们所期望的或者说可以接受的,
但就是在理雅各感到有必要揭示"道"的道德、伦理和价值维度的
地方, 他的哲学遗产被紧紧地包含在一个更加复杂的翻译诠释学
行为中。有时候,理雅各把"道"理解为"正确的行为"或是"正直的
作风",有时候将其理解为"他们的责任",特别是当"道"的前面有
一物主代词"其"的时候。④当"道"被理解为"正确的行为"或者是
"正确的原则"的时候,一种更加强烈的情感就会油然而生。⑤这种
被高度道德化或伦理化的"道",不仅体现于理雅各将"道"译为"责

---

①《论语》5:12(《中国经典》1,第 177~178 页);《中庸》20:18,26:7/8(《中国经典》1,
第 413、420 页)。

②"道"在《论语》4:15 被译为"my teachings"(《中国经典》1,第 169 页);在《论语》5:
6 文中被加以人格化但没有用代词(《中国经典》1,第 174 页);在《伦语》6:10;14:38;19:
22 和《中庸》29:3,译为"institutions"(《中国经典》1,第 188、346、425 页)。

③ 在《大学》"孔经"和第 3 章(《中国经典》1,第 356~357、363 页),理雅各仍然将
"道"译为"what is taught",将"道学"译为"the work of learning"。

④《论语》4:5;18:2;19:19;《中庸》27:1;见《中国经典》1,第 166、331~332、345、422 页。

⑤《论语》4:8;6:22;11:23(《中国经典》1,第 189、221、324 页);《中庸》20:18(《中国
经典》1,第 413 页)。

任之道 path of duty"或"规矩 the rule"，而且更加明显地体现在他还把《中庸》里的"道"译为"道路 THE PATH"，将"天下之达道"译为"the universal path"，"普天之义务 the duties of universal obligation"。①尽管上下文关系对理雅各选用这些转义语有很大影响，但理雅各显然是按照他自己对"道"的理解来进行翻译的，在对应词语的选用上也并非仅仅是力图用一种简单或单一的换喻去表现"道"的全部固有含义。

为了表现出从儒家经典的终极关怀里所感受到的东西，理雅各有时候不得不在这些译文中使用一些其他的价值论词语。因此，当孔子把自己的基本人生态度描述为"立志于道"、"谋道"的时候，理雅各将之译为"set on truth 决心追求真理"或只是译为"seeking truth 追求真理"。②但至少在一个地方理雅各又将"道"译为"秀杰、美德 excellence"，这体现的是兴趣和关怀的一种最高境界。③

理雅各翻译形上之"道"所用的这些说教性的价值论修辞，虽然呆板地保持了译文的准确性，但却失去了原有修辞的丰富意义。苏格兰现实主义对"原则"和"义务"的关怀，成为他描绘那些包括动态宇宙论背景的东西的心理支撑。尽管他的译文特别重视一个人对自己的责任以及履行这些责任的规则具有自我意识这种理性素质，但这并不等于说这些译文就提供了表现人们存在于世以及存在方式之特点的某种"道路"、"路径"或是"过程"。

显然，从理雅各翻译"道"来看，这一因素对理雅各的思想构成

---

① "道"在《论语》7∶6、15∶28 的注解中被译为"Principles of duty"（《中国经典》1，第196、302 页）；在《论语》15∶41 被译为"the rule for..."（《中国经典》1，第 306 页）；在《中庸》1 被译为"path of duty"（《中国经典》1，第 383 页）；在《中庸》3、13 被译为"THE PATH"（《中国经典》1，第 383~385、393 页）；在《中庸》20∶8、13 被译为"the duties"、"the duties of universal obligation"（《中国经典》1，第 407、409 页）。

②《论语》4∶9、5∶31（《中国经典》1，第 168、303 页）。

③《论语》9∶26（《中国经典》1，第 225 页）。

一种持续的检验并加重了他的思想负担。所以数年之后,当理雅各筹划翻译《道德经》时,他碰到的还是"道"的翻译问题。在与翟理思(Herbert Giles,1845—1935)进行了一场争论之后,理雅各对自己关于道的理解重新仔细地进行了一番思考,最后,他提出了与道学家翻译极其不同的看法:"道"根本不是一种"实际存在",而只是一种"存在方式",一种"现象"。①尽管大多数道学家和宗教信徒可能会对这种说法产生疑问,但由于这些人从自己的传统出发,更看重的是"道"的超凡和深奥的一面,所以理雅各处理的显然是一个严肃的形而上的问题。《道德经》里的"道"是通过微妙的活动这种无形的存在表达自身含义的,而儒学著作里的"道"则体现于"弘道"的人,因为"道"本身不能自动弘人。但就是在这里,理雅各 1861 年感到了困惑,因为他没有觉察到这里暗含的宇宙哲学意义。他把"人能弘道,非道弘人"这段话译为:"A man can enlarge the principles which he follows; those principles do not enlarge the man (一个人可以拓展他所信从的原则,但这些原则不能拓展人)。"在注释部分,理雅各又对这句话进行了详细的解释。虽然没有得到明确表述但显而易见的是,被等同于"principles 原则"的"道"似乎十分消极;《圣经》的"约翰福音 1:1"中的肉身的"logos"也被翻译成"道",对于他这个基督教徒,"道"应该有自己活跃的生命。所以,他进行了详尽的解释:

"道(恪尽职守之路),人手中之工具。"这句话简洁得有点神秘。《翼》说:②"此道字乃天下之达道。人有知仁勇三德,能知

---

① 参阅理雅各:《礼记》,载 F·马克斯·穆勒编:《东方圣书》,牛津:牛津大学出版部印刷所,1885 年,第 39 卷,第 15 页。

② 即《四书翼注论文》,清乾隆时期(1736—1796 年)翰林学家张甄陶的文集。理雅各译该书名为 "A Supplementary Commentary, and Literary Discussions, on the Four Books."就像理雅各引用的其他一些著作一样,此书并非传世名著,作者的名字也没有在任何英文或中文传记或文献学著作中出现过。不过理雅各关于此书的注释(《中国经典》1,第 129 页)颇有价值:作者效法朱熹,为"博学的"学生写论文。理雅各"满怀兴趣地"研究了这一著作。

道能行道，即是宏宇，实际兼全体大用说。道与德为虚位，非道宏人，自不待言。"作者在这里对"道"的认识可能是正确的。"虚位"的"未识之道"不能对任何人产生影响，然而这只是自明之理。可识之道正在坚持不懈地弘扬、提高和促进着那些对其无知的人的美德。本章第一句可能正确，但第二句与真理不符。通常来说，人可以被看作是他所拥有的道德和哲学的真理尺度，但大多数人在智能上达不到君子的高度。①

多少带有点讽刺意味的是，由于将"道"译为"principles 原则"和"principles of duty 责任之原则"从而使之变得道德化，理雅各因此认为君子最终将会超越之。什么是完善君子生命的东西呢？孔子说："朝闻道，夕死可矣。"②理雅各让人（君子）闻到了"道"，并因此而几近于领悟了那种不可见的力量的意义，这种不可见的力量实际上可以成为塑造儒家生活的决定性方式。③

三、理雅各《中国经典》中的中国——苏格兰汇通的重要意义

作为中国古代儒家经典的著名翻译家和富有献身精神的苏格兰基督教徒，理雅各在从事翻译时将自己许多方面的思想修养融进了自己的翻译工作中。这既是诠释学所期盼的，也是应该加以仔细评判的。若干位历史学家、翻译学家和文化批判者——其中表达最清晰的当数道森（Raymond Dawson）、欧阳桢（Eugene Chen

---

① 《论语》15：28（《中国经典》1，第 302 页注解）。

② 《论语》4：8（《中国经典》1，第 168 页）。

③ 在理雅各首次出版其《中国经典》后差不多 80 年后，中国近代著名哲学家冯友兰在其哲学著作里发布了一个"道"的含义大纲。总的来说，冯友兰认为"道"有以下六种含义：（一）道即是路，引申之义即是"人在道德方面所应行之路"，因此它承载着"真理"的基本含义。（二）儒家传统中"道"指"最高真理"或"真理全体"。（三）道家所谓道，意思是"真元之气"。（四）指"动底宇宙"。（五）指无极而太极之"而"。（六）指"天道"，在冯友兰看来，其意思与道的第二种意思相似，只是附加了人的思想意识能达到的最高境界之意。见冯友兰：《真元六书》（经查对，"真元六书"应为"贞元六书"。——译者按），上海：华东师范大学出版社，1996 年，第 72~73 页。

Eoyang)和萨义德(Edward Said)——他们从各自的专业出发,认为
19 世纪的基督教传教士过分拘泥于各自的背景。他们的意思是说,
这些传教士对自己所从事的传教和文化事业的广泛兴趣,使他们
的出版物和译著仅仅成为他们所研究的著作和文化的一幅被歪曲
了的画面。欧阳桢将批判的矛头直接指向理雅各,并且通常带有一
种含蓄的、有时是辛辣的讽刺。他的批判主要集中于有关"天"这个
概念的地方,因为在这些地方有的理雅各翻译有误,有的则是存在
许多思想和精神张力。与我们前面那样去讲述理雅各如何努力理
解和描述一种新颖的宇宙论不同,欧阳桢对理雅各在《论语》和《中
庸》的译文和注释中所隐含的基督教信仰进行了批评:①

> 　　理雅各对儒家传统存在着一种非常矛盾的心态:对于讲
> 究实际而又富有理性的著作本身,理雅各显得急躁和缺乏耐
> 心;而对于直觉性的和神秘性的注解,则显现出实证主义和怀
> 疑论的态度。……理雅各显示了自己的慷慨,他对孔子的同情
> 和好感就像但丁对炼狱者的同情和好感一样。……理雅各对
> 孔子的同情,反映了十九世纪基督教对不幸者和未受洗礼者
> 的宽宏大量。……然而,由于理雅各和他看孔子一样愚昧无
> 知,他对"摆弄……形上之学"的新儒学评论来说已不易接受。
> 他还引用朱熹对孔子的诠释,但可笑的是,理雅各既没有从中
> 得到启发,也没有从中发现自己的"启示"欲得到满足,也没有
> 对其回答关于"人类环境和命运"的问题的努力感到印象深刻。
> ……如果诠释者是马太(Matthew)而不是朱熹,如果理雅各读

---

　　① 欧阳桢:《透明的眼睛:译作、中文文献和比较诗学反思》,火奴鲁鲁:夏威夷大学
出版社,1993 年, 第175~176 页。这里提到的第二部经学著作的英译名通常被称作
"Doctrine of the Mean",这是理雅各本人在1861 年想出的一个可能的但是不太令人满
意的译名,1893 年他将这一译名改为*"State of Harmony and Equilibrium"*。但不幸的是,
牛津的编辑显然更喜欢前一个译名,因为这一译名看起来更具亚里士多德主义色彩,于
是理雅各只好在导言用脚注的形式表明他的不同意见。

过的是《传递一切理解的和平》(the peace that passeth all understanding)而不是《中庸》(equilibrium and harmony)，不知道他是否还会如此缺乏同情心。

在对理雅各译文中出现的某些误译和误导提出富有洞察力的批评之后，欧阳桢用一种高度意识形态化的语言概括了他的批判：[①]

> 不是理雅各本人的偏见，而是基督教思想固有的偏见，使他对儒学经典充满了过分和前后不一的批判。对于这种偏见，他既无法逃避，也无法客观看待。他把孔子看作是一个虚伪的告知先觉者，一个无能的救世主，虽然其实践智慧有益于培养道德品质，但其思想将永远处于未受洗礼的和未能得救的蒙昧之中。

尽管欧阳桢用辛辣的语言表明理雅各的译文由于"基督教思想"的偏见而受到根本性扭曲和产生解释性失明，这种有偏见的基督教思想既不能理解自身的"偏见"也不能理解儒家"世俗主义"的"常识和理性"视野，但欧阳桢自己表现出来的大胆的意识形态不满也包含着一种反讽。欧阳桢把"儒家传统"说成是"常识的"和"世俗的"难道就是对包括"天"、"鬼神"、先验的"道"以及在精神上学识广博的"圣贤"在内的儒家形而上之学的公平解释吗？它能够充分解释在理雅各生活的那个时代，皇帝每年于春秋分和冬夏至日依儒经规定在京城举行祭祀的礼仪的和精神的意义吗？[②]对儒家经典和朱熹的二元玄学就没有别的解释吗？即使朱熹的二元论是解

---

① 欧阳桢：《透明的眼睛：译作、中文文献和比较诗学反思》，火奴鲁鲁：夏威夷大学出版社，1993年，第177页。

② 理雅各的《中国宗教》(1880年)一书对这些问题有全面的概括。参阅杰弗雷·迈耶：《天安门的龙：作为圣城的北京》，哥伦比亚：南卡罗莱那大学出版社，1991年。

释儒学经典的"正统权威",对其就没有责难吗?清代持一元宇宙论的反朱学者王夫之(1619—1692)、黄宗羲(1610—1695)、颜元(1635—1704)和戴震(1723—1777)等人认为朱熹的二元论是一种前后矛盾的哲学,他们"极不耐烦"的批判也存在固有的偏见吗?[①]我们不应该拿单一僵化的"儒学传统"来影照理雅各遭到贬损的翻译方法,而是应该更加认真地对待理雅各自己提出的儒学传统的多样性问题。举例来说,如果欧阳桢像理雅各当时那样了解罗仲蕃这位19世纪广东士大夫曾对儒学经典有过系统的一神论解释,他会重新考虑他对理雅各"解释性失明"的思想批判吗?理雅各实际上见过罗仲蕃(卒于1850年)本人,且在自己的个人图书馆里藏有此人多部著作。[②]如果欧阳桢知道,18世纪朝鲜几位主要儒学家的一神论解释也是"儒家传统"的国家表达中的一种改革设想的来源,那这还会增加理雅各在翻译儒学经典某些篇章时偏爱一神论的可能性吗?[③]

这些例子说明我们在此为什么要从诠释学角度去力图全面理解赋予理雅各翻译判断力的苏格兰现实主义。理雅各当然有自觉的信念,这种信念被他既运用于儒家经典,又运用于儒家经典的注释文献。如果欧阳桢关于理雅各对儒学"过分和前后不一的批判"的评说是正确的话,人们就不要指望理雅各对这些儒家典籍及其传统做出积极的或富有洞察力的评价,因为理雅各已经如此无意识地歪曲了儒学典籍的含义。然而,就欧阳桢对理雅各的评论而

---

① 对这些清代学者的观点的概括性介绍参见冯友兰:《中国哲学史》第2卷 [冯友兰:《中国哲学史》(英文版),德克·勃德译,普林斯顿:普林斯顿大学出版社,1953年]。但对这些内容更成熟和更全面的思考反映在冯友兰的马克思主义指向的大部头著作《中国哲学史新编》第5卷和第6卷(北京:人民出版社1985-1987年出版)。

② 见我对罗仲蕃一部著作的解释。费乐仁:《发现一神论哲学:对理雅各和罗仲蕃的评释性反思》,载伍安祖等编:《想象的边界:变化的儒家学说、著作和诠释学》,奥尔巴尼:纽约州立大学出版社,1999年,第213~254页。

③ 对朝鲜儒学的这种历史影响在马克·塞顿的著作里有简略的讨论。见马克·塞顿:《于若镛:朝鲜对正统新儒学的挑战》,奥尔巴尼:纽约州立大学出版社,1997年。

言，我们能够理解理雅各是如何将孟子称作与 18 世纪英格兰基督教政治家兼哲学家约瑟夫·巴特勒(Joseph Butler)齐名的"中国哲学家"的吗？[1]能够理解理雅各为何反复多次地接受又拒绝罗仲蕃对《大学》的儒教—神论解释吗？[2]这种观点能够解释理雅各为什么时常喜欢朱熹对其他著作的解释吗？[3]通过理雅各以自己的现实主义信念为基础精心设计的中国—苏格兰汇通，我们将使理雅各这些积极而细致入微的评价变得更加易于理解，另外还为理解他为何有时也拒绝接受独特的儒家传统中的某些观念和评论提供了更加广泛的解释学基础。

我们的研究表明，儒家典籍中实际上含有形而上概念和术语。而且理雅各反复去琢磨其中某些概念和术语的含义，因为他有思想和精神上的压力，正像欧阳桢所指出的那样，虽然理雅各有时发现这些概念和术语难以接受，但这完全剥夺了其作为一位翻译家的资格了吗？从诠释学的角度来看，我们需要更加平衡地考虑理雅各置身于中国清王朝的处境、他所能得到的解释选项以及他在这些著作中实际运用的翻译范围大小这些情况。另外，以苏格兰现实主义哲学原则为基础，我们还试图解释理雅各为什么会做出在欧阳桢看来是"过分"的判断。尽管人们能够理解对早期儒家哲学传统提出了一种世俗主义解释的欧阳桢是如何得出这种认识的，但根据我们的诠释学研究，我们还是有充分理由对他认为理雅各"前后不一"和盲目或自然"偏见"这种说法提出质疑。理雅各很忠贞，但这种忠贞是自己从苏格兰现实主义得来的自觉和合乎理性的忠

---

① 理雅各在《中国经典》第 2 卷序言里如此描述孟子，见《中国经典》2，第 54 页及以后。

② 理雅各对罗仲蕃的评论之评论以及他拒绝接受罗仲蕃的评论的原因，在他《大学》译文页脚的注解中给了出来，见《中国经典》1，第 358、367~369、371、376 和 378~379 页。

③ 因为理雅各认为朱熹的评论不仅与《四书》有关，而且与他对《诗经》的研究有关，因此这是一个非常丰富的研究领域。理雅各对于朱熹对《四书》之中的三书的评注所做的各种反应，在我的文章中有较为详细的论述。参见费乐仁：《理雅各著作研究的若干新维度：第 2 部分》，《中西文化关系杂志》13，1991 年，第 33~46 页。

贞。他对儒家传统细致入微的评论在欧阳桢看来虽然是一种"非常
矛盾的心态",但却显示了理雅各在理解这些经典及其注释问题上
的极其认真的态度和极为自觉的努力。在此情况下,理雅各对孔子
的评价由 1861 年的完全消极评价到 1893 年的较为积极欣赏,这
种转变的事实也表明了苏格兰现实主义是如何为他重新评价自己
的注释和将自己引向一种新的信念提供某些原则的。①

我们在此已经表明:中国—苏格兰汇通既揭示了理雅各译作
的优点,也揭示了其缺点。无论是就多种形式的儒家传统来说,还
是就理雅各数量众多的儒学经典译作来说,比较公允的做法就是
将理雅各的译作及其评价的长短优劣都均衡地展示在我们面前。
理雅各确实经历了这些诠释的局限。从诠释学的观点来看,我们应
该承认这些普遍的诠释局限会对任何从事翻译工作的人都产生影
响。在这样做时,我们就会对理雅各的翻译工作如何以及为何不时
陷入困局有更多的了解。另外我们还可以得知,理雅各是如何设法
避免他的法国科学院前辈(特别是鲍狄埃,Guilliame Pauthier)和早
期传教士(特别高大卫,David Collie)的译本未能成功克服的大量
翻译难题的。②

---

① 欧阳桢实际上在一个脚注里(欧阳桢:《透明的眼睛:译作、中文文献和比较诗学
反思》,1993 年,第 177 页)提到过理雅各思想的这种转变,但给人的印象是,理雅各的这
种思想转变似乎有点不够真实,或者至少是他在自己考察的理雅各那部分译著里感觉
到的"深刻的矛盾心理"的一部分。我对理雅各的这种思想转变提供了另外一种解释(见
费乐仁:《理雅各著作研究的若干新维度:第 2 部分》,《中西文化关系杂志》13,1991 年,
第 33~46 页),即从解释学意义上来看待理雅各的思想转变:从 1861 年对"儒家传统的
孔子"的完全拒绝到 1893 年对孔子这一得到准确描绘的历史人物的批评性欣赏。一篇
详细论述这些评论的文章将发表于由海涅·罗兹(Heiner Roetz)编辑出版的一期专论中
国诠释学的《波鸿东亚研究年鉴》。
② 我曾在一篇文章里将这些 19 世纪早期的学者的译本与理雅各的译本进行了比
较。参见费乐仁:《为圣人服务还是窒息圣人?评 19 世纪的三种〈四书〉译本,以理雅各的
译本为重点》,《香港语言学》7,1990 年,第 25~56 页。

参考文献

Eber, Irene. 1999. The Jewish Bishop & the Chinese Bible: S. I. J. Schereschewsky(1831–1906). Leiden: Brill. 伊爱莲：《犹太主教与中国圣经：施勒楚斯基(1831–1906 年)》，莱顿：布里尔学术出版社，1999 年。

Eoyang, Eugene Chen. 1993. *The Transparent Eye: Reflections on Translation, Chinese Literature, and Comparative Poetics*. Honolulu: University of Hawaii press. 欧阳桢：《透明的眼睛：译作、中文文献和比较诗学反思》，火奴鲁鲁：夏威夷大学出版社，1993 年。

Feng Youlan, 1953. *A History of Chinese Philosophy*. Translated by Derk Bodde. Princeton: Princeton University Press. 冯友兰：《中国哲学史》(英文版)，德克·勃德译，普林斯顿：普林斯顿大学出版社，1953 年。

冯友兰：《中国哲学史新编》，北京：人民出版社，1985—1987 年。

冯友兰：《真元六书》(经查对，"真元六书"应为"贞元六书"——译者按)，上海：华东师范大学出版社，1996 年。

Hamilton, William (ed.)and Harry M. Bracken (comm.). 1967. *Thomas Reid–Philosophical Works*. 2 Vols. Hildesheim: Georg Olms Verlagsbuchhandlung. 威廉·汉密尔顿编、哈里·M·布莱肯注：《托马斯·里德哲学文集》(两卷本)，希尔德斯海姆：乔治·奥尔姆斯出版集团，1967 年。

Hamilton, William(ed.). 1854. *Collected Works of Dugald Stewart*. 11 vols. Edinburgh: Thomas Constable and Company. 威廉·汉密尔顿编：《杜迦尔德·斯图亚特文集》(全 11 卷)，爱丁堡：托马斯·康斯特布尔公司，1854 年。

Legge, James(tr. And comm.). 1852. *The Notions of the Chinese*

Concerning God and Spirits: with an Examination of the Defense of an Essay, on the proper rendering of the words Elohim and Theos, into the Chinese Language. Hong Kong: Hong Kong Register Office. 理雅各译注:《中国人的鬼神观念》,香港:登记处,1852 年。

Legge, James. 1877. *Confucianism in Relation to Christianity.* London: Trübner and Sons. 理雅各:《儒教与基督教之关系》,伦敦:特吕布讷父子公司,1877 年。

Legge, James. 1885. "Book of Rites", in: F. Max Müller (ed.). *Sacred Books of the East.* Oxford: Clarendon Press. 理雅各:《礼记》,载 F·马克斯·穆勒编:《东方圣书》,牛津:牛津大学出版部印刷所,1885 年。

Legge, James. 1891. *Sacred Books of China: The Texts of Taoism, Part V. The Tao Teh King, The Writings of Kwang-Wze, Books I–XVII.* Oxford: Clarendon Press. 理雅各:《中国圣书:道家经典》(共 17 册),第五部分:《道德经,庄子》,牛津:牛津大学出版部印刷所,1891 年。

Legge, James. 1893[1861]. *The Chinese Classics with a Translation, Critical and Exegetical Notes, Prolegomena, and Copious Indexes.* Oxford: Clarendon Press. 理雅各:《中国经典》(1861 年),牛津:牛津大学出版部印刷所,1893 年。

McCosh, James. 1875. *The Scottish Philosophy: Biographical, Expository, Critical, From Hutcheson to Hamilton.* London: MacMillan and Company. 詹姆斯·麦考士:《解释和批评性的苏格兰传记本哲学:从哈奇森到汉密尔顿》,伦敦:麦克米兰,1875 年。

Meyer, Jeffrey. 1991. *The Dragons of Tiananmen: Beijing as a Sacred City.* Columbia: University of South Carolina Press. 杰弗雷·迈耶:《天安门的龙:作为圣城的北京》,哥伦比亚:南卡罗莱那大学出版社,1991 年。

Pfister, Lauren. 1990a. "Serving or Suffocating the Sage? Reviewing the Efforts of Three Nineteenth Century Translations of The Four Books, with Special Emphasis on James Legge(AD. 1815–1897)", *The Hong Kong Linguist* 7, pp.25–56. 费乐仁：《为圣人服务还是窒息圣人？评 19 世纪的三种〈四书〉译本，以理雅各的译本为重点》，《香港语言学》7，1990 年，第 25~56 页。

Pfister, Lauren. 1990b. "Some New Dimensions in the Study of the Works of James Legge(1815–1897)：Part I", *Sino–Western Cultural Relations Journal* 12, pp. 29–50. 费乐仁：《理雅各著作研究的若干新维度：第 1 部分》，《中西文化关系杂志》12，1990 年，第29~50 页。

Pfister, Lauren. 1991. "Some New Dimensions in the Study of the Works of James Legge (1815–1897)：Part II", *Sino–Western Cultural Relations Journal 13*, pp. 33–46. 费乐仁：《理雅各著作研究的若干新维度：第 2 部分》，《中西文化关系杂志》13，1991 年，第33~46 页。

Pfister, Lauren. 1999. "Discovering Monotheistic Metaphysics: The Exegetical Reflections of James Legge (1825 –1897)and Lo Chung –fan (d. circa 1850)，in：Ng on –cho et al. (eds.). *Imagining Boundaries*：(Changing Confucian Doctrines, Texts and Hermeneutics). Albany: State University of New York Press, pp.213–54. 费乐仁：《发现一神论哲学：对理雅各和罗仲蕃的评释性反思》，载伍安祖等编：《想象的边界：变化的儒家学说、著作和诠释学》，奥尔巴尼：纽约州立大学出版社，1999 年，第 213~254 页。

Pfister, Lauren. 2000. "Mediating Word, Sentence and Scope without Violence: James Legge's Understanding of 'Classical Confucian' Hermeneutics", in: Ching–I Tu (ed.). *Classics and Interpretations.The Hermeneutic Traditions in Chinese Culture*. New Brunswick, New Jersey: Transaction Press, pp. 371–82. 费乐仁：《没有曲解的媒介词语、

句子和文章:理雅各对"儒家经典"诠释学的理解》,载涂经怡编:《经典与诠释:中国文化的诠释学传统》,新不伦瑞克,新泽西:学报出版社,2000 年,第 371~382 页。

Pfister, Lauren.2002."Why the Demophilic cannot be Democratic and what might make it so: Reconstructing 'Moral Humans'in Master Meng's Philosophy",in: Alan Chan and Jiuan Heng (eds.). 2002. *Mencius: Context and Interpretation*. Honolulu: University of Hawaii Press.《费乐仁:为何人民之友不能成为民主党及何者使然:重建孟子哲学中的"道德人"》,载詹艾伦和恒俊编:《孟子对译》,火奴鲁鲁:夏威夷大学出版社,2002 年。

Setton, Mark. 1997. *Chong Yagyong: Korea's Challenge to Orthodox Neo-Confucianism*. Albany: State University of New York. 马克·塞顿:《于若镛:朝鲜对正统新儒学的挑战》,奥尔巴尼:纽约州立大学出版社,1997 年。

论民国时期西方精神病学
"译"入中国语境

安格里克·C·麦思纳

导　言

　　19 世纪末医学传教士尝试把西方科学技术(包括医学)介绍到中国时,[①]当初并没有对精神病给予太多的关注,因为他们认为,中国人生活相对平静,不会常得精神病。[②]嘉约翰(John Glasgow Kerr, 1821—1901)[③]一生用了二十多年的时间建立了第一个"疯人院"(1898 年在广州),而这将是中国历史上第一个疯人院。毫无疑问,嘉

---

　　① 可从总体上观察,医学传教工作在中国的范围不断扩大的情况。1881 年中国有 34 位传教士医生,到 1887 年有 16 家医院和 24 个诊疗所,而到 1890 年有 61 家医院和 44 个诊疗所。见萨拉·W·图克:《19 世纪中国广东的医院和医学,1835—1900》,博士论文,哈佛大学,1983 年,安阿伯:UMI 重印,第 232 页。

　　② 合信(Benjamin Hobson,1816—1873)报告说,在中国居留的八年间,他只看到了两例精神病。参见合信:《医学传教<I>:广东康丽方医院综合报告,1848.4—1849.11》,《中国丛报》19.5,1850 年,第 303 页。英国驻广东省高级医疗官员卫理博士也报告说,中国很少出现精神病。参见卫理:《致编辑信》,《中国医学传教杂志》5,1891 年,第 1 页。

　　③ 嘉约翰 1824 年 11 月 30 日生于俄亥俄州敦堪斯维尔,1847 年 3 月从费城杰斐逊医学院毕业,1854 年成为长老会海外传教团成员。1855 年 5 月 5 日接手广东医院,这家医院在中国第一位医学传教士伯驾(Peter Parker,1804—1889)博士的指导下,早在 1835 年就成为一家眼科医院。参见萨拉·W·图克:《19 世纪中国广东的医院和医学,1835—1900》,博士论文,哈佛大学,1983 年,安阿伯:UMI 重印,第 126 页及以后。

约翰的思想充满仁慈的价值观，但他为"中国疯人"采取的实际行动很大程度上取决于他在北美的职业背景，即19世纪一种新兴的然而却发展兴旺的精神病学家的职业。这一职业与当时的经济、政治和社会变革密切相关。在启蒙运动时期，精神病是一个重要的文化问题。对神经系统功能的研究，导致了精神病这一概念的形成。用医学方法治疗精神病依据的是18世纪英国人提出的"精神疾病"这一"定性"的概念。①随后，在称谓上，精神病院也代替了以往的疯人院，精神病人代替了先前的疯男和疯女。在精神病学家眼里，精神病院建设本身也成了"和药物与疗法同样重要的设备"。②对精神病，北美的医务监管者界定了医学和精神两种治疗方法。③他们对治疗精神病的乐观情绪基于对精神错乱疾病的"相信能治就能治"。从这一背景出发，嘉约翰确信中国社会从来没有对精神病人有过关怀和要求在中国至少建设三百所、每所可容纳一千名患者的精神病院，这至少是可以理解的。④

不管我们在分析时采用哪一种观点，不管我们是否乐于接受将精神病学看做是重要的抑制和排斥工具的观点，并且将精神病学的源起完全解释为一种医疗干预的形式，⑤或者我们是否确信精

① 参见迈克尔·唐纳利：《管理心智：英国19世纪早期的医学心理学研究》，伦敦、纽约：塔维斯托克，1984年，第viii页。有关"正常"和"反常"知觉方面的概念在19世纪欧洲从"定量"向"定性"的转变，参见乔治·坎圭海姆：《正常和病态》，载沃尔夫·莱佩尼斯和亨宁·里特编：《汉瑟人类学》，慕尼黑：汉瑟出版社，1972年，第81页；又见沃尔夫·莱佩尼斯：《历史人类学的若干问题》，载莱因哈德·吕鲁普编：《历史的社会科学：科研活动中捐助资金的使用》，哥根廷：万登豪克和鲁普雷希特，1977年，第126~160、141页。

② 安德鲁·T·斯库尔：《维多利亚时代的精神病学社会史》，载安德鲁·T·斯库尔编：《精神病院、精神病医生与精神病人：维多利亚时代的精神病学社会史》，伦敦：阿斯伦出版社，1981年，第10页。

③ 安德鲁·T·斯库尔：《维多利亚时代的精神病学社会史》，载安德鲁·T·斯库尔编：《精神病院、精神病医生与精神病人：维多利亚时代的精神病学社会史》，伦敦：阿斯伦出版社，1981年，第12页。

④ 参见嘉约翰：《广东的精神病院》，《中国医学传教杂志》12.4，1898年，第177~178、178页。

⑤ 米歇尔·福柯：《精神病史》，巴黎：普朗书店，1961年。

神病学史本质上就是人道主义史,①但一些与中国传统医学有关的事实必须加以考虑,而这些事实是独立于这种考虑之外的。首先,中国传统医学话语很早(前2世纪)就对精神病有所认识,并将其作为一种医学现象加以讨论和研究,②只是没有专门的机构来对已经出现的精神病人进行治疗;其次,很早以来,精神病在司法话语中就被认为是一种虚弱状态。③

下面我将重点探讨有关一个敏感问题的原始证据,即西方精神病学概念和实践传入中国语境后为什么行不通,这是因为中西方在"正常"和"反常"概念上的不同,这种不同反过来也反映了不同的"身体"概念。

一、传统医学对精神病的认识

> 癫之取义,有取自颠覆、颠危、颠沛、颠倒字义,皆有独力难支之象……狂之为名,有类于狂笑、狂荡、狂言、狂童字理,有连类处及之义,其不得纯以热当之,更悉矣……即如一癫病也,医流既误痫,复指为疯。④

这段文字摘自1834年出版的一本医学教科书,该书对中国晚

---

① 这种界定是由格内高里·齐尔博格做出的。参见格内高里·齐尔博格:《医学心理学史》,纽约:诺顿图书出版公司,1967年,第524页。

② 参见马王堆汉墓帛书整理小组编:《马王堆汉墓帛书》,北京:文物出版社,1985年;周一谋、萧佐桃:《马王堆医书考注》,天津:天津科学技术出版社,1988年,第78、105~107页。

③ 参见卡尔·宾格尔:《中国古代法律对疯人和过失罪的惩罚》,《汉学研究》9.2,1950年,第1~16页;赵丽玛:《中华帝国的疯狂行为:法律个案研究》,载阿瑟·克莱曼、林宗义编:《文化与行为:中国文化中的正常与反常行为》,多德雷赫特:D·雷德尔出版社,1981年,第75~94页;恩惟蒗:《中华帝国晚期的癫狂:从疾病到逾矩》,诺曼:俄克拉荷马大学出版社,1990年。

④ 张必禄:《医方辨难大成》(1834年),四川巴州:合肥刊本。重印于华蓓苓、周长发、朱兴海编:《癫狂痫》,北京:中医古籍出版社,1990年,第193页(引文中"即如一癫病也,医流既误痫,复指为疯"一句出自该书第200页。——译者按)。

清时期表示精神病的术语进行了讨论。除"癫"、"狂"、"痫"、"疯"，晚清时期还有很多词语被用来表示精神病以及相关现象，如"痫癫"、"癫痴"、"癫呆"、"羊痫"等。一些作者，如王清任(1768—1831)喜欢将"癫"和"狂"合用，而不管这两个字的含义有什么不同，尽管有人指出了这两个字的不同含义。《难经》(100年)①解释"癫"和"狂"的区别是：

> 重阳者狂，重阴者癫；脱阳者见鬼，脱阴者目盲。②

除了对狂和癫的区别及它们的病因进行了解释，《难经》还重点描述了狂和癫的不同发病症状：

> 狂癫之病，何以别之？然：狂疾之始发，少卧而不饥，自高贤也，自辨智也，自贵倨也，妄笑好歌乐，妄行不休是也。癫疾始发，意不乐，僵仆直视。③

狂和癫的区别明显体现在两个层面。首要的区别是身体姿势不同：狂病的动作是朝上和向外，而且不停息；癫病的症状是朝下，即跌倒、倒下。另外一个区别表现在第二个层面，即"社会"层面："狂"病患者会有高人一等之感，而"癫"病患者则会远离外部世界，缺乏任何欢乐和志向。因此，精神病的这"两种表现"可以从"身体经济"损失的角度加以解释，④这种解释通常主张"在过于扩张的

---

① 该书作者不详。参见文树德译注：《难经》，伯克莱、洛杉矶、伦敦：加州大学出版社，1986年。

② 参见文树德译注：《难经》，伯克莱、洛杉矶、伦敦：加州大学出版社，1986年，第268页。

③ 参见文树德译注：《难经》，伯克莱、洛杉矶、伦敦：加州大学出版社，1986年，第527页。

④ 对这两个不同身体姿势的哲学讨论参见赫尔曼·施密茨：《取之不尽的资源：哲学基础》，波恩：布沃维耶，1990年，第122~124页。

'狂'和过于萎缩的'癫'之间保持折衷"。医生必须对这"两种表现"进行区分并恰当地采取适当的行动,即重建阴和阳之间的平衡。

除了上面所提到的病因(阴阳失调),《黄帝内经》(约公元前100年)还提到了另外一些导致狂癫病的因素,即阳明气逆、阴阳相错、气之虚实和情绪失调。[①]这些因素已内在于晚清时期的狂癫病医学话语中。

从晚清时期的狂癫病著作来看,我们可以看到两种主要的医学模式:即魔鬼缠身与阴阳失调。尽管晚清时期绝大多数论著都是按照"阴阳失调"范式来解释的,但它们同时也清楚地表明:魔鬼绝对没有完全消失。[②]因此它们要求医生首先查明狂癫

① 在《黄帝内经》,不同形式的精神病表现为不同的情形:狂似乎多与说、笑行为联在一起,如"狂言"(见《黄帝内经素问:素问注释汇粹》,程士德等编,二卷,北京:人民卫生出版社,1982年,9.33,第470页)和"狂笑"(见《灵枢经校释》,河北医学院编,两卷本,北京:人民卫生出版社,1982年,1.4,第93页)。在这些例子中,"狂"似乎可以与"妄"互换(如"妄走",参见《黄帝内经素问》8.30,第434页;"妄动",参见《黄帝内经灵枢》4.22,第399页),而这些"狂"似乎表示的是一种暂时状态。别的段落里将"狂"指为"疯",但这种病通常不单独出现,而总是作为一种宽泛的、灵活易变的病症。"狂"曾经与生殖器萎缩、健忘症以及皮肤干燥等症联系在一起(见《黄帝内经灵枢》2.8,第174~183页)。参见赵丽玛:《中华医学传统中的心智、身体和疾病》,哈佛大学博士论文,1986年,安阿伯:UMI重印;又见克利森·斯库兹:《元代以前中国传统的精神病治疗法和心理疗法》,博士学位论文,慕尼黑大学,慕尼黑,1991年。

② 这在张介宾(约1563—1640)的著作中可以看得很明显。在《张氏类经》(1624年)一书中,张介宾要求用官方医学典籍里的祝由(咒语)来治病,他确信某些疾病只有通过咒语才能治愈。参见张介宾:《张氏类经》(1624年),台北:文光图书有限公司,1983年,第247页。张介宾认为,"鬼生于心",即鬼魔只是由极端情绪所致,而不会从体外攻击人。见《张氏类经》第20卷,第246a页。张介宾描述了一个病例,情况是一位妇女患有狂、惊、胃热等疾病,而且鬼魔附体,张介宾用咒语和"白虎汤"将其治愈。参见《张氏类经》第12卷,第247页。我们无法推测张介宾本人究竟是"确信"有鬼魔附体,还是只是假想病人有这种信念,但当时的另一位医生则清楚地解释说他能通过针刺疗法把鬼魔从体内驱逐出去。见杨继洲:《针灸大成》(1601年),载达美君编:《历代名奇案集》,上海:三联书店上海分店,1994年,第86页。《串雅内编》里有一种解释,该书的作者是一位名叫赵学敏(约1719—1805)的儒医,他在书中记录了一位游医的处方,说一位患有癫狂病的女人在被治愈后,胸中的一个东西就消失了。见长春中医学院编:《串雅内编选注》(1851年),北京:人民卫生出版社,1980年,第37页。又见文树德:《"串雅"与18世纪中国的医疗实践》,《萨德胡夫斯档案》62.4,1978年,第378~407页。

病状是否是由鬼魔缠身、阴阳失衡或身体其他方面的失调所致。①另外一些医学著述则明确反对狂癫病起因于鬼魔作怪的观点。②

把狂癫病解释为起因于阴阳失调、五行失衡或气之虚实失衡导致的一个简单事实是，人们并没有认识到狂癫病是一种在本质上与其他疾病根本不同的疾病。解释狂癫病所使用的语言也表明了这一点。③

明清时期的健康手册援引了类似的理论，因为这些手册大量地从《黄帝内经素问》、《黄帝内经灵枢》和《难经》等著作中引用了相同的文字。但是，这些健康手册也提出了非常独到的见解和看法，特别是针对不同地区和晚清时期的中国。④例如，明末时期在中国南方出现的"温补学"认为火气不足(heat deficiency)是大多数疾病的发病原因。⑤所以清代许多教科书解释说不同形式的狂癫病都

① 例如19世纪初期丹徒（今江苏省）人李冠仙的《伤寓意草》（写于1835年，1887年印行）就是这样的做法。参见李冠仙：《伤寓意草》，重印于上海中医学院文献研究所编：《历代中医珍本集成》，上海：上海三联书店，1990年，第34册。

② 参见谢星焕：《得心集医案》（1861年），载王玉润等编：《珍本医书集成》，上海：科学技术出版社，1986年，第12卷。

③ 恩惟蓭也这样认为。见恩惟蓭：《中华帝国晚期的癫狂：从疾病到逾矩》，诺曼：俄克拉荷马大学出版社，1990年。

④ 参见冯客：《劣胎：中国的医学知识、生育缺陷和优生学》，伦敦：赫斯特，1997年，第24页。

⑤ 从晚明到清代发展起来的所谓的"温热学"（聚焦于四阶段模型），被认为是与"伤寒论"相对的且互为补充的概念，17世纪初期遍及整个中国的一场大流行病可能是"温热学"系统化的原因。参见邓海伦：《明末流行病概述》，《清史问题》3.3，1975年，第1~59页；陆东、马西和沙恩：《中华帝国的流行疾病》，巴黎：汉漠顿，1995年；欧阳兵：《明代伤寒论研究对后世的影响》，《中华医史杂志》1995年第2期，第92~94页；裴沛然等编：《中国历代各家学说》，上海：上海科学技术出版社，1984年，第123~128、185~191页；李经纬等编：《中国人物辞典》，上海：辞书出版社，1988年，第350~351页；文树德：《中国医学思想史》，慕尼黑：巴克，1980年，第160~161页。又见玛莎·汉森的讨论，玛莎·汉森：《粗壮的北方人和娇弱的南方人：19世纪南方医学传统的发明》，《阵地：东亚文化批评》6.3，1998年，第515~550页。

是火病(heat-disease)的伴随症状。①但与此相反,清代名医却重新回到了宋元时期盛行的观点,即强调清热在保持良好健康状况方面的重要性。②可见,不同医学流派对狂癫病有不同的解释。

这实际上也是张必录(1843年)在前述引文中所表达的意图。在西方,在前引教科书出现的同一时期,即20世纪初,大脑作为狂癫病发作的唯一位置和起因,成为至关重要的器官,狂癫病也因此被称为一种"精神疾病"。对于当时把各种不同狂癫病现象都简单地归之为火病(disease of fire)的倾向,张必录斥之为简化论。

另外一些人则解释说,不同形式的狂癫病皆因于中寒,还有一些人认为狂癫病起因于阴明穴(对应于胃)的火气,③另有一些人则认为心脏中风是诱发狂病的主要原因,胸部积痰是诱发癫病的主要原因。④也有一些人将狂癫病因归于脾——脾作为阴性器官系统的一部分,对应于胃和(五行中的)土。⑤医生们还比较均等地将病因集中于肺和膀胱或心和心膜,这些是比较容易积痰或中风的器官。

从五行范式来讨论狂癫病病因的人,主要依据的是狂癫病的

---

① 参见叶天士:《临证指南医案》(1746年),台北:故宫博物院,1984年,卷10.7;王士雄:《王孟英医话精华》,载秦伯未编:《清代名医医话精华》(1929年),四卷本,重印于:上海中医学院文献研究所编:《历代中医珍本集成》,上海:上海三联书店,第40册,卷7,第1~150、116~117页;吴塘:《癫狂》,载《吴鞠通医案》(1916年)卷5,重印于华蓓苓、周长发、朱兴海编:《癫狂痫》,北京:中医古籍出版社,1990年,第228~230页。

② 尽管张仲景(约150—约219年)在其《伤寒杂病论》没有提到过由伤寒引起的任何形式的精神病,17世纪末期的陈士铎则确定有一种狂病是由伤寒引起的。见陈士铎:《石室秘录》(萱永堂1687年),北京:中国中医药出版社,1991年重印,第295~296页。中国第一部专论精神病的医学教科书的作者郭传铃运用《六经辨症》模式诊治各种精神病,见郭传铃:《癫狂条辨》,重印于,华蓓苓、周长发、朱兴海编:《癫狂痫》,北京:中医古籍出版社,1990年,第170~175页。

③ 参见谢星焕:《得心集医案》(1861年),载王玉润等编:《珍本艺书集成》,上海:科学技术出版社,1986年,第12卷,第135页。

④ 参见李冠祉:《李冠仙医话精华》,载秦伯未编:《清代名医医话精华》(1929年),四卷本,重印于上海中医学院文献研究所编:《历代中医珍本集成》,上海:上海三联书店,1990年,第40册,第8卷。

⑤ 参见康应辰:《癫病》,载《医学探骊全集》,重印于华蓓苓、周长发、朱兴海编:《癫狂痫》,北京:中医古籍出版社,1990年,第209页。

不同形式和现象。根据这一范式，所有与五个阴性器官系统有关的因素（如情绪、气候影响等），都可以引起不同形式的狂癫病，具体取决于内脏失衡的不同位置。这样，至少有十多个狂癫病现象可以得到诊断。因此，在中国传统医学著作中，狂癫病和其他任何疾病一样，被认为是由某些失衡和失调引起的，而专门导致狂癫病的单一因素则没有找到。严格系统的思维模式使医生无法把精神因素看做是独立于身体过程的因素。这种情况可能因这样一种事实而显得尤为突出，即：在中国医学著作中从来没有专门论述"狂癫病"的书籍，"狂癫病"患者也从来没有被禁闭在被称作"精神病医院"的特定地方。

因此理所当然，不同于这种解释的任何观念都必须被合并到中国医学体系框架中已有的一个概念中去，因为系统方法不允许把一个功能分配给一个单独的器官，而是分配给一个工作单位，这个工作单元不只由一个元件组成。因此，只有当结合其他元件来考虑大脑的功能时，人们才能够解释大脑的"思维"。

二、西方精神病概念与中国语境的结合

从19世纪末开始，中国知识分子就强烈要求中国进行一场根本性的变革。在他们的改革主张中，"精神病"成为一个越来越受关注的重要问题。早在1897年，康有为就提出了一个没有精神病人的新社会的设想。①他将发展医生职业作为创建新社会之关键的特别关注，与18世纪后期以来在西半球出现的各种主张刚好遥相呼应。

但是，康有为没有去重点探讨精神病的解释方式。在中国背景

---

① 参见沃尔夫冈·鲍尔：《导论》，载康有为：《大同书》，劳伦斯·G·汤普森译注、沃尔夫冈·鲍尔编，杜塞尔多夫，科劳尼：蒂德里奇，1974年，第16~17页；张灏：《思想变化与维新运动，1890—1898》，载《剑桥中国史》第11卷《晚清，1800—1911》，第2部分，1980年，第274~339页；又见陈南希：《翻译精神病学和精神健康：20世纪的中国》，载刘禾编：《交流的象征：全球流通中的翻译问题》，达勒姆、伦敦：杜克大学出版社，1999年，第305~330页。

下，把精神病的社会含义与西医对这种疾病的解释明显联系起来的是 1919 年五四运动时期出现的一些文章。王完白①在1919 年解释说：中国(传统)医生一方面不了解狂癫病的心理原因,另一方面也不了解狂癫病的生理原因。从把生理过程与精神/心理过程相分开的前提这一意义来说，生理因素和心理因素的明显区别是作为"前提知识"(pre-knowledge)出现在这里的。"精神生活科学"方面较为重要的译作之一出现在 1907 年。②王完白讲到了"精神病"这个词。他解释说：中国人没有认识到扰乱地方之匪徒与蠢愚实际上一般都是一种伪装的疯人，这些人必须到专门的医院进行治疗。他要求在全国各地兴建这种医院，其根据就是这些机构将会使社会免受残贼、愚、弱之害，既然所有这一切可以防止再次发生。③

精神病从根本上说是一种脑病，这一医学科学知识应该取代中国传统医学所谓的"痰液堵塞心口"或是无知愚民所谓的"鬼魔缠身"这种荒谬说法。④

唯有大脑才会产生一切思想、精神和心理活动,这是一种不同于中国传统医学理论的观念。⑤但对于当时西方专门的精神病学理

---

① 作为一名基督教医生,王完白同时也从事传教活动。王完白是中华医学会成员和中国科学名词审查会的代表,他极力向中国公众宣传西医。20 世纪 20 年代,他在自己的家乡常州创办了一所医院。在那里,他致力于天花疫苗的发放。后来他又在苏州创办了一座小型疯人院。参见王完白:《疯人院之重要与裨益》,《中华医学杂志》3.5,1919 年,第 127~131、127 页。

② 王国维(1877—1927)译霍夫丁(Höffding)《心理学概论》。参见告觉敷等编:《中国心理学史》,北京:人民教育出版社,1986 年,第 21 页。

③ 王完白:《疯人院之重要与裨益》,《中华医学杂志》3.5,1919 年,第 130 页。

④ 王完白:《疯人院之重要与裨益》,《中华医学杂志》3.5,1919 年,第 127 页。

⑤ 尽管王清任(1768-1831)说过大脑是癫病的病灶(不管是否受到西方思想的影响),但就 20 世纪 30 年代以前对精神病的总体认识来说,这种观点还不具有重要意义。参见王清任:《医林改错》(1831 年),上海:大东书局,1937 年,第 1 册,第 1 页。对王清任的挑战,见赵洪钧:《近代中西医论争史》,合肥:安徽科学技术出版社,1989 年,第 46 页;马堪温:《祖国清代杰出的医学家王清任》,《科学史辑刊》6,1963 年,第 66~74 页;布利第·安德鲁:《适应传统:近代医学对中国传统医学的影响,1887—1937》,载艾乐桐、阿列克谢·沃尔科夫编:《中国的变革观念和意识:欧洲汉学研究会第九次会议论文集》,法兰西学院:高等汉学研究所(高等汉学研究所历史论文集,第 36 卷),1994 年,第 59~165 页。

论来说,这只是重要的观念之一。"将人界定为大脑"的观念,即人之本质取决于人脑的观念,实际上可以被看做是"有关人类定义的最具影响力的现代性术语"之一。①

三、张锡纯对癫狂病的解释

尽管王完白只是使用了精神病这个西方概念,他认为这是唯一客观和科学的解释,但当时中国最著名的医学家张锡纯(1860—1933)②等人对这种"客观性"提出了质疑。例如,《医学衷中参西录》③说心和脾是大脑的交流伙伴,它们并不比大脑次要。张锡纯认为,传统医学和现代医学在原理上是一样的,西医可以被用于阐明高深莫测的经典著作:

> "头者精明之府。"④夫头之中心点在脑,头为精明之府,即脑为精明之府矣。既曰精明,岂有不能思之理,然亦非脑之自能思也。试观古文"思"字作"恖","囟"⑤者脑也,(下边的)"心"者心也。是知,思也者,原心脑相辅成,而须助以脾土镇静之力也。⑥

---

① 参见米歇尔·哈格纳:《人脑:转变灵魂身体到大脑》,柏林:柏林出版社,1997年,第 293 页。

② 张锡纯清末时为一名军医,1918 年起担任辽宁某医院院长,1928 年以后迁居天津,开设传统医学"函授课程"。

③ 张锡纯的这本教科书初版于 1918 年至 1934 年间,计 7 部分 30 卷,遗著第八册出版于 1957 年,该册含有他给学生写的一些东西。1974 年版,尽管为删减本,许多段落还是做了修改。1985 年版(包含 1957 年出版的第八册)是根据初版(包括 1957 年出版的第八册)重印的,1995 年版为 1985 年版重印。张锡纯:《医学衷中参西录》(1918—1934年),石家庄:河北科学技术出版社,1995 年。

④ 这段话显然谈论的是"精明",它位于头部。自晚清以来,一些论者把"精明"解释为五脏六腑上升到头部之"气"。根据赫尔曼·特西诺(Herrmann Tessenow)的研究(私人通信),"精明"一词的最初含义显然是指一种精髓,这种精髓据说必然存在于眼中,因为这样人们才能看东西。参见《黄帝内经素问》5.17,第 235 页。

⑤ "囟"即头部,参见段玉裁编注:《说文解字注》,上海:上海古籍出版社,1988 年,第 501 页。

⑥ 张锡纯:《医学衷中参西录》(1918—1934 年),石家庄:河北科学技术出版社,1995 年,第 1 册,第 3 部分,第 1 卷,第 3 页。

作者在这里指的是《素问》第 17 章中的一段话,他似乎是想证明大脑是思维的源泉这一本土知识。

现在,学者们把这段话中的"精明"解释为眼睛里的一种精髓,一种能使人得以看东西的重要物质。但张锡纯在提到这个词时是否也是指这种含义并不清楚。他也可能是指从五脏升至头部的气——例如正如张介宾的解释,头上的"气"能够被人看做是特别的才智。不管张锡纯都想了些什么,但他确实认为"精明"具有思维的功能。这种解释使他对相关的汉字进行了分析。通过查阅《说文解字》,他认为"田"、"囟"同义,也就是张锡纯所说的"脑",从而为自己的观点提供了证据。但他没有揭示《素问》里的解释实际上是出自清代段玉裁(1735—1815),而不是自己所认为的那样,出自古代。

张锡纯似乎主要考虑的是这样一个"事实",即大脑本身不会思考,大脑本质上需要心脏。他认为,在心和脑之间永远有一条丝线联系着。"大脑通过心脏功能接受(一个人)全部血液的七分之一",西方人的这一认识成为他的联系范式的又一佐证。另外,他还提到了第三种必要的思维要素——脾。在这样说的时候,他根本没有离开传统的医学思维模式。

在第一章,在论及阴虚、热以及腹部器官系统内的失调时,张锡纯进行了如下解释:

> 或问曰:《内经》谓脾主思;西人又谓思想发于脑部,子则谓思发于心者,何也?答曰:《内经》所谓脾主思者,非谓脾自能思也,盖脾属土,土主安静,人安静而后能深思。[1]

这里又涉及到三个思维器官,其中有两个可追踪到中国传统

---

[1] 张锡纯:《医学衷中参西录》(1918—1934 年),石家庄:河北科学技术出版社,1995 年,第 1 册,第 3 部分,第 1 卷,第 3 页。

的医学话语:即脾(含有其特有的"神",即"意")和心(含有具有情感和认识功能的"神")。第三个是西方的概念:脑。张锡纯从功能上把它们联系在了一起。这使得他认为人体内的任何单一思维器官都不可能控制一切。

> 西人于癫狂之症,专责之脑气筋。谓人之脑中神明病久,以致脑气筋失其常司,其性情动作,皆颠倒狂乱。[1]

那么,他认为什么是癫狂呢?他认为癫狂是一种多重性失调吗?他指的是"中国人的身体"这个不断变化的概念吗?当气/痰堵在某个地方或热/火、风蔓延时,中国人就会出现癫狂病。或者说他指的是大脑控制的身体吗? 这种身体由于大脑失去控制而患有脑髓神经病。他似乎指的不是其中的任何一个。他或多或少说到了一个新的身体,然而这个新的身体深深根植于中国的传统,它只有通过这个身体系统中的另一器官——脑,才能得以充实。

他对癫狂的解释清楚地表明了这一点。根据他的解释,当脑和心的联系被痰/唾液持久阻断,因而神明不能在心脑之间的连线畅行无阻时,就会出现癫狂。因此,他在解释癫狂的病因和症状时,他"交换使用"两个关于身体和精神病的不同的术语——"神经病"和"癫狂"。他显然认识到脑和神经是重要的身体器官,但他使用这两个词语并不是根据它们当时的西方含义。换句话说,在用这两个词语来指称中国人的身体时,他赋予它们的是一种全新的含义。治疗癫狂仍然意味着使用理气和祛痰、败火的药物。张锡纯在任何一处都没有对神经进行过解释:很明显,他所说的心脑之间的"连线"就是神经束,在神经束中"神"可以不断地运动。"神"从来没有被认为独立于"经"、"气"、"血"这些"关键力量"。张锡纯"剥夺"了大脑作

---

[1] 张锡纯:《医学衷中参西录》(1918—1934 年),石家庄:河北科学技术出版社,1995 年,第 1 册,第 3 部分,第 1 卷,第 152 页。

为所有生理和精神功能和过程的专制统治者的权力。因此,通过张锡纯的解释,大脑变成了与所有生理功能器官地位相等的一员。

结　语

总之,新传入的具有重要意义的"精神病"这一概念(张锡纯说的是"神经病"),并没有改变身体功能方面的"中国认识论",也没有成功地将纯粹的生理因素和纯粹的精神因素分割开来。这一概念当然不能从精神或心理疾病的意义上加以理解,而应从"生理机能疾病"的意义上加以理解。生理机能所暗含的意思是:人体的全部功能由伴随重要精神情感过程的精气运动所构成:"神"本身就是"气"的表现。

或许正是由于在认识论层次上的这些基本困难,在1921年成立的美国模式的北京协和医学院,所有与精神疾病有关的疾病记录,即(该医院内部使用的)所有精神疾病的分类和处方,都是专门用英语来"交流"和记录的。[①]在汉语里寻找精神病学术语的对应词语,是一个语言学家不可能解决然而却不得不解决的过程。这可能就是当代中国医学学者在精神病学首次传入中国约一百年后,急切要求发展"中国特色的精神病学"的原因。[②]

参考文献

Andrews, Bridie. 1994."Tailoring Tradition: The Impact of Modern Medicine on Traditional Chinese Medicine, 1887—1937", in: Vi-

---

① 参见休·夏彼罗:《来自中国精神病院的观点:20世纪30年代北京对精神病的定义》,博士论文,哈佛大学,1995年。

② 维罗尼加·皮尔森:《中国的心理医疗:国家政策、专业服务与家庭责任》,伦敦:加斯基尔,1995年,第5页。

viane Alleton and Alexei Volkov (eds.). *Notions et Perceptions du Changement en Chine: Textes Présentés au IXe Congrés de L'Association Européenne d'études Chinoises*. Collège de France: Institut des Hautes études Chinoises(Mémoires de I'Institut des Hautes étude Chinoises, vol. 36), pp.59-165. 布利第·安德鲁：《适应传统：近代医学对中国传统医学的影响,1887—1937》,载艾乐桐、阿列克谢·沃尔科夫编：《中国的变革观念和意识：欧洲汉学研究会第九次会议论文集》,法兰西学院：高等汉学研究所(高等汉学研究所历史论文集,第 36 卷),1994 年,第 59~165 页。

Bauer,Wolfgang. 1974."Introduction",in: K'ang, Yu-wei. 1974. *Ta T'ung Shu: Das Buch von der Großen Gemeinschaft*. Translated and commentated by Laurence G. Thompson. Edited by Wolfgang Bauer. Düsseldorf, Cologne: Diederichs. 沃尔夫冈·鲍尔：《导论》,载康有为：《大同书》,劳伦斯·G·汤普森译注、沃尔夫冈·鲍尔编,杜塞尔多夫,科劳尼：蒂德里奇,1974 年。

Bünger, Karl. 1950."The Punishment of Lunatics and Negligents According to Classical Chinese Law", *Studia Serica* 9.2, pp.1-16. 卡尔·宾格尔：《中国古代法律对疯人和过失罪的惩罚》,《汉学研究》9.2,1950 年,第 1~16 页。

Chang Hao. 1980. "Intellectual Change and the Reform Movement,1890-8",in:*Cambridge History of China. Vol.11: Late Ch'ing, 1800—1911*, part 2, pp.274-339. 张灏：《思想变化与维新运动,1890—1898》,载《剑桥中国史》第 11 卷《晚清,1800—1911》,第 2 部分,1980 年,第 274~339 页。

Chen,N. Nancy. 1999. "Translating Psychiatry and Mental Health: Twentieth Century China", in Lydia H. Liu (ed.). *Tokens of Exchange: The Problem of Translation in Global Circulations*. Durham, London: Duke University Press, pp.305-30. 陈南希：《翻译

精神病学和精神健康:20世纪的中国》,载刘禾编:《交流的象征:全球流通中的翻译问题》,达勒姆、伦敦:杜克大学出版社,1999年,第305~330页。

陈士铎:《石室秘路录》("石室秘路录"应为"石室秘录"。——译者按)(萱永堂1687年),北京:中国中医药出版社,1991年重印。

Chiu, Martha Li. 1981. "Insanity in Imperial China: A Legal Case Study", in: Arthur Kleinman and Tsing-Yi Lin (eds.). *Normal and Abnormal Behavior in Chinese Culture*. Dordrecht: D. Reidel, pp.75-94. 赵丽玛:《中华帝国的疯狂行为:法律个案研究》,载阿瑟·克莱曼、林宗义编:《文化与行为:中国文化中的正常与反常行为》,多德雷赫特:D.雷德尔出版社,1981年,第75~94页。

Chiu, Martha Li. 1986. "Mind, Body, and Illness in a Medical Tradition". Ph.D. diss., Harvard University. Reprint Ann Arbor: UMI. 赵丽玛:《中华医学传统中的心智、身体和疾病》,哈佛大学博士论文,1986年,安阿伯:UMI重印。

长春中医学院编:《串雅内编选注》(1851年),北京:人民卫生出版社,1980年。

Canguilhelm, Georges. 1972. "Das Normale und das Pathologische", in: Wolf Lepenies and Henning Ritter (eds.). *Hanser Anthropologie*. Munich: Hanser, pp.81. 乔治·坎圭海姆:《正常和病态》,载沃尔夫·莱佩尼斯、亨宁·里特编:《汉瑟人类学》,慕尼黑:汉瑟出版社,1972年,第81页。

Croizier, Ralph C. 1968. *Traditional Medicine in Modern China: Science, Nationalism and the Tensions of Cultural Change*. Cambridge, Mass.:Harvard Universtiy Press. 兰尔夫·C·克劳依日阿:《现代中国的传统医学:科学,民族主义和文化变化的张力》,坎布里奇,马萨诸塞:哈佛大学出版社,1968年。

华蓓苓、周长发、朱兴海编:《癫狂痫》,北京:中医古籍出版社,

1990 年。

Dikötter, Frank. 1997. *Imperfect Conceptions: Medical Knowledge, Birth Defects and Eugenics in China*. London: Hurst. 冯客：《劣胎：中国的医学知识、生育缺陷和优生学》，伦敦：赫斯特，1997 年。

Donnelly, Michael. 1984. Managing the Mind: A Study of Medical Psychology in Early Nineteenth –Century Britain. London, New York: Tavistock. 迈克尔·唐纳利：《管理心智：英国 19 世纪早期的医学心理学研究》，伦敦、纽约：塔维斯托克，1984 年。

Dunstan, Helen. 1975. "The Late Ming Epidemics: A Preliminary Survey", *Ch'ing–shih wen–t'i* 3.3, pp.1–59. 邓海伦：《明末流行病概述》，《清史问题》3.3，1975 年，第 1~59 页。

Foucault, Michel. 1961. *Histoire de la folie*. Paris: Libraire Plon. 米歇尔·福柯：《精神病史》，巴黎：普朗书店，1961 年。

告觉敷等编：《中国心理学史》，北京：人民教育出版社，1986 年。

郭传铃：《癫狂条辩》，重印于华蓓苓、周长发、朱兴海编：《癫狂痫》，北京：中医古籍出版社，1990 年，第 170~175 页。

Hagner, Michael. 1997. *Homo cerebralis: Der Wandel vom Seelenorgan zum Gehirn*. Berlin: Berlin Verlag. 米歇尔·哈格纳：《人脑：转变灵魂身体到大脑》，柏林：柏林出版社，1997 年。

Hanson, Martha. 1998. "Robust Northeners and Delicate Southerners: The Nineteenth–Century Invention of a Southern Medical Tradition", *positions–east asia cultures critique* 6.3, pp.515–50. 玛莎·汉森：《粗壮的北方人和娇弱的南方人：19 世纪南方医学传统的发明》，《阵地：东亚文化批评》6.3，1998 年，第 515~550 页。

Hobson, Benjamin. 1850. "Medical Missions. I. General Report of the Hospital at Kam –li –fau in Canton, from April 1848 to Nov. 1849", *Chinese Repository* 19.5, p.300–11. 合信：《医学传教（I）：广东康丽方医院综合报告，1848. 4–1849. 11》，《中国丛报》19.5，1850

年,第 300~311 页。

《黄帝内经素问:素问注释汇粹》,程士德等编,二卷,北京:人民卫生出版社,1982 年。

康应辰:《癫病》,载《医学探骊全集》,重印于《癫狂痫》,华蓓苓、周长发、朱兴海编,北京:中医古籍出版社,1990 年,第 209 页。

K'ang, Yu-wei. 1974. *Ta T'ung Shu: Das Buch von der Großen Gemeinschaft. Translated and commentated by Laurence G.* Thompson. Edited by Wolfgang Bauer. Düsseldorf, Cöln: Diederichs. 康有为:《大同书》,劳伦斯·G·汤普森译注、沃尔夫冈·鲍尔编,杜塞尔多夫、科劳尼:蒂德里奇,1974 年。

Kerr, John Glasgow. 1898. "The 'Refuge for the Insane', Canton", *The China Medical Missionary Journal* 12.4, pp.177–178. 嘉约翰:《广东的精神病院》,《中国医学传教杂志》,12.4,1898 年, 第 177~178 页。

Lepenies, Wolf. 1977. "Probleme Einer Historischen Anthropologie", in: Reinhard Rürup (ed.). *Historische Sozialwissenschaften. Beiträge zur Hinführung in die Forschungspraxis.* Göttingen: Vandenhoeck and Ruprecht, pp.126–60. 沃尔夫·莱佩尼斯:历史人类学的若干问题,载莱因哈德·吕鲁普编:《历史的社会科学:科研活动中捐助资金的使用》, 哥廷根:万登豪克和鲁普雷希特,1977 年,第 126~160 页。

Lepenies, Wolf and Henning Ritter (eds.).1972. (Hanser Anthropologie.) Munich: Hanser. 沃尔夫·莱佩尼斯、亨宁·里特编:《汉瑟人类学》,慕尼黑:汉瑟出版社,1972 年。

李冠仙:《李冠仙医话精华》, 载秦伯未编:《清代名医医话精华》(1929 年),四卷本,重印于上海中医学院文献研究所编:《历代中医珍本集成》,上海:上海三联书店,1990 年,第 40 册,第 8 卷。

李冠仙:《伤寓意草》,重印于上海中医学院文献研究所编:《历代中医珍本集成》，上海：上海三联书店，1990年，第34册。

李经纬、李志东：《中国古代医学史略》，石家庄：河北科学技术出版社，1990年。

《灵枢经校释》，河北医学院编，两卷本，北京：人民卫生出版社，1982年。

Liu, Lydia H.(ed.). 1999. *Tokens of Exchange: The Problem of Translation in Global Circulations*. Durham, London: Duke University Press. 刘禾编：《交流的象征：全球流通中的翻译问题》，达勒姆、伦敦：杜克大学出版社，1999年。

Lu Dong, Ma Xi and François Thann. 1995. *Les Maux épidémiques dans l'empire chinois*. Paris: Harmattan. 陆东、马西和沙恩：《中华帝国的流行疾病》，巴黎：汉漠顿，1995年。

马堪温：《祖国清代杰出的医学家王清任》，《科学史辑刊》6，1963年，第66~74页。

《马王堆汉墓帛书》，马王堆汉墓帛书整理小组编，北京：文物出版社，1985年。

Ng. Vivien. 1990. *Madness in Late Imperial China: From Illness to Deviance*. Norman: University of Oklahoma Press. 恩惟薦：《中华帝国晚期的癫狂：从疾病到逾矩》，诺曼：俄克拉荷马大学出版社，1990年。

欧阳兵：《明代伤寒论研究对后世的影响》，《中华医史杂志》1995年第2期，第92~94页。

Pearson, Veronica. 1995. *Mental Health Care in China: State Policies, Professional Services and Family Responsibilities*. London: Gaskel. 维罗尼加·皮尔森：《中国的心理医疗：国家政策、专业服务与家庭责任》，伦敦：加斯基尔，1995年。

秦伯未编：《清代名医医话精华》(1929年)，四卷本，重印于上海中医学院文献研究所编：《历代中医珍本集成》，上海：上海三联书店,1990 年,第 40 册。

裘沛然:《中国历代各家学说》,上海:上海科学技术出版社,1984 年。

Scull, Andrew T. 1981. "The Social History of Psychiatry in the Victorian Era", in: id. (ed.)*Madhouse, Mad–Doctors, and Madman. The Social History of Psychiatry in the Victorian Era.* London: Athlone Press, p.5–32. 安德鲁·T·斯库尔:《维多利亚时代的精神病学社会史》,载安德鲁·T·斯库尔编:《精神病院、精神病医生与精神病人:维多利亚时代的精神病学社会史》,伦敦:阿斯伦出版社,1981 年,第 5~32 页。

Schmitz, Hermann. 1990. *Der Unerschöpfliche Gegenstand: Grundzüge der philosphie.* Bonn: Bourvier. 赫尔曼·施密茨:《取之不尽的资源:哲学基础》,波恩:布沃维耶,1990 年。

Schütz, Christian. 1991. "Psychiatrische und Psychosomatische Ansätze in den Heiltraditionen bis zur Zeit der Yuan–Dynastie". Ph.D. diss., LMU Munich. 克利森·斯库兹:《元代以前中国传统的精神病治疗法和心理疗法》,博士论文,慕尼黑大学,慕尼黑,1991 年。

Shapiro, Hugh. 1995. "The View from a Chinese Asylum: Defining Madness in 1930s Peking". Ph.D. diss., Harvard University. 休·夏彼罗:《来自中国精神病院的观点:20 世纪 30 年代北京对精神病的定义》,博士论文,哈佛大学,1995 年。

《说文解字注》,段玉裁编注,上海:上海古籍出版社,1988 年。

Sivin, Nathan. 1995. "Emotionals Counter –Therapy", in: id. *Medicine, Philosophy and Religion in Ancient China: Researches and Reflections.* Great Yarmouth, Norfolk: Galliard, part 2, pp.1–19. 内森·席文:《情感治疗》,载内森·席文编:《古代中国的医学、哲学和宗教:研究和反思》,大雅茅斯,诺福克:伽利阿德,第 2 部分,第 1~19 页。

Sivin, Nathan. 1998. "The History of Chinese Medicine: Now and Anon", *positions—east Asia cultural critique* 6.3, pp731-62. 内森·席文:《中国医学史：目前与以后》,《阵地：东亚文化批评》6.3,1998年,第731~762页。

Spence, Jonathan. 1975. "Commentary on Historical Perspectives and Ch'ing Medical Systems", in: Arthur Kleinman et al. (eds.). *Medicine in Chinese Cultures: Comparative Studies of Health Care in Chinese and Other Societies.* Washington: U.S. Government Printing Office, pp.77-83. 史景迁:《评历史观与清代医疗制度》,载阿瑟·克莱茵曼等编:《中华文化中的医疗：中国与其他地区医疗保健比较研究》,华盛顿:美国政府印刷局,1975年,第77~83页。

《素问注释汇粹》,程士德编,二卷本,北京:人民卫生出版社,1982年。

Tucker, Sara Waitstill. 1983. "The Canton Hospital and Medicine in Nineteenth Century China 1835—1900". Ph.D. diss., Harvard University. Reprint Ann Arbor: UMI. 萨拉·W·图克:《19世纪中国广东的医院和医学,1835—1900》,博士论文,哈佛大学,1983年,安阿伯:UMI重印。

Unschuld, Paul. 1978. "Das Ch'uan-ya und die Praxis chinesischer Landärzte im 18. Jahrhundert", (Sudhoffs Archiv) 62.4, pp378-407. 文树德:"串雅"与18世纪中国的医疗实践,《萨德胡夫斯档案》62.4,第378~407页。

Unschuld, Paul. 1980. (Medizin in China.)Eine Ideengeschichte. Munich: Beck. 文树德:《中国医学思想史》,慕尼黑:巴克,1980年。

Unschuld, Paul (tr. and comm.). 1986. *Nan-ching: The Classic of Difficult Issues-with Commentaries by Chinese and Japanese Authors From the Third Through the Twentieth Century.* Berkeley, Los Angeles, London: University of California Press. 文树德译注:《难

经》，伯克莱、洛杉矶、伦敦：加州大学出版社，1986年。

王清任：《医林改错》（1831年），上海：大东书局，1937年。

王士雄：《王孟英医话精华》，载秦伯未编：《清代名医医话精华》（1929年），四卷本，重印于上海中医学院文献研究所编：《历代中医珍本集成》，上海：上海三联书店，第40册，第7卷，第1~150页。

王完白：《疯人院之重要与裨益》，《中华医学杂志》3.5，1919年，第127~131页。

Wenyon. 1891. "Letter to the Editor", *The China Medical Missionary Journal 5*, p.1. 卫理：《致编辑信》，《中国医学传教杂志》5，1891年，第1页。

吴塘：《癫狂》，载《吴鞠通医案》（1916年）卷5，重印于华蓓苓、周长发、朱兴海编：《癫狂痫》，北京：中医古籍出版社，1990年，第228~230页。

谢星焕：《得心集医案》（1861年），载王玉润等编：《珍本医书集成》，上海：科学技术出版社，1986年，第12卷。

杨继洲：《针灸大成》（1601年），载达美君编：《历代名奇案集》，上海：三联书店上海分店，1994年。

叶天士：《临证指南医案》（1746年），台北：故宫博物院，1984年。

张必禄：《医方辨难大成》（1834年），四川巴州：合肥刊本。重印于华蓓苓、周长发、朱兴海编：《癫狂痫》，北京：中医古籍出版社，1990年，第193页。

张介宾：《张氏类经》（1624年），台北：文光图书有限公司，1983年。

张锡纯：《医学衷中参西录》（1918—1934年），石家庄：河北科学技术出版社，1995年。

赵洪钧：《近代中西医论争史》，合肥：安徽科学技术出版社，1989年。

Zilboorg, Gregory. 1967. *A History of Medical Psychology*. New York: Norton. 格内高里·齐尔博格：《医学心理学史》，纽约：诺顿图书出版公司，1967年。

《中国人物辞典》，李经纬等编，上海：辞书出版社，1988年。

周一谋、萧佐桃：《马王堆医书考注》，天津：天津科学技术出版社，1988年。

身体卫生与公共母职

——民国时期关于生育、胎教和育婴的措辞[①]

莎拉·E·斯蒂芬斯

导　言

在我考察卫生学话语以及卫生学话语如何建构女性的身体时，我也同样没有忽略那些卫生学家们倾心对待的真实的卫生问题。我高度重视南希·汤姆斯(Nancy Tomes)的批评，即"社会历史学家倾向于把对疾病预防的公开关注，视作将诸如强化性别作用、阶级差别或种族偏见等其他一些更真实目标进行理性化"。[②]我非常愿意相信民国时期卫生学家的主要目标就是维护公共和个人卫生、净化家庭环境、改善中国人民的福祉。但是在读过卫生学方面的著述后发现，卫生学著述的措辞、语汇和思想观念很大程度上折射出对女性身体

———————

① 笔者对"晚清西学译介"国际研讨会的组织者和与会人员深表感谢,本文尤其得益于叶凯蒂(Catherine Yeh)和我的课题组成员周佳荣(Chow Kai-wing)、安格利卡·梅斯纳 (Angelika Messner) 的评论。巴巴拉·米特勒 (Barbara Mittler)、琼·罗宾森(Jean Robinson)、赖恩·斯特鲁维(Lynne Struve)、杰弗·瓦瑟施特伦(Jeff Wasserstrom)和张英进(Yingjin Zhang)在本文写作过程中也为笔者提供了很有价值的见解。最后,笔者感谢费南山(Natascha Vittinghoff)对本文极富思想性的评论,敏锐的批评眼光和不知疲倦的编辑工作。

② 南希·汤姆斯:《公共保健的私人性一面:卫生科学、家庭卫生与微生物理论,1870—1900》,《医学史学报》64,1990 年,第 512 页。

和女性性行为的理解。尤其是，卫生学发挥着一种社会控制的功能，它使女人从属于女性的生育能力，将女性的这种生育角色严格地套在民族—国家的雪橇上。有关母性和国家话语，卫生学的技术语言和科学权威取代了传统的道德说教，这表明有一种新的近代理论在证明保守的性别和生育观的合理。

在开始进行考察之前，至关重要的是把卫生话语定位于民国时期的历史和社会背景之中。参与卫生话语的知识分子处于由各种因素交织的网络中，这些因素包括中国传统医学，传统的身体、家庭和生育观，同时代的生物学模型，以及颇为流行的民族主义、进化论、优生学和进步观念。19 世纪末 20 世纪的前十年，急切希望变革中国和实现社会现代化的知识分子，把西方科学当做救世主，把科学视为绝对的真理，认为只要坚持科学原则，中华民族就能走向现代，就能洗雪外国列强给中国造成的耻辱。

卫生话语是民族主义思想、科学观念和种族进化理论的重要交汇点。在民国时期，进化理论被广为接受并在塑造性别、种族、民族和生育观念方面发挥着重要的作用。冯客令人信服地证明，在 20世纪中期以前，中国人对物种进化的理解一直是非达尔文主义的。与进化是一个随机变化、适应和自然选择的不确定过程的认识不同，中国人对进化的认识主要是新拉马克主义的。[1]进化被描述成一个经过不同层级发展阶段的直线过程，这从进化与退化两个相对的概念就可以看出。这种对进化的认识还把成年男子看做是人类进化阶梯的最高阶位；女人和小孩则被认为尚未进化完全，因而需要保护和引导。[2]另外，斯宾塞的群体进化论也影响了主导着有

---

[1] 冯客：《种族主义话语与近代中国》，斯坦福：斯坦福大学出版社，1992 年，第 99~102 页。

[2] 冯客：《种族主义话语与近代中国》，斯坦福：斯坦福大学出版社，1992 年，第 99~102 页；又见费侠莉：《繁盛之阴：中国医学史上的性别问题，960—1665》，伯克莱：加州大学出版社，1999 年。

关生育方面的讨论的优生学理论的发展。种族进化被看做是民族强盛的一个关键因素。①以进化论为基础的优生学讨论包含在许多卫生学的著述当中,特别是那些关于妊娠和生育的著述。

中国的卫生学学科包括公共卫生学、个人卫生学、家政学和家庭经济学等领域,"卫生"一词最早出现于宋代,但目前的用法形成于晚清,是从日语回流而来、用于翻译英文词汇 hygiene 的一个词语。罗芙芸(Ruth Rogaski)在其研究天津卫生的一本著作中,把"卫生"译作"hygienic modernity(卫生现代性)",以力图表现这个词包含着"科学、秩序和政府权威"的意思。②在 20 世纪最初十年,"卫生"一词的使用频率和地位大大提高。民国时期,卫生学科进一步细分出多个分支学科,并被贴上各种标签,如个人卫生、公共卫生(或大众卫生)、社会卫生、种族卫生、家庭卫生(或家事卫生)、妇女卫生等。这些词语经常出现于报刊文章,并调用了振兴中华民族的华丽词藻。

在本文,我将对《妇女杂志》、《大众卫生》、《卫生报》、《东方杂志》等大众化刊物刊载的卫生学文章加以考察。③我认为,这些文章利用民族主义和种族生存的措辞,把原本属于私人空间(即家室和子宫)改造成了公共空间。首先,我将置身于中国的语境中阐述我对"公共"(public)和"私人"(private)两个词语的理论理解。随后在文章第二部分我将考察"脆弱"(weakness)、"牺牲"(sacrifice)这两

---

① 尽管中国人的种族进化观念是建立在斯宾塞的群体进化论基础上的, 中国的这次种族优化运动和 1933 年前德国以社会达尔文主义为基础的种族优生运动还是存在着某些相似性。例如,这两场运动都注重通过呼吁保护全体民族健康的方式给自己的公民灌输一种生育责任感。参见冯客:《劣胎:中国的医学知识、生育缺陷与优生学》,纽约:哥伦比亚大学出版社,1998 年;谢拉·F·韦斯:《德国的种族优生运动》,《奥西里斯》3(系列 2),1987 年,第 193~236 页。

② 罗芙芸:《天津的现代卫生》, 载周锡瑞编:《改造中国城市: 现代性与民族认同,1900—1950》,火奴鲁鲁:夏威夷大学出版社,2000 年,第 30 页。

③ 对这些杂志的可能的读者的讨论见莎拉·E·斯蒂芬斯:《塑造女性性征:卫生学、文学和教育学著作中的女性身体》,印第安那大学博士论文,2001 年,第 1~2 章。

个被用来形容有生育能力的女性身体的隐喻。这些隐喻构成了一条以胎儿为中心话语的讨论线索。文章第三部分重点考察的是胎教方面的文章，这是一个完全优先从国家利益出发培养健康胎儿和未来公民的卫生学领域。在文章第四部分，我考察的是卫生学文本对儿童和儿童抚养的描述，这些描述是国家对生育行为的持续掌控。在文章的结论部分，我得出的结论是，卫生话语的术语和文本习惯暗示了女性性行为和生育行为已开始从宗法性的构建过程发生转变。在 20 世纪，曾经属于私人领域和（男性）家长的生育控制权被民族—社会所剥夺，①这种转变始于帝制向民国的过渡时期以及民国时期，并在 20 世纪后半期即中华人民共和国时期变得进一步清晰起来。在这个时期，科学的进化论和优生学取代先前的道德语言成为女人身体的主宰。

一、对中国公共领域和私人领域的理论阐释

我不使用哈贝马斯（Jürgen Habermas）或阿伦特（Hannah Arendt）在他们的"公共领域"（public sphere）学说中所提出的具有积极内涵的"公共空间"（public space）一词。哈贝马斯和阿伦特不同形式地把公共领域理论化成一个通过沟通进行自由对话和政治参与的舞台，这个舞台不同于任何国家机构。②民国初期是哈贝马斯公共领域学说若干方面的兴盛时期，期刊的勃兴、文学团体、咖啡屋等都为自由话语提供了舞台。但是，与此同时，卫生话语却显示出中国的公共空间是如何被民族—国家或曰民族—社会的存在

---

① 我在此处使用的词语是"民族—社会"而不是"民族—国家"或"社会"。"民族—国家"一词暗含的意思是一个特定的政府或国家组织控制或创造着卫生话语。"社会"一词会使情况过于简单化，不能预示未来的民族—国家的干涉，而这种情况正在中华人民共和国发生。在使用"民族—社会"这个概念时，我希望注意的是这些年弥散于中国社会每一方面的势不可当的民族主义存在。救国的号召回荡在中国社会的每一方面。国民党政府的国家干预程度随着时间的变化而变化，并与社会运动相互交叉。国民党、左翼人士、中国共产党、外国传教士，所有这些组织都在某一时间把卫生学和生理文化作为中国的聚集点。

② 汉娜·阿伦特：《人类境况》，芝加哥：芝加哥大学出版社，1998 年；尤尔根·哈贝马斯：《公共领域的结构转型》，托马斯·伯格译，坎布里奇，马萨诸塞：麻省理工学院出版社，1989 年。

所污染的。另外,哈贝马斯的理论已经因性别、阶级和一种令人误解的普遍主义而受到了恰当的批判,这使他的理论对于这项研究成为问题。阿伦特的理论——在这种情况下对我来说比较有用,因为他重视实际空间和渴望一种多元化的公共领域——在中国的情境方面同样值得怀疑,因为中国的民族—国家趋向于绝大多数公共空间发挥重大作用。①

我对"公共"和"私人"两个词语的使用大体与南希·弗雷泽(Nancy Fraser)提出的一般原则相一致。弗雷泽把"公共"一词分成四个一般性的定义:(1)所有人都可进入(就像公园和公共图书馆);(2)为了全体人的共同利益(就像公共卫生);(3)与国家关联(如公共税收);(4)涉及每一个人(就像具有争论性的公共问题)。公共性的这四个方面都有其对立面,这些对立面被认为是私人领域的组成部分。另外,"私人"还有两个含义:(5)与私人财产有关联;(6)"有关私密性的家庭或个人生活,包括性生活"。②我想强调的是"私人"的最后一个定义。在卫生话语中,"有关私密性的家庭或个人生活包括性生活"的私人事务被变成了公共事务——为了全体人的共同利益、关系到每一个人和与国家有关。

我在中国语境中使用"私人"这个词,与家庭领域之关联,远大于与个人控制领域之关联。可以说,在整个历史上,中国的妇女从来没有自己的生育支配权。在传统社会,女人生小孩在很大程度上是由家庭和(男性)家长支配的。③从19世纪晚期开始,这种生育支

---

① 维珍尼亚·克奴:《践行非政府组织性和公开宣讲女性空间:女性热线与国家》,载杨美惠编:《她们自己的空间:中国转轨时期的女性公共领域》,明尼阿波利斯:明尼苏达大学出版社,1999年,第86页;杨美惠:《导言》,载杨美惠:《她们自己的空间:中国转轨时期的女性公共领域》,明尼阿波利斯:明尼苏达大学出版社,1999年,第9~11页。

② 南希·弗雷泽:《重新思考公共领域:对现行民主制度的批判》,《社会话题》25/26,1990年,第70~71页。

③ 弗兰西斯卡·布雷的著作考察了一些妇女为了争取自己的生育权,如何利用生物母性和社会母性的逻辑范畴在母职体制内进行谈判。参见弗兰西斯卡·布雷:《技术与性别:晚清帝国的权力结构》,伯克莱:加州大学出版社,1997年。

配权又从家庭转移到中国的民族—社会观念。这种转变的标志就是围绕生育问题在语言修辞上的转变。随着生育的中心点从家庭转到国家,语言也从道德的变成科学的。

公共与私人之间的严格区别通常被男人至上主义观念作为一种将重要事务排除于政治争论之外的手段,而这种排除总是有利于占优势的集团和个人。①但是,模糊公共领域和私人领域的边界同样充满危险。②确定公共领域和私人领域之间的边界"一直是在潜在的公共性的政治使用与失去私人性的危险之间寻求平衡的事情"。③盖尔·克里格曼(Gail Kligman)在她探讨罗马尼亚生育政治学的著作中,把这种混淆公共和私人领域边界的行为称作是危险的"跨越实体的边界"。④我希望进一步探讨的就是这种潜在的越界危险,这种"私人领域的丧失"。

从我在 20 世纪末美国的有利位置来看,在这里只要按一下遥控器,我就能够浏览过去现实的电视节目及类似令人眼花缭乱的节目,很容易看到公共和私人的混合是如何导致"公民消费者"⑤或"公民窥阴癖患者"产生的。在 20 世纪初期中国的语境下,模糊公共和私人领域的观念显然并未同样导致"公民消费者"或"公民窥

---

① 南希·弗雷泽：《重新思考公共领域：对现行民主制度的批判》,《社会话题》25/26,1990 年,第 73 页;南希·弗雷泽：《性、谎言与公共领域:克拉伦斯·托马斯证词反思》,《批评探索》18,1992 年,第 595~612、609 页。

② 塞拉·本哈比：《女权主义理论与汉娜·阿伦特的公共领域概念》,《人类科学史》6.2,1993 年,第 97~114 页。

③ 南希·弗雷泽：《性、谎言与公共领域：克拉伦斯·托马斯证词反思》,《批评探索》18,1992 年,第 610 页。

④ 盖尔·克里格曼：《口是心非的政治学：齐奥塞斯库统治下的罗马尼亚的生育控制》,伯克莱:加州大学出版社,1998 年,第 5 页。克里格曼的著作对生育政治学和民族国家支配家庭领域的内在危险性进行了考察,她对罗马尼亚的许多考察结论可以适用于我的观点,因为卫生学可以被看做是一种说教,在这种说教中,"国家作为一种人格化的存在不断地谈论自己,并根据自己的利益行使权力,而这些利益是作为其臣民的利益提出来的"(见第 4 页)。

⑤ 塞拉·本哈比：《女权主义理论与汉娜·阿伦特的公共领域概念》,《人类科学史》6.2,1993 年,第 109 页。

阴癖患者"的产生。相反,我认为,公共空间侵占子宫、家室和短时的儿童抚养等私人空间,导致的是"臣属性公民"(citizen-subject)的出现。我使用"臣属性公民"这个概念意指这种公民实际是民族—社会控制下的农奴,从属于民族—社会,其个人愿望服从于更大的国家目标。特别是卫生话语用现代科学技术的名义去强化经典著作宣扬的传统美德。这样,随着权力平衡从家庭转移到民族—社会,权威也由道德转移到了科学真理。

二、月经、妊娠与女性的牺牲

通过使用民族主义和优生学的措辞,卫生学文章被注入了救国存种的社会功能。在一篇1916年发表于《妇女杂志》上的题为《家事卫生》的文章中,这种共同的逻辑链条是显而易见的。文中措辞可以这样归纳:每个人都是全体公民的一部分,而全体公民构成了国家,因此国家的强大取决于国民是否健康,国家的盛衰依赖于国民个人的卫生状况。[①]文章还把国家与单个的家庭联系了起来,并且还对如何正确照明、通风等日常生活事务进行指导。这样,家务清洁这些简单的日常事务在意识形态上就与整个国家的利益联系了起来。卫生学在殖民主义话语中扮演着重要的角色,因为外国人/殖民者常常给当地人/被殖民者贴上不讲卫生的标签——肮脏、污浊、土气、显而易见的素质低劣。因此,对卫生的讨论不可避免地与殖民主义话语联系在一起,这表现在"以洗外人笑我们'东亚病夫'之讥"的民族主义运动中。[②]

这种把讲卫生与救国等同起来的态度在整个民国时期都很盛行。1943年的一篇文章是在第二次世界大战和日本侵华的压力下

---

① 合肥:《家事卫生》,《妇女杂志》第2卷第5号,1916年,第1~5页。
②《儿童年的期望》,《大众卫生》第1卷第2号,1935年,第1~2页。这种男性—卫生—殖民者与女性—肮脏—被殖民者的二分法必须从当代革命思想的语境和科学化社会的语境来看,在当代革命思想的语境里,女性(以及女性化的国家)被认为是进化不完全;在科学化社会的语境中,现代医学代表进步和洁净。

写的,文章显示了这种不变的关注卫生的特性。作者写道：

> 我们可说,卫生教育普遍的一天,即为国民保健运动成功的一天。国民保健成功的一天,便是中华民族复兴的一天,望大家群策群力,完成这件国家第一大事。[①]

连接卫生、健康、种族生存和国家昌盛的线索画得如此清晰,可是卫生话语是如何具体描述女性及其在卫生运动中的角色的呢?

卫生话语宣称,女人的首要作用是生育,因而她们的首要角色是母亲。就像 1922 年李荣第(笔名 Y. D.)在一篇题为《妇女的精神生活》文章里所述：

> 男性的目的是在"个性的保存",所以身体的力,都向技术方面发展,向外的进行,对于种种事物都加以推考、观察、冒险的能力。女性因为要图"种的保存",对于艺术,对于各种的能力,固不能说是不能,但为保存种的方面起见,都有一种内的倾向了。[②]

这篇文章提出了一个很有意思的二元论观点：男人的目标在于自我保存,女人的目标在于保存种族。换句话来说,男人的能力以个人为目标,女人的技能以公共利益为目标。女人通过她们的生育功能,即通过生育最优良的后代并恰当哺育他们以"保存种族"。

费侠莉(Charlotte Furth)已经阐明,晚清医学对女性身体的构建发生了从把女人隐喻为污秽到把女人隐喻为软弱和低劣的转变。[③]这种新的模式借助于中国的生物学观念——如认为血液是影

---

① 周尚:《卫生教育与国民健康》,《东方杂志》第 39 卷 20 号,1943 年,第 34~39 页。

② Y. D.(李荣第):《妇女的精神生活》,《妇女杂志》第 8 卷第 1 号,1922 年,第 67 页。

③ 费侠莉:《血液、身体与性别：中国女人社会地位的医学镜像,1600—1850》,《中国科学》7,1986 年, 第 43~66 页；费侠莉:《繁盛之阴：中国医学史上的性别问题,960—1665》,伯克莱:加州大学出版社,1999 年,第 130~133、178~186、305~312 页。

响女性健康的主要因素和月经导致虚弱——自然化了女人的从属地位。民国时期的卫生学文章仍然把女性身体描述为虚弱、脆弱。一方面,月经、怀孕与脆弱的关联清楚地表明,这种被自然化了的虚弱与晚清时期对女性身体的描述模式有关。在这种模式中,月经被认为是一种周期性的损伤,生儿育女被描述成一种牺牲。另一方面,晚清时期的这些观念,又被加进了现代自然化了的软弱观,亦即以西方生物学和进化论为基础的观念。各种模式的观点表明,科学已经成为最有说服力的权威来源,而不用再借助古典知识。无论妇女还是儿童,从生物学上来说,都天然地比成年男人低劣,尤其是女人被认为太情绪化。这是一种长期存在的观点,其依据就是现代生物学。因此,情绪性是卫生学文章努力控制的一个显著特性,这一原则构成了像《妊娠中之精神感应》这些文章的中心线索。①

民国时期的卫生学文章把生育后代的女性身体描述成脆弱和必须从外部加以保护的身体。一篇女性作者写的卫生学文章是专门为"我们脆弱女子"的读者群写的,这些读者体验过月经、怀孕等问题,因此,"我们妇女比男人更需要注重卫生"。②在月经期间、怀孕期间和生育之后,为了避免身体出现不良后果,女人被告诫一定要当心。例如,对行经妇女的指导包括告诉她们要安静地待着,不要运动,但也不要整天躺在床上;不吃过热或过冷的食物,但要仔细控制自己的营养状况;清洗要轻柔,但不要清洗阴道;免受感情刺激。文章警告说,如果女性不遵从这些卫生指导,将会引起可怕的后果,如月经不调、子宫感染、失去生育能力、身体状况不良等。文章尤其特别警告说,女性在行经期间子宫口是敞开的,这使子宫具有很大的感染疾病的风险。在这期间,女性必须确保经血流出畅

---

① 西神:《妊娠中之精神感应》,《妇女杂志》第 2 卷第 10 号,1916 年,不分页。这篇文章实际是日文著作《日本妇女的世界》的一部分译文,译者一定认为这部著作有普遍的适用价值。

② 朱秀娟:《编辑之言》,《卫生报》,1927 年 1 月 6 日,不分页。

通，避免聚集在子宫里，子宫里汇集过多的经血会加剧感染的风险。向"民国"过渡的 20 世纪最初十年中的卫生学文章特别注意给这些指导以生物学上的理论依据。真和在 1918 年的一篇文章里两次提到了子宫内壁发炎的可能性，还告诫说不要清洗阴道，以免感染通过子宫口进入。①

妊娠期被认为是女性另一个身体虚弱的时期。樊须钦在《妊娠之卫生》一文中一开始就讲道，因为妊娠期间身体和精神都会发生很大变化，很容易受到疾病的侵扰。②文章还说，如果母亲身体健康，胎儿身体就健康；如果母亲身体有问题，胎儿也会受到影响。《妇女杂志》上的一篇文章也清楚地解释了妊娠与体弱之间的关系。文章告诫妇女在妊娠期间不要生气、受惊、伤心或过度兴奋，以免出现早产、死胎或畸胎。③文章还告诫说在妊娠期间的几段时间内不要有性接触。总之，妊娠期被认为是一个潜在的危险期，在这期间女性身体很容易遭受外界力量的侵入。

在指明妊娠期危险性的同时，另外一些文章也称颂了母亲们的牺牲精神。朱文印的文章《胎教与优生学》中有这样一段关于生育的文字：

> 由于男女两方的性的结合，从男性一方面，把创造人的所必要的材料搬运过来，以女性的胎内作工场。在其间，由于多数细胞的奇妙的活动，经过了相当的期间，继续完成了种种的工作，这便是生理学所说的妊娠。依此看来，创造活的人，虽说是男女两性共同努力的结果。但在男性一方面，不过仅只提供了创造人所必要的材料，却还要经过女性在胎内去加工，才能被创造出来。而且那精巧而复杂的人体，在女性一方面不是仅只在九个月之间，便在胎内无造作地去完成的。在妊娠期中，为了

---

① 真和：《月经之卫生》，《妇女杂志》第 4 卷第 12 号，1918 年，第 4~6、4~5 页。
② 樊须钦：《妊娠之卫生》，《卫生报》，1927 年 1 月 13 日，不分页。
③ 陈姚雉屏：《妊娠一夕谈》，《妇女杂志》第 2 卷第 5 号，1916 年，第 5~11、7 页。

要完成了人创造人的工作，把自己的肉和灵都分割给胎儿，无间昼夜，在九个月中，继续着以血去浸润胎儿。怀着热烈的母性的期待，终于使男女两方的结合成为灵肉俱备的"人之子"，举呱呱声而坠地。在世界上，能够完成这创造活的人的工作的女性，不是世界上最伟大的艺术家吗？①

这里使用工业生产过程作比喻是没有错的。前面几句用了"材料"、"工场"和"工作"等词语来描述受孕和胎儿发育的过程。"材料"是广义的"material"，通常专门指生产中使用的原料，在这里材料指的是创造胎儿使用的原料。男人贡献出这些"材料"，把它们传送到女人的子宫里，子宫变成了"工场"。这里使用的"工场"一词，意思是"a workshop, a work-site, or even a factory"，在这个作为工场的子宫，创造生命的工作开始了。"工作"一词反复出现在这段讨论创造生命的文字里，该词的词根也出现在"加工"一词中，为方便起见，我将其译成英文"additional work"。

生产过程的比喻和隐含的权力结构十分明显。这段文字实际上描绘了这样一幅场景：在这里，作为监工的男性给作为工人的女性提供重要材料，然后作为工人的女性负责持久的辛苦工作。妇女在创造胎儿的工作中不仅被描述为困难、危险或艰辛，而且还被描述为最具牺牲精神。在作为工场的子宫中，妇女工人分离她们自己的肉体和精神，字面上是，把自己的肉体和精神"分割"给胎儿。在讨论母职时，这段文字强调使用了新的专业比喻。

除了把女人比作工人，这段文字还把女人比作身体工厂。女人不仅是生产场所——工场，还是工场里的卑贱劳工。②这样，女人的

---

① 朱文印：《胎教与优生学》，《妇女杂志》第17卷第8号，1931年，第11~19页，第11~19,2页。

② 我在这里有意使用了"labor（劳动）"这个词，在英语中是指"childbirth（分娩）"与"work（工作）"的联系。正如鲁道夫·瓦格纳在本书阐明的那样，在民国时期，身体"劳动"概念已经变成了教育软弱堕落的年轻人的工具，并被用作中国整体软弱性的救治措施。这里"女人—劳工"的描述也同样被赋予通过生育子女使中国强大的议程。

媒介作用被双重抹杀了。女人是生育工作发生的一个场所,一个背景;女人是工人,一个辛苦地从事生育这种人力劳动的劳工;而男人则被想象成监工,提供全部重要的原料,但却被排除在场景之外。文中的措辞,以及对女人全部工作的赞誉,俨然是以恩人自居。这种态度与高层主管表扬下级雇员的态度完全没有两样。

这篇文章和上面讲到的几篇文章一样,主要关心的问题是胎儿。大多数有关妊娠问题的著述都显示出这种对儿童安康的重视;有关女人虚弱性的文章重视的是女性健康对生育健康子女的重要意义,把母职等同于牺牲也是把胎儿放在了优先地位,表扬女人为繁衍后代而牺牲自己。这些以胎儿为中心的(和以优生为中心的)女性身体观同样也清楚地表现在胎教方面的文章里。

三、胎教与公共子宫

"胎教"的概念不同于产前教育。目前西方的产前教育观念包括孕妇以及胎儿的正确营养和保健观念。胎教也包括这样一种观念,即当胎儿还在子宫内时,其智力、身体和精神就可以被外部世界所塑造。胎教是一个盛行于传统著作的古老概念。经常被引用的胎教的早期定义见于《烈女传》:"目不视恶色,耳不听淫声,口不出傲言。君子谓胎教。"1915 年的一期《妇女杂志》对胎教有一个更加现代的比喻说:"摄影时而笑,则印出之色相亦为笑。摄影时而怒,则印出之色相亦为怒。"[1]这样来表述对胎教的定义,是用技术比喻描述生理过程的一个典型例子。

这两段引文都强调,女性在怀孕期间,其言谈举止和情绪状态——不论生气还是微笑——可能会对敏感的胎儿产生影响。民国时期令人耳目一新的是胎教题目背后隐含着民族主义情愫。在晚清帝国末期,重视胎教的妇女被称颂为好母亲,她们的社会地位一定会因以后子女的成功而提高。[2]从清末开始,胎教与种族进化和优生就联系在一起,因为胎教

---

① 何锡琛:《身心与饲畜之关系说》,《妇女杂志》第 1 卷第 7 号,1915 年,第 1-4、1 页。
② 弗兰西斯卡·布雷:《技术与性别:晚清帝国的权力结构》,伯克莱:加州大学出版社,1997 年。

被说成是增强民族国家力量和智慧的一种方式。①妇女被教导说,为了民族昌盛,女人要重视胎教。

但在 20 世纪二三十年代,胎教并没有受到普遍的支持。1931年,黄石在《妇女杂志》上发表一篇题为《甚么是胎教》的批评文章。作者在文中解释了胎教的迷信实质,说在出生之前就能影响胎儿的智力、体质或性格根本没有"医学"根据。②这一观点揭示了在胎教问题上的论争是如何变得政治化以及如何参与到有关中华民族的讨论中去。由于胎教与封建时代和迷信相联系,于是胎教的赞成者用科学和医学语言创造了一套新的现代的胎教理论。黄石对胎教的批判为科学至上论的具体化提供了帮助,那些阐释胎教背后的科学原理的文章得以定期发表。即使不提胎教这个词的文章,也坚持这样一条原则:为了婴儿的健康,教给孕妇一种正确的生活方式。③除了注意营养、卫生、锻炼,文章还告诫孕妇不要阅读流行小说,不要看电影,不要参加任何有可能刺激情绪的活动。④所有这些教导还给出了医学上的理由。

这些教导显然是与优化华人种族这一使命联系在一起的,正如一篇文章所说:"胎教一事,其作用不仅只在使胎儿受良好影响而已,即在人类之种的进化上,也有非常重大的意义的。"⑤在卫生话语中,母职是妇女融入国家的一条途径。这种话语意味着授权与屈从奇怪地结合在了一起。一方面,可以说妇女加入到民族发展的

---

① 冯客:《种族主义话语与近代中国》,斯坦福:斯坦福大学出版社,1992 年,第 166~167 页

② 黄石:《甚么是胎教》,《妇女杂志》第 17 卷第 11 号,1931 年,第 19~28 页。

③ 蔼诸:《育婴常识》,《大众卫生》第 1 卷第 2 号,1935 年,第 13~16 页。

④ 这些指导被广为传播,典型的例子见西神《妊娠之精神感应》(《妇女杂志》第 2 卷第 10 号,1916 年)一文和朱文印《胎教与优生学》(《妇女杂志》第 17 卷第 8 号,1931 年,第 15 页)一文。此类忠告在性教育的话语中也很流行。更多信息,参见莎拉·E·斯蒂芬斯:《塑造女性性征:卫生学、文学和教育学著作中的女性身体》,印第安纳大学博士论文,2001 年,第三章和第四章。

⑤ 朱文印:《胎教与优生学》,《妇女杂志》第 17 卷第 8 号,1931 年,第 13 页。

工作中提高了她们的社会地位，并使她们肩负了社会责任；[1]另一方面，也可以说妇女被屈从于国家的家长制权力之下。我还要说，这两种极端的认识——无论说胎教是授权于女人还是严格来说胎教是一种屈从手段——都不足以清楚地说明卫生话语所起的作用。实际上，当我们考察卫生措辞时，我们也需要考虑这样一种可能性：即各篇卫生学文章的作者可能是为了表达授权性的观点而使用民族主义和种族这些被社会认可的措辞的，尽管这些措辞本身并不具有授权性。

这种文本可能性的一个例子是韵琴在 1937 年写的一篇文章，题目是《妊娠中的卫生与胎教》。文章开头这样写道：

> 妇女在妊娠期间的卫生与胎教，不论从人类种族的绵延上或民族健康的立场上说，都是具有非常重大的意义和不容忽视的价值的。[2]

在一开始就认同女人是种族/民族的奴仆这种普遍的观点后，作者继而对这种观点浸润了授权说的含义。她主张女人需要更多地控制自己的身体和性欲，指出如果已婚妇女不能过一种"和谐的"性生活，将有害于自己的身体、精神、未来的孩子以及种族。

韵琴的文章也指出了男人特别是丈夫应该采取的正确行为。借助于孕妇情绪激剧波动会危及胎儿这种通行的观点，作者提出丈夫必须以一种更加尊敬的方式对待自己怀孕的妻子。她说：

> 为夫者如果和平常一样，对妻子而不特别予以精神上的安慰和爱抚，甚至因妻子妊娠多病，家庭里感不到乐趣而到外

---

[1] 冯客主张这种授权说，见冯客：《中国的性、文化与现代性：民国初期医学科学和对性别的构建》，火奴鲁鲁：夏威夷大学出版社，1995 年，第 94~95 页。

[2] 韵琴：《妊娠中的卫生与胎教》，《东方杂志》第 34 卷第 7 号，1937 年，第 257 页。

边去寻找快乐,或对妻子不满和发怒,这都足以使妊妇感到无限的烦恼和痛苦,间接地也就影响了胎儿。[1]

这段文字可以被解读为一种主张男性忠贞的观点,因为作者告诫男人不要"到外边去寻找快乐"。还有一篇文章则告诫丈夫不要外出迟归和"带有酒气"。[2]

从这些文章的某些部分的字里行间可以看出,为了更大程度地控制女人的身体,女人是如何被操控在这些种族或民族生存的措辞中的。这些文章本可以在这种较大的卫生学框架里为女人的个人表达和自我实现创造一个空间,因为这一卫生学框架是严格按照社会利益、民族主义和种族优化来看待女性性行为和女人的生育能力的。但是,韵琴的文章描绘的是一幅脆弱无力的女性的画卷,她必须克制自己的性冲动和自己的感情。

我在上面勾勒出的一个大致画卷是,通过使用科学的逻辑和术语,卫生话语对妇女的生育能力发挥了一种家长式的控制作用。不管作者的性别如何,卫生学的著述很大程度上是为(男性)民族—国家服务的,它们劝告女性公民—臣民该如何行动、如何感知和如何生育。通过运用种族的、民族的和科学的语言,女人的子宫被重新设定成必须服务于公共利益的空间。有关儿童和家务问题的卫生学著述持续使用这种国家征用的措辞,用种种隐喻暗示说儿童是易变的,应该精心把他们培养成有教养的公民。

四、育婴:国家的运动场

许多讨论女性问题的卫生学著述也都把重点放在了家庭卫生观念方面,特别是育婴方面。通过这些著述,家庭的物质的空间和育婴的暂时的空间都变成了国家需要和命令居首要地位的公共空

---

[1] 韵琴:《妊娠中的卫生与胎教》,《东方杂志》第 34 卷第 7 号,1937 年,第 260 页。
[2] 朱文印:《胎教与优生学》,《妇女杂志》第 17 卷第 8 号,1931 年,第 15 页。

间。有关家事和家庭卫生的文章通常认为，料理家务是女人的事情，妥善料理家务与妥善管理国家是相联系的。有关育婴培养问题的文章认为，儿童是国家的一种资源，为了民族—国家的利益，这种资源需要精心培养和呵护。这种关系通过"国家"（国—家）一词从语义上得到例证。

绝大多数讨论家庭卫生的文章都特意把目标指向女性，《妇女杂志》的一个专栏以《家庭卫生》冠名数年就证明了这一点。这些文章就如何正确操持家务给女性提供了具体的指导，并说违背这些规则就会导致不健康的家庭和不健康的中国。就物质方面的家务操持而言，从正确通风到正确的卫生清理技术，每一件事都指导得十分细致。《妇女界的普通病》一文说明，尽管教育已经取得了进步，但女人在观念上还是与家务生活联系在一起。①在这篇文章里，"妇女界"显然就是指家务，尽管作者在一开始就指出，由于接受教育和经历范围的扩大，年轻女孩的健康状况已经得到改善。作者用了大半篇幅来说明妇女就是家庭主妇，并详细地论证说常见病是可以通过正确的家庭卫生治愈的。而且，正确的家庭卫生背后隐含的基本理论明显是家长式的，即目的就是保护孩子和家庭单元。在讲到结核病这种致命的疾病时，作者强调指出妇女必须保护孩子：

> 但害了这肺痨病，就是生育小儿，也要遗传的。所以为着强种问题，对这种病应当注重预防。②

换言之，妇女需要预防致命性疾病不是出于对妇女自身生命的担心，而是出于对孩子的担心，他们是民族—国家的真正资源。

视孩子为国家资源是与长期把孩子的利益从属于社会单位的利益这种观念相伴随的，这种情况在前近代中国可以看到，在

---

① 胡定安：《妇女界的普通病》，《妇女杂志》第8卷第8号，1922年，第81~82页。
② 胡定安：《妇女界的普通病》，《妇女杂志》第8卷第8号，1922年，第81页。

近代中国依然存在。①然而,这种极为重要的"社会单位",随着时间的变化含义也在不断变化,不同时期强调的是不同的家庭生育单位,其连续性从祖先到子孙,到一般的社群以及民族—国家。②梁其姿(Angela Ki Che Leung)认为,在晚清时期,中国人的世界观发生了新的变化,新的世界观把儿童看做是社会的重要成员,但这些社会成员既可能有益于社会,也可能有害于社会。③她把这种世界观看做是相对于早期仅仅把孩子看做是家庭成员的观念的转变,并声称"19世纪晚期的社会已经认识到儿童是具有特殊需要的复杂社会存在"。④随着儿童救助机构的一致改善,儿童的社会重要性开始受到重视。日益强调社会对穷困儿童的责任与在卫生学著述中发现的那类用语方式有着直接的联系。这种用语反映的是国家和社会的家长式角色。在这类文章当中,民族—国家扮演着一种父母角色,儿童属于"国—家"(nation-family)。

在中国,儿童养育和儿童成长的观念主要受到两种相互冲突的思想流派的影响,这两种思想流派在不同时期受到不同人群的欢迎。第一种思想流派认为,儿童具有天然的智慧,在精神上实际能够达到超过成人的完美水平。这一思想流派在道家传统那里甚为流行,并受到其他不同知识分子群体的欢迎。⑤同样的育婴观也

---

① 安妮·B·肯尼:《导言》,载安·B·肯尼编:《中国人的育儿观》,火奴鲁鲁:夏威夷大学出版社,1995年,第2页。

② 关于儿童与家庭单位连通度的更多信息,参见巫鸿:《私人之爱与公共责任:中国早期艺术中的儿童形象》,载安妮·B·肯尼编:《中国人的育儿观》,火奴鲁鲁:夏威夷大学出版社,1995年,第79~110页;又见安·沃尔特:《中国明代和清初的杀婴和嫁妆》,载安妮·B·肯尼编:《中国人的育儿观》,火奴鲁鲁:夏威夷大学出版社,1995年,第193~218页。

③ 梁其姿:《19世纪中国的儿童救济制度》,载安妮·B·肯尼编:《中国人的育儿观》,火奴鲁鲁:夏威夷大学出版社,1995年,第251~278页。

④ 梁其姿:《19世纪中国的儿童救济制度》,载安妮·B·肯尼编:《中国人的育儿观》,火奴鲁鲁:夏威夷大学出版社,1995年,第254页。

⑤ 吴佩宜讨论了这种观点在王阳明学派的流行。参见吴佩宜:《童年记忆:中国的父母与子女,800—1700》,载安妮·B·肯尼编:《中国人的育儿观》,火奴鲁鲁:夏威夷大学出版社,1995年,第129~156页。

见之于近代中国，特别是见之于"五四"时期受约翰·杜威及其儿童中心论影响的思想家那里。这个时期的一些作家著书立说采用的是儿童的视角，揭示的是对青年容光焕发的自然状态的怀想，强调的是儿童的智慧。①

另一种学派强调儿童是一种潜力。这种观点把童年看做是人的一个成长阶段，认为儿童的智力和道德潜能应该重视，但童年本身并不重要。②这种观点强调了教育和对儿童进行正确培养的必要性，因此与胎教相联系。③作为这一观点的代表，肯尼（Anne Behnke Kinney）考察了汉朝的育婴观，称当时儿童只是被看做为一种"需要通过教育才能得到发展的潜能基础"。④根据这一观点，儿童在出生后(以及出生前)是可塑的，因此需要教育和引导。这个教育过程就是通常所称的"渐化"。肯尼接着从语义学上对"渐化"一词进行了考察，认为该词与染布的过程有关。她得出结论说：

> ……把纺织品放在染料里浸染着色的缓慢过程，是汉代对人的个性形成过程的概念的恰当比喻。⑤

这种把儿童看做是一张可以随意涂画的白纸的观点十分类似于卫生学教科书宣扬的育婴观。通常把儿童比作是一张"白纸"的

---

① 凯瑟琳·E·皮斯：《记忆瓜的味道：近代中国的童年故事》，载安妮·B·肯尼编：《中国人的育儿观》，火奴鲁鲁：夏威夷大学出版社，1995年，第279~320页。

② 安妮·B·肯尼：《导言》，载安·B·肯尼编：《中国人的育儿观》，火奴鲁鲁：夏威夷大学出版社，1995年，第12页。

③ 布雷关于母职的某些观点也反映了这个问题，因为她讨论了教育强于天性的中国传统观点。参见弗兰西斯卡·布雷：《技术与性别：晚清帝国的权力结构》，伯克莱：加州大学出版社，1997年。

④ 安妮·B·肯尼：《染色的丝绸：汉族的儿童道德培养观念》，载安妮·B·肯尼编：《中国人的育儿观》，火奴鲁鲁：夏威夷大学出版社，1995年，第18页。

⑤ 安妮·B·肯尼：《染色的丝绸：汉族的儿童道德培养观念》，载安妮·B·肯尼编：《中国人的育儿观》，火奴鲁鲁：夏威夷大学出版社，1995年，第30页。

卫生学比喻也回荡着染布的观念。在一篇论述儿童节意义的文章里,作者称"儿童的头脑有如白纸,原无何种知识"。[1]作者还接着说,儿童必须被教以正确的知识,其健康必须受到保护。最后作者以一种民族主义的语气极力主张社会通过这个"儿童年"致力于贯彻孙中山(1866—1925)的指示:"以发展儿童为本位!"[2]正确培养的重要性怎么估计都不过分:

> 自幼有正当训练,得优美教育,则将来处世为人,便能造福于社会了![3]

这句话反过来说就是,儿童如果不能正确地接受训练和未受到过良好的教育,将有害于社会并且将毁灭国家。赞成新式教育包括卫生学教育的人常常表露出这样的观点。

另外一些文章也回荡着这种"白纸"比喻,说:"着墨则黑;着朱则赤。"[4]还有说法:

> 儿童本为一张白纸,染于苍则苍,染于黄则黄。[5]

为了有利于大众,父母必须以某些方式给孩子的经历认真染色,这种看法与在前面讨论胎教时所引用的那段文字的看法非常相似。那段文字把胎教比作是照相,而胎教可以被进一步延伸到儿童的潜能:

> 摄影时而笑,则印出之色相亦为笑。摄影时而怒,则印出

---

① 刘九始:《谈儿童节与儿童的健康教育》,《大众卫生》第1卷第4号,1935年,第10页。
② 刘九始:《谈儿童节与儿童的健康教育》,《大众卫生》第1卷第4号,1935年,第11页。
③ 蔼诸:《育婴常识》,《大众卫生》第1卷第2号,1935年,第16页。
④ 《儿童年的期望》,《大众卫生》第1卷第2号,1935年,第1页。
⑤ 黄怀信:《本所妇婴卫生工作概略》,《大众卫生》第1卷第8号,1935年,第20-24,23页。

之色相亦为怒。①

这句引文在原文中的意思是说，在怀孕和妊娠期间，孕妇的情绪状况将决定婴儿将来的情绪状态。更进一步说，儿童就相当于一卷胶卷，最后形成的照片（婴儿）反映的是母亲怀孕时的情感状态；同样道理，最后形成的产品——成人——取定于童年这一洗相过程。这个比喻也表明：表述正确生育和育婴的理论越来越依赖于技术性的语言。

儿童是白纸和尚未感光的底片。虽然儿童的照管者，特别是妈妈，被赋予了在纸上写字——或冲洗底片——的责任，但卫生学的著述宣称，为了能够最终造就出理想的国民，国家具有决定使用何种墨水进行书写或使用何种显影粉进行显影的权力。这种观点从本质上说是与"五四"时期一些作品的观点相对立的，后者倡导儿童自由、以儿童为中心的教育和年轻人的智慧。相反，这种卫生学观点声称，民族——国家对儿童的兴趣在于儿童是资源——国家资源，为了公共利益，必须以一种有利于公共利益的方式对他们进行养育。

结　语

通过利用描述女性脆弱性的以胎儿为中心的、母职的牺牲性的和胎教的文本，我已经阐明了女人的子宫是如何被征用进入公共议程的。所以说，卫生学著述是一种社会控制方法，它赞成狭猛的女性性行为和胎儿至上观，而不是个体的女人观。女人的子宫被塑造成一个培养未来公民的场所，民族—国家的利益被置于极其重要的地位。至于儿童，则被设想成国家巨大的潜在资源，被设想

---

① 何锡琛：《身心与饲畜之关系》，《妇女杂志》第1卷第7号，1915年，第1页。

成为了推进民族—国家进步而需要正确填写的白纸。这些结论形成的是一幅家长制国家的画卷，国家捍卫的是它对未来公民的既定利益。从这个意义上说，男人是国家的一部分，女人和儿童受国家保护和必须服务于国家。这些观念受到了科学逻辑和对技术术语新依赖的支持，后者取代了先前对生育和儿童养育问题的道德讨论。

民国时期，对于女性性行为和女人的母亲和公民角色，有许多相互竞争的话语，卫生话语就是这幅织锦中的一条线。相互竞争的形象表现在许多方面，包括教育话语、画报、电影以及文学作品。强大的"新女性"和颓废的"摩登孤儿"形象与卫生学著述中理想的"健全"生育女性形象就形成了鲜明的对比。

尽管卫生学著述呈现的只是一种生育景象，但这种公共子宫和公共母亲的景象在20世纪的中国，是对女人身体政治控制的历史变迁中的一个链环。把卫生话语放到中国当前的生育政策背景来看，卫生话语可以被看做是民族—国家干涉女性身体的一个可能的开端；1978年至1979年开始执行的独生子女政策，可以被看做只是对母亲们进行家长式控制的链条中的一环。民国时期，生育的权威由家庭转移到国家，①这种转移是与优生学的兴起和中国当时的进化观联系在一起的。巧舌如簧地抹杀公共与私人边界和坚持民族—国家相对于家庭忠贞的至上地位，继续贯穿于20世纪。50年代实行人口政策、六七十年代"文化大革命"时期摧毁家庭纽带、80年代执行严格的独生子女政策，都可以从这一角度来看。民国时期的卫生学著述使用的是民族主义和民族生存的铿锵语言，并因此将女性的个人角色从属于民族—国家的意志。

---

① 正如德里亚·达文所言："在这场国家与寂静的家长制家庭之间的竞争中，女性的生育能力以及女性的身体正在成为争夺的对象。这是女人的不幸。"参见德里亚·达文：《中华人民共和国的性别与人口》，载哈勒·阿夫沙编：《妇女、国家与意识形态：来自亚非地区的研究》，奥尔巴尼：纽约州立大学出版社，1987年，第126页。

目前，中国在人口问题上的措辞继续引起人们在家庭与民族、女人与国家、生育子女与生产人民的观念之间的滑动。①

参考文献

蔼诸:《育婴常识》,《大众卫生》第 1 卷第 2 号,1935 年,第 13~16 页。

Arendt,Hannah. 1998. *The Human Condition*. Chicago: University of Chicago Press. 汉娜·阿伦特:《人类境况》,芝加哥:芝加哥大学出版社,1998 年。

Benhabib, Seyla. 1993. "Feminist Theory and Hannah Arendt's Concept of Public Space", (History of the Human Science)6.2, pp. 97-114. 塞拉·本哈比:《女权主义理论与汉娜·阿伦特的公共领域概念》,《人类科学史》6.2,1993 年,第 97~114 页。

Bray, Francesca. 1997. *Technology and Gender: Fabrics of Power in Late Imperial China*. Berkeley: University of California Press. 弗兰西斯卡·布雷:《技术与性别:晚清帝国的权力结构》,伯克莱:加州大学出版社,1997 年。

陈姚雉屏:《妊娠一夕谈》,《妇女杂志》2.5,1916 年,第 5~11 页。

Cornue, Virginia. 1999. "Practicing NGOness and Relating Women's Space Publicly: The Women's Hotline and the State", in: Mayfair Mei-hui Yang (ed.). *Spaces of Their Own: Women's Public Sphere in Transnational China*. Minneapolis: University of Minnesota Press, pp.68-94. 维珍尼亚·克奴:《践行非政府组织性和公开宣讲女性空间:女性热线与国家》,载杨美惠编:《她们自己的空间:中国转轨时期的女性公共领域》,明尼阿波利斯:明尼苏达大学出版社,

---

① 关于中国 20 世纪母职制度与生育政治的连贯性,更多的信息参见我的文章:《母职、生育政治与中国的民族国家》,载安德里亚·奥瑞利编:《安德里安娜·里奇〈女人所生〉的遗产》,奥尔巴尼:纽约州立大学出版社,即将出版。

1999 年,第 68~94 页。

Davin, Delia. 1987. "Gender and Population in the People's Republic of China", in: Haleh Afshar (ed.). *Women, State, and Ideology: Studies from Africa and Asia.* Albany: State University of New York Press, pp.111–29. 德里亚·达文:《中华人民共和国的性别与人口》,载哈勒·阿夫沙编:《妇女、国家与意识形态:来自亚非地区的研究》,奥尔巴尼:纽约州立大学出版社,1987 年,第 111~129 页。

Dikötter, Frank. 1992. *The Discourse of Race in Modern China.* Stanford: Stanford University Press. 冯客:《种族主义话语与近代中国》,斯坦福:斯坦福大学出版社,1992 年。

Dikötter, Frank. 1995. Sex, (Culture and Modernity in China:) *Medical Science and the Construction of Sexual Identities in the Early Republican Period.* Honolulu: University of Hawaii Press. 1995. 冯客:《中国的性、文化与现代性:民国初期医学科学和对性别的构建》,火奴鲁鲁:夏威夷大学出版社,1995 年。

Dikötter, Frank. 1998. *Imperfect Conceptions: Medical Knowledge, Birth Defects and Eugenics in China.* New York: Columbia University Press. 冯客:《劣胎:中国的医学知识、生育缺陷与优生学》,纽约:哥伦比亚大学出版社,1998 年。

Duden, Barbara. 1991. *The Woman Beneath the Skin: A Doctor's Patients in Eighteenth–Century Germany.* Translated by Thomas Dunlap. Cambridge, Mass.: Harvard University Press. 巴巴拉·杜登:《皮下的女人:18 世纪一位德国医生的病人》,托马斯·杜恩兰帕译,坎布里奇,马萨诸塞:哈佛大学出版社,1991 年。

《儿童年的期望》,《大众卫生》第 1 卷第 2 号,1935 年,第 1~2 页。

樊须钦:《妊娠之卫生》,《卫生报》,1927 年 1 月 13 日,不分页。

Fraser, Nancy. 1990. "Rethinking the Public Sphere: A Contribution to the Critique of Actually Existing Democracy", *Social Text* 25/ 26, pp. 56–80. 南希·弗雷泽：《重新思考公共领域：对现行民主制度的批判》，《社会话题》25/26，1990 年，第 56~80 页。

Fraser, Nancy. 1992. "Sex, Lies, and the Public Sphere: Some Reflections on the Confirmation of Clarence Thomas", *Critical Inquiry* 18. pp. 595–612. 南希·弗雷泽：《性、谎言与公共领域：克拉伦斯·托马斯证词反思》，《批评探索》18，1992 年，第 595~612 页。

Furth, Charlotte. 1986."Blood, Body and Gender: Medical Images of the Female Condition in China, 1600—1850", *Chinese Science* 7, pp. 43–66. 费侠莉：《血液、身体与性别：中国女人社会地位的医学镜像，1600—1850》，《中国科学》7，1986 年，第 43~66 页。

Furth, Charlotte. 1999. *A Flourishing Yin: Gender in China's Medical History, 960—1665.* Berkeley: University of California Press. 费侠莉：《繁盛之阴：中国医学史上的性别问题，960—1665》，伯克莱：加州大学出版社，1999 年。

Habermas, Jürgen. 1989. *The Structural Transformation of the Public Sphere: An Inquiry into a Category of Bourgeois Society.* Translated by Thomas Burger. Cambridge, Mass.: The MIT Press. 尤尔根·哈贝马斯：《公共领域的结构转型》，托马斯·伯格译，坎布里奇，马萨诸塞：麻省理工学院出版社，1989 年。

合肥：《家事卫生》，《妇女杂志》第 2 卷第 5 号，1916 年，第 1~5 页。

何锡琛：《身心与饲畜之关系说》，《妇女杂志》第 1 卷第 7 号，1915 年，第 1~4 页。

胡定安：《妇女界的普通病》，《妇女杂志》第 8 卷第 8 号，1922 年，第 81~82 页。

黄怀信：《本所妇婴卫生工作概略》，《大众卫生》第 1 卷第 8 号，1935 年，第 20~24 页。

黄石:《甚么是胎教》,《妇女杂志》第17卷第11号,1931年,第19-28页。

Kinney, Anne Behnke. 1995a. "Dyed Silk: Han Notions of the Moral Development of Children", in: Id. (ed.). *Chinese Views of Childhood*. Honolulu: University of Hawaii Press, pp.17–56. 安妮·B·肯尼:《染色的丝绸:汉族的儿童道德培养观念》,载安妮·B·肯尼编:《中国人的育儿观》,火奴鲁鲁:夏威夷大学出版社,1995年,第17~56页。

Kinney, Anne Behnke. 1995b. "Introduction", in: Id. (ed.). *Chinese Views of Childhood*. Honolulu: University of Hawaii Press, pp.1–16. 安妮·B·肯尼:《导言》,载安妮·B·肯尼编:《中国人的育儿观》,火奴鲁鲁:夏威夷大学出版社,1995年,第1~16页。

Kligman, Gail. 1998. *The Politics of Duplicity: Controlling Reproduction in Ceausescu's Romania*. Berkeley: University of California Press. 盖尔·克里格曼:《口是心非的政治学:齐奥塞斯库统治下的罗马尼亚的生育控制》,伯克莱:加州大学出版社,1998年。

Leung, Angela Ki Che. 1995. "Relief Institutions for Children in Nineteenth-Century China", in: Anne Behnke Kinney (ed.). (Chinese Views of Childhood.)Honolulu: University of Hawaii Press, pp.251–78. 梁其姿:《19世纪中国的儿童救济制度》,载安妮·B·肯尼编:《中国人的育儿观》,火奴鲁鲁:夏威夷大学出版社,1995年,第251~278页。

刘九始:《谈儿童节与儿童的健康教育》,《大众卫生》第1卷第4号,1935年,第10~11页。

Pease, Catherine E. 1995. "Remembering the Taste of Melons; Modern Chinese Stories of Childhood", in: Anne Behnke Kinney (ed.). *Chinese Views of Childhood*. Honolulu: University of Hawaii Press, pp. 279–320. 凯瑟琳·E·皮斯:《记忆瓜的味道:近代中国的童年故

事》，载安妮·B·肯尼编：《中国人的育儿观》，火奴鲁鲁：夏威夷大学出版社，1995 年，第 279~320 页。

Rogaski, Ruth.2000. "Hygienic Modernity in Tianjin", in: Joseph W. Esherick(ed.). *Remaking the Chinese City: Modernity and National Identity, 1900—1950*. Honolulu: University of Hawaii Press, pp. 30–46. 罗芙芸：《天津的现代卫生》，载周锡瑞编：《改造中国城市：现代性与民族认同，1900—1950》，火奴鲁鲁：夏威夷大学出版社，2000 年，第 30~46 页。

Stevens, Sarah E. 2001. "Making Female Sexuality in Republican China: Women's Bodies in the Discourse of Hygiene, Literature, and Education". Ph.D. diss. Indiana University. 莎拉·E·斯蒂芬斯：《塑造女性性征：卫生学、文学和教育学著作中的女性身体》，印第安那大学博士论文，2001 年。

Stevens, Sarah E. "Motherhood, Reproductive Politics, and the Chinese Nation–State". in: Andrea O'Reilly (ed.). *The Legacy of Adrienne Rich's Of Woman Born*. Albany: SUNY Press. (forthcoming). 莎拉·E·斯蒂芬斯：母职、生育政治与中国的民族国家，载安德里亚·奥瑞利编：《安德里安娜·里奇〈女人所生〉的遗产》，奥尔巴尼：纽约州立大学出版社，即将出版。

Tomes, Nancy. 1990. "The Private Side of Public Health: Sanitary Science, Domestic Hygiene, and the Germ Theory, 1870—1900", *Bulletin of the History of Medicine* 64, pp.509–39. 南希·汤姆斯：《公共保健的私人性一面：卫生科学、家庭卫生与微生物理论，1870—1900》，《医学史学报》64，1990 年，第 509~539 页。

Waltner, Ann. 1995. "Infanticide and Dowry in Ming and Early Qing China", in: Anne Behnke Kinney (ed.). *Chinese Views of Childhood*. Honolulu: University of Hawaii Press, pp.193–218. 安·沃尔特：

《中国明代和清初的杀婴和嫁妆》,载安妮·B·肯尼编:《中国人的育儿观》,火奴鲁鲁:夏威夷大学出版社,1995年,第193~218页。

Weiss, Sheila Francis. 1987. "The Race Hygiene Movement in Germany", (Osiris) 3(second series), pp. 193–236. 谢拉·F·韦斯:《德国的种族优生运动》,《奥西里斯》3(系列2),1987年,第193~236页。

Wu, Hung. 1995. "Private Love and Public Duty: Images of Children in Early Chinese Art", in: Anne Behnke Kinney (ed.). *Chinese Views of Childhood*. Honolulu: University of Hawaii Press, pp.79–110. 巫鸿:《私人之爱与公共责任:中国早期艺术中的儿童形象》,载安妮·B·肯尼编:《中国人的育儿观》,火奴鲁鲁:夏威夷大学出版社,1995年,第79~110页。

Wu Pei-yi. 1995. "Childhood Remembered: Parents and Children in China, 800 to 1700", in: Anne Behnke Kinney(ed.). *Chinese Views of Childhood*. Honolulu: University of Hawaii Press, pp. 129–56. 吴佩宜:《童年记忆:中国的父母与子女,800—1700》,载安妮·B·肯尼编:《中国人的育儿观》,火奴鲁鲁:夏威夷大学出版社,1995年,第129~156页。

西神:《妊娠中之精神感应》,《妇女杂志》第2卷第10号,1916年,不分页。

Y. D.(李荣第):《妇女的精神生活》,《妇女杂志》第8卷第1号,1922年,第63~69页。

Yang, Mayfair Mei-hui. 1999. "Introduction", In: Mayfair Mei-hu Yang (ed.). *Spaces of Their Own: Women's Public Sphere in Transnational China*. Minneapolis: University of Minnesota Press, pp. 1–34. 杨美惠:《导言》,载杨美惠编:《她们自己的空间:中国转轨时期的女性公共领域》,明尼阿波利斯:明尼苏达大学出版社,1999年,第1~34页。

韵琴:《妊娠中的卫生与胎教》,《东方杂志》第 34 卷第 7 号,1937 年,第 257~260 页。

真和:《月经之卫生》,《妇女杂志》第 4 卷第 12 号,1918 年,第 4~6 页。

周尚:《卫生教育与国民健康》,《东方杂志》第 39 卷,第 20 号。1943 年,第 34~39 页。

朱文印:《胎教与优生学》,《妇女杂志》第 17 卷第 8 号,1931 年,第 11~19 页。

朱秀娟:《编辑之言》,《卫生报》,1927 年 1 月 6 日,不分页。

宣扬新"美德"

——论晚清时期小学修身教科书中的"爱国"

冯尼·斯科尔日·仁达

导　言

晚清时期学校进行修身教育的思想由日本传入中国，并于1902年和1904年被写进近代学堂章程和列入学堂课程表。[①]修身教育一方面是为了维护孝悌等传统观念，[②]另一方面也意味着在面临外来干涉的新的国际环境下——无论是就政治而言还是就日益增长的民族意识而言——这些传统观念已经无法满足德育需要。这样，"国民"、"爱国"、"卫生"等西方的价值观和概念就被介绍到了中国。[③]这些价值观和概念曾在中国的士大夫中间引起过激烈的争论。对晚清修身教科书进行考察，可以为理解这些来自西方的价

[①] 笔者在此对顾有信(Joachim Kurtz)、巴巴拉·米特勒(Barbara Mittler)、张柏春对本文的评论表示感谢，对费南山(Natascha Vittinghoff)为本文提出的宝贵修改建议表示感谢。

[②] 关于这种联系，参见保罗·贝利:《改造国民:20世纪初中国对大众教育态度的改变》，爱丁堡:爱丁堡大学出版社，1990年，第32页。

[③] 关于中国人对"国民"和"爱国"概念的接受，见傅高义:《想象人民:中国知识分子与国民概念》，阿蒙克，纽约:M·E·夏普，1997年;乔纳森·盎格编:《中国的民族主义》，阿蒙克，纽约:M·E·夏普，1996年。关于中国人对"卫生"概念的接受，参见本书莎拉·E·斯蒂芬斯的文章。

值观和概念最早付诸实践的过程,提供一条直接的途径。而且,如果考虑到近代学堂制度的建立还是中国大众教育的开端,这种考察将更加具有意义。因此,将这些新"美德"规定为道德行为的准则具有深远的政治影响。①初等小学修身教科书尤其适于这种考察,因为这些教科书必须以一种简单易懂的方式把这些新"美德"给7岁至11岁的小学生解释清楚。初等小学修身教科书在塑造公众理解新价值观的方式方面也特别具有影响力,因为绝大多数家庭穷困的学生读完初等小学以后便不再继续上学。

"爱国"可谓是一个十分恰当的例子。尽管有时很难确定究竟是概念还是价值观受到了西方思想的影响,但就"爱国"一词而言,其含义是十分明显的。另外,"爱国"是1904年《奏定初等小学堂章程》规定的总体教育目标,尽管章程没有对其进行更为明确的定义。"爱国"这个例子表明,新的"美德"(即正确的行为之意)是如何被介绍到中国的,并在多大程度上通过具体解释和不同教科书框架被加以改造的。

一、编写近代修身教科书的初期情形

根据新章程,初等小学修身课课时安排为每周两课时,而读经课为每周十二课时。1904年,正如《奏定初等小学堂章程》导言所述,让学生理解爱国的道德原则被认为是重要的事情。爱社群,即爱自己所属的群体,是其以后爱国的基础。在阅读和吟诵古代歌谣

---

① 对于民族主义在教育中的作用,巴斯蒂描述了两种不同的观点。根据官方的观点,民族主义是以臣民效忠为基础,重建以皇帝为中心的稳定和统一的工具。因此,用近代经济军事手段武装起来的皇帝仍要对其臣民负责。照贝利的观点,爱国就是拥护清王朝,后者不允许任何人对其进行政治干涉(见保罗·贝利:《改造国民:20世纪初中国对大众教育态度的改变》,爱丁堡:爱丁堡大学出版社,1990年,第34页)。与此相反,张謇、罗振玉、梁启超等维新派人士认为,民族观念是在回应西方列强干涉的过程中形成的,是因遭受西方列强欺凌和此前蒙受民族耻辱而产生的。通过激励人民并给予他们以理解和满足本民族需要的独立性,民族主义教育将会把中国变成一个以皇帝为中心的强大国家(马利安娜·巴斯蒂:《20世纪初中国的教育改革:张謇作品》,巴黎:默顿出版公司,1971年,第58~59页)。

的过程中,儿童形成了自己的品格。在严重缺乏师资和设备的情况下,排在首位的修身课可以与读经课合并开设。修身似乎是被置于传统框架中,[1]不过读经也可以被看做是修身教育的一种形式,因为读经的传统目的就在于教育儿童形成好的品行和道德。《章程》规定每周三十课时中有十四课时为读经和修身课,毫无疑问表明了朝廷对近代学堂修身教育的重视程度。

不仅教科书的内容和教学目的发生了变化,教学方法也受到了特别的注意。1904年《章程》中的教学方法条款规定,授课必须循序渐进。《章程》还指出了对课文进行解释的重要性。为了能使理解力较差的小学生也能够理解,《章程》还要求教师在授课时要适当辅以自己的亲身经历作为例子。《章程》甚至警告说,传统的死记硬背无益于发展智力。[2]

历史上,没有一本识字教材专门以修身教育为目的。一般来说,识字教材被设计为主要教授学生字词和姓名知识,并讲授一些历史上的趣闻轶事。只是到宋代新儒学派特别是朱熹那里,德育才日益受到重视,并占据主导地位。除了诗赋课本,中国识字教材的编纂在13世纪达到顶峰。到明代,《千字文》、《百家姓》、《三字经》是使用最为广泛的识字教材。《千字文》大约成书于公元6世纪,只是教授识字,按四字一句编写,讲究押韵,且没有一字相重。《百家

---

[1]《奏定初等小学堂章程》(1903年),载舒新城编:《中国近代教育资料》("中国近代教育资料"应为"中国近代教育史资料"。——译者按),北京:人民出版社("人民出版社"应为"人民教育出版社"。——译者按),1985年,第2册("第2册"应为"中册"。——译者按),第411~427、411页。在多贺秋五郎的资料中,标注《奏定初等小学堂章程》的颁行年份是1904年,原因在于该章程颁行于光绪二十九年十一月(光绪二十九年十一月对应的公元纪年跨两个年份,即从1903年12月19日至1904年1月16日。——译者按)。参见多贺秋五郎编:《中国近代教育史资料·清末编》,东京:日本学术振兴会,1972—1976年,第3册,第7页。

[2]《〈奏定学堂章程〉关于小学堂学级编制和教授方法的规定》,1904年,载陈学恂编:《中国近代教育史教学参考资料》,北京:人民出版社,1986年,第1册,第665~666页。

姓》编于宋朝初年，专门将中国各种姓氏集于一书。《三字经》为宋代识字课本，以三字一句的形式教授日常生活常识和中国历史、古代经典。由于比较重视经典，而且和新儒学一样重视道德培养，《三字经》显示了修身教育的一种转向。《三字经》亦一字不重。《三字经》虽然可以被看做是近代修身教科书的基础，但它仍然缺乏近代教学方法的说教特征。①

这表明，没有一个牢固的传统可以作为近代学堂教育的基础，编写近代小学教科书也没有一个坚实的根基，更不用说去满足新的修身需要了。中国近代学堂使用的教学资料大都从日文翻译而来，自然科学书籍尤为如此，多译自日文原著。②1898年，已经在自己创办的东文学社开始培养中国日语翻译人才的著名教育家罗振玉，建议借鉴日本的主要教育思想，甚至主张翻译日本教科书。罗振玉之所以认为日本教科书适用于中国，是因为这些教科书也是日本人从西方书籍翻译而来，而且已经根据日本人的习俗进行了改编。罗振玉的观点也反映了直到清王朝灭亡之前人们普遍认可的日中同文的思想。对于历史、地理等教科书，罗振玉认为需要经过修订才能适合中国的国情；对于自然科学或数学，则认为可以全部照译。③这样，考察修身教科书就更具有价值，因为它们也属于必须加以改编以适应中国国情的教科书之列。

---

① 对中国小学教科书的介绍，参见李弘祺：《传统中国教育史》，莱顿：布里尔学术（《东方学手册》，第四册，中国，13），2000年，第435~468页。虽然《千字文》似乎并不能起到有效的说教作用，就是对于汉语教学也并不有效，因为它不允许任何字在文中出现重复，但是英国政府还是将其作为英国外交使团的汉语培训教材。罗存德修订《千字文》时，用近代汉语白话文写了一篇评论(参见李弘祺：《传统中国教育史》，莱顿：布里尔学术《东方学手册》，第四册，中国，13，2000年，第461页)。上述三种教材在清代也是应付学校考试的基本书目(马利安纳·巴斯蒂：《20世纪初中国的教育改革：张謇作品》，巴黎：默顿出版公司，1971年，第35页)。

② 任达：《新政革命与日本：中国，1898—1912》，坎布里奇，马萨诸塞：哈佛大学出版社，1993年，第117页。

③ 罗振玉：《日本教育大旨》，载《新学大丛书》，上海：积山乔记书局，1903年，第81册，第14b~17b、16b~17a页。

二、《最新初等小学修身教科书》与《蒙学修身教科书》

下面我们集中讨论上海商务印书馆 1906 年出版的《最新初等小学修身教科书》,译成英语为"*Elementary Ethics*"。对这本教科书之所以有着特别的兴趣,主要出于两个原因:首先,它属于"最新初高小学教科书"书系,译成英语为"Commercial Press's New Primary School Text Books"。这套书系还包括各级学堂使用的国文、地理、历史和数学等教科书。[①]该教科书系列的筹划大约始于正式颁布近代学堂章程的 1902 年。[②]《最新初等小学修身教科书》是根据新学堂章程专门用汉语编写的第一本教科书,[③]此教科书虽然并非直接以西方教科书为蓝本编写,但受到了西方教学方法的影响。[④]其次,新教科书系列是以后各种版本的教科书遵循的一种模式。[⑤]在《最新初等小学修身教科

---

① 蒋维乔:《编辑小学教科书的回忆(1897—1905)》,载《商务印书馆九十年:我和商务印书馆》(1935 年),北京:商务印书馆,1987 年,第 54~61、59 页。

② 熊月之认为该丛书的第一本书出版于 1904 年。参见熊月之:《西学东渐与晚清社会》,上海:商务印书馆("商务印书馆"应为"上海人民出版社"——译者按),1994 年,第667 页。蒋维乔也认为 1904 年出版的《国文教科书》是该丛书出版的第一本教科书。蒋维乔:《编辑小学教科书的回忆(1897—1905)》,载《商务印书馆九十年:我和商务印书馆》(1935 年),北京:商务印书馆,1987 年,第 59 页)。而庄俞认为该丛书出版第一本书是在1902 年(庄俞:《谈谈我馆编辑教科书的变迁》,载《商务印书馆九十年:我和商务印书馆》,北京:商务印书馆,1987 年,第 62~72、68 页)。考虑到庄俞和蒋维乔当时都很关心这套丛书的出版,而且他们又说得都对,因此我们可以推断,这套丛书开始筹划于 1902年,而 1904 年是第一本书实际出版的时间。

③ 熊月之提到了近代学堂章程颁布之前中国人编写的另外三本教科书:一是陈虬(1851—1904)1895 年为利济学堂编写的《利济教经》;二是南洋公学 1897 年出版的《蒙学课本》;三是钟天纬 1898 年编辑的《读书乐》。参见熊月之:《西学东渐与晚清社会》,上海:上海人民出版社,1994 年,第 664~666 页。

④ 根据撒鲁斯·匹克的观点,它们受到了传教士教材的影响。参见撒鲁斯·H·匹克:《近代中国的民族主义和教育》,纽约:霍华德·弗蒂格公司,1970 年,第 169 页。

⑤ 蒋维乔:《编辑小学教科书的回忆(1897—1905)》,载《商务印书馆九十年:我和商务印书馆》(1935 年),北京:商务印书馆,1987 年,第 56 页。后来出版的《简明教科书》略有变动,其原因部分是为了适应 1906 年新章程的规定。新章程把初等小学学制由五年缩减成四年。蒋维乔:《编辑小学教科书的回忆(1897—1905)》,载《商务印书馆九十年:我和商务印书馆》(1935 年),北京:商务印书馆,1987 年,第 60 页;庄俞:《谈谈我馆编辑教科书的变迁》,载《商务印书馆九十年:我和商务印书馆》,北京:商务印书馆,1987 年,第 62~63 页。

书》出版的第一年，即 1906 年，它至少有十一种版本。

另外，我将把《最新初等小学修身教科书》与 1905 年文明书局出版的《蒙学修身教科书》进行对比。①文明书局是另一家重要的教科书出版机构。由于靠近南洋公学，在 1904 年前它是一家很有影响的教科书出版社。②但在出版了"新教科书"丛书以后，文明书局的影响力就衰落了，从而使上海商务印书馆成为清末时期最有实力的近代教科书出版机构。到 1906 年，学部已经批准了 102 本初等小学教科书。其中，54 本（52.9％）由商务印书馆出版，30 本（29.4％）由文明书局出版。③这两家出版机构出版的《最新初等小学修身教科书》和《蒙学修身教科书》在 1906 年学部批准的小学教科书书目中位居前列。④

《蒙学修身教科书》可以被看做是一本近代教科书，因为它是按照每周两小时修身课的要求设计的。《蒙学修身教科书》尤其符合 1902 年《钦定学堂章程》的要求，因为它是以三年制寻常小学而

---

① 利嘉鼓（"利嘉鼓"应为"李家谷"。——译者按）编：《蒙学修身教科书》，上海：文明书局，1905 年。

② 尽管文明书局创办的时间相对较晚（1902 年），但通过出版《蒙学课本》在教科书市场上占据了主导地位。《蒙学课本》是最早和最有影响力的教科书之一，最初由三等学堂的教师编写而成，其中包括俞中环。俞早在 1898 年就编写出《蒙学读本》。另外，他更大的成就在于为初等小学编写的《科学全书》丛书，因为这套丛书是对外国教育制度进行广泛和深入研究的结果，是建立在出版商自己的教学经验基础上编写出来的。见蒋维乔：《编辑小学教科书的回忆（1897—1905）》，载《商务印书馆九十年：我和商务印书馆》（1935 年），北京：商务印书馆，1987 年，第 55~56 页；王建军：《中国近代教科书发展研究》，广州：广东教育出版社，1996 年，第 128~129 页。

③ 王建军：《中国近代教科书发展研究》，广东：广东教育出版社，1996 年，第 129 页；王震、贺越明：《中国十大出版家》，太原：山西出版社（"山西出版社"应为"书海出版社"。——译者按），1991 年，第 27 页。王建军指的普通小学课本。根据匹克的研究，晚清时期市场上的近代教科书大约有百分之六十是由商务印书馆出版的（撒鲁斯·H·匹克：《近代中国的民族主义和教育》，纽约：霍华德·弗蒂格公司，1970 年，第 98 页）。他还进一步指出，到 1905 年，商务印书馆出版了用汉语编写的 60 种教科书和其他 50 种教育方面的书籍（撒鲁斯·H·匹克：《近代中国的民族主义和教育》，纽约：霍华德·弗蒂格公司，1970 年，第 52 页）。

④《审定书目》，载《学部官报》3，1906 年 10 月 28 日，第 3 页。

不是以后来引进的五年制初等小学为依据编写的。①虽然商务印书馆出版的课本成了使用最广的课本，但概括地考察一下这两个晚清时期主要的出版机构在设计近代修身教科书方面的不同理念和材料，以及具体地探研一番它们是如何把西方的新政治美德介绍到中国的，是一件十分有趣的事情。同时，商务印书馆出版系列教科书的成功表明，他们教科书的体例是很受欢迎的，这也可以被认为是文明书局影响力衰落的一个原因。

三、《最新初等小学修身教科书》的编纂情况及内容

"新教科书"系列中的《最新初等小学修身教科书》，除了两位日本顾问教育官员大谷重和大学教授长尾桢太郎在第一版给予的一些帮助外，仅由蔡元培、高凤谦(1869—1936)和张元济(1886—1959)三人编写。蔡元培、高凤谦和张元济都是当时公共教育辩论中的知名人物。蔡元培是享有盛名的翰林院学士，他与其他一些教育家包括前面提到的蒋维乔(1873—1958)，于1902年在上海创办了中国教育会。蔡元培还执教于上海南洋公学和爱国女学校，后者为他与章炳麟等人于1902年创办。在1903年前，蔡元培还暂时性

---

① 评判《蒙学修身教科书》是否符合1902年或1904年章程的要求比较困难。尽管该书是在第二个章程颁布之后出版的，但它实际上同时反映了这两个章程的要求。在1902年章程中，小学被分成蒙学(四年，从6岁开始)、寻常小学(三年)和高等小学(另三年)。《奏定小学堂章程》(1902年)，载舒新城编：《中国近代教育资料》(《中国近代教育资料》应为《中国近代教育史资料》。——译者按)，北京：人民出版社("人民出版社"应为"人民教育出版社"。——译者按)，1985，第2册("第2册"应为"中册"——译者按)，第400~411、400页。而在1904年章程中，小学被分为五年制的初等小学(从7岁开始)(《奏定初等小学堂章程》，1903年，载舒新城编：《中国近代教育史资料》，北京：人民教育出版社，1985年，中册，第412页)和四年制的高等小学(《奏定高等小学堂章程》，1903年，载舒新城编：《中国近代教育史资料》，北京：人民教育出版社，1985年，中册，第427~439、429页)。书名中的"蒙学"似乎意味着这本教科书遵照的是第一个章程，但教材分三年时间学习，似乎又更与寻常小学或高等小学一致。另一方面，导言和副标题《初等小学堂学生用书》又清楚地表明，该书适用于初等小学，这又是第二个章程所规定的。第二个章程规定初等小学为五年制。可以认为，这本适用于近代学制的教科书，在1902年章程颁布不久就事先开始筹划了。王扬宗也持同样的观点。不过，《蒙学修身教科书》作为一本初等小学教科书，是学部在1906年批准的(见注释①)。

地参与了商务印书馆的一些工作。蔡元培是日本伦理学著作的翻译者，并在后来因担任北京大学校长而闻名。[①]高凤谦接受过中国传统教育，后又从事教育工作，担任过浙江高等学堂总教习。他还担任过中国留日学生监督。对日本崛起原因的探究，使他开始关注教育特别是小学教育的作用，从而对小学教科书产生了兴趣。从日本归国后，高凤谦被任命为商务印书馆国文所所长，同时，他也以《教育杂志》定期拟稿人和《教育世界》杂志众多日文教育文章译稿人的身份而著名。[②]张元济亦为翰林院学士，于1896年在北京创办了通艺学堂，并邀严复加入。张元济为一英文和数学教习，当时和维新派人士康有为有联系。[③]通艺学堂关闭后，张元济供职南洋公学译书院，1902年任商务印书馆编译所所长，后又于1904年出任《东方杂志》主编。[④]总之，上述三位作者均有教学经历，对教育机构的必备条件和教育思想也都有所了解，并与日本具有直接或间接的联系。

日本对上海商务印书馆编写《最新初等小学修身教科书》的影响是三重性的：不仅间接通过官方章程产生影响，官方章程与日本学制的原则几乎没有两样，[⑤]而且还通过编者的思想经历产生影响。此外，上海商务印书馆从1903年开始与日本建立了直接的联系。那年，商务印书馆与同样出版教科书的东京金港堂订立了一份

① 详见保罗·贝利：《改造国民：20世纪初中国对大众教育态度的改变》，爱丁堡：爱丁堡大学出版社，1990年，第72页；《中国近代学人像传》，扬州：江苏广陵古籍刻印社，1992年，第302页；《中华留学名人辞典》，长春：东北师范大学出版社，1992年，第714页。

② 《中国近代学人像传》，扬州：江苏广陵古籍刻印社，1992年，第154页。

③ 周武认为，张元济受到梁启超社会政治思想特别是社群思想的影响。见周武：《张元济·书卷人生》，上海：上海教育出版社，1999年，第95~96页。

④ 保罗·贝利：《改造国民：20世纪初中国对大众教育态度的改变》，爱丁堡：爱丁堡大学出版社，1990年，第67页；周武：《张元济·书卷人生》，上海：上海教育出版社，1999年，第54~63页；《中国近代学人像传》，扬州：江苏广陵古籍刻印社，1992年，第212页。

⑤ 任达引用了一些学者所持的一致观点，如沃尔夫冈·弗兰克(Woflgang Franke)和阿部洋所持的观点。参见任达：《新政革命与日本：中国，1898—1912》，坎布里奇，马萨诸塞：哈佛大学出版社，1993年，第139~140页。

合资协定。实际上,商务印书馆从一个二流出版社发展成为一家很有影响的大出版社,正是通过金港堂的资金支持实现的。[1]除了资金支持,似乎还有一个雇佣日方员工暂时来华工作的临时协议。日本教授长尾雨山(日期不详)就曾受命到上海商务印书馆新成立的编译所工作。[2]其他资料还提到了大谷重和长尾桢太郎以及加藤驹二。前两人参与了《最新初等小学修身教科书》的编写工作,后一人受张元济邀请任任商务印书馆顾问。[3]

蔡元培虽在商务印书馆仅供职至1903年,但对出版教科书奠定了基础。张元济在接替蔡元培的职务后,随即成为商务印书馆出版教科书的主要推动力。在《答友人问学堂事书》中,他阐述了自己的教育指导思想,而且这些思想还被清晰地反映到《最新初等小学修身教科书》。张元济声称,为了建设一个强大的国家,他对大众教育的喜爱胜过对少数专家型教育的喜爱。他不同意在不同学校分设西学和中国传统学问,而主张将二者结合于一起:

> 窃谓今日设学堂亦宜抱定此意,必学为中国人,不学为外国人。然又非中学为体,西学为用之谓也。吾儒言修、齐、治、平,宁

---

① 周武认为,上海商务印书馆从1901年到1903年其资金可以翻两番,即从5万元增加到20万元,其并进而能够在1905年增加到100万元,其业务量也相应地从1903年的30万元增加到1905年的87万元(周武:《张元济·书卷人生》,上海:上海教育出版社,1999年,第90页)。任达认为,1903年以前商务印书馆和金港堂就有联系。1897年金港堂就帮商务印书馆购买了印刷设备,1900年又帮助购买了上海一家设备完好的日本印刷商店的全部股份(任达:《新政革命与日本:中国,1898—1912》,坎布里奇,马萨诸塞:哈佛大学出版社,1993年,第121~123页);又见实藤惠秀:《初期的商务印书馆》,载实藤惠秀:《日本文化对中国的影响》,东京:萤雪书屋,1940年,第241~248页。

② 《商务印书馆1931年年鉴》没有记载与金港堂的某种临时协议,包括雇佣技术专家和一名其他人员。对长尾雨山似乎也一无所知(任达:《新政革命与日本:中国,1898—1912》,坎布里奇,马萨诸塞:哈佛大学出版社,1993年,第122页)。长尾雨山是否就是帮助编写《最新初等小学修身教科书》的长尾桢太郎不太清楚,但似乎有这种可能,因为商务印书馆不会有那么多日本雇员。长尾雨山在商务印书馆担任何种职务亦不甚清楚,任达说长尾雨山被任命为编译所所长,但这与张元济任这一职务的事实相矛盾。

③ 周武:《张元济·书卷人生》,上海:上海教育出版社,1999年,第80页。

非西儒言 physics 和 philosophy，宁非体是之肤论，吾未敢言。吾之意在欲取泰西种种学术，以与吾国之民质、俗尚、教宗、政体相为调剂。扫腐儒之陈说，而振新吾国民之精神耳。①

张元济虽然反对广泛流传的"体用"思想，即"中学为体、西学为用"，但他的思想与体用思想很相似，他也没有进一步对自己的思想和体用思想进行区分。在《答友人问学堂事书》中，他反复强调中国要教育自立，学堂的课程要由中国老师用汉语讲授。他建议中国人要自己编写教材，而不是改编外国人的教材。另外，他还告诫不要过多使用"五经""四书"，特别是在初等小学，因为这些书籍过于难懂。虽然他认为孔孟学说可以在高等小学使用，但又认为记忆这些内容对于儿童的智力实属浪费。②

《最新初等小学修身教科书》共十册二十课，每课均按五年制初等小学每周两学时修身课的要求设计。③该书十一版中的前几版在内容上改动很少。④书的序言对修身教育的一些益处进行了颂扬，称德育与智育、体育相比，是"万事之根本"。⑤这与同时代的严

---

① 张元济：《答友人问学堂事书》，载《新学大丛书》，1903 年，第 81 册，第 1a~3a、1B 页。又见陈景磐、陈学恂：《清代后期教育论著选》，北京：人民教育出版社，1997 年，3 卷册（"3 卷册"有误，应为"上、下册"。——译者按），第 3 册（"第 3 册"有误，应为"下册"。——译者按），第 413~416、414 页。

② 同上。

③ 《奏定初等小学堂章程》，1903 年，第 417~420 页。

④ 例如，第八册最后两课即第 19 课和第 20 课的标题有所改动，第 19 课标题由《急公》改为《国民》，第 20 课标题由《国民之义务》缩为《国民》，这些改动是在出第二版时进行的。

⑤ 教育有不同的分类，袁宗濂 1902 年所编关于西学的百科知识汇编《西学三通》将教育分为体育和心育，心育又进一步分为智育和德育（参见袁宗濂、晏志清编：《西学三通》，萃新书局，1902 年，第 10 卷，第 4a 页）；斯巴达（Sparta）则把教育划分为体育、智育、德育（袁宗濂、晏志清编：《西学三通》，萃新书局，1902 年，第 22 卷，第 1a 页）。这似乎与贝利对 1904 年第 77 期《教育世界》杂志上的一篇文章的研究观点形成了鲜明对照，贝利认为罗振玉根据自己对亚里士多德学术的理解，介绍了教育的三个分支学科（保罗·贝利：《改造国民：20 世纪初中国对大众教育态度的改变》，爱丁堡：爱丁堡大学出版社，1990 年，第 76 页）。梁启超在 1905 年《德育鉴》一书中对智育和德育进行了区别（张灏：《梁启超与中国思想的过渡，1890—1907》，坎布里奇，马萨诸塞：哈佛大学出版社，1971 年，第 283 页）。

复等人以及官方对德育教育重要性的看法相一致。①从术语上来看，这似乎也表明受西方影响形成的德育教育体制结合了传统的修身内容。《最新初等小学修身教科书》可以被看做是中国传统美德和西方美德特别是政治美德的混合体，政治美德产生于不断变化的国际环境和对民族国家概念的新的理解。

　　《最新初等小学修身教科书》每一课讨论的都是不同的美德和行为，并结合有"古代名言和英雄故事"②以及插图。课文通常直接选自传统文献，③主要是历史典籍，如《宋史》、《史记》、《左传》或《列女传》等，偶尔也会介绍一些韩非子、孟子或《论语》故事以及《世说新语》、《颜氏家训》、《孔子家语》中的美德故事，这些都是此前大众教育的基础。

　　在《最新初等小学修身教科书》里，个人被置于四种不同的关系之中：自身、与家庭和亲友的关系、与社会的关系以及与国家的关系。例如，就自身而言，一个人应该做事有条理、讲究卫生、勤奋

---

　　① 在一篇讨论小学教科书的文章中，严复认为德育比智育重要，智育又比体育重要。他把"器"看做是智育的基础，把"道"看做是德育的基础。他说，除非天理人伦成为社会的真正基础，否则"火器"也可以被道德败坏的人用来杀人。在这儿他无疑指的是宋代理学。1906年，严复的文章被商务印书馆以"*Elementary Ethics*（《最新初等小学修身教科书》)"（原书此处"*Elementary Ethics*"与后面括号内所注文献矛盾，应为《论教育与国家之关系》。——译者按）为名发表于《中外日报》（严复：《论教育与国家之关系》，载陈景磐、陈学恂编：《清代后期教育论著选》，北京：人民教育出版社，1997年，上册，第235~239、236~237页）。但与此不同，1904年（见本书第720页注释①）罗振玉比较激进地认为这三个方面同等重要。罗在另外一篇文章里也表达了两样的观点，他说，由于体育并不总是引起人们的注意，所以体育尤其应该得到加强，因为在战争时期体质软弱的人会给国家带来极大的损失（罗振玉：《日本教育大旨》，载《新学大丛书》，上海：积山乔记书局，1903年，第81册，第17a页）。

　　②《最新初等小学修身教科书》，第1册（第8版），第1a页。

　　③ 只是有时进行一些缩略，如《左传》或《战国策》。第一册是个例外，没有选用中国传统文献，而只是有一些图画。另外书中还提到了西方的伊索寓言"龟兔赛跑"（第18章）和"白鹭与狐狸"（第13章）。可以推断这是受到了日本的影响，因为在一篇译自日文的文章里，"龟兔赛跑"这个寓言是用来解释修身方法的一个例子。这篇文章发表于牧濑五一郎（Makise Goichirō）等编：《蒙学丛书二集》，王国维等译，上海：教育结社，1901年，第3册，第4章，第3节，第8a页。

努力；就与家庭亲友的关系而言，一个人应该孝敬父母、崇拜祖先、对朋友忠诚；就与社会的关系而言，一个人应该救困济贫、清正廉洁、善待下人；就与国家的关系而言，一个人应该有爱国责任和公民义务。

作者在序言中强调指出，他们选择的课文和格言与传统教材不同，并非为的是记忆和背诵，记忆和背诵也最容易使学生忘掉所学课文；相反，他们认为，教师应该对故事的含义进行解释，并通过讲解插图和提一些理解性的问题，把故事含义印刻在学生的脑海里。这一方法与官方倡导的教学方法非常一致。与《千字文》等传统识字教材的另一不同是，为了逐步积累学生的知识，这些课文都经过了系统的组织：开始是一些简单的并列句子，到最后是两页的小短文。第一册只是一些可供讨论的图画，因为这个层次的学生还不会读书写字。前三课只教一些基本训练，如课上课间和入校离校时的行为规范。

不仅教育学生要遵守行为规范，教师也被要求改变过去那种严厉、令人畏惧的形象。正如教师手册中要求："教师表情要镇静，声音温和，以免令学生畏惧。"[1]因为许多老师不习惯新的教学法，所以为每位教师配备了一本教师手册——《最新初等小学修身教科书教授法》。每一课都按四个步骤进行讲解：本科要旨、教科书本文、教授次序和习问。教授次序包括概述课文；讲解某个故事(有时包括两个故事)的历史背景；教育学生与课文讲述的行为和美德相对照。这样程序的目的不仅仅是为了让学生听故事，而是为了让学生明白课文蕴含的普遍真理和实际经验。这种授课程序非常类似于学部在《奏定初等小学堂章程》倡导的读经教授法：先明章指，次释文义，务须平正明显切于实用。[2]

---

[1]《最新初等小学修身教科书教授法》，第 1 册，第 2a 页。
[2]《奏定初等小学堂章程》1903 年，第 414~415 页。

这种安排与日本许多小学修身教科书相类似。①日本修身教科书也配有教师用书,教师用书也提供了类似的要点以帮助教师教学,如教学目的、各种问题和课文重点等。金港堂出版社编写过修身教科书,如《寻常小学实践修身教科书入门》(首版于 1892 年)和《寻常修身教科书入门》(首版于 1901 年,后又有多种版本)。与《最新初等小学修身教科书》类似,《寻常修身教科书入门》前三十课都是图画。该书第二册也有伊索寓言"龟兔赛跑"的故事。十分有趣并值得注意的是,除了前面的章节有关校园场景的少许内容外,《最新初等小学修身教科书》还缺少任何日常生活方面的东西。相比之下,在各种各样的日本修身教科书中,不仅有传统故事,而且有各种日常生活故事,②有时还有近代日本士兵生活的故事,③与西方人打交道的故事,④或西方名人故事。⑤

四、《蒙学修身教科书》的编纂情况及内容

《蒙学修身教科书》为李嘉鼓("李嘉鼓"应为"李家谷",下同。——译者按)编写,但人们对李嘉鼓的生平所知甚少。《蒙学修身教科书》的编写与江苏无锡三等学堂有很大关系,因为文明

---

① 十分感谢沈国威和内田庆一使我能到关西大学图书馆查阅资料。在那里,我发现了六种不同的日本修身教科书:(1)东久世通禧编:《寻常小学修身书》(1892 年第 1 版),副岛种臣修订,东京:国光社,1893 年,第 1 卷;(2)《修身经,寻常课,教师用》,东京:富山房,1900 年,第 9 卷;(3)文部省:《寻常小学修身书第一学年,教师用》(1872 年),东京:大空社,1905 年重印,第 1 卷;(4)《寻常小学修身书,教师用》(1892 年),东京:新书院,1893 年修订版,第 2 和第 4 卷;(4a)《寻常小学修身书,生徒用》(1892 年),东京:新书院,1893 年修订版,第 7 卷;(5)樋口勘次郎、野田龙三郎:《寻常修身教科书入门》,东京:金港堂,1901 年,第 1 卷至第 3 卷(学生用书);(6)高田芳太郎:《寻常小学实践修身书入门,教师用》(1892 年),丸尾锦修订,东京:金港堂,1893 年,第 1 卷至第 2 卷。由于所收集到的教科书并非全部,这些教科书不能被认为具有代表性。下文仅仅是对日本修身教科书作为中国教科书的模本,作可能性和选择性的一般观察。不过,这里提到的日本修身教科书没有一个是《蒙学修身教科书》的模本。

② 见本书第 723 页注释③的(1)、(2)、(4a)、(5)。

③ 见本书第 723 页注释③的(1)。

④ 见本书第 723 页注释③的(4a)和(3)。

⑤ 如巴赫和哥伦布。见本书第 723 页注释③的(3)。

书局的创办者俞中环(生卒年不详)、廉南湖(1868—1932)、丁艺轩(1865/1866—1935/1936)均为该学堂教习,而且三等学堂实行的是一种新的教学模式,尤其是在小学阶段。这也部分说明俞中环、丁艺轩等人1902年编写的《蒙学课本》获得成功的原因。①

《蒙学修身教科书》的作者似乎具有一种更加现代的修身观念。除了修身课程的一般内容,作者还把修身置于一种科学框架,在《导言》中称修身是一门最深奥和广泛的科学。在第51课,在"自由"的标题下,德育被定义为自治。而自治被认为是自由的基础,因为自治给国民以自主权。②在第117课,教育本身的结果被解释成为文明的进步,并且东西方都平等地被包含在这种文明进步中。

《蒙学修身教科书》虽然是为三年制初等小学编写的,但只有38双页面,比《最新初等小学修身教科书》薄许多。这一特点在该书序言部分得到了比较详细的解释。所有课文均为文字性阅读材料并保持了较短的篇幅,目的在于保持学生的学习兴趣,因为这个年龄的学生识字还不多,冗长的课文会使学生感到乏味无趣。

《蒙学修身教科书》共有120课,每课供一周学习之用。整个教材分四大章,每一章又分若干节,每一节包括二至五课不等,有时也包括15课之多,比如"卫生"一节就是如此。第一章是最大的一章,题为"修己",包括51课,分"勇敢"、"知耻"、"道德"等节。另有"求学"一节包括4课。在最后一课,作者以一种十分理性的方式劝诫学生要努力学习,因为父母为他们付了学费(第8课)。第二章题为"保身",由22课组成,大部分讲身体和心理卫生。第三章题目为"待人",共23课,主要讨论方方面面的或一般或具体的人际关系。最后一章"处世"从家庭和亲友领域转到了政治领域,解释的主题

---

① 王建军：《中国近代教科书发展研究》,广州：广东教育出版社,1996年,第128页。

② 这与梁启超的"国民"观念非常相似。梁启超在举例说明自我克制和品行修养时,把"国民"解释为西方的个人自由。参见张灏：《梁启超与中国思想的过渡,1890—1907》,坎布里奇,马萨诸塞：哈佛大学出版社,1971年,第218~219页。

主要有"守法"、"财产"、"纳税"等。

《蒙学修身教科书》里的课文与《最新初等小学修身教科书》里那些取自古代经典的课文相比,读起来要容易一些,因为每篇课文的长度都在一行半至两行半之间。另外与《最新初等小学修身教科书》不同的是,《蒙学修身教科书》不讲任何故事,更不讲中国传统故事,也不用插图来对美德进行解释。教科书不涉及任何中国历史,无论是历史人物还是英雄。即使是像"孝行"这种传统意义的美德,也不是放在传统的儒家思想背景下进行解释,而是作者力图用道理来说服学生,例如:为什么必须爱父母?因为父母生下并养育了自己;如何爱父母?通过成名。"孝行"这种美德也没有在《蒙学修身教科书》里成为一个大的标题,而是在中级标题"父母"之下用三篇不同的课文进行了阐述。可以说,《蒙学修身教科书》里的课文都可以被看做是抽象的戒律,它们规定了一个人必须做什么以及怎样做,而且这些行为被按照常识加以解释。这些课文大都由短句构成,在一些句子下面还画有横线,目的是为了突出其含义,但有时也指所提问题的答案。因为这些课文是专门为该修身教科书写的,所以某一节所讨论的品德通常会在本节以此为题目的第一课课文里被重复解释一次。这是与《最新初等小学修身教科书》又一不同的方面。由于课文简短,来自西方的新名词当然并不是总能得到明确的解释。例如,最后一章的第 115 课只是说没有无政治的国家;第 108 课说法律是国家的基础,必须建立一个有宪法的国家。"宪法"一词在当时是一个含义相当复杂的西方术语,很难说已经是常识。

《蒙学修身教科书》还缺少配套的用现代教学方法指导教学的教师用书。该教科书只在每一课的课后,就本课的指导原则给了一句解释并列出了两个供老师提问的问题。就像序言所说,这些问题具有双重目的:一是通过书面回答问题练习写字,二是通过口头测试激发学生的思维过程。但对问题的回答并不困难,因为这些问题只是要求重写一下课文里的一些句子,不需要很强的理解力。因此，尽管老师被要求通过分析含义、与日常生活进行对比或列举日常生活实例等方法把课文讲解得明白易懂，但这一教科书并不能像商务印书馆的教科书那样给教师以多少帮助。

《蒙学修身教科书》呈现的观点更为普世化，因为课文大多是具有解释和劝诫性质的抽象套话，这些套话普遍适用。而且就教育而言，西方也明显被包括于其中。有时，这本教科书似乎体现了一种西方思想和中国传统思想的结合。比如，中国传统术语"理"被用来描述一个不符合"公理"的政府，如在第 118 课；或是表示与他人据理相辩，如在第 26 课。但总的来说，《蒙学修身教科书》体现的是一种现代的观点，并似乎与当时的思想潮流相一致：《蒙学修身教科书》用两课即第 20 课和第 21 课来讲"公德"；它相较于《最新初等小学修身教科书》更关注日常生活问题，如涉及到酗酒问题（第43 课）和抽大烟（第 44/45 课）问题；告诫学生不要随地吐痰和乱扔杂物（第 62 课）；告诫学生要早起床（第 60 课）或参加体育锻炼（第59 课）。

五、爱国成为一种新的政治美德

《最新初等小学修身教科书》特别强调爱国，其中有四篇课文讨论的都是爱国行为。最前面的一篇在第四册（第 20 课），即在入学两年后；另有两篇在第七册（第 19 课和第 20 课）；最后一篇在第十册（第一课）。而《蒙学修身教科书》只有最后两章是讨论爱国的。

在《最新初等小学修身教科书》中，包括爱国在内的所有美德，都是在中国人惯常的思想领域和思维方式中加以讨论的。前两篇宣扬爱国的课文都与历史上著名的高尚行为间接相联系。第一篇课文（第四册）选自《左传》，讲的是吴国攻打楚国后申包胥赴秦求援的故事。①秦国邀请申包胥留在国内，等候秦国拟订计划，申包胥

---

① 《春秋左传正义》，"定公"4。

开始哭泣并拒绝留下。他几天时间不吃不睡,因为他知道他的国王被流放而不舒服,他不能安居。秦国国王被深深打动,立即派出军队将吴国(军队)赶出楚国。在教师手册中暗示的原则是,这个故事仅在于说明一个臣民对其国王的忠诚而不是一个公民对国家的示范行为。

在第二篇课文(第七册第 19 课)中,爱国还蕴含着传统的孝道。故事取自《孔子家语》[①]和《墨子》[②],说孔子和孟子听说他们的国家被别国围攻后,孔子派其弟子,墨子则亲自出马,用智慧和道理抵御敌国的侵略。教师手册里强调说,是对父母之爱驱使孔子和墨子做出在此处可称作是国民第一义务的"爱国行为"。

在第三篇课文(第七册第 20 课),个人被牢固地维系在国家身上。其中的一个故事取材于《战国策》,说诸侯靖郭想把他的领地从齐国分裂出去,齐国给他领地并筑墙围起来。但一位平民提醒他说,他的领地的福祉与齐国息息相关。[③]第二个故事取材于《史记》,含义也与此类似,说魏国的一位贵族逗留于赵国,秦国攻魏,可他拒绝回国救魏。于是另外两位贵族劝他说,他个人的命运系于他的国家,当秦国摧毁他的祖庙的时候,他也就得不到别人或家庭的支持了。这样他才出发去保卫他的国家。[④]因此,这篇课文里的爱国主义体现出两重含义:从实际意义上讲,平民劝谏贵族的勇气以及两位贵族的见识受到称颂;从另外的意义讲,这正是臣民对自己国家应有的正确爱国态度。与前一篇课文讲爱国心来自于爱父母不同,这里的爱国是个人的命运与福祉与国家的命运与福祉直接相联系这种认识的产物。教师手册特别强调说,对自己国家的责任和爱是一个人的第一要务,或者说更是个人和家庭利益的自然条件。

---

① 《孔子家语》,第 8 卷。
② 《墨子》,第 50 篇。
③ 《战国策》,第 8 卷,第 1b~2a 页。
④ 《史记》,第 44 卷。

晚清中国新学领域

个人与国家的关系一经确立，作者就在第十册第1课的指导思想里突出强调了爱国是每一个人和每一个阶级（包括农民和贵族）对国家的责任。文中取材于《左传》的故事讲述了一位郑国商人在秦军攻打郑国的路途上如何巧妙地欺骗了秦军。他假称自己的国君派他来迎接秦军并向秦军献礼。于是秦王因担心郑国已有准备便没有攻郑。①课文第二部分是关于隐士王蜀的故事。王蜀因拒绝与统治者合作而退出政治，但他也拒绝充任燕国的将军，因为燕国曾经入侵过他的国家。王蜀最终选择了自杀，而不是与燕国合作来灭亡自己的国家。②

《蒙学修身教科书》在最后两课讨论了爱国，其中前面一课陈述了国家与其人民之间的相互依赖关系：

> 国以民立，民以国存。我生中国，宜以爱中国为己任。同心协力，先公后私，则国之强盛可立而待也。③

只有民心凝聚和国力统一，一个国家才能繁荣兴盛。第119课的目的就在于解释什么是爱国，其指导方针类似于《最新小学修身教科书》里的第七册第20课，不过在引出方式上大有不同。在《最新初等小学修身教科书》，爱国一词是通过靖郭和赵国贵族的故事引出的，并通过这些人的个人或家庭经历进行解释。与此相反，《蒙学修身教科书》只是运用人民和国家这些抽象的术语来提出赤裸裸的普遍真理，因此，它更强调个人的自主。

《蒙学修身教科书》第120课阐明了一个人应该如何保卫自己的国家，另外也表明了国家这种抽象的政治实体与个人之间的相互依赖关系。课文讲道，在和平时期，国家力求保护所有国民的事

---

① 《春秋左传正义》，"僖公"33。
② 《史记》，第82卷。
③ 《蒙学修身教科书》，第38a页。

业和生意，防止外人使用武力剥夺国民的权利和特权；在困难时期，国民必须放弃自己的利益，并愿意为拯救国家于危难之中而做出牺牲。课文在结尾处指出，如果每个人都能以这种态度对待自己的国家，国家就会长治久安。此外，与王蜀的故事相比，课文之简略是显而易见的。

《蒙学修身教科书》这两篇课文的普世性是显著的，两篇课文都只字没有提及中国，也没有提及代表政府的中国皇帝或是国民对皇室的忠诚义务。中国公民个人的政治认同似乎只是单独与中国这个政治体有关。个人为了生存必须受到保护，公民个人必须使自己的利益服从于公共利益，因为公民个人生活在中国这个政治体，它保护着他们的权利和幸福。

法国大革命后，西方的爱国主义观念是三种因素的结合体，而这三种因素在《最新初等小学修身教科书》的故事和解释里似乎都不存在。[1]首先，爱国主义观念是和民族主义观念相联系的，通过这种联系，个人使自己认同于某一政治实体，如国家或社群。《最新初等小学修身教科书》里所讲的故事都发生在古代，虽然这些故事谈论的是个人与国家的关系，但除了教师手册里一些仅有的评论，都没有提及西方，而当时西方正对中国构成威胁。国家可以是指自己父母和祖先的国家，不过它离新的国际环境状况多少还是有点遥远，因而不能被看做是政治实体。另一方面，《蒙学修身教科书》只是笼统地概述了国家与个人之间的相互依赖关系，而没有深入研究中国的具体情况，特别是在后面一课没有解释在这个国家谁是保护公民权利的负责人，比如中国皇帝及其政府。

其次，在西方思想文化中，爱国被定义为一种政治美德，因为个人总是服务于政治体的公共利益。但在《最新初等小学修身教科书》的第一个故事那里，它只是一个忠于国王的例子。其他故事似

---

[1] "爱国主义"这样的定义见《哲学史词典》，贝松，斯图加特：斯克维布，1989年，第7卷，第207~217页；又见《哲学用语词典》，汉堡：梅纳出版公司，1998年，第486页。

乎表现出一种实用主义的观点。依照这种观点，人们表现得很"爱国"，因为他认为自己的命运与国家息息相关；他维护自己所属政治实体的抽象的公共利益并不是出于无私的奉献。但是，《蒙学修身教科书》里的课文更接近这方面的爱国，特别是在第一课，个人维护的是国家的总体利益和繁荣。

这导致了第三个因素，即英雄主义。英雄主义要求个人要献身于政治体的共同利益，甚至是献出自己的生命。为了使自己的国家免遭侵略，除了那位隐士献出了自己的生命外，《最新初等小学修身教科书》所讲故事里的其他爱国人士并没有冒生命危险，而是利用自己的个人智慧和战略去实现他们的目标。尽管王蜀自杀了，但他的自杀可能被认为是高尚行为而不是英雄行为，因为他是一位隐士，不再参与或属于那个政治实体。令人惊奇的是，作者并没有选取其他更为合适的英雄主义故事。相比之下，《蒙学修身教科书》在后面一篇课文中明确号召个人献身于国家。

结　语

总之，《最新初等小学修身教科书》除了第一个故事，其他故事里的人物都被塑造成独立和负责任地行动的人。这反映了那个时期人们的态度，特别是张謇、罗振玉和梁启超等人的态度。《蒙学修身教科书》则进一步强调了政治成熟的国民的责任感和独立性。这与清廷的愿望是根本对立的；清廷想继续维持对政治责任的垄断，而个性独立对此提出了挑战。主要出于维护自己主权的考虑，清廷把爱国的概念严格地限定于忠君。

在这个时期，对西方观念的接受已经不再是一个理解或不理解的问题：阐明并把某些西方道德观念特别是政治美德介绍到中国，应该被认为是一个政治问题。《最新初等小学修身教科书》对故事的遴选表明，教育改革者出于自己的政治目的，特意在其中蕴含了爱国主义等西方的一些价值观念。同时,考虑到清廷的意图和希望,仍然将这些观念保持在统治者可以忍受的范围内。[1]另外,利用传统故事来倡导高尚行为也反映了张元济强调把民间精神与西方启示的观念相结合的思想。这符合他结合传统故事来使用"爱国"等西方概念的思想,这样做的结果是西方的美德成为中国传统的一部分。

参考文献

Bailey, Paul. 1990. *Reform the People: Changing Attitudes towards Popular Education in Early Twentieth-Century China*. Edinburgh: Edinburgh University Press. 保罗·贝利:《改造国民:20世纪初中国对大众教育态度的改变》,爱丁堡:爱丁堡大学出版社,1990年。

Bastid, Marianne. 1971. *Aspects de la Réforme de l'Enseignement en Chine au Début du 20e Siecle. D'après les Ecrits de Zhang Jian*. Paris: Mouton. 马利安纳·巴斯蒂:《20世纪初中国的教育改革:张謇作品》,巴黎:默顿出版公司,1971年。

Monbushō. 1907. Jinjō shōgaku shūshinsho. Doiichi gakunen, kyōshi yō. 1905 repr. [1872].Tokyo: ōzorasha, vol. 1. 文部省:《寻常小学修身书第一学年,教师用》(1872年),东京:大空社,1905年重印,第1卷。

陈景磐、陈学恂编:《清代后期教育论著选》,北京:人民教育出版社,1997年,3卷册("3卷册"有误,应为"上、下册"。——译者按)。

---

[1] 在一本已被译成中文的日本教科书里,伦理学也有一种明确的政治含义,并被认为是公民教育和所有道德行为的基础。参见牧濑五一郎(Makise Goichirō)等编:《蒙学丛书二集》,王国维等译,上海:教育结社,1901年,第3卷,第4章,第1节,第7a页。

陈学恂编：《中国近代教育史教学参考资料》，三卷册，北京：人民出版社，1986 年。

《春秋左传正义》，载《四部备要》(1935 年)，1966—1975 年重印本。

Fogel, Joshua A. 1997. *Imagining the People: Chinese Intellectuals and the Concept of Citizenship*. Armonk, N.Y.: M. E. Sharpe. 傅高义：《想象人民：中国知识分子与国民概念》，阿蒙克，纽约：M·E·夏普，1997 年。(该文献在原书正文脚注出现，但在文后"参考文献"中遗漏，特补充于此。——译者按)

Hao Chang. 1971. *Liang Ch'i-ch'ao and the Intellectual Transition in China 1890—1907*. Cambridge, Mass.: Harvard University Press. 张灏：《梁启超与中国思想的过渡，1890—1907》，坎布里奇，马萨诸塞：哈佛大学出版社，1971 年。

Higashikuze Michitomi (ed.). 1893 [1892]. *Jinjō shōgaku shūshinsho*. Revised by soejima Taneomi. Tokyo: Kokukōsha. 东久世通禧编：《寻常小学修身书》(1892 年第 1 版)，副岛种臣修订，东京：国光社，1893 年。

Higuchi Kanjiro and Noda Tatsusaburō. 1901. *Jinjō shūshin kyōkasho nyūmon*. 3 vols. Tokyo: Kinkōdō. 樋口勘次郎、野田龙三郎：《寻常修身教科书入门》，东京：金港堂，1901 年。

Historisches Wörterbuch der Philosophie. 1989. Basel, Stuttgart: Schwabe, Vol.1.《哲学史词典》，贝松，斯图加特：斯克维布，1989 年，第 1 卷。

蒋维乔：《编辑小学教科书的回忆(1897—1905)》，载《商务印书馆九十年：我和商务印书馆》(1935 年)，北京：商务印书馆，1987 年，第 54~61 页。

Jinjō shōgaku shūshinsho. kyōshi yō. 1893 rev. [1892]. Tokyo: Shinshōin, vols.2, 4.《寻常小学修身书，教师用》(1892 年)，东京：新

书院,1893 年修订版,第 2 和第 4 卷。

Jinjō shōgaku shūshinsho. Seito yō. 1893 rev. [1892]. Tokyo: Shinshōin, vols.7《寻常小学修身书,生徒用》(1892 年),东京:新书院,1893 年修订版,第 7 卷。

《孔子家语》,载《四部备要》(1935 年),1966—1975 年重印本。

Lee, Thomas H. C. 2000. *Education in Traditional China: A History*. Leiden: Brill. (Handbook of Oriental Studies. IV China, 13). 李弘祺:《传统中国教育史》,莱顿:布里尔学术出版社(《东方学手册》,第四册,中国,13),2000 年。

利嘉鼓("利嘉鼓"应为"李家谷"。——译者按)编:《蒙学修身教科书》,上海:文明书局,1905 年。

罗振玉:《日本教育大旨》,载《新学大丛书》,上海:积山乔记书局,1903 年,第 81 册,第 14b~17b、16b~17a 页。

牧濑五一郎(Makise Goichirō)等编:《蒙学丛书二集》,王国维等译,上海:教育结社,1901 年。

《墨子》,载《四部备要》(1935 年),1966—1975 年重印本。

Peake, Cyrus H. 1970. *Nationalism and Education in Modern China*. New York: Howard. 撒鲁斯·H·匹克:《近代中国的民族主义和教育》,纽约:霍华德·弗蒂格公司,1970 年。

Reynolds, Douglas R. 1993. *China, 1898—1912. The Xinzheng Revolution and Japan*. Cambridge, Mass: Harvard University Press. 任达:《新政革命与日本:中国,1898—1912》,坎布里奇,马萨诸塞:哈佛大学出版社,1993 年。

Sanetō Keishū. 1940. "Shoki no shōmu Inshokan" 初期の商务印书馆, in: Sanetō Keishū. *Nippon bunka no Shina e no eikyō*. 日本の文化支那への影响. Tokyo: keisetsu shoin. 实藤惠秀:初期的商务印书馆,载实藤惠秀:《日本文化对中国的影响》,东京:萤雪书屋,1940 年。

《商务印书馆九十年：我和商务印书馆》，北京：商务印书馆，1987年。

《审定书目》，载《学部官报》3，1906年10月28日，第3页以后。

《史记》，载《四部备要》（1935年），1966—1975年重印本。

舒新城编：《中国近代教育资料》（《中国近代教育资料》应为《中国近代教育史资料》。——译者按），三卷本，北京：人民出版社（"人民出版社"应为"人民教育出版社"。——译者按），1985年。

Shūshinkei. Jinjōka. Kyōshi yō. 1900. Tokyo: Toyamabō, vol. 9. 《修身经，寻常课，教师用》，东京：富山房，1900年，第9卷。

Taga Shūgorō. 1972—1976. *Kindai Chūgoku kyōiku shi shiryō. Shimmatsu hen*.3 vols. Tokyo: Nihon gaku jitsu shinkōkai. 多贺秋五郎编：《中国近代教育史资料·清末编》，3册，东京：日本学术振兴会，1972—1976年。

Takada Yoshitarō. 1893 [1892]. *Jinjō shōgaku jissen shūshinsho nyūmon. Kyōshi yō*. Revisedby Maruo Nishiki. Tokyo: Kinkōdō. Vols. 1-2. 高田芳太郎：《寻常小学实践修身书入门，教师用》（1892年），丸尾锦修订，东京：金港堂，1893年，第1~2卷。

Unger, Jonathan (ed.). 1996. *Chinese Nationalism*. Armonk, N. Y.: M.E. Sharpe. 乔纳森·盎格编：《中国的民族主义》，阿蒙克，纽约：M·E·夏普，1996年。（该文献在原书正文脚注出现，但在文后"参考文献"中遗漏，特在此补充。——译者按）

王建军：《中国近代教科书发展研究》，广州：广东教育出版社，1996年。

王震、贺越明：《中国十大出版家》，太原：山西出版社（"山西出版社"应为"书海出版社"。——译者按），1991年。

Wörterbuch der Philosophie Begriffe. 1998. Hamgurg: Meiner. 《哲学用语词典》，汉堡：梅纳出版公司，1998年。

《新学大丛书》,上海:积山乔记书局,1903年("1903年"为原书缺漏,据前文补充。——译者按)。

《西学东渐与晚清社会》,上海:商务印书馆。(原书标注此文献信息不全且有错误,应是:"熊月之:《西学东渐与晚清社会》,上海:上海人民出版社,1994年"。——译者按)

严复:《论教育与国家之关系》,载陈景磐、陈学恂编:《清代后期教育论著选》,北京:人民教育出版社,1997年,第3卷("第3卷"应为"上册"。——译者按),第235~239页。

袁宗濂、晏志清编:《西学三通》,萃新书局,1902年。

张元济:《答友人问学堂事书》,载《新学大丛书》,1903年,第81册,第1a~3a页。

张元济等:《最新初等小学修身教科书》,10册,上海:商务印书馆,1906年。

张元济等:《最新初等小学修身教科书教授法》,10册,上海,商务印书馆,1906年。

《战国策》,载《四部备要》(1935年),1966—1975年重印本。

《中华留学名人辞典》,长春:东北师范大学出版社,1992年。

《中国近代学人像传》,扬州:江苏广陵古籍刻印社,1992年。

周武:《张元济·书卷人生》,上海:上海教育出版社,1999年。

庄俞:《谈谈我馆编辑教科书的变迁》,载《商务印书馆九十年:我和商务印书馆》,北京:商务印书馆,1987年,第62~72页。

《奏定初等小学堂章程》(1903年),载舒新城编:《中国近代教育资料》(《中国近代教育资料》应为《中国近代教育史资料》。——译者按),北京:人民出版社("人民出版社"应为"人民教育出版社"。——译者按),1985年,第2册("第2册"应为"中册"——译者按),第411~427页。

《奏定高等小学堂章程》(1903年),载舒新城编:《中国近代教育资料》(《中国近代教育资料》应为《中国近代教育史资料》。——

译者按），北京：人民出版社（"人民出版社"应为"人民教育出版社"。——译者按），1985 年，第 2 册（"第 2 册"应为"中册"——译者按），第 427~439 页。

《奏定小学堂章程》(1902 年)，载舒新城编：《中国近代教育资料》（《中国近代教育资料》应为《中国近代教育史资料》。——译者按），北京：人民出版社（"人民出版社"应为"人民教育出版社"。——译者按），1985，第 2 册（"第 2 册"应为"中册"——译者按），第 400~411 页。

《〈奏定学堂章程〉，关于小学堂学级编制和教授方法的规定》，13.1，1904 年，载陈学恂编：《中国近代教育史教学参考资料》，北京：人民出版社，1986 年，第 1 册，第 665~666 页。

译后记

　　学术论著的翻译不仅仅要求有一定的语言能力，还要求有一定的专业知识。翻译这本英文论文集的书，对我们来说确非易事。翻译的难度主要表现在以下几个方面。首先，专有名词的翻译是本书最大难点。书中涉及到大量的人名、书名、地名、出版社社名，要对其做出适当的翻译，极为困难。我们充分利用各种手段进行查找，对专有名词已有通行的中文译名的，尽量采用其已有译名。确实找不到已有通行译名的专有名词，则采用意译或音译方法。其次，原书所引参考文献不但有中文、英文文献，还夹杂有德、法、日、俄、意等语种的文献。为此，我们不得不花费了大量时间去查找各种外文词典和工具书将其译成汉语。再次，原书有许多出自中文文献的引文，必须将其从英文还原成中文。而本书论文论题广泛，涉及中文文献很多，有的文献很难查找。我们在此方面投入大量精力。最后，本书所收集的论文内容广泛，必须了解相关知识背景，才能较好地理解文章内容。因此，在翻译时，遇到有的问题，我们不得不去查阅相关的论著。尽管在翻译过程中我们作出了相当大的努力，但书中仍然难免会有种种不足，敬请读者批评指正。

　　对于注释和"参考文献"部分的外文文献的翻译，目前通行的做法主要有两种。一种做法是保留外文原样不翻译成中文。另一种做法是将注释中的外文文献信息翻译成中文，但在书末或文后提供外文文献的汉译信息。我们采用了第二种做法。因为本书的外文文献语种较多，读者很难懂得这么多的语种，将其翻译成中文，便利读者阅读。文后提供了外文文献原文及其中文翻译，不妨碍读者对原始文献的了解和查找。对于参考文献的格式，我们采用了适合中国读者阅读习惯的做法，对原书格式有所调整。如，原书参考文献标注的顺序是作者—出版时间—书名—出版地—出版社，我们翻译成汉语时按作者—书名—出版地—出版社—出版时间进行排序。但是，对外文期刊和部分中文期刊的卷期号则保留了原书用阿拉伯数字标注的做法。这样做主要是因为：不同期刊的编号名称不一样，有的叫期，有的叫号，有的叫卷，有的叫集，有的按年分卷和卷下分期，还有别的种种名称，难以一一核实。而照原样标注并不影响读者对原始文献的查找。

在翻译过程中，我们发现原书存在的某些错误和遗漏之处，尽可能地用译者注的方式加以说明。在其他必要之处，我们也使用了译者注。

本书《将名称和实际配对：翻译和中国逻辑学的发现》一文及以前部分由李永胜翻译；《中国国际法术语的形成：1847—1903》一文及以后部分由李增田翻译。查找还原全书中出自中文文献的引文和全书统稿的工作由李永胜担任。清华大学历史系王宪明教授慨然允诺担任本书的审校工作。他不但对译者的翻译工作提出许多有益的建议，还帮助译者查找书中出自中文文献的引文。天津人民出版社的张献忠编辑为本书的翻译事宜多方奔走联络，韩玉霞、孙昉编辑为书稿的编辑出版付出了辛勤劳动。在此对他们表示衷心的感谢。

译者

2013 年 11 月

国家清史编纂委员会·编译丛刊
已出书目

尊、信丹娜译,湖北人民出版社,2007

12.《清初耶稣会士鲁日满常熟账本及灵修笔记研究》

[比]高华士著, 赵殿红译, 刘益民审校, 大象出版社,2007

13.《明治前期日中关系史研究》

[日]安冈昭男著, 胡连成译, 王晓秋审校, 福建人民出版社,2007

14.《义和团的起源及其运动》

[日]佐藤公彦著,宋军、彭曦、何慈毅译,中国社会科学出版社,2007

15.《东正教在华两百年史》

[俄]尼古拉·阿多拉茨基著,阎国栋、肖玉秋译, 陈开科审校,广东人民出版,2007

16.《美国政府解密档案:美国驻中国广州领事馆领事报告(1870—1906)》(影印全 25 册)

广西师范大学出版社组织整理,程焕文审订,广西师范大学出版社,2007

17.《英国的课业:19 世纪中国的帝国主义教程》

[美]何伟亚著, 刘天路、邓红风译, 刘海岩审校, 社会科学文献出版社,2007

18.《压力下的生活:1700～1900 年欧洲与亚洲的死亡率和生活水平》

[瑞典] 托米·本特森、[美] 康文林、李中清等著,李霞、李恭忠审校,社会科学文献出版社,2007

19.《扬子江上的美国人——从上海经华中到缅甸的旅行记录(1903)》

[美]威廉·埃德加·盖洛著,晏奎、孟凡君、孙继成译,沈弘、吴乃华审校,山东画报出版社,2008

20.《中国十八省府》

[美]威廉·埃德加·盖洛著,沈弘、郝田虎、姜文涛译,沈弘、李宪堂审校,山东画报出版社,2008

21.《汉口:一个中国城市的冲突和社区(1796—1895)》
[美]罗威廉著,鲁西奇、罗杜芳译,马钊、萧致治审校,中国人民大学出版社,2008

22.《俄国各民族与中国贸易经济关系史(1917年以前)》
[苏]米·约·斯拉德科夫斯基著,宿丰林译,徐昌翰审校,社会科学文献出版社,2008

23.《过失杀人、市场与道德经济:18世纪中国财产权的暴力纠纷》
[美]步德茂著,张世明、刘亚丛、陈兆肆译,[美]步德茂审校,社会科学文献出版社,2008

24.《清代水利与区域社会》
[美]森田明著,雷国山译,叶琳审校,山东画报出版社,2008

25.《中国丛报》(影印全21册)
张西平主编,顾钧、杨慧玲整理,广西师范大学出版社,2008

26.《清代田赋刍论(1750—1911)》
[美]王业健著,高风等译,高王凌、黄莹珏审校,人民出版社,2008

27.《清代来华传教士马若瑟研究》
[丹麦]龙伯格著,李真、骆洁译,张西平审校,大象出版社,2009

28.《耶稣会士白晋的生平与著作》
[德]柯兰霓著,李岩译,张西平、雷立柏审校,大象出版社,2009

29.《耶稣会士张诚——路易十四派往中国的五位数学家之一》
[法]伊夫斯·德·托玛斯·德·博西耶尔夫人著,辛岩译,陈志雄、郭强、古伟瀛、刘益民审校,大象出版社,2009

30.《清代宫廷社会史》

　　[美]罗友枝著，周卫平译，雷颐审校，中国人民大学出版社，2009

31.《清代森林与土地管理》

　　[美]孟泽思著，赵珍译，曹荣湘审校，中国人民大学出版社，2009

32.《中国：糖与社会——农民、技术和世界市场》

　　[美]穆素洁著，叶篱译，林燊禄校，广东人民出版社，2009

33.《世界时间与东亚时间中的明清变迁》(上下卷)

　　[美]司徒琳主编，赵世玲译，赵世瑜、杜正贞审校，三联书店，2009

34.《奉天国际鼠疫会议报告(1911)》

　　国际会议编辑委员会编辑，张士尊译，苑洁审校，中央编译出版社，2010

35.《清代中国的物价与经济波动》

　　[日]岸本美绪著，刘迪瑞译，胡连成审校，社会科学文献出版社，2010

36.《清末中琉日关系史研究》(上下册)

　　[日]西里喜行著，胡连成等译，王晓秋审校，社会科学文献出版社，2010

37.《圣经与枪炮——基督教与潮州社会(1860—1900)》

　　[美]李榭熙著，雷春芳译，[美]周翠珊审校，社会科学文献出版社，2010

38.《俄中商贸关系史述》

　　[俄]阿·科尔萨克著，米镇波译，阎国栋审校，社会科学文献出版社，2010

39.《在华俄国外交使者(1618—1658)》

　　[俄]娜·费·杰米多娃、弗·斯·米亚斯尼科夫著，黄玫译，米

镇波审校,社会科学文献出版社,2010

40.《满与汉:清末民初的族群关系与政治权力(1861—1928)》
[美]路康乐著,王琴、刘润堂译,李恭忠审校,中国人民大学出版社,2010

41.《儒学与近代中国》
[英]庄士敦著,潘崇、崔萌译,李宪堂审校,天津人民出版社,2010

42.《十九世纪前的俄中外交及贸易关系》
[俄]特鲁谢维奇著,徐东辉、谭萍译,陈开科审校,岳麓书社,2010

43.《帝王之都——热河》
[瑞典]斯文·赫定(S·Hedin)著,赵清译,杨迟审校,中央编译出版社,2011

44.《移民的秩序——清代四川地域社会史研究》
[日]山田贤著,曲建文译,卿学民、刘景文审校,中央编译出版社,2011

45.《清代鸦片政策史研究》
[日]井上裕正著,钱杭译,常建华审校,西藏人民出版社,2011

46.《清代中国的若干问题》
[日]古桥秀雄编,杨宁一、陈涛译,张永江审校,山东画报出版社,2011

47.《清代在华的英国博物学家:科学、帝国与文化遭遇》
[美]范发迪著,袁剑译,中国人民大学出版社,2011

48.《俄罗斯汉学史》
[俄]∏.E.斯卡奇科夫著,[俄]B.C.米亚斯尼科夫编,柳若梅译,白春仁外文校订,汤开建中文校订,社会科学文献出版社,2011

49.《中国近代财政史研究》

[日]岩井茂树著,付勇译,范金民审校,社会科学文献出版社,2011

50.《清代社会经济史》

[日]山本进著,李继锋、李天逸译,雷国山审校,山东画报出版社,2012

51.《宝卷——十六至十七世纪中国宗教经卷导论》

[美]欧大年著,马睿译,郑须弥审校,中央编译出版社,2012

52.《新词语新概念:西学译介与晚清汉语词汇之变迁》

[德]郎宓榭、阿梅龙、顾有信著,赵兴胜等译,郭大松审校,山东画报出版社,2012

53.《嘉定忠臣——十七世纪中国士大夫之统治与社会变迁》

[美]邓尔麟(Jerry Dennerline)著,宋华丽译,卜永坚审校,中央编译出版社,2012

54.《中国旅行记 (1816–1817年)——阿美士德使团医官笔下的清代中国》

[英]克拉克·阿裨尔著,刘海岩译,刘天路校,上海古籍出版社,2012

55.《19世纪俄中关系:资料与文献 第1卷(1803–1807)》

[俄]B.C.米亚斯尼科夫主编,徐昌翰等译,徐昌翰、薛衔天审校,广东人民出版社,2012

56.《中华帝国晚期的权力与政治:袁世凯在北京与天津1901–1908》

[美]斯蒂芬·R.麦金农著,牛秋实、于英红译,张学继审校,天津人民出版社,2013

57.《基督教新教传教士在华名录》

[英]伟烈亚力著,赵康英译,顾钧审校,天津人民出版社,2013

58.《阿美士德使团出使中国日志》

[英]亨利·埃利斯著,刘天路、刘甜甜译,刘海岩审校,商务印书馆,2013

59.《救世——陈宏谋与十八世纪中国的精英意识》

[美]罗威廉著,陈乃宣、李兴华、胡玲等译,赵刚、孔祥文审校,中国人民大学出版社,2013

60.《马戛尔尼使团使华观感》

[英]乔治·马戛尔尼、约翰·巴罗著,何高济、何毓宁译,商务印书馆,2013

61.《呈现意义:晚清中国新学领域》(上、下册)

[德]朗宓榭、费南山主编,李永胜、李增田译,王宪明审校,天津人民出版社,2014

图书在版编目（CIP）数据

呈现意义：晚清中国新学领域：全 2 册 / (德) 朗宓榭，
(德) 费南山主编；李永胜, 李增田译；王宪明审校.
-- 天津：天津人民出版社，2014.10
（国家清史编纂委员会·编译丛刊）
ISBN 978-7-201-08863-1

Ⅰ.①呈… Ⅱ.①朗… ②费… ③李… ④李… ⑤王…
Ⅲ.①东西文化–文化交流–中国–清后期–国际学术会议–文
集 Ⅳ.①G129–53

中国版本图书馆 CIP 数据核字(2014)第 206468 号

著作权合同登记号　图字:02-2014-430

天津人民出版社出版

出版人：黄　沛
（天津市西康路 35 号　邮政编码：300051）
邮购部电话：（022）23332469
网址：http://www.tjrmcbs.com
电子信箱：tjrmcbs@126.com

高教社(天津)印务有限公司　印刷

2014 年 10 月第 1 版　2014 年 10 月第 1 次印刷
787×1092 毫米　32 开本　23.125 印张　3 插页
字数:600 千字
定价:98.00 元(上、下册)